MANUAL DE VICTIMOLOGÍA

MANUAL DE VICTIMOLOGÍA

BACA, E. / ECHEBURÚA, E. / TAMARIT, J. M.
(Coords.)

Bajo los auspicios de la Sociedad científica Española de Victimología (SEV)

tirant lo blanch
Valencia, 2006

En caso de erratas y actualizaciones, la Editorial Tirant lo Blanch publicará la pertinente corrección en la página web www.tirant.com (http://www.tirant.com).

© TIRANT LO BLANCH
EDITA: TIRANT LO BLANCH
C/ Artes Gráficas, 14 - 46010 - Valencia
TELFS.: 96/361 00 48 - 50
FAX: 96/369 41 51
Email:tlb@tirant.com
http://www.tirant.com
Librería virtual: http://www.tirant.es
DEPOSITO LEGAL: V - 2874 - 2006
I.S.B.N.: 84 - 8456 - 638 - 2
IMPRIME: GUADA IMPRESORES, S.L. - PMc Media, S.L.

AUTORES

ALBERTO ALONSO RIMO
Profesor Titular de Derecho Penal (Universidad de Valencia)

ENRIQUE BACA BALDOMERO
Catedrático de Psiquiatría (Universidad Autónoma de Madrid)

ROSEMARY BARBERET
Profesora de sociología (John Jay College of Criminal Justice, City University of New York, EE.UU)

ANABEL CEREZO DOMÍNGUEZ
Profesora Titular de Derecho penal y criminología (Universidad de Málaga)

PAZ DE CORRAL
Profesora Titular de Psicología Clínica (Universidad del País Vasco).

PEDRO JAVIER AMOR
Profesor de Psicología de la UNED.

CRISTINA GUERRAICAECHEVARRIA
Psicóloga Clínica. Servicio de Violencia Familiar y Sexual Zutitu (Vitoria)

ENRIQUE ECHEBURÚA ODRIOZOLA
Catedrático de Psicología clínica (Universidad del País Vasco)

MYRIAM HERRERA MORENO
Profesora Titular de Derecho penal (Universidad de Sevilla)

EULALIA LUQUE REINA
Investigadora. Departamento de Justicia Generalitat de Catalunya

Mª JOSE RODRIGUEZ PUERTA
Profesora Titular de Derecho penal (Universidad Autónoma Barcelona)

JOSEP Mª TAMARIT SUMALLA
Catedrático de Derecho Penal (Universidad de Lleida)

CAROLINA VILLACAMPA ESTIARTE
Profesora Titular de Derecho Penal (Universidad de Lleida)

Índice

TEMA 3
VICTIMACIÓN. ASPECTOS GENERALES

TEMA 4
ESPECIAL CONSIDERACIÓN DE ALGUNOS ÁMBITOS DE VICTIMACIÓN

TEMA 5
LAS ENCUESTAS DE VICTIMACIÓN

TEMA 6
LA PREVENCIÓN DE LA VICTIMACIÓN

TEMA 7
LOS PROCESOS DE DESVICTIMACIÓN Y SUS CONDICIONANTES Y OBSTÁCULOS

TEMA 8
ASISTENCIA PSICOLÓGICA POSTRAUMÁTICA

TEMA 9

LA VÍCTIMA EN EL SISTEMA DE JUSTICIA PENAL I

TEMA 10

LA VÍCTIMA EN EL SISTEMA DE JUSTICIA PENAL II

TEMA 11

SISTEMAS DE ASISTENCIA, PROTECCIÓN Y REPARACIÓN DE LAS VÍCTIMAS

TEMA 12

LA JUSTICIA REPARADORA: ¿UNA JUSTICIA PARA LA VÍCTIMA?

Presentación

Con la obra que ahora se presenta hacemos realidad un proyecto impulsado por la Sociedad científica española de victimología (SEV), la elaboración de un Manual de victimología que pueda servir como referencia, al menos inicial, para la consolidación y vertebración de esta disciplina. No hay duda que los conocimientos relativos a la víctima han vivido un importante desarrollo en un plano transnacional, que ya sitúan en un tiempo lejano las primeras aportaciones acaecidas a mediados del siglo XX. Pese a ello, la tardía y escasa recepción que se ha producido en España justifican un esfuerzo para hacer posible la necesaria estructuración de la disciplina con base en la realidad a la que los conocimientos deben ser aplicados.

Con este Manual se ha pretendido reunir las aportaciones hechas hasta el momento, tanto en España como en un plano general, con una vocación didáctica y práctica, lo cual ha llevado a renunciar a las exigencias de exhaustividad que serían propias de un Tratado en la materia. Más que la elaboración de una obra que busque agotar el contenido de una disciplina de límites todavía inciertos, nos ha movido el afán de reunir las diversas ramas del saber que confluyen en la misma y tratar de establecer las bases para un diálogo transdisciplinar y lanzar un mensaje respecto a las posibilidades que la investigación y el desarrollo doctrinal tiene ante sí. Somos conscientes de la necesidad de cubrir una laguna en cuanto a la fijación de una referencia respecto al cuerpo de conocimientos que constituyen la victimología, así como de la necesidad de ofrecer un material bibliográfico de apoyo a las asignaturas o cursos de victimología que de modo creciente se van implantando en España y países latinoamericanos. Así lo revela la oferta de estudios no reglados en victimología en las Universidades de Sevilla, Lleida o La Rioja, la puesta en marcha de la licenciatura de criminología en algunas Universidades o la inserción de asignaturas optativas de victimología en los planes de estudio de titulaciones como Derecho, psicología o enfermería. El innegable interés docente de la obra no excluye, sin embargo, el que puede tener para los académicos y para todos quienes ejercen actividades profesionales relacionadas con la asistencia, la protección o la defensa de los intereses de las víctimas.

En la concepción general de la obra se ha optado por una estructura que refleje el interés teórico y práctico que tiene, por una parte, el conocimiento de los procesos de victimación, y, por otra parte, los procesos de desvictimación y la prevención de la victimación. Los aspectos relativos a la victimación quedan comprendidos en los capítulos 1 al 5, la prevención es tratada en la prevención y los capítulos del 7 al 12 tratan de cuestiones que tienen que ver, de un modo directo o indirecto, con la desvictimación, con los que se quiere dar a la obra una orientación aplicada que permita ver en la victimología un recurso útil para que la reducción del impacto del hecho traumático y para que los diversos actores sociales y profesionales puedan ofrecer a las víctimas el apoyo, protección y asistencia que le permitan salir en lo posible de su condición de víctima.

Para lograr los propósitos expresados, se ha solicitado la colaboración de un equipo de universitarios, especialistas en los diversos campos científicos que mayor relación tienen con el objeto de estudio, fundamentalmente en la psicología, el Derecho penal, la psiquiatría y la sociología, a quienes debemos reconocer la generosidad de su esfuerzo y su disposición a encontrar vías de aproximación lingüística y conceptual, siempre arduo entre personas de procedencias disciplinares diversas, pero que es condición necesaria para la elaboración del espíritu colectivo que puede dar vida a ese proyecto inacabado que es la victimología.

Los coordinadores

Tema 1

La victimología: cuestiones conceptuales y metodológicas[1]

1.1. CONCEPTO Y AUTONOMÍA DE LA DISCIPLINA

El neologismo victimología deriva del término inglés "Victimology", cuya aparición se remonta a los años cuarenta del pasado siglo. Desde sus orígenes la victimología es concebida como la disciplina que se ocupa del estudio científico de las víctimas. Así lo entendía Mendelsohn, quien se atribuía la paternidad de la disciplina, pese a las reticencias que ello suscitó en ciertos sectores académicos[1]. Es común atribuir también a Von Hentig la condición de pionero de la victimología, a raíz de su célebre obra "The criminal and his victim" (1948), en que trataba de aportar a la criminología tradicional, ocupada de la etiología criminal, una visión más amplia caracterizada por la voluntad de atender a los dos elementos de la "pareja criminal", poniendo de relieve la importancia de la víctima como factor precipitante del delito. Ambos autores desarrollaron las tipologías victimales, en una labor de clasificación de las víctimas que caracterizó los primeros tiempos de la disciplina.

La victimología puede ser definida hoy, en una fórmula de síntesis, como la ciencia multidisciplinar que se ocupa del conocimiento relativo a los procesos de victimación y desvictimación. Concierne pues a la victimología el estudio del modo en que una persona deviene víctima, de las diversas dimensiones de la victimación (primaria, secundaria y terciaria), y de las estrategias de prevención y reducción de la misma, así como del conjunto de respuestas sociales, jurídicas y asistenciales, tendientes a la reparación y reintegración social de la víctima. Otras definiciones aluden de modo explícito a algunos de los contenidos implícitos en la fórmula aquí expuesta, al tiempo que introducen algunas variaciones. Así, Beristain (2005, p. 265) entiende la victimología

---

1 Tema elaborado por Josep Mª Tamarit.

1 JIMÉNEZ DE ASÚA (1961, p. 113) le negó tal título, a la vez que se pronunciaba de modo crítico sobre la naciente disciplina, que él denominaba "victimiología".

como "la ciencia y el arte pluri, inter y transdisciplinar que (...) investiga la victimación primaria, secundaria y terciaria, así como sus factores etiológicos, sus controles, sus consecuencias y sus respuestas superadoras de los conflictos y la delincuencia".

La autonomía científica de la victimología es una cuestión controvertida[2]. Pese a la existencia de opiniones partidarias de afirmarla, ha habido una tendencia bastante extendida a considerarla como una rama de la criminología. No han faltado voces críticas que han negado incluso la seriedad académica de la disciplina, como la muy significativa de Jiménez de Asúa, quien se refería a la misma como "un programa no académico bajo cuyo techo una mezcla de ideas, intereses, ideologías y métodos de investigación han sido agrupados arbitrariamente". La resolución de este interrogante tiene que ver con cuáles son las características que se esperan de una disciplina científica. En términos generales cabe hablar de una ciencia autónoma en la medida que quepa reconocer en la misma un objeto propio, tanto en su sentido material (sector de la realidad cuyo estudio constituye su razón de ser) como formal (método).

1.2. OBJETO MATERIAL

Respecto al objeto material, cabe distinguir entre un objeto estricto y otro más amplio. En sentido estricto, la victimología se ocupa de las víctimas de hechos delictivos. En sentido amplio, la victimología se interesaría también por las víctimas de catástrofes naturales. Tal era la pretensión de MENDELSOHN, que sin embargo ha sido rechazada por diversos sectores, que sostienen la necesidad de un concepto estricto[3]. Desde el primer Simposium de victimología celebrado en Jerusalén en 1973, se planteó de modo recurrente en los sucesivos eventos internacionales celebrados cada tres años bajo los auspicios de la Sociedad Mundial de Victimología el debate entre los expansionistas y los partidarios de una concepción restrictiva. Éstos acusaban a los primeros de dar estatuto científico a un conjunto amorfo, diluido y desestructurado de conocimien-

---

2 Vid con mayor detalle sobre la controversia, RODRÍGUEZ MANZANERA (1990, p. 14 ss.)

3 Partidario de la definición estricta es LANDROVE DÍAZ (1990, p. 28), quien califica el planteamiento de MENDELSOHN como de "amplitud desmesurada".

tos[4]. Como respuesta a tales objeciones, en el III Simposium de Münster (1979) se hizo un esfuerzo por distinguir entre una Victimología general y una Victimología penal o criminológica, que ha tenido continuidad en los estudios que han adoptado una perspectiva más amplia o en aquellos en los que ha dominado un enfoque de tipo terapéutico[5].

De estar en lo cierto los partidarios de una concepción restrictiva, la autonomía de la victimología respecto de la criminología sería difícilmente sostenible. Sin embargo, hay abundantes argumentos que apuntan hacia la conveniencia de una distinción entre un objeto estricto y un objeto extenso que de cabida a otros acontecimientos traumáticos de carácter no delictivo. Si, por una parte, se pueden apreciar rasgos distintivos entre las víctimas de delitos y las que lo sean de otros acontecimientos, por otra parte hay elementos comunes sustanciales entre ambas clases de víctimas que permiten reclamar la validez de un "saber victimológico".

Así, en el plano fáctico se ha puesto de manifiesto una sintomatología en la que se describen efectos de ansiedad, miedo u otras reacciones reconducibles a la polivalente categoría del síndrome de estrés postraumático[6]. Además, en cuanto a la vivencia de la experiencia de la victimización, no parece que tenga mucho sentido la búsqueda de criterios que permitan establecer una distinción automática entre víctimas de delitos y víctimas de otros acontecimientos dañosos o traumatizantes y que las diferencias entre ambos grupos de víctimas sustancialmente superen las existentes entre las víctimas de diferentes clases de delitos, como revela la dispersión y heterogeneidad de las asociaciones de víctimas. Si es evidente, por ejemplo, que las vivencias y los intereses de las víctimas de violencia de género divergen de las de robos o de actos terroristas, lo que a todas ellas les une tiene bastante en común con otras víctimas de hechos no criminales, como pueden ser los accidentes tráfico, en los que el contenido delictivo del hecho es inexistente o suele ser, en su caso, de mucha menor intensidad,

Asimismo, en el plano social, se perciben reacciones que esencialmente no se distinguen por el hecho de haber padecido la víctima una agresión de la que un tercero pueda responder penalmente o un suceso normativamente definible como desgracia. La mayor implicación emocional o empatía del entorno respecto a la víctima no depende de la existencia de un delito: una víctima que pueda ser percibida como "provocadora" del hecho ilícito sufrido puede suscitar menos simpatía que una persona que ha sido víctima de una catástrofe, o una víctima de la mala suerte puede ser objeto de mayor

---

4 Vid. la crónica del orden del día de los sucesivos Symposia en RODRÍGUEZ MANZANERA (1990, p. 371 ss).

5 Vid. como muestra LÓPEZ (1997, p. 43 ss), quien dedica capítulos separados a la victimología general y a la victimología criminológica.

6 De acuerdo con el DSM-IV, un acontecimiento traumático es aquel que supone una amenaza para la vida o la integridad física de la persona y del que se sigue una respuesta intensa de miedo, horror o desesperanza. Dentro de los amplios grupos de riesgo de padecer un Trastorno por estrés postraumático se citan, además de las víctimas de delitos, las de accidentes de tránsito, laborales, catástrofes naturales, accidentes domésticos, abusos y pacientes diagnosticados de enfermedades muy graves y/o incurables, además de los pacientes con procesos postoperatorios complicados.

identificación si las personas que tienen conocimiento del suceso sienten que les podría haber pasado a ellas, sin olvidar, además, que cabe explicar no sólo en términos de victimización criminal sino también en términos de mala suerte algunos hechos delictivos.

En el ámbito normativo los derechos de las víctimas son en parte comunes a ambas situaciones, pues la asistencia e información se hace necesaria respecto a todas ellas, aunque es evidente que ahí es donde cabe establecer mayores diferencias, dada la existencia de derechos que se reconocen y regulan sólo en relación con las víctimas de delitos, sin olvidar que en muchos de ellos existen diferencias entre colectivos, que cabe explicar en muchos casos más políticamente que victimológicamente, según el tipo de delito padecido. Pero aun siendo distintos en parte los derechos, la "responsabilidad" de la sociedad con las víctimas no es algo que pueda predicarse tan sólo con respecto a los hechos delictivos. A menudo se ha aludido, como fundamento del deber estatal de ayudar a las víctimas de delitos, a una responsabilidad del Estado derivada de no haber sido capaz de protegerla antes del delito como le correspondía según el "contrato social"[7]. Sin embargo, en el contexto de una "sociedad del riesgo", cabe asimismo fundamentar una responsabilidad social con las víctimas de un progreso tecnológico del que se beneficia el conjunto de ciudadanos a costa de un riesgo que se acaba realizando en la desgracia de unos pocos, a menudo colectivos vulnerables como pueden ser los niños. Es paradigmático en este sentido el caso de los accidentes de tráfico[8]. En torno a una concepción amplia de la víctima y en el marco de una tendencia a la socialización del riesgo ha discurrido, como se verá, el Derecho de daños (vid. Infra I-8).

No se nos escapa que la defensa de un objeto extenso de la victimología puede propiciar la acusación de que con ello se favorece la difusión social del sentimiento de victimización. Ciertamente existe el peligro de una creciente demanda social de acceso al estatuto de víctima en la medida que ello sea percibido como provechoso en el plano social, económico o incluso meramente psicológico. Pero la reacción frente a esta clase de riesgos, a los que nos vamos a referir con mayor detalle con posterioridad dado que constituyen un importante reto para nuestra disciplina, debe discurrir por otras vías. Así, una buena teoría y praxis victimológica puede tender más hacia un replanteamiento de la respuesta jurídica a los delitos imprudentes que hacia una extensión del control penal, si se hace el necesario esfuerzo de desvincular la idea de protección del agraviado del recurso automático a la penalización. Igualmente se puede poner el acento en la desvictimización, en la búsqueda de soluciones extrajudiciales debidamente articuladas con el sistema de justicia penal o en el favorecimiento de una evolución del referido sistema en la que pueda ser revisada, desde la perspectiva de la víctima, la secular preocupación por el ofensor y la inercia de una moralización de la praxis judicial que de la misma deriva.

Es en este punto oportuno recordar la significación primigenia de la idea de víctima como sujeto inmolado en beneficio de la comunidad[9]. Si bien en el ámbito jurídico la palabra ha sido utilizada básicamente para designar al sujeto pasivo o incluso, en sentido más amplio, al perjudicado por el

---

7 Vid. Infra capítulo 9 la fundamentación de la indemnización pública a las víctimas de determinados delitos.

8 Muestra de la sensibilidad social respecto a esta cuestión es el fenómeno asociativo, con diversas asociaciones agrupadas en la FEVR (Federación europea de víctimas del tráfico).

9 Para una mejor comprensión de la idea, cabe pensar en la vinculación entre victimización y redención presente en el núcleo de creencias del cristianismo, a partir de la idea de que el Dios hecho hombre asume un rol de víctima para la salvación de la humanidad, o la proximidad lingüística del concepto de víctima en alemán (*Opfer*) con la idea de ofrenda. El término *Opfer* alude a la vez al concepto de sacrificio y al de víctima.

delito[10], socialmente parece adecuado el recurso a la misma ahí donde se encuentre presente un cierto elemento "sacrificial" o de haber soportado un perjuicio que tiene como correlato un beneficio, justo o injusto, directo o indirecto, obtenido por la colectividad. En esta vinculación originaria entre victimación y comunidad encuentra un fundamento, al menos parcial, la responsabilidad social con las víctimas.

Además de los anteriores argumentos, no puede desconocerse la existencia de situaciones que pueden ser definidas en términos de victimación, con la presencia de una víctima y, frecuentemente, de un ofensor perfectamente identificables, y que, pese a su proximidad con lo penal, no pueden ni deben ser concebidas como hechos delictivos. Nos referimos a fenómenos que tienden a ser descritos en gran medida por los efectos que producen en la víctima, conocidos con términos tales como *stalking* (acecho, con connotaciones predatorias), *bullying* (acoso o intimidación, básicamente entre iguales, con especial interés en la población adolescente), *mobbing* (acoso laboral), *harassment* o *harcelement*, "acoso moral"[11], o a las conductas de descuido hacia menores o incapaces (*neglegt*). Esta variada fenomenología constituye un importante campo de expansión para la victimología, sin que la falta de respuesta penal a estas cuestiones o la conveniencia de que la respuesta normativa y social frente a las mismas discurra principalmente a través de otros cauces (laboral, civil, administrativo, escolar o asistencial) sea razón suficiente para negar el carácter victimológico de las investigaciones y prácticas profesionales relacionadas con estas materias. Si en el ámbito de la criminología un destacado sector doctrinal ha defendido la necesidad de reconocer un objeto amplio de la disciplina que comprenda el estudio de la desviación social y comportamientos no delictivos (Garrido/Redondo/Stangeland, 2001, p. 51 y 52), con mayor razón procede en nuestro ámbito de estudio una apertura a tal clase de fenómenos de victimación.

Para evitar que la victimología se convierta en la antesala de la expansión del Derecho penal o sea instrumentalizada al servicio de la tendencia hacia la panpenalización o incluso de la judicialización de las relaciones interpersonales, se hace necesario afirmar el espacio propio de nuestra disciplina. La descripción de los efectos en la víctima de una situación generadora de un estrés postraumático o de un trastorno adaptativo, en la que pueden intervenir factores de predisposición individual a la vez que factores exógenos relacionados con conductas de

---

10 He desarrollado estas cuestiones conceptuales en "La víctima en el Derecho Penal", 1998, p.

11 Vid. entre otros documentos de interés, LORHO / HILP, "Bulliyng at work", Informe al Parlamento europeo, HIRIGOYEN, "Le harcèlement moral", Paris 1998.

terceros, no puede aparecer vinculada de modo automático a la valoración jurídica de tales conductas[12].

Hemos afirmado la necesidad de distinguir entre un concepto extenso y un concepto estricto de victimología. En consecuencia, lo hasta aquí sostenido no impide afirmar la necesidad de cultivar los aspectos particulares de una victimología penal que atienda de un modo especial a la problemática singular de las víctimas de hechos delictivos. No cabe duda que en muchos supuestos la vivencia de la victimación dependerá de la existencia de un agresor, de las características del mismo y de su relación con la víctima y que, por lo tanto también dependerá ello la intervención sobre la víctima, sea de carácter preventivo o terapéutico. En una victimología penal se plantean cuestiones de tanta trascendencia como las estrategias de reducción de la victimización secundaria, el estatuto jurídico de la víctima en el proceso penal, la introducción de la justicia reparadora o la preparación de los escenarios de reencuentro o coexistencia entre agresor y víctima después del hecho delictivo y de la condena penal. Esta clase de cuestiones va a constituir precisamente buena parte del contenido central de esta obra.

Más preocupada por la victimología penal, aunque con una vocación amplia, se muestra la *Declaración sobre los principios fundamentales de justicia para las víctimas de delitos y del abuso de poder*, aprobada por la Asamblea General de las Naciones Unidas en 1985 (vid. Infra, I-9): "se entenderá por víctimas las personas que, individual o colectivamente, hayan sufrido daños, inclusive lesiones físicas o mentales, sufrimiento emocional, pérdida financiera o menoscabo sustancial de los derechos fundamentales, como consecuencia de acciones u omisiones que violen la legislación penal vigente en los Estados miembros". A esta definición general se añade que "en la expresión víctima se incluye además, en su caso, a los familiares o personas a su cargo que tengan relación inmediata con la víctima directa y a las personas que hayan sufrido daños al intervenir para asistir a la víctima en peligro o para prevenir la victimación". Por otra parte, se introduce en la Declaración una referencia separada a las víctimas que hayan sufrido los daños anteriormente

---

12 Especiales problemas plantea la valoración jurídico-penal de los elementos psíquicos que han ido apareciendo en los últimos años en el Código penal español, tales como "violencia psíquica" o "causación de un menoscabo psíquico" en los tipos delictivos de violencia doméstica, en particular la imputación objetiva y subjetiva de las lesiones psíquicas.

mencionados como consecuencia de "acciones u omisiones que no lleguen a constituir violaciones del derecho penal nacional, pero violen normas internacionalmente reconocidas relativas a los derechos humanos". La inclusión de las víctimas del abuso de poder responde a la voluntad de no dejar en el olvido a las personas que hayan sufrido atropellos en sus derechos bajo regímenes autoritarios o Estados que adolezcan de un insuficiente desarrollo legislativo frente a las ofensas procedentes de personas que actúan desde el poder o bajo el amparo del mismo.

La Sociedad española de victimología, fundada en el año 2004, ha recogido en sus Estatutos la distinción entre las dos dimensiones aquí tratadas, dando cabida a un concepto extenso de víctima en el seno de una definición de tono ecléctico: "Se entiende principalmente por víctima, a los efectos de la delimitación de las actividades de la Sociedad, toda persona que haya sufrido personalmente, de modo directo o indirecto, las consecuencias de un hecho delictivo, haya sido declarada formalmente o no como tal la existencia del mismo por parte de un órgano jurisdiccional. En un sentido más extenso también son consideradas víctimas las personas que hayan sufrido los efectos de la guerra, enfrentamiento armado, catástrofe natural o accidente"[13].

Fuera del concepto de víctima, así definido, quedan quienes padecen una patología derivada de un proceso natural interno. Un concepto extenso debe tener sus límites, por lo que no parecen asumibles las posiciones maximalistas que han llegado a considerar como víctima a toda persona que sufre, con evidente riesgo de dilución de la disciplina. La victimación es objeto de interés como fenómeno con entidad propia en la medida que se corresponde con un hecho externo que supone una ruptura en la trayectoria vital del individuo y que el mismo tiene cierta trascendencia social. Más atendible puede resultar la inclusión de las víctimas de accidentes médicos[14], pues aunque en buena medida estos supuestos pueden ser muy cercanos a lo penal no puede olvidarse que ello no es así en muchos casos, salvo que se quiera propiciar, lo cual dista mucho de ser nuestra intención, la penalización generalizada de los fracasos de la profesión médica. Lo mismo cabe sostener respecto a los accidentes laborales. Son aquí aplicables las consideraciones antes efectuadas sobre la virtualidad de la victimología como posible freno racionalizador de la expansión de la cultura punitivista.

---

13 Es similar el concepto adoptado por la Sociedad francesa de victimología en 1994. Vid. LÓPEZ, G., ob. cit., p. 61.
Más inclinada hacia una definición amplia se muestra la fórmula adoptada por el Instituto de victimología: "Víctima es toda persona afectada por un acontecimiento traumático, sea éste de la naturaleza u origen que sea. Asimismo, es víctima aquella que sufre las consecuencias de una agresión aguda o crónica, intencionada o no, física o psicológica, por parte de otro ser humano. Este concepto amplio de víctima se encuentra al margen de lo que establezca la legislación positiva de un país o de una cultura concreta y se sustenta en la idea general del respeto y la intangibilidad de la persona".

14 Lo considera de modo explícito LÓPEZ, vid. ob. cit., p. 167 ss.

Es habitual distinguir entre *víctimas directas e indirectas*. Las segundas son las que, sin haber sufrido de modo inmediato el delito o acontecimiento traumático, han padecido personalmente las consecuencias que el mismo ha tenido en una persona allegada. Tal es el caso, por ejemplo, de los ascendientes o descendientes de la persona fallecida[15]. La victimación indirecta, como fenómeno, no admite fácilmente límites en abstracto. Otra cosa son los límites que sea razonable establecer en función de los fines o, como sucede en relación con la determinación de los beneficiarios de indemnizaciones, de las disponibilidades presupuestarias o de la naturaleza finita de los recursos.

La autonomía del concepto de víctima propio de la victimología se manifiesta en las diferencias existentes entre el mismo y el concepto de sujeto pasivo propio del Derecho penal. Aunque a menudo ambos términos son usados como equivalentes, el primero tiene una mayor amplitud. Sujeto pasivo es el titular del bien jurídico protegido, mientras que el término víctima puede designar en sentido extenso a personas afectadas indirectamente por el hecho delictivo que no son el sujeto pasivo, como las personas allegadas al fallecido en el delito de homicidio. En sentido victimológico, la idea de víctima se acerca más al concepto de perjudicado, como persona que se ha visto afectada de modo directo o indirecto por las consecuencias del hecho. Por otra parte, la noción de sujeto pasivo resulta poco adecuada para comprender la contribución del mismo a la génesis del hecho delictivo, precisamente una vez que la victimologia ha puesto de manifiesto como en ocasiones el rol de la víctima no es precisamente pasivo. Por tales razones resulta preferible utilizar los conceptos de persona ofendida o agraviada como sinónimos del de sujeto pasivo.

1.3. MÉTODO

La victimología es una ciencia multidisciplinar, lo cual vale tanto como decir que no cabe establecer un método único. Podría ser utilizado este dato como argumento contra su autonomía, si bien debe precisarse que la singularidad de la disciplina radica ante todo en su objeto

[15] WILLIAMS (1999, p. 21) utiliza en referencia a estas víctimas indirectas la expresión supervivientes, a la que concede un valor que trasciende su sentido literal, al tiempo que se hace eco de otros enfoques que van más allá en el uso de esta expresión, al aplicarla a las víctimas de agresiones sexuales graves.

material. La victimología surge así como espacio de confluencia e integración de los conocimientos normativos, psicosociales y médicos relacionados con los procesos de victimización y desvictimización.

La dispersión de sus fuentes de conocimiento sitúa a la victimología ante el riesgo de convertirse en ideología. Sin desconocer la dificultad que en general puede suponer deslindar el discurso científico del ideológico, no podemos renunciar a la aspiración a la construcción de una objetividad ni a las exigencias de distancia emocional y prueba basada en la refutabilidad propias de la profesionalidad académica. No son en este sentido aceptables las pretensiones de oponer victimólogos, como personas sensibles a los derechos de las víctimas, a penalistas, como seres preocupados por las garantías de los ofensores. En parecido sentido cabría argumentar respecto a criminólogos, psicólogos o psiquiatras. Ello no impide considerar la doble dimensión de la victimología como disciplina académica y como movimiento cívico, según posteriormente tendremos ocasión de comentar.

La pluralidad metodológica no empece para que desde la victimología se atienda de un modo especial a ciertos instrumentos, como sucede con las encuestas de victimización. A través de ellas se ha puesto de manifiesto el papel de la víctima como fuente de obtención de conocimiento sobre la criminalidad real. Aunque la relevancia de la aportación de las referidas encuestas ha sido puesta en ocasiones en tela de juicio, no debe menospreciarse su importancia si se trata de conseguir un conocimiento del delito centrado en los aspectos relacionados con la víctima, amén de su valor en gran medida insustituible como fuente de información que puede ser gestionada por agentes externos al poder y que puede complementar los datos oficiales, que ofrecen menos garantías de independencia.

Las encuestas de victimización, efectuadas según la metodología de tipo cuantitativo propia de las ciencias sociales, son especialmente útiles en la medida que se realizan según el modelo propio de la encuesta internacional de victimización, lo cual permite comparar datos entre diversos países en orden a valorar la relevancia de las cifras. De especial interés son las informaciones sobre factores de vulnerabilidad, modo de vida y miedo al delito o sentimiento de inseguridad. Los métodos cuantitativos pueden ser a su vez complementados por otros de carácter cualitativo, como los basados en historias de vida, que permiten obtener un conocimiento más profundo sobre experiencias de victimización. Las entrevistas según modelo de relato libre en las que se accede a las personas investigadas según la técnica de la "bola de nieve" pueden ser especialmente adecuadas en relación con colectivos vulnerables que se encuentran en situaciones de ilegalidad o alegalidad que los aproxima tanto a la realización de actos ilegales como a ser víctimas de delitos, como puede ser el caso de las personas que ejercen la prostitución, los inmigrantes sin papeles o los consumidores de drogas ilegales.

La información procedente de las fuentes hasta aquí referidas complementa la estadística criminal, que aporta datos de interés victimológico. Las denuncias de las presuntas víctimas de hechos delictivos son la primera fuente de información de carácter oficial. Desde hace unos años en España se dispone de un instrumento de análisis estadístico que facilita mucho el trabajo de los investigadores y permite alcanzar una mayor profundidad analítica. Se trata de un cuestionario unificado utilizado por los diversos cuerpos policiales con fines exclusivamente estadísticos, en los que se introducen datos relativos a la edad, sexo o nacionalidad de la víctima, relación con el autor[16], el lugar y hora del hecho, los medios empleados, el grado de realización del hecho delictivo y el resultado[17].

La importancia de la investigación victimológica ha sido reconocida no sólo por la comunidad científica, sino también en otros importantes foros de ámbito internacional. Así, la Recomendación 87/21 del Comité de Ministros del Consejo de Europa de 17 de septiembre de 1987, sobre la asistencia a las víctimas y la prevención de la victimización, recomienda comprobar mediante estudios de victimización y otros tipos de investigación las necesidades de las víctimas y las tasas de victimización, a fin de reunir los datos necesarios para desarrollar programas y estructuras de asistencia a las víctimas[18].

1.4. VICTIMOLOGÍA ACADÉMICA Y PRAXIS VICTIMOLÓGICA

El desarrollo de la victimología ha hecho aflorar múltiples focos de tensión. Uno de ellos ha sido la controversia entre una victimología teórica, ocupada de la investigación sobre las víctimas y la contribución de éstas al hecho delictivo, y una victimología práctica preocupada por el modo de hacer llegar a aquéllas asistencia y protección.

---

16 El programa prevé diez alternativas: ascendiente, descendiente, cónyuge, pariente, laboral, escolar, amistad, casual, otra y ninguna.

17 Vid. un estudio basado en este instrumento estadístico VALENZUELA RATIA (2002), "Víctimas de la actividad criminal", en "Boletín Criminológico", núm 60.

18 Deben finalmente considerarse los recursos difundidos a través de Internet, que facilitan el acceso a fondos documentales y bibliográficos. De especial interés es la página sostenida por el Gobierno holandés www.victimology.nl o la de la Sociedad Mundial de Victimología www.

La distinción entre una dimensión teórica y otra aplicada viene en realidad a cuenta de la propia evolución de la Victimología teórica, en la que se ha descrito el tránsito de una *Victimología del acto* a una *Victimología de la acción* (Herrera 1996, p. 92). La segunda, preocupada por la asistencia a las víctimas, habría sucedido históricamente a la primera, ocupada en el estudio causal-etiológico de la victimización. La primera fase, a menudo llamada clásica, de la Victimología, dominada por esta preocupación etiológica propia del espíritu del positivismo, ha sido superada por nuevas orientaciones, caracterizadas por una mayor dispersión, en la que abunda no sólo una perspectiva más aplicada, sino una mayor atención a los aspectos sociales de la victimización y a la prevención de la misma. Al haberse dedicado afanosamente los primeros estudios victimológicos al descubrimiento de la víctima como factor precipitante del delito, con cierto sarcasmo se ha objetado a la victimología teórica de ser "the art of blaming the victim" (Fattah 2000, p. 25). Así como pudo decirse, en tiempos ya lejanos, respecto al criminal, que "tout comprendre est tout justifier", eso es, que el estudio de la etiología del crimen no sólo suponía la comprensión del mismo sino que tendía en cierto modo a su justificación, también se han lanzado advertencias críticas contra la culpabilización implícita de la víctima que late en la labor clasificatoria propia de las tipologías victimales (Williams, 1999, p. 16-17). Por todo ello, se han desarrollado tendencias que tratan de poner el acento en el esfuerzo de desvelar las causas estructurales que conducen a la victimación o la favorecen, ya sean de carácter socio-económico o de carácter cultural, como las relacionadas con los prejuicios propios de la mentalidad patriarcal (según ha sostenido, por ejemplo, la Victimología feminista).

Por otra parte, el pensamiento tipológico puede considerarse propio de una etapa ya superada en que la victimología avanzaba por mimetismo respecto a la criminología, en la que también a su vez ha dejado de ocupar una posición central la cuestión de las tipologías criminales. En cualquier caso, el desarrollo posterior de las teorías victimológicas no puede considerarse inmune a tal modo de proceder mimético, como revela, por ejemplo, la teorización de una "Victimologia crítica" o la versión victimológica de la idea del etiquetamiento propia del "labelling aproach", al denunciarse los estereotipos y los efectos negativos derivados de la atribución de la condición de víctimas.

Con todo, entendemos que es hacedera una reconstrucción integradora, en la que pueda salvarse la dicotomía entre una victimología teórica potencialmente estigmatizadora y una praxis asistencial desprovista de un apoyo científico integral. Tan sólo mediante una adecuada comprensión del modo en que una persona se convierte en víctima cabe establecer las estrategias adecuadas para prevenir la victimización y para superarla ayudándole a salir de su condición de víctima. Y a la inversa: sólo una orientación aplicada hacia la desvictimización permite evitar un *modus operandi* etiquetador en el estudio de los procesos de victimización.

El surgimiento de la victimología debe ser entendido como una respuesta a la preocupación unidireccional que de modo secular ha caracterizado a la criminología y al Derecho penal por el ofensor. Tanto en el ámbito académico como en el forense puede todavía observarse esta orientación primordial hacia el ofensor, al tiempo que la sociedad protagoniza una evolución que se sitúa en la encrucijada entre la tradicional fascinación por el criminal (que revela por ejemplo la literatura o el cine) y una creciente sensibilidad hacia la víctima. Por otra parte, si nos centramos en lo que concierne al sistema de justicia penal, podemos comprobar como el modo en que la doctrina penal ha reaccionado al desarrollo de la victimología, que ha dado lugar incluso a lo que desde algunos sectores se ha calificado como "cambio de paradigma", es hasta el momento más expresivo de la recepción de la etapa clásica, positivo-causalista, de la victimología que de los posteriores desarrollos. Así, la denominada "victimodogmática", al tratar de acometer una reconstrucción de los tipos delictivos desde la perspectiva de la víctima, ha dado lugar a una disminución de la protección de la misma con arreglo a las coordenadas normativas del merecimiento y la necesidad de tutela a partir de la consideración de que el comportamiento propiciatorio del ofendido se traduce en una pérdida o disminución de su derecho a la protección penal[19]. Se echa en cambio de menos el empeño de emprender una tarea de reducción de la importancia que todavía desempeñan en la construcción dogmática del concepto de delito las consideraciones relativas a la dimensión interna de la conducta del autor en detrimento de los factores de interrelación entre infractor y víctima o de la valoración del impacto del hecho sobre ésta y el entorno social. También en relación con el proceso penal está pendiente una evolución legislativa y de la praxis forense en la que se conceda mayor atención a la posición de la víctima, en relación con sus derechos de información, iniciativa, protección, asistencia y reparación.

---

19 Me he ocupado extensamente de la victimodogmática en "La víctima en el Derecho Penal", 1998.

1.5. VICTIMACIÓN Y DESVICTIMACIÓN

1.5.1. Victimación: hecho traumático e impacto del mismo

La *victimación* es el proceso por el que una persona sufre las consecuencias de un hecho traumático. Para acometer un debido estudio del referido proceso es preciso distinguir dos dimensiones del mismo: por una parte, la consideración de los factores que intervienen en la precipitación del hecho delictivo o traumatizante; por otra parte, el impacto de tal hecho sobre la víctima, eso es, el modo de vivir la experiencia de victimación y el conjunto de condiciones de las que el impacto del hecho depende. En sintonía con el reconocimiento de esta doble dimensión, vamos a referirnos también a la distinción entre víctimas de riesgo y víctimas vulnerables Por *víctima de riesgo* se entiende la persona que tiene una mayor probabilidad de ser víctima; y por *víctima vulnerable*, aquella que, cuando ha sufrido una agresión, queda más afectada psicológicamente por lo ocurrido en función de la precariedad emocional[20].

La literatura victimológica se ha centrado fundamentalmente, cuanto menos en sus orígenes, en la primera dimensión. En la concepción de Von Hentig, el delito es consecuencia de la combinación de un proceso de criminalización y un proceso de victimación. Tal concepción permitía destacar las aportaciones complementarias de ambos protagonistas del hecho. Posteriormente se han producido enfoques en los que aparecían de algún modo considerados los dos aspectos. Así, ha señalado Fattah (1993, p. 121 ss) que la victimación es una experiencia individual, subjetiva y relativa culturalmente. El estudio de la victimación, en tanto que fenómeno complejo, obliga pues a considerar los factores de carácter individual, social y cultural que determinan el hecho de llegar a ser víctima que, por ota parte, condicionan y modulan el modo de vivir la referida experiencia.

En lo que atañe a la primera dimensión, la victimación entendida como precipitación, en el periodo clásico o fundacional de la victimología, adquirió un lugar predominante el estudio de las tipologías victimales, aunque en la actualidad interesa más la consideración de los factores de riesgo, lo cual resulta no sólo menos estigmatizante sino también más útil en orden a la prevención. El descrédito de las tipologías no debe pues

---

20 Vid. un mayor desarrollo de esta distinción, a propósito de las agresiones sexuales, Infra, 4.2.2.

entenderse como una constatación de la necesidad de rendirse a las doctrinas generales con pretensiones de explicar de modo reduccionista con arreglo a un esquema de validez universal procesos caracterizados por su complejidad, en los que resulta forzoso combinar elementos explicativos de carácter individual con otros de tipo social y normativo, lo cual permite advertir la utilidad de los enfoques multifactoriales[21]. Todo ello no supone excluir de modo absoluto el valor de ordenación conceptual del *modus operandi* tipológico, que en todo caso debe ser completado por otros criterios clasificatorios.

En lo tocante a la segunda dimensión, la victimación como impacto del hecho traumático (*victim impact*), el estudio científico ha discurrido en parte en torno a la categoría psiquiátrica del trastorno por estrés postraumático (*postraumatic stress disorder*), pese a que existe una tendencia creciente a poner en cuestión la utilidad de una categoría de perfiles tan generales[22]. El desarrollo científico en el conocimiento del impacto psíquico permite la evaluación del mismo, lo cual puede tener efectos en el orden jurídico, como el reconocimiento de derechos, la cuantificación de daños indemnizables o, en su caso, la determinación de la medida de la pena a imponer al responsable del hecho delictivo[23]. Al mismo tiempo pone de relieve el carácter anacrónico de algunos conceptos usados todavía en el ámbito jurídico, como el de "daño moral", de origen decimonónico, que induce una praxis judicial en la que son grandes los riesgos de irracionalidad en la cuantificación de indemnizaciones y de explotación de la condición de víctima.

---

21 Vid. sobre los problemas a que se deben enfrentar las tipologías SERRANO MAÍLLO, 2003, p. 149 ss.

22 De acuerdo con el DSM-IV, un acontecimiento traumático es aquel que supone una amenaza para la vida o la integridad física de la persona y del que se sigue una respuesta intensa de miedo, horror o desesperanza. Dentro de los amplios grupos de riesgo de padecer un Trastorno por estrés postraumático se citan, además de las víctimas de delitos, las de accidentes de tránsito, laborales, catástrofes naturales, accidentes domésticos, abusos y pacientes diagnosticados de enfermedades muy graves y/o incurables, además de los pacientes con procesos postoperatorios complicados.

23 Vid. WALKLATE, p. 146 ss.
Con la referencia a los efectos del impacto sobre la pena no pretendemos legitimar aquellos sistemas penales caracterizados por la previsión de efectos punitivos automáticos, que pueden llegar incluso, como ejemplo más extremo en la experiencia de los Estados Unidos, a que la imposición o no de la pena de muerte dependa de la valoración del impacto del hecho en la víctima.

Los modelos teóricos, más centrados en la primera de las dimensiones aquí considerada, se han construido en torno a factores a los que se asigna relevancia a la hora de describir y valorar la victimación en sus dos vertientes. Ofrecemos a continuación una fórmula de síntesis en la que se agrupan los elementos más significativos.

a) Factores individuales. Se incluyen aquí las diferencias individuales relevantes, tales como edad y género, o las características de personalidad[24]. Ésta última modula la respuesta individual al hecho traumático, que se ve modificada en función de la estrategia adaptativa utilizada, que puede determinar, a modo de ciclo vicioso, el riesgo de nuevos hechos victimizantes y, por consiguiente, la aparición de situaciones de victimación crónica. Se incluyen asimismo los elementos de riesgo adquiridos por aprendizaje (indefensión aprendida, asunción de roles, imitación).

b) Comportamiento de la víctima. Son de especial interés los factores relativos al estilo de vida (exposición a situaciones de riesgo), adopción de comportamientos peligrosos, ya sean de tipo provocador o que inciden en una disminución de las posibilidades de autoprotección, o las actitud poco precavida en la defensa de sus bienes jurídicos. La asociación diferencial, así como las adicciones (drogas, alcohol, juego, grupos y relaciones personales) surgen como un importante factor de vulnerabilidad de sufrir victimación y a la vez de resistencia a la acción desvictimizadora. El contacto con infractores y con actividades ilegales, tales como prostitución o tráfico de drogas, es una poderosa fuente de riesgo.

c) Ofensores. Las características del ofensor, su relación con la víctima, las motivaciones en la elección de la misma, son en determinados casos elementos clave. Algunos sucesos victimizantes se explican básicamente por esta clase de consideraciones, unidas a las de oportunidad, cuando se trata de víctimas elegidas al azar. Al margen de ello, la vivencia posterior al hecho por parte de la

---

[24] La descripción de una predisposición o propensión victimal no supone la asunción de explicaciones "deterministas" como las que antaño se habían referido a la existencia de víctimas natas (vid. HERRERA MORENO, p. 205-208) o la confirmación de la existencia de prototipos de víctimas universales como el "typus melancolicus", al que aludía TELLENBACH, caracterizado por una tendencia predepresiva (vid. HIRIGOYEN, cit., p. 134).

víctima se encuentra en muchos casos condicionada por la naturaleza y las motivaciones del ofensor.

d) Oportunidad. Los factores de oportunidad son algunos de los elementos externos a la víctima con mayor poder de explicación. De especial interés son la ausencia o la escasez de recursos de seguridad y la peligrosidad de determinados espacios y tiempos.

e) Factores sociales. Cabe incluir aquí todos los riesgos derivados de la estructura social, los elementos ambientales, la deprivación, la estigmatización o marginación de determinados colectivos de personas, que permite identificarlos como objetivos a agredir. La reacción del entorno frente al delito constituye asimismo un factor de modulación del impacto del mismo, siendo fundamental el grado de reconocimiento y de apoyo emocional.

También aparecen coincidencias significativas en las clasificaciones fundamentales de las formas de victimación. Destacamos entre ellas la que distingue entre *victimación ocasional y victimación prolongada*. La reacción ante el hecho victimizante aparece modulada según que éste sea ocasional o repetido, de modo que la aparición de víctimas crónicas depende en gran medida del carácter crónico de la situación, como se refleja, por ejemplo, en supuestos de violencia doméstica.

1.5.2. Victimación primaria, secundaria y terciaria

El carácter complejo del proceso de victimación explica que sea habitual distinguir entre victimación primaria, secundaria y terciaria.

La *victimación primaria* es el proceso por el que una persona sufre, de modo directo o indirecto, daños físicos o psíquicos derivados de un hecho delictivo o acontecimiento traumático. Los daños no se limitan a los que suponen una afectación al bien jurídico protegido. Así sucede a menudo, por ejemplo, con los daños psíquicos derivados de los delitos sexuales, ajenos a la ofensa contra el bien jurídico libertad sexual, o de delitos patrimoniales como el robo en el domicilio.

La *victimación secundaria* constituye el conjunto de costes personales que tiene para la víctima de un hecho delictivo su intervención en el proceso penal en el que éste es objeto de enjuiciamiento. El concepto comprende los efectos traumatizantes derivados de los interrogatorios policiales o judiciales, la exploración médico-forense o el contacto con el ofensor en el juicio oral. En un sentido más extenso cabe también considerar los efectos del tratamiento informativo del suceso por parte de los medios de comunicación.

La *victimación terciaria* es el conjunto de costes de la penalización sobre quien la soporta personalmente o sobre terceros. Este concepto tiene que ver con la idea de que los costes del delito sobre las personas y sobre la sociedad deben ser ponderados con los costes de la penalización del infractor para él mismo, para terceros o para la misma sociedad[25]. Son, en este sentido, estudios victimológicos los que versan sobre los niveles de ansiedad de los internos en centros penitenciarios, sobre los hijos de mujeres encarceladas que conviven con sus madres en prisión o sobre el impacto del encarcelamiento sobre las personas que dependen económicamente o emocionalmente del penado.

La comprensión amplia de los procesos de victimación que late tras los conceptos aquí expuestos puede ser todavía completada mediante una referencia a los procesos cognitivo-conductuales subsiguientes a la criminalización por parte del infractor. Las estrategias de neutralización de la responsabilización por el hecho cometido pasan a menudo por una atribución de la responsabilidad a la víctima. Ello redunda en una revictimación en la medida en que al agravio sufrido por ésta se une el ser objeto de la atribución externa efectuada por el infractor. Para poder ponderar el alcance de este efecto de revictimación debe además tenerse en cuenta la tendencia espontánea de la víctima a experimentar sentimientos de culpa, frecuente en ciertos delitos, que puede verse reforzada por la actitud del infractor que atribuye a la víctima un comportamiento provocador o imputaciones de hechos inexistentes.

La consideración del conjunto de elementos asociados a la victimación lleva a conceder una especial atención a la *estigmatización de la víctima* o a la *exclusión simbólica*. Es éste un mecanismo que excluye a una persona de la comunidad humana (López, 1997, p. 85), lo cual lleva a entender el sentido de la reacción social frente al delito como un mecanismo de reintegración simbólica. Este mecanismo puede tener un efecto compensatorio de exclusión del infractor o puede sublimarse o expresarse en formas progresivamente refinadas a través del sistema de justicia penal o de los instrumentos propios de la justicia reparadora, en

---

[25] En un sentido amplio incluyen algunos autores en la victimación terciaria en general a todas las personas victimizadas por el sistema penal, aunque el concepto parece excesivo por llegarse a confundir con el de victimación secundaria.

este caso con una aspiración a que la reintegración de la víctima sea algo más que simbólica. En todo caso, la persecución de este objetivo es compatible con la finalidad de la reinserción social del infractor.

1.5.3. Desvictimación

El otro foco de interés de la victimología es la *desvictimación*, proceso complejo en el que intervienen múltiples factores y múltiples actores. Ha sido definida como un proceso de reparación o de reconstrucción (López, 1997, p. 172). La reparación, así entendida, no en el sentido de indemnización de perjuicios, pasa por el reconocimiento social y la asistencia, amén de la prevención de la revictimación. Con la formulación de la desvictimación como aspecto nuclear de la victimología se sitúa en un lugar preferente la reintegración social de la víctima y se trata de conjurar riesgos tales como la estigmatización de la víctima, la instalación en la victimación, la explotación de la condición de víctima real o supuesta, la transmisión de la imagen de una posible rentabilidad de la atribución de la etiqueta de víctima o incluso, como en algún momento se ha advertido, el riesgo de la construcción de una "sociedad de víctimas". Así como la acción preventiva debe tener como objetivo las victimas *potenciales*, la intervención con las víctimas *reales,* una vez se ha producido ya el hecho traumático, debe orientarse fundamentalmente a la desvictimación.

Los *actores* implicados en esta tarea son, principalmente, el sistema de justicia penal, las policías, los servicios sociales y los profesionales médicos o psicólogos que realizan labores de asistencia. Con todo, la proyección social adquirida por las víctimas produce una ampliación de los actores, de modo que entre éstos se encuentran los responsables políticos y los colectivos profesionales con responsabilidad social, como los medios de comunicación, o los agentes morales (por ejemplo, las instituciones religiosas). Los comportamientos y actitudes de los diversos actores pueden coadyuvar de modo eficaz a la superación de la situación de víctimación, que es, junto al reconocimiento, la principal necesidad objetiva de las víctimas. Por ello resulta del máximo interés estudiar mecanismos que permitan hacer efectivo el reconocimiento de la condición de victimas, la manifestación simbólica de su sufrimiento, como algo independiente de los efectos que puedan derivarse de la misma.

También las entidades de apoyo a las víctimas y las asociaciones de víctimas deben tender hacia el objetivo de la desvictimación. Como se desarrollará más adelante, el asociacionismo victimal puede ser un importante instrumento de apoyo a las víctimas, que les permita afrontar su situación desde la comunicación, el trabajo solidario, la elaboración del duelo, la sublimación de instintos de venganza mediante el acometimiento de objetivos social y personalmente provechosos o la presión política para hacer llegar sus inquietudes y necesidades o lograr que se hagan efectivas acciones sociales de apoyo, indemnización o reconocimiento. Pero no pueden olvidarse los riesgos inherentes a estas asociaciones, en la medida que, en el orden psicológico, puedan alimentar más la instalación en la victimación que la superación de la misma, o, en una dimensión social, puedan actuar al servicio de una política criminal demagógica.

1.6. PREVENCIÓN

Uno de los campos más abiertos en el desarrollo de la victimología es la prevención de la victimación. La prevención es, de entrada, la finalidad principal del sistema penal. Entendido el Derecho penal como instrumento de resolución de conflictos, la pena estatal tiene una doble dimensión preventivo-general y preventivo-especial de la criminalidad, de acuerdo con la misión general de tal rama del Derecho de protección de los bienes jurídicos más relevantes para la convivencia. El sistema penal previene delitos y previene a la vez la satisfacción de los instintos de venganza y la respuesta punitiva espontánea, con lo que pone freno a la escalada de la victimación que derivaría de la legitimación de la autotutela o de la anarquía punitiva. Pero la prevención en sentido victimológico va mucho más allá de la prevención a través del sistema penal, lo cual confiere a la disciplina de la que aquí nos ocupamos una amplia proyección. La victimología alcanza así no sólo a los medios de autoprotección de personas o colectivos de riesgo sino a cuestiones que afectan a las políticas públicas, como los programas basados en la reducción de riesgos, o a cuestiones relativas a la salud pública o modelos de intervención policial. Es este un terreno en el que la victimología se cruza con la seguridad o con lo que en el ámbito anglosajón se ha denominado "community safety" (Hugues/McLaughlin/Muncie) e incluso con la arquitectura, el urbanismo o la organización escolar o empresarial.

Se suele distinguir entre prevención primaria, secundaria y terciaria. La *prevención primaria* actúa sobre la comunidad, a base de mejorar las condiciones de seguridad colectiva y de bienestar del entorno. La *prevención secundaria* se produce en las víctimas potenciales, especialmente entre los colectivos más vulnerables, a través de estrategias de autoprotección y de reducción de riesgos. La *prevención terciaria* supone la intervención sobre quienes ya han sido víctimas, al objeto de evitar el riesgo de revictimación.

La puesta a disposición de las víctimas de medidas de protección hallará por lo común respuestas de tono crítico, si con ello se inducen dinámicas de estigmatización de ciertos colectivos o si se pretende formular en clave de deberes de autodefensa determinadas medidas que pasen a formar parte de una vida social normalizada en torno a la estandarización de tales medidas, con la consiguiente negación de la protección a quien haya adoptado un modo de vida poco escrupuloso frente a ciertos riesgos[26]. También el desarrollo vertiginoso de la seguridad privada plantea inquietantes cuestiones en un modelo de sociedad que ha optado, como mal menor, por el monopolio de la violencia por parte del Estado. Incluso son objeto de habitual controversia los programas que tienden a intensificar el control, como los de policía de proximidad, que a menudo son vistos como amenazas de reducción de los espacios de libertad. Pero, más allá de advertir los riesgos de todo exceso de intervencionismo, poco o nada podrá reprocharse a las actuaciones públicas que se centren en el ofrecimiento de información a los colectivos de mayor riesgo, tales como menores, jóvenes que acuden a ciertos locales, población extranjera o turistas.

Desde una perspectiva victimológica debe denunciarse la falacia consistente en equiparar mayor protección de las víctimas con mayor protección penal. La política criminal debe estar atenta en general, como ya se ha indicado, a la necesidad de ponderar los costes de la penalización con los beneficios esperados en términos de prevención, y en especial a los efectos negativos inducidos por la intervención penal sobre las mismas víctimas. En el ámbito de la lucha contra la violencia doméstica se han puesto de manifiesto de modo especialmente patente los riesgos de reproducción y agravamiento de la victimación derivados del recurso a la prisión o a otros automatismos punitivos, tales como la imposición obligatoria de medidas de alejamiento entre víctima e infractor (Hugues/McLaughin/Muncie, p. 63-64).

---

26 HUGUES / McLAUGHIN/MUNCIE (p. 61) recuerdan que, así como el enfoque individualista centrado en políticas orientadas hacia la víctima puede ser visto como problemático en diversos aspectos, suscita menos controversia la intervención sobre el entorno, como sucede con las políticas orientadas hacia el espacio público.

1.7. VÍCTIMAS Y AGRESORES

1.7.1. La pareja criminal

La relación entre la víctima y su agresor constituye un aspecto de máximo interés. Así pudo referirse Von Hentig a la "pareja criminal" y a la vinculación existente entre el agresor y su víctima, interacción que sería objeto de una reversión por parte de Schaffer al referirse a la víctima y su agresor, poniendo el acento en la primera. Más allá del esquematismo propio de las explicaciones del hecho criminal basadas en la idea de *victim precipitation,* un reto de mayor actualidad radica en la indagación del modo en que la naturaleza del agresor modifica la vivencia de la victimación y las estrategias de desvictimación. El impacto psíquico de la agresión humana entraña un suplemento de aflicción con respecto al daño sufrido, de lo que se colige que el referido suplemento podrá adquirir dimensiones mayores o menores según las características del delito, del delincuente y de la reacción del entorno social ante el hecho victimizante. Sin embargo, la victimología es rica en situaciones que se resisten a enfoques bilaterales centrados en la interacción entre víctima y agresor.

1.7.2. Delitos sin víctima

La singularidad de la victimología se ha puesto de manifiesto en la existencia, habitualmente señalada, de delitos sin víctima. A menudo esta constatación se ha utilizado, incluso de modo excesivo, en sentido crítico frente a la existencia en los Códigos penales de esta clase de delitos. En el ejercicio de la potestad de castigar, al servicio de la protección de bienes jurídicos de la sociedad, el Estado puede optar por la incriminación de conductas en las que no hay víctimas individualizables, especialmente cuando se trata de proteger bienes juridicos sociales o estatales. Con todo, desde un punto de vista victimológico, la existencia de víctimas no depende de que se haya producido un daño indemnizable. Así, por ejemplo, cabe identificar, en sentido amplio, como víctima de una tentativa de homicidio a la persona a quien el autor de la acción homicida intentó dar muerte, o a las personas cuya vida o salud ha sido puesta concretamente en peligro en determinados delitos de riesgo. En supuestos de esta naturaleza cabrá examinar la posible conveniencia de medidas de protección o de apoyo a las personas que pueden padecer una situación de riesgo o hayan sufrido el impacto psíquico del hecho.

1.7.3. Víctimas sin agresores

En la situación inversa hallamos los supuestos de víctimas sin agresores. Los procesos de victimación se distinguen, así, según exista o no agresor y, en caso afirmativo, en función del grado de vinculación previa y posterior al hecho entre éste y la víctima. En muchos supuestos el destino de la víctima[27] puede quedar fatalmente unido al del ofensor, ya sea en el plano social o en el psíquico. Los casos en que no exista agresor, por tratarse de un hecho traumático de carácter natural, pueden presentar algunas particularidades, que pueden ir desde la mayor facilidad de asunción y elaboración personal del hecho o de reintegración social al no depender ésta de la respuesta del agresor o su entorno, a las dificultades que puede suponer la imposibilidad de atribuir la responsabilidad por el hecho, que puede propiciar en la víctima una autoculpabilización o preocupaciones de carácter metafísico o existencial. El vacío provocado por la ausencia de un agresor puede llevar a la víctima a emprender un proceso de búsqueda del responsable, por sendas de mayor o menor racionalidad, proceso que, en las sociedades secularizadas, con relativa frecuencia acaba concretándose en la exigencia de responsabilidad al Estado por no haber previsto, prevenido o evitado el hecho.

En el plano normativo, la inexistencia de un responsable humano de la desgracia o de que la responsabilidad humana sea de escasa relevancia puede determinar la falta de respuesta y, en concreto, el no reconocimiento de un derecho a indemnización. Como se examinará en el momento oportuno, las víctimas de un delito doloso violento o contra la libertad sexual tienen derecho en la mayor parte de países europeos a un resarcimiento a cargo del Estado. Si en cambio son víctimas de delitos imprudentes o de delitos no violentos (por ejemplo, hurtos o robos) la obtención de una reparación económica dependerá de la solvencia del autor que resulte condenado por el delito, a salvo del efecto de la cobertura de un contrato de seguro, en ocasiones obligatorio, en ciertos delitos, como los robos, los relacionados con el tráfico automovilístico o las imprudencias médicas. Si ni tan siquiera existe responsable del hecho, la víctima no tiene derecho a indemnización y queda a merced de las decisiones políticas que puedan adoptarse ante ciertas catástrofes

---

27 Así lo revela el estudio realizado en Suecia por ÖSTERGREN, P, "Sexworkers Critique os Swedish prostitution Policy", vid. www.petraostergren.com/english, 21-03-2005.

naturales o de los posibles gestos de solidaridad de personas o grupos. Ello acarrea, además, la consecuencia negativa del riesgo de imputaciones desmesuradas de responsabilidad a personas concretas para obtener una compensación económica de éstas o de entidades privadas o instituciones públicas que puedan resultar responsables civiles del hecho cometido por sus empleados o funcionarios.

1.8. LA REACCIÓN SOCIAL FRENTE A LA VÍCTIMA: DE LA COMPASIÓN A LA SOLIDARIDAD

La reacción social frente a las víctimas contribuye a modular, según se ha dicho, la vivencia de la victimización y las posibilidades de la desvictimización. Así como el reconocimiento de la condición de víctima por parte del entorno tiene efectos reparadores, pues alivia el sufrimiento, la negación o la indiferencia echa sal en la herida. El riesgo de ausencia de una respuesta reparadora del entorno es mayor si el infractor no se encuentra socialmente aislado sino integrado en un colectivo que le ampara o justifica. Por otra parte, pese a que el reconocimiento, la inclusión social y el apoyo moral tiende en todo grupo humano a simbolizarse, allí donde hay más proximidad humana el potencial desvictimizador es mayor.

La historia de la reacción social ante a las víctimas puede en buena parte describirse como la transición de una actitud caracterizada por la compasión individual a la implantación de mecanismos de solidaridad. Pese a los orígenes comunitarios de la idea de víctima, a que nos hemos referido con anterioridad, la evolución social que aquí tratamos de subrayar se corresponde en buena medida con el tránsito de lo privado a lo público que es propia del desarrollo del Estado del bienestar. En la lógica propia de este modelo de sociedad, caracterizada por la elevación de la idea de solidaridad a principio de organización colectiva, el Estado ha ido asumiendo progresivamente funciones de expresión y gestión de esta solidaridad. A partir del momento en que la sociedad ha ido percibiendo que el Estado se hacía cargo de tales funciones, la espontánea y natural reacción del entorno social basada en la expresión de sentimientos, más o menos sinceros, de dolor compartido con las víctimas se ha ido relajando. Asimismo, la profesionalización de la atención a las víctimas induce un efecto de inhibición o cierta despreocupación por las mismas. La imagen del psicólogo comisionado por la Administración para atender a un accidentado o al familiar de una víctima mortal ha sustituido ya en nuestro escenario cotidiano, tan condicionado por los medios de comunicación audiovisual, a las escenas presididas por las muestras de compasión y apoyo entre parientes, vecinos y conocidos.

El verdadero cambio que tratamos de describir no se produce propiamente por la irrupción de la idea de solidaridad, que, en su sentido etimológico, no se halla muy lejana del, hoy ya más *demodé,* concepto de compasión (pese a que es utilizado todavía en la Declaración de Principios básicos de 1985), pues a ambas es común el hecho de ponerse en el lugar de otro, ya sea para "sentir con" o para "responder por" el otro. Lo novedoso es que la solidaridad tiende en gran medida a institucionalizarse, a sublimarse en el regular y debido ejercicio de las competencias asignadas a los correspondientes actores del "Estado benefactor". La cuestión principal que ello nos plantea es la de si, en cierta medida, es preferible ser víctima hoy o haberlo sido en una sociedad tradicional y, por consiguiente, la indagación de los efectos que pueden derivarse sobre la experiencia del hecho de ser victima de la despersonalización de la respuesta del entorno.

No sería sensato ni justo poner en duda la mejoría que supone la atribución de derechos a las víctimas en los diversos órdenes que aquí precisamente hemos considerado y que aquí defendemos. Pero tampoco lo sería ignorar que en buena medida es más duro sentirse víctima en una sociedad que trata de expulsar el fracaso, la desgracia o lo imprevisto de la vida cuotidiana y que, al tiempo que predica y en parte practica la solidaridad, promueve, incluso contradictoriamente, la competitividad como vía de promoción social. Las sociedades avanzadas disponen de mecanismos más sutiles, más ocultos pero no menos eficaces que las sociedades tradicionales, para la identificación, clasificación, segregación y sujeción a reglas de las personas afectadas por la desgracia. Por otra parte, no pueden olvidarse las ambigüedades que entraña el etiquetamiento como víctima. Determinados colectivos humanos, de gran interés criminológico, son especialmente reveladores de la proximidad y reversibilidad de los roles de infractor y víctima, como son las personas que ejercen la prostitución o las drogodependientes. Significativamente, diversas organizaciones de prostitutas se han pronunciado contra leyes de tono paternalista, como la vigente en Suecia desde 1999, argumentando que al ser definidas como víctimas, en vez de trabajadoras del sexo, se confirma el rechazo social que secularmente han padecido de las mismas y su estigmatización. El argumento es sólido: se las califica como víctimas porque se presupone que hay algo intrínsecamente malo en la actividad que realizan, por lo que sufren discriminación incluso por parte del sistema jurídico, como, por ejemplo, cuando se les deniega el derecho a obtener la custodia de sus hijos por su dedicación a tal actividad.

Con todo, disponemos en la actualidad de nuevos recursos para hacer frente a la tendencia de signo despersonalizador que venimos señalando. Un hito de gran trascendencia lo constituye la toma de conciencia respecto al valor de la empatía como elemento fundamental de la inteligencia interpersonal o emocional y, en consecuencia, de su validez como factor protector ante el riesgo de agresión y como objeto de una reconstrucción cognitivo-conductual en el ámbito del tratamiento penitenciario. En este sentido, el "cambio de paradigma" que supone la Justicia reparadora descansa, entre otros elementos, en el recurso a las habilidades propias de la inteligencia emocional y la comunicación y en la sustitución o complementación, según las orientaciones, del *modus operandi* propio del sistema de justicia por un diálogo reparador en el que pueda ofrecerse una respuesta de signo reparador a la víctima, a la sociedad y al infractor.

1.9. LA RESPUESTA JURÍDICA A LA VICTIMACIÓN Y LOS DERECHOS DE LAS VÍCTIMAS

La consideración de las víctimas en un sentido amplio obliga a tener en cuenta las diversas respuestas de que dispone el Ordenamiento Jurídico, no sólo la de carácter penal, sujeta a rígidos límites de corte formal y material. Pero incluso si centramos nuestra atención en las víctimas de hechos delictivos, la reacción punitiva no agota las respuestas, dado que la efectiva realización de la justicia penal, concretada en la imposición de una pena al responsable del hecho delictivo, exige que se hayan dado una serie de condiciones fácticas y jurídicas en el caso concreto: que el delincuente haya sido puesto a disposición de la justicia y que en el marco de un proceso penal con todas las garantías haya sido hallado responsable del hecho y que no concurra ninguna causa que excluya el carácter antijurídico, culpable y punible del hecho. Todavía podemos ir más allá. La condena penal del infractor tampoco asegura la satisfacción de todos los derechos de la víctima, pues el mismo puede ser insolvente y además el Estado puede carecer de mecanismos eficaces para compelerle al pago, máxime si se considera el principio que prohíbe la prisión por deudas. Por último, habrá que reconocer que la compensación económica, aun en los supuestos en que la misma se haga efectiva a cargo del propio ofensor, no satisface plenamente los intereses y expectativas de las víctimas. Veremos pues, como conclusión de este apartado, cuáles de estas expectativas tiene sentido considerar y formular como derechos, lo que será desarrollado en temas posteriores.

La primera respuesta a considerar es la propia del *Derecho privado.* La *responsabilidad civil* es un mecanismo de compensación económica establecido a favor de quien ha sufrido un daño injusto. Los Códigos civiles, a partir del modelo del Código napoleónico, adoptaron un sistema de responsabilidad extracontractual basado en el dogma liberal de la libertad individual, en el que la responsabilidad aparecía vinculada a la culpa. Sin embargo, la mayor complejidad de las sociedades industriales llevó a una progresiva desvinculación entre la responsabilidad civil y la culpa y al consiguiente surgimiento de la responsabilidad objetiva o fórmulas análogas, como la responsabilidad por riesgo o la *strict liability* anglosajona. Conforme a esta evolución, la responsabilidad se socializa, bajo el presupuesto de que quien ha creado un riesgo debe gestionarlo y responder por las consecuencias del mismo, o que quien se beneficia del riesgo debe pechar con la obligación de reparar a los que sufran sus efectos, argumento que se puede elevar a escala social si se trata de actividades socialmente útiles, o, en términos económicos, que los costos de una actividad arriesgada deben ser distribuidos entre el mayor número de sujetos (Roca, p. 26-27). La consecuencia de la desvinculación entre culpa y responsabilidad civil es la consideración de la víctima como interés preferente, pues su derecho a ser reparada no se hace depender de condiciones de imputación subjetiva respecto a quien debe soportar el deber de reparar, o en todo caso tales condiciones adoptan perfiles muy tenues en un sistema de imputación fundamentalmente objetiva. Al mismo tiempo, las exigencias procesales aparecen mucho más relajadas que en el seno de una acción penal, pues no rige la presunción de inocencia ni otros derechos de quien es imputado penalmente.

En las sociedades desarrolladas se ha generalizado la contratación de seguros privados. En lo tocante a la responsabilidad civil, el contrato de seguro es un sistema de transferencia de la responsabilidad por un hecho futuro e incierto, por el que el asegurador se obliga al pago de las indemnizaciones derivadas de la causación de un daño reparable por parte del asegurado. El sistema es una forma eficaz de dar satisfacción a las víctimas y en algunos casos el Estado lo exige de modo obligatorio en la medida que la autorización de una actividad supone la asunción de un riesgo para terceros, como sucede en la conducción de vehículos de motor. Asimismo, la ley refuerza la efectividad del sistema con medidas que atienden como interés prioritario al derecho de las víctimas a ser reparadas, como la previsión de la condena judicial al asegurador como responsable civil directo (art 117 CP). Por otra parte, también las potenciales víctimas pueden contratar seguros para prevenir los perjuicios que puedan derivarse de determinadas contingencias. Algunos autores han advertido que la evolución del Derecho de daños ha llevado a que éste funcione de hecho como un seguro, de modo que la objetivización de la responsabilidad civil implica que ésta asume no sólo una función compensatoria, sino también una función distributiva, amén de una función reparadora del orden jurídico y social alterado por la contingencia dañosa (Salvador Coderch, 1997, p. 107-111).

Nos centramos en segundo lugar en el *Derecho público*. La posición de la víctima en el sistema de justicia penal es muy distinta, ya que a través del mismo se trata de satisfacer unos intereses que esencialmente no son los de la víctima del hecho delictivo cometido, sino los de la sociedad a prevenir delitos futuros. Los intereses de la víctima real deben conjugarse pues con los de las víctimas potenciales y con los del imputado, cuyos derechos fundamentales se verían seriamente mermados, dada la naturaleza gravemente aflictiva del "remedio penal", si no se minimiza el riesgo de sufrir una injusta condena. En el seno de un Estado de Derecho, el ejercicio de la violencia es monopolio exclusivo del Estado, lo que conlleva la prohibición de la venganza y la autotutela, y un cierto efecto inevitable de neutralización de la víctima y de "expropiación del conflicto". Ello no impide afirmar que la víctima tiene una serie de derechos que el Estado debe respetar como parte de las reglas del juego, también en el ejercicio por parte de éste de la potestad punitiva. Además, los intereses de quien ha sufrido un hecho injusto no pueden ser ajenos a un Estado que se define constitucionalmente como social, que predica la justicia y la igualdad como valores superiores (art 1 CE) y que eleva la dignidad humana a fundamento del orden y la paz social (art 10-1 CE). La dignidad de la víctima exige al Estado una protección de la misma para prevenir el riesgo de que sea burdamente instrumentalizada al servicio de los intereses colectivos.

Las limitaciones del Derecho penal para satisfacer los intereses de la víctima han llevado al desarrollo de otros mecanismos por parte del Derecho público, fundamentalmente de carácter administrativo. A través de los mismos se trata de hacer efectiva la responsabilidad social ante el delito y se viene a paliar el frecuente problema de la insolvencia de los infractores. Nuevamente los principios de igualdad y libertad juegan aquí un papel fundamental, en lo que va más allá de la lógica utilitaria del análisis económico del Derecho. El mandato constitucional dirigido a los poderes públicos a fin que aseguren que la igualdad de los ciudadanos sea real y efectiva (art 9-2 CE) requiere una actuación positiva por parte del Estado orientada a la socialización del riesgo y al reparto entre todos los ciudadanos de los costes de una libertad que todos los ciudadanos pueden disfrutar. España ha adoptado en 1995 un sistema público de indemnización a las víctimas de los delitos violentos y contra la libertad sexual (Ley 35/95, vid Infra cap 8), en cumplimiento de una recomendación del Consejo de Europa de 1983, que opera de modo subsidiario a la responsabilidad civil derivadas del delito. Con ello se confiere una dimensión general a una vía establecida antes sólo de modo particular para los delitos de terrorismo. La dualidad de sistemas y de criterios indemnizatorios a que ello ha dado lugar es hoy difícilmente justificable, pues pone en cuestión el principio de igualdad. Finalmente, el examen de las vías de reparación propias del derecho administrativo lleva a hacer mención de la facultad de quienes hayan sufrido un daño como consecuencia de un funcionamiento indebido de un servicio administrativo de efectuar una reclamación por responsabilidad patrimonial de la Administración, vía establecida con carácter complementario respecto a la responsabilidad civil de los entes públicos[28].

Una exposición sintética de los derechos de las víctimas se hace difícil a partir de un concepto general de víctima, pero resulta más hacedera la formulación sistemática de los derechos de las víctimas de hechos delictivos:

a) Información: la víctima tiene derecho a ser informada por parte de los servicios públicos respecto al proceso penal y los recursos y prestaciones a que tiene derecho. En la medida que la información es poder, es presupuesto de la capacidad de ejercicio de otros derechos. Especialmente problemática aparece la forma de concretar el derecho a conocer las decisiones sobre el imputado que puedan afectarle.

28 El art 121 CP configura un sistema de doble vía de la responsabilidad civil y la patrimonial derivada del funcionamiento normal o anormal de los servicios públicos, prohibiendo la duplicidad indemnizatoria.

b) Protección: la protección de la víctima reclama la adopción de medidas dirigidas a minimizar el impacto del proceso sobre la misma, especialmente en sus comparecencias y declaraciones en calidad de testigo, y a velar por su seguridad frente a amenazas o represalias.

c) Participación: la víctima en algunos casos tiene el derecho a ser oída y también a canalizar sus pretensiones en el proceso por los medios válidos en Derecho. El desarrollo de formas de justicia restaurativa es también una vía por la que se puede hacer efectiva la eventual voluntad de la víctima de adoptar una conducta participativa.

d) Asistencia: la víctima tiene derecho a obtener asistencia psicológica y en su caso psiquiátrica y a beneficiarse de programas de apoyo social, a través de oficinas públicas o de servicios independientes gestionados por organizaciones no gubernamentales, con financiación a cargo de fondos públicos, además de asistencia jurídica.

e) Reparación: la reparación del daño y la compensación económica a que da lugar la responsabilidad civil no agotan el derecho de la víctima a ser reparada, que comprende también una dimensión inmaterial, que puede concretarse en formas de satisfacción moral en el propio proceso penal (por ejemplo, la declaración del impacto psíquico del hecho en la sentencia) o en una actividad o conducta del ofensor en el marco de un proceso restaurativo informal. Estas necesidades de reparación no pueden ser descalificadas de modo generalizado como irracionales.

Es sin embargo muy discutible la oportunidad de reconocer un derecho de la víctima a la acción penal, que supone para ella una carga innecesaria. En los Ordenamientos que, como el español, acogen la acusación particular por parte del perjudicado, hay que aclarar que en todo caso la víctima no ejerce un derecho propio a obtener una pena. La víctima, además, no puede tener disponibilidad sobre la acción penal ni sobre la imposición o ejecución de la pena, salvo los supuestos que de modo excepcional lo admite el Derecho, como sucede en los delitos privados (honor). Ni que decir tiene que el Ordenamiento jurídico no reconoce un derecho a la venganza. Del Código Penal se ha suprimido incluso, desde 1983, la circunstancia atenuante de responsabilidad de vindicación de una ofensa grave, lo cual lleva a someter las acciones vengativas a las exigencias del estado pasional como causa de atenuación de la pena (art 21-3 CPE).

El reconocimiento de los derechos de las víctimas ha encontrado una plasmación creciente en el ámbito internacional. Punto de partida de esta evolución ha sido la Declaración de los derechos de las víctimas del delito y del abuso de poder aprobada por la Asamblea General de las Naciones Unidas en 1985. El documento entiende como víctimas todas aquellas que de modo personal o colectivo han sufrido daño físico o psíquico, sufrimiento emocional, perjuicio económico o una violación sustancial de sus derechos fundamentales. En lo tocante a la inserción y concreción de estos derechos en el seno del proceso penal, el Estatuto de Roma de 1998, por el que se regula la Corte Penal internacional, ha supuesto un significativo espaldarazo. En el Estatuto se proclama un principio general en virtud del cual los órganos de la Corte deben tener en cuenta las necesidades de las víctimas, en particular los niños, ancianos, personas con discapacidad y víctimas de violencia sexual y violencia de género, y se adoptan medidas de protección de las víctimas y testigos, vías de participación en el proceso, mecanismos de representación y previsiones dirigidas a la satisfacción de los derechos de información y reparación.

Posteriormente, la Comisión de Derechos Humanos del ECOSOC ha aprobado el 13 de abril de 2005 la Declaración de Principios básicos sobre la reparación a las víctimas de graves violaciones de los Derechos humanos y del Derecho internacional humanitario. Se establece el derecho de las víctimas a un tratamiento respetuoso, al acceso a la justicia, la adopción de medidas que eviten la victimación secundaria y la reparación. Uno de los aspectos más relevantes del documento es el amplio desarrollo de los contenidos de la reparación, que se estructuran en cinco apartados: restitución, compensación, rehabilitación, satisfacción (que incluye el establecimiento de la verdad de un modo adecuado a los intereses de la víctima, la disculpa pública y una declaración oficial) y garantías de no repetición. Asimismo, el ECOSOC ha aprobado el 22 de julio de 2005 las Directrices de la Justicia aplicables a los Niños víctimas y testigos de delitos, que desarrolla los derechos de información, audiencia, asistencia efectiva, seguridad, reparación y respeto a la privacidad.

En el ámbito del Consejo de Europa, merece destacarse, amén de la Recomendación ya citada de 1983, la Recomendación 87/21, del Comité de Ministros del Consejo de Europa, de 17 de septiembre de 1987, sobre la asistencia a las víctimas y la prevención de la victimación. En este último documento se recomienda a los Estados que desarrollen, entre otras, labores de impulso de la investigación, en especial los estudios de victimación, de sensibilización social, de fomento del voluntariado y experiencias de mediación, y de creación y desarrollo de servicios de apoyo y asistencia a las víctimas.

De especial importancia es la Decisión Marco europea de 15 de marzo de 2001, por ser una norma vinculante emanada de la Unión Europea, que configura unas reglas mínimas constitutivas de un estatuto de la víctima en el proceso penal, en torno a los derechos de información, participación, protección, asistencia y reparación antes comentados. Además prevé la introducción de la mediación en relación con aquellas infracciones penales para las que la misma se considere adecuada en la legislación nacional, difiriendo en este caso la entrada en vigor a marzo de 2006.

1.10. VÍCTIMAS Y POLÍTICA: VICTIMOLOGÍA Y VICTIMAGOGIA

El protagonismo adquirido en los últimos tiempos por las víctimas como agentes sociales obliga a considerar las oportunidades y los riesgos que ello supone. Las oportunidades pueden parecer evidentes desde el prisma de la preocupación por los intereses de las víctimas. Pero atendiendo a esta misma preocupación cabe ver en este proceso social motivos de inquietud, que se añaden a los que cabe apreciar desde otras perspectivas.

El hecho de que el sufrimiento de la víctima deje de pertenecer al ámbito de lo privado para obtener una dimensión colectiva supone una transformación social de considerable importancia. Las críticas que se han dirigido contra este proceso son de diverso orden. Así, por una parte, se ha criticado su influencia perversa en la política criminal, al introducir en ésta intereses ajenos a los propios de la pretensión punitiva, que debe tender a reducir la violencia social. No hay duda que con excesiva frecuencia el discurso político utiliza el sufrimiento de las víctimas y los naturales instintos de venganza, más o menos sublimados, con lo que la apelación a los derechos de éstas se encuentra al servicio de políticas restrictivas de derechos o proclives al encarnizamiento punitivo. Como ha señalado Díez Ripollés (2004, p. 17-18), con demasiada frecuencia es ahora la víctima la que subsume dentro de sus propios intereses a los intereses de la sociedad, son sus sentimientos, sus experiencias traumáticas, sus exigencias particulares los que asumen la representación de los intereses públicos; éstos deben personalizarse, individualizarse en demandas concretas de víctimas, grupos de víctimas, afectados o simpatizantes". Por otra parte, se ha advertido como la insistencia, a veces obsesiva, efectuada como mecanismo de persuasión social, en las consecuencias psíquicas negativas derivadas de agresiones sexuales o abusos de menores y en la necesidad de atención terapéutica puede propiciar una vivencia más negativa del hecho por parte de las víctimas y obstaculizar el proceso de curación natural (Fattah, 2000, p. 15 ss). No pueden olvidarse, finalmente, los riesgos de que, ante la presión de los discursos victimagógicos o de determinados lobbies de víctimas, la acción política atienda de modo preferente o incluso exclusivo a las demandas, incluso irracionales, de quienes esgrimen su condición de víctima de un hecho ya extinguido y por lo tanto inevitable, con lo que se puede ver obstaculizada una acción capaz de evitar la aparición de futuras víctimas.

En el intento de denunciar el uso político, en el sentido peyorativo de la expresión, de las víctimas, Van Dijk (1988, p. 116) ha señalado cuatro ideologías denominadas “victimagógicas”: la ideología retributiva, la ideología rehabilitadora, la ideología del cuidado y la ideología abolicionista. Ciertamente, la apelación a la víctima o a los sentimientos sociales que ésta suscita puede encontrarse en discursos tan distantes y antagónicos como los propios del retribucionismo o el abolicionismo. Así, puede observarse que si las ideologías retributivas y punitivistas tienden a construirse sobre los naturales instintos de venganza o las demandas irracionales de penalización, la ideología abolicionista utiliza, entre otros argumentos, la necesidad de resolver el conflicto por medios absolutamente ajenos al sistema penal para evitar la sustracción del conflicto a la víctima por parte del Estado y el impacto que la intervención de éste tiene sobre la víctima.

El cuadro puede completarse con otras ideologías potencialmente demagógicas. Incurren en el riesgo de una utilización de las víctimas ciertas construcciones ideológicas propias de la criminología feminista o de la “feminist jurisprudence”. Son sintomáticas de este modo de proteger a las víctimas algunas soluciones preconizadas o adoptadas legislativamente de lucha contra la denominada violencia de género. La preocupación unilateral por el alejamiento del infractor, sin que esta medida se vea compensada por mecanismos de flexibilización o de preparación de la reintegración, el ofrecimiento de ventajas personales (entre ellas, la reducción de jornada laboral) para favorecer la denuncia, la traslación al ámbito penal del discurso de la discriminación positiva, son ejemplos de los peligros de políticas orientadas a la protección de las víctimas que sin embargo pueden producir nocivos efectos secundarios sobre terceros, la sociedad o la propia víctima que puede tender a la instalación en la victimación[29].

La conciencia de estos riesgos no debe ser un freno, antes bien puede suponer un incentivo para una victimopraxis anclada en sólidos presupuestos científicos y respetuosa con las reglas del juego del Estado de Derecho. Las versiones aberrantes o los abusos de los *victim impact statements* en determinadas latitudes (en los EUA han llegado a ser utilizados como fundamento de la decisión de imponer la pena de muerte) no pueden convertirse en coartada para rechazar de plano

---

29 Vid. un pronunciamiento crítico ante la LO 1/2004 de violencia de genero en QUINTERO OLIVARES (dir), art 148-2.

cualquier propuesta de mejora de la posición de la víctima en el proceso penal. Del mismo modo, la voz de la victimología en el sistema penal no puede ser acallada acusándola de lo que sensatamente no puede nunca llegar a proponer, como ceder a la víctima un poder disposición de la acción penal. Es preciso también romper la dinámica competitiva según la cual se tiende a percibir que el reconocimiento de garantías del infractor conlleva la automática reducción de la protección y la consideración debida a la víctima, en lo que se ha calificado como "juego de suma-cero" (Díez Ripollés, 2004, p. 17), en pro de otra clase de dinámicas en que se pueda llegar a percibir la reintegración del ofensor y la protección de las víctimas como objetivos compatibles y elementos de una política criminal socialmente constructiva.

La victimología tiene como misión aportar a los movimientos sociales pro-víctimas un conocimiento de base científica sobre los procesos de victimación, al objeto de permitir una adecuada gestión de la prevención por parte de los poderes públicos y de los agentes sociales, con especial atención a los colectivos más vulnerables. Además debe servir de guía para la formulación y reivindicación de los derechos de las víctimas, a partir de la indagación de los intereses objetivos de las mismas, y para el impulso de políticas sociales dirigidas a satisfacer los referidos derechos e intereses. Tales políticas, así como en general las actuaciones de los poderes públicos y los agentes sociales relacionadas con las personas que han sufrido una situación victimizante, deben tener como norte la desvictimación, la ayuda a las mismas para superar los efectos negativos del hecho traumático y lograr una plena inserción en la vida social.

BIBLIOGRAFÍA

BERISTAIN, A., "Victimología – Nueve palabras clave", Valencia 2000.

BERISTAIN, A., "Hoy creamos una nueva ciencia cosmopolita e integradora: la victimología de máximos, después de Auschwitz", en TAMARIT (coord), "Estudios de victimología", Valencia 2005.

BRIENEN / HOEGEN, "Victims of crime in 22 European Criminal Justice Systems", Nijmegen 2000.

BUSTOS/LARRAURI, "Victimología: presente y futuro, hacia un sistema penal de alternatives", Barcelona 1993.

CARIO, r., "Victimologie – De l'effraction du lien intersubjectif à la restauration sociale", Paris / Montréal, 2000.

DÍEZ RIPOLLÉS, JL, "La nueva política criminal española", en "Las recientes reformas penales: algunas cuestiones", Cuadernos penales José María Lidón, núm. 1, 2004.

FATTAH, "La relativité culturelle de la victimisation – Quelques réflexions sur les problèmes et le potentiel de la victimologie comparée", Criminologie núm 26, 1993.
FATTAH, E., "Victimology: Past, Present and Future", en "Criminologie", núm 33-1, 2000.
GARCÍA RODRÍGUEZ, M.J., "Código de los derechos de las víctimas", Instituto Andaluz de Administración Pública 2004.
GARRIDO/REDONDO/STANGELAND, "Principios de criminología", 2ª ed., Valencia 2001.
HASSEMER, W., "Consideraciones sobre la víctima del delito", en Anuario de Derecho Penal y ciencias penales, 1990.
HERRERA MORENO, M., "La hora de la víctima – Compendio de victimología", Madrid 1996.
HUGUES/ McLAUGHLIN/ MUNCIE, "Crime Prevention and Community Safety", London/Thousand Oaks/New Delhi, 2002.
JIMÉNEZ DE ASÚA, "La llamada Victimiología", en "Estudios de Derecho penal y Criminología", Buenos Aires 1961.
LANDROVE DÍAZ, G., "Victimología", Valencia 1990.
LÓPEZ, Gérard, "Victimologie", Paris 1997.
LÓPEZ / PORTELLI / CLÉMENT, "Les droits des victimes _ victimologie et psychotraumatologie", Paris 2003.
NEUMANN, E., "Victimología. El rol de las víctimas en los delitos convencionales y no convencionales", Buenos Aires 1984.
QUINTERO OLIVARES (dir), "Comentarios al Código Penal", 3ª ed., Pamplona 2005.
ROCA, E., "Derecho de daños", 4ª ed., Valencia 2003. RODRÍGUEZ MANZANERA, L., "Victimología – Estudio de la víctima", México 1990.
SALVADOR CODERCH, P. / CASTIÑEIRA PALOU, M.T., "Prevenir y castigar", Madrid 1997;
SERRANO MAÍLLO, A., "Introducción a la criminología", Madrid 2003.
SHAFFER, S., "Victimology: the victim and his criminal", Virginia 1977.
TAMARIT SUMALLA, JM, "La víctima en el Derecho penal", Pamplona 1998.
TAMARIT SUMALLA, JM, "La protección penal del menor frente al abuso y la explotación sexual", 2ª ed., Pamplona 2002.
TAMARIT SUMALLA, JM, "¿Hasta qué punto cabe pensar victimológicamente el sistema penal", en "Estudios de victimología", Valencia 2005.
VAN DIJK, J., "Ideological trends within the Victims movement: an internacional perspective", en MAGUIRE / POINTING, "Victims of crime", Open University Press, USA, 1988.
VON HENTIG, "The criminal and his victim", 1948.
WALKLATE, S., "Victim impact Statements: Voices to be heard in the Criminal Justice Process?", en WILLIAMS, B., "Reparation and victim-focused social work", London 2002.
WILLIAMS, B., ""Working with victims o crime", London – Philadephia 1999.

Tema 2

Historia de la victimología[1]

2.1. MEMORIAL DE AGRAVIOS: LA HISTÓRICA TOLERANCIA DE LA VICTIMIZACIÓN

Las dinámicas sociales mantienen un rasgo significativo a lo largo de los tiempos, abierto hoy al análisis y a la indagación, y, sin embargo, secularmente ignorado por los estudiosos del fenómeno criminal: la sociedad siempre tendió a "tolerar" a sus víctimas. La realidad social de la victimización ha sido históricamente afrontada con una mansedumbre fatalista, un conformismo socialmente analgésico que contrasta con la rampante intransigencia que suele concitar el agresor. Siempre ha sido más enérgico y abrumador el empeño por ocuparse del delincuente, y de ajustar sus cuentas penales, que el de ajustar cuentas sociales y solidarias con las víctimas.

> El victimario, por cuanto indigna, empavorece o fascina, no sólo ha dominado a la víctima. Su ulterior conquista *social*, se consagra por la reverente atención de leyes, tratados y ciudadanía. Paralelamente, la víctima, objeto de consumo, será instrumento, así del victimario como de la sociedad.
>
> Así, la historia de la víctima se traza como camino personal, melancólico y anónimo, que llevará a la resiliencia del superviviente o a la derrota existencial, y en cuyos márgenes, la sociedad amontona un número indefinido de víctimas sacrificadas, legitimadas, sumergidas o, sencillamente, desdeñadas. Sea por su ancestral utilidad antropológica, destacada clásicamente por *Frazer*[2], o psicológica, según postula *Girard*[3], lo cierto es que la sociedad ha estado más dispuesta a aceptar la realidad de la victimización, como *desgracia social normalizada*, que a luchar por re-nivelar el daño injustamente causado. Como bien se ha apuntado, la ambivalencia social ante el delito superpone a la despectiva compasión por la víctima una inconfesa admiración por el infractor (Lamo de Espinosa 1993, pág 133).

Trascendiendo (y nunca del todo superando)[4] la original implicación sacrificial, la evolución histórica de la víctima se ha resumido como una

---

[1] Capítulo elaborado por Myriam Herrera Moreno. Vid. Bibliografía (Temas 2 y 3) págs. 121 sigs.

[2] En su paradigmática obra *La Rama Dorada* (1890), el eminente antropólogo evidenció la función depurativa y socialmente dinamizadora de la víctima.

[3] En su conocido ensayo *El chivo expiatorio,* (1982), sobre la legitimación social de la victimización.

[4] Se ha dicho que vivimos en una coyuntura de *economía sacrificial*, (RAVINOVICH, 2003, pág. 58) en función de la cual la segregación de los ancianos, el hambre, el sida,

transición de la pretérita *venganza individual* a la contemporánea *reparación social* de la víctima (Cario, 2000). Desde el asentado diseño (bien que reduccionista) de *Schaffer*, se establece que en su *Edad de Oro*, la víctima era señora de su conflicto, y en dicha plenitud dominical, hacía uso de un amplio margen de alternativas —así, vindicativas, condonativas o compositivas (Schaffer, 1977 págs 5-29, Christie, 1977). Sin embargo, una vez el sistema público de justicia "abduce" la personalidad de la víctima, neutralizando el riesgo de su vindicación, ésta se apaga definitivamente en términos de reclamo social.

En la *Edad Crepuscular* de las víctimas, la sociedad y sus instituciones se atienen al infractor, figura de rebeldía activa, que recibe el enfermizo homenaje del temor/envidia social, del que la atención científica será puntual reflejo (en cuanto su enfoque será *vitorológico*, esto es, centrado en el ganador de la contienda criminal.

El esquema histórico se cierra con el pálpito esperanzado del advenimiento de una *Nueva Edad de Oro de las Víctimas*. Ésta habría sido patrocinada por la emergencia de la Victimología. De este modo, la Victimología no sólo ha propiciado una altruista mirada social a la víctima. Acaso, además de ello, el advenimento de la *Nueva Edad de Oro de las Víctimas* tenga que ver no poco con el redescubrimiento de la víctima como un inédito y potencial "sujeto inquietante". Pues es indudable que la Victimología pondrá en evidencia que también la víctima es *fascinante*, por cuanto también hay que "temer" no poco de ella. En una víctima hay algo más que inerte dolor.

En su primera etapa positivista, nuestra "Ciencia de las Víctimas" evidenciará que hay sujetos susceptibles de contribuir a su propia victimización, con intención o negligencia preventiva; Esta visión positivista fue científicamente relegada, sin que sin que por ello se retomara la visión socialmente apática del ofendido (*no fascinante*): lejos de ello, la segunda etapa victimológica señalará a la sociedad hasta qué punto una *víctima insatisfecha* es también un foco de potencial perturbación social: la *víctima frustrada* no confiará en la Justicia, sumerigirá su victimización, sin que se actúe el interés público en la prevención; comunicará su adversidad a otros ámbitos de utilidad social (produciéndose disgregación familiar, desempleo, suicidio, fracaso escolar, pobreza etc); proyectará la ira a otros blancos de victimización, y se convertirá en *víctima agresiva y proactiva*, con inicio de un ciclo de victimización retroalimentada (Gulotta 1976 pág. 83-99). Por último, esta misma víctima insatisfecha puede convertirse en un ciudadano visceral, intransigente frente al infractor, revindicativo de políticas criminales implacables (Zaffaroni, pág.14). La asunción de que la paz social (Cario 2000) precisa de la víctima como co-agente será una de las más recientes inferencias que la Victimología transmite a la sociedad.

---

las guerras, el desempleo, el mercado extorsionador son parte de una ideología culturalmente legitimadora de la victimización.

La Victimología tiene la descortesía de hurgar en las convenciones sociales legitimadoras. Pone, así, en evidencia cómo la pía indignación social frente al victimario ha sido, con demasiada frecuencia histórica, máscara convencional de una común apatía frente al destino y avatares personales de la víctima. Y señala cómo, en demasiadas ocasiones, esas máscaras de indiferencia han revestido rasgos científicos, legales y judiciales.

El punto de partida lo marca la Criminología sociológica, cuando, enarbolando a *Dukheim*, cae en la cuenta de que las víctimas, en cierto modo, constituyen una suerte de tributo cívico, el sacrificio que la libre interacción comunitaria ha de rendir de un modo inexorable y que aumenta en función de la complejidad social. Así es como se erige en melancólica premisa científica lo que la experiencia de muchas personas ha evidenciado, con sentidas creces, a lo largo de la historia: en buena medida, *las víctimas penales son víctimas civiles, como el daño victimizante es daño colateral*. La totalizadora *cruzada social contra el delito* resulta ser un ídolo político con los piés de barro[5].

Digamos que la sociedad ya lo sabía, o, al menos, para su capote, —cortés, burgúes o *políticamente correcto*— lo admitía íntimamente. Pero sólo en el momento y hora, —"Hora de la Víctima" (Herrera Moreno, 1996)— en que los estudiosos extraen de ello conclusiones prácticas, la "Hora de la Victimología" (Tamarit Sumalla, 2005, pág. 27) no deja oir su voz inconfundible entre las Ciencias Sociales (Szabo, pág. 18 1977).

Así, la Victimología nace del desencanto: cuando el potencial penalmente disuasorio se pone en entredicho crítico, cuando las diferentes oleadas de la rehabilitación criminal rompen acremente contra el muro del "nada funciona"[6], (Martinson 1974) cuando, en una suerte de crisis nihilista, el Derecho penal y la Criminología sucumben al males-

---

[5] La victimización pasa a ser un subproducto de la libertad y de la prosperidad ambiental en sus manifestaciones cotidianas (COHEN Y FELSON, 1979, pág. 132). Extirpar, o aún reducir esta mínima *criminalidad ecológica* implicaría modificar o reducir intolerablemente dichas condiciones de progreso en el hábitat humano.

[6] La noción del "nada funciona" (*nothing works*), consigna del desencanto rehabilitador, fue elaborada por el criminólogo *Robert Martinson* en un paradigmático artículo en el que, embargado por una irreductible amargura científica, evaluaba los resultados de la aplicación de medidas rehabilitadoras, para concluir, en un espasmo derrotista que *nuestras actuales estrategias no pueden superar, ni aún apreciablemente reducir, las poderosas tendencias de los ofensores hacia la perseverancia en el comportamiento criminal* (MARTINSON, 1974, pág. 49).

tar cultural, entonces, algún experto mira de soslayo y redescubre que *ahí está la víctima.*

Cada sociedad parece condenada a generarla y reproducirla, es verdad, y —bien lo sabe nuestro experto— el ideal rehabilitador augura desencantos a quien lo enarbole con ambición inmoderada. Sin embargo, el abatido científico se reconvertirá en activo victimólogo cuando asume una taréa inédita y prometedora: la de esfuerzo, científica y socialmente gratificante, hacia la mejora victimológica.

La Victimología se erige, desde entonces, en el penúltimo baluarte del optimismo científico; pese a su carencia de vertebración y frecuente ingenuismo, pese a sus claros riesgos emotivistas y aún iluministas, y, al fin, por más recelos disciplinares o ideológicos que suscite, nunca tantos se aunaron, con similar vehemencia e ilusión, en un común esfuerzo prosocial. Los lemas de los más recientes Simposia Internacionales de Victimología son, a este punto, sobradamente expresivos: comunican la solicitud victimológica ante la víctima, *Caring for Victims*, (Amsterdam 1997), el deseo de superación de preconcepciones y ataduras, así materiales como científicas, *Beyond Boundaries*, (Montreal 2000), el atisbo de horizontes disciplinares por descubrir *New Horizons for Victimology*, (Stellenbosch, 2003), y una aspiración perfeccionista ante la tarea común *Enhancing the Mission,* (Florida, 2006).

Antes de llegar, sin embargo, a dicho punto de inflexión, del cual esta obra, en conjunto, se hace eco, la Victimología tiene una historia que contar. De ella nos ocuparemos en las páginas que siguen.

2.2. INVISIBILIDAD DE LA VÍCTIMA

Se ha cuestionado el carácter de primicia absoluta, la supuesta postulación *ex-nihilo* de soluciones históricamente inéditas, a cargo de la Victimología (Peris Riera, 1989). En el mismo sentido, se dice que la mayoría de los pensadores que reflexionaron sobre el fenómeno criminal hicieron Victimología, sin saberlo (Rodríguez Manzanera, 1990, pág 5). Si bien sea cientificamente imposible para el pensamiento penal soslayar toda referencia, siquiera cumplimentaria o estereotipada a la víctima, lo cierto es que la carencia de explícito abordaje victimológico constituye una dolorosa evidencia histórica[7]. Resulta esclarecedor revisar las razones del olvido.

---

7 Lo cual avala la tésis girardiana de la legitimación de la victimización en tesitura intelectual: *un texto está más dominado por el efecto de " chivo expiatorio" en la*

2.3. LA *VÍCTIMA INVISIBLE* ANTE EL DERECHO Y LA DOGMÁTICA PENAL

Es incontestable que el análisis de la víctima resulta apenas transitado por los científicos del Derecho penal hasta bien avanzado el siglo XX. Solo la cuestión resarcitoria se hace objeto de cierta reflexión, subordinada ésta, casi invariablemente, a la construcción prioritaria de una doctrina aceptable en torno al papel de la pena y la función del Estado en la represión del delito.

Únicamente a la luz de los objetivos dogmáticos puede entenderse con precisión el descuido de la víctima, en las, por demás, apretadas agendas de los reformadores ilustrados, primeros artífices del moderno Derecho penal. En efecto, una Dogmática que quiera ocuparse de elevar un conjunto armónico, sistemático, y, por cima de todo ello, jurídicamente seguro (Polaino Navarrete, 2004, pág. 243), no tendrá más remedio que cegarse epistemológicamente ante todo lo que aporte de particularismo[8]. La abstracción, en un sentido platónico, será su recurso: a mayor nivel de normativización, mayor superación científica del "lastre", metodologico y conceptual, que aporta la emotiva vitalidad de la víctima (Herrera Moreno, 2005, págs. 38 y sigs). Así, el pensamiento penal, desde su atalaya normativizadora, se niega a sí mismo la agudeza visual suficiente para detallar a la víctima: su macro-visión sólo le alcanzará para atisbar la lesión social, la ofensa al bien jurídico protegido.

De tal manera, (Hassemer, 1990), el bien jurídico susceptible de protección no integra una categoría que ampare a la víctima, sino un ejercicio defensivo ante la ilegitimidad del control penal. La hipótesis de que, en cierto sentido, la víctima quedara imbricada en la entraña teórica del bien jurídico fue abandonándose, conforme las doctrinas penales sacrificaban la perspectiva del interés subjetivo (Polaino Navarrete, 1974, págs. 118 y sigs). El signo de esa evolución permite concluir que, en efecto, las prestaciones científicas del bien jurídico no se hayan configurado sino a *costa de la víctima* (Esser, 1998), consumándose una nueva versión, ahora dogmática, de "sacrificio" victimológico.

---

medida en que menos habla de él, en que es menos capaz de descubrir el principo que la gobierna (GIRARD, 1986, pág. 160).

8 Con harta razón se ha apuntado que el contraste entre el interés público y privado, que establece toda la diferencia para el Derecho penal, no tiene carácter sustantivo tanto como metodológico y sistemático (POLAINO NAVARRETE, 2004, pág. 2000).

La noción del bien jurídico, tan eficaz para la vertebración penal, acarrea, para la víctima, un sorprendente efecto trasformista: la introduce, con toda su humanidad y vitalidad, en un nebuloso tunel conceptual del que saldrá transustanciada en una nueva figura, o "ente normativo": el *sujeto pasivo y titular del bien jurídico protegido.* La Ciencia del Derecho no abarca así a un sujeto real, sino a una racionalización, una "conquista como imagen concebida". Así, *el universo víctima-victimario quedará representado tal como lo deseaba el científico y era funcional para el sistema* (Lima Malvido, 2004, pág. 126).

Ahora bien, es cierto que dicha conquista conceptual, racionalizada, va a permitir al Derecho penal evolucionar sin grandes apuros científicos, hasta la recepción de intereses transpersonales, colectivos y difusos, metaforizados en conceptos de alcance genérico —orden socioeconómico, salud pública, medio-ambiente etc— y, a partir de su plural alcance, susceptibles de persecución colectiva (Germán Mancero, 1995) En efecto, el Derecho penal sólo precisa ascender en su espiral de abstracciones para acoger en un concepto impersonal los intereses de una *víctima despersonalizada*, indiferenciada y sin relación con el ofensor. Por el contrario, (Bustos y Larrauri, 1993) la aspiración de abarcar en plenitud la particular humanidad de las víctimas pone en un atolladero crónico y estructural a la Victimología, inhábil, hasta la hora para abordar tales ámbitos de victimización difusa (Blanco Lozano, 1997).

Existe una nítida correspondencia valorativa entre la perspectiva penal y judicial de la víctima. Como se ha dicho, la multiplicación de teorías de la pena así como el errabundo deambular del saber penal cobra sentido desde que el Sistema de justicia deja de estar al servicio de la solución de conflictos, por la marginación de sus protagonistas. (Zaffaroni,1990)

2.4. LA *VÍCTIMA INVISIBLE* ANTE EL SISTEMA JUDICIAL

El austero gesto histórico de ritualización procesal, flanqueado por su impecable cohorte de garantías constituye un modelo de Justicia penal construido en oposición a los modelos de reacción social arbitraria, privatista, opresora y de privilegio (Martín Ostos, 2004, pág. 79).

Ahora bien, sería injusto someter dicho advenimento al ingenuo patrón implícito en la idea de la *Edad de Oro de las víctimas* (Schaffer,1977 pág. 5-29) o del no menos bucólico "señorío de la víctima sobre el conflicto" (Christie, 1977). Lo cierto, sin embargo, es que la arbitrariedad de la etapa autotutelar, los desmanes vindicatorios y la inseguridad jurídica hacen precisa cierta inocuización normativa de la víctima, y de sus *doradas* o *dominicales* bazas reactivas, desde un modelo garantista, formalmente igualitario, de control punitivo (Cario, 2005).

El rigor formal, principal mecanismo de contención del *ius puniendi* (Martín Ostos, 2004, pág. 79) repercutió, sin embargo, sobre la víctima de un modo particularmente insensible. Entonces, como hoy, la víctima tiende a percibir su ofensa como única y especial, (no sin razón: el padecimiento no es un valor fungible). Frente a la especialidad autopercibida, la disciplina procesal" y su sistemática uniformadora reconducen lo particular a cauces generales, a partir de un tratamiento sintético y clasificador.

Acaso tan implacable intensidad de esfuerzos públicos fuera históricamente irrenunciable. Sin embargo, el recelo garantista ante la víctima ha perdurado mucho más allá de las razones que en su día pudieron avalarlo. Una vez conquistada la "plaza", y socialmente implantado el monopolio oficial de la Justicia, hay motivos para relajar la intensidad del tratamiento judicialmente aplanador. El resurgir de las víctimas, su nueva *Edad de Oro* (Schaffer, 1977) tiene, en efecto, mucho más que ver con la idea humanista de mejora, atención y satisfacción con las instituciones y el Sistema de Justicia que, como se ha dicho, con una temible evocación del desafuero vindicativo y la rugiente patrulla ciudadana (Ferrero Baamonde, 2005, pág. 1001).

2.5. LA *VÍCTIMA INVISIBLE* ANTE LA CRIMINOLOGÍA

Según se ha apuntado con acierto, la selección del objeto de estudio criminológico, en parte impulsada por cierta inercia nominalista, se empestilla conceptualmente en aquellos aspectos que hagan referencia al criminal y a la criminalidad. Puede decirse, en virtud de una obvia ley de selección o fragmentariedad científica, que *un modo de ver es un modo de no ver* (Burke, cit. Rock, 1994, pág.xi), de tal modo que la floración y especialización del saber sobre un campo concreto tiene como precio el agostamiento conceptual de otros ámbitos cercanos.

El positivismo criminológico. Sólo incidentalmente, la Criminología positivista se interesó por la víctima, practicando una suerte de turismo filantrópico, válido en cuanto solaz altruista, más que como formal objetivo científico.

En su más característica proyección científica, esta corriente eligió al infractor como referente exclusivo. A través de una clínica implacable, el positivismo criminológico había sabido rechazar la *visión ternurista* del delincuente, imbuida del mito ilustrado de la bondad natural humana; pese a ello, de modo sorprendente, esta doctrina, con Ferri a la cabeza, venía a partirse el pecho a la hora de «apiadarse» ampulosamente de las víctimas del delito: todas las víctimas, (la víctima), eran llamadas a formar ante el sentimentalismo burgués, que las compadecía en masa, como dramático colectivo de «justos frente al mal», compuesto por *millones de pobres honrados, oprimidos por la humana* maldad (Ferri, Cit. García-Pablos de Molina, 2005, pág. 251).

La víctima era, desde ese punto de vista, un mero objeto neutro, pasivo, estático y fungible. El origen y desenlace criminal se explicaba por su autor, alfa y omega del íntegro abordaje positivista. La criminalidad residía etiológicamente en la individualidad infractora, como concepto autoreferencial, aislado de los fenómenos, factores o individualidades relacionadas con su gestación.

El Estructural-funcionalismo de los años 50 y 60 del siglo XX estudiaba la desviación en cuanto vinculada a los Sistemas sociales (García-Pablos de Molina 2005, págs. 416 y sigs). Así, la génesis de la criminalidad se localizaba hundida en los más recónditos confines estructurales sobre los que la sociedad se alzaba. La esencia del fenómeno criminal radicaba en la normalizada presión socio-estructural, cuyas claves sólo un científico social podría analizar, prescindiendo del pormenor delictivo. Sin duda alguna, el daño de la víctima, su personalidad o los detalles relativos a la dinámicas de la victimización, conceptuados como meros *epi-fenómenos*, eran factores "laicos", extra-científicos, y no se estimaba que aportaran luz a las claves esenciales de la criminalidad (Rock, 1994).

La Criminología Radical y Crítica de los años 60 y 70 se alzó contra el sistema punitivo como forma de opresión al servicio del capital. La victimización era un hecho burgués. Conocidamente, su opción teórica se centró en los procesos de desviación secundaria (García-Pablos de Molina, 2005, pág. 424 y sigs). Desde esta vertiente, se evidencia el carácter oprobiosamente instrumental del Derecho penal, pronto a facturar como *desviado* a los individuos rebeldes procedentes de colectivos deprimidos. Mirar hacia el lado de la víctima era un gesto reaccionario (Rock, 1994) propio de científicos bajo sospecha, dispuestos a rendir culto a la monolítica reencarnación del "buen burgués airado". Dicha censura científica no permite reparar en que los factores sociales de la desviación también potencian la victimización. La marginalidad denota al desviado no menos que a la víctima, pues el sistema criminalizador selectivo es igualmente victimizador/selectivo (Zaffaroni, 2000): la victimización no es tanto purga de clases pudientes cuanto, con mayor intensidad, azote de clases deprimidas.

El Interaccionismo simbólico, la fenomenología y el fenomenalismo de los años 60 y 70 acaso fueron, se ha diche, los más *culpables* en términos intelectuales, por cuanto trabajaban con un cuerpo teórico asumidamente consagrado a evidenciar la interdependencia simbólica de la desviación: *tendrían que haber visto a la víctima* (Rock, 1994, pág. xii). El Interaccionismo simbólico tiene la virtud de enfatizar la relevancia de los procesos expresivos insitos en la dinámica criminal. Su radio de interés coincide, en alguna medida, con el de la Victimología (Schneider, 1989). Así, se destaca (Rock, 1994, Fattah 2000) el valor victimológico de algunas de las elaboraciones interaccionistas, como las de *Athens* y *Luckenbill*. Ambos describen la meta-significación implícita en la figura victimal en situaciones de violencia, donde la misma se erige en emblema de una amenaza que pende sobre el auto-concepto y el amor propio del delincuente (así, quien mata por celos, quien acomete en una riña callejera, quien agrede sexualmente, estaría, en suma, neutralizando a la víctima en tanto fuente de humillación social (Athens 1980, Luckenbill 1977).

Sin embargo, el monto del interés simbólico-interaccionista por la víctima es, en suma final, francamente insatisfactorio. Proyectado, con frecuencia, el esquema de "desviación expresiva" sobre los llamados "delitos sin víctima", que a nadie parecían dañar, el carácter arbitrario de la selección normativa quedaba en evidencia. Su validación doctrinal se obtenía sólo al coste de la ignorancia científica de la víctima.

2.6. LA CUESTIÓN RESARCITORIA COMO ANTICIPO VICTIMOLÓGICO

Puede decirse que con carácter precedente a la eclosión de la Victimología, el principal, casi exclusivo, aspecto de interés victimológico, abordado desde las ciencias sociales y penales es el relativo a los derechos resarcitorios de las víctimas Landrove, 1990 págs.22-30, Rodríguez Manzanera, 1990, págs 6-8, Herrera Moreno, 1996 a), págs. 73-78)

Se identifica en *Tomas Moro,* el primer exponente de dicho interés, por cuanto sus estudios abordan novedosamente las dimensiones sociopolíticas del delito. En su implacable crítica al rigor punitivo, *Moro* postula soluciones penológicas de signo reparador.

De otra parte, la preocupación por la eficacia y utilidad de las penas será cuestión privilegiada en el discurso político-criminal reformista, abanderado, en su etapa pre-clásica, por *Beccaria y Bentham*. El primero se ocupa, por primera vez, de las *víctimas institucionales*, sometidas a la tiranía del poder. *Bentham*, por su parte, desde la óptica —o "panóptica"— de la utilidad del castigo, discurre en la idea de reparación como optimización de utilidades. En España, podemos destacar una similar reflexión en el maestro *Lardizábal*, quien, en su diseño penológicamente reformador, incorporaba la vertiente del resarcimiento de los daños padecidos por las víctimas.

Dentro de la Escuela Clásica fue *Carrara* quien prestó mayor atención a la figura de la víctima, aunque del mismo modo constreñido a los aspectos resarcitorios. *Carrara* opta por tratar de involucrar al Estado en la atención de las necesidades victimales, postulando una Caja oficial, nutrida por caudales públicos y engrosada por multas punitivas. Ante la insolvencia, el botín penológico de la multa debería cederse, con justicia, a las víctimas del delito, en lugar de gratificar con perversión la incompetencia estatal.

La irrupción de la Criminología, en su primer formato positivista, no se apartó del exclusivo interés resarcitorio.

El propio *Lombroso*, en *Crimen, causas y remedios*, elabora a vuela pluma su fugaz programa resarcitorio, postulando el valor disciplinario de la indemnización, especialmente indicado frente a los infractores codiciosos.

Ferri, acusa a la Escuela Clásica de haberse centrado en el como delito-entidad jurídica, por encima de la memoria de las víctimas, quienes merecían una mayor simpatía filantrópica.

Fue *Garofalo,* cierre de la célebre tríada del positivismo criminológico italiano, fue quien trabajó con mayor celo en la delimitación de fundamentos ético-sociales válidos para la legitimación de la ayuda institucional y social a la víctima.

En su conocida *Riparazione alle vittime del delito* (1887), se propugna la subsidiaria asunción estatal de responsabilidad en los supuestos de imposible reparación por el infractor o responsable civil. La negligencia preventiva del Estado estaría en la base de tal obligación estatal., pero antes de hacerse tarea del Estado, el resarcimento constituye, prioritariamente, el contenido de una sanción penal reparatoria.

Los finiseculares Congresos penitenciarios europeos, (Schaffer, 1977, 6-23) primeros ámbitos de resonancia internacional en materia criminológica, se harán eco de este mismo interés.

La directa intervención de *Garofalo*, en el *Congreso de Roma,* en 1885, convertirá esta postulación victimológica en caballo de batalla a lo largo de los sucesivos Congresos Penitenciarios.

El *Congreso Penitenciario de París,* en 1895 resulta particularmemte memorable, por cuanto convocó a ponentes como Bonneville de Marsagny, quien ya en 1847 trabajara en el diseño de un programa compensatorio, Garofalo, por Italia, y Prins, representando a Bélgica. Precisamente este último en aquel foro profirió un afilado sarcasmo —cita obligada en la tópica victimológica— acerca del desigualitario trato instrumental de víctima y ofensor, respectivamente.

«El hombre culpable entretenido a expensas públicas en una celda modelo, salido de ella con una suma de dinero legítimamente ganada, ha pagado su deuda con la sociedad. Pero la víctima tiene su consuelo; puede pensar que con los impuestos que paga al Estado ha contribuído al cuidado paternal que el delincuente ha tenido durante su estancia en prisión»

El vehemente párrafo de Prins, dictado, si no excusado, por un sentimiento de injusticia, y acaso coherente con la situación de histórico abandono de las víctimas, incurre, sin embargo, en una crudeza conceptual, que, con la lija de la evolución científica, la Victimología ha ido puliendo: la relativa al forzamiento de una falsa dialéctica entre derechos de la víctima y derechos del ofensor.

Resulta tentador, por su potencial expresivo, incurrir en el reduccionismo de la "visión comunicante" (en virtud de la cual los derechos de la víctima sólo se logran a costa de un sensible receso en el nivel de garantías y derechos del infractor (Ferreiro Baamonde, 2004 pág 93 y sigs). Sin embargo no cabe ignorar en la Victimología un sincero esfuerzos científico por no ceder a dicha tentación: la aseveración de que *no se gana el derecho de la víctima sobre la garantía del infractor* es uno de los *mementos* más sistemáticos en la literatura victimológica (por todos, Elías, 1996).

Así las cosas, el más maduro pensamiento victimológico se ha ido haciendo consciente del peligro que encierran ciertos recursos expresivos (Kirchhoff, 1991, Edwards, 2004) presentes en la clásica alocución de *Prins*, y de signo netamente victimagógicos.

2.7. PRECURSORES NO CIENTÍFICOS: FICCIÓN LITERARIA Y PERFIL PSICO-SOCIAL DE LA VÍCTIMA

Desde los primeros encuentros internacionales, no es ajeno a la Victimología el análisis de documentos literarios, tanto por su intrínseco valor testimonial como por su eventual significación como correlato no-científico de concretos postulados teóricos (Rodríguez Manzanera, pág. 8).

En la narrativa de índole realista y psicológica, (desde el siglo XIX a principios del XX) están ya presentes, específicas nociones victimológicas —así, las de propensión, resiliencia, vulnerabilidad y víctimo-contribución. Se trata, así, de obra precursora no científica. (Fattah, 2000).

Es, así, recurrente la referencia al inefable ensayo satírico de *Thomas de Quincey* «Del asesinato como una de las Bellas Artes», 1827 (así Fattah, 2000 o Gulotta, 1976, pág.3), que integra certeros apuntes psicológicos de interés victimológico así como una descabellada intuición de la «víctima nata»: el filósofo.

Un vívido registro de *víctima justiciera* se integra en el *Michael Kohlhaas*, de *von Kleist,* cumbre literaria germánica, —cuya hondura admira al penalista *Jiménez de Asúa—*. acotando la intensidad impulsora de una profunda frustracción victimal. (Jiménez de Asúa, 1961).

La obra inmemorial y canónica *Crimen y castigo,* de Dostoyevski (Beristain, 1994, pág. 257), incorpora un lúcido desarrollo, asombroso por su intenso valor testimonial, del *uso de la víctima como agente de auto-legitimación* (Fattah, 1976). El joven Raskolnikov, en el umbral de la deliberación criminal, incurre en un discurso eficazmente neutralizador del valor moral de la víctima, a quien terminará asesinando.

La culpabilización de víctimas está particularmente presente en la novela hiperrealista *Una tragedia americana* de *T. Dreysser;* aquí la auténtica dimensión trágica no es la de la víctimización, narrativamente incidental, sino el lamento por que el sueño americano de autorealización se vea truncado por la interferencia *inoportuna* de la ulterior víctima.

La contribución de la víctima está bien particularmente presente descrita en la obra expresionista *El asesinado es culpable*, relato menor de ficción psicológica y policíaca, pero pieza esencial en el primer «deslumbramiento victimológico» de *Hans von Hentig*, de tal modo que podría decirse que, como veremos, dicha obra operaría a modo de "manzana de Newton".

El contexto de la timorata sociedad decimonónica apenas permite abordar con bravura estilística el problema del maltrato conyugal (Herrera Moreno, 1996 págs. 91-95), pero no faltan esbozos eficaces. Así, "La inquilina de Widfell Hall", de *Anne Bronte*, retrato psicológico de una esposa prófuga, admirablemente dotada de entereza, o "El clavo" de *Alarcón,* que insinúa la noción de tiranicidio doméstico; más que insinuante, la escandalosa narración "El Doctor Ieronimus", de *Amelie Skram* testimonia la extensión patriarcalista a un enrarecido contexto psiquiátrico, en el *crescendo* del abuso clínico de poder y la devastación moral de la *paciente disciplinada.*

2.8. LA VICTIMOLOGÍA Y EL NUEVO ESPÍRITU DEL SIGLO XX

La Victimología, entendida en su ambicioso sentido actual, no eclosiona sino como reacción ideológica internacional, consecuente a las experiencias vividas en un siglo de masivas victimizaciones (Cario, 2005).

Es en un revulso caldo de cultivo, social e intelectual, donde van a gestarse las relevantes tesis victimológicas de los llamados Padres de la Victimología, *Hans von Hentig* y *Beniamin Mendelsohn.* Sus trabajos serán el sustento teórico de una primera escuela Victimológica (indistintamente llamada tradicional, convencional o positivista) que integrará a autores que son, propiamente, sino epígonos del Positivismo criminológico finisecular, orientado por una nítida inquietud etiológica. Desde una perspectiva estrictamente terminológica, fue, sin embargo, el psiquiatra y criminólogo americano Wertram, quien en su obra *El espectáculo de la violencia* (Wertram, 1949) introdujo en el lenguaje científico la denominación *"Victimología"*.

2.9. HANS VON HENTIG: EL "DESLUMBRAMIENTO VICTIMOLÓGICO"

El criminal y su víctima (1948), obra pionera de *Hans von Hentig,* constituye un verdadero hito referencial en la evolución victimológica, estimándose dicho tratado como el más denso y sugestivo, ya que no el de mayores pretensiones comprensivas, que había de conocer la disciplina en mucho tiempo. El brillante criminólogo alemán, ya había ensayado un incipiente apunte victimológioco en *Reflexiones sobre la interacción víctima-ofensor* (1933) obra publicada en los Estados Unidos, a donde el autor se había acogido, desposeído por el régimen nacional-socialista de antigua Cátedra de Criminología en la Universidad de Bonn.

Sin duda, en *El criminal y su víctima* se deja sentir el abierto entusiasmo y la impresión causada al autor por la lectura de la novela de *Franz Werfel* «El asesinado es el culpable» («Der ermorderte ist schuld»*).* La obra de *Werfel,* que *von Hentig* citará sin reservas, defiende la *tesis de la víctimo-precipitación* a partir de un fascinante supuesto, en el que un padre, ciertamente amante de su hijo, incrementa en éste su caudal agresivo implicándole, con osada reiteración, en juegos que desafían su autocontrol, y que un día terminan desbordándose en forma de arrebato parricida. Y*o soy el asesino, y él lo es un poco más que yo,* plantea el novelesco victimario.

A partir de un *concepto victimal participativo,* reformula *von Hentig* el criterio científico conforme al cual la víctima es, en algún sentido, verdadera creadora y configuradora de su ofensor, así como de las condiciones de su ofensa, pues *en cierto sentido, la víctima conforma y moldea al criminal*. La calificación penal de los procesos interactivos a tenor del eventual, o incluso, en ocasiones azaroso, resultado definitivo supone un «etiquetamiento de parvulario».

Más integrador, su concepto de *actuación delictiva interactiva* expresa la visión del delito como consecuencia de una compleja combinación de dos recíprocos procesos de interacción social: el *proceso de criminalización o Iter criminis* (que transforma en infractor a un individuo) y el *proceso de victimización o Iter victimae* (por el que una persona se convierte en víctima). A partir de la efectiva *fusión delictiva,* ambos actores se convierten en *socios complementarios.*

En su Capítulo XII, dedicado a la «Contribución de la víctima a la génesis del delito», se propone una clasificación de víctimas a partir de la inscripción de caracteres victimales de propensión desde perspectivas multiaxiales de vulnerabilidad biológica, psicológica y social. El autor ampliará, con el tiempo esta tipología, llegando a admitir cómo los tipos victimales parecen estar dotados de una infinita capacidad reproductiva (Silverman,1974., pág. 58).

Los *jóvenes, mujeres y ancianos* integran su primer nivel de popensión, por cuanto su respectiva debilidad constitutiva los ponga en especial indefensión.

Los *disminuidos psíquicos y otros sujetos mentalmente deteriorados,* junto con los afectados por anomalías a consecuencia de la adicción a drogas u alcohol. En concreto, en la víctima drogadicta se identifica un perfecto "prototipo de actor-sufriente", consideración que no extiende, sin embargo al alcoholizado, por razones históricas: en el momento en el que el alemán escribe, los efectos de la drogadicción no están tan aquilatados como los del alcoholismo,, de ahí que el drogadicto se ajustara mejor, en su visión, a un sujeto extravagante, voluntariamente echado a perder

Las víctimas *inmigrantes* y *otras minorías* La inmigración comporta una regresión del status personal hacia un intenso desarraigo y desamparo en las relaciones vitales, lo que propende a una acusada vulnerabilidad.

Los *mediocres o "cortos de luces",* paradigmas victimidad nata exhiben un rasgo de característica de vulnerabilidad no muy distinta en visión de v*on Hentig,* a la propia del inmigrante: desamparo e incapacidad para autodefenderse, incapacidad para establecer lazos sociales profundos y maniobrar con eficacia en una sociedad de "conocedores". De ahí que para el autor, el mediocre sea una categoría sociológica, más que psicológica.

La víctima *deprimida* viene a depauperarse moralmente por una apatía y laxitud moral que limitan sus niveles de resistencia a la acción victimaria.

La víctima *ambiciosa* constituye un tipo de preferente aplicación en el área penal de la estafa. Abarcará a sujetos con fuerte pulsión de ganancia, integrándose en el tipo una variada gama de jugadores, avarientos, trepadores, aventureros cuyas ansias de medrar les arrastra a asumir riesgos especiales, que se concretan en una victimización.

El *solitario y descorazonado* se ve propulsado por su carencia afectiva hacia la compañía y consuelo de sujetos que terminarán victimizándole. En la historia criminológica, son numerosos los victimarios que han sabido prevalerse y rentabilizar la fragilidad de esa "soledad ansiosa" en sus víctimas.

La víctima *atormentadora o tirana* posee una relevante tendencia a exacerbar su posición de fuerza. La tensión se incrementa por su incapacidad de predecir los límites hasta dónde será tolerable mantener su tiranía sin suscitar una sublevación radical. Los casos de tiranicidio doméstico son claros exponentes de un delito cuya víctima pertenece al tipo de *atormentadora,* en el estricto sentido que el alemán ajustó tempranamente.

Finalmente, la víctima *bloqueada* y la *belicosa* presentan similares flancos de debilidad, en un caso por su estado de frustración y rabia, en el otro, por su carácter susceptible y pugnaz rasgos ambos altamente expositivos.

En un posterior estudio, *La estafa*, (1957), desarrolla con amplitud la idea de la víctima contribuyente, incluso potencialmente mal intencionada o dolosa. La víctima de estafa se antoja a *von Hentig* un óptimo exponente de figura victimal con decisiva incidencia victimogenésica: figura, inspirada, en no pocas ocasiones, por un ánimo delictivo no menos intensamente malicioso que el del ofensor final. Ello sucede cuando la estafa se perpetra a partir de la coadyuvancia dolosa que persigue unos reprochables fines de prevalimiento (así, la ulterior víctima de timo que accede a "cambiarle sus estampita" al discapacitado mental) que una mayor sutileza del infractor sabe reconducir hacia su propio beneficio. En realidad, como se ha puesto en evidencia a propósito de esta obra (Neuman, 1984, pág 28) la estafa, en tales condiciones, no es sino una contienda de agudeza entre dos delincuentes potenciales, uno de los cuales triunfa sobre el otro.

La obra de *von Hentig* no está validada por una firme metodología empírica. Sin embargo, el autor realiza esfuerzos inéditos por aproximarse al rastreo estadístico de datos victimales, orientando a la Victimología hacia su praxis actual. En tal sentido, (Jiménez de Asúa, 1961, pág. 25), la obra de *von Hentig* supone una conjunción entre la certera capacidad de síntesis, propia de su país nativo, y del espíritu pragmático del país que le dio acogida.

2.10. BENIAMIN MENDELSOHN: LA CONSOLIDACIÓN DISCIPLINAR

En la singular trayectoria doctrinal de Beniamin Mendelsohn admira su enorme y versátil creatividad, proyectada desde un privilegiado sitial de «patriarca» que le permitirá adoptar una posición visible y protagonista en la definitiva consolidación de la disciplina.

Sin duda habría que reservar a *von Hentig* la autoría del primer tratado victimológico significativo, si bien *Mendelsohn* tiene la habilidad de recalificar como «victimológicos» tempranos trabajos y elaboraciones extraídas de su práctica de la abogacía, retrotrayendo a prematuras fechas el nacimiento de la Victimología e imputándose con ello el hallazgo de la "primicia" científica.

En su día, ese enfático entusiasmo que impregna la obra de *Mendelsohn,* junto con el machacón prurito del autor de insistir en lo indisputable de su paternidad disciplinar, sirvieron tanto de fastidio a *Jiménez de Asúa* como para que éste despachara los postulados mendelsohnianos como *ampulosas jactancias, exageraciones y pretensiones,* (Jiménez de Asúa, 1961, pág. 19), lo que no obstó para que el impertérrito Mendelsohn citara al maestro español como a uno de los principales divulgadores, en el ámbito hispánico, de la disciplina por él descubierta.

Paternidades a un lado, es justo resaltar cómo el autor diera a la Victimología carta de naturaleza, desarrollando para la misma una específica nomenclatura y aventara internacionalmente los básicos postulados victimológicos consolidando para la disciplina su característica dimensión global (Shaffer, 1977, pág. 34)

Describe muy gráficamente el autor el modo en que «la idea de la Victimología le pasó por mientes» (Mendelsohn 1963, pág 3). Abogado en la Rumanía de los años treinta del pasado siglo, solía someter a su clientela a un cuestionario práctico de más de 300 preguntas. Acumulado un número significativo de respuestas, el autor llegó a diseñar una guía auxiliar para una mejor defensa procesal. Así, su *Método para uso de la defensa en la investigación de la personalidad criminal* (1937), reclama atención al significativo paralelismo y las relaciones constantes observadas entre ciertas condiciones biopsicologícas del autor y la víctima.

En su estudio sobre el delito de violación, *Rape in Criminology* (1940), se contemplan las características prototípicas de las víctima, las posibles incidencias victimo-causales, y, finalmente, las cuestiones de resistencia victimal y sus límites en dicho ámbito delictivo. La obra, en fin, se endereza a la trayectoria doctrinal descrita como gradual evolución hacia la concepción de la Victimologia.

Sin embargo, el ensayo «Nuevos horizontes bio-psico-sociales: Victimología» (publicado en extractos, en 1946) supone un hito especialísimo en la historia de la Victimología. Es ya canónica la conferencia que, teniendo como base el contenido del citado ensayo, tuvo ocasión de pronunciar el autor en el Hospital de Coltzea, el 29 de marzo de 1947, a instancias de la Sociedad Psiquiátrica de Bucarest. La heterogeneidad del auditorio era un auténtico preludio o anticipo de la multidisciplinariedad que un día habría de enriquecer la naciente Ciencia de la Victimología: en suma, un público de psiquiatras, psicoanalistas, médicos forenses, criminólogos, juristas y prácticos del Derecho. El escenario de esta conferencia servirá, ciertamente, como excelente plataforma de difusión a las nuevas pretensiones científicas.

Fue su artículo "La Victimologie», publicado en la *Revue International de Criminologie et de Police Technique* el que llegó más ampliamente a aventar la incipiente concepción disciplinar (Rodríguez Manzanera, 1990, pág. 9), una vez fuera reproducida en un gran número de revistas especializadas

En su obra está ya presente el germen de todos las grandes intereses teóricos y prácticos que competen a la Victimología tanto tradicional como crítica y construtivista: No sólo incide este autor en las cuestiones de la *víctimo-participación* y de la *relación interactiva,* sino que asimismo esboza y plantea las urgentes necesidades de *promoción victimal* (intervención y apoyo procesal, asistencia social), al tiempo que avanza la necesidad, en nuestros días especialmente sentida, de basar gran parte de las estrategias de política criminal en la *prevención victimal.* Idea que, por inédita, sorprendía a un atónito Jiménez de Asúa, escéptico ante *la creación de una sección de la Victimiología que adoctrinase a las personas para impedir esa tendencia a ser pacientes de delitos* (Jiménez de Asúa, 1961, pág. 24).

Concepción mendelsohniana de la Victimología:

– Autonomía: la Victimología es una «Ciencia de las víctimas y de la victimidad», que sostiene pretensiones de comprensividad e independencia respecto de cualquier otra Ciencia penal. La razón de tal independencia descansa en la noción de «complejo criminógeno», conjunto de factores criminales y victimales con relevancia etiológica, que es preciso analizar, aislando los factores que competen al criminal de los propios de la víctima. La Criminología es ahuyentada aún más del círculo temático recién acotado, por la adopción de una noción amplia de *victimidad*.

– Concepto amplio de víctima. La *victimidad*, réplica, "en espejo", de la criminalidad (ROCK, 19994 pág.xii), queda definida como *común fenómeno específico que caracteriza a todas las categorías de víctimas, sin importar el origen de su situación* (Mendelsohn, 1976, pág. 8)

En el mismo sentido que este manual acoge[9], integra el autor en tal noción extensa de víctima, por ejemplo, a los afectados por fenómenos naturales, catástrofes tecnológicas y accidentes laborales. Esta tan ambiciosa extensión de miras y proyectos gana la legítima admiración de autores como *Neuman,* para quien el titánico *Mendelsohn* había progresado mucho más allá de *von Hentig* A éste, *Mendelsohn,* por su parte, reprocha su incapacidad de derivar hacia una Victimología integral, su limitativa parcialidad de posicionamiento, y su restringido concepto de víctima (Mendelsohn, 1963)

Sin embargo, al concepto amplio se opondrá pronto una línea doctrinal restrictiva, que afirmará la inadecuación de una Victimología autónoma respetoc de las ciencias penales, sobre la pertinencia de preservar la consistencia e intensidad del concepto de víctima.

Apunta Neuman cómo los países económicamente desarrollados han dado acogida con mayor complacencia e impulso a las ambiciosas pretensiones de Mendelsohn (Neuman, 1984, pág. 29) De ahí que la crítica al concepto lato de Victimología descanse sobre la base de priorización económica: quienes tengan resueltos los aspectos de victimidad criminal estarían en mejores condiciones de poner en marcha esa suerte de «multinacional científica victimológica».

– Su carácter interdisciplinar: Mendelsohn cuenta como fuentes de desarrollo victimológico, entre otras, al Derecho, la Medicina, la Sociología, la Psiquiatría, la Criminología, la Ingeniería, la Mecánica, la Cibernética, la Ecología....El abordaje plural y multidisciplonar de las problemáticas de victimidad es hoy incuestionable, aunque persista una explicable tendencia a unificar y concentrar por secciones disciplinares los abordajes científicos,

---

[9] Habiéndonos decantado, asimismo, por la noción amplia de víctima, *Vid. Supra* (I.1).

ganándose en homogeneidad y rigor metodológico lo que se pierde en complejidad e interrelación.

Tipología de víctimas

En es en su modelo tipológico donde radica de un modo más acerado el sesgo causal-positivista. Tipología paradigmática, inspirará el inminente desarrollo de ulteriores tipologías victimológicas.

En la tipología mendelsohniana (Mendelsohn, 1958), se establece una escala gradual de reproche, en la que la cuota victimal de culpabilidad crece a expensas de la cuota relativa al criminal. En suma, se impone lo que el autor califica como criterio de *culpabilidad correlativa*. La disfuncionalidad de dicha correlación se manifiesta por la falta de base sólida y objetiva de la reprochabilidad victimal.

- La *victima totalmente inocente,* o *Victima ideal* se caracteriza por altos o absolutos niveles de inconsciencia e irrelevancia en el juego criminal, por ejemplo, un niño
- La *victima de menor culpabilidad* o *Víctima por ignorancia* La ignorancia o irreflexión culpable de la víctima moldea en un cierto grado la perpetración final del delito. Así, la mujer que se provoca un aborto por medios impropios, pagando con la propia muerte su ignorancia.
- Las *víctimas tan culpables como el infractor o voluntarias* no son otras que las que se dispensan sí misma la muerte, en sus distintas variantes suicidas, ya sea *suicidio por azar, suicidio por adhesión, suicidio eutanásico o pacto suicida.*
- La víctima *más culpable que el infractor* recibe las calificaciones de *víctima provocadora o víctima imprudencial*
- La *víctima únicamente culpable*, se discrimina en razón de que la acción esté validada por una legítima defensa, caso de *víctima infractora,* bien se haya simulado con malicia en abono de un error judicial (*víctima simuladora*), o, bien la mente victimal haya fabulado la victimización a expensas de un delirio paranoico, histérico, senil o de una equívoca recreación propia de inmadurez infantil (*víctima imaginaria*).

El autor establece las bases de una propuesta penalmente aplicativa: reagrupando los expuestos apartados, al respecto de las conductas penales contra *víctima inocente*, la acción típica debería ser reprochada en su integridad al infractor; en un segundo grupo de conductas contra víctima *provocadora, imprudencial, voluntaria o por ignorancia,* la respectiva colaboración o incidencia participativa victimal debería comportar efectos disminutivos de la pena; finalmente, un último grupo, compuesto por la víctima *infractora, simuladora o imaginaria,* al ser la acción legalmente justificable, o atípica, procedería la absolución.

2.11. LA EMERGENCIA DE UN NUEVO PARADIGMA

Pese a un ralentizado despertar teórico (Mueller, 1982), toda una generación de científicos agrupará sus esfuerzos en la identificación de factores de contribución victimal.

Así, en la estela positivista destacarán autores como *Ellemberger,* que trabaja en el concepto de victimogenesia, y anticipa la noción victimológica de vulnerabilidad (Schaffer, 1977 págs. 48 y 49); *Wolfgang,* notable iniciador de los estudios victimológicos empíricos y elaborador un concepto paradigmático de precipitación victimal en contextos violentos[10]; *Amir,* que traslada la perspectiva interactiva al ámbito de los delitos sexuales, *Gulotta,* que, asimismo califica y comprende al binomio víctima-ofensor como *Sistema Interactivo,* entendido a la manera de un circuito informático en el que los aportes de uno y otra son mutuamente *retroalimentadores* (Gulotta, 1976, págs. 83-99); *Fattah,* que, no obstante sus inicios positivistas, terminará asumiendo un personalísimo papel dinamizador de los estudios victimológicos así promocionales como críticos (Fattah, 1971) *Schaffer,* quien postulará la exigencia de una elemental actitud autopreventiva, sobre la base de una genérica regla cívica prudencialista. Así, la *responsabilidad funcional* de la víctima (Schaffer, 1977), deviene un claro preludio sociológico de la ulterior valoración víctimodogmática de la competencia de la víctima (Silva Sánchez, 1994, Tamarit Sumalla, 1998).

Tras la etapa interaccionista y convencional, una fuerte oposición a las tendencias científicas aquí descritas comienza a despuntar.

Dicha oposición culminará con un intenso salto cualitativo, el cual se explica:

- *Por razones históricas,* relativas al nuevo clima humanitario y solidario propio de la segunda postguerra mundial, que justificaría la nueva pujanza de los objetivos asistenciales y paliativos en sociedades saturadas de violencia (Elías 1986).

- *Por razones sociológicas,* relativas a la emergencia de nuevos movimentos de víctimas que comienzan a descubrir la eficacia de concentrar esfuerzos en la persecución de sus objetivos solidarios, y que actúan de catalizadores y reclamos de una nueva conciencia cívica ante las víctimas (Maguire y Shapland, 1990; Cario, 2000).

- *Por razones ideológicas,* que atañen básicamente a la pujanza del pensamiento feminista de carácter científico-revindicativo, que denunciará la legitimación social de la victimización de la mujer a través de la doble moral y de la *victimización secundaria,* generadora de desamparo e impotencia (Herrera Moreno, 1996 b))

2.12. PROMOCIÓN FRENTE A CULPABILIZACIÓN DE VÍCTIMAS *(VICTIM´S BLAMING)*

La inminente etapa de reivindicación frente a las tendencias culpabilizadoras de víctimas se caracteriza por la cooptación o alianza

---

[10] Vid. Infra II. 3.

entre la Victimología y los Movimientos de víctimas, en el descubrimiento de una base ideológica común.

Un hito fundamental, en la emergente concentración de esfuerzos críticos, vino dado por la publicación de la obra de Amir *Patterns of forcible rape*, que intentaba transferir al campo de la violación el clásico modelo de *homicidio precipitado*, de *Wolfgang.* Sobre la base del estudio de los registros policiales de Filadelfia y el análisis de 646 casos de violación, se traza un modelo de *violación precipitada por la víctima,* constituida por a*quellos casos en los que la víctima efectivamente —o así lo interpretó el agresor— acordó mantener relaciones sexuales pero se desdijo..o no resistió con energía suficiente cuando la sugestión fue formulada por el ofensor. El término también se aplica a los casos en los que la mujer se involucra en una situación vulnerable saturada de sexualidad* (Amir, 1971, pág. 262). La intensa reacción científica frente a este cuestionable modelo abrió camino a una nueva etapa disciplinar, de tal modo que *Patterns of forcible rape* marcó diafanamente un "antes" y un "después" en el pensamiento victimológico.

La oposición a la Victimología positivista viene, así, signada por la crítica al tradicional modelo víctimo-contribuyente, reputado de estigmatizador, secundariamente victimizante y arbitrario. Así, el *salvaje arte de culpar*, se desplegaría a partir de tres premisas estratégicas (Ryan, 1971):

- La víctima es identificada por una anómala condición deficitaria, de tipo biológico, actitudinal o comportamental.
- Dicho déficit es causal e inexorablemente determinante de la victimización.
- La víctima debe rectificar sus défits y carencias para evitar ser *revictimizada*

Respecto a los postulados de la Victimología positivista, la ideología revindicativa denuncia:

- Su arbitrariedad, parcialidad y falta de objetividad científica: así, se reputan de precipitadores o contribuyentes los propios factores que aduce en tal calidad el victimario, quién de otra parte, se escuda en racionalizaciones o *usos de la víctima como agentes de auto legitimación* (Fattah, 1976)
- Su déficit fenomenológico, por cuanto al eliminar la percepción de la víctima, incluyendo, por el contrario las calificaciones de la policia o el infractor, no se llega a evidenciar el significado pleno de la acción social (Karmen, 2005, pág. 110 y sigs)
- Su circularidad y tautología argumentativa, pues la prueba de que los factores aludidos precipitarion la victimización no es otra que la propia ocurrencia de la victimización (Weiss y Borges,1976)

– Su debilidad empírica, por el carácter apriorístico de preconcepciones apenas barnizadas por las estadísticas, que no sino son trasunto de actitudes públicas secundariamente victimizadoras e inhibidoras de la empatía[11].

– Su aptitud para legitimar la victimización y hacerla socialmente tolerable, formalizando la denegación de status normativo a la categoría de *víctima reprochable,* frente a la de *víctima ideal*, categoría igualmente selectiva y sospechosa (Christie, 1986).

Para defender a las víctimas frente a la culpabilización se han identificado dos estrategias (KARMEN, 2004, pág.112), ambas negadoras de la atribución víctimo-culpabilista:

- El correlativo reenvío de culpabilidad hacia la parte del ofensor.
- El correlativo reparto social de la culpabilidad sobre bases de *culpabilización del sistema* (en términos críticos, co-culpabilidad social, (Zaffaroni, 1973, págs. 541 y sigs.).

2.13. VICTIMOLOGÍA CONSTRUCTIVISTA: *NUEVA GRAMÁTICA VICTIMOLÓGICA*

El aldabonazo científico, reactivo a las tendencias culpabilizadoras de víctimas, abre la puerta a una nueva concepción de la Victimología. Se habla así de una convencional Victimología del *acto* (criminal), en contraposición con la nueva Victimología de la *acción* (promocional), caracterizada por la movilización social de apoyo en la persecución de logros concretos en favor de las víctimas del delito (Joutsen, 1986, pág. 51). La nueva etapa constructivista, también nombrada como *etapa realista* (Walkate y Mawby 1994) se indentifica por sus nuevos objetivos:

– Reivindicación de objetivos promocionales relativos a los derechos de las víctimas. Como bien se ha dicho, la Victimología constructivista tiene la virtud de humanizar el derecho penal y la ética (Beristain, 2004, pág. 33), señalando un nuevo horizonte social tendente al enaltecimiento de las víctimas como canónicos referentes sociales. El Derecho penal cobra un nuevo viso tuitivo, de tal manera que, parafraseando a Dorado Montero, habrá de convertirse en un *Derecho protector de las víctimas*, directamente incidente en los más esenciales conceptos penales.

11 *Vid. Infra* II. 2.

En el terreno penal el delito diluye su abstracción al calificarse como *conducta causante de daño*. El delincuente, coherentemente, deja de ser centro ideológico para ser identificado como *victimario*, causante de víctima. Las víctimas han de tener cabida en el Derecho protector en su completa extensión, en tanto *directas e indirectas, colectivas o individuales*, el proceso dejará de concebirse como combate entre partes antagónicas, sino que estará dotado de capacidad expresiva de invocar y recrear la injusticia padecida (para lo cual se contará con la parcicipación de la víctima). Enterrando el talante expiacionista, las penas habrán de ponderarse no sólo en función de la prevención sino en atención a la satisfacción (no concebida en términos revanchistas) de las víctimas (Beristain, 2004, pág. 174).

Para esta nueva Victimología, los *derechos de las víctimas* no pueden quedar al albur de que al Estado le sobrevenga un rapto de mala conciencia: las víctimas y sus derechos no son una moda pasajera: *han llegado para quedarse* (Maguire y Shapland, 1990 pág. 222); no emanan de ninguna actitud graciable, si damos la razón a *Porcia* la memorable hija de *Shylock*, en que *la gracia y la compasión no pueden forzarse*. Por el contrario, la nueva Victimología proclama que el *status* de las víctimas comporte una explícita fuerza vinculante, en tanto enraíza en los propios fundamentos de Estado Social, Democrático y de Derecho (Alonso Rimo, 2004 pág. 48). Más que añadir, de modo declamatorio, una nueva generación de Derechos Fundamentales, cualquiera de las actuales promociones normativas (libertades cívicas, derechos de participación, derechos sociales, económicos, bioecológicos, etc...) han de verse integradas por los derechos de las víctimas (Valladolid Bueno, pág.160).

La Victimología promocional entiende, así, que el Estado social y democrático sólo se consolida éticamente por la solidaridad cívica con las víctimas. Cualquier intento de regenerar el presente queda deslegitimado si se quiere actuar al margen de las víctimas, *los partenarios más eficaces y altruistas de la convivencia y de la cultura de la paz* (Beristain, 2004, pág. 3003).

Ello pone a las normas penales en la precisión de adaptarse a un nuevo y trascendental "ajuste gramatical", (Silva Sánchez, 2002), de manera que puedan ser vehículo de expresión de los requerimientos contemporáneos. Puede, así, decirse que la Victimología constructivista elabora una *nueva gramática victimológica*, al servicio del Sistema penal. La misma ha hecho posible la *revisión ideológica de la pena*, (Quintero Olivares, 2004, pág. 23) de modo que ésta se lustre con el nuevo potencial reintegrador y reparador (Mapelli Caffarena, 2005, Martín Ríos, 2004). Comienza a hacerse evidente que el nuevo giro penal hacia la satisfacción de la víctima responde a un auténtico *fenómeno cultural* (Tamarit Sumalla, 2004, pág 29, Mapelli Caffarena, 2005, pág. 214-15).

En el discurso promocional, cobra una importancia básica la necesidad de neutralizar de la victimización del Estado, o *victimización secundaria*. Así, la nueva *Victimología procesal*, a lo largo de los años, ha ido fluyendo una activa corriente de reformas normativas. Ésta delimita una comprometida esfera tuitiva, trazada por el Sistema penal en beneficio de las víctimas del delito (Ferreiro Baamonde, 2005). La normativización de la inquietud por neutralizar la *victimización secundaria* ha generado, en algunos países, un volumen legislativo, a veces tan significativo como para componer un auténtico "Código de los derechos de las víctimas" (García Rodríguez, 2004)

Una tutela judicial victimológica aspira a deparar una protección integral (como ha arbitrado la ya célebre Decisión marco 2001/220/JAI del Consejo de Europa, de 15 de marzo de 2001, relativa al estatuto de la víctima en el proceso penal y universal), no queda ahormada por la abstracción política de la nacionalidad o soberanía, sino tuteladora de la víctima en su digna y plena humanidad (según entiende nuestro Tribunal Constitucional en su ST. 26 de septiembre de 2005, en su nítida interpretación victimológica del principio de *Justicia universal*)

– Elaboración de nuevas praxis de tratamiento y asistencia a las víctimas, a partir de la ponderación del impacto devastador de la victimización. Se incide en sus necesidades asistenciales, comprensivas de apoyo informal, asesoría jurídica, y ayuda financiera institucional, así como en sus requerimientos terapéuticos en el caso de producirse impacto físico y emocional.

Se perfilan categorías psiquiátricas que describen el trauma de la víctima, muy particularmente el *Trastorno de Stress Post-traumático,* (aplicado al ámbito de la victimización violenta así, Baca Baldomero *et al.*, 2003) así como se describen específicos cuadros sindrómicos en relación con determinadas experiencias traumáticas (*síndrome del niño golpeado* Kempe, 1962; *síndrome de deprivación materna* (Bowlby, 1951); *síndrome de la mujer maltratada* (Walker, 1984) *síndrome del " trabajador quemado"* Maslach y Jackson, 1986). Se desarrollan conceptos psicológicos aplicables a la comprensión de la victimización (*indefensión,* Seligman, 1975; *resiliencia* Green, 2002; *mobbing* Leymann, 1990; *bullying*Olweus, 1993) y se extiende el tratamiento asistencial a las víctimas indirectas (así, víctimas indirectas de terrorismo o niños testigos de violencia, Freedman, 2004)

– Metodología empírica propia, con base en las encuestas de victimización, que, enriquece los parcos conocimientos que ofrecen las estadísticas oficiales sobre el delito (Cerezo Domínguez et. al. págs. 2004). Las encuestas de victimización, *uno de los más excitantes desarrollos criminológicos* (Fattah; 1991, pág. 30) permite una aproximación al *jardín cerrado* de la autopercepción y vivencia personal de la víctima (García-Pablos de Molino, 2005, pág. 127 y sigs.).

El nuevo y personal abordaje empírico de la víctima es, entre otros factores, comprensivo de aspectos relativos a su *iter victimae*, su íntima percepción de la experiencia, su identificación como víctima sumergida o como blanco preferente de victimización, su grado de satisfacción con los operadores judiciales y su potencial sentimiento de miedo ante la victimización (Zedner, 2002). Las encuestas de victimización, de alcance local, nacional o internacional, sean generales o por áreas de victimización (Schneider, 2001, pág. 449) constituyen, en esencia, un revelador registro de la "cara oculta" de la victimización.

– Consolidación de una perspectiva victimológica en tanto Ciencia Global, acotada por la Sociedad Mundial de Victimología, (1980), que se contempla a sí misma como asociación científica. Críticamente orientada, se ofrece como foro de discusión, punto de divulgación e intercambio científico y centro conformador la nueva conciencia social hacia las victimas (Schneider, 2001)

Objetivos éstos periódicamente reforzados a partir de célebres encuentros internacionales en los magnos Simposia de Jerusalén (1973), Münster (1979), Tokio y Kyoto (1982), Zagreb (1985), Jerusalen (1988), Río de Janeiro (1991) Adelaide (1994), Amsterdam (1997), Montreal (2000) Stellenbosch, (2003), y Florida (2006).

Ante la omnicomprensividad de intereses, la moderna Victimología no acotar ya su territorio en el marco exclusivo de la Criminología (Garrido, Stangeland, Redondo, 2001, pag.) La Victimología presenta una vertiende criminológica tanto como procesal, penal, asistencial, psicológico-psiquiátrico, forense y de ética política.

2.14. VICTIMOLOGÍA CRÍTICA

De modo coetáneo, aunque lateral, al auge de la Victimología constructivista, se comprueba en los últimos tiempos como a la Victimología le apunta un nuevo alón ideológico: la perspectiva de Victimología crítica, contrahechura victimológica de ciertos postulados de Criminología crítica (Walklate 1992, Karmen, 2005). Dicha tendencia viene a complementar algunos déficits doctrinales de la voluntariosa Victimología promocional, a veces vertiginosamente afanada en la praxis humanitaria, y necesitada de espíritu autocrítico y de mayor reflexividad científica. Dicha ideología crítica destaca las nociones siguientes:

A. *Victimización social*. Se indica la naturaleza opresivo-estructural e institucional de gran parte de las victimizaciones, de naturaleza supra-individual, que conciernesn a amplios colectivos: obreros, indígenas, consumidores, inmigrantes, víctimas indirectas, sujetos pacientes de injustas *macro-victimizaciones* más calladas y cotidianas, aunque no menos victimizadoras (Beristain 2004, Zaffaroni, 2000). Se denuncia el papel distorsionador de los medios de comunicación y del aparato de la Justicia en la consolidación de ampulosas estrategias de resolución, unilateralmente volcadas a la retribución y al castigo espectacular/ ejemplar, encubriendo la existencia de esa otra victimidad tolerada, sometida a la "violencia" de la pobreza y la exclusión social (Elías 1993).

B. *Instrumentalización de la víctima*. De otra parte, al tiempo que el Estado y la nueva política social se hace victimológica, se evidencia en tal proceso una nueva manifestación *secundariamente victimizante*: la explotación ideológica de las víctimas del delito; del clásico *conflicto como propiedad*, un día arrebatado por el monopolio estatal de la Justicia, (Christie, 1977) se habrá pasado a idea misma de la *víctima como propiedad*. Una propiedad, en efecto, altamente vulnerable, rapiñada y repartida entre los diferentes operadores políticos y mediáticos, para ser instrumentalizada al servicio de objetivos ultra victimológicos (Kirchoff, 1991).

Se señala, al fin, que tan reprochable disparadero moral descansa en la asunción gratuita e interesada de que es parte de la naturaleza de la víctima aceptar todo "beneficio" (emocional, económico, penal) que le sea arrojado desde el edificio político, más allá de su capacidad para seleccionar sólo aquello que directa y lógicamente vaya a mejorar su calidad de vida (Elías 1993).

> En mitad de este absurdo reñidero ideológico, las víctimas, desmadejadas, pierden energías de superación y terminan desgastándose en una lucha de todos contra todos. Ante dicho antagonismo, resulta especialmente gratuito y paradógico, el pulso y enfrentamiento, sea en el plano social o normativo, entre diferentes categorías de víctimas.En tal sentido crítico, si se quiere defender una recta participación de la víctima en su propio conflicto, parece prioritario aseverar que *la víctima es libre*, o ha ganado su libertad (Valladolid Bueno, 2003, pág. 169).

Así, una de las manifestaciones menos protegidas de la libertad de las víctimas integra el derecho *a ser dejadas en paz* (Tamarit Sumalla, 2004 pág 31). Ni aduladas, ni escarnecidas, la incolumnidad de la víctimas se abre hoy como un nuevo e impostergable postulado crítico, propio de la moderna política victimológica.

C. *Justicia Restauradora*. Finalizada la etapa de cooptación se reclama la autonomía científica y rigurosa de la Victimología respecto de los movimientos de víctimas, de ideología heterogénea y, en ocasiones, afectadas por un inexorable radicalismo retributivo (Kirchoff, 1991). Lejos del estéril antagonismo entre rehabilitación criminal y rehabilitación victimal, se renueva la ideología de la reparación conciliadora hacia la formulación de aspiraciones aún más ambiciosas. Se postula la emergencia de un nuevo paradigma socialmente re-equilibrador, de base humanística (Varona Martínez, 1998), superador del conflicto, terapéutico para la víctima e integralmente restaurador del clima de paz: el paradigma de la nueva *Justicia Restauradora* (*Restorative Justice)* (Gallaway y Hudson, 1996).

Desde esta perspectiva (Cario, 2005), se tiene en cuenta la plena humanidad de la víctima y del ofensor, como potenciales agentes de reconstrucción comunitaria, y se enfatiza la cohesión social a través de un abordaje *pacificador o restaurador* que incida sobre la misma raíz del conflicto (Weitekamp, Kerner, 2002, (García-Pablos de Molina, 2005, pág. 264 y sigs.).

La sobre-excitación científica que genera esta ideología (Karmen, 2005) puede muy bien enfriarse con solo evocar la esterilidad práctica en que vino a parar la revulsión programática de la Criminología crítica (Larrauri 1991). Sin embargo, en abono de las tesis *restauradoras*, hay que decir que saben enriquecer su entusiasta carga ideológica (pacificadora) con una buena dosis de pragmatismo, implícito en su irrenunciable consideración al daño de la víctima. De ahí que, lejos de los pasados desafueros utópicos, la perspectiva restauradora se sustancia en programas realistas y resolutivos (Weitekamp, Kerner, 2003)

D. *Obsesión por la seguridad.* Se pone en entredicho el viraje, por la *prevención victimal secundaria y terciaria*[12] hacia modelos de sociedad propios de ciudad-fronteriza, al acecho, obsesionada por la seguridad. (García-Pablos de Molina, 2005, págs. 657 y sigs.). Sobre el trasfondo icónico de una humeante *Zona Cero Universal,* se denuncia el contemporáneo diseño de una colectividad recelosa e inmersa en enfermizas cruzadas defensivas, que inhiben la espontaneidad y la calidad de las interacciones sociales.

En el plano informal, los medios cumplirían una esencial función socialmente constructora de la inseguridad (Cario, 2004). La histeria aseguradora arrastraría actitudes vitales emocionalmente insanas. Por vía de ejemplo, se dice que la paranoica crianza de muchos niños occidentales, dispensada por padres sobreprotectores y empavorecidos, supone una amenaza a estos menores en tanto que relevante fuente de victimización, en sí misma considerada (Furedi, 2002)

En el plano institucional, el Estado, según se denuncia, postula consignas de protección basadas tanto en las tecnologías de la defensa como en la exclusiva lógica del aseguramiento frente al riesgo, en el marco de una política criminal *de sospecha* (Garland y Sparks, 2000). Se habla, así, de la *institucionalización de la cautela*, que fomenta ciudadanos timoratos, infradotados anímicamente para asumir iniciativas que hagan progresar la vida social (Furedi, 1997).

Si, en efecto, lejos de un desempeño vital *natural y cívicamente* preventivo, *la evitación del delito se convierte en principio organizativo de la sociedad cotidiana* (Garland y Sparks, 2000, pág. 199), esta

---

12 *Vid.* Supra I.1.

"sociedad de víctimas potenciales", tan puntillosamente convocada al aseguramiento, no puede estar compuesta más que de ciudadanos beligerantes, alarmados, hostigados hasta el hartazgo, por la multiplicidad y universalidad de cautelas preventivas, y, desde luego, nada receptivos a empatizar con quienes de modo tan opresivo condicionan su estilo de vida (Rose, 2000).

E. *Emotivización victimológica* En conexión inmediata con lo anterior se denuncia una regresiva emotivización de la vida cotidiana (Tamarit Sumalla, 2004 pág. 28) a través de una prevalente "cultura de la quejumbre" y de la victimidad (Furedi, 2004). La misma "estrategia victimaria" (Cario, 2005, pág. 3) promovería la patologización de reacciones sociales normales a través de una interesada etiquetación psiquiátrica, en oposición a los mecanismos de sanación natural y al apoyo informal a partir de los lazos de cohesión social (Fattah, 1999).

La teoría del *labelling* y el pensamiento *sociológico constructivista* (Summerfield, 2001 pág. 4) se aplican así a la denuncia de una cada vez más frecuente *construcción social de la vulnerabilidad*, en detrimento de la resiliencia, o positiva entereza, personal o comunitaria, ante la adversidad (Green, 2002); en idéntico sentido se denuncia una correlativa *construcción de la victimidad,* a través de eventuales mecanismos de asistencia a la víctima, que estarían generando en ellas dependencia y, en cuanto reforzadores, promoviendo una viciosa adhesión al *status* emocional de víctima.

F. *Clarificación de la asistencia.* Finalmente, en el ámbito de la asistencia e intervención terapéutica, se postula una mayor explicitud en las técnicas de abordaje, para una urgente clarificación victimológica de la eficacia asistencial dispensada a la víctima. Se pone de manifiesto cómo, hasta hora, parece observarse una cierta resistencia al análisis de la eficacia de las intervenciones, sobre la base de que cualquier ayuda terapéutica, dispensada con buenas intenciones, tiene que ser beneficiosa (Mc Nally *et al.* 2003). Pero la creciente inversión del estado en las intervenciones con víctimas convierte en una prioridad el discernimento y consenso científico sobre terapias útiles y terapias ineficaces.

Así, se advierte contra la potencial dañosidad de ciertos enfoques, eventualmente *iatrogénicos* para la víctima (extensores del daño psicológico). Muy en particular, un posible efecto *nocebo* o *iatrogénico* (Fattah, 1999) es denunciado respecto de ciertas terapias de recuperación de memorias reprimidas a largo plazo; con similar sentido crítico, se arremete contra la sistematicidad del recurso al *debriefing* psicológico, en particular el llamado *Critical Incident Stress Debriefing,* consistente en la discusión con la víctima o el grupo de víctimas, sobre los detalles de su victimización, apenas días u horas después de haberla sufrido (Devilly, 2002).

BIBLIOGRAFÍA

Vid. bibliografía tema 3.

Tema 3

Victimación. Aspectos generales[1]

Los estudios victimológicos explicativos de la victimación presentan tres vertientes generales, de las cuales vamos a ocuparnos en el presente capítulo:

- Vertiente identificativa y comprensiva de específicas *tipologías de víctimas*
- Vertiente identificativa y comprensiva de *modelos de victimación*
- Vertiente indentificativa y comprensiva de *modelos de re-victimación o victimación múltiple.*

Por ese mismo orden, abordaremos cada una de estas implicaciones temáticas, en consideración autónoma, a pesar de la evidente interrelación entre las mismas.

3.1. DESARROLLOS TIPOLÓGICOS

Una tipología constituye "un esquema clasificatorio que ayuda a entender qué tiene en común un grupo y cómo se distingue de otros" (Karmen, 2005). Las tipologías, sean de víctimas o de victimarios, sirven a una mejor sistematización de los hallazgos científicos, por la agregación ordenada de matices distintivos sobre las figuras acuñadas, trazando el arco de su variabilidad (Redondo Iglesias, 1994).

Se ha aducido la importancia de la elaboración tipológica sobre la base de su innegable valor heurístico, siendo eficaces y operativas tanto para la teorización y planteamiento de modelos sobre victimización como para ilustrar las categorías penales acuñadas en torno a las víctimas A tales efectos, son valores relevantes en una tipología la coherencia interna, el respaldo empírico, la utilidad legal y la capacidad de integración y correlación teórica (Serrano Maíllo, 2004). Tanto la víctimo-contribución como vulnerabilidad son, efectivamente, nociones con presencia en las normativas penales (que en el ámbito español, entre otros, han estudiado, entre otros autores como Landrove Díaz, 1990, Herrera Moreno, 1996 y Tamarit Sumalla, 1998).

1 Capítulo elaborado por Myriam Herrera Moreno.

Destacando igualmente su potencial vertebrador, se ha evidenciado, sin embargo, con marcado sentido crítico, cómo las tipologías victimológicas se erigen en una suerte de "costumbre" científica, siendo dudosa su pragmaticidad, por cuanto tiene de encapsulamiento o estanca compartimentación de realidades vitales altamente complejas (Ferreiro Baamonde, 2005, pág. 125).

Ciertamente, el prurito o "comezón" tipologizador ha acicateado a gran número de victimólogos, sin excluir a los más eminentes, con un desigual resultado, presidido por el alto personalismo y subjetividad de los tipos, cuando no por una dolorosa falta de rigor y vertebración. Está justificado, entonces, el resquemor científico sobre el sentido, valor o utilidad específica que pueden aportar algunas de estas intentonas, a veces porfiadas salmodias casuísticas, a veces cavilaciones etiológicas hilvanadas al capricho del tipólogo en funciones.

Tal problema fue tempranamente puesto en evidencia (Schaffer, 1977), insistiéndose en el prioritario requerimiento de una teoría general en la que integrar tan subjetivas elaboraciones, rechazando aquellas que flotan en un vacío doctrinal, en forma de nebulosas especulativas o impresiones de *turismo victimólogico*. Para el autor, las tipologías deberán venir definidas por su carácter explicativo, realista y pragmático.

Así, las tipologías que mejor se adecuan a estos requisitos son las que, como veremos, pueden asentarse en el suelo teórico de los modelos explicativos de la victimización (las tipologías de víctimo-contribución, en relación con los modelos inter-activos de la victimización, o las tipologías de riesgo y vulnerabilidad con los modelos basados en oportunidad).

Restaría, como objeción difícilmente sorteable, el valladar ético en donde vienen a estrellarse la mayoría de las tipologías de víctimas. Siendo consabido cómo la "observación objetiva" sirve de alias científico a la calificación subjetiva, el material sometido a registro, humano y vital, no puede dejar de resentirse del tratamiento tipologizador, a menudo reduccionista y culpabilizador, como veremos. Más aún por cuanto se trata de aprehender un rasgo comportamental o personal propio de una víctima, para que opere a modo de papel adhesivo, sobre el cual se fijará una realidad vital para ser sometida al enjuiciamiento "científico" de su ser o actuar.

No puede sorprender que, a partir de la irrupción del movimento anticulpabilizador, las tipologías de víctimas parezcan haber perdido llamativamente su majestuoso predicamento, para sobrevivir como muestras de arcaísmo conceptual. Algunos autores, sin embargo, (Fattah 1991, Karmen, 2005) siguen prescribiéndolas porfiadamente, sobre bases preventivas, en abono de una mejor identificación de riesgos victimológicos.

Dos son los principales enfoques clasificatorios, claramente marcados por las respectivas referencias a los paradigmas tipológicos de *Mendelsohn* y *Von Hentig*: la contribución o coadyuvancia activa de la víctima al delito, y la proclividad, propensión o vulnerabilidad de la víctima.

3.1.1. Los ejes tipológicos de la contribución y vulnerabilidad

A. *La contribución de la víctima*: Que la tradicional *Victimología del acto* o *Victimología positivista* se haya decantado hacia la ansiosa multiplicación de escalas de víctimas, jerarquizadas en aras de su aporte al desenlace victimizador, sólo se explica si se tiene en cuenta su histórico cometido científico: evidenciar la pobreza y unilateralidad con que se abordaba, el, hasta entonces, pasivo concepto de víctima. En tal sentido, la identificación de nuevas y dinámicas categorías de víctimas contribuyentes puede entenderse, desde esa óptica, como un auténtico *manifiesto* de la naciente Victimología.

Hasta la eclosión del movimiento de crítica a la culpabilización de víctimas, las tipologías basadas en víctimo-contribución se producen con una efusión cándida y entusiasta, ceñidas a un modelo uniaxial, que contempla a la víctima como lesionada por una acción criminalmente victimaria. De este modo, el eje clasificatorio penal o criminológico permitirá distinguir las diferentes versiones de participación victimo-genésica.

Como comprobaremos, el aluvión tipológico sobre categorías víctimo-contribuyentes merece, en más de un aspecto, la calificación de *tema con variaciones*, tan indecisivos son, en ocasiones, los aspectos que distinguen unas elaboraciones respecto de otras. Analizando a *Mendelsohn*, sólo una categoría de víctima neutra se zafa de la tacha de víctimo-contribución (pues, en efecto, se trata de una tacha). A la zaga del maestro, salvando tan sólo a la víctima inocente, los tipólogos comienzan a desvalorar la negligencia autoprotectora, cuando no una inadecuada precaución, meramente convencional, hasta llegar al enjuiciamiento de la víctima instigadora, agresora o simuladora, que en puridad, no serían víctimas más que a partir de definiciones naturalistas, en absoluto penales.

De otra parte, ciertas tipologías presentan factores de vulnerabilidad, entreverados en su escala de víctimo-contribución; éstas serán tanto más problemáticas en cuanto la vulnerabilidad —rasgos biológicos, sociales o de personalidad— opere, en tan subjetivos esquemas, como sub-tipo de participación o coadyuvancia.

B. *La vulnerabilidad de la víctima*. Desde la misma inicial etapa científica apuntan los primeros brotes tipológicos centrados en la *vulnerabilidad*. Fue, como observamos, *von Hentig* quien marcó esta corriente tipológica, por más que esté hoy perfectamente descartada su oferta, ingenuo correlato lombrosiano, de una *víctima nata* o por destino. Sin embargo, los rasgos de proclividad, por él tempranamente designados, siguen contando hoy como medio de identificación de déficits personales o sociales con influencia en el desenlace victimizador.

Las tipologías basadas en rasgos de riesgo, propensión o vulnerabilidad presentan la ventaja de su carácter multiaxial, esto es, no observan a la víctima en relación a una dinámica criminal, sino que incluyen, además, distintos ejes clasificatorios de carácter psicológico, cultural o socio-económico, enriqueciendo, como veremos, la perspectiva.

En términos victimológicos, la condición de víctima ha sido sometida a tipologías de vulnerabilidad *personal, relacional y contextual*. (Herrera Moreno, 1996). Además de ello, la exclusión o legitimación de situaciones precarias padecidas por grupos específicos, genera una *vulnerabilidad social* últimamente objeto de elaboración.

La *vulnerabilidad personal* se identifica por rasgos psico-biológicos (básicamente, edad, género y enfermedad). Sin embargo, es ésta una magnitud frecuentemente combatida desde vertientes de *Victimología crítica:* así, se denuncia la evidencia de una construcción cultural, disciplinaria, de la vulnerabilidad femenina, (Campbell 2005) o del anciano, en cuanto turbiamente orientado a la discriminación incapacitante, según estrategias de *expulsión etaria*, (Zaffaroni, 2004, pág 23). También desde un enfoque crítico, se destaca la codificación victimista, promotora del pánico, de demasiados acontecimientos vitales, creando una exacerbada sensación de indefendibilidad existencial (Furedi, 2002).

La *vulnerabilidad relacional*, abordada en este manual por áreas de victimización, nos enfrenta a un agudo desequilibrio entre víctima y ofensor, marcado por la dinámica morbosa y desintegradora en la que degenera la interacción (así en la relación de pareja, Cerezo Domínguez 2000, Falcón Caro 2001, y Echeburúa y Corral, 2002)

La *vulnerabilidad contextual*, noción victimológica en pleno desarrollo, comprende la interacción de la víctima con un entorno victimogenésico. Pone en evidencia la existencia de figuras de víctimas cuya indefendibilidad específica viene determinada por las especiales características de un concreto *hábitat social*, —así, el barrio, el lugar de trabajo, la escuela, el espacio virtual etc— (así, las investigaciones sobre la escuela como contexto potencial de riesgo en Ortega Ruiz y Mora Merchán, 2000)

Por último, como apostilla de *Victimología crítica*, se identifica una última fuente de vulnerabilidad, que enfatiza la fragilidad de determinados individuos frente a las estructuras socio-económicas. Hablaremos entonces de *vulnerabilidad social*.

A continuación, pasaremos una somera revista a algunas de las más relevantes ofertas tipológicas de construcción victimológica, desde las más convencionales a las de talante más revindicativo.

3.1.2. Tipologías basadas en la contribución victimal

A. Jiménez de Asúa

Tras las huellas de *Mendelsohn,* (Jiménez de Asúa, 1961, págs 25-26) ofrece una tipología que divide a las víctimas entre *indiferentes o fungibles* y *determinadas o infungibles*, constituyendo éstas las víctimas contribuyentes, en virtud del despliegue de flujos motivacionales que en ellas se originan.

El autor se concentra en las *víctimas determinadas* para apreciar en tal apartado los subtipos de víctimas *resistentes* y *coadyuvantes*. Entre las *víctimas resistentes* se distinguen la *víctima resistente* o *de explícita resistencia*, y la *víctima presuntamente resistente*, aquella otra cuya resistencia se conjetura, o incluso presupone legalmente, aunque no haya concurrido margen alguno de oposición, como sería el caso del envenenado o el inconsciente. Tipo antagónico al anterior sería el de la *víctimas coadyuvantes*, sin que el autor se recate en afirmar la equivalencia (al menos en ciertos supuestos) entre «coadyuvancia en Victimiología y una real culpabilidad en Derecho Penal». Las consecuencias del reconocimiento de *coadyuvancia victimal* habrían de oscilar entre la supresión de ciertos tipos penales, la atenuación la pena o bien la privación de compensación a la víctima en el plano civil, apreciando una suerte de "culpa concurrente", que, sin embargo no evitaría la pena del infractor.

B. Fattah

Fattah acoge igualmente el criterio convencional de la distribución gradual de responsabilidad según comportamiento de la víctima (Fattah, 1967). Así, distinguirá cinco categorías generales: *Víctima no participante*, *víctima latente o predispuesta*, que experimenta una fuerte propensión a ser victimizada por factores de origen biopsicológico, social o psiquiátrico, *víctima provocativa o* precipitadora, *Víctima participante, con actitud facilitadora, y víctima falsa,* de carácter simulatorio.

Predomina en esta clasificación la influencia mendelsohniana, aunque, en la inclusión de la categoría *latente,* se ha identificado el sesgo de *von Hentig* (Ferreiro Baamonde, 2004, pág. 135). Pese a ello, la latencia o predisposición de *Fattah,* tiene, en este diseño, un carácter no genéricamente etiológico y descriptivo (propio de las propensiones de *von Hentig*) sino específicamente contribuyente, (recuérdese que se trata de una *víctima participante*) esto es, creadora de una concreta victimización.

C. Joutsen

Desde esta tipología (Joutsen 1986, págs 83-88), centrándose en la actitud auto-precautoria, la *víctima concienzuda o diligente* viene a ser paradigma de víctima ideal e irreprochable; la *víctima facilitadora* allana el camino del delincuente por una omisión preventiva, en tanto la *víctima invitadora* asume temerariamente el riesgo y no se precave.

En cuanto a la intención, la *víctima provocadora* realiza una acción esencial de inicio de hostilidades, la *víctima consentidora* asume el daño victimizador, la *víctima instigadora o promotora* facilita la acción en sentido directo y fomenta con su ayuda la realización del delito, y finalmente, la *víctima simuladora* aduce con falsía la comisión de un delito

D. Karmen

El conocido victimólogo americano acuña sus tipos en torno a la diligencia preventiva observada en la víctima, que, en su escala gradual, termina trocándose, en algún punto, en neta participación victimal. (Karmen, 2004, págs 108-109) Describe así tipos de *víctima precavida y sin culpa* (diligente en la autoprotección), *víctima convencionalmente cautelosa* (que no acierta a adoptar medidas especiales de precaución requeridas en el caso), *víctima facilitadora y negligente*, víctima *precipitativa-incitadora*, (en casos de estafas al seguro), *víctimas provocadoras-conspiradoras* y *víctimas insidiosas-simuladoras*.

3.1.3. Tipologías de contribución/vulnerabilidad

Es propio de éstas la interacción de perspectivas valorativas (criminológicas, psicológicas o sociológicas). En ellas. la anterior perspectiva de la contribución suele venir complementada con el trazado de aspectos de vulnerabilidad bio-psico-sociales, en la estela clasificatoria de *von Hentig*.

A. Schaffer

Distingue este autor siete categorías de víctimas básicamente apuntaladas sobre la noción de coadyuvancia victimológica, aunque su oferta incluye aspectos de vulnerabilidad (Schaffer, 1977, págs. 45 y sigs.). Estas son *víctimas no implicadas, víctimas provocativas, víctimas precipitadoras, víctimas biológicamente débiles* —facilitadoras por ello del delito— *víctimas socialmente débiles, víctimas-victimarias o auto-victimizadoras,* (categoría alternativa a la del *delito sin víctimas*, que el autor rechaza) y *víctimas políticas*, compresivas de los casos de abuso de poder.

B. Gulotta

Gulotta desarrolla su tipología desde un específico enfoque psicológico-psiquiátrico (Gulotta, 1976, pág. 37-38). Su particular novedad es la pormenorización de aspectos de de victimización mendaz o ilusoria, ilustrados por categorías psiquiátricas, en combinación con la ya consabida valoración del aporte contribuyente de la víctima.

Así, su tipología distingue *víctimas falsas* de las *víctimas auténticas.* Dentro de las primeras, las *víctimas simuladoras* actúan por motivaciones egocéntricas y narcisistas, conscientes o inconscientes, en tanto en las *víctimas imaginarias* la pseudología fantástica es consecuencia de una afección o inmadurez psíquica (así, la paranoia, histeria, confusión infantil).

Dentro de las *víctimas reales,* trazada la separación en base a la *fungibilidad* o *participación victimal.*

- La *víctima fungible* se desglosará, a su vez, en las modalidades de *accidental* e *indiscriminada* (la primera, absolutamente neutra, desde el punto de vista interactivo, en tanto, en la segunda, la interacción ni siquiera se da, como es el caso de los atentados terroristas, ofensas al consumidor o al medio ambiente, etc.

- La *víctima infungible o participante* se subdivide en *víctima imprudente, víctima alternativa,* como la originada en un duelo, *víctima provocativa y víctima voluntaria.*

Nótese la disfuncionalidad implícita en la identificación entre infungililidad y participación, que parece asumir que de la mera selección criminal hay que derivar una específica contribución de la víctima.

C. Neuman

Combinando aspectos de contribución y de riesgo (Neuman, 1994, págs. 57-59) este autor inserta a cada figura de víctima en el contexto social en el que la victimización se perpetra, y distingue entre *víctimas individuales, familiares, colectivas y víctimas de la sociedad o del sistema social.*

- Dentro de las *víctimas individuales* distingue entre actitudes *inexistente (inocente y resistente) actitud culposa (provocadora, cooperadora y coadyuvante) o* directamente *dolosa.*

- Las *víctimas familiares* se enmarcan en el marco del parentesco que las vincula, que identifica el contexto relacional propio de la victimización.

- Las *víctimas colectivas* se identifican como *nación, sociedad y determinados grupos victimizados por el sistema penal.* La *Nación* es la víctima típica de los delitos de alta traición, rebelión, sedición, levantamiento y conspiración para derrocar un gobierno legítimo. La *comunidad social* resulta victimizada, entre otros, por conductas de terrorismo, etnocidio y genocidio, delitos ecológicos, distintos delitos contra la salud pública, tráficos ilegales de droga y armamentos, abusos de poder, e ilegítima especulación de Estado, delitos económicos cometidos por funcionarios, delitos políticos, censura y uso abusivo de los medios de comunicación. Por último, existe una *victimización penal de grupos específicos* en los casos de indefensión penal y una *victimización penitenciaria.*

- Las *víctimas sociales* se integran en una categoría de exclusión centrada en el daño socioeconómico comprensiva de situaciones de pobreza y marginación

D. Landrove Díaz

En esta clasificación (Landrove, 1998, págs. 43-49) se parte del tradicional binomio *participación/infungiblidad* y *no participación/fungibilidad*, situando entre el primer grupo a las víctimas indiscriminadas por azar o albur terrorista; entre las segundas, gradúa la cooperación en base al grado de consentimiento. Extramuros de este tándem tipológico, acuña las categorías de *víctimas familiares, colectivas*, *vulnerables*, *simbólicas* y *falsas*.

La categoría de víctima simbólica resulta particularmente aplicativa, no sólo cuanto hace referencia a la protección legalmente reforzada de víctimas que encarnan valores institucionales (así, en el magnicidio), sino por su virtualidad para designar a aquellas víctimas objeto de especiales reacciones sociales de entronización en la memoria colectiva, procesos presididos por un marcado signo emblemático.

3.1.4. Tipologías de vulnerabilidad social

Desde vertientes críticas, estas tipologías denuncian la selectividad de los procesos de amparo estatal, que desaira y marginaliza a ciertas categorías de víctimas.

A. Beristain

El referencial victimólogo español (Beristain 2000, págs 87 y sigs.) insiste en la necesidad de abordar las victimizaciones derivadas de estructuras sociales o políticas injustas (macro-victimización), causantes de un sufrimiento real por parte de víctimas que, ante el general conformismo, languidecen allende el excluyente círculo tuitivo demarcador de la victimización convencional (micro-victimización).

Entre las *macro-víctimas*, distingue el autor a los miserables, sometidos a precariedad ambiental, a las víctimas de tortura y abuso de poder, a las víctimas de *apartheid* y otras formas de marginación institucional y social, como en el caso de los reclusos sometidos a sistemas penitenciarios degradantes, a los discapacitados y a los inmigrantes (Beristain 2004, págs. 151 y sigs.)

B. Polaino Navarrete

En una extra-formal oferta tipológica, (Polaino Navarrete, 1988, págs 107-119) identifica el autor cuatro fuentes de indefensión de víctimas, desde perspectivas de denegación de *status* normativo. Distingue, así: *víctimas institucionales*, desamparadas en función del uso incorrecto de los derechos fundamentales para la solución de problemas sociológicos, *jurisdiccionales*, derivadas del incorrecto y erróneo funcionamiento de la Administración de justicia, muy rara vez ponderado, en virtud de un impropio defensismo administrativo y *víctimas parlamentarias*, que sufren perjuicios por razón del abuso y mal funcionamiento, por acción (así, Derecho penal simbólico) u omisión (necesidad de amparo típico), de la actividad legislativa en materia penal. Por último, la *víctima internacional*, comprensiva de victimizaciones de lesa humanidad frente a los cuales la comunidad universal, pese a los enormes avances de la última década, no acaba de adecuar medidas de prevención ágiles, coordinados y prontos. Así, *Cario* postula, en esta línea, que la perpectiva internacional sigue operando, en sobradas ocasiones, como marco de la instrumentalización de la víctima (CArio, 2005).

C. Zaffaroni

Evidencia el autor (Zaffaroni, 2000, págs 13 y sigs.) la existencia de dos rangos de vulnerabilidad social correlativos, la *vulnerabilidad a la criminalización*, que crea sus propias "víctimas de la criminalización" a través de las agencias de criminalización secundaria y la *vulnerabilidad a la victimización*. La primera categoría, se moldea a partir del conocido modelo criminológico-crítico propio de las teorías del *Etiquetado*, en las que, conocidamente, se inscribe la obra de *Zaffaroni*.

Más novedoso es su desarrollo de la *vulnerabilidad a la victimización*, que se construye, igualmente, desde un enfoque socio-económico marcador de desigualdad y discriminación. Hay víctimas y víctimas. O, en los términos del autor, *víctimas primarias* y *víctimas primarias secundariamente victimizadas* por la selección institucional.

> Las clases privilegiadas, en su potencialidad como víctimas simples, pueden suscribir seguros y acudir a instancias privadas y medios tecnológicos complementarios de la limitada protección estatal, trasladando el riesgo y acentuando la vulnerabilidad de los menos favorecidos. Por ende, cuentan con recursos técnicos y jurídicos para acceder al status de víctimas cuando, efectivamente, padecen daño criminal.
>
> Las instituciones operan por su parte, una aplicación selectiva de los recursos de seguridad, de manera que barrios depauperados son abandonados a sus dinámicas "naturales" de victimización, ayunos de supervisión policial. Prostitutas, inmigrantes minorías sexuales, tóxico-dependientes, enfermos mentales, niños y ancianos de la calle ven reforzada su vulnerabilidad a partir del general descuido de las agencias ejecutivas, tanto como por la precariedad social en la que son relegados, que les impide recabar un status formal de víctima, una vez criminalmente victimizados. La desigualdad comporta, así, un nuevo género de *víctima secundaria*.

D. Schneider

Con similar acento deconstructivo, (Schneider 2001, págs. 458 y sigs) y desde un enfoque de Victimología supra-nacional, con atención a la violación de Derechos Humanos, *Schneider* señala categorías de *víctimas socio-estructurales, culturales e institucionales.*

- Las *víctimas socio-estructurales*, se encarnan en minorías marginales empobrecidas, aborígenes diezmados y privados de sus tradicionales medios de subsistencia, así como por niñas objeto de infanticidio selectivo, mutilación genital socialmente tolerada y sujetas a una discriminación estructural que se prolongará tanto como su existencia.
- Las *víctimas culturales* serían un subtipo de las primeras, y serían figuras resultantes de la presión de la cultura e ideología dominantes sobre minorías vulnerables. Así, señala como ejemplo de dicha victimización cultural las agresiones racistas, xenófobas y homofóbicas perpetradas universalmente, que configuran los llamados delitos de odio discriminatorio (*hate crimes*).
- En último término, *Schneider* designa como el tipo victimológico de *víctimas institucionales*, no sólo las victimizadas en el contexto de una institución, sino las victimizadas por la *propia institución.* Los reclusos víctimas de violencia o brutalidad en la prisión, hacinados o abocados al suicidio, o los ancianos confinados en residencias sin garantías de trato mínimamente digno, cuando no maltratados y vejados, serían exponentes de este tercer modelo.

3.2. LOS MODELOS TEÓRICOS SOBRE LA VICTIMIZACIÓN

La teorización y modelado victimológico de hipótesis, constituye una auténtica necesidad científica, en cuanto ofrece el estudio de un marco de referencia orientador, tanto como la integración de los conocimientos, aportando bases que favorezca posteriores avances científicos. (Dussic, pág. 95, 1988)

A pesar del interés criminológico común que aquí se identifica, hablamos de teorías de la *victimización*, (Fattah, 1991) antes que de teorías *criminológicas o de la desviación criminal.* La diferencia no es meramente oportunista o arbitraria: no se trata de trocar lo *criminológico* en *victimológico* por virtud de un pueril birlibirloque nominalista. Es más que eso, aunque, como bien se ha apuntado, ese trasvase de modelos, de un ámbito disciplinar a otro, no puede ser sino comprensible: las teorías, métodos y terminologías criminológicas ofrecen a la

Victimología un referente accesible y objetivamente inmediato (Rock, 1994). El hablar de estrictas teorías victimológicas implica la identificación del conflicto no por el perfil antisocial del infractor o la relevancia penal del incidente, sino en cuanto da por resultado una victimización personal, entendida como *producción de un daño injusto sobre las personas*.

Según la categorización de *Fattah* (Fattah, 2000, pág. 30 y sigs.), diez son los conceptos básicos sobre los que se ha desarrollado la gama de propuestas victimológicas para la descripción y prevención de la victimización criminal:

1) La oportunidad (relacionada con los rasgos de la víctima potencial)

2) Los factores de riesgo sociodemográfico (edad, género, lugar de residencia)

3) La orientación del infractor, en cuanto selector de víctimas.

4) La exposición al riesgo, por el contacto con figuras o situaciones potencialmente peligrosos.

5) Las asociaciones, en tanto transacciones determinadas por la homogeneidad o propincuidad entre los colectivos de víctimas e infractores.

6) Los contextos espacio-temporales portadores de riesgo (en cuanto hay una distribución explicable y estratificada de los lugares y momentos peligrosos).

7) Los comportamientos arriesgados (factores de invitación, provocación o negligencia autopreventiva de la propia víctima).

8) Las actividades de alto riesgo, especialmente las relacionadas con el ocio o el modo de ganarse la vida; (así, la *movida* de los jóvenes noctámbulos, la asistencia a enconados *derbys* deportivos, el ejercicio de la prostitución etc).

9) Los comportamientos defensivos y evitativos. A nadie puede pasar por alto que la actitud vital esquiva a los enfrentamientos sociales o contextos arriesgados, o, por el contrario, la curiosidad vital, la osadía y la pugnacidad son factores susceptibles de influir en los niveles de riesgo victimal.

10) La propensión de carácter estructural o cultural, que asocia inequívocamente aspectos de deprivación y miseria con niveles de riesgo. En el mismo sentido, el autor destaca cómo la estigmatización y marginalización es un proceso que sirve a la designación de *víctimas culturalmente legitimadas*

En el presente estudio, obligadamente selectivo, se revisarán algunas de las más representativas teorías victimológicas[2], bien por su carácter clásico, bien por la relevancia de su reciente evolución. Abordaremos dichas tesis desde perspectivas de la interacción, comprensión, oportunidad y reacción social

[2] Para la definición de los niveles básicos de *victimización primaria, secundaria y terciaria*, y sus correspondientes tipologías, *vid. supra* I.1
En esta sumaria revisión no incluiremos las elaboraciones basadas en victimización socio-económica o las relativas a los aspectos generales de la victimo-precipitación, por haberlas ya incluido en el marco de discusión propio de la etapa de positivismo victimológico. *Vid. supra*. Cap I.2

3.3. PERSPECTIVAS DE LA INTERACCIÓN VÍCTIMA-OFENSOR

3.3.1. Teoría de los ciclos victimológicos

El modelo psicológico de los *ciclos de victimización* (Zieguen-Haguen, 1977) se levanta sobre los modos de armonización de los respectivos factores psicológicos, criminales y victimales, que propenden, respectivamente, al riesgo criminal o victimal. Ahora bien, por cima de las recíprocas propensiones, las combinaciones entre tipologías de víctima y de ofensor serían relevantes para la producción del delito. Desde este modelo, se antoja a su autor particularmente útil dirimir la clase de combinación requerida entre el tipo psicológico del autor y el de la víctima para que la victimización se produzca:

> Por ejemplo, si, como ocurre en algunas estafas, una víctima de las llamadas «adquisitivas» se aboca característicamente a ser victimizada por un criminal «adquisitivo», o si la víctima psíquicamente anormal suscita por sistema la conducta delictiva de un individuo mentalmente estable, explotador de la vulnerabilidad psíquica de la víctima, o si, por el contrario, se requieren niveles de anormalidad complementarios para que el delito se desencadene.

Así, sólo en la detección de un vínculo o punto de coincidencia se explicará el modo en que ambos procesos, los respectivos de víctima y ofensor, desembocan en un resultado delictivo. Se trata, en suma, de *ciclos victimológicos* que interaccionan con *ciclos criminológicos*. El presente planteamiento se asienta sobre un elemento psicológico capaz de arrancar ambos procesos: el estado de frustración vitalizado. De este modo, la agresiva frustración criminal, es susceptible de aliarse, en devastadora ligazón, a correlativas actitudes de frustración victimal, de tipo agresivo, regresivo y resignado. Las variantes combinatorias se producen a partir de los ciclos respectivos del autor y del ofendido, por otra parte, mutuamente reforzados y retroalimentados.

El autor señala tres combinaciones significativas a efectos de la comprensión de los fenómenos de victimización.

> AGRESIVIDAD MUTUA La victimización es el ápice de convergencia entre mutuos ciclos de agresividad mutua. Así, en los casos de «tiranicidio», donde el infractor se revela frente a una figura de víctima que ha sido represora y atormentadora: la agresividad de la quien se rebela se ha venido, a la postre, alimentando de la agresividad generada por la víctima abusiva.
>
> REGRESIÓN-AGRESIÓN una víctima, en el ocaso de sus facultades morales y psicológicas (por senilidad, estado depresivo, etc) contribuye con la simplificación de su comportamiento sumiso y acatador, a ser objeto de la agresividad de otro individuo que lo escoge para descargar su frustración.
>
> RESIGNACIÓN-AGRESIÓN La resignación como patrón comportamental de adaptación, en la víctima, puede inerpretarse, por el victimario, como una latente promesa de aceptación del resultado victimizador. En esta clave se ha llegado a entender, por ejemplo, la escalada de odio genocida que presidió el holocausto judío.

Pese a su capacidad comprensiva, acaso un exceso de esquematismo descriptivo, acartone ostensiblemente la presente elaboración, limitada a la identificación de elementos endógenos, de naturaleza psicológica, en la explicación de la dinámica criminal.

3.3.2. La **precipitación** *victimal en el ámbito del homicidio*

Por propia confesión (Wolfgang, 1974, pág. 90), el autor de la presente teoría, ya destacado como iniciador de los estudios victimológicos de campo[3], recibe una neta influencia de las hipótesis de *Victimología positivista*, formuladas en abstracto por Von Hentig en lo relativo a la contribución interactiva de la víctima.

La vocación empírica y aplicada de la Victimología precisamente se asienta a partir de las investigaciones de *Wolfgang*, (Wolfgang, 1958) centradas en un trazado estadísticamente validado (Filadelfia, 1948-1952) de posibles modelos o paradigmas de homicidio criminal. El análisis motivacional, que ocupa un lugar eminente en la investigación, revelaba la indefectible y, generalmente, substancial asociación de una víctima al impulso intencional generador del delito, pese a la indudable relevancia de otros factores concomitantes observados, como el consumo de alcohol. Así se instrumenta su característica definición de *homicidio precipitado*, modalidad comisiva que se extendía a un 26% de los 588 homicidios objeto de análisis.

De este modo, un homicidio precipitado se define como:

> *"Aquel en el que el papel de la víctima se caracteriza por haber sido, en el drama criminal, quien primero ha acudido al recurso de la fuerza física dirigida en contra de su subsiguiente homicida. Los casos de victimo-precipitación se refieren a aquellos en los que la víctima fue la primera en exhibir y usar un arma letal o golpear en un altercado: en suma, la primera en iniciar la interacción o recurrir a la violencia física».*

El trazo conceptual de este patrón precipitativo, coincide, al menos parcialmente, con el contenido normativo propio de la legítima defensa, institución penal a la que tiene una vigorosa aptitud para ilustrar, ofreciendo un co-relato victimológico explícito y objetivo (lo que, como sabemos, no ocurrirá con otros modelos de *precipitación,* de carácter tautológico y subjetivista). La novedad implícita en este diseño es la brusca ruptura con el estereotipo de víctima inerte y pasiva, una ruptura

---

3 *Vid. supra* I.2.

doctrinal cuya intención última era alterar la percepción criminológica del delito, rutinariamente bañado en un claroscuro maniqueísta.

Estrictamente, se explica la dinámica de interacciones específicas saturadas de "violencia ambiental", donde un gesto explícito de la víctima sirve para definir adversamente la situación, sin que pueda observarse en esta teoría resabio culpabilizador alguno. Ahora bien, es bien cierto que el concepto de «precipitación victimal», arrebatado de las precisas manos de Wolfgang y desmañadamente trasladado a otros contextos delictivos, terminó deteriorando la reputación general de toda una época victimológica, que hubo de pechar, no siempre con justicia, con la calificación crítica de «etapa victimo-culpabilista».

3.3.3. *Tesis del homicidio como* transacción situacional

Esta clásica teoría interaccionista (Luckenbill, 1977) aborda, con sentido explicativo, la dinámica víctima-ofensor previa al homicidio o lesiones, a resultas de enfrentamientos violentos. Se trata de un modelo interactivo, que analiza la escalada gradual de la confrontación entre víctima y ofensor, describiendo un patrón de comportamiento recurrente, extraído del análisis de setenta homicidios, perpetrados en California entre los años 1963 y 1972.

A partir de la observación de dichas interacciones, se halló que, en un número significativo de casos, el homicida había interpretado la violencia como único mecanismo para mantener el emblema de su autoestima, ante otros y ante la propia víctima, sintiéndose obligado a demostrar carácter firme en una situación donde sólo asumía que su crédito se hallaba en entredicho. En este sentido, la violencia es esgrimida como única salida a un disparadero moral, exclusivo recurso para "mantener su cara", esto es preservar su identidad en contextos donde la dureza es un valor definitorial.

El modelo de homicidio transaccional se proclama ambiental y situacional, por cuanto no descansa en las características del ofensor ni en la mayor o menor propensión o facilitación victimal; antes bien, mantiene que la victimización homicida constituye el resultado de un conjunto de transacciones contextuales de carácter simbólico, cuasi-dramatúrgico: la victimización es una tensa liturgia marcada por una situación interactiva concreta, en un contexto (dado por el lugar, tiempo y público potencial) determinado y dirigida a una victima que opera como destinatario específico, no sólo de la fatal agresión, sino, específicamente, del mensaje social que ésta incorpora.

Son cinco los pasos en que se cifra el homicidio como *transacción situacional*:

1 La víctima (ulterior) hace un movimiento que el agresor (ulterior) interpreta como movimiento, gesto o comentario portador de amenaza.

2 El agresor clarifica o interpreta el sentido de la amenaza inquiriendo a la propia víctima o a los espectadores involucrados en el enfrentamiento.

3 Una vez se entiende hostilmente interpelado, el agresor replica, incorporando un desafío verbal o físico.

4 El desafío es objeto de respuesta por la víctima, quien incrementa su hostilidad en un despliegue inequívoco.

5 Se produce, finalmente, un enfrentamiento del que resultará la muerte o lesiones de uno de los dos antagonistas.

Para que el infractor interprete la situación como amenaza a su autoestima influyen las características personales del agresor (baja autoestima, socialización en la resolución violenta de conflictos...), la influencia del entorno (en especial, los espectadores, testigos del desafío a la estima personal del agresor y potenciales portavoces de su firmeza reactiva) y también, inevitablemente, la propia actitud e implicación hostil de la víctima, que imprime ritmo a la escala ascendente de violencia. La violencia sería así, más que una respuesta natural frente a un estímulo simple, una respuesta simbólica a las exigencias *transaccionales* de una situación creada y moldeada por la interacción de los agentes implicados.

3.3.4. La víctima como recurso de 'auto-legitimación': procesos de racionalización en el victimario (Fattah, 1976)

Esta perspectiva identifica el proceso por el cual la imagen racionalizada de la víctima, con una fuerte carga de distorsiones valorativas, se instala en la conciencia criminal en el momento de la deliberación predelictiva. Hablaremos, así, de un previo expediente, póliza de moralidad con la que el victimario sella su designio victimizante en los umbrales del acontecimiento criminal.

El sostén de dicha consideración es aportado por la clásica tesis de "neutralización" de *Sykes* y *Mazda,* en el ámbito de la *criminalidad subcultural violenta* (Sykes y Mazda, 1957). Tales autores presentaban al infractor como individuo sujeto a las reglas de ética social de la mayoría, no delictiva, de la población, sin participar en códigos de moralidad alternativos. Por lo tanto, salvo por una operación de *racionalización auto-legitimadora,* destinada a redimir la conciencia victimaria, ésta quedaría signada con un inexorable sentimiento de culpabilidad y angustia autoevaluativa.

Sobre esta premisa, observa *Fattah* que la víctima es el eje central de las técnicas legitimantes identificadas. Este uso simbólico es así calificado genéricamente en clave de *recurso a la víctima como agente de auto-legitimación* (Fattah, 1976). Así, se identifican a una serie de estrategias comúnmente empleadas por los delincuentes, con el rasgo compartido de la *previa manipulación psíquica de la figura victimal.*

- La *denegación* y *reificación* de la víctima, en el área de la victimización sexual, supone una cosificación absoluta de la figura victimal. Suele emplearse comúnmente por los delincuentes juveniles, especialmente en los casos de violaciones múltiples. No sólo se ignora a la víctima, sino que ésta es reducida a un puro estado objetivo. La víctima no cuenta por sí misma, se convierte en un objeto sin apenas señas de identificación personal, es decir, ni siquiera tiene propietario, es una *res nullius*.

- La *devaluación del valor personal* de la víctima es una técnica tan frecuente en la victimización sexual. Se comprueba en la mayoría de los victimarios la nota común de una imagen depreciada de la figura femenina. Partiendo de esta concepción previa, es fácil especificar en un concreto supuesto un sentimiento misógeno genérico. La víctima así degradada queda en condiciones ideales para el consumo victimizador: al fin y al cabo, es sólo «una cualquiera», «un sinverguenza», "un explotador", «un parásito social» etc.

- La *negación o minimización del daño victimológico.* es una técnica empleada con frecuencia ante las víctima anónimas y adquisitiva. Para esa prodigiosa entidad —sea una gran empresa, o el Estado— no existirá daño, sólo una pérdida contable fácilmente compensable.

- La *víctimo-incriminación* o *negación de responsabilidad* también actúa como herramienta psicológica al servicio del victimario. El victimario opera sobre la base del supuesto "justo merecimiento" de la víctima: "se lo buscó», «lo estaba pidiendo», "jugaba con fuego", «quien me busca, me encuentra», son comunes argumentaciones que dan vía libre al victimario legitimado por el comportamiento de la víctima, o por una oportuna y personal percepción del mismo. El acontecimiento criminal, de original y espontáneo, pasa, simbólicamente, a trocarse en hecho secundario y reactivo.

Así, un reciente estudio sobre neutralización, (Presser 2003) registró una exacerbada *victimo-incriminación:* en delitos de violencia doméstica, se imputaba frecuentemente, deslealtad en la ulterior víctima; cierto homicidio llegó a considerarse por el infractor directamente "provocado" por la víctima, ya que, resistiéndose a un robo intimidatorio, ésta no había atendido la reclamación económica del asaltante.

Igualmente, la *negación de responsabilidad* viene de la mano de la pre-calificación del acto como algo irremediable y fatal, que "tenía que pasar". La víctimización deviene un fenómeno tan inimputable al victimario, tanto como a nadie en concreto puede reprocharse la concreción de una calamidad o catástrofe natural.

- Finalmente, la definición de *la ofensa* como *acto justiciero* supone, en el área de la victimización delictiva, un proceso algo más elaborado y que requiere un especial condicionamiento psicológico del autor. En efecto, la racionalización reclama una reducción emblemática de la víctima, en cuanto miembro de un grupo específico: prostitutas, inmigrantes, población étnica, minoría social, sociedad occidental, colectivos nacionales. El victimario está condicionado por una especial dotación aversiva, misógena, xenófoba, o de odio contra determinada condición social o personal. Se trata de un delincuente fanático (el terrorista, el autor de violencias "de odio") que, sobre la víctima, descarga tanto como manifiesta su desprecio a un determinado colectivo.

Como se observa, a través del recurso a la víctima con sentido legitimador planteamiento, podría observarse una doble victimización, respectivamente simbólica y criminal. La primera constituye una mordiente expresión agresiva, en un previo nivel figurativo, a resultas del cual su cual su imagen, valor, o dignidad quedan sacrificadas en aras del bienestar moral del victimario. A la zaga de la victimización simbólica, la criminal no sería sino una secuencia de realidad lógicamente subsecuente.

Se dice que la intervención de la víctima, evidenciando rasgos de humanidad y enarbolando su alteridad moral ante el infractor, podría interferir o detener el proceso justificador. Ello identificaría una prognosis favorable a la víctima "creativa", activa en la resistencia simbólica, pertrechada de recursos expresivos y comunicativos que pongan en entredicho la construcción legitimante. Algo viable solo en aquellos encuentros donde la víctima tenga un cierto margen expresivo y de intervención, lo que de ningún modo concurre en las victimizaciones violentas, de acecho o predatorias. Sin embargo, puede ser una buena estrategia para abortar, en sus preliminares, el signo victimizador de determinados procesos interactivos, de curso largo y gradual, como ocurre en los supuestos de acoso psicológico.

Asimismo, es de consignar que la *excusa de legitimación* no es originalmente construida por el autor tanto como, las más de las veces, sencillamente, aplicada. En este caso, el victimario extrae la consigna legitimante del zurrón cultural donde se acumulan acendrados prejuicios sociales y estereotipos despectivos, muy particularmente implantados en relación con determinados colectivos o figuras de victimidad: más allá del daño social que dichas nociones, en sí mismas, aportan, contribuyen inequívocamente al sostenimiento de la provisión cultural que fortalece, en vísperas, al victimario-legitimador.

En la línea preventiva orientada a la sensibilización victimológica, se vislumbra una nueva meta esta vez, diríamos, cotidiana y de "in-trahistoria". No se trata tanto de desplegar una campanuda intransigencia prohibicionista ante cuestionables mensajes publicitarios, chascarrillos cargados de prejuicio, procacidades internaúticas y demás menudeos descalificatorios, —pues es sabido que los habituales mecanismos de corrección política suelen reconvertir en "Tartufos" a los contemporáneos "Savonarolas"— sino, mucho mejor, de promover una conciencia comunitaria sana, crítica y naturalmente preventiva, abierta a la relevancia desintegradora, y potencialmente victimogenésica, del incivismo devaluativo.

Las teorías de la neutralización y legitimación basadas en la víctima han sido esgrimidas para explicar acciones victimarias de intensidad media, así como también se han aplicado satisfactoriamente al ámbito de los delitos violentos (Agnew 1994) o delitos sexuales (Weiss y Borges, 1976).

Extendiendo la tesis más allá de sus límites conceptuales, una hipótesis reciente (Topalli, 2005) sugiere que la neutralización pueda operar a la inversa en determinados contextos subculturales: sería el caso en que, por piedad hacia la víctima, un sujeto marginal decide desobedecer alguna regla victimaria de su "código callejero" —una que obligue a un ajuste de cuentas, por ejemplo. En tal supuesto, contradictoriamente, lo que operará será una neutralización de la compasión hacia la víctima (se racionaliza el "ser bueno" con la víctima, no el ser implacable con ella).

3.4. PERSPECTIVA DE COMPRENSIÓN DE LA VICTIMIZACIÓN Y LA MEJORÍA: EL MODELO DE ENFRENTAMIENTO SOCIAL (DUSSICH, 1988)

El modelo de *enfrentamiento social* se esfuerza en explicar la dinámica por la que los individuos se enfrentan con los problemas en su medio ambiente, recalificado como "medio de enfrentamiento". El autor identifica cuatro fases del proceso de enfrentamiento, aplicado a la victimización:

- FASE PREVENTIVA: *Conciencia de la posibilidad de un problema.* Será vulnerable quien no sepa *anticipar razonablemente* un problema.

- FASE DE PREPARACIÓN: *Conciencia y definición de un problema real.* Será vulnerable quien no realice esfuerzos de preparación ante el problema inminente, valorando sus recursos y ensayando el enfrentamiento.

- FASE DE ACCIÓN: *Ocurrencia del evento.* Aquí se predica la vulnerabilidad de la persona inhábil para el enfrentamiento. Se incorporan aspectos de "desamparo aprendido" y una expectativa de vulnerabilidad reforzada por la sensación de carencia de control

- FASE DE REVALORIZACIÓN: *Término del enfrentamiento.* En ella, la víctima con potencial de mejora aborda un "enfrentamiento secundario" que no se produce en el caso de la víctima sin recursos de enfrentamiento social. Ésta no revalorará la situación, negándola, evadiéndose, frustrándose, etc.

Conforme a este planteamiento, la victimización depende de dos factores a) la vulnerabilidad por la naturaleza objetiva del problema b) la vulnerabilidad por incapacidad de enfrentar un evento amenazante debido a una falta de recursos adecuados. El presente modelo, basado en la potenciación de habilidades de enfrentamiento social, es plausible por su versatilidad aplicativa, así para los supuestos de prevención victimal *secundaria y terciaria,* en abono del reforzamiento cognitivo de la víctima.

Dussich recomienda guiar a la víctima en la necesidad de *revalorización* del evento: la función de revalorización sirve para revivir la victimización en forma fiel y segura, para comprender su ocurrencia y considerar, constructivamente, las opciones preventivas, aunque ello implique un esfuerzo doloroso y, en ocasiones, autocrítico para la víctima.

3.5. MODELOS DE OPORTUNIDAD

3.5.1. El modelo de oportunidad basado en el estilo de vida *(Hindelang, Gottfredson y Garofalo, 1978)*

El modelo relativo al *estilo de vida* de la víctima (Hindelang, Gottfredson y Garofalo, 1978) se aboca a la propuesta de una teoría general de la victimización. Enlaza, de este modo, los riesgos de victimización con las actividades cotidianas emprendidas por específicos individuos, víctimas ponténciales.

Este modelo, supone un giro renovador en la concepción y cálculo del riesgo victimal, a partir de trabajos desarrollados sobre una firme base de estadística victimológica. Sus postulados, así, vienen a desarrollarse sobre la base de una comprobación cuantitativa: la victimización no se distribuye al azar sobre el tiempo y el espacio, hay espacios de alto riesgo y períodos de alto riesgo (Garofalo 1987).

En esencia, el modelo propuesto vincula la probabilidad de ser victimizado al concepto de *estilo de vida*, que comprende una serie de factores exógenos de riesgo relacionados con un *modus vivendi* arriesgado. Con ello se posterga, en el orden de prioridad predispositiva, a todos aquellos factores personales de la víctima potencial, ya biológicos o psicológicos, en abono de la prioritaria relevancia de los factores sociales.

> El *estilo de vida* se define a partir de las actividades cotidianas, tanto profesionales y vocacionales como de descanso y entretenimiento. El *estilo de vida*, así, *viene moldeado por las fuerzas sociales, en forma de expectativas de rol y constricciones estructurales*. Tendrá incidencia sobre la exposición a lugares y períodos de riesgo, y asimismo incide en la prevalencia de las asociaciones con otros individuos con mayor o menor probabilidad de cometer delitos.

El *estilo de vida*, con su concreto contenido de actividades, viene a influirse por las *adaptaciones* y compromisos del individuo frente a las *expectativas de su rol social* y a las *determinaciones estructurales* de tipo económico, familiar, educativo y legal. Precisamente en esas *expectativas* y *determinaciones sociales* inciden los factores demográficos, en otros tiempos considerados victimo-determinantes (así, la condición sexual, la edad, etc). La probabilidad de ser victimizado, pende fundamentalmente, del margen vital expositivo a lugares y horarios de riesgo, así como a las asociaciones con individuos potencialmente delictivos, moldeando ambas variables (de riesgo *expositivo* y *asociativo*), junto a los factores de impacto, el concreto *estilo de vida*.

> La persona profesionalmente activa, que lleva una intensa vida interrelacional y goza de un alto nivel adquisitivo, está más expuesta al riesgo (mayor vulnerabilidad) pero el impacto del delito será mucho menor sobre ella, a tenor de los recursos económicos a su disposición. El parado que permanece en casa, que posee limitados recursos económicos y, a menudo, un menor grado de integración social, es menos vulnerable en tanto está menos expuesto por su estilo de vida, pero la intensidad de victimización recae sobre él de un modo mucho más perturbador

3.5.2. Modelo de las actividades rutinarias (Cohen y Felson, 1979)

El modelo de las *actividades rutinarias* (Cohen y Felson, 1979) es un desarrollo inmediato y lógico del planteamiento anterior, basado en la oportunidad cotidiana que brindan las actividades sociales. La idea de que las tasas de criminalidad están relacionadas con los patrones de *actividad cotidiana o rutinaria* así de carácter legal como ilegal es, como veremos, la piedra angular de esta teoría victimológica, frecuentemente citada por su enorme eficacia explicativa (Fattah, 2000, pág. 30, Schneider 2001, pág. 461, Viano, 2004, pág 168)

En los últimos tiempos, el volumen de investigación basado en este modelo sigue en porfiado ascenso, (Brunet, 2002, págs. 68-79) en parte por haber integrado su comprensión al ligar sus postulados teóricos con los propios otras teorías explicativas del delito, como las del *delito como elección racional* (Clarke y Felson, 1993), de la *prevención situacional* (Clarke, 1997) y de la *desorganización social* (Miete y Meier 1994)

Carácter ecológico de la victimización predatoria

El modelo originario se centró en el análisis de la victimización *predatoria o de rapiña,* como paradigma de victimización ecológica o de abastecimiento.

El modelo de las *actividades rutinarias* parte de una comprobación empírica, sobre la observación del desarrollo económico americano en la Post-guerra Mundial: la mejora de las condiciones socio-económicas, no tiene repercusión significativa sobre la reducción de las tasas de criminalidad violenta, como tendría que ser corolario obligado, según los paradigmas criminológicos de base sociológica.

La victimización *predatoria*, la menos corriente en términos porcentuales, es un *proceso ecológico*, marcado por enfrentamientos de supervivencia y predominio. Los fenómenos criminales constituyen pugnas ambientales donde *la gente gana y pierde su sustento, contiende entre sí por la propiedad, seguridad, hegemonía territorial, outlet sexual, control físico y, en ocasiones, por la propia supervivencia*. (Cohen y Felson, 1979, pág. 117).

La teoría se ha expandido hacia la explicación de criminalidad expresiva y no utilitaria. Así, por ejemplo, llega a cuestionarse el carácter no-instrumental, no racional y estrictamente inmaterial convencionalmente asignado a cierta violencia: las violencia expresiva tendría mucho de respuesta útil y racional, de tipo vindicativo, justiciero o reactivo ante una agresión originaria; una respuesta que, sencillamente, se habría desplazado a otros blancos más accesibles a su oportunidad criminal (Cohen, Kluegel y Land, 1981, pág. 182).

Así, partiendo de un perfil estereotípico (trazado, en aplicación del modelo, por Koski y Batchelder, 2003), el delincuente violento *de oportunidad* es poco hábil para manipular los factores relativos a la víctima y al vigilante de modo que el delito satisfaga sus expectativas. De hecho, se trata de un infractor con frecuente historial de socialización abusiva, probable adquisición de tendencias crueles e insensibilidad, y una patética inercia vital (suele ser un criminal reincidente, sin imaginación para cambiar de ambiente o técnicas, sin creatividad para planificar satisfactoriamente la victimización) de modo que se trata de un infractor *de oportunidad*: La clave para delinquir sería, precisamente el hecho de que, en un momento y lugar concreto, se presten combinadamente las circunstancias (víctima y ausencia de vigilante).

Las actividades rutinarias legales, legítimamente dirigida a fines de abastecimiento social, en sentido amplio, nutren y retroalimentan el flujo de actividades ilegítimas de abastecimiento predatorio. A un macro nivel, la relación de estos grupos de actores y predadores comporta un *carácter simbiótico*: una mejora o promoción de la calidad y cantidad de las actuaciones legítimas va a reportar mejoras sustantivas y cualitativas a la actividad predatoria.

Esto resulta paladino en lo referente a la irrupción de la tecnología, cuya valencia se desplegaría en el doble sentido antes indicado. Pueden ser paradigmáticos los usos del teléfono móvil o celular. Si ha supuesto un valioso instrumento al servicio de las interacciones sociales, al mismo tiempo, aplicando los términos de la teoría, *ha habilitado a criminales a llevar su trabajo más eficientemente*, tal y como patéticamente se comprobó en su siniestro empleo para la victimización masiva de Atocha, el 11 de marzo de 2003. Si el teléfono celular puede esgrimirse como útil de protección, haciendo menos propicia a la víctima (en tanto convoca ayuda de un modo seguro e inmediato) al mismo tiempo supone un relevante incremento de estímulo para la motivación criminal, por cuanto se convierte en objeto ambicionado y criminalmente accesible, gestándose la nueva modalidad de *sustracción de teléfono móvil.*

Actividades rutinarias

Los citados autores las definen como *aquellas actividades recurrentes y frecuentes, que satisfacen las necesidades básicas de la población y de los individuos, cualesquiera que sean su origen cultural o biológico.*

Dicha actividad se desarrolla: 1) en casa 2) en trabajos fuera de casa 3) en otras actividades externas. El viraje, en intensidad y volumen de actividades cotidianas externas, desde el primer nivel a los otros dos restantes, es responsable de un mayor riesgo criminal

Factores de victimización

Este modelo define la victimización como área espacial y temporal de convergencia de tres factores identificables:

– *Criminales motivados,* sujeto con inclinación delictiva así como capacidad para materializar sus inclinaciones

– *Blancos preferenciales de victimización*

– *Ausencia de guardián eficaz* para prevenir la victimización.

El corolario preventivo de este modelo se cifra en que la ausencia de uno de esos elementos bastaría para impedir la victimización.

La motivación criminal

Puede decirse que, en esta visión, la motivación del delincuente no está integrada exclusivamente por constricciones socio-económicas o apremios de contenido sustantivo, siendo así que el estímulo criminal tendría no poco que ver con la posibilidad de ejercer *violencia sin consecuencias*. Según opinión generalizada, la teoría de las actividades rutinarias, no es en puridad una teoría de la motivación criminal (Garrido, Stageland, Redondo, 2001). Ciertamente, este modelo no responde a la pregunta de por qué se delinque, ya que, *tener a víctimas disponibles dentro de un área geográfica donde hay un grupo de ofensores potenciales no explica necesariamente la motivación criminal.* (Viano, 2004, pág.174).

En su versión original, la alusión a la motivación apenas constituía una gruesa y poco definida pincelada (que, sin embargo, se ha ido *refinando* en la evolución del modelo, Brunet, 2002, pág. 71). La presencia de agresores motivados es difícilmente controlable, por cuanto universal (Schneider, 2000, pág. 461). Por ello, la teoría dispensa un modelo de oportunidad victimológica, no del impulso criminal. Los propios autores así lo proclaman, no despreciando la importancia de los motivos, pero proclamando que el foco específico de su teoría es el propio acto victimizador y los pre-requisitos de su acaecimiento (Cohen y Felson, 1979 pág. 605).

> Estas hipótesis preventivas, en su proyección victimológica, conciernen básicamente al control de las actividades rutinarias de la víctima, regulando el cúando y cómo de las mismas, de modo que no la expongan al riesgo y garantizando la presencia protectora de las figuras de vigilancia formal o informal.

El carácter propicio de la víctima

La observación victimológica intenta aislar los rasgos de vulnerabilidad de la víctima potencial con el objeto de aquilatar su adecuación como blanco. Objetivamente, habrá que evidenciar aspectos relativos a los factores individuales de propensión (de carácter socio-demográficos) y *estilo de vida* de la víctima, relativos a su margen expositivo (Herrero Moreno, 1996, págs.206 y sigs). Sin embargo, no podemos utilizar criterios exclusivamente objetivos y neutros: desde una perspectiva de empatía científica, para comprender el valor de susceptibilidad al delito que cada víctima aporta, hay que intentar percibir a ésta desde la óptica criminal.

De modo genérico, se ha querido identificar el riesgo de ser víctima atendiendo a parámetros de *defendibilidad* (aptitud relativa de resistencia al delito), *deseabilidad* (grado de atractivo como blanco de victimización), *accesibilidad* (grado de exposición al delito), *susceptibilidad* (probabilidad de ser victimizado), *precipitación* (aptitud de la víctima para incrementar por imprudencia su riesgo) y *capacidad recuperativa* (aptitud adaptativa a las consecuencias negativas de la experiencia) (Elías, 1986, pág. 60).

Desde otra aproximación, (Bennet, 1991), se incorporan registros de *proximidad de víctimas a delincuentes motivados, idoneidad* y *accesibilidad de los blancos preferenciales* y *niveles de protección de los blancos* (estos referidos a aspectos custodios de la víctima).

Las hipótesis de *proximidad* entre víctimas y ofensores potenciales supone un aspecto contextual aglutinador que facilita el contacto predatorio (Viano, 2004, pág. 175); la *idoneidad* explica el atractivo potencial, nutrido e interrelacionado con el carácter *accesible* y *visible* del blanco predatorio.

Desarrollando los aspectos de mera *proximidad-accesibilidad* contextual entre víctima y ofensor, la valoración del riesgo expositivo de la víctima se ha llegado a sustentar sobre comprometidos parámetros de *propincuidad* o incluso posible *equipotencialidad.*

En efecto, la hipótesis de la *propincuidad entre ofensor y víctima* tiene un carácter marcadamente complejo (tanto como, según observaremos, problemático en sus implicaciones). La noción implica que el infractor y su víctima comparten, con frecuencia actividades rutinarias de riesgo: experiencias, estilo de vida y hábitos, comunidad de estilo vital que los envuelve en una suerte de común *placenta criminógena.* En consecuencia, *individuos enlazados en gran parte en estos estilos de vida no se encuentran solamente en proximidad con delincuentes, sino a veces son empeñados en comportamientos que muy probablemente se asocian también a la conducta transgresora* (Viano, pág. 187)

Así, figuras como la novia de un pandillero violento, la familia de un narcotraficante o los subordinados de jueces o policías corruptos se involucran en estilos de vida peligrosos por su asociación criminal (Viano 2004, pág. 187). El consumo de alcohol, por ejemplo, ha sido señalado como hábito común del que participan, significativamente, víctimas y ofensores (Koski y Batchelder, b) 2003). Una significativa proporción de víctimas de acoso escolar, las *víctimas agresivas,* comparten rasgos individuales y comportamiento *agresivo-proactivo* común con los escolares acosadores (Unnever, 2005). La adicción crónica a las drogas constituye un factor de predicción común tanto para la víctimización como para la desviación. (French *et al.* 2004).

Fattah (1994) traza la idea de la *equipotencialidad* contextual entre víctima y ofensor, vertebrada en el concepto de *roles intercambiables de víctima y ofensor:* Victimización y conducta criminal son, en cuantiosas ocasiones, caras de la misma moneda. En este concepto, las poblaciones de víctimas y ofensores, lejos de ser excluyentes, se manifiestan como homogéneas, tanto desde una perspectiva diacrónica como sincrónica.

En el primer caso, la condición de víctima se releva en el tiempo por una ulterior condición de infractor, propia de los casos de *víctima justiciera* o de transmisión intergeneracional de la violencia: la *víctima adecuada* de hoy es el *agresor motivado* de mañana. Sincrónicamente, en contextos de violencia juvenil, las funciones de víctima y ofensor son, con frecuencia, de carácter intercambiable: la interacción violenta en dichos contextos es muchas veces común cuanto sus respectivos perfiles y *estilos de vida* son, a priori, indiferenciados, (en visión previa, hay en ambas figuras idéntico potencial de *adecuación victimal* que de *motivación criminal*), con independencia del final resultado victimizante.

Ausencia de custodio

En esta denominación se incluye no sólo el guardián formal, esto es, el policía supervisor, o cualquier sujeto con competencia en seguridad, sino la supervisión informal, *natural*, de los ciudadanos ordinarios sobre la vida y valores de otros a lo largo de sus actividades cotidianas.

Este es uno de los aspectos más sugestivos autores, ya que asigna cometidos protectores a funciones y relaciones sociales aparentemente desvinculadas de un especial signo preventivo (Cohen y Felson, 1979 pág. 590) que son, sin embargo, mucho más eficaces que los modos de vigilancia formal explícita (Garrido, Stangeland, Redondo, 2001, págs. 72). *Felson* (FELSON, p.xiii 1994) propone como figuras de custodia *natural* y *comunitaria* al componedor de buena voluntad, que impide que una argumentación escale en potencial agresivo, los vecinos, supervisores recíprocos de sus propiedades, el recepcionista, el *cicerone,* la azafata que orienta a algún despistado en su deambular, la familia que pasa tiempo compartiendo actividades.

En ciertas ocasiones, no es necesaria una tutela sostenida o actual: la mera presencia o potencialidad resulta, de por sí, disuasoria, y la protección se verifica, incluso si se trata de una tuición parcial o discontinua: así, un barrio de estudiantes, es heterogéneo en su virtualidad protectora. Ciertos estudiantes pasan gran parte del día fuera de casa, otros muchos permanecen confinados estudiando o relacionándose con compañeros próximos, en viviendas o cuartos contiguos: incluso esa protección irregular aporta una tutela diferencial respecto a la total ausencia de vigilantes en las ciudades-dormitorio (Robinson, 22 (1), págs. 27-56.)

El factor relativo a la carencia de protector eficaz, en el abordaje teórico de una teoría en evolución, ha sido una de las vertientes que más se ha desarrollado, merced a los modernos diseños preventivos. Ello ha supuesto un incremento de la complejidad del modelo, desarrollándose una apreciable variedad de ofertas tuitivas, aptas para el abordaje protector (Brunet, 2002, pág. 72).

Dichos desarrollos se ciernen, más allá de la directa guarda victimal, al control del propio victimario y la gestión del contexto espacio-temporal de la victimización. De este modo, ahora contamos con tres vértices custodios: el *custodio personal*—padre, profesor, amigo— del ofensor (Felson 1995, pág. 60), el primitivo *guardián eficaz,* formal o informal, —policía, compañeros, vecinos, amigos— de la víctima y el *gestor del lugar* o contexto criminógeno. A esto se añade la incorporación de un tercer *asociado civil* en la tuición, (*vid.* Brunet, 2004) al que la ley obliga y compromete a desempeñar una función reguladora del riesgo (así, el comerciante que debe negarse a suministrar alcohol a los menores).

Estas figuras de control asumen diferentes niveles de garantía (Felson,1995) más incisiva conforme más próximo al objeto de tuición: custodia personal, asignada (profesional o competencial), difusa y genérica

De frente a la protección victimal, a efectos de custodia de artículos comerciales, los propietarios de comercio desempeñarían una custodia personal, los vigilantes de seguridad, custodia asignada, los dependientes y otros trabajadores, custodia difusa y el público, custodia general.

Oportunidad y prevención secundaria

Frente a la actividad rutinaria criminógena puede combatirse la susceptibilidad expositiva a partir de *precauciones rutinarias*, que, en visión sumaria, (Medina Ariza, 1997) se identifican como cautelas que se incorporen al habitual desenvolvimiento de la víctima en sus contactos sociales potencialmente expositivos.

Pese a su potencial aplicativo (particularmente, desde su inserción en el modelo situacional, (Garrido, Stangeland y Redondo, 2001, pág. 73), no podemos negar que, asimismo, se trata de un planteamiento erizado de desarrollos eventualmente conflictivos[4].

La afirmación de que las actividades delictivas sean electivas y racionales conduce, casi por inercia, a la apresurada premisa de que *también las actividades expositivas de las víctimas lo son.*

> Sin embargo, determinados factores socioeconómicos estructurales, no dejan margen de evitación al ciudadano, que debe vivir en concretos barrios, asumir contextos laborales o domiciliarios de riesgo, sin poder proveér significativamente a su seguridad. Así, se señala críticamente cómo las investigaciones basadas en los modelos de riesgo expositivo no parecen prestar la debida consideración al contexto socio-económico en el que se debaten los ciudadanos en sus afanes cotidianos (ESTRADA y NILSSON, 2004, pág. 169).

En tal sentido (Viano, 2004, págs. 187 y sígs, García-Pablos de Molina, 2004), puede caerse en la enfermiza tendencia de responsabilizar a la víctima por no controlar su *estilo de vida* vulnerable. Por cuanto, muchas veces, *el estilo es el hombre*, operar sobre factores exógenos de riesgo puede ser una tarea tan ilusoria e inexigible como tratar de rectificar rasgos victimogénicos intrínsecos (Karmen, 2005 pág. 112).

De otra parte, no todo puede jugarse a la baza de la prevención. La radical supresión de oportunidades delictivas difícilmente podrían contar con los debidos timbres de legitimidad, por no mencionar los aspectos de traslado de riesgo, talón aquiliano de la prevención situacional:

> Privatizar las autovías y carreteras, restringiendo el tránsito indiscriminado por las mismas, cerrar las fronteras a los inmigrantes o restringir el acceso de la mujer al mundo laboral protege decididamente a relevantes colectivos de víctimas potenciales.Eliminar el derecho a la jubilación o la escolarización obligatoria aportaría mayor riesgo potencial a los ciudadanos de edad avanzada, por más que esta desviación del riego, beneficiaría globalmente a los colectivos de víctimas potenciales jóvenes (Garófalo, 1986, págs. 151-153)

Un interesante debate se suscita desde la perspectiva feminista, de frente a la protección de mujeres blanco de victimización. Si las mujeres tienen derecho a la autoregulación de sus ocupaciones rutinarias, obligatorias o discrecionales, el gravar esta gestión con consignas preventivas sería tanto como caer en una trampa de acatamiento del control patriarcal indirecto: así, evitar zonas de riesgo, controlar el tiempo expositivo, cuidar el lenguaje corporal, absteniéndose de vestir

---

[4] En lo referente a obsesión social por la seguridad, *vid. supra* I. 2

o actuar de modo desinhibido o demasiado espontáneo (como concluyen, polémicamente, desde una perspectiva socio-biológica, Thornhill y Palmer, 2000). Se denuncia así que las cautelas que disciplinan a la mujer fomentan estereotipos de fragilidad, impotencia y una actitud de tolerancia fatalista ante lo inevitable (Campbell, 2005)[5].

Procede, ante todo, contextualizar, distinguir entre una prudencia elemental y un abusivo reglamentarismo paternalista de signo, "precautorio". No vivimos en el mejor de los mundos, y los derechos cívicos de mujeres y hombres están sometidos a inevitables condicionamientos cautelares. Desafiar ciertos límites, en aras de la libertad personal, más allá de revindicar un derecho, podría hacer válido el patético ejemplo de Viano (2004, pág. 188), sobre el peatón que, enarbolando su incuestionable "legitimidad vial", cruza en verde, mirando, de frente y con reproche, al vehículo que se le viene criminalmente encima, para convertirse, de tal modo, en la *víctima que tenía razón.*

Que los ciudadanos podamos reconocer una específica potencialidad expositiva no debería conducirnos a vivir nuestras vidas *en cuanto víctimas potenciales*. Habría que afinar la aplicación práctica del presente modelo, diferenciando con nitidez lo que sea una cabal identificación y reducción de los niveles de vulnerabilidad frente a la práctica de trabar la mirada social con las anteojeras del fanatismo asegurador (Herrera Moreno, 2002, págs. 35-40).

Se ha postulado, a tal fin, el valor útil de una sensata línea preventiva, basada en sencillos ajustes en los hábitos rutinarios. Más que ampulosos y vitalmente revolucionarios, se trataría de recursos carácter llano, casi de *intrahistoria*, o, en los términos de *García-Pablos de Molina, cuasidomésticos*, que se acoplen al *estilo de vida* personal, más que aspirar a transformarlo, modificarlo o redimirlo. Como el autor puntualiza, (García-Pablos de Molina, 2004, pág. 638, nota 83), *las llamadas precauciones rutinarias no son, pues, técnicas preventivas propias —ni exclusivas, desde luego— de un modelo "situacional", sino, como se propugna desde la moderna Victimología, medidas elementales de neutralización del riesgo de victimización, asumidas de forma voluntaria, prudente y responsable, por personas y colectivos que exhiben una especial vulnerabilidad y son conscientes de ella.*

En cualquier caso, a pesar del entusiasmo que suscitan, las políticas de disuasión a partir de la víctima comportan una eficacia que podemos apreciar sólo a trueque de admitir su modesta suficiencia: sin duda, *prevenir es más que disuadir* (García-Pablos de Molina, 2004, pág. 645).

---

5 Paradógicamente, sostiene *Schneider* un planteamiento del todo antagónico ante idéntica cuestión. Para él, la inarticulación de activas medidas de auto-precautorias acrece en la mujer, víctima potencial, la sensación de inevitabilidad e indefensión ante el delito. La ausencia de una lúcida ponderación victimal de los riesgos que su actuación o *estilo de vida* comportan, *promociona la indefensión aprendida de la víctima de violación, que se abstiene de desarrollar estrategias auto-precautorias en razón de su asumida futilidad y sucumbe ante su medrosa, autoconstruída, actitud victimal* (SCHNEIDER, 2001 pág. 461).

3.6. LAS REACCIONES SOCIALES FRENTE A LA VICTIMIZACIÓN

3.6.1. La teoría del **Mundo Justo** *frente a la culpabilización y devaluación de víctimas (Lerner 1980)*

La psicología social propone lúcidas hipótesis para ilustrar las claves de la estigmatización social de la víctima. ¿Por qué la sociedad victimiza secundariamente, haciendo a la víctima responsable de su propia victimización?.

Ahondar en dichas dinámicas reactivas es del todo relevante, por cuanto los operadores del control del delito (policías, jueces, jurados, fiscales abogados e incluso los asistentes de víctimas) miembros que son del colectivo social, no pueden distanciarse profesionalmente de estas tendencias hasta que no se aporten sus sus claves.

Ciertas reducciones, socialmente víctimo-culpabilizantes, se explican con solvencia a partir de la llamada *Creencia en el Mundo Justo*, cuya influjo, como el autor desentraña, opera una distorsión falaz de la realidad, con efectos negativos sobre las víctimas (Lerner, 1980).

La hipótesis parte de que, en la base de todo juicio de valor, reside el deseo de aprehender explicativamente la realidad, para poder someterla a control personal. Dada una determinada consecuencia de hecho, el observador le asigna aquella causa que, personalmente, aporte un mínimo de sufrimiento y un máximo de seguridad personal y afiliación a un orden sólido y controlable de realidad. Así, toda percepción de injusticia impone un desmentido doloroso a esta creencia social, vitalmente confortadora, en la que todos, en mayor o menor grado, participamos. Por ello, la ponderación social de un suceso adverso, suele, así, sustanciarse del modo más acorde a la posibilidad de neutralizar la percepción de injusticia en el evaluador social (Lerner, 1980).

Ello se se verifica ante un importante núcleo de adversidades primarias, criminales o no: la experiencia de víctimas de cáncer, del desempleo, fenómenos asociados al proceso de envejecimiento, la discriminación, o incluso la pobreza es ponderada, en muchos casos, a partir del modelo justicialista (*Vid.* una revisión general en Dalbert 2001). Cuando el acontecimiento negativo es una victimización, la víctima será tanto más estigmatizada cuanto más amenazada se vea en el evaluador su creencia en la "justicia del mundo. En tal sintonía, asignar culpa a las víctimas no sería otra cosa sino el modo en el que la sociedad se repliega en una inerte postura fetal, evasiva del desasosiego ante los conflictos de un mundo revulso.

La creencia justicialista parte de una doble premisa: las «cosas malas» sucederán a las «personas malas» (1), y las cosas malas suceden a quienes "se comportan mal» (2). Al atisbar la desgracia de la victima, la ponderación social tiende a recomponer la confianza la *Justicia* del *Mundo* sea a través de distorsiones cognitivas, sea mediante acciones prosociales.

a) Distorsiones cognitivas

Las mismas implicaran una reelaboración falaz (simbólica) de las cogniciones sociales del modo que mejor puedan confirmar las anteriores premisas.

- En un primer caso, (*la victimización se explica por que la víctima es "mala"),* la víctima es devaluada a partir de una reconstrucción negativa y distorsionada de sus rasgos personales, (caso de "víctima reprochable", prostituta, drogadicta, antisocial, marginal...). Se eligen pues calificaciones que impongan distancia "moral" (Folger y Pugh, 2002) entre la víctima y el evaluador e inhiban la empatía (Anastasio y Costa, 2004).

- En virtud de la segunda alternativa, *(la victimización alcanza a quien se porta mal)* se reorganizan las cogniciones relativas al evento victimizador, legitimando al victimario o atribuyendo culpa a la víctima. De este modo la reinterpretación da por *merecida* la victimización, en cuanto *la víctima se lo busco.*

En el trasfondo, el reproche *justicialista* a la víctima forma parte de la básica estrategia, en parte inconsciente, en la que se apoya el evaluador para aferrarse al sueño de su invulnerabilidad personal (Bard y Sangrey, 1979). La conexión empática no se producirá, y sí un distanciamiento censor, precisamente por que la realidad humana de las victimación opera como «recordatorio vital de nuestra propia vulnerabilidad» (según proclamaba el célebre President´s Task Force on Victims of Crime, Final Report, en su pág. VII).

Dos son los factores que influyen en el recurso a la distorsión justicialista:

– Que el sujeto esté diferencial e intensamente imbuído en la creencia en el Mundo Justo.

– Que las características de la víctima amenacen intensamente al observador, (aunque no sea especialmente creyente), por cuanto sean *víctimas de una deprivación injusta e inconsolable* (Lerner 1980, pág 143), lo que incluye:

- *Inocencia*: que la víctima sea neutra (Lerner y Simmons, 1966) en términos de contribución o implicación en la génesis del delito y/o

- *Persistencia del sufrimiento*: que el dolor o pérdida de la víctima sea de carácter inconsolable, irrecuperable y superlativo (Correia y Vala, 2003, pág. 382).

Será la concurrencia o combinación de estos factores la que pueda aportar pautas de predictibilidad a la eventualidad de una victimización secundaria (Correia y Vala, 2003). El perverso efecto de este prejuicio implica que va ensañarse de modo particular en las categorías de víctimas más vulnerables o que padecen los daños más graves o persistentes (Sedlace, 1981). Así, las víctimas de delitos sexuales (Workman y Freeburg,1999), o las víctimas de delitos de violencia discriminatoria por raza, sexo o condición:

Desde el modelo criminológico de la *elección racional* (Dharmapala, Garoupa y Mc Adams 2005), la hipótesis del *Mundo Justo* explicaría un ciclo de discriminación mantenida y sufrimiento social sostenido: las victimizaciones discriminatorias "de primera generación" son ponderadas por un nuevo ofensor potencial, de segunda generación" a través del modelo justicialista víctimo-derogatorio. La previa victimización añade un nuevo incentivo para delinquir al infractor potencial, (si algo le ocurrió, este sujeto lo merecía, por su condición despreciable) consolidando el ciclo: la victimización termina justificando nuevas victimizaciones o discriminiciones civiles.

b) Respuestas prosociales

La identificación social con la víctima estará en la base de las actitudes prosociales de favorables a la justicia y solidaridad, tendentes a nivelar la creencia en un *Mundo Justo*. Ello se producirá cuando el caudal socialmente empático permita al evaluador ponerse en el lugar de la víctima, o percibir similitudes existenciales. Las actitudes prosociales, que reequilibran la injusticia percibida, favorecen la respuesta sancionatoria y asistencial.

Estas opciones se preferirán antes que los recursos distorsionantes, incluso aunque reporten un mayor coste emocional o energético al evaluador: si se da la identificación, la derogación de la víctima por el evaluador operaría, en puridad, como auto-derogación (Reichle y Schmitt, 2002). Inversamente, cuando no se pueda hacer castigar o restañar el persistente dolor de la víctima, procederá la culpabilización de la víctima.

– La Justicia penal como agente del *Mundo Justo*: A tenor de los más recientes desarrollos de esta teoría, la empatía con la víctima, que evita la distorsión, nivela la ansiedad cognitiva por la asignación de castigo al victimario. La etiología y persistencia de la respuesta retributiva se siluetea en términos clarificados al trasluz de esta hipótesis. En esta clave, se podrían explicar no ya las reclamaciones retributivas de la misma víctima, sino el propio mantenimiento social y jurídico del sentido retributivo del castigo: por el castigo se completaría coherentemente la secuencia abierta, en base a la cual *quienes victimizan, y aportan sufrimiento padecerán cosas malas —penas que aporten sufrimiento.* (Darley 2002).

En un sentido intensivo, cuando un especial clima emocional favorece una identificación muy marcada con la víctima (supuestos de consternación general ante una dramática victimización infantil, o de las recientes victimizaciones masivas de índole terrorista) la sociedad compensa la dentellada de la injusticia percibida por el expediente de la venganza: *cosas execrables suceden a los sujetos execrables.* El cariz de estas reacciones ha sido evidenciado, sobre la base de este modelo teórico, por las investigaciones seguidas tras la masacre del 11-S (Kaiser, Vick y Major, 2004).

Por otra parte, la retribución supone una confirmación de la relevancia del dolor y la pérdida sufrida por la víctima. Ello igualmente explicaría, desde la presente perspectiva, los frecuentes reclamos de punitividad en la reacción social ante las victimizaciones particularmente conmocionantes: *si la consecuencia (pena) es mala (grave y trascendente), entonces es que la acción (victimización) fue mala (grave y trascendente).*

Robert Elías transcribe un fragmento significativo, extraído de una entrevista al representante de una asociación americana de padres de niños victimizados. Éste llega a admitir: *Los padres reclaman justicia pero lo que anhelan en secreto es la validación de su dolor, un reconocimiento de que lo que han perdido es precioso* (ELIAS, 1996, pág. 22).

Lejos de arquetipo de víctima revanchista, presa de un furor incomprensible y sin objeto, más allá de la causación de puro dolor al infractor, esta tesis nos acerca a la íntima racionalidad de las ansias punitivas de muchas víctimas: cuanto mayor el castigo, en más siente la víctima que se conceptúa socialmente su pérdida.

Y sin embargo, es cierto que hay daños inconmensurables. La sociedad, la propia víctima, no pueden sino percibir la pobreza expresiva de la pena, incluso la más exacerbada, para representar ante la comunidad ese *valor precioso de la pérdida.* Sin embargo, cabe entender que la víctima, y la sociedad que la contempla, aspiren a la pena más rigurosa tanto más *cuanto no haya otras alternativas de validación o reconocimiento colectivo.*

– *La ayuda victimológica como agente del Mundo Justo.* En este caso, altruismo y justicialismo en principio motivaciones distintas, se alían y moldean recíprocamente (Blader y Tyler, 2002, pág. 245): la confianza se rehace por cuanto a la *víctima buena,* (valorada a través de una visión empática) le es deparada una *respuesta buena* (solidaria). La combinación empatía/*Mundo Justo* (Blader y Tyler, 2002) explica el presente auge de la revindicación victimológica y el intenso activismo contemporáneo por la remoción del sufrimiento de las víctimas. De este modo, en el acto de cooperación con la víctima, se auna un interés altruista por el bien del otro y un interés social por dotar al mundo de sentido.

En esta clave, la eficacia de un solidario aparato legal que formalice el compromiso de auxiliar a la víctima, resulta una necesidad ya indiscutible. Además de ello, igualmente a la luz de esta teoría, se explica el interés en rendir reconocimiento público a las víctimas de acciones especialmente lesivas y socialmente desgarradoras: honrar a las víctimas, tener presente su pérdida y sacrificio, a través del enaltecimiento de su memoria, dejan de ser ejercicios de hueca retórica institucional o, menos aún, salvajes ceremoniales de revanchismo (Beristain, 2005). Por el contrario, constituyen medios para enfatizar la relevancia social del daño o pérdida. El bien de la víctima se ve complementado por el bien común, en una sociedad que no precisa culpar a sus víctimas o caer en una enloquecedora punitividad para sentirse segura.

No puede olvidarse, en conclusión, que, para decantarse por reacciones no distorsionantes, la sociedad tiene que confiar en la viabilidad niveladora de la reacción alternativa (justicia/solidaridad): ello no ocurre cuando se descree de la eficacia del Sistema penal o se percibe como inútil la ayuda a la víctima. A tenor de esta hipótesis, el negativismo o el "pathos" expresivo con que se transmita socialmente la victimización y sus consecuencias terminaría revolviéndose contra ellas mismas.

3.6.2. Implicación criminológica y victimológica de la creencia en el Mundo Justo

La premisa negativa (defensiva) *lo malo sucede a quien se lo merece* cuenta con una contraparte positiva (proactiva) sobre la base de la consigna *lo bueno sucede a quien se lo merece:* esta confianza aporta seguridad en el disparadero cognitivo de quien emprende iniciativas, asume riesgos o debe remontar situaciones difíciles.

Los sujetos con fuerte creencia en un Mundo Justo se habían identificado convencionalmente como personalidades intransigentes y mezquinas. Recientes líneas de investigación (Dalbert 1999) sugieren rasgos alternativos: son personalidades emprendedoras, animosas, llenas de recursos: si caen en la adversidad, piensan, con adhesión inquebrantable, que su desgracia es coyuntural —todo acabará bien— y no ahorran esfuerzos. Han internalizado un sentido de *fair play* existencial. Así, una aguzada creencia en el *Mundo Justo* opera como factor protector frente a la desviación. Quién confíe con especial vehemencia en un *Mundo Justo*, tenderá a tratar a los demás de modo respetuoso (Dalbert 1999), ya que tales individuos se sienten personalmente vinculados al comportamiento normativo y legítimo a través de un "pacto justicialista" con el mundo (*si me comporto bien con elMundo, el Mundo me tratará bien*).

En esta sintonía, aquellas víctimas que mejor pronóstico de recuperación arrojarían serían precisamente las "creyentes" en un *Mundo Justo*, mejor dotadas anímicamente para asumir una situación de incertidumbre existencial como es la propia de la victimización (Dalbert, 2001). Tal confianza asistiría a este tipo de víctima a la hora de dotar de sentido psicológico a su experiencia (así, a poder incoporar lo sucedido a su particular esquema de la realidad social). Su fe en el desenlace correcto de iniciativas correctas les ayudará a adoptar ajustes vitales adaptativos (entre ellos, ajustes preventivos). Parece seguirse de ello que cuando se compruebe en la víctima el intenso arraigo de esta confianza acaso "desengañarla" fuera contraproducente, por que se podría estar destruyendo en ella un vital instrumento de recuperación. Aun desde el entendimiento de que tal fe sea pura falacia o superchería, el asistente de la víctima habría de observar el prudente respeto de un *San Manuel Bueno, Mártir*.

El supuesto sometido a un estudio más específico es el relativo a la recuperación de víctimas de agresión sexual con especial creencia el *Mundo Justo*. Éstas tienden a auto- inculparse, estableciendo fuertes *atribuciones internas* de tipo caracteriológico ("soy del tipo de personas a las que ocurren estas cosas") o comportamental ("me sucedió esto por algo que hice"). Se postula, así, que el alivio del stress y la ansiedad en la post-victimización se lograría de un modo más eficaz cuando las víctimas puedan ser reconducidas a realizar mayor número de atribuciones situacionales externas (esto es, ajenas al reproche a su personalidad o comportamiento. (Fetchenhauer, Jacobs y Belschak, 2005).

3.7. LA *REVICTIMIZACIÓN*

3.7.1. La **revictimización** *y su trascendencia victimológica: aspectos de* **prevención terciaria**

La literatura victimológica asistencial se debate en torno a dos enfoques distintos sobre el alcance de la *revictimización* (Fattah, 1999), entendida como el sometimiento a una nueva victimización criminal.

De un lado, se mantiene la tesis de la *vulnerabilidad*. Ésta postula que la previa victimización potencia la indefensión del sujeto, socavando su capacidad de esgrimir respuestas adecuadas frente a un nuevo afrontamiento. La experiencia de una previa victimización, con frecuencia, fomenta una auto-percepción de impotencia, especialmente en el caso de niños victimizados (Hamilton y Browne, 1998, pág 56).

En oposición a dicho planteamiento, se defiende la tesis de la *resiliencia* o *inoculación,* conforme a la cual, una experiencia previa de victimización proporciona una básica oportunidad de aprendizaje para el desarrollo de estrategias de afrontamiento en caso de ulteriores ataques. De este modo, una persona ya victimizada estaría en mejores condiciones para prevenir y afrontar una ulterior experiencia victimizante que aquella persona aún no puesta a prueba.

La *resiliencia,* capacidad de superación ante lo adverso, es un concepto especialmente trabajado en niños victimizados así como en victimizaciones catastróficas, estudiada como aptitud social de resistencia comunitaria. No obstante, el horizonte investigador se expande a victimizaciones menos dramáticas. Así, por ejemplo, en el *Proyecto sobre la reacción de víctimas de robo residencial*, (Camberra, 2004) se halló a las víctimas patrimoniales particularmente resilientes, proactivas y llenas de iniciativa, extremadamente competentes, en suma, en cuanto agentes de auto-prevención. Sus respuestas preventivas eran de tipo racional, análogas y coherentes, en su contenido, con la previa "elección racional" que había impulsado previamente al infractor.

En cualquier caso, y fuere como fuere, desde ambas fuentes teóricas se aborda como un expediente beneficioso el relativo a la cooperación y asesoría de víctimas efectivas de cara a la evitación de nuevos episodios de victimización. Así, desde ambos enfoques se marcan objetivos de prioritarios de *prevención victimológica terciaria* (Van Dijk 1994), tendentes a neutralizar los riesgos de una ulterior victimización a través del trabajo con (y sobre) individuos previamente victimizados.

Desde la tesis de *resiliencia,* la estrategias reductoras de *revictimización* habrían de estar centradas en las víctimas efectivas, pues ellas serían los agentes preventivos *naturales,* cognitivamente mejor dotados —a cuenta de las lecciones de la experiencia—, más motivados para colaborar y, por ello, más eficaces (Holder, Makkai y Payne, 2004).

Desde las tesis de la *vulnerabilidad*, sería prioritario aplicar medidas de *prevención terciaria* para impedir nuevos ciclos expansivos de su vulnerabilidad. Esta necesidad vendría subrayada por la comprobación de que la experiencia como víctima constituye un factor de riesgo de cara a experimentar un mayor daño psicológico en caso de haber de afrontar una nueva victimización a corto plazo. Así, los graves costes de una multi-victimización no sólo tienen naturaleza psicológica y financiera, sino que se aduce una mayor culpabilización secundaria de víctimas revictimizadas (Winkel, Blaauw, Sheridan, Baldry, 2003).

3.7.2. La **revictimización** *y su trascendencia criminológica*

La *revictimización* se erige en concepto central a efectos del diseño de adecuadas estrategias preventivas de criminalidad. En tiempos recientes, un aluvión de estudios y proyectos centrados en la materia se han desplegado internacionalmente, como veremos, muy en particular en Gran Bretaña, Estados Unidos, Canadá y Australia.

El abordaje de la *revictimización* se considera prioritario, desde un punto de vista reductor de criminalidad en base a determinadas comprobaciones empíricas:

- La revictimización atañe a porcentajes significativos de la criminalidad global.
- La revictimización puede ser útil para una mejor identificación y aprehensión del infractor, por cuanto la probabilidad de revictimización permite predecir los ulteriores modus operandi, áreas donde volverá a victimizar y blancos de revictimización.
- Las estrategias preventivas basadas en la revictimización permiten invertir más eficazmente recursos estatales necesariamente limitados, ya que permite identificar claramente lugares, propiedades e individuos en especial riesgo.

El grueso de los postulados más recientes sobre prevención de *múltiple victimización* se ha desplegado, como veremos, sobre modelos de *actividad cotidiana y estilo de vida victimal*, antes abordado. Por ello, inevitablemente, se reproduce en el plano de la *revicitimización* gran parte de la polémica que arrastran dichos modelos teóricos, recientemente analizada en este estudio.

3.7.3. Aproximación científica a los fenómenos de revictimización

"Cada cinco minutos, un ciudadano es víctima de robo en este país; y la verdad es que el pobre ya se está hartando".

El anterior chascarrillo es ya lugar común victimológico para adentrarse en el contemporáneo estudio de los fenómenos de *revictimización.*

Aunque puede catalogarse de "concepto victimológico clásico", tempranamente investigado (así, Hindelang, Gottfredson y Garofalo, 1978) la gran floración de estudios preventivos sobre la *revictimización* data apenas de unos diez años. Se partió, en un principio, de la evidencia de una significativa concentración de victimizaciones sobre idéntico blanco, conforme a la cual se vienen a desarrollar construcciones victimológicas descriptoras de los fenómenos de *revictimización, victimización múltiple* o *super-victimización,* acepciones que definen un proceso de victimización autoreferencial y sostenido, en base al cual la condición de víctima "se releva" a sí misma (parafraseando a Gertrude Stein: *una víctima, es una víctima, es una víctima* (Ellingworth, Farrell, Pease, 1995).

La *revictimización o victimización múltiple* puede abordarse a partir de

a) *Perspectivas temporales:* Se identifica una *revictimización longitudinal*, repartida a lo largo de la existencia de la víctima, (evidenciando un modelo de *carrera victimal,* (Farrell, Tseloni y Wiersema, 2001) o, por el contrario, de carácter *secuencial,* esto es, comprendida y estudiada en un concreto segmento temporal estadísticamente registrado.

b) *Perspectiva cualitativa:* Se contempla una *revictimización específica* en el caso de *revictimizaciones* de la misma naturaleza lesiva o *inespecífica,* en caso de padecerse dos o más distintos tipos de victimización, así, ofensas personales y contra la propiedad (Hope, Bryan, Trickett y Osborn, 2001).

c) *Perspectiva espacial:* Se estudia la influencia etiológica de aspectos espaciales como la *proximidad a la victimización,* que explica un efecto de comunicación del riesgo a blancos cercanos (Townsley, Homel, Chaselling, 2003) o la convergencia de *múltiple victimización* en áreas de especial incidencia criminal (*hot spots).* (Farrell y Sousa 2001, Farrell, Clark, Ellinworth y Pease 2005)

La carrera victimal. Se identifica por la frecuencia, duración y gravedad de las experiencias de victimización a lo largo de una existencia. La *carrera victimal es un* modelo infra-estudiado, y ni siquiera queda consignado por los habituales estudios estadísticos, cifrados en secciones periódicas.

Para Farrell, Tseloni, Wiersema y Pease (2001) este concepto aportaría valiosa información relativa a:

- Los riesgos diferenciales de carácter individual y estable a lo largo de la vida
- Los momentos y episodios vitales más susceptibles de concentrar el riesgo de victimización sobre la víctima (así, circunstancias que pueden elevar el riesgo por falta de cohesión o desconocimiento del entorno —cuando se cambia de domicilio o trabajo— o bien momentos de regresión, en los que el umbral precautorio es más bajo —cuando alguien pierde el trabajo o se está divorciando—, y períodos en los que se asumen determinadas estilos de vida arriesgados, como el asociado al consumo de drogas o alcohol).
- Los factores asociados a una eventual escalada de la reincidencia victimal, ya en frecuencia, ya en gravedad de los episodios.
- La identificación del carácter general o especializado (relativo a determinados tipos de victimización) de la re-victimización.

Los inconvenientes de un abordaje investigador longitudinal, (estudio de las experiencia de una misma víctima a lo largo del tiempo) tienen tanto que ver con la propia víctima (pérdida de memoria, pérdida de rastro) como con los investigadores, que habrían de invertir largos años antes de poder sacar conclusiones. De ahí que se haya recomendado una "investigación longitudinal acelerada", por la que se pueda reconstruir sintéticamente una carrera victimal. (Farrell, Tseloni y Wiersema, 2001).

Victimización reincidente De modo indiscutible, sin embargo, el patrón de victimización múltiple más claramente evidenciado, y por ello, el que mayor volumen de literatura científica viene generando, es el que describe una concentración estadística de victimizaciones de similar naturaleza sobre la misma víctima, en un período de tiempo limitado. Este modelo ha sido designado como *reincidencia en la victimización* (*repeat victimization*).

3.7.4. La reincidencia *en la victimización*

En una primera etapa científica se evidenció la presencia de víctimas reincidente en diferentes áreas de victimización (Farrell, 1992, Farrell, Phillips y Pease, 1995); la segunda fase investigadora desplegó un entusiasta muestrario de específicas estrategias de prevención antes lo riesgos de *reincidencia victimal,* desde premisas de *estilo de vida, actividades rutinarias* y *elección racional* del ofensor (Pease, 1998). Sólo en la etapa actual comienza a profundizarse en la etiología de la reincidencia en la victimización, básica para la optimización y eficacia de los esfuerzos preventivos (Tseloni y Pease, 2003, 2004).

Se ha estudiado el fenómeno de la *reincidencia victimal* en los ámbitos típicos de acoso escolar, agresiones racistas, violencia de género, maltrato, negligencia y abuso sexual de niños y robo de vehículos y residencial. Aunque se han diseñado modelos preventivos aplicados a cada una de esas parcelas, el ámbito del robo residencial reiterado es el que, con mucho, ha sido objeto de un estudio más minucioso y donde el bagaje teórico aplicado ha rendido mejor servicio.

Se parte de una diferenciación, no siempre evidente para el público en general, entre *incidencia* (delitos *per capita*), *prevalencia* (víctimas per cápita) y *concentración* (delitos por víctima), magnitud, esta última, que ponderaría la *reincidencia victimal* en un contexto dado. Pese a su significación, se trata de un valor apenas cuidado por las estadísticas (Farrell, Clark, Wllinworth y Pease 2005).

El estudio de la reincidencia victimal se apoya en el modelo criminológico de la *elección racional*. Éste describe la victimización como la resultante de cavilaciones de *economía criminal* previas al delito. La alternativa criminal sería elegida por el infractor cuando el beneficio delictivo compensara potencialmente los costes criminales en juego. (Cornish y Clark, 1986).

Así, la victimización múltiple se hace depender de dos explicaciones rivales (Pease, 1998): la propia ocurrencia de la victimización, potenciadora de una nueva ofensa o el carácter específico del riesgo, como factor singularizado de atracción.

3.8. LA VICTIMIZACIÓN COMO POTENCIADOR (*EVENT-DEPENDENCE*)

En esta clave, se asevera que la victimización potencia (*boosts*) una nueva victimización. Un exitoso desenlace victimizador convierte al objetivo en más *vulnerable, accesible o más deseable*.

En la inicial victimización, el infractor aprehende de modo actual las condiciones del entorno y las características y capacidad defensiva de la víctima, lo que le supondrá menos esfuerzo cognitivo a la hora de replantear el nuevo ataque La victimización se erige, para el infractor, en una fuente de información sobre las condiciones de ausencia de vigilancia, una confirmación de lo adecuado del blanco y la validación de su propia habilidad criminal.

Así, el marido que maltrata a su mujer ante la muda inhibición de los vecinos, el ladrón que aprende la estructura de una vivienda y la disposición de otros objetos susceptibles de robo, el *hacker* que, sólo cuando se pone a prueba, conoce que es hábil para cierta incursiones ilegítimas o el matón de escuela que, por primera vez, hostiga a un compañero comprobando que éste es incapaz de delatarlo.

Como el propio autor adquiere esa información de primera mano, es él quien sentirá motivado, preferencial y directamente, a reincidir sobre el mismo objetivo, de ahí que se observe una significativa tasa de *victimización reincidente* a cargo del infractor original. Además de ello, cuanto más inmediato en el tiempo esté el episodio, más fresco e intenso será el estimulo. Así pues, el modelo vicitimo-potenciador describe una reincidencia en la victimización vinculada, generalmente acometida por el mismo ofensor o grupo de ofensores y en un período de tiempo inmediato o cercano.

Salvando esta premisa, la victimización también puede hacer descender el riesgo de revictimización, en tanto la experiencia no haya sido exitosa o motivadora para el victimario, o bien en el caso de que la víctima introduzca algún cambio ostensible, capaz de disuadir intentos ulteriores.

– *De víctima a "super-víctima":* Tras el episodio victimizador, el *blanco adecuado* deviene *super-blanco —super-víctima*, en la conductas contra la persona— o, mediando una oportuna reacción defensiva o preventiva, se transforma en *blanco inadecuado* —víctima inadecuada— (Farrell, Clark, Ellinworht y Pease 2005, pág. 16). El estilo preventivo preconizado por este modelo recomienda un esfuerzo preventivo especial y diferenciado para los individuos victimizados frente a la prevención de victimización potencial.

La relevancia de la victimización potenciadora se confirma y valora de modo muy relevante en el ámbito de los robos en viviendas.

– *Robos en residencias ("victimización infecciosa"):* En este ámbito, parece demostrado que la reacción revictimizadora es pronta, (en un margen de menos de un mes), a cargo de los mismos ofensores, y a a partir de idéntico *modus operandi.* (Bower y Johnson, 2004). La previa experiencia ha suministrado una información ya validada del entorno, vivienda y víctima, operándose un extremo efecto potenciador. Además de ello, se comprueba la característica de la comunicación o transmisión del riesgo a viviendas próximas, fenómeno identificado como "robo infeccioso" (Townsley, Homel y Chaseling, 2003, pág. 43). Así, la ocurrencia de una victimización predice un alto riesgo de que, en un breve lapso de tiempo, se suceda un nuevo robo en alguna vivienda *contigua o próxima*.

Así, mayor *concentración* (reincidencia victimal) se producirá en áreas residenciales en las que las viviendas sean heterogéneas (el ladrón tenderá a pisar de nuevo el terreno ya conocido), en tanto mayor *prevalencia* (por la comunicación del riesgo) se observará en áreas con urbanización homogénea (donde el haber robado en una vivienda servirá de guía inmediata para adentrarse en otras viviendas de estructura idéntica).

La comunicación del riesgo indica la importancia de una monitorización preventiva del área, tras haberse producido un robo de vivienda, y de que, también en el contexto del área, se adopten precauciones ajustadas al *modus operandi* observado en el concreto robo. Asimismo, se recomienda el trazado de mapas de riesgo —esto es, predictivos, a diferencia de los habituales mapas de victimización preferente, de naturaleza retrospectiva. (Bowers y Johnson, 2004, págs. 21-22.)

En el contexto del robo residencial, se ha comprobado en Gran Bretaña la eficacia del Sistema de Información Geográfica (GIS) que permite a la policía identificar *reincidencia victimal* a partir de un código informático de carácter geo-espacial. Éste indica de modo automático dónde se ha producido una victimización reincidente. Se aduce su carácter más expeditivo respecto de las acostumbradas referencias textuales a la identidad y domicilio de la víctima (Ratcliffe y Mc Cullagh, 1998.)

Zonas de alta incidencia: La reincidencia en la victimización se produce de un modo destacado en áreas donde las tasas de criminalidad son elevadas, produciéndose un fenómeno identificado como "marcas rojas" en "zonas *rojas" (Hots dots in hots spots).* Las actuales medidas preventivas basadas en la reducción de criminalidad en áreas de alto riesgo no tienen en cuenta las altas tasas de concentración en zonas de riesgo, magnitud apenas ciudada. En áreas de especial incidencia, la concentración pasa a menudo desapercibida, a diferencia de lo que ocurre si la concentración se produce en zonas de baja criminalidad (Farrell y Sousa 2001, Farrell, Clark, Ellinworth y Pease 2005).

Según estos autores, el dato de que las zonas de elevada incidencia son, en puridad, zonas de gran concentración de super-blancos o super-víctimas, debiera transformar la estrategia preventiva sobre la zona. Las técnicas de supervisión de *zonas calientes* tendrían que aliarse y compenetrarse en ese caso, con las estrategias de prevención victimal terciaria. Ante el problema de la limitación de recursos, la unificación de estrategias sobre super-blancos o super-víctimas llevaría a una reducción sustancial de la victimización en la zona.

3.9. RIESGO SINGULAR DE LA VÍCTIMA. (*HETEROGENEITY*)

Según esta segunda explicación alternativa, ciertos blancos o individuos presentan rasgos estables e inherentes que atraen singularmente la victimización. Esos atributos específicos actuarían, así, como reclamos o emblemas llamativos (*flags*) frente a los potenciales ofensores. La *victimización reincidente* obedece a que esos rasgos se mantienen, singularizando al blanco: así, diferentes ofensores, de manera independiente, seleccionen a la misma víctima en razón del mismo estímulo. El modelo heterogeneidad-reclamo, predice victimizaciones repetidas, específicas pero no vinculadas, a cargo de diferentes autores y en intervalos temporales distintos.

Esta singularidad o vulnerabilidad identificada se ha venido a llamar *heterogeneidad mensurable*. Sin embargo, hay un remanente de *heterogeneidad inexplicable*, que se pone en evidencia cuando dos individuos afrontan riesgos diferentes a pesar de que presentan características idénticas, lo que indica que hay algunos atractivos y rasgos de riesgo que no saben registrar las estadísticas pero que ejercen influjo sobre el infractor (Tseloni y Pease, 2003).

Esta explicación no recomendaría un estilo específico de prevención victimal para victimas efectivas respecto de lo aconsejable para evitar victimizaciones potenciales: el reclamo de los rasgos atractivos ejercería su influjo con independencia del historial de victimización previo (Tseloni y Pease, 2004, pág 932).

Las anteriores explicaciones son, como puede observarse, potencialmente rivales, de tal manera que la confirmación de una menoscaba la valía de la otra. Sin embargo, también se ha indicado la posibilidad de que las dos operen de forma aunada o combinada:

Así, los pederastas suelen hallar blancos adecuados en niños tímidos y faltos de confianza, (según modelo de *heterogeneidad atrayente*); estas características iniciales van a exacerbarse por la victimización, potenciando abusos ulterirores por el mismo victimario (modelo de la *victimización potenciadora*) Hamilton y Browne, 1998, pág. 56.

3.10. LA *PREVENCIÓN VICTIMAL TERCIARIA* Y SUS IMPLICACIONES

Se proclama, desde este modelo, que la *prevención terciaria,* sobre *la* víctima efectiva, se erige en expediente inexcusable en la garantía de seguridad ciudadana.

Aun cuando lo ideal sería anticiparse a la victimización (en virtud de una eficaz *prevención victimal secundaria*) sólo cuando todas las claves elusivas al registro científico se vayan conociendo, la prevención podrá centrarse en la victima potencial (Tseloni y Pease 2003 pág 211).

Algunas medidas de prevención terciaria son particularmente viables, según los autores. Así, ciertos cambios preventivos de carácter ostensible y *visible* en las víctimas, de tal manera que los re-victimarios potenciales puedan ver destruidas las asunciones adquiridas en su previa victimización (contratar un guardia jurado, instalar una cámara de video). Sin embargo, en el caso de la victimización contra las personas, identificar o rectificar los rasgos de riesgo de las *víctimas adecuadas*, se antoja tarea menos practicable, la *prevención terciaria* no resulta tan prometedora: *el status de adecuación victimal persistirá más en relación con delitos contra la persona que con delitos contra el patrimonio. Uno no puede hacerse a sí mismo más joven o más fuerte, pero sí puede instalar una alarma contra intrusos* (Farrell, Clark, Ellinworth y Pease 2005, pág. 8).

De otra parte, estos autores asumen las objeciones éticas al carácter invasivo y culpabilizador de la información preventiva terciaria.

Estas objeciones, se aduce, podrían sortearse cuidando extremadamente el carácter voluntario y gratuito, para la víctima, de dicha dispensa informativa, marcando su autonomía respecto de la asistencia debida (Farrell y Pease, 2001, pág.3) y, sobre todo, desplegando en ello una especial sensibilidad victimológica, de modo que la indicación explicativa y preventiva no pueda infectarse de víctimo-culpabilización (Hamilton y Browne, 1998, pág. 54). Tarea comprometida, por cuanto la multi-victimización suele ser objeto de atribuciones caracteriológicas y personales más que situacionales (Winkel et al. 2003, pág. 89).

Finalmente, frente a dichos modelos preventivos, se ha hecho valer la sugerencia de que la victimización no sólo potenciaría una nueva victimización de idéntica naturaleza, sino que atraería hacia la víctima el riesgo de sufrir otro tipo de victimizaciones (así, el riesgo de un ataque al patrimonio atrae el riesgo de sufrir un delito sobre la persona, y a la inversa; además la victimización potenciaría otro tipo de adversidades no criminales), sin que el patrón de actividades rutinarias pudiera explicar o prevenir dicha reincidencia no específica. (Hope, Bryan, Trickett and Osborn, 2001). Así, se postula que la victimización reiterada no sólo se concentra en un período vital, sino que puede repartirse a lo largo de una existencia, evidenciando la persistencia de unas características de heterogeneidad no relacionadas con la situación, estilo de vida o actividad rutinaria, sino con una proclividad personal, cronificada, no compatible con dichas explicaciones teóricas.

La victimización atrayente de distintos tipos de victimización e incluso de desgracias no delictivas (enfermedades, divorcio, pérdida de empleo) así como la evidencia de características singulares de riesgo que persistirían a lo largo de la vida, aunque el estilo de vida y la exposición cambiaran con la edad, se ha entendido mejor explicada por *una concentración de desventajas socio-económicas correlativa a la concentración de victimizaciones* (Krejny, 1999).

Mejor que aconsejar cambios, a menudo inviables, a las víctimas, sería entonces conveniente estudiar la posible incidencia de la victimización, la desgracia y la pobreza sobre las experiencias vitales, o en la capacidad de evitar riesgos, lo que sería importante para valorar una re-victimización como algo distinto a una convergencia de oportunidad expositiva (Hope, Bryan, Trickett and Osborn, 2001). A tal efecto, la metodología propia del trazado de carreras de víctimas, aun en fase de validación, podría ser reveladora de dichas interacciones.

BIBLIOGRAFÍA (TEMAS 2 Y 3)

AGNEW, Robert, (1994) "The techniques of neutralization and violence", en *Criminology* 32 4, págs 555-580.

ALONSO RIMO, Alberto, (2005) "Medidas de protección de los intereses de las víctimas", en en *Estudios de Victimología, Actas del I Congreso Español de Victimología*, Josep Mª Tamarit Sumalla, Coordinador, Tirant lo Blanch, Valencia,

AMIR, Menachem (1971) *Patterns of Forcible Rape*, University of Chicago Press, Chicago

ANASTASIO, Phyllis A. y COSTA, Diana, (2004) "Twice hurt.: How Newspaper Coverage may Reduce Empathy and Endanger Blame for Female Victims of Crime", en *Sex Roles*, 51 9/10 págs. 535-541.

ATHENS, Lonnie (1980) *Violent Criminal Acts and Actor: A Symbolic Interactionist Study* Rouledge and Kegan Paul, Londres

BACA BALDOMERO, Enrique, CABANAS ARRATE, Mª Luisa, (eds.) (2003) Las víctimas de la violencia, estudio psicopatológico, Triacastela

BARD, Morton / SANGREY, Dawn, (1979) *The Crime Victim´s Book*, Brunner / Mazel inc., New York.

BENNET, Richard (1991), "Routine Activities: A Cross-National Assessment of a Criminological perspective", *Social Forces* 70, (1), págs. 147-163.

BERISTAIN IPIÑA, Antonio, (1994) *Nueva Criminología desde el Derecho Penal y la Victimología*, Tirant lo Blanch, Valencia.

– (2000) *Victimología. Nueve palabras clave*, Tirant lo Blanch, Valencia

– (2004) *Protagonismo de las víctimas de hoy y mañana, Evolución en el campo jurídico penal, prisional y ético*, Tirant lo Blanch, Valencia.

– (2005) "Desde la Victimología de mínimos hacia la Victimología de máximos", en *Cuadernos de Política Criminal*, núm. 85, págs. 255 258.

BLADER Steven y TYLER, Tom R, (2002) "Justice and Empathy: what Motivates People to Help Others?" in *The Justice Motive in Everyday Life*, edited by Michael Ross y Dale T. Miller, Cambridge University Press, Cambridge.

BLANCO LOZANO, Carlos, (1997) "Victima y reparación en el delito ambiental", *Revista de Derecho Ambiental* nº 18, págs. 13-30.

BOWERS, Kate. J and JOHNSON, Shane D. (2004) "Who Commits Near Repeats?. A Test of the Boots Explanation" en *Western Criminology Rewiew*, 5(3) 12-24

BOWLBY, John, (1951) *Child care and the growth of love* Harmondsworth Penguin

BRUNET, James. R. (2002) "Discouragement of Crime Through Civil Remedies: An Application of a Reformulated Routine Activities Theory " *Western Criminology Rewiew* 4 (1), págs 68-79.

BUSTOS RAMIREZ, Juan LARRAURI PIJOAN, Elena, (1993) *Victimología: presente y futuro. Hacia un sistema penal de alternativas*, PPU, Barcelona,

CAMPBELL, Alex, (2005) "Keeping the *Lady-Safe:* The regulation of feminity through Crime Prevention Literature", en *Critical Criminology*, vol. 3 (2), págs 119-140.

CARIO, Robert, (2000), *Victimologie. De l´a efferaction du lien intersubjetif à la restauration sociale*, L´Harmattan, París.

– (2004) «Médias et insécurité : entre Droit d´informer et illusions sécuritaires», en *Le Dalloz*, 15 janvier 2004, núm 2, Doctrine, págs. 75-80.

– (2005), «La reconnaissance de la victime. Instrumentalisation ou restauration», en *Journal des Accidents et des Catastrophes*, núm 53, JCERDACCnsf.

CEREZO DOMINGUEZ, Ana Isabel (2000), *El homicidio en la pareja. Tratamiento criminológico*, Tirant lo Blanc, Valencia.

CEREZO DOMÍNGUEZ, Ana Isabel, GARCÍA ESPAÑA, Elisa, PÉREZ GIMÉNEZ Fátima, (2005), "Las víctimas en las estadísticas oficiales de la delincuencia", en *Estudios de Victimología, Actas del I Congreso Español de Victimología*, Josep Mª Tamarit Sumalla, Coordinador, Tirant lo Blanch, Valencia.

CHRISTIE, Nils, (1977) "Conflicts as property" en *The British Journal of Criminology*, 17 págs 1-15.

– (1986) "The ideal Victim", en *From Crime Policy to Victim Policy,* St. Martin Press, Nueva York.

CLARKE, Ronald V (1997) *Situational Crime Prevention, Succesful Case Studies*, 2^{a} Ed. Harrow and Heston, Albany.

CLARKE, Ronald V y FELSON, Marcus (1993), "Advances in Criminologycal Theory", Vol 5, *Routine Activity and Rational Choice*, New Brunswick, New Jersey.

COHEN, Lawrence y FELSON, Marcus (1979), *Social Change and Crime Rate Trends*: A *Routine Activity Approach*, en *American Sociological Review*, 44, págs 588-608.

COHEN, Lawrence, KLUEGEL, James y LAND Keneeth, (1980), "Social Inequiality and Predatory Victimization: An Exposition and Test of a Formal Theory", *American Sociological Rewiew*, 46, 505-524.

CORREIA Isabel y VALA, Jorge, (2003) "When Will a Victim Be Secondarily Victimized? The Effect of Observer´s Belief in a Just World, Victim´s Innocence and Persistence of Suffering", *SocialJustice Research*, Vol 16, N° 4, págs 379-399.

DALBERT, Claudia, (1999) "The world is more just for me than generally: about the personal belief in a just world scale´s validity", *Social Justice Research,* 12, 79-98.

DALBERT, Claudia, (2001), *The Justice Motive as a Personal Resource: Dealing with Challenges and Critical Life Events*, Kluwer Academic, Plenum Publisher, New York.

DARLEY, John, (2002) "Just Punishments: Research on Retributional Justice", *The Justice Motive in Everyday Life*, edited by Michael Ross y Dale T. Miller, Cambridge University Press

DEVILLY, Grant. J. (2002) "Clinical Intervention, supportive counselling and therapeutic methods: a clarification and direction for restorative treatment", en *International review of Victimology,* 9 (1) págs. 1-14.

DHARMAPALA Dhammika, GAROUPA, Nuno, Mc ADAMS, Richard H. (2005), "The Just World bias and Hate Crimes Statutes", *American Law a& Economics Association Annual Meetings,* paper 16, págs. 1-25.

DUSSIC, John P. J. (1988), "Enfrentamiento social: un modelo teórico para la comprensión de la victimización y la mejoría", traducido y editado por Marco A. González Berendique (1997), en *Cuadernos de Criminología núm* 7.págs. 111-123.

ECHEBURÚA Enrique CORRAL, Paz (2002) "Violencia en la pareja", en Javier Urra ed, *Tratado de Psicología forense*, Siglo XXI, Madrid.

ECHEBURÚA ODRIOZOLA, Enrique, CORRAL GARGALLO, Paz de, AMOR, Pedro Javier, (2002) "Evaluación del daño psicológico en las víctimas de delitos violentos", *Psicothema*, vol 14, págs 139-146.

– (2004) *Superar un trauma: el tratamiento de las víctimas de sucesos violentos*, Pirámide,

EDWARDS, Ian, "An Ambiguous Participant, The Crime Victim and Criminal Justice Decision Making" en, *British Journal of Criminology*, 44 (6), págs. 967-982

ELIAS, Robert, (1986) *The Politics of Victimization. Victims, Victimology and Human Rights*, Oxford University Press, Nueva York.

– (1993) Victims Still: The Political Manipulation of Crime Victims, Sage, Newbury Park

– (1996) "Paradigms and Paradoxes of Victimology", en International Vcitimology. Selected Papers from the 8Th. International Symposium of Victimology, Australian Institute of Criminology, Camberra.

ELLINGWORTH, Dan, FARRELL, Graham, and PEASE, Ken, (1995) "A Victim is a Victim is a Victim, Chronic Victimization in four Sweeps of the Brittish Crime Survey", en *British Journal of Criminology*, Vol. 35 (3) págs 360-365

ESSER, Albin, "Sobre la exaltación del bien jurídico a costa de la víctima", en *Temas de Derecho Penal y Procesal*, Lima 1998, págs 43-79.

ESTRADA, Felipe y NILSSON, Anders, (2004) "Exposure to threatening and violent behaviour among single mothers. The Significance of Lifestyle, Neihbourhood and Welfare Situation". *British Journal of Criminology* 44 (2), 168-187.

FALCÓN CARO, Mª del Castillo, (2001) *Malos tratos habituales a la mujer*, J. M. Bosch Editor, Barcelona

FARRELL, Graham, PHILLIPS, Coretta, PEASE, Ken, (1995) "Like Taking Candy. Why Repeat Victimization Occurs?" en *The British Journal of Criminology*, 35 (3).págs. 384-399

FARRELL Graham, PEASE, Ken, (2001) *Editor´s introduction: Why repeat victimization matters*, en *Repeat Victimization (Crime Prevention Studies, vol.12)* G. Farrell y K. Pease, Criminal Justice Press Monsey New York.

FARRELL, Graham, TSELONI, Andromachi, WIERSEMA, Brian PEASE, Ken, (2001) *Victims careers and "career victims"?: Toward a research agenda*, en *Repeat Victimization (Crime Prevention Studies, vol.12)*, Eds. G. Farrell y K. Pease Criminal Justice Press Monsey New York.

FARRELL Graham, SOUSA, William, *Repeat Victimization and Hot-Spots: The Overlap and its Implication for Crime Control and Problem-oriented Policing*, en *Repeat Victimization (Crime Prevention Studies, vol.12)*, G. Farrell y K. Pease, Criminal Justice Press Monsey New York.

FARRELL,Graham, CLARK, Ken, ELLINWORTH, Dan y PEASE, Ken, (2005),"Of targets and supertargets: A routine activity theory of high crime rates", *Internet Journal of Criminology*, págs. 1-23

FATTAH, Ezzat. E. (1967) *Towards a Criminological Clasification of Victims*, International Criminal Police Review, págs. 162-169

– (1976) *The Use of the Victim as an Agent of Self legitimation: towards a Dynamic Explanation of Criminal Behavior*, en *Victims and Society*, Ed. by Emilio C. Viano, Vissage Press, Washington.

– (1991) *Understanding Criminal Victimization*, Scarborough, Ont. Prentice Hall.

– (1994) "The Interchangeable Roles of Victim and Victimizer", The European Institute for Crime Prevention and Control. Versión castellana (1997) en *Cuadernos de Criminología*, Policía de Investigaciones de Chile, nº 7, 1997, págs. 23-47, por donde se cita.

– (1997) "Toward A Victim Policy Aimed at Not Suffering", en *Victims of Crime*, Second Edition, Editado por Robert Davis, Arthur J. Lurigio y Wesley G. Skogan, Sage, Londres.

– (1999) *From a handfull of dollars to tea and sympathy. The sad history of victim assistance*, Van Dijk,. Vamn Kaam, Wemmers (Eds), *Caring for Victims*, Criminal Justice Press, Monsley New York.

– (2000) "Victimology: Past, Present and Future", en *Criminologie*, vol. 33, 1, págs. 17-46.

– (2002) "¿Es necesaria una deontología victimológica?. Complejidades éticas en una joven disciplina" Cuadernos de Criminología, págs. 53-77.

FELSON, Marcus, (1994) *Crime and Everydaylife*, Pine Forge Press, California.

FERREIRO BAAMONDE, Xulio (2005) *La víctima en el proceso penal*, La Ley, Madrid.

FETCHENHAUER, Detlef, JACOBS, Gabriele y BELSCHAK, Frank, (2005) "Belief in a Just World, Causal Attributions and Adjustment to Sexual Violence", Social Justice Research, Vol. 18. núm.1, págs 25-42.

FOLGER Robert y PUGH, Douglas S. (2002) "The Just World and Winston Churchill: An Approach/Avoidance Conflict about Psychologycal Distance when Harming Victims" en *The Justice Motive in Everyday Life*, edited by Michael Ross y Dale T. Miller, Cambridge University Press.

FRENCH, Michael T. MC COLLISTER, Kathryn E, PIERRE KEBREAU, Alexandre, CHITWOOD Dale D, y MC COY, Clyde B. (2004), "Revolving Roles in Drug-Related Crime. The cost of Chronic users as Victimas and Perpetrators", en *Journal of Quantitative Criminology*, 20 (3)

FUREDI, Frank, (1997, edición revisada en 2002) *Culture of Fear: Risk-Taking and the Morality of Low Expectation*, Continuum, Londres.

- (2002) *Paranoid parenting; Why ignoring the experts may be the best for your child*, Chicago Review Press, Chicago.
- (2002) *Culture of Fear. Risk-Taking and the Morality of Low Expectation*, revised edition, Ed. Continuum, London.
- (2004) *Therapy Culture*, Rouledge, New York.

GARCÍA-PABLOS de MOLINA, (2003) Antonio, *Tratado de Criminología*, Tirant Lo Blanch, Valencia.

- (2004), "La prevención del delito: reflexiones en torno a la denominada prevención situacional", Homenaje a Rafael de Rivacoba y Rivacoba, en *El penalista liberal*, De Palma.
- (2005) *Criminología. Una introducción a sus fundamentos teóricos*, Tirant lo Blanc, Valencia.

GARCÍA RODRÍGUEZ, Manuel José, (2004) Código de los derechos de las víctimas, Instituto Andaluz de la Administración Pública.,

GARLAND, David, SPARKS, Richard, (2000) "Criminology, Social Theory and the Challenge of our Times" en *British Journal of Criminology*, 40 (2) págs 181-204.

GAROFALO, James, (1986) *Lifestyles and Victimization: An Update*, en *From Crime Policy to Victim Policy*, Ed. por Ezzat A. Fattah, St. Martin Press, New York.

GARRIDO, Vicente, STANGELAND, Per, REDONDO, Santiago, (2001) Principios de Criminología, 2ª ed. Tirant lo Blanc, Valencia.

GEIS, Gilbert, (1990) "Crime Victims, Practices and Prospects", en *Victims of Crime. Problems, Policies and Programs,* Editado por Robert Davis, Arthur J. Lurigio y Wesley G. Skogan, Sage, Londres.

GERMAN MANCERO, Isabel, (1995) "La víctima en el proceso penal: la protección del interés colectivo y difuso a través de la personación de las asociaciones y grupos de víctimas en el proceso en Cuadernos de Política Criminal" nº 55, Instituto universitario de Criminología de la Universidad Complutense, Edersa, Madrid

GIRARD, René, (1982) *El chivo expiatorio,* en traducción española (1986) Ed. Anagrama, Barcelona.

GREEN, Roberta, (2002) "Human Behaviour Theory: A Resilience Orientation", *en Resiliency: An Integrated Approach to Practice, Policy and Research*, Editado por Roberta Green, NASW Press, Washington DC.

GULOTTA, Guglielmo, (1976) *La vittima,* Collana di Psicologia giuridica e criminale, Editorial Giufrè, Varese.

HAMILTON Catherine E. y BROWNE, Kevin D, (1998) "The repeat victimization of children: should the concept be revised ?" *Agggression and Violent Behaviour*, Vol. 3, nº 1, págs. 47-60

HARE R.D, y MC PHERSON L.M. 1984) "Violent and aggresive behaviour by criminal psycopaths, International journal of Law and Psychiatry", 7, 35-50.

HASSEMER, Winfried, (1990) "Consideraciones sobre la víctima del delito", en *Anuario de Derecho penal y ciencias penales*, fase I, págs 241-260.

von HENTIG, Hans, (1948) *The Criminal and his Victim, Studies in the Sociobiology of crime,*: Yale University Press, New Haven, CT

HERRERA MORENO, Myriam, (1996) a) *La hora de la víctima. Compendio de Victimología*, Publicaciones del Instituto de Criminología de la Universidad Complutense, Edersa, Madrid.

– (1996) b) "Itinerario ideológico de la victimización sexual de la mujer", *Cuadernos de Política Criminal*, núm 60, págs. 745-770.

– (2002) *Publicidad y Control penal. Nuevas estrategias inocuizadoras en la Post-Modernidad penal.* Instituto Peruano de Ciencias Penales.Biblioteca de Autores Extranjeros, Grijley.

– (2005) "Las categorías simbólicas en el pensamiento sistemático y penológico de Günther Jakobs, Cuadernos de Política Criminal", núm 87, págs. 7-64.

HINDELANG, Michael, GOTTFREDSON, Michael y GAROFALO, James, (1978) *Victims of Personal Crime: an Empirical Foundation for a Theory of Personal Victimization*, Cambridge MA. Ballinger.

HOLDER, Robyn, MAKKAI, Tom y PAYNE, Jason, (2004) *Crime victims and the prevention of residential bruglary: report of the ATC Burglary Victims Response Project 2004,* Camberra

HOPE, Tim, BRYAN, Jane, TRICKETT, Alan and OSBORN, Denise R. (2001) "The Phenomena of Multiple Victimization. The Relationship Between Personal and Property Crime Risk", *The Brittish Journal of Criminology* 41 (4)., págs. 595-617.

JIMÉNEZ DE ASÚA, Luis, (1961) "La llamada Victimiología". En *Estudios de Derecho penal y Criminología*, Bibliográfica Omeba, Buenos Aires.

JOUTSEN, Matti, (1986) *The Role of the Victim in the European Justice System. A Crossnational Study of the Role of the Victim*. Helsinki Institute for Criminal Prevention and Control, Helsinki.

KAISER, Cheryl R, VICK, S. Brook y Brenda MAJOR, (2004) "Research Report. A Prospective Investigation of the Relationship Between Just-World Beliefs and the Desire for Revenge After September 11, 2001" en *Psychological Science*, vol. 15, núm 7, págs. 503-506."págs 503-506.

KARMEN, Andrew, (2005) *Crime Victims. An Introducction to Victimology*, quinta edición, Thomson, Canada.

KEMPE, C. Henry, SILVERMAN, Frederic N, STEELE, Brandt F., DROEGEMUELLER, William, y SILVER, Henry K. (1962) "The Battered-Child Syndrome", en *Journal of the American Medical Association,* 181, págs 105-1

KIRCHOFF, Gerd Ferdinand, (1991) "The unholy Alliance between Victim Representation and Conservatism and the Task of Victimology", en *Victims and Criminal Justice*, Criminological Researchs Reports by the Max-Planck-Institut for Foreingn and International Penal Law, vol. 52/2, Editado por Kaiser, Freiburg i.Br.

KOSKI, Douglas D. y BATCHELDER, John Stuart, 2003, a) "Victimization as Process. Part. I. Crime, Victimization & Everyday Life", en *Le Journal International De Victimologie*, 1 (2), (online JIDV.COM)

KOSKI, Douglas D. y BATCHELDER, John Stuart, 2003, b) "Victimization as Process. Part. II. Rape in Everyday Life », en *Le Journal International De Victimologie*, 1 (4), (online JIDV.COM)

KREJNY, Merdith L. *Answering the Question. Who Gets Victimized? A Study of Recidivist Victims,* West Virginia University, March 1999.

LAMO DE ESPINOSA, Emilio, (1993) *Delitos sin víctima.Orden social y ambivalencia moral*. Alianza Universidad, Madrid.

LANDROVE DIAZ, Gerardo, (1990) *Victimología*, Tirant lo Blanc, Valencia,

– (1998) *La moderna Victimología*, Tirant lo Blanc, Valencia

LARRAURI PIJOAN, Elena, (1991) *La herencia de la criminología crítica*, Siglo XXI, Madrid

LIMA MALVIDO, María de la Luz, (2004) "El Derecho Victimal" en *Victimología. La víctima desde una perspectiva criminológica,* Coord. Hilda Marchiori, Editorial Universitaria Integral, Córdoba.

LERNER, Melvin.J, (1980) *Belief in a Just World: A Fundamental Delusión*, Plenum.

LERNER Melvin J y SIMMONS, C. H (1996), "The observer´s reaction to the *innocent victim:* Compassion or Rejection?", en *Journal of Personality and Social Psichology*, núm 4, págs. 203-210.

LEYMANN, Heinz (1990) "Mobbing and psychological terror at workplaces", en *Violence and Victims*, vol. 5 nº 2, Springer, Nueva York

LUCKENBILL, David. F. (1977) "Criminal Homicide as Situated Transaction", en *Social Problems*, 25, 176-86

MAGUIRE, Mike, y SHAPLAND, Joanna, (1990) "The *Victims Movement* in Europe", en *Victims of Crime. Problems, Policies and Programs,* Editado por Robert Davis, Arthur J. Lurigio y Wesley G. Skogan, Sage, Londres.

MASLACH, Christina y Jackson, Susan E. (1986) *Maslach Burnout Inventory* Consulting Psychology Press, Palo Alto

MAPELLI CAFFARENA Borja. (2005) *Las consecuencias juridicas del delito*. Cuarta Edición. Thomson Cívitas. Pamplona.

MARTÍN RIOS, Pilar, (2004) "La responsabilidad civil derivada del delito, a la luz de las últimas reformas legales", *Revista Justicia,* núm. 1-2, págs. 291 a 325.

MARTINSON, Robert (1974), "What Works. Quesions and Answers about Prison Reforms. *The Public Interest*, 35, págs. 22-54.

Mc NALLY Richard J, BRYANT, Richard A. EHLERS, Anke, (2003), "Does early psychologycal intervention promote recovery from posttraumatic stress ?", *Psychological science in the public interest,*, vol. 4, Nº 2. págs 45-79.

MEDINA ARIZA, Juan José, (1997) "El control social del delito a través de la prevención situacional", en *La Criminología aplicada, Cuadernos de Derecho Judicial*, XV, págs.

MENDELSOHN, Beniamin (1958) *La Victimologie,* Revue Francaise de Psychanalyse, janvier-fevrier, 1958

– (1963) "The Origin of the Doctrine of Victimology", *Excerpta Criminologica* 3, págs 239-45.

– (1976) Victimology and Contemporary Society´s Trends", en *Victims and Society,* Visage Press, Washington D.C.

– (1982), "Socio-analytic Introduction to Resarch in a General Victimological and Criminological Perspective", en *The Victim in International Perspective, Papers and Essays given at the Third International Symposium on Victimology*, Walter de Gruyter, Berlin New York.

MIETHE, Terance D., MEIER, Robert F (1994), *Crime and its Social Context: Towards an Integrated Theory of Offendes, Victims and Situations,* State University of New York Press, Nueva York.

MUELLER, Gerard O. W., (1982) "Toward a Whole Victimology Within a Whole Criminology", en *The Victim in International Perspective, Papers and Essays given at the Third International Symposium on Victimology,* Walter de Gruyter, Berlin, New York,

NEUMAN, Elías, (1984) *Victimología. El rol de la Víctima en los delitos convencionales y no convencionales,* Editorial Universidad, Buenos Aires, 1984,

OLWEUS, Dan (1993),, *Bullying at School. What We Know and What We Can Do.* Blackwell,, Oxford.

ORTEGA RUIZ, Rosario y MORA MERCHÁN, Joaquín A, (2000), *Violencia Escolar. Mito o Realidad,* Mergablum, Sevilla.

PERIS RIERA, Jaime, (1989) *Proyecciones penales de la Victimología, Excesos dogmáticos ante deficiencias prácticas,* Generalitat Valenciana, Valencia

PETERS, Tony, (1988) "Consideraciones teóricas sobre la Victimología", en *Eguzkilore,* Cuaderno del Instituto Vasco de Criminología, San Sebastian, pága 107-133.

POLAINO NAVARRETE, Miguel, (1974) *El bien jurídico protegido en Derecho penal,* Anales de la Universidad Hispalense, Servicio de Publicaciones de la Universidad de Sevilla, Serie Derecho núm 19.

– (1988), "Victimología y criminalidad violenta en España", en *Criminalidad Actual y Derecho penal,* Instituto de Criminología de la Universidad Complutense, Sección Delegada de la Universidad de Córdoba.

– (2004) *Derecho penal, Parte General,* 5ª. edic. actualizada con la coloboración de Miguel POLAINO-ORTS, Bosch, Barcelona.

PEASE, Ken (1998) *Repeat Victimization: Taking Stock.* Crime Prevention Series Paper 90. Home Office. London.

PRESSER, Lois (2003), "Remorse and Neutralization Among Violent Male Offenders", *Justice Quarterly* 20 nº4, 801-825

President's Task Force on Victims of Crime, Final Report, December 1982, U.S.A. Government Printing Office, Washigton D.C.

QUINTERO OLIVARES, Gonzalo, (2005), "La víctima y el Derecho penal" en *Estudios de Victimología, Actas del I Congreso Español de Victimología,* Josep Mª Tamarit Sumalla, Coordinador, Tirant lo Blanc, Valencia.

RATCLIFFE J. H. y Mc CULLAGH, M. J. (1998) "Identifying repeat victimization with GIS", *The British Journal of Criminology,* 33 (4), págs. 651-662.

RAVINOVICH, Silvana, (2003), "La mirada de las víctimas. Responsabilidad y libertad", en *La ética ante las víctimas,* José M. Mardones y Reyes Mate (Eds), Anthropos, Barcelona. ROCK, Paul, (1994) *Introduction* en Victimology, Editado por Paul Rock, Darmouth Publishing Company,

REDONDO ILLESCAS, Santiago, (1994), "Perfil psicológico de los delincuentes sexuales", Ed. Enrique Echeburua, *Personalidades violentas,* Pirámide, Madrid.

REICHLE Barbara y SCHMITT, Manfred, (2002) "Helping and Rationalization as Alternative Strategies for Restoring The Belief in a Just World: Evidence from Longitudinal Change Analyses" in *The Justice Motive in Everyday Life,* edited by Michael Ross y Dale T. Miller, Cambridge University Press.

ROBINSON, Mathew B. (1999) "Lifestyles, Routine activities and residential Burglary Victimization", *Journal of Crime and Justice* 22" (1), págs. 27-56.

RODRÍGUEZ MANZANERA, Luis, (1990) *Victimología; estudio de la víctima,* 2ª edición, Ed. Porrúa S.A., México, 1990.

ROSE, Nicholas, (2000) Goverment and Control, *British Journal of Criminology,* 40 (2) págs 321-339.

RYAN, William, (1971) "Thc Art of Savagc Discovery: How to Blame the Victim", en *Blaming the victim*, Vintage, New York.

SALEWSKI, Wolfgang, (1982) *Motivación psicológica de los anctos de violencia*, en la violencia en la sociedad actual, Marino Barbero Santos (Comp), Universidad Internacional Menéndez y Pelayo, Instituto de Criminomología de la Universidad Complutense, Madrid 1982.

SCHAFFER, Stephen, (1977) *Victimology,* Reston Publising Company Inc., Virginia.

SCHNEIDER, Hans Joachim, (1989) "La posición jurídica de la víctima del delito en el Derecho y en el Proceso penal", en *Doctrina penal* núm 12 págs.379-394

- (2001) "Victimological Developments in the World During the Past Three Decades: a Study of Comparative Victimology", en *International Journal of Offender Theraphy and Comparative Criminology* 45 (4), págs 449-468.

SEDLACE, Alexander Cheryl, (1981) *Blaming the victim: An study of the Assignment of Responsability to Victims of Violence*,, University Microfilms International, Ann Arbor, Michigan.

SELIGMAN, Martin E.P (1975), *Helplessness. On depression, Development and Death*. San Francisco, W. H. Freeman

SERRANO MAÍLLO, Alfonso, (2004) Posibilidades y límites de las clasificaciones tipológicas en Criminología", en *El penalista liberal, Homenaje a Manuel Rivacoba y Rivacoba*, Figuereido Dias/Serrano Gómez/Plitoff Lifschitz/Zaffaroni, Dir. Y Guzmán Dalbora, Coord. Ed. Hammurabio, Buenos Aires.

SILVA SÁNCHEZ, Jesús-María, (1993) "La consideración del comportamiento de la víctima en la teoría jurídica del delito. Observaciones doctrinales y jurisprudenciales sobre la víctimo-dogmática", en *Cuadernos de Derecho Judicial* XV

- (2002) "Retos científicos y retos políticos de la Ciencia del Derecho penal" en *Revista de Derecho penal y Criminología,* 2ª época, núm. 9, págs 83-101.

SILVERMAN, Robert A. (1974) *Victim Typologyes: Overview, Critique and Reformulation*, en *Victimology,* Lexington Books, Lexington

SHIH, Margaret, "Positive Stigma: Examining Resilience and Empowerment in Overcoming Stigma", *Annal of the American Academy of Political and Social Science,* Vol. 591, Nº 1, 175-185.

SCHNEIDER, Hans Joachim, (1989) "La posición jurídica de la víctima del delito en el Derecho y en el Proceso penal", *Doctrina penal,* núm 12 págs 379-384.

- (2001) "Victimological Developments in the World During the Past Three Decades: a Study of Comparative Victimology", en *International Journal of Offender Theraphy and Comparative Criminology* 45 (4),págs 449-468.

SORIA VERDE, Miguel Angel, (1993) "Desarrollo histórico de la Victimología", en *La víctima entre la Justicia y la Delincuencia. Aspectos psicológicos, sociales y jurídicos de la victimización,* PPU, Barcelona.

SUMERFIED, Derek, (2001), "The invention of post-traumatic stress disorder and the social usefulness if a psychiatric category" en *British Medical Journal,* 322: 95-98

SYKES, Gresham M y MATZA, David, (1957) "Tecniches of Neutralization: A theory of Delinquency" en *American Sociologycal Review*, 22, págs 664-670.

SZABO, Dennis, (1997) "Cambio Social, Criminal y Justicia penal: algunas reflexiones de este Fin de Siglo" en *Cuadernos de Criminología*, núm 7 págs 13-21.

TAMARIT SUMALLA, Josep Mª, (1998) *La víctima en el Derecho penal*, Josep Mª Tamarit Sumalla, Aranzadi, Pamplona.

– (2005) "¿Hasta qué punto cabe pensar vcitimológicamente en el sistema penal?" en *Estudios de Victimología, Actas del I Congreso Español de Victimología*, Josep Mª Tamarit Sumalla, Coordinador, Tirant lo Blanc, Valencia.

THORNHILL, Randy y PALMER, Craig (2000), *A natural history of rape. Biological bases of sexual coercion*, Massachusetts Institute Institute of Technology.

TOPALLI, Volkan, (2005) "When being good is bad: An expansion of neutralization Theory" *Criminology* 43, 3, págs. 797-836.

TOWNSLEY,Michael, HOMEL Ross, y CHASELING, Jannet, (2003), "Infectious Burglaries,. A Test of the Near Repeat Hypothesis", en *The Brittish Journal of Criminology* 43 (3), págs. 615-633,

TRICKETT, Alan, ELLINGWORTH, Dan, HOPE Tim, PEASE, Ken, (1995) *Crime Victimization in the Eighties. Changes in Area and Regional Inequality,* en *The British journal of Criminology*, 35,() págs.

TSELONI, Andromachi, y PEASE, Ken, (2003) "Repeat Personal Victimization. *Boosts* or *Flags?* ", *The British Journal of Criminology*, 43 (1) págs 196-212

– (2004) "Repeat Personal Victimization. Random Effects, Event Dependence and Unexplained Heterogeneity", *The British Journal of Criminology*, 44 (6) págs 931-945.

UNNEVER James D, (2005) "Bullies, Aggressive Victim and Victims, Are they distinct groups ?". en *Aggressive Behaviour,* 31 (2), págs. 153-171.

VALLADOLID BUENO, Tomás, (2003) "los derechos de las víctimas", *La ética ante las víctimas*, José M. Mardones y Reyes Mate (Eds), Anthropos, Barcelona.

VAN DIJK, Jan, (1994) "Understanding Crime rates. On the interactions between the rational choices of Victim and Offender", en *British Journal of Criminology,* vol 34 (2) págs.

VARONA MARTÍNEZ, Gema, (1998) *La mediación reparadora como estrategia de control social. Una perspectiva criminológica*. Comares, Granada.

VIANO, Emilio, (2004) "La vida diaria y la victimización", en *Victimología. La víctima desde una perspectiva criminológica,* Coord. Hilda Marchiori, Editorial Universitaria Integral, Córdoba

WALKER, Leonor, (1984), *The battered woman syndrome*, Springer publishing Co. New york

WALKLATE, Sandra, (1992) "Appreciating the Victim: Conventional, Realistic or Critical Victimology ?", en *Issues in Realist Criminology*, Editado por R. Matthews y y J. Young., Sage Londres.

WALKLATE, Sandra y MAWBY, Rob (1994), *Critical Victimology: the Victim in International Perspective*, Sage, Londres

WEISS, Kurt and BORGES, Sandra S., (1976) *Rape as a Crime without Victims and Offenders? A Methodological Critique,* en *Victims and Society,* Ed. by Emilio C. Viano, Visage Press Inc

WEITEKAMP, Elmar y KERNER, Hans-Jurger, Eds (2002) *Restorative Justice: Theoretical Foundations*. Willan Publishing Devon UK.

– (2003) *Restorative Justice in Contex:t: International Practice and Directions* Willan Publishing Devon UK.

WEISS, Kurt, y BORGES, Sandra, S. (1976) "Rape as a Crime without Victims and Offenders ?. A Methodological Critique", en *Victims and Society*, Ed. Emilio C. Viano, Visage Press, Washington. D.C

WERTHAM Franz, (1949) *The show of violence,* Doubleday, Nueva York.

WINKEL, Frans Willem, BLAAUW, Eric, SHERIDAN, Lorraine, y BALDRY, Anna Constanza, (2003) "Repeat criminal victimization and vulnerability for coping

failure: A prospective examination of a potential risk factor,", Psychology, Crime & Law, Vol. 9, págs 87-95.,
WOLFGANG, Marvin E, (1958) Patterns in criminal homicide, University of Pennsylvania Press, Filadelfia.
– (1974) *Victim-Precipitated Criminal Homicide,* en *Victimology: A New Focus*, Ed. Drapkin y Viano, Lexington Books, D.C. Heath and Company, Lexington, Massachussets-Toronto-London
WORKMAN, Jane E, FREBURG, Elizabeth W, (1999) "An Examination of Date Rape, Victim´s Dress and Perceiber Variable Within the Context of Attribution Theory", *Sex Roles*, vol. 41, num 3-4, págs 261-277.
ZAFFARONI, Eugenio Raul, (1973), *Teoría del delito,* Ediar, Buenos Aires.
– (1990), *En busca de las penas perdidas* 2ª edición, Temis, Bogotá.
– (2004) *Discurso de investidura como Doctor Honoris Causa por la Universidad de Castilla-La Mancha,* 29 de enero de 2004.
ZAFFARONI, Eugenio Raul, ALAGIA, Alejandro y SLOKAR, Alejandro, (2000) *Derecho penal Parte General*, Editorial Ediar, Buenos Aires.
ZEDNER, Lucia, (202) Victims, en *The Oxford Handbook of Criminology,* editado por Mike Maguire, Rod Morgan y Robert Reiner, Oxford.
ZIEGENHAGUEN, Edward. A., (1977) *Victims, Crime and Social Control,* Praeger Publishers, U.S.A.,

Tema 4

Especial consideración de algunos ámbitos de victimación

4.1. ABUSOS SEXUALES DE MENORES[1]

4.1.1. Introducción

El abuso sexual de menores se refiere a cualquier conducta sexual mantenida entre dos personas cuando al menos una de ellas es menor. Más que la diferencia de edad —factor, sin duda, fundamental que distorsiona toda posibilidad de relación libremente consentida—, lo que define el abuso es la asimetría entre los implicados en la relación y la presencia de algún tipo de coacción —explícita o implícita— (Garrido, Stangenland y Redondo, 2001; Sosa y Capafóns, 1996).

Las conductas abusivas pueden incluir un contacto físico (genital, anal o bucal) o suponer una utilización del menor como objeto de estimulación sexual del agresor (exhibicionismo, proyección de películas pornográficas o *voyeurismo*) o incluso de terceras personas, como cuando se utiliza a un niño para la producción de pornografía (Echeburúa y Guerricaechevarría, 2000).

No es fácil determinar la incidencia real de este problema en la población porque ocurre habitualmente en un entorno privado —la familia— y los menores pueden sentirse impotentes para revelar el abuso (Noguerol, 1997). Según la primera encuesta nacional de Estados Unidos, llevada a cabo en adultos, sobre la historia de abuso sexual—, un 27% de las mujeres y un 16% de los hombres reconocían retrospectivamente haber sido víctimas de abusos sexuales en la infancia (Finkelhor, 1999). En España la frecuencia de los abusos, al menos en un sentido muy amplio del término, puede afectar al 20% de la población (23% de chicas y 15% de chicos). La tasa de prevalencia de abusos sexuales graves propiamente dichos, con implicaciones clínicas para los menores

---

1 Epígrafe elaborado por Enrique Echeburúa Odriozola y Cristina Guerricaechevarría.

afectados, es considerablemente menor (en torno al 4%-8% de la población). Al margen de esta tasa de prevalencia —ya de por sí muy alta—, en el 44% de los casos el abuso no se ha limitado a un acto aislado. Por otro lado, aproximadamente el 15% de todos los casos confirmados de maltrato infantil son de abuso sexual (López, 1997).

Las víctimas suelen ser más frecuentemente mujeres (58,9%) que hombres (40,1%) y situarse en una franja de edad entre los 6 y 12 años, si bien con una mayor proximidad a la pubertad. Hay un mayor número de niñas en el abuso intrafamiliar (incesto), con una edad de inicio anterior (7-8 años), y un mayor número de niños en el abuso extrafamiliar (pederastia), con una edad de inicio posterior (11-12 años) (Vázquez Mezquita, 1995). Los agresores son generalmente varones de mediana edad y con frecuencia familiares o conocidos del niño (Madansky, 1996).

No hay una correspondencia directa entre el concepto psicológico y el jurídico de abuso sexual. El concepto psicológico —y hasta coloquial— de abuso sexual se refiere al ámbito de menores. Sin embargo, en el nuevo Código Penal de 1995 esta figura delictiva se refiere a aquellos actos no consentidos que, sin violencia ni intimidación, atenten contra la libertad sexual de una persona, sea ésta mayor o menor (arts. 181-183).

4.1.2. Características descriptivas

4.1.2.1. Tipos de abusos

En cuanto al agresor, hay dos variantes principales. En la primera el abuso sexual infantil puede ser cometido por *familiares* (padres, hermanos mayores, etc.) —es el incesto propiamente dicho— o por *personas relacionadas* con la víctima (profesores, entrenadores, monitores, etc.). En uno y otro caso, que abarcan del 65% al 85% del total y que son las situaciones más duraderas, no suelen darse conductas violentas asociadas (Echeburúa y Guerricaechevarría, 2000).

La situación habitual incestuosa suele ser la siguiente: un comienzo con caricias; un paso posterior a la masturbación y al contacto buco-genital; y, sólo en algunos casos, una evolución al coito vaginal, que puede ser más tardío (cuando la niña alcanza la pubertad).

Los contactos padre (padrastro)-hija son los más denunciados y, además, son los más traumáticos por lo que suponen de disolución de los vínculos familiares más básicos. El incesto restante puede implicar a hermanos, tíos, hermanastros, abuelos y novios que viven en el mismo hogar. Sin embargo, el incesto madre-hijo es mucho menos frecuente y se limita a aquellos casos en que la madre carece de una relación de pareja, presenta una adicción al alcohol o a las drogas y cuenta con un historial de abusos sexuales en la infancia (*cfr.* Vázquez Mezquita, 2004).

Y en la segunda variante los agresores son *desconocidos*. Este tipo de abuso se limita a ocasiones aisladas, pero, sin embargo, puede estar ligado a conductas violentas o a amenazas de ellas. No obstante, la violencia es menos frecuente que en el caso de las relaciones no consentidas entre adultos. Al margen de ciertas características psicopatológicas en los agresores (por ejemplo, el sadismo sexual), lo que suele generar violencia es la resistencia física de la víctima y la posible identificación del agresor. Sin embargo, los niños no ofrecen resistencia habitualmente y tienen dificultades —tanto mayores cuanto más pequeños son— para identificar a los agresores.

Por lo que se refiere al acto abusivo, éste puede ser *sin contacto físico* (exhibicionismo, masturbación delante del niño, observación del niño desnudo, relato de historias sexuales, proyección de imágenes o películas pornográficas, etc.) o *con contacto físico* (tocamientos, masturbación, contactos bucogenitales o penetración anal o vaginal). El coito es mucho menos frecuente que el resto de actos abusivos. La penetración, cuando tiene lugar en niños muy pequeños, suele resultar traumática por la desproporción anatómica de los genitales del adulto y del menor y producir lesiones en los genitales o en el ano de la víctima: erosiones, heridas, desgarros himenales, etc.

4.1.2.2. Detección del abuso sexual

Las conductas incestuosas tienden a mantenerse en secreto. Sólo un 2% de los casos de abuso sexual familiar se conocen al tiempo en que ocurren. Existen diferentes factores que pueden explicar los motivos de esta ocultación: por parte de *la víctima*, el hecho de obtener ciertas ventajas adicionales (regalos, más paga, etc.) o el temor a no ser creída o a ser acusada de seducción, junto con el miedo a destrozar la familia o a las represalias del agresor; y por parte del *abusador,* la pérdida de una actividad sexual que resulta ya adictiva, así como la posible ruptura de la pareja y de la familia y el rechazo social acompañado de posibles sanciones legales.

A veces la *madre* tiene conocimiento de lo sucedido. Lo que le puede llevar al silencio, en algunos casos, es el pánico a la pareja o el miedo a perderla o a desestructurar la familia; en otros, el estigma social negativo generado por el abuso sexual o el temor de no ser capaz de sacar adelante por sí sola la familia.

De ahí que el abuso sexual pueda salir a la luz de una forma accidental cuando la víctima decide revelar lo ocurrido —a veces a otros niños o a un profesor— o cuando se descubre una conducta sexual casualmente por un familiar, vecino o amigo. El descubrimiento del abuso suele tener lugar bastante tiempo después (meses o años) de los primeros incidentes.

En realidad, sólo en el 50% de los casos los niños revelan el abuso; únicamente el 15% se denuncia a las autoridades; y tan sólo el 5% se encuentran envueltos en procesos judiciales. Al contar los menores con muchas limitaciones para denunciar los abusos sexuales y no presentar habitualmente manifestaciones físicas inequívocas (debido al tipo de conductas sexuales realizadas: caricias, masturbaciones, etc.), ha habido en los últimos años un interés creciente por la detección de los diferentes signos de sospecha (Calvo y Calvo, 1997; Noguerol, 1997; Vázquez Mezquita, 2004). Un resumen de los indicadores más estudiados se encuentra recogido en la *tabla 1*.

Tabla 1. Indicadores físicos, comportamentales y de tipo sexual en los menores víctimas de abuso
(Echeburúa y Guerricaechevarría, 1998)

a. Indicadores físicos	*b. Indicadores comportamentales*	*c. Indicadores en la esfera sexual*
– Dolor, golpes, quemaduras o heridas en la zona genital o anal. – Cérvix o vulva hinchadas o rojas. – Semen en la boca, en los genitales o en la ropa. – Ropa interior rasgada, manchada y ensangrentada. – Enfermedades de transmisión sexual en genitales, ano, boca u ojos. – Dificultad para andar y sentarse. – Enuresis o encopresis.	– Pérdida de apetito. – Llantos frecuentes, sobre todo en referencia a situaciones afectivas o eróticas. – Miedo a estar sola, a los hombres o a un determinado miembro de la familia. – Rechazo al padre o a la madre de forma repentina. – Cambios bruscos de conducta. – Resistencia a desnudarse y bañarse. – Aislamiento y rechazo de las relaciones sociales. – Problemas escolares o rechazo a la escuela. – Fantasías o conductas regresivas (chuparse el dedo, orinarse en la cama). – Tendencia al secretismo. – Agresividad, fugas o acciones delictivas. – Autolesiones o intentos de suicidio.	– Rechazo de las caricias, de los besos y del contacto físico. – Conductas seductoras, especialmente en niñas. – Conductas precoces o conocimientos sexuales inadecuados para su edad. – Interés exagerado por los comportamientos sexuales de los adultos. – Agresión sexual de un menor hacia otros menores. – Confusión sobre la orientación sexual.

Son probablemente los indicadores sexuales los que más están relacionados con la experiencia traumática. En todo caso, los indicadores deben valorarse de forma global y conjunta ya que no se puede establecer una relación directa entre un solo síntoma y el abuso. De hecho, lo más útil puede ser estar pendientes de los cambios bruscos que tienen lugar en la vida del niño (Echeburúa y Guerricaechevarría, 1999; Finkelhor, 1995).

4.1.3. Situaciones de alto riesgo

En cuanto al *sexo*, ser niña (mujer) es una de las circunstancias que tradicionalmente se ha considerado como de alto riesgo. Los diferentes estudios coinciden en señalar la mayor incidencia de abusos sexuales a niñas —2-3 niñas por cada niño—, especialmente en los casos de abuso sexual intrafamiliar. Esta asociación puede deberse principalmente al hecho de que la mayoría de los agresores son varones predominantemente heterosexuales (Vázquez Mezquita, 2004).

Las *edades* de mayor riesgo son las comprendidas entre los 6 y 7 años, por un lado, y los 10 y 12, por otro. Parece que más del doble de los casos de abusos sexuales a menores se dan en la prepubertad. Se trata de una etapa en la que comienzan a aparecer las muestras del desarrollo sexual, pero los menores siguen siendo aún niños y pueden ser fácilmente dominados (López, 1997; Pérez Conchillo y Borrás, 1996).

Respecto a las *características del propio menor,* los niños con mayor riesgo de victimización son aquellos con una capacidad reducida para resistirse o revelarlo, como son los que todavía no hablan y los que muestran retrasos del desarrollo y discapacidades físicas y psíquicas. Asimismo son también sujetos de alto riesgo los niños que se encuentran carentes de afecto en la familia, que pueden inicialmente sentirse halagados por la atención de la que son objeto, al margen de que este placer con el tiempo acabe produciendo en ellos un profundo sentimiento de culpa (Madansky, 1996).

En realidad, por lo que se refiere a determinadas *situaciones familiares,* los niños víctimas de malos tratos —en cualquiera de sus formas— son más fácilmente susceptibles de convertirse en objeto de abusos sexuales. El incumplimiento de las funciones parentales, así como el abandono y rechazo físico y emocional del niño por parte de sus cuidadores, propician que éstos sean manipulados más fácilmente con ofrecimientos interesados de afecto, atención y recompensas a cambio de sexo y secreto. La ausencia de los padres biológicos, la incapacidad, ausencia o enfermedad de la madre y los problemas de pareja (peleas, malos tratos, separaciones o divorcios), sobre todo cuando vienen acompañados de interrupción de la relación sexual, constituyen factores de riesgo que aumentan las posibilidades de victimización (López, 1995). Son asimismo familias de alto riesgo las constituidas por padres dominantes y violentos, así como las formadas por madres maltratadas (Mas y Carrasco, 2005; Vázquez Mezquita, 1995; Cantón y Cortés, 1996) *(tabla 2)*.

Tabla 2. Características del abusador y de la familia en que se produce el abuso sexual (Echeburúa y Guerricaechevarría, 1999)

a. Características del abusador	*b. Características de la familia*
– Extremadamente protector o celoso del niño. – Víctima de abuso sexual en la infancia. – Dificultades en la relación de pareja. – Aislado socialmente. – Abuso de drogas o alcohol. – Frecuentemente ausente del hogar. – Con baja autoestima o con problemas psicopatológicos	– Familias monoparentales o reconstituidas. – Familias caóticas y desestructuradas. – Madre frecuentemente enferma o ausente. – Madre emocionalmente poco accesible. – Madre con un historial de abuso sexual infantil. – Problemas de hacinamiento. – Hijas mayores que asumen las responsabilidades de la familia.

4.1.4. Consecuencias psicopatológicas del abuso

La mayoría de los menores que han sufrido un abuso sexual se muestran afectados por la experiencia y su malestar puede continuar en la edad adulta si no reciben un tratamiento psicológico adecuado o un apoyo familiar y social adecuado. El límite temporal entre lo que se denomina *efectos a corto plazo* o *iniciales* se suele situar en los dos años siguientes al abuso. A partir de ese momento, se habla de *efectos a largo plazo* (Echeburúa y Guerricaechevarría, 2000; Milner y Crouch, 2004).

4.1.4.1. Consecuencias a corto plazo del abuso sexual

Solamente un 20-30% de las víctimas permanecen estables emocionalmente después de la agresión. El alcance del impacto psicológico va a depender del grado de culpabilización y de la victimización del niño por parte de los padres, así como de las estrategias de afrontamiento de que disponga la víctima. En general, las niñas tienden a presentar reacciones ansioso-depresivas; los niños, fracaso escolar y dificultades inespecíficas de socialización, así como comportamientos sexuales agresivos.

Respecto a la edad, los niños muy pequeños (en la etapa de preescolar), al contar con un repertorio limitado de recursos psicológicos, pueden mostrar estrategias de negación de lo ocurrido. En los niños un poco mayores (en la etapa escolar) son más frecuentes los sentimientos de culpabilidad y de vergüenza ante el suceso. El abuso sexual presenta una especial gravedad en la adolescencia porque el padre puede intentar el coito, existe un riesgo real de embarazo y la adolescente toma conciencia del alcance de la relación incestuosa. No son por ello infrecuentes en la víctima conductas como huidas de casa, consumo abusivo de alcohol y drogas e incluso intentos de suicidio.

Un resumen de los síntomas más frecuentemente experimentados aparece recogido en la *tabla 3*. En ella se señalan las secuelas más comunes, así como el período evolutivo (infancia o adolescencia) en que aparecen.

Tabla 3. Principales consecuencias a corto plazo del abuso sexual en niños y adolescentes
(Echeburúa y Guerricaechevarría, 1998)

Tipos de efectos	Síntomas	Período evolutivo
Físicos	– Problemas de sueño (pesadillas)	infancia y adolescencia
	– Cambios en los hábitos de comida	infancia y adolescencia
	– Pérdida del control de esfínteres	infancia
Conductuales	– Consumo de drogas o alcohol	adolescencia
	– Huidas del hogar	adolescencia
	– Conductas autolesivas o suicidas	adolescencia
	– Hiperactividad	infancia
	– Bajo rendimiento académico	infancia y adolescencia
Emocionales	– Miedo generalizado	infancia
	– Hostilidad y agresividad	infancia y adolescencia
	– Culpa y vergüenza	infancia y adolescencia
	– Depresión	infancia y adolescencia
	– Ansiedad	infancia y adolescencia
	– Baja autoestima y sentimientos de estigmatización	infancia y adolescencia
	– Rechazo del propio cuerpo	infancia y adolescencia
	– Desconfianza y rencor hacia los adultos	infancia y adolescencia
	– Trastorno de estrés postraumático	infancia y adolescencia
Sexuales	– Conocimiento sexual precoz o inapropiado para su edad	infancia y adolescencia
	– Masturbación compulsiva	infancia y adolescencia
	– Excesiva curiosidad sexual	infancia y adolescencia
	– Conductas exhibicionistas	infancia
	– Problemas de identidad sexual	adolescencia
Sociales	– Déficit en habilidades sociales	infancia
	– Retraimiento social	infancia y adolescencia
	– Conductas antisociales	adolescencia

4.1.4.2. Consecuencias a largo plazo del abuso sexual

Los efectos a largo plazo son, comparativamente, menos frecuentes y claros que las secuelas iniciales, pero pueden afectar, al menos, al 30% de las víctimas. En la *tabla 4* se presenta un resumen de los principales efectos negativos que pueden aparecer en la vida adulta de las personas que padecieron abusos sexuales en la infancia o en la adolescencia.

Tabla 4. Principales secuelas psicológicas en víctimas adultas de abuso sexual en la infancia
(Echeburúa y Guerricaechevarría, 1998)

Tipos de secuelas	Síntomas
Físicas	– Dolores crónicos generales – Hipocondria y trastornos de somatización – Alteraciones del sueño (pesadillas) – Problemas gastrointestinales – Desórdenes alimenticios, especialmente bulimia
Conductuales	– Intentos de suicidio – Consumo de drogas y/o alcohol – Trastorno disociativo de identidad (personalidad múltiple)
Emocionales	– Depresión – Ansiedad - Baja autoestima – Estrés postraumático – Trastornos de personalidad – Desconfianza y miedo de los hombres – Dificultad para expresar o recibir sentimientos de ternura y de intimidad
Sexuales	– Fobias o aversiones sexuales – Falta de satisfacción sexual – Alteraciones en la motivación sexual – Trastornos de la activación sexual y del orgasmo – Creencia de ser valorada por los demás únicamente por el sexo
Sociales	– Problemas en las relaciones interpersonales – Aislamiento – Dificultades en la educación de los hijos

La información actualmente disponible no permite señalar la existencia de un único síndrome específico ligado a la experiencia de abusos sexuales en la infancia y adolescencia. Los únicos fenómenos observados con mayor regularidad son las alteraciones en la esfera sexual —disfunciones sexuales y menor capacidad de disfrute, especialmente—, la depresión y el conjunto de síntomas característicos del trastorno de estrés postraumático, así como un control inadecuado de la ira (en el caso de los varones, volcada al exterior en forma de violencia; en el de las mujeres, canalizada en forma de conductas autodestructivas).

En otros casos, sin embargo, el impacto psicológico a largo plazo del abuso sexual puede ser pequeño (a menos que se trate de un abuso sexual grave con penetración) si la víctima no cuenta con otras adversidades, como el abandono emocional, el maltrato físico, el divorcio de los padres, una patología familiar grave, etc. Es más, los problemas de una víctima en la vida adulta (depresión, ansiedad, abuso de alcohol, etc.) surgen en un contexto de vulnerabilidad generado por el abuso sexual en la infancia, pero provocados directamente por circunstancias próximas en el tiempo (conflictos de pareja, aislamiento social, problemas en el trabajo, etc.).

Desde el punto de vista del trauma en sí mismo, lo que predice una peor evolución a largo plazo es la existencia de sucesos traumáticos diversos, la duración prolongada de la exposición a los estímulos traumáticos y la vinculación familiar con el agresor (Finkelhor, 1999).

Un menor puede no percatarse del alcance psicológico del abuso sexual hasta años después de ocurrido, por ejemplo cuando llega a la adolescencia y se siente bloqueado al tener relaciones con personas de sexo opuesto. Por ello, a efectos de facilitar la denuncia del abusador, el plazo de prescripción del delito comienza a contar a partir de la mayoría de edad de la víctima (art. 132.1 del CP).

4.1.5. *Factores mediadores de los efectos del abuso sexual infantil*

No todas las personas reaccionan de la misma manera frente a la experiencia de victimización, ni todas las experiencias comparten las mismas características. Conviene, por ello, determinar qué factores resultan amortiguadores del impacto del abuso sexual en el desarrollo emocional posterior y contribuyen a metabolizarlo (Besten, 1997; Glaser y Frosh, 1998).

La *edad* de la víctima es un factor importante en el impacto psicológico del abuso sexual. Cuanto más joven es el menor, más vulnerable resulta frente a la experiencia de abusos, pero, al mismo tiempo, es menos consciente del significado emocional de la agresión, lo que supone un cierto grado de protección respecto a las consecuencias psicopatológicas posteriores. Por otra parte, una mayor edad aumenta la probabilidad de que se lleve a cabo la penetración y de que se emplee la violencia física, ya que existe una mayor capacidad de resistencia, lo que supone un agravamiento del impacto psicológico.

En cuanto al *tipo de conducta abusiva*, la gravedad de las secuelas está en función de la frecuencia y duración de la experiencia, así como del empleo de la fuerza y de amenazas o de la existencia de una violación propiamente dicha. De este modo, cuanto más crónico e intenso es el abuso, mayor es el desarrollo de un sentimiento de indefensión y de vulnerabilidad y más probable resulta la aparición de síntomas.

Respecto a la *relación de la víctima con el agresor*, el impacto será mayor si la víctima tiene una vinculación emocional estrecha con el agresor, bien por relación de parentesco (padre, padrastro, abuelo, hermano mayor, etc.), bien por relación de familiaridad (profesor, vecino, entrenador, etc.). Las repercusiones negativas se pueden agravar si la víctima no recibe apoyo de la familia o se ve obligada a abandonar el hogar.

Por último, no se puede soslayar la importancia de las *consecuencias derivadas de la revelación del abuso* en el tipo e intensidad de los síntomas experimentados. El apoyo parental —dar crédito al testimonio del menor y protegerlo—, especialmente de la madre, es un elemento clave para que las víctimas mantengan o recuperen su nivel de adaptación general después de la revelación. Probablemente la sensación de ser creídos es uno de los mejores mecanismos para predecir la evolución a la normalidad de los niños víctimas de abuso sexual.

Por el contrario, una inadecuada respuesta del entorno del menor, en función del impacto provocado por el descubrimiento del abuso, ensombrece el proceso de recuperación. En ocasiones, la respuesta de los padres ante la revelación puede ser más intensa que la del propio niño, sobre todo en los casos en que la madre se percata del abuso sexual a su hijo protagonizado por su propia pareja. Los sentimientos de vergüenza y culpa, de cólera y pena, de miedo y ansiedad, pueden afectar a los padres de tal manera que se muestran incapaces de proteger al menor adecuadamente y, en los casos más graves, pueden llegar incluso a culparlo de lo sucedido.

No deja de ser significativa la influencia de situaciones de estrés adicionales, como consecuencia de la revelación del abuso, sobre la estabilidad emocional de la víctima. En concreto, la posible ruptura (legal o de hecho) de la pareja, la desestabilización familiar y la implicación en un proceso judicial (con las posibles consecuencias penales para el abusador y, en cierto modo, para toda la familia) son algunas de estas situaciones. Respecto al último punto señalado, los juicios prolongados en el tiempo, las testificaciones reiteradas y los testimonios puestos en entredicho suponen una victimización secundaria y ofrecen un peor pronóstico.

4.1.6. Evaluación forense de la víctima

La evaluación del abuso sexual infantil supone una tarea compleja ya que requiere obtener información de múltiples fuentes (víctima, padres, hermanos, profesores, médicos, asistentes sociales, etc.), así como recurrir a distintos métodos: entrevistas, tests, datos de observación e informes de otros profesionales. El objetivo de la evaluación forense es obtener una información detallada de lo ocurrido para garantizar la seguridad de la víctima y protegerla de un nuevo abuso o de las posibles amenazas por haber revelado lo ocurrido, así como para evaluar la credibilidad del testimonio (*cfr.* Cantón y Cortés, 2000, 2001; Lameiras, 2002).

4.1.6.1. Consentimiento

Tener conductas sexuales con menores supone siempre un delito, independientemente de que el menor preste su consentimiento. En este caso se trata de un consentimiento viciado. Porque consentir supone ejercer un acto de libertad para acceder a algo que se propone. Pero los menores carecen de una capacidad de autodeterminación para aceptar libremente conductas sexuales propuestas por adultos (Carrasco y Maza, 2005).

En realidad, los menores desconocen el verdadero significado emocional de estas conductas y sus implicaciones reales y, además, resultan fácilmente manipulables por adultos que abusan de su confianza y pueden llegar a pactos secretos con una forma de presión muy sutil (regalos, viajes, etc.).

De este modo, el consentimiento se considera siempre inválido en menores de 13 años (art. 181.2 del CP). Si el menor tiene entre 13 y 16 años, se considera delito sólo cuando el consentimiento del menor se obtiene mediante engaño (art. 183.1 del CP).

4.1.6.2. Credibilidad del testimonio de la víctima

La valoración de la declaración de un menor víctima de abuso sexual, especialmente si éste es de corta edad, puede ser difícil. No resulta sencillo discernir entre el límite de la realidad de los hechos y la fantasía o la fabulación de los mismos, facilitadas frecuentemente por una inducción externa. En algunas ocasiones ciertas conductas de expresión de cariño, como caricias o besos, pueden ser malinterpretadas, exageradas y sacadas de contexto por las figuras más próximas al niño. También ocasionalmente los niños pueden ser objeto de utilización y de engaño por parte de un miembro de la pareja para herir al otro o, en los casos de separación, para conseguir la custodia o cambios en los regímenes de visitas. Por otro lado, los abusos sexuales a menores, al ser efectuados por personas muy próximas, pueden ser objeto de chantaje por parte del abusador para que el niño oculte esos hechos.

Sin embargo, en la gran mayoría de los casos, los niños no suelen mentir cuando realizan una denuncia de abuso sexual. De hecho, sólo el 7% de las declaraciones suelen resultar ser falsas. Sin embargo, este porcentaje aumenta considerablemente (hasta un 30%-50%) cuando las alegaciones se producen en el contexto de un divorcio conflictivo, con problemas de custodias, de régimen de visitas o de establecimiento de una nueva relación de pareja. Otras motivaciones que pueden estar en la base de un falso testimonio son los deseos de venganza o la obtención de beneficios (salida del hogar, trato preferente, etc.) con la denuncia. Sin embargo, es relativamente común en algunos niños retractarse de una denuncia bajo la presión de la familia o ante las consecuencias derivadas de la revelación. Por ello, la mayoría de las retractaciones son falsas.

En resumen, el análisis de la credibilidad del testimonio requiere la evaluación del potencial cognitivo del niño, de sus conocimientos sexuales, de su capacidad para analizar la realidad, de su nivel de fabulación, de su resistencia a la sugestionabilidad y su equilibrio emocional, así como del análisis de las circunstancias familiares y sociales en que la denuncia se produce (Urra, 1995).

En este sentido el *Análisis de la Validez del Testimonio* (Steller y Boychuk, 1992) constituye un método semi-estandarizado para la evaluación de la credibilidad de las declaraciones que, a modo complementario, incluye el análisis del contenido del relato basado en criterios. Este análisis se basa en la hipótesis de que las declaraciones que se efectúan de hechos reales (vividos) son cualitativamente distintas de las que no tienen su origen en la realidad y que son fruto de la fabulación, de la simulación o de la inducción externa. En concreto, incluye los siguientes pasos (*tabla 5*):

1. Revisión cuidadosa de la información relevante del caso.
2. Entrevista semiestructurada con el niño.
3. El *Análisis de Contenido Basado en Criterios* de la entrevista transcrita.
4. Comprobación de la validez de la información adicional del caso.

Tabla 5. Criterios para el análisis del contenido de la declaración (Steller y Boychuk, 1992, modificado)

CRITERIOS	ACLARACIONES
I. Características generales	
1. Estructura lógica	*Consistencia lógica y coherencia contextual del relato*
2. Elaboración no excesivamente estructurada	*Coherencia global a partir de la integración de un conjunto de elementos inicialmente desordenados*
3. Detalles abundantes	
II. Contenidos específicos	
4. Contextualización adecuada	
5. Descripción de interacciones	*Descripción detallada de acciones y reacciones de la víctima y del agresor*
6. Reproducción de la conversación	*Réplica de las expresiones literales de alguna parte de la interacción verbal*
7. Complicaciones inesperadas durante el incidente	
III. Peculiaridades del contenido	
8. Detalles poco habituales	
9. Detalles aparentemente superfluos	
10. Relato de detalles cuyo significado no comprende la víctima	*Descripción precisa de acciones que la víctima no comprende, pero sí el entrevistador*
11. Preguntas o conversaciones referidas a otras conductas sexuales de la víctima o del agresor	*Interés del agresor por conductas sexuales y por la intimidad de la víctima*
12. Referencias a la situación emocional de la víctima	*Descripción del propio estado mental del testigo*
13. Referencias a la situación emocional del agresor	*Relato de la situación emocional o de las atribuciones de las motivaciones del agresor*
IV. Contenidos referentes a la motivación	
14. Correcciones espontáneas del relato	
15. Reconocimiento de fallos de memoria en relación con el suceso	
16. Dudas sobre la exactitud del testimonio en todos los detalles	
17. Auto-desaprobación	*Autocrítica de la víctima por las conductas realizadas u omitidas*
18. Perdón al autor del delito	*Tendencia a favorecer al acusado o a no inculparle por otras conductas negativas*
V. Elementos específicos de la ofensa	
19. Detalles característicos de la ofensa	

En definitiva, se trata de determinar la ausencia de motivaciones espurias (incentivo externo, ganancias secundarias, etc.), el estado de equilibrio emocional del menor y la ausencia de manipulaciones por una de la partes, así como la calidad de los hechos narrados (Godoy-Cervera y Higueras, 2005).

La evaluación con niños menores de 6 años es más problemática. En estos casos, dadas las limitadas habilidades verbales y cognitivas de los menores, se han utilizado dibujos y muñecos anatómicos, que permiten la expresión lúdica de sentimientos y emociones. Sin embargo, concluir la existencia de abusos a partir de estos métodos es problemático. El nivel de conocimientos sexuales del niño puede estar mediatizado por otros factores, como, por ejemplo, la exposición del niño a estímulos sexuales (películas, vídeos o conductas sexuales entre los padres) (Cantón y Cortés, 2002).

4.1.6.3. Intervención de los menores en la vista oral

La única prueba susceptible de destruir o quebrar la presunción de inocencia, a la que tiene derecho el acusado (según el art. 24.2 de la Constitución Española), es la que se practica en el acto del juicio oral, con todas las garantías de oralidad, inmediación, contradicción y publicidad.

Los temores más frecuentes entre los menores que tienen que testificar en una vista oral son el miedo a hablar en público, a no comprender las preguntas o a no saber las respuestas o a perder el control en el estrado, así como a no ser creídos o a ser responsabilizados de lo sucedido. Además temen encontrarse con el agresor en la sala y ser testigos de sus reacciones (Cantón y Cortés, 2000). Por ello, se considera conveniente ayudar a los menores a afrontar su comparecencia, especialmente a dos niveles: por una parte, a un nivel educativo, para abordar cuestiones directamente asociadas con el juzgado (describir la sala y los profesionales implicados, familiarizarle con los términos y conceptos legales, enseñarle técnicas adecuadas de expresión oral, etc.); y, por otra, a nivel clínico, para manejar miedos y preocupaciones derivados de los propios abusos (sentimientos de culpa, de estigmatización, temor a no ser creído, etc.), así como para proporcionar estrategias de afrontamiento del estrés asociado a la vista judicial.

Además, la tecnología actual permite hacer compatible el principio de presunción de inocencia del acusado con la protección debida a un menor y con la evitación de una victimización secundaria. Se trata, por un lado, de evitar el absurdo, lesivo para la integridad psicológica del menor, de que el niño deba rememorar los hechos hasta cuatro veces: ante la policía; en el juzgado de instrucción; al ser entrevistado por los médicos o psicólogos forenses; y, finalmente, en el juicio; y, por otro, de evitar la confrontación visual con el acusado. La mera utilización de una mampara separadora en la sala para evitar la confrontación visual resulta un procedimiento artificioso.

Según la modificación del art. 707.2 de la Ley de Enjuiciamiento Criminal, la declaración de los menores en sede judicial debe realizarse evitando la confrontación visual entre el menor y el inculpado. Los medios técnicos actualmente disponibles hacen posible la práctica de esta prueba. Así, por ejemplo, el formato de videoconferencia posibilita el distanciamiento entre víctima y acusado y concede a éste las suficientes garantías de defensa. De este modo, el menor puede estar en un lugar seguro, acompañado de un familiar, y responder por videoconferencia a las preguntas formuladas desde la sala de la Audiencia por el juez, el fiscal y los abogados. Todas las preguntas al niño se pueden canalizar a través del juez para evitar el *efecto interrogatorio*.

En otras ocasiones, según las circunstancias, cabe también llevar a cabo una *prueba preconstituida*. Se trata en este caso de proceder a una comparencia filmada de la víctima ante el juez en la fase de instrucción para evitar de este modo acudir posteriormente a la vista oral.

Desde una perspectiva formal, la entrevista debe realizarse en un entorno relajado y tranquilo, adaptando el entrevistador el léxico al del niño. No se deben realizar juicios ni críticas sobre su comportamiento o el de sus padres. Por último, y con el objetivo de evitar que el menor repita la información en posteriores sesiones o ante diferentes profesionales, así como de facilitar el análisis de la narración, las entrevistas pueden grabarse, siempre que las circunstancias hagan aconsejable esta medida.

4.1.6.4. Confidencialidad, secreto profesional del terapeuta, notificación de los actos delictivos y actuación ante los tribunales de justicia

Según el artículo 40 del Código Deontológico del Psicólogo, *"la información recogida por el psicólogo en el ejercicio de su profesión está sometida a los derechos y deberes del secreto profesional, del que únicamente está exento por expreso consentimiento del cliente"*.

Sin embargo, a veces puede haber un conflicto entre el *secreto profesional* y el *deber de denunciar a la justicia* la comisión de un hecho delictivo. En el Código Penal (art. 199.2) la vulneración del secreto profesional es un delito (asimismo la Constitución Española ampara el derecho a la intimidad, art. 18.1), excepto en los casos del deber de denuncia de delitos y en la declaración como testigo o perito en un procedimiento judicial. Pero, al mismo tiempo, en el Código Penal (art. 450) se considera delito cuando una persona no pone en conocimiento de la autoridad la comisión de un acto delictivo actual o próximo.

Esta misma aparente contradicción aparece reflejada en la Ley de Enjuiciamiento Criminal. Según el artículo 262, los que por razón de su cargo o profesión tengan noticia de algún delito público, están obligados a denunciarlo inmediatamente al Ministerio Fiscal, al Juez o a la policía. Sin embargo, según el artículo 263, los profesionales que tienen secreto profesional —abogados y curas— quedan excluidos de dicha obligatoriedad.

Este conflicto debe resolverse acudiendo al conflicto entre deberes propio del *estado de necesidad* (art. 20.5): como norma general, debe prevalecer el secreto profesional (derecho a la intimidad del ciudadano), pero sin llevarlo hasta las últimas consecuencias cuando estén en peligro la vida o los derechos fundamentales de otra persona. Sólo se debe transgredir el secreto profesional en el caso de delitos graves y actuales o futuros (no pasados). En estos casos el psicólogo actuará en conciencia. Por ello, la obligatoriedad legal de notificar los casos conocidos de menores en situaciones de desprotección es polémica y debe ser flexible, sobre todo cuando hay razones para considerar que ello va en contra de los intereses del menor (*cfr.* Bermejo, 2004; Subijana, 1997).

Respecto a la actuación ante los tribunales de justicia, debe tenerse en cuenta que la intervención clínica con una víctima es incompatible con la actuación como forense o perito en el ámbito judicial. A diferencia de los psicólogos clínicos, los psicólogos forenses no están sujetos al secreto profesional. Según el Código Deontológico Médico (capítulo XVII, art. 41.3), el terapeuta que lleva a cabo *actividades asistenciales* no puede realizar *informes periciales* de sus pacientes. En todo caso, bajo requerimiento judicial —y previa autorización por parte de la víctima—, el psicólogo clínico puede realizar un *informe técnico* (pero no un *informe pericial*, que requiere una descripción y valoración de los hechos) e incluso intervenir en la vista oral como *testigo cualificado* o como *testigo-perito* (pero no como *perito* propiamente dicho) para informar exclusivamente de los hechos conocidos en el transcurso de la asistencia terapéutica que sean relevantes para el procedimiento judicial. A su vez, los psicólogos forenses o los psicólogos que, sin serlo, intervienen como peritos en un caso no pueden realizar intervenciones terapéuticas en ese mismo caso.

En suma, el psicólogo está obligado a declarar, pero no está obligado a revelar datos confidenciales. Y si lo hace, debe hacerlo con las máximas restricciones, teniendo el permiso de la víctima siempre que pueda. En caso de duda, cuando el psicólogo no puede discernir qué es prioritario (el secreto profesional o el interés público), debe atenerse a su conciencia (art. 65 del Código Deontológico del Psicólogo) o, en algunos casos, pedir a la autoridad judicial que le dispense del deber del secreto (Ordóñez, 2005).

4.1.7. Conclusiones

El abuso sexual infantil puede llegar a afectar a un 15%-20% de la población (a un 4%-8% en un sentido estricto), lo que supone un problema social importante y que afecta a uno y otro sexo (especialmente a niñas). Los menores no son, sin embargo, sólo víctimas de las agresiones sexuales, sino que también pueden ser agresores. De hecho, el 20% de este tipo de delitos está causado por otros menores (López, 1997).

Las consecuencias de la victimización a corto plazo son, en general, devastadoras para el funcionamiento psicológico de la víctima, sobre todo cuando el agresor es un miembro de la misma familia y cuando se ha producido una violación. Las consecuencias a largo plazo son más inciertas, si bien hay una cierta correlación entre el abuso sexual sufrido en la infancia y la aparición de alteraciones emocionales o de comportamientos sexuales inadaptados en la vida adulta. No deja de ser significativo que un 25% de los niños abusados sexualmente se conviertan ellos mismos en abusadores cuando llegan a ser adultos. El papel de los factores amortiguadores —familia, relaciones sociales, autoestima, etc.— en la reducción del impacto psicológico parece sumamente importante, pero está aún por esclarecer.

No obstante, las secuelas del abuso sexual son similares a las de otro tipo de victimizaciones. De este modo, más que respuestas específicas a traumas específicos, los diferentes tipos de victimización (castigo físico, abuso sexual, abandono emocional, etc.) pueden dar lugar a síntomas y pautas de conductas similares en niños de la misma edad (Finkelhor, 1999). El único síntoma que diferencia específicamente a los niños abusados sexualmente es una conducta sexual inapropiada.

Desde la perspectiva de la evaluación, el diagnóstico precoz, por un lado, tiene una enorme importancia para impedir la continuación del abuso sexual, con las consecuencias que ello implica para el desarrollo del niño. Por otro, el análisis de la validez del testimonio desempeña un papel fundamental. Las implicaciones legales y familiares de este problema, así como la corta edad de muchas de las víctimas implicadas, requieren una evaluación cuidadosa, en donde se analicen con detalle —y mediante procedimientos múltiples— la capacidad de fabulación y la posible distorsión de la realidad, así como la veracidad de las retractaciones. Se echa en falta una mayor finura en los procedimientos de diagnóstico actualmente disponibles (*cfr.* Echeburúa, Guerricaechevarría y Vega-Osés, 1998).

Por último, un reto de futuro es ahondar en el conocimiento de los aspectos abordados en este trabajo (es decir, las consecuencias psicopatológicas del abuso sexual y el papel mediador de los factores de vulnerabilidad y de protección). Sólo de este modo se puede abordar una toma de decisiones adecuada entre las distintas alternativas posibles y no necesariamente excluyentes: el tratamiento de la víctima, la salida del agresor del hogar, la separación del menor de los padres, el apoyo social a la familia, la terapia del agresor, etc. (Bonner, 1999; Torres, 1997).

De hecho, no todas las víctimas requieren ser tratadas directamente. La terapia puede implicar, al menos en algunos casos, una segunda victimización. El tratamiento está indicado en los niños afectados por síntomas psicopatológicos (ansiedad, depresión, pesadillas, alteraciones sexuales, etc.) intensos o por un grado de inadaptación importante a la vida cotidiana. En los demás casos, el apoyo familiar, las relaciones sociales, la reanudación de la vida cotidiana, etc., son suficientes como factor de protección al niño. El papel del terapeuta en estos casos puede limitarse a servir de orientación y apoyo a la familia y a evaluar periódicamente el desarrollo psicológico del menor (*cfr.* Díaz, Casado, García, Ruiz y Esteban, 2000; Horno, Santos y Molino, 2001).

Y en el caso de que la terapia para la víctima sea necesaria, quedan aún por clarificar el momento adecuado de la misma y el establecimiento de unas guías de tratamiento adaptadas a la edad y a las necesidades específicas de cada víctima. Ya se han a comenzado a dar los primeros pasos en esta dirección (Echeburúa y Guerricaechevarría, 1998; Echeburúa, Guerricaechevarría y Amor, 2002).

En general, la separación de la víctima de la familia no es recomendable. Las razones son diversas: el menor puede sentirse culpable, se refuerza la tendencia de la pareja a unirse contra la víctima y no siempre resulta fácil encontrar un lugar apropiado en donde situar al niño. Hay casos en que la decisión adoptada puede ser la salida del abusador (padre o padrastro) del hogar. No obstante, en algunas circunstancias la separación de la víctima de un marco familiar patógeno y la entrega a una familia de acogida —o el ingreso en un internado— pueden ser la única solución para garantizar la protección y el desarrollo armónico del menor.

BIBLIOGRAFIA

BERMEJO, V. (2004). Vulneración y no vulneración en informes psicológicos sobre abusos sexuales. En COP: *Ética y deontología aplicada para psicólogos.* Madrid. Colegio Oficial de Psicólogos.

BESTEN, B. (1997). *Abusos sexuales en los niños.* Barcelona. Herder.

BONNER, B.L. (1999). Abuso sexual infantil: prevención y tratamiento. En J. SANMARTÍN (Ed.). *Violencia contra niños.* Barcelona. Ariel.

CALVO, J. y CALVO, J.R. (1997). Aspectos físicos del abuso sexual. En J. CASADO, J.A. DÍAZ y C. MARTÍNEZ (Eds.) (1997). *Niños maltratados.* Madrid. Díaz de Santos.

CANTÓN, J. y CORTÉS, M.R. (1996). *Malos tratos y abuso sexual infantil.* Madrid. Siglo XXI.

CANTÓN, J. y CORTÉS, M.R. (2000). *Guía para la evaluación del abuso sexual infantil.* Madrid. Pirámide.

CANTÓN, J. y CORTÉS, M.R. (2001). Sintomatología, evaluación y tratamiento del abuso sexual infantil. En V.E. CABALLO y M.A. SIMÓN (Eds.). *Manual de psicología clínica infantil y del adolescente.* Madrid. Pirámide.

CANTÓN, J. y CORTÉS, M.R. (2002). Evaluación pericial de los abusos sexuales en la infancia. En M. LAMEIRAS (Ed.). *Abusos sexuales en la infancia. Abordaje psicológico y jurídico.* Madrid. Biblioteca Nueva.

CARRASCO, J.J. y MAZA, J.M. (2005). *Manual de psiquiatría legal y forense.* Madrid. La Ley, 3ª edic.

DÍAZ, J.A., CASADO, J., GARCÍA, E., RUIZ, M.A. y ESTEBAN, J. (2000). *Atención al abuso sexual infantil desde el ámbito sanitario en la Comunidad de Madrid.* Madrid. Consejería de Sanidad y de Servicios Sociales.

ECHEBURÚA, E. y GUERRICAECHEVARRÍA, C. (1998). Abuso sexual en la infancia. En M.A. VALLEJO (Ed.). *Manual de terapia de conducta.* Madrid. Dykinson, vol. 2º.

ECHEBURÚA, E., GUERRICAECHEVARRÍA, C. y VEGA-OSÉS, A. (1998). Evaluación de la validez del testimonio de víctimas de abuso sexual en la infancia. *Revista Española de Psiquiatría Forense, Psicología Forense y Criminología, 5,* 7-16.

ECHEBURÚA, E. y GUERRICAECHEVARRÍA, C. (1999). Abuso sexual en la infancia: concepto, factores de riesgo y efectos psicopatológicos. En J. SANMARTÍN (Ed.). *Violencia contra niños.* Barcelona. Ariel.

ECHEBURÚA, E. y GUERRICAECHEVARRÍA, C. (2000). *Abuso sexual en la infancia: víctimas y agresores.* Barcelona. Ariel.

ECHEBURÚA, E., GUERRICAECHEVARRÍA, C. y AMOR, P.J. (2002). Indicaciones terapéuticas para los menores víctimas de abuso sexual. En M. LAMEIRAS (Ed.).

Abusos sexuales en la infancia. Abordaje psicológico y jurídico. Madrid. Biblioteca Nueva.

FINKELHOR, D. (1999). Victimología infantil. En J. SANMARTÍN (Ed.). *Violencia contra niños.* Barcelona. Ariel.

GARRIDO, V., STANGELAND, P. y REDONDO, S. (2001). El maltrato y el abuso sexual en niños. En *Principios de criminología.* Valencia. Tirant lo Blanch, 2ª edic.

GLASER, D. y FROSH, S. (1998). *Abuso sexual de niños.* Barcelona. Paidós.

GODOY-CERVERA, V. y HIGUERAS, L. (2005). El análisis del contenido basado en criterios (CBCA) en la evaluación de la credibilidad del testimonio. *Papeles del Colegio, 26,* 92-98.

HORNO, P., SANTOS, A. y MOLINO, C. (2001). *Abuso sexual infantil: manual de formación para profesionales.* Madrid. *Save the Children* España.

LAMEIRAS, M. (Ed.) (2002). *Abusos sexuales en la infancia. Abordaje psicológico y jurídico.* Madrid. Biblioteca Nueva.

LÓPEZ, F. (1997). Abuso sexual: un problema desconocido. En J. CASADO, J.A. DÍAZ, y C. MARTÍNEZ (Eds.) (1997). *Niños maltratados.* Madrid. Díaz de Santos.

MADANSKY, D. (1996). Abusos sexuales. En S. PARKER y B. ZUCKERMAN (Eds.). *Pediatría del comportamiento y del desarrollo.* Barcelona. Masson.

MAS, B. y CARRASCO, M.A. (2005). Abuso sexual y maltrato infantil. En M.I. COMECHE y M.A. VALLEJO (Eds.). *Manual de terapia de conducta en la infancia.* Madrid. Pirámide.

MILNER, J.S. y J.L. CROUCH (2004). El perfil del niño víctima de violencia. En J. SANMARTÍN (Ed.). *El laberinto de la violencia. Causas, tipos y efectos.* Barcelona. Ariel.

NOGUEROL, V. (1997). Aspectos psicológicos del abuso sexual infantil. En J. CASADO, J.A. DÍAZ, y C. MARTÍNEZ (Eds.) (1997). *Niños maltratados.* Madrid. Díaz de Santos.

ORDÓÑEZ, B. (2005). La asistencia psicológica a las víctimas en el Ministerio de Justicia. *Infocop, 25,* 18-22.

PÉREZ CONCHILLO, M. y BORRÁS, J.J. (1996). *Sexo a la fuerza.* Madrid. Aguilar.

SOSA, C.D. y CAPAFÓNS, J.I. (1996). Abuso sexual en niños y adolescentes. En J. BUENDÍA (Ed). *Psicopatología en niños y adolescentes.* Pirámide. Madrid.

STELLER, M. y BOYCHUK, T. (1992). Children as witness in sexual abuse cases: investigative interview and assessment techniques. En H. DENT y R. FLIN (Eds.). *Children and witnessess.* Chichester, UK. John Wiley & Sons.

SUBIJANA, I. (1997). Policía judicial y derecho a la intimidad en el seno de la investigación criminal. *Cuaderno del Instituto Vasco de Criminología, 10,* 121-160.

TORRES, B. (1997). Prevención y tratamiento de los abusos sexuales infantiles. En J. GÓMEZ-ZAPIÁIN (Ed.). *Avances en sexología.* Bilbao. Universidad del País Vasco.

URRA, J. (1995). Valoración de la credibilidad del testimonio del niño presunta víctima de abusos sexuales. En *Menores, la transformación de la realidad.* Madrid. Siglo XXI.

VÁZQUEZ MEZQUITA, B. (1995). *Agresión sexual. Evaluación y tratamiento en menores.* Madrid. Siglo XXI.

VÁZQUEZ MEZQUITA, B. (Ed.) (2004). *Abuso sexual infantil. Evaluación de la credibilidad del testimonio.* Valencia. Centro Reina Sofía para el Estudio de la Violencia.

4.2 AGRESIONES SEXUALES CONTRA MUJERES[2]

4.2.1. Introducción

En todas las sociedades las víctimas predilectas de la violencia son las mujeres. La violación, los abusos sexuales, el acoso sexual, la inducción a la prostitución, etc., tienen a las mujeres y a las niñas como víctimas constantes de este fenómeno (Delgado, 1994).

Las agresiones sexuales constituyen un delito contra la libertad sexual y quiebran el sentimiento básico de seguridad de la víctima. Sin embargo, durante siglos la violación ha sido considerada, más que un delito contra la mujer, un delito contra la propiedad privada del hombre (el marido o el padre, según la mujer sea casada o esté soltera) o un delito contra el honor (el honor mancillado de una doncella), como figura en *El burlador de Sevilla* (Tirso de Molina) o en *El alcalde de Zalamea* (Calderón de la Barca). Por ello, en el ámbito del matrimonio el sometimiento sexual por la fuerza de la esposa al marido no ha sido considerado un delito de violación hasta hace pocos años.

Las agresiones sexuales son uno de los delitos más frecuentes y con un mayor impacto psicológico de los que son víctimas las mujeres, con una tendencia claramente al aumento. No es exagerado señalar que entre el 15% y el 20% de las mujeres sufre agresiones sexuales en algún momento de su vida (Echeburúa, 1992).

Las agresiones sexuales en la vida adulta afectan fundamentalmente a mujeres. Los hombres son menos frecuentemente víctimas de una violación, pero cuando lo son, el impacto psicológico es muy grande y la tendencia a la ocultación de lo ocurrido es muy alta, en parte por la vergüenza experimentada y en parte por el temor a la incomprensión por parte de los demás.

El índice de denuncias a la policía, a diferencia de otro tipo de delitos, es más bien bajo (en torno al 20%-40% del total de las agresiones sexuales), lo que revela la existencia de una *cifra negra* que no sale a la luz. Las denuncias son menos frecuentes cuando el agresor es un conocido de la víctima. De este modo, el agresor puede contar con una cierta sensación de impunidad, sentirse alentado en su actuación y repetir en un futuro próximo nuevas conductas de agresión (Sánchez, 2000).

---

2 Epígrafe elaborado por Enrique Echeburúa Odriozola y Paz de Corral.

La resistencia a la denuncia de este tipo de delitos deriva de la existencia de ciertos temores. La víctima puede sentirse avergonzada o tener miedo a no ser creída acerca de la falta de consentimiento de la relación sexual o a que se atribuya la denuncia a motivos espurios (venganza, celos, embarazo o, simplemente, despecho). Asimismo la mujer agredida puede temer represalias por parte del agresor sexual o de sus familiares, sobre todo en localidades pequeñas, y desconfiar del sistema judicial. Además, muchas víctimas prefieren experimentar el sufrimiento en soledad y muestran un deseo de olvidar, sin verse sometidas a la vergüenza o ira que puede suponer revivir el acontecimiento traumático. Las víctimas pueden preferir no sentirse marcadas socialmente porque la denuncia del hecho sufrido facilita el conocimiento público de la agresión. Y, por último, hay mujeres que no son conscientes de la existencia de un delito, por ejemplo cuando la agresión sexual tiene lugar en el seno de un matrimonio o de una relación estable de pareja.

En las agresiones sexuales se aúna un acto sexual junto a una acción de humillación y violencia. De hecho, son frecuentes las *bandas de violadores*. Repárese, por ejemplo, en el enorme número de violaciones acompañadas de agresiones o en las violaciones llevadas a cabo por los soldados sobre las mujeres de las tropas enemigas (la violencia sexual como arma de guerra) (Delgado, 1994).

Algunas verdades y errores sobre las agresiones sexuales figuran expuestos en la *tabla 1*.

Tabla 1. Verdades y errores sobre las agresiones sexuales

FALSO	VERDADERO
Las mujeres son violadas normalmente por personas desconocidas.	En casi el 50% de las agresiones sexuales la víctima conoce al agresor.
Las agresiones sexuales ocurren en lugares oscuros o intransitados.	La mayoría de las agresiones sexuales suelen ocurrir en los lugares habituales de la víctima.
A los agresores sexuales se les puede reconocer por su aspecto o por su conducta.	Los agresores sexuales no se distinguen externamente de otras personas.
La frecuencia de las agresiones sexuales está exagerada por la TV y los periódicos.	Sólo 2 o 4 de cada 10 agresiones es denunciada. Entre un 15% y un 20% de las mujeres es víctima de alguna agresión sexual.
Las agresiones sexuales sólo tienen lugar en la clase baja y en ambientes marginales.	Las agresiones sexuales tienen lugar en todas las clases sociales, edades y sexos.

4.2.2. *Víctimas de riesgo y víctimas vulnerables*

Por *víctima de riesgo* se entiende la persona que tiene una mayor probabilidad de sufrir un delito violento; y por *víctima vulnerable*, aquella que, cuando ha sufrido una agresión, queda más afectada psicológicamente por lo ocurrido en función de la precariedad emocional existente.

Es decir, las víctimas de riesgo tienen una cierta predisposición a convertirse en víctimas de un delito porque constituyen una presa fácil para el agresor; las víctimas vulnerables, a su vez, tienen una mayor probabilidad de sufrir un intenso impacto emocional tras haber sufrido un delito violento (sean o no víctimas de riesgo).

4.2.2.1. Perfil de las víctimas de riesgo

No hay unas peculiaridades físicas, sociales o culturales que configuren un perfil de la mujer agredida. Sólo la edad es un rasgo común. Las víctimas de agresiones sexuales son, frecuentemente, chicas de 16 a 30 años. La vulnerabilidad de este grupo de edad deriva de su mayor atractivo y de su mayor exposición a situaciones de riesgo (tipo de vida activo, viajes frecuentes, salidas nocturnas, búsqueda de nuevas experiencias, establecimiento de relaciones sociales amplias, etc.), así como de una menor percepción de los factores de riesgo, que se refleja en la facilidad con que se establecen relaciones espontáneas y, en último término, en la falta de desconfianza respecto al entorno.

Hay ciertas circunstancias ambientales, como residir en un internado, estar recluida en una prisión, vivir en un ambiente de aislamiento, etc., que facilitan la agresión sexual y garantizan, hasta cierto punto, una impunidad al agresor (Soria y Hernández, 1994).

Una chica se convierte más fácilmente en una víctima de riesgo cuando ha sufrido una victimización en la infancia (abusos físicos y sexuales), cuando presenta déficit en su personalidad (carencia de asertividad) o cuando está afectada por el abuso de alcohol o drogas o por una discapacidad mental, que, al ser limitativos de la capacidad de consentimiento, pueden convertir a una persona más fácilmente en diana de una agresión sexual. Los trastornos de personalidad en las víctimas constituyen también un factor de riesgo. En concreto, los más problemáticos a este respecto son el *límite*, por su tendencia a la impulsividad, el *histriónico*, por su tendencia a llamar la atención, y el *dependiente*, por su escasa asertividad y su tendencia a plegarse en todo momento a los deseos de los demás.

Asimismo hay factores sociales (como vivir sola, ser inmigrante o carecer de apoyo familiar o social o frecuentar lugares nocturnos donde se consumen alcohol y drogas) o psicológicos (por ejemplo, estar enamorada de un toxicómano) que son facilitadores de las agresiones sexuales.

Por último, las agresiones sexuales afectan sobre todo a chicas jóvenes que sufren el ataque en horas nocturnas al volver a su domicilio tras actividades de ocio o tras turnos de trabajo nocturnos. Los días más problemáticos son los fines de semanas y los entornos festivos (fiestas de pueblo, vacaciones veraniegas, etc.).

4.2.2.2. Víctimas vulnerables al trauma

La vulnerabilidad psicológica se refiere a la precariedad del equilibrio emocional; a su vez, la vulnerabilidad biológica, a un menor umbral de activación psicofisiológica. Ambos tipos de vulnerabilidad pueden amplificar el daño psicológico producido por un delito violento en la víctima.

En algunas víctimas el desequilibrio emocional preexistente (depresión, problemas de ansiedad, autoestima baja, un historial de victimización, etc.), un estado de salud precario o una inadaptación a la vida cotidiana agravan el impacto psicológico de la conducta violenta y actúan como modulador entre el hecho violento y el daño psíquico (Avia y Vázquez; Echeburúa, 2004) (*figura 1*).

Asimismo el impacto psicológico de la agresión sufrida se acentúa cuando los recursos psicológicos de afrontamiento son escasos, cuando hay una insatisfacción afectiva o una mala relación de pareja, cuando hay un estrés acumulativo (dificultades laborales, divorcio de los padres, etc.), cuando se cuenta con un apoyo familiar y social insuficiente y cuando la actuación del sistema policial y judicial genera una victimización secundaria.

En estos casos de víctimas vulnerables se pueden asimismo agudizar los conflictos preexistentes, produciéndose un agravamiento de esta sintomatología (depresión, problemas de ansiedad, trastornos de la conducta alimentaria, etc.).

Figura 1. Aspectos relacionadas con la vulnerabilidad psicopatológica

4.2.3 Consecuencias psicológicas de las agresiones sexuales

La agresión sexual —ya sea con violencia física o, simplemente, con coacción— es vivida por la víctima como un atentado no contra su sexo, sino principalmente contra su integridad física y psicológica.

De hecho, es el grado de violencia física o psíquica ejercido lo que define la cantidad de sufrimiento padecido por la víctima: la vivencia súbita de indefensión, la pérdida de control sobre el ambiente, el temor por la propia vida, el dolor físico, la decepción sufrida, la humillación de haber sido violentada en la intimidad, etc.

A nivel físico, los tipos de lesiones más frecuentemente producidas por los agresores sexuales (*cfr.* Villanueva y Gisbert, 2004) son las siguientes: a) lesiones para vencer la resistencia de la víctima (arañazo en muñecas, brazos, parte superior de los muslos, ambos lados de las caderas, etc.); b) lesiones para acallar los gritos de la víctima (estigmas de uñas en boca, cuello, nariz, etc.); c) lesiones para suprimir a la víctima (tentativas de estrangulación, sumersión, heridas por arma blanca, etc.); y d) lesiones reveladoras de una conducta sádica (huellas de azotes, quemaduras, lesiones diversas, etc.).

En cuanto a la reacción psicológica, no se puede entender el alcance de una agresión sexual sin tener en cuenta el componente de humillación y de violencia que comporta para la persona afectada. Las víctimas se sienten frecuentemente avergonzadas, sobre todo cuando los agresores sexuales son personas conocidas o cuando la violación tiene lugar en el ámbito de una relación de pareja (Pérez Conchillo y Borrás, 1996).

La respuesta inicial de la víctima ante una agresión sexual puede oscilar entre una *reacción de sobresalto* (defenderse por la fuerza, gritar, pedir auxilio, salir corriendo, distraer al agresor con el fin de disuadirlo, etc.) y una *reacción de sobrecogimiento* (permanecer inmóvil y paralizada, como un conejo en medio de la carretera por la noche ante los faros de un coche), que supone una respuesta primitiva automática de tipo disuasor ante el agresor. No es fácil predecir cuál de ellas va a darse en un caso concreto, pero una y otra respuesta, aun siendo distintas e incluso opuestas, constituyen una forma de reacción adaptativa ante la percepción de un peligro inmediato.

En concreto, las principales consecuencias de las agresiones sexuales sobre el equilibrio emocional de la víctima son las siguientes (Burgess y Holmstrom, 1974; Echeburúa, Corral, Zubizarreta y Sarasua, 1995):

4.2.3.1. A corto plazo

A corto plazo suelen ser habituales quejas físicas, alteraciones del apetito, trastornos del sueño y pesadillas, desánimo, ansiedad y miedo generalizado y, muy frecuentemente, tendencia al aislamiento. Lo que predomina, como resultado de todo ello, es una conducta global desorganizada y un cierto grado de dificultad para retomar la vida cotidiana (Foa y Rothbaum, 1998).

4.2.3.2. A medio plazo

Lo que resulta más frecuente a medio plazo son la depresión, la pérdida de autoestima, las dificultades en la relación social y las disfunciones sexuales, así como temores diversos. Es decir, la víctima es ya capaz de retomar su vida habitual, pero con una serie de limitaciones.

Las víctimas pueden sufrir el denominado trastorno de estrés postraumático, caracterizado por la existencia de pesadillas recurrentes, por la presencia de conductas de conductas de evitación y de escape y por la aparición de respuestas de alerta exagerada. Las víctimas pueden incluso rechazar pensar voluntariamente o dialogar con sus seres queridos sobre lo ocurrido (Echeburúa y Corral, 1995) (*tabla 2).*

Tabla 2. Criterios diagnósticos del trastorno de estrés postraumático en el *DSM-IV-TR* (American Psychiatric Association, 2000)

A. La persona ha estado expuesta a un suceso traumático en el que concurren las siguientes circunstancias: 1. La persona ha experimentado, ha sido testigo o se ha enfrentado a un suceso que implica la muerte, la amenaza de muerte, una herida grave o un riesgo a la integridad física de uno mismo o de otras personas. 2. La reacción de la persona lleva consigo respuestas intensas de miedo, de indefensión o de horror.
B. El acontecimiento traumático se reexperimenta persistentemente por lo menos en una de las formas siguientes: 3. recuerdos desagradables, recurrentes e intrusivos del suceso, que incluyen imágenes, pensamientos o percepciones. 4. sueños desagradables y recurrentes sobre el suceso. 5. conductas o sentimientos que aparecen como si el suceso estuviera ocurriendo de nuevo. 6. malestar psicológico intenso cuando el sujeto se expone a estímulos internos o externos que simbolizan o recuerdan algún aspecto del acontecimiento traumático. 7. reactividad fisiológica cuando el sujeto se expone a estímulos internos o externos que simbolizan o recuerdan algún aspecto del acontecimiento traumático.
C. Evitación persistente de los estímulos asociados con el trauma y falta de capacidad general de respuesta (no existente antes del trauma), que se ponen de manifiesto en, al menos, tres de los siguientes fenómenos: 8. esfuerzos para evitar pensamientos, sentimientos o conversaciones asociados con el trauma. 9. esfuerzos para evitar actividades, lugares o personas que provocan el recuerdo del trauma. 10. incapacidad para recordar alguno de los aspectos importantes del trauma. 11. disminución marcada del interés o de la participación en actividades significativas. 12. sensación de distanciamiento o de extrañamiento respecto a los demás. 13. limitación en la capacidad afectiva (por ejemplo, incapacidad de enamorarse). 14. sensación de acortamiento del futuro (por ejemplo, desconfianza en la capacidad para realizar una carrera, casarse, tener hijos o vivir una vida larga).
D. Síntomas persistentes de hiperactivación (no existentes antes del trauma), que se ponen de manifiesto en, al menos, dos de los siguientes fenómenos: 15. dificultad para conciliar o mantener el sueño. 16. irritabilidad o explosiones de ira. 17. dificultades de concentración. 18. hipervigilancia. 19. respuesta de alarma exagerada.
E. La duración del trastorno descrito en los apartados B, C y D es superior a un mes.
F. El trastorno ocasiona un malestar clínico o es causa de una alteración significativa en el funcionamiento social, laboral o en otras áreas importantes de la vida.

El contenido de los miedos está estrechamente relacionado con los *estímulos ligados a la experiencia de la agresión* (por ejemplo, la noche, el portal, la visión de un hombre desnudo, etc.), con las *situaciones indicadoras de vulnerabilidad* (por ejemplo, la oscuridad, los hombres desconocidos, los viajes, el permanecer sin compañía, etc.) o con las *preocupaciones precipitadas directamente por la vivencia del suceso traumático* (por ejemplo, hablar con la policía o declarar en un juicio). Los estímulos indicadores de vulnerabilidad son, probablemente, los más persistentes con el paso del tiempo, ya que las víctimas temen intensamente la repetición de una agresión que ha podido poner en peligro su vida.

4.2.3.3. A largo plazo

A largo plazo son habituales la irritabilidad, la desconfianza, la alerta excesiva, el embotamiento afectivo, las disfunciones sexuales y la capacidad disminuida para disfrutar de la vida, lo que dificulta el establecimiento de relaciones de pareja. La relación erótica, aun deseada, puede constituirse en una situación evocadora del trauma experimentado. También puede haber un bloqueo en la captación y en la expresión de sentimientos de ternura. Además, la víctima tiende a evitar situaciones potencialmente atractivas, como viajar, salir de noche o relacionarse con amigos. Todo ello puede llevarle a problemas de adaptación en la vida cotidiana y a una pérdida en su calidad de vida. Aparentemente la víctima es la misma de siempre, pero la situación ya no es la misma.

La evolución de la víctima con el transcurso del tiempo no sigue siempre el mismo proceso. La intensidad inicial de los síntomas a los pocos días de la agresión permite predecir la gravedad del problema a largo plazo. Es decir, cuanto más intensa sea la reacción psicológica de la víctima en las primeras horas y días tras la agresión, mayor es la probabilidad de que se cronifique el problema. Por el contrario, la reincorporación temprana a la vida cotidiana y el restablecimiento de los hábitos laborales y sociales anteriores a la agresión sexual permiten predecir una recuperación más rápida (Kilpatrick, Veronen y Resick, 1982).

4.2.3.4. Sentimientos de culpa

A diferencia de lo que ocurre en otros delitos violentos, los sentimientos de culpa aparecen con frecuencia en las víctimas de agresiones sexuales. La culpa puede estar referida a la conducta de la víctima *antes de la agresión* (por ejemplo, por no haber sido capaz de haber detectado con antelación la situación de riesgo), *durante la agresión* (en relación con lo que pudo haber hecho y, sin embargo, no hizo: haber gritado, haber sido más enérgica físicamente, etc.) y *después de la agresión* (por ejemplo, amargar la convivencia de las personas que están a su alrededor por su cambio de carácter) (Resick y Schnicke, 1993).

La culpabilidad puede estar, al menos en parte, inducida socialmente. Al margen de que se ha producido una evolución social favorable al respecto, ha habido una tendencia a reprochar a las víctimas por su conducta provocadora o, cuando menos, imprudente (la forma de vestir, el estilo de vida, la promiscuidad sexual, las salidas nocturnas, etc.), como se ha reflejado en algunas sentencias judiciales. Las actitudes convencionales de la sociedad han tendido a no reconocer las *agresiones sexuales sin sangre* como violaciones reales (*"una mujer no puede ser violada si no se deja"*). De hecho, en la memoria colectiva todavía perduran las imágenes legendarias de Santa Inés, Santa Lucía, Santa Susana —más recientemente, María Goretti (1950)—, vírgenes y mártires, santificadas por la Iglesia por dar su vida violentamente defendiendo su inocencia sexual (Rojas Marcos, 1996).

Las víctimas pueden también experimentar más sentimientos de culpa cuando los agresores sexuales son personas conocidas. En este caso el abuso de confianza sufrido y la decepción experimentada generan en la víctima, además de una desconfianza generalizada en el ser humano, preguntas reiteradas acerca de su propia conducta. Es decir, la víctima se pregunta cómo se pudo fiar de esta persona, si ella dio pie con su conducta, aunque sea indirectamente, a ese abuso de confianza, por qué no cortó a tiempo, etc.

4.2.3.5. Victimización secundaria

La dinámica judicial desempeña un papel importante en relación con las consecuencias emocionales sufridas por las víctimas. La victimización *primaria* deriva directamente de la agresión sexual; la *secundaria*, de la relación posterior establecida entre la víctima y el sistema jurídico-penal (policía o sistema judicial). Es decir, el maltrato institucional, en el caso de que lo haya, puede contribuir a agravar el daño psicológico de la víctima o a cronificar las secuelas psicopatológicas.

La victimización secundaria en el proceso judicial deriva de las declaraciones repetidas, de las exploraciones psicológicas o médicas reiteradas, de la falta de delicadeza en las preguntas formuladas, del juicio oral tardío, con la declaración en público y con la presencia próxima del presunto agresor, así como de la crítica —directa o encubierta— al estilo de vida de la víctima o la puesta en tela de juicio de su testimonio.

Por el contrario, una actuación judicial eficiente resulta fundamental en el restablecimiento del equilibrio psicológico de las víctimas. Éstas, cuando se implican en un proceso judicial, que siempre les resulta duro, no aspiran a la venganza, sino a una condena justa del culpable. Sólo así pueden experimentar un alivio de su malestar emocional (Carrasco y Maza, 2005).

4.2.4. Variables mediadoras

Los efectos psicológicos de una agresión sexual en la víctima son muy variables de unas personas a otras, tanto en su intensidad como en su duración. La reacción de la víctima depende del tipo de agresión, pero también de sus características psicológicas, del perfil del agresor y de la reacción del entorno de la víctima ante la agresión sexual (Galiana y Marianas, 1997).

4.2.4.1. Tipo de agresión

La intensidad de la reacción psicológica en la víctima está relacionada directamente con la gravedad del hecho traumático. En concreto, la existencia de penetración, por lo que denota de humillación y de riesgo de quedar embarazada, es un factor que contribuye a empeorar el estado psicológico de la víctima. Asimismo el miedo a haber contraído el sida —la respuesta definitiva no se sabe hasta al cabo de los 3 meses— agrava el problema de ansiedad.

El grado de violencia asociado a la agresión sexual es otro factor determinante. Así, la presencia de armas, las amenazas de muerte, la existencia de heridas o golpes, etc., ensombrecen el pronóstico de recuperación de la víctima. Asimismo la doble victimización (ser agredida sexualmente y robada al mismo tiempo) constituye un factor de agravamiento.

El tiempo de duración de la agresión sexual puede ser también una variable crucial. En concreto, la alteración psíquica es mayor cuando la víctima se siente a merced del agresor y la conducta violenta es considerablemente larga (por encima de una hora) y, sobre todo, cuando la agresión sexual es reiterada en el tiempo, lo que puede ocurrir cuando el agresor es un conocido de la víctima (el marido o la pareja, por ejemplo) y mantiene el control sobre ella por medio de amenazas o de algún tipo de chantaje emocional.

Las agresiones sexuales en grupo son especialmente traumáticas para la víctima. El grado de humillación es mayor, pero también son mayores el tiempo de duración de la agresión y el grado de violencia implicado.

4.2.4.2. Perfil de la víctima

El equilibrio emocional de la víctima y los recursos psicológicos disponibles (especialmente los relacionados con el afrontamiento del estrés) modulan la mayor o menor reacción de la víctima ante una agresión sexual.

La reacción psicológica tiende a ser mucho más intensa cuando la víctima ha vivido experiencias emocionales negativas recientes (ruptura de pareja, dificultad en la educación de los hijos, pérdida de empleo, fallecimiento de la madre, etc.). La concurrencia en el tiempo de diversas situaciones de estrés puede de hecho desbordar la capacidad de afrontamiento de la víctima.

La edad de la víctima puede ser un factor condicionante de la reacción ante una agresión asexual. Como ya se ha señalado, las agresiones sexuales tienen lugar especialmente cuando la mujer tiene entre 16 y 30 años. En general, cuanto menor es la edad de la víctima, mayor es la reacción psicológica. Es especialmente crítico el período entre los 16 y los 22 años, cuando la víctima puede comenzar a tener sus primeras relaciones afectivas y sexuales.

La historia sexual desempeña también un papel muy importante. La educación sexual recibida, el valor del sexo para la persona y la calidad emocional (no sólo sexual) de las relaciones de pareja habidas pueden ser muy significativas. Si la agresión sexual es la primera relación que tiene la víctima o se suma a la existencia de relaciones sexuales anteriores insatisfactorias, el pronóstico se agrava porque existe el riesgo de aparición de comportamientos de bloqueo a las relaciones de ternura o de rechazo a la intimidad sexual.

4.2.4.3. Grado de relación entre el agresor y la víctima

La agresión sexual puede ser obra de una persona desconocida, de un conocido reciente, de una persona allegada o de su propia pareja o ex pareja. Las reacciones de la víctima pueden ser diferentes en función de esta variable.

Cuando el agresor es una persona desconocida, el trastorno de estrés postraumático es la reacción emocional más habitual. La sensación de angustia y el miedo a morir contribuyen a mantener un elevado nivel de ansiedad mantenida y difusa, así como diferentes conductas de evitación. Asimismo este tipo de agresión puede conllevar un desinterés de la víctima por sus actividades habituales y una pérdida de capacidad para disfrutar de la vida cotidiana.

Cuando el agresor es un conocido reciente, se superpone al trastorno de estrés postraumático la depresión, ligada al descenso de la autoestima, a la decepción por los hombres en general y a los autorreproches por no haber sabido evitar esa situación y haber confiado en un hombre que luego ha abusado de ella.

Cuando el agresor es una persona muy allegada (un tío, un entrenador, un profesor, etc.), las reacciones de ansiedad y de sobresalto son las más habituales. La víctima puede sentirse vulnerable y controlada por el agresor, tener temor a las amenazas y sentirse indefensa e impotente para salir de la situación, a sabiendas de que la agresión va a volver a repetirse.

Por último, hay veces en que el agresor es la propia pareja o ex pareja, lo que suele ocurrir de forma reiterada habitualmente dentro de una situación general de maltrato o de manera más aislada en los procesos de separación o en las situaciones de infidelidad por parte de la mujer o de establecimiento por parte de ésta de una nueva relación de pareja. Cuando la agresión sexual es reiterada, las reacciones psicológicas más habituales son la pérdida de interés sexual (deseo sexual hipoactivo), déficit de excitación sexual, fobia al sexo o trastornos de somatización (dolores de cabeza, fatiga habitual, etc.). La gravedad de estas alteraciones está en función de la reiteración más o menos prolongada de las agresiones sexuales.

4.2.4.4. Reacción del entorno

La reacción del entorno de la víctima cuando ésta se decide a denunciar o a revelar la agresión sexual padecida desempeña un papel modulador muy importante. La valoración de lo ocurrido y la conducta posterior hacia la víctima pueden resultar determinantes en su proceso de recuperación.

La valoración de lo ocurrido por parte del entorno de la víctima (familia, amigas, etc.) puede oscilar desde el apoyo incondicional a la víctima, con un rechazo explícito a la agresión y con una atribución de culpa inequívoca al agresor, hasta la reticencia respecto a su comportamiento antes de la agresión (haber adoptado conductas imprudentes, haber confiado en el agresor, etc.), durante la agresión (quedarse paralizada, no haber sido más enérgica a la hora de defenderse, no haber huido, etc.) o después de la agresión (por ejemplo, no haber denunciado inmediatamente, no habérselo comunicado a nadie, etc.). En este caso pueden aparecer sentimientos de culpa, tendencia al aislamiento, dificultades para la expresión emocional, etc.

Las conductas posteriores hacia la víctima pueden ser positivas cuando el entorno presta un apoyo social y facilita la reanudación de su vida cotidiana a nivel laboral, social y lúdico. Por el contrario, la reacción del entorno puede resultar entorpecedora del proceso de recuperación cuando se adopta una conducta hiperprotectora respecto a la víctima o cuando se alude reiteradamente a la agresión sexual para intentar cambiar su comportamiento, lo que sucede con frecuencia en padres con hijas adolescentes en relación con los horarios, las salidas nocturnas, los viajes, etc.

4.2.5. Credibilidad del testimonio en las víctimas de agresiones sexuales

Las reacciones de una mujer adulta durante una agresión sexual son muy variables de una persona a otra. De lo que se trata en esos momentos es de evitar o de minimizar la agresión sexual. Las conductas adoptadas pueden oscilar desde defenderse por la fuerza, pedir auxilio o salir corriendo hasta implorar, razonar o intentar disuadir al agresor. Hay veces incluso en que la víctima puede quedarse inmóvil con una reacción de sobrecogimiento, en un intento de desconcertar al agresor o de evitar males mayores (*cfr.* Cobo, 1998).

Por ello, en general, la conducta aparentemente pasiva de la víctima durante la agresión sexual no puede esgrimirse como prueba de consentimiento. Es más, una mujer puede prestar su consentimiento para un tipo de conductas (besos, caricias, etc.), pero no para otros (el coito).

Las falsas denuncias de agresión sexual no son frecuentes, pero pueden darse en determinadas circunstancias. Las motivaciones más habituales en estos casos son las siguientes:

a) Relación consentida entre personas de diferente edad o raza o llevada a cabo entre personas iguales bajo los efectos del alcohol, de las que la supuesta víctima se arrepiente posteriormente.

b) Embarazos no deseados en relaciones consentidas. La supuesta agresión sexual se utiliza como argucia para conseguir abortar o para justificarse ante los padres.

c) Conflictos pasionales y venganzas asociadas a situaciones de despecho.

d) Relaciones sexuales descubiertas con otra persona distinta de la pareja. Se trata de justificar la infidelidad con una relación sexual supuestamente forzada.

f) Fantasías histéricas (fabulación).

La credibilidad del testimonio adquiere un aspecto central en el proceso judicial al no haber frecuentemente testigos de la agresión sexual. Según la jurisprudencia reiterada del Tribunal Supremo, los principales elementos probatorios de la credibilidad de la víctima son los siguientes: a) ausencia de incredibilidad subjetiva (móvil de resentimiento, venganza u odio, deseo de obtener un beneficio patrimonial, etc.); b) verosimilitud de lo narrado, especialmente cuando hay además algún tipo de corroboraciones objetivas; y c) persistencia en el tiempo y coherencia en la declaración (sin ambigüedades ni contradicciones básicas) (*cfr.* Carrasco y Maza, 2005).

Al margen de estos criterios, la presencia de daño psicológico en la víctima respecto a la relación sexual habida es otro aspecto importante en la determinación de una relación sexual no consentida.

4.2.6 Conclusiones

Las agresiones sexuales —ya sea con violencia física, coacción o simple prevalimiento moral, como en el caso de la relación de un profesor con una alumna o de un terapeuta con una paciente— es vivenciado por la víctima como un atentado no contra *su sexo*, sino principalmente contra su integridad física y psicológica.

Las agresiones sexuales dejan frecuentemente en las víctimas huellas devastadoras y secuelas imborrables, a modo de cicatrices psicológicas, y hacen a las personas más vulnerables a los trastornos mentales y a las enfermedades psicosomáticas (Echeburúa *et al.*, 1995).

Sin embargo, muchas víctimas se muestran resistentes a la aparición de miedos intensos, de gravedad clínica, tras la experimentación de un suceso traumático. Ello no quiere decir que no sufran un dolor subclínico ni que no tengan recuerdos desagradables, sino que, a pesar de ello, son capaces de hacer frente a la vida cotidiana y pueden disfrutar de otras experiencias positivas. Los recursos de afrontamiento disponibles y el apoyo familiar, social y judicial obtenidos desempeñan un papel muy importante (Echeburúa, 2004; Echeburúa, Corral y Amor, 2002).

El trauma psíquico es una realidad clínica palpable. Sin daño físico previo alguno, un trauma emocional puede ser el único daño derivado de una agresión sexual y ser, además, el origen de síntomas físicos diversos. Sin embargo, los tribunales de justicia han prestado una atención especial a las lesiones físicas (que en el caso de las víctimas de agresiones sexuales no suelen ser generalmente de una gran importancia) sin atender a las lesiones psíquicas en la misma medida (Delgado, 1994).

Por último, la prevención primaria y secundaria de las agresiones sexuales es un reto para los próximos años. Se trata de identificar a las personas de riesgo y de actuar preventivamente sobre ellas para hacer menos probable el padecimiento de conductas violentas, así como de detectar a las víctimas vulnerables que ya han sufrido una agresión sexual para desarrollar sobre ellas programas específicos de intervención terapéutica y de apoyo social.

BIBLIOGRAFÍA

AMERICAN PSYCHIATRIC ASSOCIATION (2000). *Diagnostic and statistical manual of mental disorders: DSM-IV-TR.* Washington, DC. A.P.A.

AVIA, M.D. y VÁZQUEZ, C. (1998). *Optimismo inteligente.* Madrid. Alianza.

BURGESS, A.W. y HOLMSTROM, L.L. (1974). Rape trauma syndrome. *American Journal of Psychiatry, 131,* 981-986.

CARRASCO, J.J. y MAZA, J.M. (2005). *Manual de psiquiatría legal y forense.* Madrid. La Ley, 3ª edic.

COBO, J.A. (1998). *Manual de asistencia integral a mujeres víctimas de agresión sexual.* Barcelona. Masson.
DELGADO, S. (1994). Aspectos psiquiátricos de la violación: lesiones psíquicas en víctimas de violación. En S. DELGADO (Ed.). *Psiquiatría Legal y forense.* Madrid. Cólex, vol. 2º.
ECHEBURÚA, E. (1992). Un golpe bajo. En E. OCHOA y C. VÁZQUEZ (Eds.). *El libro de la sexualidad.* Madrid. El País.
ECHEBURÚA, E. (2004). *Superar un trauma. Tratamiento psicológico de las víctimas de delitos violentos.* Madrid. Pirámide.
ECHEBURÚA, E. y CORRAL, P. (1995). Trastorno de estrés postraumático. En A. BELLOCH, B. SANDÍN y F. RAMOS (Eds.). *Manual de psicopatología.* Madrid. McGraw-Hill, vol. 2º.
ECHEBURÚA, E., CORRAL, P., ZUBIZARRETA, I. y SARASUA, B. (1995). *Trastorno de estrés postraumático crónico en víctimas de agresiones sexuales.* La Coruña. Fundación Paideia.
ECHEBURÚA, E., CORRAL, P. y AMOR, P.J. (2002). Tratamiento psicológico de las victimas de agresiones sexuales. En S. REDONDO (Ed.). *Delincuencia sexual y sociedad.* Barcelona. Ariel.
FOA, E.B. y ROTHBAUM, B.O. (1998). *Treating the trauma of rape: Cognitive-behavioral therapy for PTSD.* New York. Guilford Press.
GALIANA, S. y MARIANAS, H. (1997). Intervención psicológica en víctimas de agresiones sexuales. En M. LAMEIRAS y A. LÓPEZ (Eds.). *Sexualidad y salud.* Santiago de Compostela. Tórculo.
KILPATRICK, D.G., VERONEN, L.J. y RESICK, P.A. (1982). Psychological sequelae to rape: Assessment and treatment strategies. En D.M. DOLEYS, R.L. MEREDITH y A.R. CIMINERO (Eds.). *Behavioral medicine: Assessment and treatment strategies.* New York. Plenum.
PÉREZ CONCHILLO, M. y BORRÁS, J.J. (1996). *Sexo a la fuerza.* Madrid. Aguilar.
RESICK, P.A. y SCHNICKE, M.K. (1993). *Cognitive processing therapy for rape victims.* Newbury Park, CA. Sage.
ROJAS MARCOS, L. (1996). *Las semillas de la violencia.* Madrid. Espasa-Calpe.
SÁNCHEZ, C. (2000). *Qué es la agresión sexual.* Madrid. Biblioteca Nueva.
SORIA, M.A. y HERNÁNDEZ, J.A. (1994). *El agresor sexual y la víctima.* Barcelona. Marcombo Boixareu Editores.
VILLANUEVA, E. y GISBERT, J.A. (2004). *Medicina legal y toxicología.* Barcelona. Masson, 6ª edic.

4.3. LAS VÍCTIMAS DE LA VIOLENCIA DOMÉSTICA[3]

4.3.1. Introducción

La violencia doméstica es un fenómeno de gran actualidad, aunque haya existido siempre. Lo que ocurre es que algunos actos que hoy son

[3] Epígrafe elaborado por Ana Isabel Cerezo Domínguez.

considerados agresiones, antes eran plenamente aceptados en nuestra sociedad. Por extraño que pueda parecer, el hogar —lugar, en principio de cariño, de compañía mutua y de satisfacción de las necesidades básicas para el ser humano— puede ser un sitio de riesgo para la vida e integridad de quienes habitan en él. Las instituciones cerradas y piramidales — y la familia ha sido durante mucho tiempo una institución primaria, hermética y con estructura jerárquica— constituyen un caldo de cultivo apropiado para las agresiones repetidas y prolongadas, fruto de relaciones de desequilibrio de poder permanente y de abuso constante.

Si bien el movimiento internacional contra la violencia doméstica comenzó haciendo público el maltrato infantil allá por los años 60[4], hoy en día nos encontramos con que todo el interés público se está centrando exclusivamente en el maltrato a la mujer por parte de su pareja. En nuestro país, el papel que el movimiento feminista ha jugado en su empeño por sensibilizar a la ciudadanía, no deja lugar a dudas. El aumento de la participación de la mujer en la vida social y laboral, junto con las políticas de educación igualitaria y de persecución penal de estas agresiones, ha permitido que salgan a la luz casos de maltrato que hasta entonces habían permanecido escondidos en el seno de la pareja. Todo ello conlleva al mismo tiempo que se tenga escaso conocimiento sobre otro tipo de maltratos que pueden tener lugar en el ámbito familiar, como es el que afecta a los ancianos.

4.3.2. ¿Qué se entiende por violencia doméstica?

La violencia doméstica comprende cualquier acto de violencia llevado a cabo por quienes sostienen o han sostenido un vínculo afectivo, conyugal, de pareja, paterno-filial o semejante, con la víctima (Alberdi y Matas, 2002).

La ley penal incluye en este ámbito los supuestos de violencia cometidos sobre personas que estén o hayan estado ligadas al agresor por relación conyugal o análoga relación de afectividad aún sin convivencia, sobre los descendientes, ascendientes o hermanos por naturaleza, adopción o afinidad, propios o del cónyuge o conviviente, o sobre los menores o incapaces que con él convivan o que se hallen sujetos a la potestad, tutela, curatela, acogimiento o guarda de hecho del cónyuge o conviviente, o sobre persona amparada en cualquier otra relación por la que se encuentre integrada en el núcleo de su convivencia familiar, así como sobre las personas que por su especial vulnerabilidad se encuen-

---

4 No olvidando que ya en 1868, Tardieu describió por primera vez el síndrome del niño maltratado, a partir de datos obtenidos en las autopsias de 32 niños.

tran sometidas a custodia o guarda en centros públicos o privados (art. 173.2 Cp).

La violencia doméstica no puede ser conceptualizada como un fenómeno unitario, al presentar diversos grados de severidad y cronicidad. Aunque la mayor parte de los casos de maltrato son de tipo leve, ello no resta importancia a la seriedad del problema. Dada la disparidad de conductas en que puede manifestarse la violencia doméstica, atendiendo a los medios empleados y a los resultados pretendidos, es posible distinguir entre violencia física, psíquica o sexual.

Por *violencia física* se puede entender todo uso de la fuerza contra el cuerpo de otra persona, en la forma de empujones, bofetadas, patadas, etc. Otra forma de maltrato físico es el de la omisión por cuidados y asistencia (alimentación, higiene, seguridad, atención médica, vestido, educación, vigilancia, etc.) La forma más extrema de violencia física es el homicidio o asesinato.

La *violencia psíquica o emocional* es toda conducta orientada a la desvalorización o sufrimiento de la otra persona. Abarca cualquier acto, conducta o exposición a situaciones que agreden o alteran el contexto afectivo necesario para el desarrollo psicológico normal, tales como explotación, desprecio, rechazo, insultos, amenazas, exigencia de obediencia o sumisión, humillaciones o vejaciones, aislamiento o cualesquiera otros efectos semejantes.

La *violencia sexual* incluye toda actividad dirigida a la ejecución de actos sexuales forzados en contra de la voluntad de la víctima, normalmente acompañados de abuso de superioridad, engaño o desconocimiento, principalmente en el caso de los menores.

La violencia doméstica suele manifestarse en varias dimensiones. Así, la violencia física o la sexual no aparecen casi nunca sin manifestaciones de maltrato psíquico. Existe por tanto entre ellas una interconexión que puede llegar a difuminar sus fronteras.

4.3.3. La magnitud de la violencia doméstica

Las estadísticas oficiales nos permiten conocer las cifras de las víctimas de violencia doméstica en el ámbito familiar. A través de las denuncias policiales y de los datos judiciales se puede afirmar que las denuncias por malos tratos están aumentando progresivamente en España. Una interpretación fácil de esta evolución lleva a pensar en el éxito de las campañas de sensibilización dirigidas a las víctimas ocultas. Sin embargo, no se puede obviar las continuas reformas legales y su incidencia en las estadísticas[5] (García y Pérez, 2005) (Cerezo, 2006).

Gráfico 1.-Hombres y mujeres víctimas de malos tratos por su cónyuge o análogo (1991-2004)

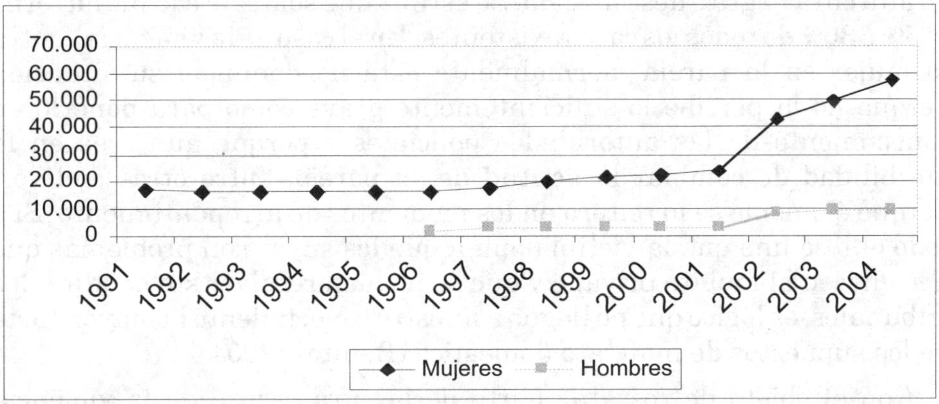

Fuente: Elaboración realizada por el Instituto de la Mujer y el Observatorio de la delincuencia en Andalucía (ODA) a partir de los datos de denuncias procedentes del Ministerio del Interior.

Las estadísticas muestran asimismo que la mujer es la víctima más común de la violencia doméstica (76%). Este porcentaje se aprecia con mayor rotundidad en el entorno de la pareja (85%), aunque también en los supuestos de violencia contra ascendientes o descendientes puede hablarse en términos de violencia de género (en torno a un 60%).

En las fuentes oficiales de conocimiento de la delincuencia también se pone asimismo de manifiesto que la violencia en la pareja es la forma más común de violencia intrafamiliar (77%), situándose la violencia contra menores en un 8% y la realizada contra ancianos u otros

---

5 El aumento más llamativo de denuncias se produjo entre los años 2001 y 2002, coincidiendo con la adaptación, en la estadística del Ministerio del Interior, de la Ley orgánica 14/99, de 9 de junio, de modificación del Código penal de 1995, en materia de protección a las víctimas de malos tratos y de la Ley de Enjuiciamiento Criminal. A partir del año 2002 se comienza a incluir en la calificación de maltrato doméstico otros delitos y faltas tales como detenciones ilegales, amenazas, coacciones, torturas, allanamiento de morada, agresiones sexuales, corrupción de menores e incapaces, calumnias, coacción a la prostitución, etc. Además, a partir de este año, la relación de cónyuge engloba a separados, divorciados, compañeros sentimentales, excompañeros sentimentales, novios y exnovios.

familiares convivientes en un 15% (Calvo, 2004) Avalados por los datos estadísticos, este capítulo se va a centrar principalmente en el análisis de las mujeres víctimas de violencia en la pareja.

A pesar de los interesantes datos que nos ofrecen estas estadísticas, hay que resaltar que nos encontramos ante un fenómeno que destaca por su alta cifra negra o desconocida. Se estima que sólo sale a la luz en torno al 5% ó 30% de todos los casos existentes. En el caso de la violencia contra la mujer en la pareja, normalmente ésta no denuncia su situación porque no la percibe lo suficientemente grave cómo para ponerlo en conocimiento de las autoridades policiales o porque aún cree en la posibilidad de cambiar la actitud de su pareja, entre otros motivos, porque él mismo se lo reitera en los momentos de arrepentimiento. Si a todo ello se une que la víctima opina que los suyos son problemas que pertenecen al ámbito privado y que se pueden resolver sin acudir a los tribunales, es lógico que no llegue a nuestro conocimiento la mayor parte de los supuestos de maltrato doméstico (Benitez, 2004).

Con el objeto de rescatar parte de la cifra oscura de la violencia ejercida contra las mujeres se han realizado en nuestro país encuestas de victimización (Medina y Barberet, 2003) (Instituto de la Mujer, 2000). Ello ha permitido realizar estimaciones que apuntan a que en torno al millón y medio de mujeres españolas padecen maltrato doméstico por parte de sus parejas.

Llama poderosamente la atención el aumento de mujeres extranjeras denunciantes de violencia doméstica (20%). Se estima que existe un colectivo de mujeres extranjeras inmigrantes víctimas de violencia doméstica que no recoge la estadística oficial al tener mayores dificultades para hacer pública su situación que las españolas. El número de víctimas mortales causadas por la violencia doméstica se está multiplicando por cinco entre las mujeres extranjeras con respecto a las nacionales.

4.3.4. Características interaccionales de la violencia en la pareja

Son numerosos los trabajos empíricos que se han llevado a cabo en nuestro país en los últimos años con el objeto de conocer las características que definen la violencia doméstica. La metodología empleada abarca desde encuestas de victimización hasta entrevistas en centros de acogida, hospitales, servicios de atención a víctimas, etc. Todo parece indicar que la violencia en la pareja presenta unas peculiaridades propias distintas a otros tipos de violencia doméstica. Las conclusiones a las que se han llegado se pueden resumir del siguiente modo:

Hábitat

La violencia doméstica se produce en todo tipo de poblaciones. La distribución de mujeres víctimas de malos tratos es bastante similar a la distribución de la población femenina adulta. En las poblaciones de más de 200.000 habitantes es donde, en general, se produce un mayor número de denuncias de mujeres maltratadas. Ello puede ser consecuencia de la mayor concentración de población, de una mayor conciencia de sus derechos o incluso de una mayor red de centros de atención y ayuda a estas mujeres.

Comienzo del maltrato

A pesar del mito de que los actos de violencia suelen surgir con el deterioro de una convivencia prolongada, los estudios realizados destacan que el primer episodio de violencia se puede producir durante el noviazgo o en el primer año de vida en común (65%).

Durante el noviazgo el agresor en términos generales no suele actuar de manera que la víctima pueda temer lo que sucederá después, siendo los conflictos existentes semejantes a los de otras parejas. Pero hay que aludir a que ya entonces se aprecian en los agresores componentes machistas, de dominio y control sobre sus novias, comportándose como personas extremadamente celosas y protectoras. Los roles sexuales ya entonces quedan marcados. Si tiene lugar por entonces algún acto aislado de violencia física, la víctima tenderá a pensar que ha sido ocasionado por un ataque de celos y será interpretado como una muestra más del amor que le profesa. La víctima se autoconvence de que todo cambiará cuando se inicie la convivencia.

La violencia habitual suele iniciarse, en la mayor parte de las ocasiones, durante los primeros años de convivencia. La convivencia implica un proceso de cambios importantes, sobre todo para las mujeres. Normalmente se produce paulatinamente un progresivo aislamiento social de la mujer.

No existen por tanto explicaciones válidas ni racionales acerca del motivo por el que surge la primera reacción de violencia física. Cualquier gesto, palabra o actitud servirá para desencadenar el acto violento. Es un episodio que suele ser insignificante, comparado con los que vendrán posteriormente, pero que resulta especialmente dramático. Tanto el agresor como la víctima normalmente responden con cierto grado de sorpresa, vergüenza y culpabilidad.

No son infrecuentes los casos en los que el primer acto de violencia se presenta cuando la mujer se queda embarazada. Las teorías evolutivas sobre el desarrollo familiar suelen hacer referencia a los cambios estresantes que en la relación de pareja origina el embarazo y la llegada de los niños. Desde esta perspectiva se ha entendido que el embarazo constituye un factor de riesgo que pone en peligro la salud de la mujer y del feto. Los motivos por los cuales las agresiones suelen presentarse o aumentar durante este período pueden ser varios. En primer lugar, la debilidad física y emocional de la mujer encinta la hace especialmente vulnerable, ya que su capacidad de defenderse o de abandonar al agresor puede verse disminuida a causa del embarazo. En segundo lugar, los agresores extremadamente celosos comienzan a sentirse abandonados porque el centro de atención de la mujer es el ser venidero.

Tendencia a la repetición: El ciclo de la violencia

El maltrato doméstico es una violencia continuada, en la que el objetivo no es una lesión, sino el sometimiento, y su pronóstico es de perpetuación. El conflicto es un mecanismo de dominación unidireccional y no requiere ningún tipo de acción o reacción por parte de la víctima para producirse. Esta es una violencia continua y latente que se manifiesta periódicamente. De agravarse la violencia habitual o ante alguna amenaza de pérdida de control se puede llegar a ocasionar la muerte de la víctima.

La violencia doméstica se produce de forma circular y repetitiva (Walker, 1989), pudiéndose diferenciar tres fases: a) Período de acumulación o construcción de tensión; b) Período de violencia y c) Período de contrición o arrepentimiento. Este ciclo de la violencia puede transcurrir en unas horas o durante un periodo de tiempo más largo. Asimismo la repetición de este ciclo puede producirse al día siguiente o con el transcurso de los años.

Parece demostrado que una vez que se ha producido un ciclo de la violencia, la probabilidad de que aparezcan nuevos episodios en el futuro es muy alta. Rotas las inhibiciones relacionadas con el respeto a la otra persona, la utilización de la violencia como estrategia de control de la conducta suele hacerse cada vez más frecuente. El sufrimiento de la víctima, lejos de constituirse en un revulsivo de la violencia y en suscitar una empatía afectiva, se constituye en un disparador de la agresión. Ahora bien, es posible que la frecuencia de violencia física disminuya con el tiempo para dar paso a un continuado abuso emocional. Ello en la medida en que al maltratador le basta el empleo de estos actos para mantener el control de la relación.

Motivos de la permanencia con el agresor

Si bien en el caso del maltrato a ancianos o menores la razón de la permanencia es evidente dada la situación de vulnerabilidad, desprotección y falta de autonomía, la sociedad continúa preguntándose qué retiene a una mujer adulta a continuar conviviendo con su maltratador. Hoy en día, con el apoyo institucional que la sociedad proporciona a estas víctimas, parece incomprensible que se continúe conviviendo con parejas violentas. Cualquier razonamiento lógico apunta al abandono inmediato de la pareja en cuanto surge la violencia en la relación. De hecho, los primeros estudios psicológicos en este campo pretendieron atribuir a estas mujeres rasgos masoquistas. Sólo a través de un análisis detenido de estas relaciones se pueden explicar las razones que lleva a una mujer a no abandonar a su agresor. Algunos de los motivos de esta permanencia están ligados a las creencias sexistas de las propias mujeres adquiridas durante su proceso de socialización:

a) La dependencia económica

En las víctimas que carecen de medios económicos para mantenerse de forma autónoma este hecho puede ser determinante en su decisión de no romper su relación. Al mismo tiempo, la carencia de la suficiente formación profesional que éstas presentan dificulta la independencia económica así como promueve la ausencia de recursos sociales.

b) La dependencia emocional

En situaciones de desequilibrio de poder en las que la persona en posición de superioridad es ocasionalmente violenta, las que ostentan menos poder tienden a adoptar la perspectiva del agresor sobre ellas mismas perpetuando un ciclo de escasa autoestima y dependencia que crea un vínculo emocional fuerte con el agresor. Ello explica que las mujeres maltratadas suelan autoengañarse idealizando al maltratador y teniendo fe en que cambiará. Se hacen cómplices del victimismo del agresor. Sienten lástima y pena por ellos. Creen que la fuerza del amor lo puede todo y si perseveran en su conducta, conseguirán que el maltrato finalice. Están firmemente convencidas de que son imprescindibles para evitar que caigan en el abismo. Emplean para ello todos los recursos disponibles para detener el maltrato.

c) La existencia de hijos pequeños

Muchas mujeres maltratadas consideran que la familia es un valor absoluto en sí mismo y debe mantenerse a toda costa. Creen por tanto en la necesidad de que los hijos han de crecer y madurar emocionalmente con la presencia ineludible de un padre y de una madre. Ello se produce especialmente si la pareja ejerce el maltrato única y más intensamente con la mujer.

Igualmente consideran que ellas solas no pueden sacar adelante a sus hijos. La separación comporta un empobrecimiento de la mujer, por lo que los servicios que con su sueldo, en el caso de que lo tengan, pueden ofrecer a los hijos (vivienda, escuela, vacaciones) son sustancialmente inferiores (Larrauri, 2003) Otro motivo alegado para el no abandono del agresor es el temor a perder a los hijos. No son infrecuentes las amenazas del agresor en este sentido, asegurándole que si le abandona puede hacerle mucho daño privándole de sus hijos.

d) El temor a las represalias

El agresor puede generar tal miedo real en la víctima que le disuada de abandonarle. De este modo, el maltratador logra atemorizar a la mujer, con el mensaje explícito o implícito de que, si lo deja y se aparta de él, sufrirá graves consecuencias (la muerte, la pérdida de los hijos, represalias contra otros miembros de la familia, etc.) Además de estas amenazas la víctima puede percibir, a raíz de los casos referidos en los medios de comunicación, que una mujer maltratada, cuando se separa del agresor, corre el riego de ser acosada, de experimentar vejaciones psicológicas, de sufrir lesiones graves o incluso de ser asesinada (Cerezo, 2000)

Ruptura de la convivencia

Romper la relación de pareja supone la toma de una decisión enérgica y compleja. La toma de decisiones constituye un proceso dinámico, sujeto a cambios en el tiempo y ligado a la evaluación subjetiva de los costes y beneficios de la relación de pareja. Al abandono definitivo le precederán normalmente varios abandonos temporales. Si la decisión se adopta en ese momento y no con anterioridad se debe a una serie de circunstancias. Hay un momento en que la víctima se da cuenta de que existe un problema que no puede solucionar por sí sola. En último término, la decisión de ruptura surgirá si la víctima es capaz de responder afirmativamente a estas dos preguntas: ¿estaré mejor fuera de la relación? y ¿seré capaz de salir de ella con éxito? Esta decisión suele normalmente coincidir con una mayor gravedad de la violencia, en cuanto a intensidad y frecuencia no sólo respecto a ella sino principalmente si se produce hacia sus hijos.

El maltrato puede perdurar o incluso iniciarse tras la convivencia

La mayor parte de las agresiones producidas en el entorno de la pareja tienen lugar en situaciones de separación (52%) (Calvo García, 2004) Este es un fenómeno que se viene acrecentando últimamente y que indica que en muchos de estos casos la ruptura de la relación no significa necesariamente el fin del abuso. Al contrario, las mujeres divorciadas o separadas constituyen actualmente un grupo de riesgo.

Gráfico 2.- Relación del agresor con la víctima en supuestos de violencia contra la mujer por su pareja (n = 9235 sentencias durante 2000-2002)

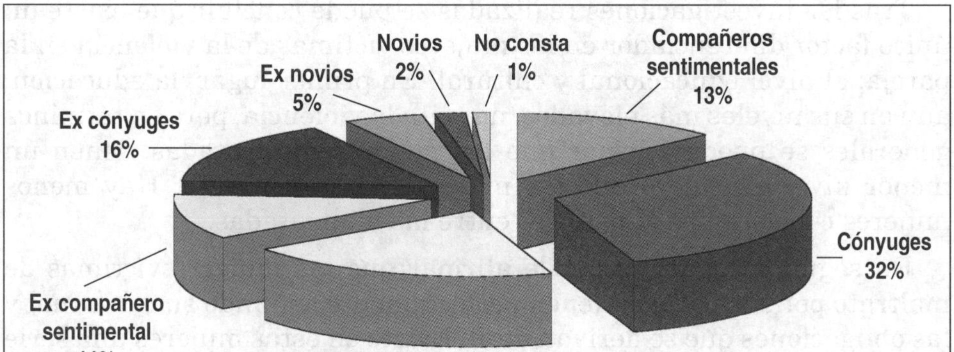

Fuente: Manuel Calvo García: "El tratamiento de la violencia familiar de género en la Administración de Justicia", 2004

El maltrato puede perdurar cuando se ha venido ejerciendo una posición de superioridad sobre la pareja. La pérdida de poder sobre la víctima suele producir una reacción violenta en el maltratador, que se resiste a perder el control sobre ella.

Pero el maltrato puede también aparecer por primera vez tras la ruptura de la convivencia. En este caso la explicación parece radicar más bien en las múltiples dificultades para aceptar la ruptura. La frustración que aparece tras una separación puede traducirse en episodios violentos.

4.3.5. Factores relacionados con las víctimas de la violencia en la pareja

La mayor parte de los estudios llevados a cabo con muestras de mujeres maltratadas sugieren que este colectivo no difiere prácticamente en sus características de la población general. Hoy en día se puede afirmar que no existe una personalidad previa inherente en la mujer maltratada. Los rasgos de personalidad que presentan estas mujeres son más bien consecuencia del tipo de relación violenta mantenida. Todo parece indicar que éstos tenderán a desaparecer una vez que hayan conseguido romper con la relación, unido al paso del tiempo y a la ayuda psicosocial.

Tras las investigaciones realizadas se puede concluir que existe un único factor diferenciador en las mujeres víctimas de la violencia en la pareja: el nivel educacional y cultural. En primer lugar, la educación, aún en sus niveles más elevados, no evita la violencia, pero en términos generales se puede afirmar que las mujeres maltratadas tienen un menor nivel educativo que las mujeres en su conjunto. Hay menos mujeres con estudios superiores entre las maltratadas.

En segundo lugar, se puede afirmar que las mujeres víctimas de maltrato por sus parejas tienen perfectamente asumido su rol sexual y las obligaciones que se derivan de él. Existe en estas mujeres una serie de cogniciones que pueden contribuir a que aumente su vulnerabilidad al maltrato. Mantienen una serie de actitudes y creencias sexistas, fruto de un determinado proceso de socialización, tales como la creencia de que el matrimonio es para toda la vida, que pertenecen a su pareja, el deber primordial como esposas y madres de cuidar a sus maridos e hijos, sacrificando en ocasiones su propio cuidado, o la educación distinta que se debe otorgar a los hijos y a las hijas.

4.3.6. Consecuencias psicológicas de la violencia doméstica

La violencia doméstica imprime unas graves consecuencias para las víctimas, especialmente en el terreno emocional y psicológico. La psiquiatría ha identificado los trastornos derivados de la violencia en la forma de cuadros patológicos que describen cómo se alteran los rasgos del comportamiento en las víctimas del fenómeno. Los trastornos más frecuentes derivados de la violencia doméstica presentan síntomas muy similares al estrés postraumático, pero en la actualidad han adquirido su propia denominación y así se han identificado como el síndrome de la mujer maltratada.

El síndrome de la mujer maltratada

El síndrome de la mujer maltratada aparece a raíz de la exposición a una relación de maltrato repetido. En general, no se trata de limitaciones de la personalidad de la víctima, sino de la reacción psicológica a la violencia crónica. Los síntomas más significativos son los siguientes:

a) Sensación de amenaza incontrolable a la vida y a la seguridad personal

La violencia repetida e intermitente, entremezclada con períodos de arrepentimiento y ternura, suscita en la mujer una ansiedad extrema y unas respuestas de alerta y de sobresalto permanentes. La sensación de amenaza no únicamente puede ir referida a su persona sino también a la de sus hijos y familiares, lo que les produce un temor constante.

b) Aislamiento social

Ello deriva en una mayor dependencia del agresor, quien, a su vez, experimenta un aumento de dominio a medida que se percata de la mayor soledad de la víctima.

c) Sentimientos de culpa

La mayor parte de las mujeres maltratadas se autoinculpan de su situación. Achacan el maltrato a sus propias conductas, creyendo que los episodios de violencia son provocados por sus comportamientos en determinadas situaciones. Estos sentimientos de culpa facilitan a su vez su dependencia emocional con el agresor, estimando que cuando sus conductas cambien el maltrato desaparecerá. Incluso cuando comienzan a percibir que las agresiones se deben a características inherentes al agresor, perdura siempre la idea de que ellas podían haber frenado o impedido el maltrato, o incluso, no haberlo, en muchas ocasiones, provocado.

d) Depresión y sentimientos de baja autoestima

Varios estudios han demostrado la alta prevalencia de síntomas depresivos en las víctimas de violencia doméstica (65%) (Zubizarreta et al.,), destacando los componentes psicofisiológicos y conductuales por encima de los cognitivos. Las mujeres maltratadas ofrecen un cuadro de debilidad psíquica y deterioro de toda su personalidad que destacaría por:

1. Disminución de los recursos personales por el amedrantamiento que se apodera de ellas, con pérdida de asertividad y volviéndose sumamente complacientes con los deseos de los demás.
2. Aumento de la inseguridad y la capacidad para tomar decisiones.
3. Reducción del rendimiento laboral y la capacidad de concentración
5. Embotamiento o colapso emocional como mecanismo de autoprotección. Las mujeres maltratadas tienden a reprimir sus sentimientos y emociones para que no sean motivo de tensión con el agresor, lo que les puede llegar a causar situaciones de ansiedad.
6. Creencias negativas de su imagen.

e) Pérdida de vida saludable

Si bien se trata más bien de una consecuencia fisiológica, parece demostrado que una situación de estrés crónico repercute en la salud de la mujer maltratada. Así, es frecuente la excreción de niveles altos de cortisol, que trae consigo consecuencias negativas para la salud como dolores de cabeza, problemas gastrointestinales (por ejemplo, colon irritable), caída de las defensas del sistema inmunitario, sensación de fatiga crónica y mayor riesgo de padecer enfermedades cardiovasculares. La actuación del cortisol y de la aldosterona surge sobre todo cuando la persona no dispone de estrategias de afrontamiento a la situación de estrés, es decir, cuando no tiene más remedio que sufrir la situación de violencia. En concreto, el estrés crónico, al suprimir la respuesta inmunológica en proporción directa a la intensidad del estresor, puede debilitar el sistema inmunitario y hacerlo más vulnerable a las infecciones. Todo ello facilita a su vez la automedicación y la dependencia a los tranquilizantes, analgésicos y ansiolíticos, que suponen un intento —fallido a la larga— de hacer frente al malestar generado por el maltrato. También es frecuente que desarrollen trastornos obsesivos, compulsivos o alimenticios.

Repercusiones del maltrato en los hijos

Los malos tratos en la pareja ocasionan igualmente una serie de secuelas de carácter psicológico en los hijos que conviven con ésta y que crecen observando conductas violentas habituales, normalmente hacia su madre. En definitiva, los niños que presencian actos violentos en su hogar son verdaderas víctimas pasivas.

Las investigaciones realizadas sobre las consecuencias psicológicas inmediatas que padecen los niños que conviven en un ambiente de maltrato sugieren que éstos son un grupo de riesgo en relación con una amplia gama de problemas. De este modo, suelen ser propensos a desarrollar problemas en su desarrollo evolutivo, emocional, cognitivo y social, pudiéndole imposibilitar un desarrollo adecuado de su personalidad. Parece existir cierta unanimidad en cuanto a la variedad y clasificación de estas posibles secuelas psicológicas.

1. Secuelas emocionales

a) La más frecuente suele ser la *depresión*, acompañada de una actitud introvertida y negativa hacia el futuro y, en los casos más extremos, intentos de suicidio. Todo ello asociado a una disminución de la capacidad de disfrutar por sí mismo, reacciones afectivas y emocionales superficiales, presencia constante de mensajes afectivos negativos como tristeza, melancolía y llanto frecuente.

b) Se presenta también una *baja autoestima*, junto con una imagen y concepto de sí mismo muy negativos e incapacidad para enfrentarse y dominar situaciones críticas.

c) Característico del niño que experimenta un ambiente de violencia en el hogar es el *miedo y la angustia*. Las situaciones de terror, temor y gritos intensos que aparecen entre los padres, repercute en problemas de enuresis, terrores nocturnos y ansiedad en los niños.

d) Todo ello incluso puede llevarles a presentar en el futuro algunas *psicopatologías* como trastornos de conducta, trastornos disociativos, alcoholismo y toxicomanías.

2. Secuelas cognitivas

En términos generales, los niños que presencian violencia en el hogar presentan un pobre rendimiento escolar, determinado tanto por sus habilidades cognitivas en el sentido de retrasos en las habilidades lingüísticas, como por su comportamiento en la escuela.

3. Secuelas sociales

a) En el campo de las relaciones sociales parece existir una *dificultad en la comunicación* que genera una mala adaptación al medio. Los menores suelen descargarse mediante reacciones agresivas físicas y verbales, lo que revierte en una falta de competencia social, en un bajo nivel de habilidades sociales y en el consiguiente incumplimiento de las normas sociales.

b) La *agresividad* puede ser una manifestación generalizada en estos niños. Resulta evidente que la agresividad parental puede hacer que el modelo de conducta llegue a ser imitado por los niños.

c) Junto a la agresividad, también se dan el *aislamiento y la soledad* de estos menores que tienen dificultades para la interacción social.

d) Por último, la *conducta antisocial y la delincuencia* son consecuencias que pueden aparecer en la adolescencia.

A pesar de la alta prevalencia de problemas psicológicos en esta población, existe bastante heterogeneidad en la misma y es posible que ésta explique el impacto diferencial que la exposición a la violencia marital tiene en los niños. Es necesario distinguir entre las dimensiones de la violencia (severidad y frecuencia), características de los niños (edad, género, clase social, etc.) o la existencia de estresares adicionales asociados con la violencia marital (psicopatología de los padres, reacción pasiva o activa de la madre, etc.)

4.3.7. Medidas legales y asistenciales dirigidas a las víctimas de violencia doméstica

Durante muchos años la sociedad ha ignorado el problema de los malos tratos o no le ha prestado la atención que merecía. Ha sido recientemente cuando se han comenzado a movilizar recursos sociales y legales para poner freno a este problema. En términos generales, puede decirse que desde 1989, el fenómeno de la violencia doméstica cuenta con el apoyo incondicional de la ley y de las políticas públicas. El ordenamiento jurídico y, en concreto, el derecho penal, sanciona de forma expresa aquellas conductas causantes de maltrato en el ámbito doméstico. Pero es en los últimos años cuando en España se ha producido una gran actividad política y legislativa en respuesta a la violencia contra las mujeres en el ámbito familiar.

Desde 1998, el Gobierno español ha aprobado dos Planes estatales de acción contra la violencia hacia las mujeres: el Plan de Acción contra la Violencia Doméstica (1998-2000) y el II Plan Integral contra la Violencia Doméstica (2001-2004) En el marco del desarrollo de los planes de acción, el Gobierno ha impulsado entre los años 1999 y 2004, una serie de iniciativas legislativas que ha implicado la aprobación de nuevas leyes así como importantes reformas en el Código penal, creando nuevos delitos y endureciendo las penas, y en la Ley de Enjuiciamiento Criminal, creando nuevas posibilidades de adopción de medidas cautelares[6].

---

[6] Véase, Ley Orgánica 14/1999, de 9 de junio, de modificación del Código penal de 1995, en materia de protección a las víctimas de malos tratos y de la ley de Enjuiciamiento Criminal (BOE de 10 de junio de 1999); Ley 38/2002, de 24 de octubre, de reforma parcial de la Ley de enjuiciamiento Criminal, sobre procedimiento para el enjuiciamiento rápido e inmediato de determinados delitos y faltas, y de modificación del procedimiento abreviado (BOE de 28 de octubre de 2002); Ley Orgánica 15/2003, de 25 de noviembre, por la que se modifica la ley Orgánica 10/1995, de 23 de noviembre, del Código penal (BOE de 26 de noviembre de 2003); Ley 27/2003, de 31 de julio, reguladora de la orden de protección de las víctimas de violencia doméstica (BOE de 1 de agosto de 2003); Ley Orgánica 11/2003, de 29 de septiembre, de medidas concretas en materia de seguridad ciudadana, violencia doméstica e integración social de los extranjeros (BOE de 30 de septiembre de 2003) y Ley Orgánica 1/2004, de 28 de diciembre de 2004, reguladora de medidas de protección integral contra la violencia de género (BOE de 29 de diciembre de 2004)

La respuesta del Derecho penal y procesal a la violencia doméstica

Es cierto que el tratamiento jurídico de este problema no se agota en el Código penal pero nadie duda en afirmar que ha sido en el ámbito penal y procesal penal en el que más reformas se han realizado en relación con el problema de los malos tratos.

Con la Ley orgánica 11/2003, de 29 de septiembre, de medidas concretas en materia de seguridad ciudadana, violencia doméstica e integración social de los extranjeros se procedió a la conversión de determinadas faltas, tales como las lesiones leves (art. 617.1), los malos tratos sin lesión (art. 617.2.2) o las amenazas leves con armas u otros instrumentos (art. 620.1.2), en delitos, siempre y cuando, se cometiesen en el ámbito doméstico, configurándose de este modo un nuevo artículo 153, en el que se castiga el maltrato doméstico ocasional.

En el caso de que los malos tratos se presenten con habitualidad se ha integrado un tipo distinto (art. 173.2) En estos casos supone una agravación de la pena el hecho de que alguno de estos actos de violencia se haya cometido en presencia de menores, utilizando armas, en el domicilio de la víctima o quebrantando alguna pena o medida cautelar (Acale, 2005).

Con la entrada en vigor de la Ley orgánica 1/2004, de 28 de diciembre, reguladora de medidas de protección integral contra la violencia de género se prevé una cualificación de la pena del tipo básico de lesiones (art. 147), así como la consideración de delitos de conductas que hasta ahora venían siendo castigadas como faltas, tales como amenazas leves o coacciones de carácter leve, siempre y cuando se cometan contra quien sea o haya sido la esposa del agresor, o mujer con la que esté o haya estado ligado por análoga relación de afectividad, aún sin convivencia.

Respecto al procedimiento para enjuiciar este tipo de delitos, destaca la reforma de la Ley de Enjuiciamiento Criminal por la que se ponen en marcha los denominados juicios rápidos (Ley 38/2002, de 24 de octubre, de reforma parcial de la Ley de enjuiciamiento Criminal, sobre procedimiento para el enjuiciamiento rápido e inmediato de determinados delitos y faltas, y de modificación del procedimiento abreviado) De este modo se ha intentado solucionar los problemas añadidos por la duración excesiva de los procesos.

Las órdenes de protección

A través de la Ley 27/2003, de 31 de julio, reguladora de la orden de protección de las víctimas de violencia doméstica (art. 544 ter LECr), se faculta al juez a dictar medidas cautelares de carácter civil (uso de la vivienda, custodia de los hijos y pensión alimenticia), penal (órdenes de alejamiento, de detención y prisión) y de ayuda social y económica, en un plazo no superior a las 72 horas desde su solicitud, tras oír a la víctima y al agresor por separado. La orden de protección responde de este modo a la necesidad de ejercer una acción integral y coordinada que aúne tanto aquellas medidas penales orientadas a impedir la realización de nuevos actos violentos como aquellas otras protectoras de índole civil y social que eviten el desamparo de las víctimas de violencia doméstica y den respuesta a su situación de especial vulnerabilidad. Se configura, pues, como un novedoso sistema de coordinación de los órganos judiciales y administrativos que deben conocer de las diferentes facetas de protección, estableciéndose un procedimiento para su adopción particularmente simple y rápido, dirigido a proporcionar una protección inmediata a la víctima.

La propia ley prevé la creación de órganos e instituciones que hagan posible el funcionamiento y procuren la efectividad de estas órdenes de protección. En este sentido, la Comisión de seguimiento de la implantación de la orden de protección ha elaborado diversos protocolos dirigidos a conseguir la coordinación interinstitucional de cuantos, de un modo u otro, trabajan para proteger a las víctimas de la violencia de género. En la Ley integral, por su parte, se contempla la verificación de la efectividad de las medidas acordadas y la adecuación de las mismas a las necesidades de las víctimas, como tarea principal de un órgano de nueva creación denominado Observatorio Nacional de Violencia sobre la mujer (art. 30).

Estas medidas nacen por tanto con la pretensión de tener un efecto claramente preventivo de la violencia doméstica. Sin embargo, la efectividad de la protección de las víctimas que se benefician de estas órdenes se ha puesto en duda, tanto por las organizaciones de mujeres, como por todas las instancias involucradas en su implementación. De hecho, las estadísticas más recientes apuntan a que al 14% de las mujeres asesinadas las protegía una de estas órdenes[7].

---

7 Datos del Observatorio contra la violencia doméstica y de género de 2004.

Otras medidas cautelares

Con la entrada en vigor de la nueva Ley orgánica de medidas de protección integral contra la violencia de género se han previsto nuevas e importantes medidas cautelares de protección y seguridad aplicables a todos los procedimientos relacionados con la violencia sobre la mujer, entre las que cabe destacar las siguientes:

- *Protección a la intimidad*: Se establece la protección de la intimidad de la víctima en todas las actuaciones y procedimientos, y en especial, la de sus datos personales, los de sus descendientes y los de cualquier otra persona que se encuentre bajo su guardia o custodia.
- *Limitación a la publicidad*: Los jueces podrán acordar, de oficio o a instancia de parte, que las vistas se desarrollen a puerta cerrada y que las actuaciones sean reservadas.
- *Suspensión de la patria potestad*: Se prevé que el inculpado pueda ser suspendido cautelarmente del ejercicio de la patria potestad o de la guarda y custodia respecto de aquellos menores que se estime conveniente.
- *Suspensión del régimen de visitas*: Desde el primer momento, los jueces podrán ordenar la suspensión de las visitas del inculpado a sus descendientes.
- *Suspensión del derecho a la tenencia, porte y uso de armas*: Se ofrece la posibilidad de suspender cautelarmente al inculpado del derecho a la tenencia, porte y uso de armas y la obligación de proceder a su depósito conforme a la normativa vigente.

Juzgados de violencia sobre la mujer

La Ley orgánica 1/2004 de medidas de protección integral contra la violencia de género ha creado los Juzgados de Violencia sobre la Mujer como órganos judiciales especializados dentro del orden jurisdiccional penal, con una "vis atractiva" hacia determinados asuntos de familia propios del orden jurisdiccional civil. La citada ley contempla que en cada partido judicial exista, al menos, un órgano judicial que asuma las competencias propias de los Juzgados de Violencia sobre la Mujer, de tal manera que se garantice a todas las víctimas una respuesta judicial especializada independientemente del lugar de su domicilio. El Real

Decreto 23/2003, de 3 de marzo, contempla la creación de 16 Juzgados exclusivos de violencia sobre la mujer.

Las competencias de estos juzgados en materia penal son el enjuiciamiento de faltas y la instrucción de los delitos en los que cumulativamente concurran los siguientes elementos:

1. Que se trate de alguno de los siguiente: a) Delitos recogidos en los títulos del Código Penal relativos a homicidio, aborto, lesiones, lesiones al feto, delitos contra la libertad, delitos contra la integridad moral contra la libertad e indemnidad sexuales o cualquier otro delito cometido con violencia o intimidación y b) Delitos contra los derechos y deberes familiares.
2. Que el delito se haya cometido contra alguna de las personas especialmente tuteladas por los Juzgados de Violencia sobre la Mujer: a) Delitos cometidos por un hombre contra una mujer, cuando la mujer sea o haya sido esposa del autor de la infracción penal o esté o haya estado ligada al autor por análoga relación de afectividad, aun sin convivencia, b) Delitos cometidos sobre los descendientes propios o de la esposa o conviviente, o sobre los menores o incapaces que convivan con el autor o que se hallen sometidos a la potestad, tutela, curatela, acogimiento o guarda de hecho de la esposa o conviviente y c) En todo caso, cuando también se haya producido un acto de violencia de género (AA.VV., 2005)

Servicios de asistencia letrada gratuita y especializada

Este servicio ha sido implantado en los diferentes colegios profesionales de España a través de convenios con las administraciones públicas.

Unidades policiales especializadas

La función de la policía hace muchos años que dejó de ser puramente represiva para convertirse en proactiva. Una de las soluciones que han sido propuestas para mejorar la respuesta del sistema de justicia penal al problema de los malos tratos domésticos consiste en la creación de unidades policiales especializadas (entre otros Servicios de atención especializados del Cuerpo Nacional de Policía (SAM y SAF) y de la Guardia Civil (EMUME). Usualmente, además, se ha argumentado que estas unidades deben estar formadas por mujeres por su mayor sensibilidad sobre estos temas y porque las mujeres maltratadas se sienten mejor exponiendo sus problemas a otras mujeres. En España hay muy pocos estudios que hayan examinado las virtudes y defectos de estas unidades en la práctica. La falta de investigación no ha sido obstáculo para que estas unidades se presenten como una de las grandes innovaciones para prevenir la violencia doméstica.

Servicios sociales de acogida

Se estima que existen en nuestro país alrededor de 300 alojamientos temporales, entre los que se encuentran los centros de emergencia, las casas de acogida y los pisos tutelados (Instituto de la mujer, 2004)

- Los *centros de emergencia* se conciben como lugares de acogida y protección en situaciones de urgencia, desde los que las mujeres son derivadas, tras la valoración de cada caso, a los recursos que se consideren más apropiados. En algunas comunidades, se ha recurrido a la utilización de hoteles y pensiones como recurso de urgencia.
- Las *casas de acogida* son previstas como centros en los que debe ser atendida la necesidad de seguridad de las mujeres mediante un trabajo integral que permita a las mismas superar los traumas sufridos por la relación de maltrato y ser capaces de afrontar una vida más autónoma. Los servicios concretos de las casas pueden ser de asesoría jurídica, psicológica y socio-laboral.
- Los *pisos tutelados* se ponen a disposición de las mujeres que ya han pasado por la casa de acogida y que a pesar de haber tratado sus necesidades más urgentes siguen necesitando apoyo psicosocial y alojamiento.

La tasa de ocupación es muy diversa, dependiendo de las localidades de que se trate. Es muy probable que la ocupación de las casas haya disminuido desde la entrada en funcionamiento de la orden de protección, ya que ésta permite a las víctimas la permanencia en el domicilio.

Servicios sociales de atención e información

La atención e información a mujeres víctimas de violencia marital la realiza el Instituto de la Mujer en nuestro país desde 1982 a través los centros asesores de información. Actualmente esta labor también la llevan a cabo las oficinas de asistencia a las víctimas adscritas al Ministerio de Justicia o a las Comunidades autónomas con competencia en materia de justicia. Normalmente se encuentran ubicadas en los juzgados y fiscalías.

Sus funciones consisten, entre otros avatares, en dar a conocer y asesorar no sólo sobre la normativa legal relativa a la violencia de género, sino también sobre los recursos psicológicos y socio-asistenciales que existen para las víctimas.

Programas de apoyo y recuperación psicosocial

La provisión de asistencia psicológica a las víctimas de violencia doméstica aparece con frecuencia como uno de los aspectos menos atendidos por las instancias públicas. Cualquier persona que haya sufrido una exposición permanente al maltrato por parte de su pareja necesita ser tratada respecto a los problemas sufridos de manipulación y control, de la disociación, del control de la ira y de su intimidad emocional y sexual. Se trata, en definitiva, de enseñarle habilidades que permitan recuperar el control de su vida.

En nuestro país se vienen desarrollando con éxito programas de tratamiento cognitivo-conductual (de aplicación individual o grupal) del estrés postraumático crónico en víctimas de maltrato doméstico (Echeburúa, Corral, Sarasua y Zubizarreta, 1996). Se trata de programas multicomponentes donde se trabaja la expresión emocional, la reevaluación cognitiva y el entrenamiento de habilidades específicas de afrontamiento.

La *expresión emocional* tiene como objetivo proporcionar comprensión y apoyo a la víctima y consiste en alentarla a que cuente lo ocurrido y todo lo que ha pensado y sentido, así como a facilitarle el desahogo emocional de la irritabilidad y de las humillaciones sufridas.

La *reevaluación cognitiva* está enfocada a tres puntos fundamentales. En primer lugar, a la explicación de las reacciones normales ante una experiencia de maltrato y del proceso de adquisición y mantenimiento de los miedos. En segundo lugar, a la discusión racional para eliminar las ideas irracionales, sobre todo en relación con los sentimientos de baja autoestima y culpabilidad por lo ocurrido, y para ajustar a la realidad el sistema de procesamiento de información de la víctima. Y en tercer lugar, a resituar el acontecimiento traumático en los justos términos, analizando con realismo las distintas facetas de la convivencia conyugal y de la situación de los hijos. Se trata, en definitiva, de ayudar a las víctimas a proyectarse hacia el futuro sin ser esclavas del pasado, ensalzando los aspectos positivos existentes: posibilidades realistas de rehacer la vida, de conseguir un trabajo, de comprometerse en tareas de voluntariado o de implicarse en actividades nuevas e ilusionantes. Todo ello tiene como objetivo, en último término, mejorar la autoestima de las víctimas.

El *entrenamiento en habilidades específicas de afrontamiento* implica, en primer lugar, la adopción, en los casos de peligro para la víctima, de medidas urgentes. En segundo lugar, el entrenamiento en relajación muscular progresiva y en respiraciones profundas. En tercer lugar, la enseñanza de habilidades de solución de problemas y de técnicas de control sobre el comportamiento agresivo del maltratador. En cuarto lugar, la ayuda a la recuperación gradual de actividades gratificantes, así como la facilitación de redes de apoyo social y el fomento de conductas de independencia y de autonomía. Por último, en los casos necesarios, el afrontamiento de las conductas evitadas, por medio de las técnicas de exposición y/o de las preocupaciones reiterativas, por medio de las técnicas de distracción cognitiva.

Ayudas económicas y sociales

La ley 35/1995 de ayuda y asistencia a las víctimas de delitos violentos y contra la libertad sexual:

Esta ley establece un sistema de ayudas públicas para las víctimas directas e indirectas de los delitos dolosos y violentos, con resultado de muerte, de lesiones corporales graves o de daños graves en la salud física o mental. En la práctica cotidiana, y tras 10 años en funcionamiento, hay que afirmar que las ayudas que ofrece esta ley no son fáciles de conseguir: (1) no son compatibles con la percepción de indemnizaciones por causa de este delito, a menos que se produzca una situación de insolvencia parcial del culpable, en cuyo caso, podrán alcanzar hasta llegar a la suma total de las mismas y no podrán superar nunca la cantidad establecida como indemnización; (2) las víctimas deben haber sufrido lesiones consideradas como graves y (3) en el caso de ser extranjeras no comunitarias, tener permiso de residencia o proceder de un país que reconozca a la ciudadanía española prestaciones análogas (García Rodríguez, 2004).

Renta Activa de Inserción Mínima (RAI):

Las mujeres que acrediten ser víctimas de violencia doméstica, a través de la concesión de una orden de protección, y vivan en situación de precariedad económica tienen derecho a percibir la Renta Activa de Inserción (RAI), que consiste en 368 euros mensuales durante diez meses. Si la víctima acredita la necesidad de cambiar de domicilio, recibe también una ayuda consistente en la cantidad de tres meses de la RAI.

Derechos laborales y de seguridad social:

Las mujeres trabajadoras que acrediten la situación de violencia de género tendrán derecho a la reducción o reordenación de su jornada de trabajo, a la movilidad geográfica, a la suspensión de la relación laboral con reserva de puesto de trabajo (excedencia en caso de ser funcionaria) y a la extinción del contrato de trabajo[8]. Tanto la suspensión como la extinción del contrato de trabajo darán lugar a situación legal de desempleo y el tiempo de suspensión se considerará como periodo de cotización efectiva a efecto de las prestaciones de Seguridad Social y desempleo[9].

Acceso a viviendas y residencias públicas:

Las víctimas de violencia doméstica serán consideradas colectivos prioritarios en el acceso a viviendas protegidas y residencias públicas para mayores.

Otras ayudas sociales:

Independientemente de las ayudas que pudieran corresponderles de conformidad con la ley 35/1995, las mujeres víctimas de violencia doméstica en situación de precariedad económica pueden recibir una ayuda de pago único por importe equivalente al de seis meses de subsidio

---

8 Modificación prevista en los artículos 37 y 40 de la Ley del Estatuto de los Trabajadores y 17, 20 y 29 de la Ley de medidas para la reforma de la función pública.

9 A tal fin se prevé la adición del apartado 5 en el artículo 124 de la Ley General de la Seguridad Social.

de desempleo, siempre que por distintas razones tenga especiales dificultades para obtener un empleo. Si la víctima es una mujer discapacitada su importe podrá alcanzar el equivalente a 12 meses de subsidio y si tiene responsabilidades familiares hasta 18 meses. Si se presentan ambas circunstancias podrán percibir 24 meses de subsidio por desempleo.

4.3.8. La prevención de la violencia doméstica

En la medida en que la violencia doméstica no es un hecho causal, sino que parece tener su origen en pautas culturales y sociales profundamente arraigadas en la sociedad, se ha destacado la importancia de trabajar desde el ámbito de la sensibilización social y de la educación.

Prevención primaria

Se han propuesto medidas dirigidas a prevenir la violencia doméstica a través de una educación basada en la igualdad y no discriminación por razón de sexo. Se propone incidir en las edades tempranas del desarrollo evolutivo a través de programas educativos con adolescentes en centros educativos. Estos programas, por un lado, tratan de cambiar los valores sociales asociados con el maltrato y las nociones esteriotipadas de género, mientras que por el otro, procuran mejorar las habilidades para la resolución de conflictos por medios no violentos. En este sentido, la ley orgánica de medidas de protección integral contra la violencia de género prevé la formación inicial y permanente del profesorado en materia de derechos humanos.

Programas de sensibilización social

En su mayoría las iniciativas de sensibilización emprendidas en los últimos años por las autoridades estatales han ido dirigidas a las propias mujeres víctimas (Amnistía Internacional, 2005). Los mensajes más habituales hasta la fecha han sido los que repetían a las mujeres la importancia de que tomaran la iniciativa de denunciar, de pedir ayuda.

Las campañas de sensibilización se han dirigido también a la población con el objeto de promover en la sociedad española reacciones de tolerancia cero ante los actos de violencia doméstica.

4.3.9. *¿Qué se puede esperar del futuro respecto a la violencia doméstica?*

El panorama no es necesariamente desalentador. Hoy se sabe más de lo que ocurre en la intimidad del hogar. Las agresiones no son más frecuentes hoy en día que antes, simplemente se conocen más.

Respecto a la violencia en la pareja, cabe incluso la posibilidad de que la situación mejore: en las sociedades modernas la relación de pareja tiende a durar menos, no estando sometida a una presión tan extrema. Los nuevos modos de relaciones actuales se prestan menos a la violencia porque están basados en expectativas de igualdad que tienden a inhibir los comportamientos violentos. No debe olvidarse que éstos encuentran un importante caldo de cultivo en la dependencia y en la asimetría de la relación. De hecho, ha habido unos cambios determinantes en cuanto a una mayor igualdad en la pareja: el aumento de la edad media del hombre y de la mujer que deciden convivir juntos; la independencia económica de la mujer y su implicación cada vez más activa en todos los sectores sociales y la aceptación social del divorcio, a modo de válvula de seguridad (Echeburúa y Corral, 1998)

BIBLIOGRAFÍA

AA.VV.: "Violencia doméstica", Editorial Jurídica Sepin, 2005

ACALE SÁNCHEZ, M.: "Los nuevos delitos de mal trato singular y de malos tratos habituales en distintos ámbitos, incluido el familiar", *Revista de Derecho penal y Criminología*, 2ª época, nº 15, 2005, pp. 11-54

ALBERDI, I. y MATAS, N.: "La violencia doméstica: informe sobre los malos tratos a mujeres en España", Fundación La Caixa, Colección de Estudios Sociales nº 10, 2002

Amnistía Internacional: "Más allá del papel", 2005

BENÍTEZ, M.J.: "Violencia en el ámbito familiar: La mujer como víctima", Ed. Edisofer, Madrid, 2004

CALVO GARCIA, M.: "El tratamiento de la violencia familiar de género en la Administración de Justicia", 2004

CEREZO DOMÍNGUEZ, A.I.: "El homicidio en la pareja: tratamiento criminológico", Valencia, Tirant lo Blanch, 2000

CEREZO DOMINGUEZ, A.I.: "La violencia en la pareja: Prevalencia y Evolución", en "La reforma penal en torno a la violencia doméstica y de género", Boldova Pasamar y Rueda Martínez (coords.), Ed. Atelier, Barcelona, 2006, pp. 307-324.

ECHEBURUA, E., CORRAL, P., SARASUA, B. y ZUBIZARRETA, I.: "Tratamiento cognitivo-conductual del trastorno de estrés postraumático crónico en víctimas de maltrato doméstico: un estudio piloto", *Análisis y modificación de la conducta*, vol. 22, nº 85, 1996

ECHEBURUA, E. y CORRAL, P.: "Manual de violencia familiar", Siglo XXI, Madrid, 1998

GARCÍA ESPAÑA, E. y PÉREZ JIMÉNEZ, F.: "Seguridad ciudadana y actuaciones policiales", Fundación El Monte, Málaga, 2005
GARCÍA RODRÍGUEZ, M.J.: "Código de los derechos de las víctimas", Editorial IAAP, 2004, pp 309 y ss.
Instituto de la Mujer: "La violencia contra las mujeres: resultado de la macroencuesta", Ministerio de trabajo y asuntos sociales, Madrid, 2000
Instituto de la Mujer: "Memoria de actuaciones contra la violencia doméstica realizada por la Administración General del Estado y las Comunidades Autónomas en el año 2003", Ministerio de Trabajo y Asuntos Sociales, Madrid, 2004
LARRAURI PIJOAN, E.: "¿Por qué retiran las mujeres maltratadas las denuncias?", *Revista de Derecho penal y Criminología*, 2ª época, nº 12, 2003, pp. 271-307
MEDINA ARIZA, J.J. y BARBERET, R.: "Intimate partner violence in Spain: findings from a national survey" en *Violence against Women* 9, 2003
STRAUS, M.A.: "Morfogénesis social y violencia familiar desde una perspectiva transcultural", en *Lecturas de antropología social y cultural*, Honorio M. Velasco (comp.), Cuadernos de la UNED, Madrid, 1996, pp. 713-730
TARDIEU, A.: "Etude médico-légale sur l`nfanticide », Bailliére, Paris, 1868
WALKER, L.E.: "Terrifying Love", Harper and Row, USA, 1989.

4.4. TERRORISMO[10]

4.4.1. Introducción

Una de las principales dificultades iniciales que se tropieza al abordar este tema es la carencia de una definición universal de lo que ha de entenderse por terrorismo. En consecuencia, es asimismo difícil, al menos en principio, determinar que personas han de ser consideradas victimas de dichas actividades. Los organismo internacionales y las reuniones de responsables políticos de muy diversos niveles han intentado, sin conseguirlo, llegar a un consenso de mínimos sobre lo que hay que denominar "actividades u organizaciones terroristas".

Un ejemplo relativamente reciente de este problema se ejemplifica en lo sucedido en la Asamblea General de la ONU celebrada en Octubre de 2001. Las dificultades encontradas pueden sintetizarse así: a) aunque ningún país justificó directamente las acciones consideradas por alguno de los estados miembros (incluso unilateralmente) como terroristas; b) algunos países insistieron en incluir en este concepto aspectos de la acciones llevadas a cabo por estados soberanos y aceptados en la comunidad internacional, mientras que otros se oponían; c) hay muchos

10 Epígrafe elaborado por Enrique Baca Baldomero.

países donde no existe una definición legal de lo que es o no es terrorismo; d) la máxima aproximación conseguida es una especie de definición en la que se aluden como características de las acciones terroristas el constituir delitos contra la paz y la seguridad de las personas, que se ejercen sobre personal civil y que tienen como fin provocar tensiones y/ o desestabilización política y social en el país en el que se cometen.

Tras los atentados del 11 de Septiembre en New York, la Organización de Estado Americanos (OEA) creo un grupo de trabajo que, en junio de 2002, propuso una declaración, finalmente firmada, en la que se recopilaron una suerte de listado de acciones que debían ser consideradas terroristas. Dicho listado procede de diez documentos internacionales preexistentes y no incluye ninguna definición global de los que ha de entenderse por terrorismo.

Los ejemplos (y la enumeración de los intentos) puede ser extensísima y todos ellos participan de la común necesidad (y la común imposibilidad) de definir algo que, por naturaleza, implica una confrontación radical de posiciones ideológicas y conceptuales.

Vistas así las cosas hemos de concluir que cualquier definición de terrorismo que incluya una declaración previa de culpabilidad y de criminalización de los que lo ejercen o, por el contrario, una justificación, siquiera sea condicional, de los mismos esta destinada al fracaso. Ambas posturas suelen fundamentarse sobre lo que hemos llamado en otro lugar *la construcción del enemigo*[11]. Es necesario tener presente que la existencia misma del terrorismo y su diferencia esencial con la delincuencia común es, al menos en su concepto, el hecho de basarse en la lucha política llevada a cabo "por otros medios" y la exclusión, al menos también teóricamente, del provecho propio o cualquier tipo de beneficio directo para el ejecutor de la acción. *Es evidente que el terrorista verá sus acciones como un "acto de guerra" pero hemos de tener bien claro que la victima tenderá a verlas como un "crimen particularmente cruel y sin justificación".*

Por ello hay que tener siempre presente que la posición de la víctima del terrorismo, en cuanto ciudadano particular, en cuanto víctima concreta, sea directa o indirecta, es la de *alguien que se encuentra atacado sin que pueda entender racionalmente por que razón y en que medida se ha convertido en el enemigo de alguien que no conoce y con el*

---

[11] Véase el capitulo correspondiente de Baca y Cabanas, 2003.

que, en muchas ocasiones, no tiene ningún tipo de contacto directo o indirecto.

Se ha constatado en nuestros estudios sobre víctimas españolas que la víctima del terrorismo, especialmente las victimas civiles y de atentados indiscriminados, nunca previamente se ha sentido en riesgo, ni ha pensado jamás que podría llegar a ser un objetivo.

Una última advertencia. Al lector de este capítulo hay que recordar la secuencia clásica de la aproximación correcta a cualquier fenómeno de conducta (y el acto terrorista y sus consecuencias sobre las víctimas serán aquí considerados desde esta perspectiva): los fenómenos de la conducta humana pueden ser *descritos* desde el punto de vista de su manera de aparición y sus consecuencias, pueden ser *explicados* desde el punto de vista de su análisis causal, pueden ser *interpretados* desde el punto de vista de su dinámica, pueden ser *comprendidos* desde la posibilidad de una aproximación empática a los mismos y pueden ser *justificados* desde el punto de vista de su contextualización ética.

En este capítulo describiremos analizaremos e incluso intentaremos encontrar la interpretación que pueda encontrarse en este aspecto de la vida del ser humano (centrándonos específicamente en sus consecuencias y en como las víctimas han de enfrentarse a ello) pero en ningún caso nos adentraremos en los terrenos de la comprensión ni, mucho menos, de la justificación de los fenómenos que aquí se describen, se interpretan e intentan explicarse.

En consecuencia todo lo anterior y lo que sigue ha de ser leído de forma que no añada ni un ápice de justificación a tales hechos. Su misión es ayudar, como acabamos de decir, a la explicación y a la interpretación del fenómeno, que es de lo que se trata en un manual como el presente.

4.4.2. Hacia una definición operativa del fenómeno terrorista

Sean cuales fueran sus motivaciones últimas y las justificaciones que se puedan hacer de tales actividades o los calificativos negativos que puedan acumularse sobre ellas, lo que define el *acto terrorista* son los siguientes aspectos del mismo:

a) atenta contra la vida, la seguridad o los bienes de las personas

b) se realiza con el fin de obtener una máxima difusión del hecho y producir terror, amedrentamiento o inseguridad en los que lo sufren directa o indirectamente (individuos o colectivos) y de forma muy destacada, en la población general

c) dichas repercusiones sobre las víctimas y sobre el resto de la población buscan presionar a gobiernos, instituciones o colectivos para que se plieguen a la voluntad y deseos de los que ejecutan el atentado

d) esta presión se basa en la idea de que golpeando y amenazando a la población los gobiernos o instituciones se sentirán obligados a claudicar y ceder a las solicitudes del grupo que realiza los atentados. Para ello el terrorista suele contar con el efecto de temor y rechazo que la población afectada desarrolla hacia la situación de inseguridad y de violencia recibida y con la idea de que dicha población (precisamente debido al citado temor y rechazo) presionara a las instituciones para que acceda a las demandas del autor de los atentados a cambio de que cesen éstos

e) en la estrategia del terrorista esta, por tanto, la idea de que las víctimas acabarán percibiendo al gobierno de que se trate y a las instituciones como "responsables" en dos sentidos confluyentes: en la medida de que muestran su incapacidad para defenderlas y en la medida de que no consiguen, por el medio que sea, acabar con el problema, aunque esto se haya de conseguir mediante la cesión de lo que terrorista demanda. Por esta razón el acto terrorista pretende siempre ser y aparecer como imprevisible, impactante, inesperado, implacable, incontrolable y sobre todo, publicitado lo mas ampliamente posible.

Esto supone que el autor de tales acciones ha de desplegar una conducta que exige una hiperidentificación compleja con los objetivos finales del grupo que la promueve. El estudio de los mecanismos por los cuales dicho fenómeno se produce es muy interesante, pero no corresponde al objetivo del presente capítulo.

4.4.3. Las víctimas del terrorismo

Es bien sabido que el término "víctima" no es tampoco un término unívoco y que, a pesar de un origen etimológico claro y preciso (animal —en determinadas culturas, persona— destinada a un sacrificio de carácter religioso) pueden encontrarse acepciones distintas del mismo. Por otra parte depende en gran medida del concepto de víctima que se adopte para que la propia victimología (en cuanto ciencia que trata de la víctima) presente peculiaridades asimismo diferentes[12].

Por tanto el origen etimológico señala un sentido religioso y sacrificial al término víctima (lo cual hace de la víctima un objeto cuya muerte es una forma de intermediación con la divinidad) y que, en consecuencia no es objeto de la agresión que sufre en función de ninguna utilidad directa para el que la sacrifica, ni tampoco en función de su participación en el hecho ni en la intención por la cual es sacrificada, sino que es mero "objeto intermediario" de una dinámica que la trasciende y que la utiliza en aras de pretendidos valores superiores. Dicho de otra manera, y restringiendo nuestra argumentación a las victimas sacrificiales humanas (que históricamente han existido), el hombre o la mujer que son ofrecidos a la divinidad lo son en cuanto objetos intermediarios de un bien que se pretende alcanzar, sin que medie animadversión especial, ni se considere un castigo a sus acciones (muy a contrario en ocasiones se consideraba un honor). Asimismo los que sacrifican a la víctima (castas sacerdotales generalmente) tampoco esperan ventajas específicas para el sacrificador: el sacrificio y la victima se eligen y realizan en función de valores superiores y con la pretensión de alcanzar generalmente beneficios para la comunidad.

Es evidente que este concepto de "víctima" dista mucho del que actualmente se maneja, pero retengamos simplemente el antecedente que significa en cuanto conversión del ser humano en objeto intermediario cuya muerte es "útil" para pretendidos bienes superiores.

La moderna victimología ha abandonado esta concepción y ha centrado las definiciones de víctima en la consideración del daño sufrido y en la naturaleza jurídica de la posible violación de los derechos que significa dicho daño.

Este es un tema que ya ha sido abordado en otras partes de este Manual, por lo que aquí nos limitaremos a recordar que las víctimas pueden ser divididas, de una forma muy inicial, en víctimas accidentales y víctimas intencionales. Las primeras son producto de desastres naturales, accidentes de todo tipo, ataques de animales e incluso de imprudencias humanas. Su característica principal es la falta de intencionalidad agresiva por parte del agente causal y el ser siempre circunstancias

---

12 El libro de Rodríguez Manzanera y en otros capítulos del presente Manual se mencionan en profundidad estos aspectos generales.

fortuitas las que colocan a la víctima en el momento y el lugar en el que se produce el daño.

Por le contrario las víctimas intencionales lo son de acciones destinadas específicamente a causar el daño producido, aunque el destinatario no sea precisamente la víctima. Así dentro de las víctimas intencionales puede haber algunas que hayan sufrido la agresión de forma aparentemente "accidental" (es el caso de los atentados indiscriminados o de los llamados "daños colaterales" sobre personas a las que inicialmente no se pretendía hacer daño). Pero es necesario dejar claro que estas víctimas siguen siendo, a todos los efectos, víctimas de la intencionalidad dañina del agresor.

En el caso de las guerras estas situaciones son claras y precisamente el término "daños colaterales" se ha pretendido emplear en un tono exculpatorio que no tiene sentido real: una acción de agresión es responsable de todas las consecuencias negativas que produce y no hablamos desde el punto de vista estrictamente jurídico sino desde el punto de vista de la atribución de la causalidad del daño sufrido por las víctimas del mismo.

Parece claro que las víctimas del terrorismo son *víctimas intencionales y nunca accidentales* aunque su victimización se produzca en el marco de atentados indiscriminados o se pretendan considerar "daños colaterales".

No obstante lo dicho entre las víctimas del terrorismo es necesario distinguir dos tipos cuyas diferentes implicaciones en el proceso de victimización han sido aún escasamente estudiadas. En primer lugar tenemos aquellas víctimas que, por la naturaleza de su trabajo u ocupación, pueden ser, y si se permite emplear una formulación a todas luces inadecuada, "objetivos *naturales* de la acción terrorista". Se incluirían aquí los militares, cuerpos de seguridad, etc. En un segundo lugar tendríamos a la población civil general que puede sufrir las consecuencias de atentados indiscriminados o también las consecuencias de atentados dirigidos específicamente contra alguna otra persona distinta de ellos pero que, accidentalmente, se encuentran en el lugar o en las proximidades de los hechos. En los primeros hay una intencionalidad clara y dirigida hacia el agredido (son acciones "personalizadas") en los segundos hay un componente de "accidentalidad" que no obstante, repetimos, no elimina la característica básica de la intencionalidad del atentado, es decir de la voluntad deliberada de producir daño, terror e inseguridad.

No obstante hay que precisar que estos límites son constantemente cambiados por la estrategia terrorista. Así la población civil indiscriminada puede convertirse en el objetivo principal y los grupos que hemos denominado como objetivos "naturales" también son cambiantes y pueden comprender, según el lugar y el momento, políticos, personalidades relevantes de la vida social, grupos étnicos, pretendidos delincuentes, empresarios, lideres obreros, etc. Esto constituye también un rasgo específico del proceso de victimización terrorista: los objetivos, y por tanto las víctimas potenciales, son, en principio todo aquello que ha sido conceptualizado, de forma arbitraria, como "enemigo" o "colaborador del enemigo" y estos conceptos no solo son, como acabamos de decir, arbitrarios, sino altamente inestables y por tanto cambiantes.

4.4.4. Victimas directas y victimas indirectas

Como es sabido la victimización no solo se produce en la persona que directamente ha sufrido la agresión, sea esta de cualquier tipo. Estas víctimas suelen ser denominadas como *victimas* directas. Pero también se consideran víctimas personas que no han sufrido directamente el daño pero sufren consecuencias derivadas del acto dañoso. En el caso de las víctimas del terrorismo es necesario tener en cuenta que por cada víctima directa pueden aparecer varias *victimas indirectas*, entendiendo por tales a dos tipos de situaciones y personas: a) las que han presenciado como testigos directos el atentado sin haber resultado afectados directamente en su integridad física o en sus bienes y b) aquellas que habiendo presenciado o no el atentado tiene relaciones de consanguinidad o parentesco con la víctima directa.

La primera categoría de víctimas indirectas puede, a su vez, ser dividida en varias subclases dependiendo de la naturaleza y circunstancias de la presencia en el momento y lugar del atentado y de también de la naturaleza de éste. Así no es igual el testigo de un asesinato selectivo mediante disparo que el testigo próximo al estallido de un coche bomba (insistiendo que hablamos de personas que no han sufrido daño *físico* alguno). Igualmente hay que incluir entre las victimas indirectas potenciales a las personas que participan en los dispositivos de ayuda inmediata en estos casos y han de recoger el o los cadáveres, atender a los heridos u organizar su rescate. Por ello el concepto de víctima indirecta se ha extendido en esta primera acepción y aunque se pensaba que la repercusión de la agresión (acontecimiento traumático) es menor en aquellas víctimas indirectas sin relación estrecha con la víctima directa (bien por parentesco, bien por amistad) y que los profesionales implicados en el acontecimiento deberían tener un factor de protección añadido y dependiente de su identidad profesional, para no sufrir consecuencias psicológicas derivadas de haber vivido o presenciado el acto agresivo, la experiencia comienza a demostrar lo contrario y en grandes atentados como los del 11 de septiembre en New York o el 11 de marzo en Madrid esta suposición ha sido puesta claramente en tela de juicio.

En cuanto a la segunda categoría de víctimas indirectas (familiares) que hayan presenciado o no la agresión se ha estudiado poco. Precisamente en España el Proyecto Fénix (1) fue el primero que prestó atención a este tipo de víctimas y estudio la relevancia del efecto de la agresión sobre las mismas.

Este segundo grupo de victimas indirectas (familiares) está constituido por los familiares directos o convivientes que, incluso hallándose separados de la víctima geográficamente en el momento del atentado resultan afectados de manera significativa. Es un grupo cuya victimización no solo va a depender del impacto emocional de la noticia y la constatación del daño inflingido a su familiar (padre, hermano esposo, hijo) sino en muchas ocasiones de las consecuencias a medio y largo plazo que sobre cada uno de los miembros de la estructura familiar y sobre esta en su conjunto va a tener bien la muerte del ser querido o las consecuencias físicas y psicológicas del superviviente, en el caso de que dicha muerte no se produzca.

En ambos casos la existencia de victimas indirectas plantea de manera especialmente flagrante en que medida, en el caso de terrorismo, las consecuencias psicológicas han de ser tenidas en cuenta como un factor dependiente directamente de la acción terrorista sufrida, aun en la ausencia de cualquier tipo de lesión o daño físico.

4.4.5. Victimizacion primaria, secundaria y terciaria

En un trabajo publicado en 1964 (2) se hablo por primera vez de victimización primaria, secundaria y terciaria dándole a estos términos un sentido que varia ligeramente del que utilizaremos aquí. Así se entendía que victimización primaria hacia referencia a las victimas directas, secundaria cuando la victima era un grupo en particular y terciaria cuando se trataba de un colectivo difuso o generalizado. El concepto de victimización primaria se mantiene como el hecho traumático original (el atentado terrorista en nuestro caso) pero la victimizacion secundaria se entiende tal y como la plantea Kühne quien entiende por ella *todas las nuevas agresiones psíquicas* (no intencionadas pero evidentes) *que la víctima* (no solo la víctima de atentados terroristas pero también ella) *recibe indefectiblemente tanto durante el periodo de investigación policial como a lo largo del procedimiento judicial* (interrogatorio, reconstrucción de los hechos, lentitud y demora de los procesos, asistencia a los juicios, etc).

Las víctimas de atentados terroristas en España (ya sean víctimas directas o familiares de víctimas) aparecen durante el procedimiento como un sujeto pasivo y no reciben información oficial de la marcha de las diligencias policiales ni de los procedimientos judiciales. La experiencia recogida nos dice que el proceso penal en España supone una nueva agresión, evidentemente no intencionada pero no por ello menos grave, a la víctima del terrorismo. La reconstrucción de los hechos, el encontrarse cara a cara con el agresor y con los que le apoyan, el tener que compartir el mismo espacio con los familiares y amigos del acusado, la sensación de no sentirse incluido ni escuchado en el proceso penal, etc, son ejemplo de lo que configura la segunda victimización en estos casos.

Muchas de estas circunstancias son compartidas evidentemente con las víctimas de otros delitos violentos pero el caso del terrorismo en España (al menos del terrorismo "mayoritario" habido en los últimos 30 años o sea el terrorismo de ETA) presenta una característica específica que no es posible soslayar: el acusado no se siente culpable y generalmente (cuando no decide ignorar absolutamente el proceso) justifica su acción y se declara orgulloso de ella. Esta postura es generalmente apoyada por sus partidarios y la víctima no percibe de forma clara y definida el reproche social que suele acompañar al resto de los delitos y que es consustancial, por ejemplo, a los delitos sexuales. Es por ello que la segunda victimización "clásica" en el caso de las víctimas del terrorismo se acompaña de un añadido: el agresor no se considera culpable sino que culpa a la víctima directa o indirectamente y la víctima percibe claramente que esta apreciación es compartida por otras muchas personas. Hay que reflexionar que una de las características de los atentados terroristas (especialmente los indiscriminados) es que las víctimas no se sienten, en absoluto, participantes o incluso relacionados con las causas aducidas para atentar contra ellos.

Para la víctima darse cuenta de esto (y muchas veces lo "palpa" de forma consistente en el acto del juicio del agresor) supone desconcierto y aumento de la sensación de abandono y de falta de apoyo social que, como veremos, es uno de los factores mas importantes de protección ante los efectos psicológicos del atentado. Por ello nos es de extrañar que en hallamos encontrado en estudios realizados sobre victimas españolas que el 99.5% de los casos que conocen que su agresor ha sido enjuiciado y condenado, pero que no han participado en el proceso ni han asistido a dicho juicio, consideren que no se les ha hecho justicia. Por el contrario las víctimas que fueron representadas por una acusación particular en el acto del juicio consideraban que se les había hecho justicia en el 64%. Como contraste, el estudio de una muestra de víctimas de ETA cuyos agresores habían sido juzgados en Francia y que, de acuerdo con los procedimientos procesales franceses, se les había incluido como parte activa del procedimiento y habían podido declarar ante el tribunal, ocupando en la sede del mismo espacios distintos de los de los agresores y sus familiares y amigos, el porcentaje de los que presentaban el sentimiento subjetivo de que no se les había hecho justicia descendía al 20% aproximadamente.

Pero aún cabe pensar en la existencia de una victimización terciaria en el caso de los atentados terroristas. Es la que se produce cuando el agresor ya identificado y condenado obtiene legalmente la libertad y sale a la calle. Este es un fenómeno que también sucede en cualquier situación de victimizacion causado por cualquier agresión delictiva (es también muy importante en los delitos sexuales seguidos o no de asesinato) pero tiene, en el caso del terrorismo, dos connotaciones a tener en cuenta y que hemos ya mencionado: el hecho de que puede darse una "aceptación social" de la acción terrorista coloca a la victima en una nueva situación de indefensión y agresión en la medida que, de alguna manera, percibe como "justificada" por parte de sus vecinos la agresión que sufrió el o su familia. También puede aparecer esta tercera victimizacion en los casos de medidas de gracia para los agresores.

En general la segunda y tercera victimización es dependiente de dos tipos de factores: a) uno general que podríamos considerar "social" y que comprende las circunstancias ambientales concretas y la reacción de las instituciones ante el hecho terrorista y b) otro personal de la víctima, que esta en relación con el grado de afectación inicial psicológica de dicha víctima y, en general, del valor de los factores de riesgo y protección en relación con el trauma del atentado.

4.4.6. Las víctimas de terrorismo en el mundo

La extensión del fenómeno terrorista en el mundo es prácticamente universal. Resulta difícil calcular el número de muertos que se producen diariamente y el cálculo del la cantidad total de victimas desde el final de la segunda guerra mundial es absolutamente imposible de estimar.

A esto contribuye sin duda la ausencia de una definición aceptada universalmente de lo que es el terrorismo y a la falta de estadísticas fiables en los diversos escenarios en que este fenómeno se produce.

Si unimos a esto las víctimas supervivientes (con o sin secuelas físicas y psicológicas de los atentados) y los familiares afectados directamente las cifras que se podrían dar sufrirían un incremento exponencial.

Los estudios internacionales sobre víctimas del terrorismo[13] se han extendido a prácticamente todos los escenarios afectados aunque pueden distinguirse dos etapas diferenciadas en la publicación de trabajos científicos sobre víctimas del terrorismo y separadas por el impacto mundial que tuvieron los atentados del 11 de Septiembre en New York. En la primera etapa los estudios son comparativamente escasos y se realizan especialmente en Irlanda y Gran Bretaña (terrorismo del IRA) y Francia y Algeria (terrorismo islámico) y todos son posteriores al comienzo de la segunda mitad de la década de los 80. En Estados Unidos se había estudiado la catástrofe de Oklahoma City (19 de Abril de 1995) y en Israel los ataques palestinos se estudiaban mas en el marco de las consecuencias traumáticas de una guerra no declarada.

En España el llamado *Proyecto Fénix* que comenzó a estudiar las consecuencias psicológicas y sociales de los atentados terroristas en nuestro país, inició sus estudios previos precisamente en el año 1986.

Tras el 11 de Septiembre la literatura norteamericana sufrió un incremento exponencial de datos y trabajos sobre las consecuencias de un atentado masivo tanto en las victimas directas como en las indirectas y, especialmente, entre los miembros de los cuerpos de ayuda. Al mismo tiempo se ha escrito interesantes recopilaciones de las experiencias mundiales en este sentido que se mencionan en la bibliografía recomendada. Algo parecido ha sucedido en España tras el atentado en la estación de ferrocarril de Atocha en Madrid el 11 de Marzo de 2004 (4).

4.4.7. Las victimas del terrorismo en España

España ha tenido el triste privilegio de soportar una actividad terrorista prácticamente desde la transición democrática hasta nues-

---

13 Una excelente recopilación de prácticamente todos los trabajos realizados en el mundo se encuentra en el libro de Danieli, Brom y Sills, 2005.

tros días. Esta actividad ha tenido momentos de máximo recrudecimiento y otros periodos en los que los atentados se han espaciado e incluso se han interrumpido durante un tiempo mas o menos prolongado. La actividad terrorista, analizada en relación a la victimización que ha producido, puede distinguirse en tres tipos fundamentales: a) atentados personales a miembros del ejército o fuerzas de seguridad; b) atentados personales a personas civiles con o sin vinculación con los aparatos del estado (funcionarios, miembros de la judicatura, políticos y personas particulares); c) atentados indiscriminados dirigidos, bien a objetivos que podrían considerarse incluidos en los apartados anteriores (cuarteles, instalaciones estatales) o bien a objetivos civiles (caso del atentado a unos grandes almacenes en Barcelona en 1987 o el atentado a los trenes en Madrid del 11 de marzo de 2004).

Aunque no se dispone de estadisticas definitivas, en total las víctimas mortales han superado con creces el millar de personas y el número de heridos supervivientes y de familiares afectados puede estimarse entre seis y diez mil individuos.

4.4.8. Patología psicológica de las victimas del terrorismo

La patología principal que se ha descrito insistentemente en las víctimas del terrorismo es el llamado trastorno por estrés postraumático (TEPT) que se considera una alteración ligada consistentemente a situaciones de riesgo real o percibido de muerte y que aparece en muchas otras víctimas de situaciones traumáticas.

Sin embargo hay datos concluyentes para pensar que el TEPT no es la patología más prevalente entre los trastornos que aparecen en las victimas del terrorismo aunque sea, sin duda, la más grave. Pueden considerase patologías prevalentes de los primeros momentos tras el atentado las reacciones al estrés agudo (generalmente de carácter ansioso o disociativo en un número menor de casos) los trastornos afectivos (especialmente depresión mayor) y las crisis de ansiedad. Asimismo pueden aparecer muy tempranamente los signos y síntomas típicos del TEPT.

En un segundo momento los trastornos afectivos y de ansiedad así como los trastornos adaptativos pueden estabilizarse o, por el contrario, cronificarse. Además pueden aparecer otro tipo de alteraciones como consumo de sustancias (minoritario en cualquier caso en los datos que tenemos en la población española), alteraciones hipocondríacas y abundantes trastornos somatomorfos.

Los estudios realizados en España ofrecen en este sentido datos concluyentes. Los niveles de salud mental encontrados en las víctimas directas, víctimas indirectas y familiares de víctimas son sustancialmente mas bajos que los de la población general de referencia; el riesgo de cumplir condiciones de ser un caso con alteraciones psicopatológicas significativas es de 2.55 veces mas alto que el encontrado en la población general.

Las patologías mas frecuentes son las alteraciones afectivas (depresión mayor) y los trastornos somatomorfos así como, en los primeros momentos, los trastornos de ansiedad (generalmente manifestados en forma de crisis de angustia o bien como ansiedad generalizada). Como consecuencia de estas alteraciones la calidad de vida de las víctimas es también sensiblemente mas baja que la de la población general.

Los estudios, aún incipientes, realizados en la población de Madrid tras el atentado del 11 de Marzo de 2004 también coinciden con estas apreciaciones y ofrecen cifras del 45.3% de crisis de angustia y del 31.3% de depresión mayor así como del 35.9% de TEPT[14]. Estas cifras fueron calculadas en un tiempo próximo al atentado y reflejan el grado de afectación que ha de ponerse en el contexto que supone la gravedad y las circunstancias excepcionales del mismo. Es importante resaltar que un indicador fiable encontrado en este estudio es el aumento del consumo de tabaco entre los afectados fumadores (del 28.1%) así como el de alcohol (4.3%) que superan las cifras encontradas en ese mismo periodo en la población general de Madrid (10.9% y 1.9%, respectivamente).

4.4.9. Factores de riesgo y protección

Los factores que aparecen en prácticamente todos los trabajos publicados sobre víctimas del terrorismo como factores causales y de riesgo, así como factores de protección, no solo para el padecimiento del TETP sino para la aparición de cualquier tipo de psicopatología, son los siguientes:

a) *Naturaleza e intensidad del acontecimiento traumático.* Parece bien establecido que la aparición y gravedad de las consecuencias psicopatológicas de un atentado sobre las víctimas está en relación

---

[14] El número monográfico de la revista científica "Ansiedad y Estrés" mencionado en las lecturas recomendadas contiene una amplia información sobre estos trabajos.

directa con la naturaleza e intensidad del hecho traumático. Así, por ejemplo, en los atentados terroristas sufridos en España por miembros del cuerpo nacional de policía en el año 1990, los realizados con bombas predecían de una forma consistente la aparición del TEPT y de otras secuelas psicopatológicas en los supervivientes frente a los realizados mediante disparos. Puede decirse que el empleo de explosivos es el tipo de acción terrorista que deja secuelas psicopatológicas más graves y persistentes en las víctimas supervivientes y sus familiares, sin que esto quiera decir que otro tipo de atentados (por ejemplo, disparo a quemarropa) no supongan un efecto gravemente negativo sobre dichos supervivientes y familiares. En general puede decirse que aquellos actos terroristas que suponen una amenaza inmediata, súbita y violenta para la vida o integridad física del sujeto, que son inesperados y toman al individuo por sorpresa y sin preparación para afrontarlos, son los que poseen mayor potencial patógeno.

b) *Factores de personalidad del sujeto afectado*. Parece claro que la estructura previa de la personalidad (bien organizada, madura y capaz de afrontar adapatativamente los acontecimientos vitales) supone siempre un factor de protección ante los acontecimientos traumáticos en general y ante las consecuencias de los atentados terroristas en particular. No obstante hay que advertir que dependiendo de la intensidad y de la gravedad de los mismos estos factores pueden "enmascarar", debajo de una respuesta adaptativa inicial adecuada, una reacción mas tardía de de "derrumbe" psicológico, que puede ser mas grave aún que en aquellas personas que, por su estructura personal, podrían ser consideradas como mas vulnerables *a priori*. Los acontecimientos del 11 de septiembre en New York y las reacciones encontradas en los equipos de salvamento (policías y bomberos) apuntan en este sentido. En general se ha dicho que la ausencia de estrategias adaptativas adecuadas en la vida ordinaria del sujeto, previa a la situación traumática, debería ser considerada como un factor de riesgo, así como la existencia de rasgos histéricos e hipocondríacos en dicha personalidad previa, pero estos datos no pueden ser considerados concluyentes.

c) *Psicopatología previa y antecedentes familiares*. La admisión de que pueda existir una vulnerabilidad genética para el desarrollo de reacciones psicopatológicas adversas ante las situaciones traumáticas no esta demostrada. Por tanto no puede ser valorado con exactitud el peso que los antecedentes psiquiátricos familiares tengan en la aparición de reacciones psicopatológicas en las víctimas del terrorismo, aunque algunos estudios empíricos así lo señalen. Por su parte los antecedentes psiquiátricos personales (en especial, como acabamos de decir, rasgos anormales de personalidad y antecedentes de trastornos de ansiedad y afectivos) si han de ser considerados un factores de riesgo aunque no podamos conocer con exactitud el mecanismo por el cual actúan.

d) *Acontecimientos vitales peri y postraumáticos y respuesta temprana al trauma.* Aunque no hay tampoco trabajos concluyentes sobre este extremo, puede decirse que las pruebas disponibles hasta el momento apuntan a que los acontecimientos vitales, que suceden en el periodo anterior al atentado y posterior al mismo, tienen un efecto aditivo sobre el riesgo de afectación de las circunstancias psicológicas del afectado, de manera que constituyen un factor de riesgo tanto para la aparición como para la gravedad y la cronificación de las consecuencias psicopatológicas del atentado.

e) *Existencia de una red social adecuada y de apoyos consistentes en la comunidad.* Todos los trabajos disponibles sobre víctimas del terrorismo, incluidos los realizados en España, apuntan de manera muy consistente hacia que el mayor factor de protección que impide la aparición de consecuencias psicopatológicas graves en el sujeto es la existencia de una red social adecuada y de un apoyo expresado hacia la víctima. El apoyo expresado (o soporte social percibido) es particularmente importante si se da en el ámbito familiar y laboral del sujeto y constituye un medio preventivo de primer orden para la aparición de consecuencias psicológicas negativas en los afectados. En soporte del medio social próximo es también importante para la víctima y esto constituye un grave problema en el caso de víctimas del terrorismo atacadas en circunstancias y lugares en los que el terrorista tiene también apoyos sustanciales en la comunidad en la que se produce el atentado. En estos casos la dinámica de "construcción del enemigo", a la que antes aludíamos, se acentúa y constituye un factor que condiciona tanto la afectación de la víctima como sus posibilidades de recuperación.

4.4.10. El curso de los trastornos psicopatológicos y gravedad de los mismos

Hay un acuerdo general en la idea de que las consecuencias psicopatológicas mas graves de las acciones terroristas no son precisamente las que afloran en los primeros momentos tras el atentado. Las consecuencias inmediatas se inscriben dentro de las reacciones a las situaciones de estrés agudo y presentan una gama de formas clínicas que van desde las reacciones disociativas hasta los cuadros de ansiedad aguda con o sin alteraciones de conducta. No obstante, en la experiencia española, estas situaciones se observan con mas frecuencia en los accidentes y catástrofes naturales que en los atentados terroristas en lo que se refiere a las víctimas que, la mayoría de las veces, presentan un estado de aparente calma y serenidad que, no obstante, hay que distinguir cuidadosamente de las situaciones de shock emocional o de los estados disociativos aparentemente lúcidos. Aunque muchos trabajos apuntan a que la presencia de síntomas muy precoces entre las víctimas predice la posterior aparición de alteraciones psicopatológicas graves (en especial se ha estudiado la importancia de la presentación inmediata de estados disociativos como predictor de la aparición posterior de TEPT) la experiencia clínica no confirma siempre esta afirmaciones y no es infrecuente que la ausencia absoluta de reacciones psicopatológicas observables inmediatas se acompañe, en momentos posteriores de descompensaciones graves y duraderas.

Hay pocos estudios de seguimiento a largo plazo de victimas de atentados terroristas aunque todos apuntan hacia una clara tendencia a la cronificación de las consecuencias psicopatológicas. En España los datos señalan consistentemente que las alteraciones producidas son extensas y duraderas. Así nuestro grupo encontró que los niveles de afectación de la salud mental de las víctimas directas, de las víctimas indirectas y de sus familiares en los momentos posteriores al ataque eran mayores en las víctimas directas, pero que a medida que avanza el tiempo los tres grupos afectados (victimas directas, indirectas y familiares) van igualando los niveles de afectación de tal manera que conforman un grupo que se diferencia claramente de la población general, presentando niveles mas bajos de salud mental. Esta afectación se mantiene hasta 24 años tras el ataque sufrido lo que supone, en consecuencia, unas considerables tasas de cronificación.

BIBLIOGRAFÍA

BACA, E; CABANAS ML (eds). (2003). *Las víctimas de la violencia. Estudios psicopatológicos*. Madrid, Triacastela.

BACA, E; BACA-GARCÍA, E; PÉREZ, M; CABANAS, ML. (2005). *Short and Long-Term Effects of Terrorist Attacks in Spain*. En: Danieli, Y; Brom, D; Sills, J (eds) *The Trauma of Terrorism. Sharing Knowledge and Shared Care*. An International Handbook. New York. Haworth Press.

CANO VINDEL, A; TOBAL, JM (eds) (2004). La reacción humana ante el trauma: Consecuencias del 11 de Marzo de 2004. *Ansiedad y Estrés*, 10 (2-3):141-312 (número monográfico).

DANIELI, Y; BROM, D; SILLS, J (eds) (2005) *The Trauma of Terrorism. Sharing Knowledge and Shared Care. An International Handbook*. New York. Haworth Press

RODRÍGUEZ MANZANERA, L (2000) *Victimología. Estudio de la víctima*. 6ª edición. Mexico, Porrúa.

Tema 5

Las encuestas de victimación[1]

5.1. DE QUÉ TRATA ESTE CAPÍTULO

Las encuestas de victimación son la fuente que proporciona un conocimiento de la criminalidad de primera mano. Son un instrumento que indaga, a partir de los propios sujetos susceptibles de ser víctimas, cuántos han sido víctimas de delitos que se caracterizan por tener una víctima personalizada en un sujeto o grupo de sujetos. Los datos que aportan son, por tanto, de gran utilidad para el conocimiento de cuánta y cómo es la criminalidad puesto que no requieren que el delito sea conocido por los organismos oficiales (fuerzas policiales o administraciones judicial y penitenciaria). Sí se precisa, necesariamente, que la víctima sea consciente o se haya percibido a sí misma como objeto de un delito y quiera manifestarlo a una persona ajena (entrevistador) que le formula una serie de preguntas.

Las cifras de criminalidad que aportan las encuestas de victimación suelen ser tomadas como complementarias a las cifras que aportan los organismos oficiales. Este gesto me parece un acto de modestia por parte de quienes las investigamos y las utilizamos. Si bien es seguro que las encuestas de victimación presentan muchos inconvenientes por cuanto no recogen toda la criminalidad posible (como los delitos económicos o los que no tienen una víctima identificable), ni toda la criminalidad que podrían recoger (por causas atribuibles a la propia persona encuestada, al entrevistador, al tipo de delito o a la vía por la que se realiza la encuesta —normalmente telefónica), también es verdad que las cifras *oficiales* aportadas por policía, jueces y administración penitenciaria dependen de la dotación policial o los incrementos de plantilla, la denuncia por parte de la víctima; la apertura de un procedimiento judicial, la condena penal o la remisión del reo a la prisión; la alarma social, etc.

---

1 Capítulo elaborado por M. Eulàlia Luque Reina.

En ambos casos, encuestas de victimación y cifras *oficiales* presentan un importante inconveniente: no recogen toda la criminalidad. Sin embargo, la información aportada por las encuestas de victimación provienen de la fuente primera: de la víctima del delito. Ello implica que la aproximación a la criminalidad real sea mayor y salgan a la luz delitos que no fueron denunciados.

En este capítulo trataremos de acercar al lector a ambas fuentes, *oficiales* y *realistas* (encuestas de victimación), ejemplificando qué información obtener de ellas. Asimismo, se abordarán las diferentes encuestas de victimación desarrolladas en España en los últimos años, sus objetivos y sus aportaciones más importantes. Respecto a las diferentes encuestas, se centrará la atención en la *Encuesta Internacional a Víctimas del Delito* (*ICVS*) por ser la única que permite una comparación de tasas de diferentes países.

Se acometerá también cuáles son los inconvenientes y las principales ventajas de las encuestas de victimación: cómo afectan el instrumento, los encuestadores, los encuestados y la metodología de investigación a la fiabilidad y validez de las tasas.

Finalmente se desarrolla desde un punto de vista genérico, qué son las encuestas y qué permiten; qué tipos de encuestas son las más habituales y cuál es la tendencia de futuro en este ámbito, aunque aún inmadura: las encuestas a través de Internet.

5.2. UN MAYOR ACERCAMIENTO AL CONOCIMIENTO DE LA CRIMINALIDAD

El conocimiento de la delincuencia y la criminalidad debe ser abordado desde sus vertientes *cuantitativa* —cuánto sucede, cuánta es la delincuencia, cuántos los delincuentes, cuántas las víctimas— y *cualitativa* —quién comete qué delitos, cómo y dónde se cometen, quiénes son las víctimas y cómo les afecta, etc.

Las fuentes *oficiales* y las fuentes *no oficiales* o *realistas* aportan información para el conocimiento de la criminalidad, tanto desde el punto de vista cuantitativo como cualitativo.

Las primeras, las fuentes *oficiales,* provienen de la información administrativa de los diferentes cuerpos de seguridad del Estado, de los juzgados y fiscalía y de la administración, por lo que representan cifras y datos sobre la delincuencia conocida por los organismos públicos. Estas cifras, por tanto, se refieren a la criminalidad conocida por la policía y tribunales y la que llega a ser castigada con pena de prisión, pero no computa la criminalidad que no llega a ser denunciada, ni tampoco la de autor desconocido, ni la que no está castigada con pena de prisión (en el caso de las cifras penitenciarias).

Las segundas, las fuentes *no oficiales* o *realistas,* se obtienen a partir de encuestas de autoinculpación o de victimación[2] y aportan información más próxima a la criminalidad real. Las cifras *realistas*, por tanto, son proporcionadas directamente por los transgresores o por las víctimas, según se trate de encuesta de autoinculpación o de victimación, respectivamente, por lo que surgen a la luz hechos que no habían sido denunciados ante la policía o conocidos por los órganos de justicia.

Las fuentes oficiales

Pueden ser divididas en tres, según su proveniencia: (a) la policía suministra información a partir de las denuncias interpuestas y de las detenciones practicadas; (b) la administración judicial publica datos sobre causas incoadas y sentencias penales; finalmente, (c) la administración penitenciaria ofrece cuántos son los encarcelados y los delitos por los que cumplen condena. Sin embargo, no todos los delitos que se cometen, y que son percibidos por sus víctimas como un hecho ilícito, son denunciados. Tampoco son detenidos todos los responsables de los delitos denunciados. Por otro lado, no todas las detenciones de las fuerzas policiales son objeto de una causa penal y, por último, no todos los responsables condenados por delito o falta acaban el recorrido en la administración penitenciaria, que facilita información de la criminalidad más grave conocida, encausada y condenada con pena privativa de libertad y que representa una parte pequeña de la criminalidad total.

Un mismo indicador o cifra procedente de estas fuentes oficiales permiten, en primer lugar, el estudio de la evolución de la criminalidad a partir de la comparación *inter-anual*. Por otro lado, el análisis o interpretación *intra-anual* de unos indicadores respecto a otros proporciona una importante información *cualitativa*, además de *cuantitativa*.

2 Las informes de autoinculpación preguntan acerca de la participación del encuestado en ilícitos penales. Por su parte, las encuestas de victimación preguntan al encuestado si ha sido víctima de algún hecho delictivo.

Por ejemplo, en el año 2000 las infracciones conocidas por las fuerzas de seguridad del Estado (proceda la información de denuncias o de otras fuentes) fueron 1.852.987, y en el 2004 éstas ascendieron hasta 2.124.128 (ver gráfico 1). Un análisis *inter-anual* de estas cifras informa que las infracciones conocidas en 2004, referidas tanto a delitos como a faltas, han aumentado un 14,6% respecto al año 2000, mientras que la población censada ha aumentado el 7,3% en el mismo período de tiempo[3].

Gráfico 1. Evolución de las infracciones conocidas (delitos y faltas), 2000-2004. Incluye delitos y faltas conocidos por el Cuerpo Nacional de Policía, la Guardia Civil, la *Ertzaintza* y los *Mossos d'Esquadra*. Elaboración propia a partir de los datos del Anuario Estadístico del Ministerio del Interior (www.mir.es) y de los *Mossos d'Esquadra* (www.gencat.net/mossos/cme/index.htm)

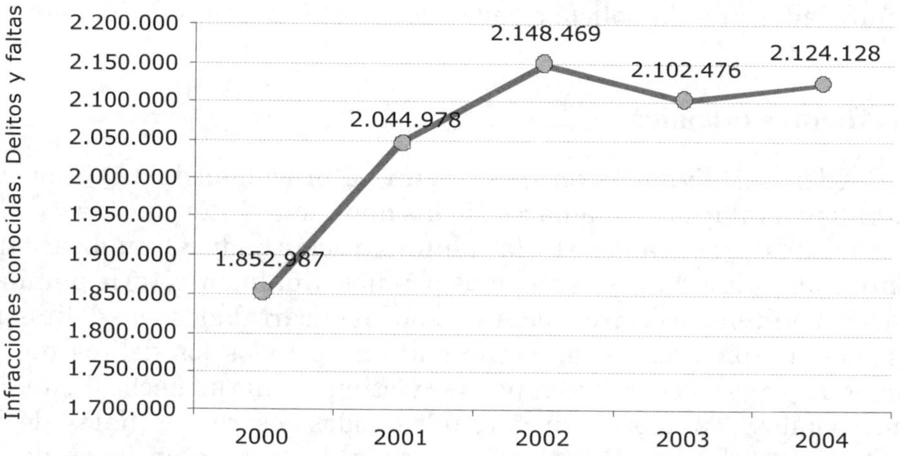

Otro ejemplo, éste desde la comparación *intra-anual* de indicadores provenientes de fuentes diversas del año 2004. Durante 2004, las detenciones efectuadas por delitos y faltas ascienden a 249.771[4], cifra que representa un total de 5,7 detenciones por cada 1.000 personas[5]. Por otro lado, las detenciones de extranjeros por delitos y faltas ascienden a 84.849[6], lo que

3 El Real Decreto 1.420/2001, de 17 de diciembre, y el Real Decreto 1.358/2005, de 18 de noviembre, por los que se declaran oficiales las cifras de población referidas al primer día los años 2001 y 2005, respectivamente, cifran la población española en 41.116.842 y 44.108.530 habitantes.

4 Detenciones por delitos y faltas del Cuerpo Nacional de Policia, de la Guardia Civil y de la Ertzaintza referidas al año 2004. Anuario Estadístico del Ministerio del Interior del 2004.

5 La población a 1 de enero de 2005 es de 44.108.530 habitantes.

representa una tasa de 42,9 (ver gráfico 2) detenciones de extranjeros por cada 1.000 residentes[7] y un 34% del total de detenciones[8]. Por su parte, los residentes extranjeros representan un 4,5% de la población total[9] (ver gráfico 3). Estas cifras plantean una cuestión: si los extranjeros representan un 4,5% de la población pero sus detenciones son el 34% del total de detenciones, ¿no será que los extranjeros están sometidos a un mayor control policial? Sin embargo, otro indicador, proveniente también de cifras *oficiales* y referido a la población encarcelada, indica que a fecha 31 de diciembre de 2004 las personas encarceladas en el conjunto del estado eran 59.375, 17.302 de las cuales eran extranjeras: el 29,1% del total. Puestos en relación el porcentaje de encarcelados extranjeros (29,1%) y el porcentaje de detenidos extranjeros (34%) podemos concluir que lo que parecía un desmesurado control policial al colectivo de extranjeros no lo es tanto, dada la cercanía de estos dos porcentajes.

El análisis de las cifras oficiales, ya sea longitudinal o transversalmente, da cuenta de la evolución de la criminalidad y de otras características. Sin embargo, un incremento de las cifras no siempre (o no sólo) tiene que ver en exclusiva con un incremento de la delincuencia. En este sentido, la evolución de denuncias también puede deberse a un cambio en las actitudes de las víctimas, sobre todo ante determinados hechos ilícitos como los que se llevan a cabo en el seno del hogar. Por otro lado, la evolución creciente de detenciones policiales, el mayor número de incoaciones de asuntos judiciales o más sentencias penales dictadas pueden ser fenómenos relacionados con una mayor dotación de efectivos policiales o de un incremento en las plantillas de jueces y magistrados. Asimismo, el incremento de la población penitenciaria puede estar causado por otros motivos diferentes a una mayor criminalidad. En concreto, en nuestro país, el aumento de los encarcelados parece estar motivado por la mayor

---

6 Detenciones de extranjeros por delitos y faltas realizadas por el Cuerpo Nacional de Policia, de la Guardia Civil y de la Ertzaintza y referidas al año 2004. No se incluyen las detenciones en aplicación de la Ley de Extranjería ni los reclamados. Anuario Estadístico del Ministerio del Interior del 2004.

7 Según la Secretaria de Estado de Inmigración y Emigración, el último día del 2004 eran 1.977.291 los extranjeros con tarjeta o permiso de residencia en vigor. No se computa, por tanto, el número indeterminado de personas extranjeras en situación ilegal que no están censadas.

8 84.849 extranjeros detenidos por delitos y faltas representan el 34% de las 249.771 detenciones totales por delitos y faltas.

9 1.977.291 extranjeros residentes en fecha 31/12/04 representan el 4,5% de las 44.108.530 personas censadas en fecha 01/01/05.

penalidad[10] que ha supuesto el Código Penal de 1995 y otras modificaciones posteriores de la legislación penal.

Gráfico 2. Detenciones por delitos y faltas y tasa que representa por cada 1.000 personas. Elaboración propia a partir de los datos del anuario estadístico del Ministerio del Interior del 2004, de la Secretaria de Estado de Inmigración y Emigración y del Instituto Nacional de Estadística.

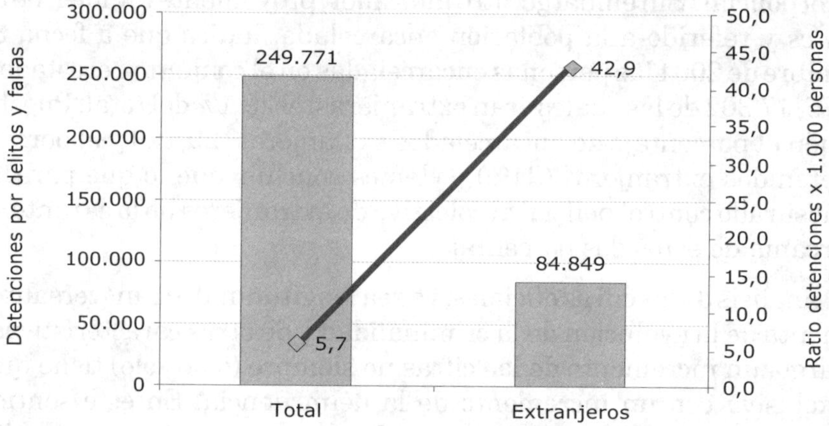

Gráfico 3. Detenciones, población y población penitenciaria (total y extranjeros) y % que representan los extranjeros respecto al total en cada ítem. La población ha sido dividida entre 100. Elaboración propia a partir de los datos del anuario estadístico del Ministerio del Interior del 2004, de la Secretaria de Estado de Inmigración y Emigración y del Instituto Nacional de Estadística.

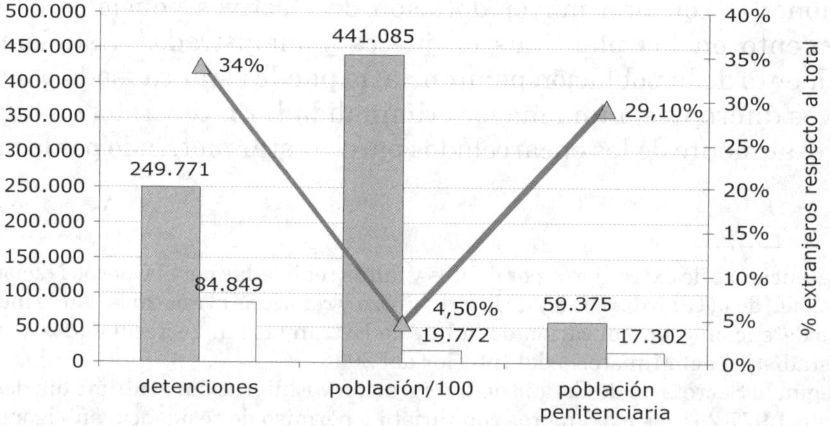

[10] El Código penal vigente desde 1995 incrementó la penalidad en algunos delitos, especialmente los relacionados con las drogas. Pero, además, eliminó el beneficio de la redención de condena por el trabajo, con lo que la pena efectiva cumplida en la actualidad es superior a la que se cumplía con el Código penal derogado.

Las fuentes no oficiales o realistas

Por su parte, las cifras que provienen de fuentes *no oficiales,* como lo son las aportadas por las encuestas de victimación o de autoinculpación, aportan una mayor aproximación a la criminalidad real. La víctima, en el caso de las encuestas de victimación, no necesariamente ha tenido que comunicar a la policía el hecho delictivo del que ha sido objeto, en cuyo caso el ilícito no se conocería y no computaría en las cifras *oficiales* vistas anteriormente. A partir de las encuestas de victimación surge a la luz una parte oculta de delincuencia no computada en las cifras *oficiales*.

Esta sería una de las aportaciones más importantes de las encuestas de victimación: permiten un mayor acercamiento a la realidad de la criminalidad, tanto desde el punto de vista *cuantitativo* como *cualitativo*. Efectivamente, existen muchas contribuciones de destacada importancia. Por ejemplo, las encuestas de victimación permiten, en primer lugar, conocer cuál es el porcentaje de personas[11] que han sido víctimas de uno o varios delitos[12] en el transcurso de un año natural. Este instrumento recoge información detallada de cada uno de los hechos delictivos que en ellas se estudian, además de otras cuestiones referidas a la policía, a la prevención, a la protección, a las actitudes hacia la delincuencia y otra información sociodemográfica de la víctima. Toda esta información, en la que se profundizará más adelante, permite analizar cualitativamente diferentes detalles sobre una gran parte de la criminalidad desde el punto de vista de la víctima.

Las encuestas de victimación, evidentemente, también han sido objeto de numerosas críticas. De ellas se hablará más adelante al referir los inconvenientes de este tipo de instrumento.

---

11 Evidentemente, al tratarse de encuestas dirigidas a personas, en ellas únicamente aparecen hechos ilícitos con víctima directa y concreta. No se consideran los delitos cuyas víctimas son toda una colectividad (como es el caso de los delitos relacionados con la salud pública). Los encuestados, además de ser personas susceptibles de haber padecido un delito, deben haber percibido que efectivamente lo han sido y deben querer comunicarlo al entrevistador.

12 Los delitos son aquéllos que cualquier persona puede sufrir: delitos contra los vehículos (si se dispone de uno), robos en el domicilio, robos con violencia o intimidació, hurtos, agresiones físicas o amenazas y agresiones sexuales.

5.3. LAS ENCUESTAS DE VICTIMACIÓN EN ESPAÑA

En España, las encuestas de victimación han despertado un interés que oscila entre el *casi ningún interés* y el *casi todo el interés*, dependiendo del lugar geográfico y del momento.

Sin duda, como se verá, Catalunya y, especialmente, Barcelona han sido y siguen siendo los ámbitos territoriales que mayor interés han manifestado en conocer cuántas son las víctimas del delito y cuáles son sus características, miedos, inseguridades y respuestas ante el delito.

5.3.1. Las encuestas de Victimación del Ayuntamiento de Barcelona

En 1983 se llevó a cabo la primera Encuesta de Victimación liderada por el Ayuntamiento de Barcelona, organismo que, año tras año, ha ido facilitando la tasa de criminalidad de la ciudad y de sus distritos, así como de otros indicadores de seguridad de sus ciudadanos.

Sin duda alguna, la gran virtud de esta encuesta es la serie acumulada de veintidós años que permite un buen análisis de la criminalidad en la ciudad y en sus diferentes barrios. El grafico 4 recoge la evolución de la tasa de victimación en la ciudad de Barcelona[13]. En ella, las tasas de victimación se han movido en la horquilla 26,2% - 13,4%, máximo referido al año 1986 y mínimo referido a 1998. Durante los cinco primeros años de la serie (1983-1987), aproximadamente 1 de cada 4 personas encuestadas manifestó haber sido víctima de, por lo menos, un delito durante el año precedente. En los siguientes seis años (1988-1993) la tasa de victimación descendió hasta situarse en el mínimo postolímpico del 13,6%, lo cual indicaba que la criminalidad había descendido, prácticamente, a la mitad. El año 1994 fue un año de repunte, en el que la victimación resultó del 18%, para descender de nuevo durante los años 1995-1998, período que finaliza con la cifra más baja de la serie: 13,4%. A partir de este momento (1995), la tendencia a la baja se vio modificada y las cifras dan inicio a un período de paulatino pero constante crecimiento hasta alcanzar el 20,2% en el año 2004.

---

[13] Actualizada en diciembre de 2005.

Gráfico 4. Evolución de las tasas de victimación en la ciudad de Barcelona. Elaboración propia a partir de los datos de Sabaté, J., Aragay, J. M. i Torrelles, E. (1997) y del *Anuari estadístic de la Ciutat de Barcelona 2005*[14].

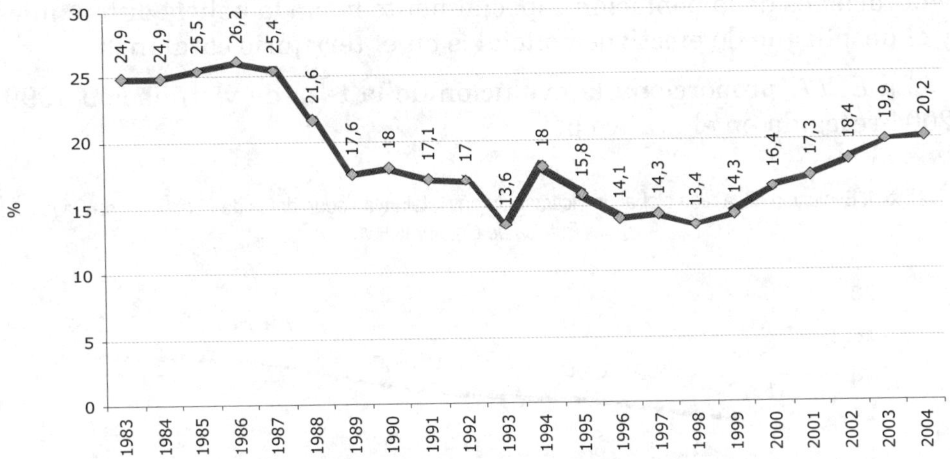

5.3.2. La Encuesta de Seguridad Pública de Catalunya

En 1999, la Generalitat de Catalunya llevó a cabo la primera *Enquesta de Seguretat Pública de Catalunya* (*ESPC*), en lo que fue una prueba piloto. Siguieron las ediciones del año 2000 y de 2001, ya con una encuesta más desarrollada y con un mayor ámbito territorial de encuesta.

La edición del año 2002 supone un avance muy importante de cooperación entre administraciones y de uso racional de los recursos. Las dos grandes operaciones estadísticas públicas en materia de seguridad, la Encuesta de Victimación del Ayuntamiento de Barcelona y la *ESPC*, confluyen en una única operación de campo con un cuestionario común y módulos diferenciados adaptados a las necesidades de cada institución.

La *ESPC* consta de tres partes bien diferenciadas. La primera, que podría ser considerada de victimación estrictamente, aborda la tasa de victimación en diferentes hechos ilícitos relacionados con la seguridad personal, los vehículos, los domicilios, los comercios, las segundas residencias y la economía agraria y también de hechos considerados no delictivos como el vandalismo. Estudia las características de las vícti-

14 http://www.bcn.es/estadistica/catala/dades/anuari/index.htm [09/12/2004]

mas y el coste psicológico y económico asociado a la victimación y la tasa de denuncia. La segunda parte, está dedicada a las percepciones y sentimiento de seguridad. Finalmente, la última parte estudia las valoraciones de la población especialmente hacia la policía autonómica y el despliegue de efectivos policiales en el territorio catalán.

La *ESPC* proporciona la evolución de la tasa de victimación 1999-2004 recogida en el gráfico 5.

Gráfico 5. Evolución de la tasa global de victimación en Catalunya según datos de *l'Enquesta de Seguretat Pública de Catalunya*[15].

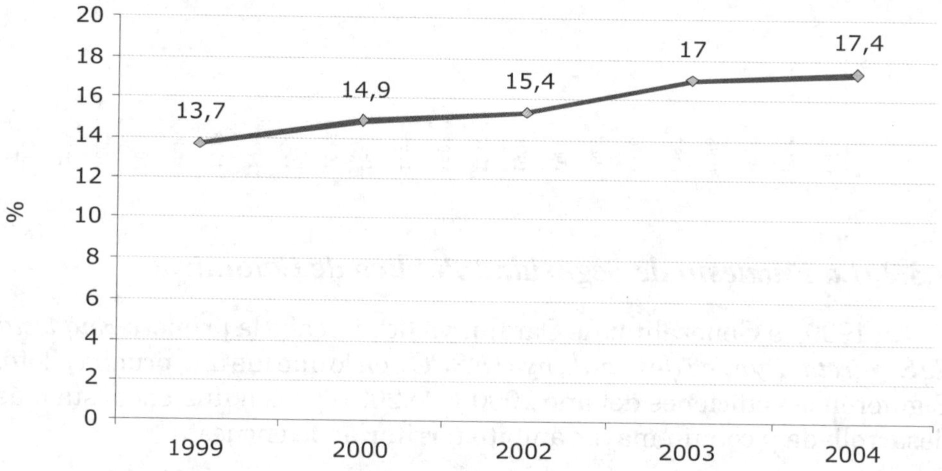

Esta evolución al alza de las cifras de criminalidad puede resultar preocupante, más aún cuando se conocen las tasas parciales de los diferentes tipos delictivos que se recogen en el gráfico 6. Mientras que los delitos contra los vehículos, los domicilios, las segundas residencias, los comercios y la economía agraria no han estado sujetos a importantes variaciones de sus respectivas tasas de victimación, los delitos contra la seguridad personal[16] han visto duplicado su porcentaje de víctimas en el transcurso de estos 5 años de seguimiento, que ha pasado del 3,66% al 7,85%. En concreto, han sido los robos de bolso y de teléfonos móviles los que han provocado tal aumento.

---

15 Departament d'Interior (2005).

16 Incluye robo de bolso, robo de teléfono móvil, amenazas, atraco, agresiones físicas y tirones.

Gráfico 6. Evolución de las tasas parciales de victimación en Catalunya según datos de *l'Enquesta de Seguretat Pública de Catalunya*[17].

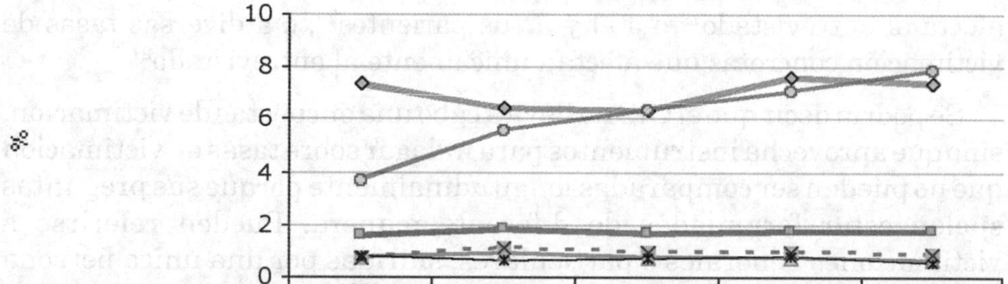

	1999	2000	2002	2003	2004
Vehículos	7,35	6,43	6,37	7,6	7,42
Domicilios	1,57	1,83	1,64	1,73	1,76
Segundas residencias	0,71	0,89	0,73	0,69	0,66
Comercios	0,72	1,11	0,95	0,96	0,88
Economía agraria	0,83	0,6	0,74	0,81	0,59
Seguridad personal	3,66	5,55	6,32	7,09	7,85

Una de las virtudes la de *Enquesta de Seguretat Pública de Catalunya* es, desde el punto de vista de la victimación, que posibilita tasas muy recientes sobre el volumen y las variaciones cualitativas que la criminalidad está experimentando.

5.3.5. Las encuestas del Centro de Investigaciones Sociológicas (CIS)

El CIS, organismo autónomo adscrito al Ministerio de la Presidencia, tiene por finalidad el estudio de la sociedad española a través de la investigación mediante encuestas. En un importante número de estudios, encuestas y barómetros de opinión[18], el CIS ha incluido preguntas sencillas

17 Departament d'Interior (2005).

18 Latinobarómetro 2001 (IV) (estudio 2.417, de mayo de 2001); Condiciones objetivas de vida, bienestar subjetivo y calidad de sociedad (estudio 2.380, de enero de 2000); Seguridad ciudadana y victimización (I) (estudio 2.284, de abril de 1998); Latinobarómetro 1997 (II) (estudio 2.270, de diciembre de 1997); Actitudes sociopolíticas y cultura democrática (estudio 2.218, de julio de 1996); La justicia ante la opinión pública española (II) (estudio 2.015, de junio de 1992); Inseguridad ciudadana (III) (estudio 1.974, de julio de 1991); La desigualdad social en la vida familiar y doméstica (II) (estudio 1.867, de abril de 1990); Barómetro de marzo 1988 (estudio 1.736); Cuestiones de actualidad: terrorismo y seguridad ciudadana (estudio 1.714, de noviembre de 1987); Barómetro de marzo 1985 (estudio 1.453); El sistema judicial (estudio 1.305, de marzo de 1982); Victimización y droga (estudio

con el objetivo de determinar la tasa de victimación. Las preguntas suelen ser únicas y se pueden referir a una única tasa de victimación general, que afecta al entrevistado[19] o a él y a sus parientes[20], o a diversas tasas de victimación concretas que afectan únicamente al entrevistado[21].

Se podría decir que el CIS no lleva a cabo una encuestas de victimación, sino que aprovecha instrumentos para indagar sobre tasas de victimación que no pueden ser comparadas longitudinalmente porque sus preguntas suelen estar formuladas de diferente manera. Pueden referirse a victimaciones generales o particulares, sufridas por una única persona o por diferentes sujetos.

5.3.4. La Encuesta Internacional a Víctimas del Delito (ICVS)

En 1989, España participa (por primera y última vez) en la primera edición de la *Encuesta Internacional a Víctimas del Delito* (*ICVS*). La *ICVS* es la más ambiciosa, sistemática y estandarizada encuesta de victimación actualmente existente aplicada en un gran número de países de todo el mundo, industrializados y en vías de desarrollo. La *ICVS* nace, se desarrolla y se implanta gracias al empeño de *UNICRI* (Instituto de Investigación Interregional sobre la Justicia Criminal de las Naciones Unidas), de la Universidad de Leiden, en Holanda, del Instituto Holandés para el Estudio de la Criminalidad y la Ley (*NSCR*) y del Ministerio de Justicia de los Países Bajos. Sus orígenes, sin embargo, se sitúan en Estados Unidos donde, en 1966, por iniciativa de la *President's Commission on Law Enforcement and the Administration of Justice,* se llevó a cabo una primera encuesta[22] de victimación que

1.206, de enero de 1980); Victimización (estudio 1.152, mayo de 1978); Criminalidad (estudio 1.149, de enero de 1978).

19 La pregunta 8 del estudio 2.284 de 1988 sobre Seguridad ciudadana y victimación es la siguiente: *¿Podría decirme si ha sido Ud. víctima de algún delito en el último año? ¿Y en los diez anteriores?*

20 Por ejemplo, el último instrumento que ha incluído una pregunta sobre este tema (el Latinobarómetro del 2001, estudio 2.417), dice así en su cuestión 18a: *¿Ha sido Ud. o algún pariente suyo asaltado, agredido, o víctima de un delito en los últimos 12 meses?*

21 La pregunta 51 del estudio 2.380 del 2000 sobre Condiciones objetivas de vida, bienestar subjetivo y calidad de sociedad, dice así: *¿En los últimos 12 meses ha sufrido Ud. alguno de los siguinetes incidentes?* (1) le han robado; (2) le han acosado o amenazado; (3) le han molestado sexualmente; (4) le han golpeado o herido.

22 Se toma ésta como primera encuesta porque a partir de ella se llega a la actual *ICVS*. La primera encuesta de victimación de la que hay constancia se llevó a cabo en 1730,

reveló altos niveles de criminalidad no denunciada. Este hecho sorprendió tanto a autoridades y estudiosos que, a partir de 1972 se instituyó en Estados Unidos la *National Crime Surveys*.

Más tarde, en 1987, en Barcelona, se constituyó el Forum Europeo para la Seguridad Urbana, al amparo del Consejo de Europa. En el seno de este Forum, se constituyó un grupo de trabajo para la elaboración de la metodología que se debía seguir para la primera investigación a nivel internacional que se realizó en 1989. Fueron 20 los países inicialmente invitados a participar en esta primera batería de los que finalmente sólo participaron 14[23]. De esta primera experiencia se revelaron claramente varias necesidades: (a) la experiencia de estos 14 países debía ser repetida e (b) implicar a otros países y, sobre todo, a países en vías de desarrollo y a países del centro y este de Europa.

A partir de este momento, el liderazgo de la *ICVS* ha pertenecido a la Universidad de Leiden, la *UNICRI*, la *NSCR* y el Ministerio de Justicia de los Países Bajos que han convertido este instrumento estandarizado en el más utilizado para la medición del delito en todo el mundo y, hasta la fecha, se ha aplicado más de un centenar de veces en una cincuentena de países diferentes.

Como se ha dicho, España participó, por primera y única vez, en la batería de estudios de la *ICVS* llevados a cabo en 1989, con una escasa muestra de 862 elementos y con una baja tasa de respuesta del 33%. Numerosos países de nuestro entorno socioeconómico, y de todo el mundo, han seguido participando regularmente en este proyecto.

Más tarde, la inquietud de un equipo de investigadores del Instituto Andaluz Interuniversitario de Criminología llevó a cabo sendas investigaciones los años 1993 y 1994 aplicando la metodología de la *ICVS*, con un total de 3.139 personas entrevistadas (Díez *et al.*, 1996).

Dos de las más recientes[24] encuestas de victimación llevadas a cabo con la metodología de la *ICVS* se han desarrollado en Catalunya, en el seno del

---

cuando el Gobernador de la ciudad de Aarhus (Dinamarca) ordenó a sus funcionarios que preguntaran sus 3.500 habitantes si habían sido víctima de un delito en los últimos años.

[23] Alemania, Inglaterra y Gales, Australia, Bélgica, Canadá, Escocia, España, Estados Unidos, Finlandia, Francia, Irlanda del Norte, Noruega, Paises Bajos y Suiza.

[24] En enero de 2006, el Observatorio de la Delincuencia de Andalucía del Instituto de Criminologíia de Málaga está llevando a cabo las entrevistas telefónicas para determinar la tasa de victimación en Málaga capital durante el año 2005. El estudio,

Centre d'Estudis Jurídics i Formació Especialitzada del Departament de Justícia[25]. Se trata de sendas investigaciones sobre la victimación en los años 1996 y 1999 (Luque, 1999 y Luque, 2001). Los resultados de la primera, a pesar de desarrollarse con idéntica metodología e instrumento que la *ICVS*, no fueron incluidos en la base de datos internacional porque se llevó a cabo un año después de la batería de investigaciones internacionales sobre victimación del año 96[26] que estudiaban la victimación acaecida en el año 1995. La segunda, sin embargo, sí incorporó sus resultados sobre la victimación en 1999[27] a los de los restantes países ya que se realizó sincrónicamente bajo las directrices de los coordinadores de la *ICVS*.

Una de las aportaciones más importantes de la *ICVS* es que posibilita tanto el análisis longitudinal *intra-país* (si éste ha participado en las diferentes ediciones de la encuesta) como el análisis transversal *inter-países*. Este hecho es posible gracias la utilización de una metodología homogénea y de la misma encuesta. Podría decirse que la gran virtud de la *ICVS* es la posibilidad de comparar la criminalidad en diferentes países de todo el mundo.

A nivel internacional, se han llevado a cabo 4 ediciones de la *ICVS* (1989, 1992, 1996 y 2000) que han estudiado la victimación durante el año previo. Todas las ediciones, si bien han incorporado algunos cambios o mejoras en sus instrumentos, han mantenido inalterado su bloque más importante. Ello ha permitido que puedan ser comparadas las tasas de victimación obtenidas tanto a través del tiempo como a través de los ámbitos geográficos (comparaciones longitudinal y transversal, respectivamente).

La *ICVS* se desarrolla tanto en países industrializados como en países en vías de desarrollo. En la última edición, del año 2000, participaron 17 países industrializados[28], entre los que se encuentra

---

financiado por la Fundación El Monte, utiliza el instrumento de la ICVS y ofrecerá sus datos hacia el mes de octubre de 2006.

25 Organismo autónomo del Departamento de Justicia de la Generalitat de Catalunya.

26 Participaron 12 países industrializados: Austria, Canadá, Inglaterra y Gales, Finlandia, Francia, Países Bajos, Irlanda del Norte, Polonia, Escocia, Suiza, Suecia y Estados Unidos. En esta edición participaron un total de 30 países: 9 de Europa Occidental; 10 de Europa del Este; 5 de Asia; 3 de África, y 3 de américa latina. Supuso encuestar a casi 50.000 personas (Justidata, núm. 20).

27 Participaron 17 países industrializados: Australia, Bélgica, Canadá, Catalunya, Dinamarca, Inglaterra y Gales, Finlandia, Francia, Japón, Países Bajos, Irlanda del Norte, Polonia, Portugal, Escocia, Suiza, Suecia y Estados Unidos (van Kesteren, Mayhew, Nieuwbeerta y Bruinsma, 2000).

28 En total, han sido 23 países industrializados los que han participado en una o varias de las ediciones de esta encuesta.

Catalunya. Respecto al contenido de la encuesta, se pueden diferenciar claramente 4 bloques: el referido a la tasa de victimación y otra información de los delitos; las preguntas sobre la policía, la prevención y la protección; las opiniones sobre la delincuencia, y la información personal y del hogar.

Sobre la tasa de victimación en diversos delitos

Se podría considerar que la *ICVS* aborda tres grupos diferentes de delitos: (1) los delitos que pueden afectar a todos los miembros del hogar, (2) los delitos personales y (3) los delitos de nueva incorporación. De todos los diversos delitos se estudia su victimación, además de otras cuestiones que ahora se verán. Los delitos que conforman los grupos 1 y 2 se han mantenido invariables a lo largo de las ediciones y, por ello, son los incluidos en el cálculo de la victimación global. Los delitos de nueva incorporación, los del grupo 3, no son tenidos en cuenta para el cálculo de la victimación global, ya que, en caso contrario, la tasa de victimación obtenida no podría ser comparada con las tasas de años precedentes calculadas sin estos delitos.

El primer bloque de delitos estudiados son los que afectan a todos los miembros del hogar, entre los que se destacan los relacionados con los vehículos[29], responsables de la mayor parte de victimación global, y con el domicilio[30].

El segundo bloque de delitos son los personales, en tanto que afecta a una única persona: robo con violencia o intimidación, hurto, agresiones sexuales (únicamente en el caso de las mujeres) y agresiones físicas o amenazas.

El tercer grupo de delitos son los de nueva incorporación que no habían sido estudiados en ediciones precedentes. Sus tasas de victimación no forman parte de la tasa global para no perjudicar la comparación interanual y el estudio evolutivo de la tasa. En la edición del 2000, los delitos estudiados en este apartado fueron el fraude al consumidor y la corrupción. En la edición de 1996, lo fueron el abandono de familia y el impago de pensiones.

---

29 Robo del coche, robo de parte del coche o de objetos de su interior, daños intencionados en el coche, robo de motos y robo de bicicletas.

30 Robo en el domicilio y tentativa de robo en el domicilio.

Tabla 1. Contenido de la *ICVS* en lo referente a los delitos

		Delitos que afectan a todos los miembros del hogar							Delitos personales				Otros delitos	
		Robo del coche	Robo de parte del coche o de obj. interior	Daños en el coche	Robo de motos	Robo de bicis	Robo en el domicilio	Tentativa de robo en el domicilio	Robo con violencia o intimidación	Hurto	Agresiones sexuales	Agresiones físicas o amenazas	Fraude al consumidor	Corrupción
Sobre el delito	Cuándo	•	•	•	•	•	•	•	•	•	•	•	•	•
	Cuántas veces	•	•	•	•	•	•	•	•	•	•	•		
	Dónde	•	•	•	•	•	•	•	•	•	•	•		
Sobre la denuncia	Denuncia ante la policía	•	•	•	•	•	•	•	•	•	•	•	•	•
	Detalles de la denuncia[31]		•				•		•		•	•		
	Denuncia a otros organismos						•		•		•	•	•	•
	Soporte a la víctima						•		•		•	•		
Cuestiones adicionales	Gravedad del hecho	•	•	•	•	•	•	•	•	•	•	•		
	Recuperación del vehículo	•												
	Valor de la propiedad robada						•							
	Daños producidos y valor						•							
	Número de delincuentes								•		•	•		
	Conocía a los delincuentes								•		•	•		
	Usaron armas y tipo de armas								•		•	•		
	Más cuestiones adicionales									Tirón	Qué pasó; Considera el hecho un delito		Tipo de fraude	Quién fue el corrupto

31 ¿Por qué denunció?, ¿Por qué no denunció? ¿Fué satisfactorio el trato recibido de la policía? ¿Cuáles fueron las razones de la insatisfacción?

Ante estos diversos 13 tipos de delitos se abordan preguntas que no siempre son coincidentes. Se podría decir, sin embargo, que existe un núcleo de preguntas principales que son consideradas en todos los delitos del primer y segundo bloque: ¿cuándo sucedió?, ¿cuántas veces?, ¿dónde?, ¿denunció el hecho a la policía?, ¿cuál considera que es la gravedad del hecho?

Se podría destacar otro grupo de preguntas que afectan a 4 tipos de delitos: robo en el domicilio, robo con violencia o intimidación, agresión sexual y agresiones físicas o amenazas. Las cuestiones tienen que ver con los motivos por los que se denunció o no el delito, la satisfacción del trato recibido por la policía cuando se interpone la denuncia, los motivos de la insatisfacción, la denuncia ante otro tipo de organismos diferentes a la policía y el soporte recibido por parte de instituciones especializadas en ayudar a las víctimas del delito.

En último lugar, también cabe destacar las preguntas sobre el agresor o agresores (cuántos eran y si eran conocidos por la víctima) y sobre el uso de armas (y tipo en caso que así fuera) que se realizan cuando se abordan los delitos personales que implican contacto como lo son el robo con violencia o intimidación, las agresiones sexuales y las agresiones físicas o amenazas. En la tabla 1 se pueden consultar otras cuestiones que afectan específicamente a algunos delitos estudiados.

La tasa global de victimación[32] considera el porcentaje de personas que han sido víctimas de, al menos, uno de los 11 delitos principales estudiados[33]. En Catalunya, según los datos de la edición del 2000 de la *ICVS*, fueron víctimas, cuanto menos, de un delito un 19% de la población de más de 16 años, mientras que la tasa media de victimación de la totalidad de países estudiados fue del 21,3%.

En el gráfico 7 se presenta tanto la tasa global de victimación como las tasas específicas de cada delito. De él se podría destacar la siguiente conclusión: tanto en Catalunya como en los 17 países estudiados, la tasa más elevada de victimación corresponde al delito de daños intenciona-

---

[32] Además de exponer cuál es el contenido de la *ICVS*, se van a recoger algunos pocos resultados provinientes de la edición del 2000, sobre todo los referidos a Catalunya y a su posición respecto al conjunto de países industrializados estudiados. Para más información puede consultarse Luque (1999, 2001, 2003, 2005) y van Kesteren, Mayhew y Nieuwbeerta (2000).

[33] No se han tenido en cuenta los delitos de corrumción y fraude al consumidor (edición del 2000).

dos en el vehículo (7,7% y 6,6%, respectivamente). A continuación, el delito de robo de parte del vehículo o de objetos de su interior indica tasas de victimación del 5,3%, en el caso de Catalunya, y de 4,6%, para la totalidad de países industrializados. Estos datos permiten afirmar que el mayor volumen de victimación es el que aporta los delitos contra los vehículos.

Gráfico 7. Tasa global de victimación y tasas específicas de cada uno de los 11 hechos delictivos.

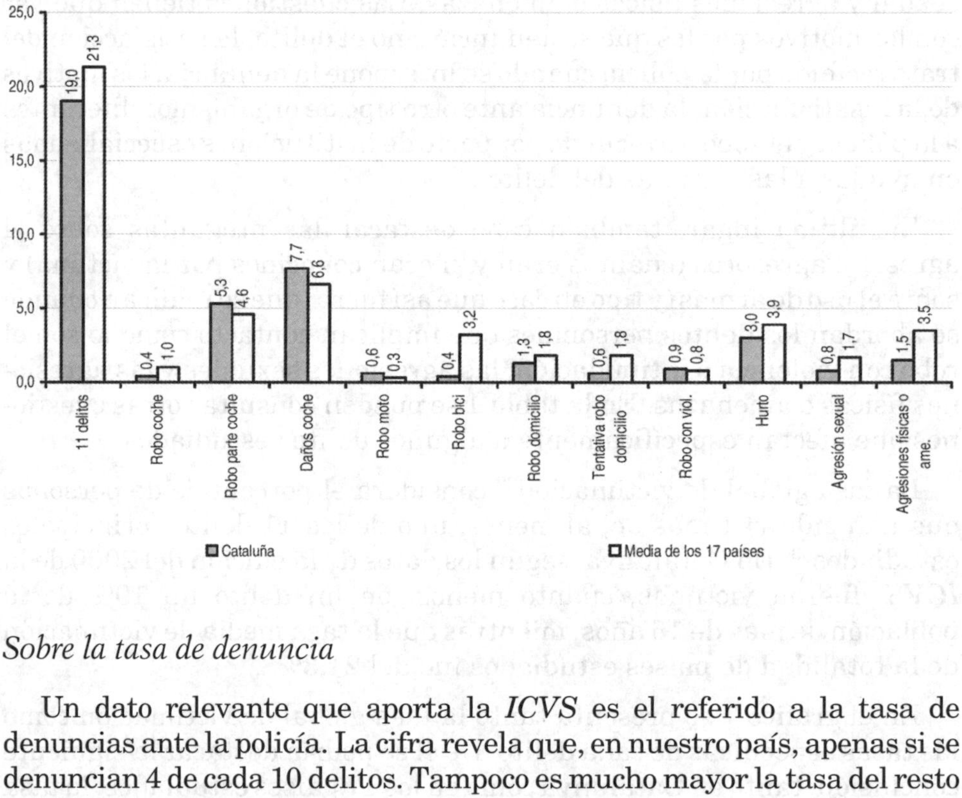

Sobre la tasa de denuncia

Un dato relevante que aporta la *ICVS* es el referido a la tasa de denuncias ante la policía. La cifra revela que, en nuestro país, apenas si se denuncian 4 de cada 10 delitos. Tampoco es mucho mayor la tasa del resto de países industrializados, cuya tasa media de denuncias es del 49%.

Ahora bien, existen marcadas diferencias en función del delito de que se trate: en Catalunya, se denuncian 9 de cada 10 delitos de robo de coche, mientras que sólo se pone en conocimiento de la policía un 13% de las agresiones sexuales. Las tasas medias de los otros países estudiados no son muy diferentes a las que se obtuvieron en Catalunya (ver gráfico 8): los delitos que con más frecuencia se denuncian son los que tienen que ver con los vehículos, a excepción de los daños intencionados, seguidos del robo en el domicilio, el robo con violencia y el hurto.

Gráfico 8. Tasa global de denuncia y tasas específicas de cada uno de los 11 hechos delictivos.

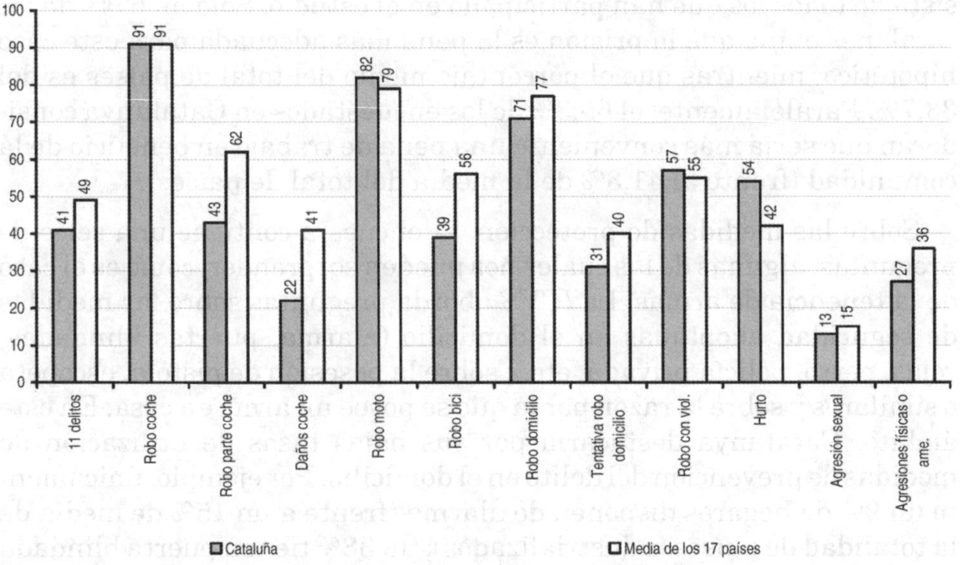

Policía, prevención y protección

Sobre la policía, la *ICVS* únicamente incorpora dos preguntas: una se refiere a la percepción del entrevistado sobre la efectividad de la policía para controlar el delito en la zona de residencia; la otra considera el acuerdo o desacuerdo sobre la ayuda que representa la actuación policial. En este sentido, la *ICVS* toca sólo de soslayo la percepción que la población tiene sobre la policía, su utilidad, efectividad y trato. Nada que ver con el tratamiento que sobre los cuerpos de seguridad hace la *Enquesta de Seguretat Pública de Catalunya* que dedica todo un bloque al estudio de la opinión que merece a los ciudadanos los diversos cuerpos de seguridad del Estado. Esta importante diferencia entre instrumentos tiene que ver, probablemente, a los diferentes objetivos que cada uno de ellos persigue.

En cuanto a la prevención del delito, la *ICVS* recoge cuál es la opinión sobre las penas que deben cumplir los delincuentes. Para ello supone el caso de un hombre de 21 años, reincidente, declarado culpable de un robo y se inquiere sobre cuál sería la pena más adecuada (multa, prisión, trabajo en beneficio de la comunidad o suspensión de la ejecución de la pena). Cuando la respuesta es de prisión, se pregunta sobre el tiempo que el joven debería cumplir. En materia de prevención mediante la pena privativa de libertad, catalunya se erige como el país más progresista de todos los que han participado en el estudio. Sólo un 6'9% de los catalanes opina que la prisión es la pena más adecuada para este caso hipotético, mientras que el porcentaje medio del total de países es del 33,7%. Paralelamente, el 65,3% de los encuestados en Catalunya consideran que sería más conveniente una pena de trabajo en beneficio de la comunidad (frente al 41,3% de la media del total de países).

Sobre las medidas de protección, la encuesta contiene una serie de preguntas, algunas de las cuales nos pueden sorprender, como es el caso de la tenencia de armas. La *ICVS* aborda preguntas sobre las medidas de seguridad adoptadas en el domicilio (alarma, puertas blindadas, rejas, perro, policía privada, etc.); sobre la posesión de pistola, escopeta o similares y sobre la razón por la que se posee un arma en casa. En este ámbito, Catalunya destacaría por sus bajas tasas de utilización de medidas de prevención del delito en el domicilio. Por ejemplo, únicamente un 9% de hogares disponen de alarma (frente a un 15% de media de la totalidad de países industrializados); un 38% tienen puerta blindada (frente un 44%), y un 14%, rejas en las ventanas (frente un 16%). Respecto a la protección personal, en Catalunya la tasa de posesión de armas de fuego es del 6%, frente a un 12% de media de los 17 países industrializados y el 33,5% en Estados Unidos. Además, sólo el 2% de los catalanes que poseen armas de fuego argumentan que el motivo es la protección personal (el 56% en Polonia y el 38% en EEUU).

Opinión sobre la delincuencia

La *ICVS* dedica tres preguntas al estudio de la percepción que tiene el ciudadano sobre la delincuencia que se desarrolla en su entorno. La primera pregunta recoge el sentimiento de seguridad/inseguridad del barrio durante la noche (el 65% de los encuestados catalanes y el 75% de los encuestados en los 17 países industrializados se sintieron seguros o muy seguros); la segunda, la seguridad en el domicilio, también durante la noche (93% y 94% de los catalanes y total países, respectivamente); la tercera, averigua cuál es la creencia sobre la probabilidad de sufrir un delito de robo en el domicilio durante los próximos 12 meses (el 32% y el 31%, respectivamente creían muy probable o probable tal posibilidad).

Finalmente, una cuarta cuestión cerrada recoge en 6 opciones cuál es la creencia sobre la manera más efectiva de controlar la delincuencia juvenil.

Información personal y del hogar

La *ICVS* recoge información sobre la frecuencia de salidas nocturnas, la ocupación, la edad, el sexo, el estado civil, el nivel educativo, el nivel salarial, la satisfacción con el salario, el tipo de casa, el tamaño del municipio y la posesión de vehículos[34].

5.1.1. *Inconvenientes y críticas a las encuestas de victimación*

Las encuestas de victimación comportan una serie de inconvenientes (Block, 1993; Alvazzi del Frate, 1994; Luque, 1999) que tienen que ver tanto con la metodología utilizada como con los encuestados, encuestadores y tipología delictiva.

En referencia a las *cuestiones metodológicas*, una primera crítica que estas encuestas han recibido concierne a la necesidad de disponer de un censo telefónico del que seleccionar la muestra. En la década de los 90 la crítica se dirigía a que no todos los hogares disponían de teléfono, por cuanto quedarían más representadas las clases media y alta que las más desfavorecidas. En el año 1997, momento en que se llevó a cabo la primera *ICVS* en Catalunya, un 94,23% de los hogares disponían de teléfono fijo, de manera que menos de 6 de cada 100 hogares quedaron excluidos del censo a partir del cual se seleccionó la muestra. Más recientemente, en el 2004, con la popular implantación de la telefonía móvil, la cifra ha decrecido y, en Catalunya, un 92,88%[35] de los hogares disponían de teléfono fijo cifra que, muy probablemente, evolucionará a la baja por la masiva irrupción de las nuevas tecnologías, no sólo del teléfono móvil, sino también de los programas que, como *Messenger*, permiten una comunicación escrita, visual y auditiva en tiempo real a coste 0 si se dispone de Internet. Así, la crítica más plausible que pueda hacerse en la primera década de este siglo XXI respecto a la representatividad de la muestra seleccionada mediante censo de telefonía fija ya no es tanto el que existan hogares sin cobertura, sino que existirán cada vez más hogares con otro tipo de comunicación más evolucionada. A este respecto, en el año 2004, en Catalunya, un 52,33%

---

[34] Sobre las características de las víctimas, existe un detallado estudio multivariable (Luque, 2003) que analiza las características personales de las víctimas de los diversos delitos recogidos por la *ICVS*.

[35] 90,07% para el total nacional. Datos extraídos de www.ine.es.

de los hogares disponían de ordenadores de sobremesa y un 10,44%[36] de ordenadores portátiles. Paliar los inconvenientes aquí mencionados precisa necesariamente de censos actualizados de telefonía móvil de los que, actualmente, no se dispone. Los teléfonos móviles serán un problema para la realización de cualquier tipo de encuesta telefónica, dado el creciente número de ciudadanos que sólo disponen de este tipo de aparatos para realizar llamadas o recibirlas. En 2004, en Catalunya, un 6,39%[37] de los hogares disponían exclusivamente de telefonía móvil. Este sector de la población, mayoritariamente joven y, por ello, con importantes tasas de victimación, son *invisibles*, hecho que supondrá un importante sesgo en los resultados que de las encuestas telefónicas se obtengan. No obstante, actualmente su peso es aún escaso, aunque deberán ser tenidos en cuenta en próximas investigaciones para que los resultados sean fiables. Sin duda, numerosas empresas, sobretodo las delicadas a los estudios de mercado, de opinión y de intención de voto, estudiarán la manera de incluir este grupo en el futuro porque es probable que crezca cada vez más.

Una segunda crítica metodológica concierne al *instrumento*, especialmente a las preguntas referidas a la prevención y la seguridad del hogar. Muchas personas son contrarias a dar respuesta a preguntas sobre los sistemas de seguridad instalados en sus domicilios (alarmas, puertas blindadas, etc.). Estas reticencias son debidas con seguridad a que los encuestados no se perciben como sujetos anónimos en tanto que han sido localizados por el grupo de investigación. Sin duda, cuando sea posible la realización de encuestas a través de Internet, la alta tasa de no respuesta en estas preguntas descenderá considerablemente.

Otros inconvenientes vienen dados por los propios *encuestados*. En primer lugar, la experiencia personal, las cogniciones, la conducta y la cultura de los encuestados están mediatizando que determinados actos de los que son objetos sean percibidos como no delitos cuando en realidad sí lo son, o a la inversa. Un ejemplo de ello tiene que ver mayoritariamente con los delitos que se llevan a cabo en el seno familiar, como las agresiones físicas y sexuales de las que muchas mujeres son objeto. En segundo lugar, pueden existir diferentes motivaciones a la hora de

---

36 45,51% y 8,95%, respectivamente, en el caso del total del territorio español. Datos extraídos de www.ine.es.

37 8,10% para el total nacional. Datos extraídos de www.ine.es.

contestar la encuesta en función de si el entrevistado ha sido objeto efectivamente de un delito o no. En las dos *ICVS* llevadas a cabo en Catalunya, fueron enviadas, previamente a las llamadas, cartas de presentación de la investigación y anuncio de la próxima llamada. Se recibieron muchas llamadas inmediatas con la intención de participar en la encuesta y todas ellas procedían de personas seleccionas que habían sido objeto de delito. En tercer lugar, una importante crítica que han recibido estas encuestas afecta a la memoria, a la capacidad de ubicar correctamente el hecho delictivo sufrido. En este sentido se producen dos fenómenos: (a) la incorporación de victimaciones producidas fuera del tiempo objeto de estudio (*external telescoping*) y (b) el olvido de los sucesos temporalmente más distantes aunque se produjeran en el período de tiempo objeto de estudio (*memory decay*). En Estados Unidos, a fin de controlar estos dos fenómenos relacionados con la memoria, se lleva a cabo un método de limitación consistente en incluir los elementos de la muestra en un panel cuyo seguimiento será de tres años y medio. Cada sujeto de la muestra es entrevistado con una frecuencia semestral, de manera que las nuevas victimaciones son controladas y limitadas por las antiguas. Esta metodología, debido a su altísimo coste, no queda justificada, más aún si tenemos en cuenta que el *external telescoping* y el *memory decay* pueden actuar como dos fuerzas que se contrarrestan por actuar en sentidos inversos.

También afectan críticas a los *encuestadores*. Efectivamente, éstos no sólo pueden influir en las respuestas que den los encuestados, sino que también determinan que exista una mayor o menor tasa de respuestas.

Por último, pueden darse reticencias a la hora de responder sinceramente a la victimación de determinados *delitos*, ya sea por pudor, por estar ante personas que desconocen los hechos e, incluso, porque el agresor esté ante la víctima en el momento de la encuesta. Por ello, las tasas de victimación en el caso de las agresiones sexuales y físicas son las que presentan una fiabilidad más dudosa.

5.4. EN GENERAL, ¿QUÉ SON LAS ENCUESTAS Y QUÉ PERMITEN?

Las encuestas representan hoy día la técnica cuantitativa más utilizada para la recogida de *información primaria*, *específica* y *actual*, de una *muestra* de personas que son parte representativa de la población a estudiar, mediante la aplicación de un cuestionario previamente establecido.

Recogen *información primaria*, por cuanto proviene directamente de la fuente (las personas que son objeto de investigación) puesto que no existe ninguna otra manera de obtener la información que permite alcanzar los objetivos que se persiguen.

Recogen *información específica* sobre un tema que por algún motivo es de interés actual, ya sea para agentes gubernamentales, empresas o investigadores sociales, y sobre una población y territorio concretos que deben estar claramente definidos a fin de seleccionar correctamente la muestra representativa. Las encuestas se utilizan para una gran variedad de propósitos. Las más conocidas son las encuestas de intención de voto, las encuestas de mercado que algunas empresas realizan antes de introducir un nuevo producto y las encuestas de opinión.

Las encuestas recogen *información sobre muestras*, ya sean personas, viviendas, comercios, etc., a fin de reducir los costes de la aplicación de las encuestas a toda la población bajo estudio. Las muestras deben componerse de un número de elementos (personas) suficiente (que no se aconseja superar en términos de coste-beneficio) y necesario (mínimo aconsejado para adquirir calidad estadística). Este número de elementos, además, debe ser representativo de la población estudiada a fin de poder inferir los resultados obtenidos del estudio de la muestra a la población total de la que ésta ha sido extraída. La selección representativa únicamente es posible si interviene el azar. Un tamaño de muestra de 2.500 elementos, aporta resultados con un error del ± 2 y un nivel de confianza del 95,5%, error y significación acordados como suficientes por la comunidad científica, siempre que los elementos hayan sido seleccionados al azar. Muestras inferiores arrojarían errores superiores para un mismo intervalo de confianza. Sin embargo, en función de los recursos económicos y personales del investigador, se pueden admitir errores superiores aceptando un menor número de elementos en la muestra, siempre que éstos hayan sido seleccionados al azar[38]. Una muestra seleccionada correctamente —en cuanto al número de elementos que la componen y criterio de selección aleatoria— es una muestra representativa de la población de la que se ha seleccionado.

Cuando la representatividad se da en la muestra, los resultados pueden ser inferidos al total de la población. De esta manera, la encuesta se convierte en un medio rápido y económico de conocer experiencias, actitudes, expectativas y comportamientos de una población.

---

38 Las muestras aleatorias pueden ser selecionadas mediante muestreos probabilísticos o no probabilísticos. Los primeros, los probabilísticos, se dan cuando cada elemento de la población tiene la misma probabilidad de ser elegido y, por tanto, de formar parte de la muestra. Los muestreos probabilísticos, a su vez, pueden ser (a) simples, cuando se parte de toda la población y se seleccionan individuos al azar; (b) estratificados, cuando previamente se ha dividido la población en estratos (como por ejemplo clases sociales) y, dentro de cada estrato, se seleccionan individuos al azar aplicando el anterior muestreo simple; y (c) por conglomerados, en que se delimitan previamente áreas geográficas (municipios, regiones, provincias) y, dentro de cada área, se toman individuos al azar según el método de selección simple, mencionado en primer lugar.

La utilización de la técnica de la encuesta para la recogida de información comporta diversas ventajas, entre las que destacamos las siguientes:

(a) la aplicación de un cuestionario estructurado permite recoger de todos los elementos de la muestra la misma información;

(b) es de fácil administración por cuanto el entrevistador sólo tienen que leer una serie de preguntas que el encuestado responde;

(c) las respuestas cualitativas pueden codificarse de manera que se facilita el análisis informático de los datos;

(d) permite la recogida de información que no se puede observar, como lo es la referida a actitudes, creencias o percepciones

(e) si la muestra es representativa de la población, los resultados pueden ser inferidos; con ello la encuesta se convierte en la manera más económica de conocer determinada información de toda la población.

5.5. CLASES DE ENCUESTAS: LAS ENCUESTAS POR INTERNET

En función de la manera en que es administrada, las encuestas pueden ser clasificadas en personales, telefónicas, por correo o a través de Internet.

(a) Personales. La información se obtiene a partir de un encuentro directo entre encuestador y encuestado, ya sea en el domicilio, en el centro de trabajo, en comercios o en la calle.

La encuesta personal presenta una serie de ventajas como por ejemplo (a) el control total sobre el encuestado, de tal manera que evite las influencias de otras personas; (b) el control de los errores u omisiones a causa del asesoramiento directo del encuestador; (c) la obtención de datos adicionales a partir de la observación directa.

También existen importantes inconvenientes: (a) su aplicación resulta cara y lenta, especialmente si se da dispersión geográfica de la muestra; (b) disminución de la sinceridad del encuestado por la presencia del encuestador; (c) encarecimiento de la investigación por el especial esfuerzo en la selección y formación de los encuestadores.

Las respuestas de las entrevistas personales pueden ser informatizadas directamente sin necesidad de pasar por formato papel. Se trata de recoger las respuestas mediante una pequeña terminal que transfiere las respuestas a un ordenador central. El sistema se denomina *CAPI* (*Computer Assisted Personal Interviewing*), permite ahorrar tiempo (no es necesario informatizar las respuestas más tarde) y controlar los errores de introducción de los datos y de coherencia.

(b) Telefónicas. El encuestador cumplimenta el cuestionario a partir de la información que el encuestado le aporta telefónicamente.

Como ventajas de la encuesta telefónica se destaca: (a) es más económica, sobre todo si se trata de una muestra dispersa geográficamente; (b) la tasa de respuesta es más elevada; (c) el proceso de selección y adiestramiento de los encuestadores es más sencillo y económico.

Como inconvenientes se señala: (a) sólo se puede acceder a elementos de muestra que dispongan de teléfono; (b) se debe contar con un censo telefónico a partir del cual seleccionar la muestra; (c) no se pueden obtener datos adicionales por observación.

También las encuestas telefónicas pueden ser asistidas informáticamente, recogiendo las respuestas directamente en un ordenador. El sistema se denomina *CATI* (*Computer Assisted Telephon Interviewing*), que permite recoger la información directamente en la base de datos que más tarde será analizada.

(c) Por correo. Se recoge la información de las encuestas que han sido enviadas por correo, cumplimentadas por el encuestado y remitidas por éste. Este tipo de recogida de información impide todo contacto entre entrevistador y entrevistado, sólo una carta de presentación, explicación de los objetivos y asesoramiento puede motivar al entrevistado a contestar y remitir el cuestionario.

Como ventajas, la encuesta postal (a) resulta más económica que las anteriores; (b) elimina distorsiones que el encuestador pueda provocar; (c) las respuestas obtenidas provienen de entrevistados motivados para contestar.

También comporta una serie de inconvenientes: (a) bajo índice de respuesta; (b) se debe disponer de un censo actualizado de direcciones postales; (c) puede haber influencia de otras personas en las respuestas del entrevistado; y (d) puesto que no es posible resolver las dudas, se obtiene un mayor número de cuestionarios erróneos.

Las nuevas tecnologías posibilitan la realización de encuestas a través del correo electrónico. Esta modalidad añade a las ventajas anteriores una mayor motivación del entrevistado ante la cumplimentación y la remisión del cuestionario. Sin embargo, la dificultad de disponer de un censo de direcciones electrónicas es un claro inconveniente de esta modalidad.

(d) A través de Internet. Se trata del método más avanzado en recogida de datos y también, de momento, el menos adecuado. La técnica resulta muy adecuada en un mundo en el que el número de personas que se conectan a Internet es muy elevado y en crecimiento continuo. Se trataría de obtener la información de la encuesta mediante formularios a los que acceder por medio de una página web. Como beneficios de este sistema cabe destacar (a) el bajo coste que supone; y (b) la rapidez en la obtención y preparación de la información para ser analizada. Sin embargo, de momento, son más importantes las desventajas, ya que es un importante desafío la representatividad de la muestra. Ahora bien, la rapidez, precisión y eficacia de Internet convertirá las

modalidades de encuestas anteriormente enumeradas, sin duda, en sistemas obsoletos para la obtención de información.

Internet ofrece una eficiente oportunidad para obtener y procesar datos en tiempo real con una excelente relación costo-beneficio. Los altos costos asociados a las encuestas cara a cara, el llenado de cuestionarios en papel, los desplazamientos o los costos en telefonía, así como los relacionados con la tabulación de datos y el procesamiento que, además, introducen errores importantes, facilita que Internet comience ya a reemplazar los métodos tradicionales que, en poco tiempo, pasarán a ser antiguos métodos de recogida de información mediante encuestas.

Sin embargo, también existen cuestionamientos sobre la validez del método como reacción al cambio y al desconocimiento de esta nueva tecnología, de la misma manera sucedió cuando en la década de los 60 se cuestionó la validez de las encuestas telefónicas que, en aquellos momentos, representaban la más nueva de las tecnologías y que, finalmente, suplantaron las tradicionales encuestas personales y se demostró que el método de encuestas telefónicas es efectivo para recoger datos precisos y significativos con mínimos errores de muestreo. Sin embargo, por motivos de seguridad, de no disponibilidad o de no aparecer en los censos, cada vez será más difícil llegar por vía telefónica a la población objeto de estudio, por lo que la progresión natural será utilizar Internet a fin de obtener los datos de las encuestas. Cabe sumar otros motivos para la implantación de Internet como son los costos crecientes del método telefónico (y, por supuesto, del método de encuestas personales), el hecho que Internet representa un medio rápido para obtener, organizar y procesar la información, que reduce los errores derivados de la tabulación de los datos, y que ofrece flexibilidad y atracción visual en la presentación y diseño.

Algunas investigaciones (Komsky, 1991) han demostrado que los encuestados en línea muestran una mayor tendencia a responder con todas las alternativas posibles de respuesta que se ofrecen, mientras que quienes contestan telefónicamente tienden a escoger respuestas extremas del rango de alternativas presentadas. Otros estudios (Krosnick y Chang, 2001) encontraron menos errores en las respuestas de los encuestados a través de Internet, y una mayor coherencia entre las variables del estudio.

Frente a las encuestas telefónicas, las llevadas a cabo mediante Internet presentan las siguientes ventajas: (a) más ágil, rápida, eficiente y económica; (b) reduce la entrada de errores; (c) flexibilidad en la presentación visual; (d) salva cualquier distancia geográfica; (e) es más efectiva ante preguntas que impliquen intimidad, ya que el encuestado se percibe como anónimo; (f) recoge directamente la opinión del encuestado en preguntas abiertas sin la intervención del encuestador; (g) los encuestados responden a un mayor rango de las alternativas de respuesta; (h) se produce un menor sesgo en las respuestas socialmente aceptables; e (i) mayor validez estadística en los resultados. En cuanto a las desventajas: (a) mayor tasa de no respuestas en cada pregunta al no haber un entrevistador que insiste en la pregunta o que espera una respuesta; y (b) la población se encuentra limitada a aquellos encuestados que tienen acceso a Internet. En conclusión, en la actualidad, las encuestas a través de la red son el mejor instrumento cuando la población objeto de estudio es conocida e identificable.

BIBLIOGRAFÍA

ALVAZZI DEL FRATE, A. (1994). L'indagine internazionale sulla vittimizzazione del 1992 in Europa. En *Dei delitti e delle pene,* 1, 171-190

BLOCK, R. (1993). A cross-national compararison of victims of crime: victim surveys of twelve countries. En *International Review of Victimology,* 2, 183-207.

DEPARTAMENT D'INTERIOR (2005). Informe 2004 sobre la seguretat a Catalunya. Barcelona: Generalitat de Catalunya.

DÍEZ, J. L., GIRÓN, F. J., STANGELAND, P. y CEREZO, A. I. (1996). Delincuencia y víctimas. Valencia: Tirant lo Blanch.
JUSTIDATA 20 (abril de 1999). *Avaluació Internacional de la Victimització*. Barcelona: Centre d'Estudis Jurídics i Formació Especialitzada.
KOMSKY, S. H. (1991). A profile of users of electronic mail in a university: Frequent versus occasional users. *Management Communication Quarterly*, 4, 310-340.
KROSNICK, J. A. y CHANG, L. (2001). *A comparison of the Random Digit Dialing telephone survey methodology with Internet survey methodology as implemented by Knowledge Networks and Harris Interactive*. http://www.psy.ohio-state.edu/social/krosnick.htm [en línea, 05.08.2005]
LUQUE REINA, E. (1999). *Les víctimes del delicte*. Col·lecció Justícia i Societat, núm. 20. Barcelona: Centre d'Estudis Jurídics i Formació Especialitzada.
LUQUE REINA, E. (2001). *La victimització a Catalunta l'any 1999*. Document inèdit. Barcelona: Centre d'Estudis Jurídics i Formació Especialitzada.
LUQUE REINA, E. (2003). *Les característiques de les víctimes a Catalunta i a altres països industrialitzats*. Document inèdit. Barcelona: Centre d'Estudis Jurídics i Formació Especialitzada.
LUQUE REINA, E. (2005). Las víctimas de agresión sexual. Un análisis multivariable. En Tamarit Sumalla, J. M. (Coor). *Estudios de Victimología. Actas de I Congreso Español de Victimología*. Valencia: Tirant lo Blanch.
SABATÉ, J., ARAGAY, J. M. i TORRELLES, E. (1997). *La delinqüència a Barcelona: realitat i por. Catorze anys d'enquestes de victimització*. Barcelona: Ajuntament de Barcelona. Document inèdit.
VAN KESTEREN, J., MAYHEW, P., NIEUWBEERTA, P. y BRUINSMA, G., (2000). *Criminal Victimisation in Seventeen Industrialised Countries. Key findings from the 2000 International Crime Victims Survey*. The Hague: WODC.

Tema 6

La prevención de la victimación[1]

No es habitual introducir un apartado de prevención de la victimación en los manuales de Victimología, porque muchos victimólogos consideran más importante describir la victimación, sus consecuencias, el perfil de las víctimas, y sus posibilidades de recuperación que detallar la prevención del fenómeno. Para muchos victimólogos, prevenir la victimización es un trabajo que corresponde al criminólogo. Mantienen que la prevención es tarea de un criminólogo porque implica involucrarse en prevenir la conducta delictiva de los infractores. Sin embargo, otros victimólogos piensan que la prevención es esencial para la Victimología. Este manual aboga por una visión amplia de la Victimología, y por consiguiente, acertadamente incluye un capítulo sobre la prevención. Prevenir la victimización, o la revictimización, ayuda a las víctimas a retomar sus vidas y sentirse más seguras. Este capítulo propone definir la prevención, proporcionar una valoración crítica de los modelos existentes, las políticas de seguridad y su aplicación en España y en el extranjero.

6.1. QUÉ ES LA PREVENCIÓN?

La prevención es el conjunto de medidas destinadas a impedir que un evento se produzca, o si ya se ha producido, que vuelva a producirse o que el evento se reduzca en frecuencia o gravedad. Ahora bien, a partir de esta definición sencilla, los estudiosos de la prevención de la victimización han constatado los diversos conceptos de prevención existentes en la bibliografía internacional, que provienen de la multitud de disciplinas que aportan conocimientos sobre la prevención, destacándose la criminología, la psicología, la sociología y la epidemiología. Dichos conceptos hacen hincapié bien en el ofensor, la víctima, la situación, el

1 Capítulo elaborado por Rosemary Barberet.

contexto o el evento. Sin embargo, todos tienen un efecto sobre las víctimas del delito.

La criminología destaca la diferencia conceptual entre la prevención de la conducta delictiva (génesis de transgresores) y la prevención de la victimación (contextos que propician los actos delictivos con víctimas, y los hábitos o actitudes de las personas propicias a ser víctimas). Esta diferenciación existe porque los programas de prevención típicamente trabajan con distintos grupos de destinatarios (infractores, posibles infractores, víctimas o posibles víctimas). En el mundo jurídico, se distingue entre la prevención general y especial (conceptos criminológicos y jurídicos que implican la actuación de instituciones de control social formal); estructurando y reforzando la certeza, severidad e inmediatez de la pena estipulada para los delitos, se previene la comisión de un delito (Barberet, 1997).

La criminología, la sociología y la psicología social y evolutiva han desarrollado el concepto de la *prevención social* (introduciendo elementos como eficacia colectiva y capital social, conceptos que se refieren al tejido social de mutuo apoyo en los vecindarios) así como la *prevención ecológica* (mediante la manipulación de factores macro/microsistémicos, individuales, biológicos, y su dimensiones pre-existentes, situacionales, o activadores). La prevención ecológica concibe el acto delictivo influenciado por factores tanto cercanos (en tiempo y espacio) al individuo como lejos de él (Gracia Fuster y Musitu Ochoa, 1993).De la sociología nace la *prevención situacional*, que intenta prevenir la victimización mediante cambios en la confluencia en el tiempo y el espacio de transgresores motivados, objetivos atractivos y ausencia de vigilancia (Cohen y Felson, 1979; Clark and Felson, 1993 Felson, 1998, Felson y Clarke, 1998, Felson, M. y Clarke, R.V. (1995). Trataremos este concepto más detalladamente más adelante al hablar de modelos de prevención. La psicología evolutiva asocia la prevención con el desarrollo en la infancia y la identificación de sendas de conducta que podrían llevar a la conducta delictiva, mientras que los criminólogos, pidiendo prestada esta visión evolutiva, se centran en combatir, mediante los programas de prevención, los factores de riesgo asociados a las distintas fases de una "carrera criminal": su inicio, mantenimiento, y terminación (Farrington, 2002). La epidemiología, basándose en las formas de prevenir la enfermedad desde programas de prevención de salud pública, nos aporta conceptos como la prevención universal, selectiva (riesgo mediano) o indicada (alto riesgo). Los criminólogos (Brantingham y Faust, 1976) aplican dichos conceptos a la prevención de la delincuencia, mediante una prevención primaria (enfocada en circunstancias que rodean la posible comisión e un delito), secundaria (enfocada en ofensores o víctimas con alto riesgo de serlo) o terciaria (enfocada en la prevención de la reincidencia o revictimación). Un ejemplo de prevención terciaria sería la investigación sobre la rehabilitación de los delincuentes y el "qué funciona" (Redondo, Sánchez-Meca, y Garrido, 1999). Van Dijk (1990), incluso, sugiere que la provisión de servicios jurídicos, sociales y psicológicos a las víctimas debe entenderse como prevención, puesto que minimiza los daños causados por la experiencia delictiva.

Estas definiciones de prevención son el fruto de años de investigación y reflexión. Descansan en la existencia de teorías sólidas acerca de las causas de la conducta delictiva y de la victimación, de métodos contrastados para medir la conducta delictiva y la predisposición a delinquir, en la existencia de programas de intervención y en la evaluación rigurosa de los mismos (Barberet, 2000). Más que nada, descansan en un optimismo científico acerca de la posibilidad de prevenir la conducta delictiva (véase como ejemplo, Sherman et al. 1998). Teniendo en cuenta que este manual trata en otros capítulos las intervenciones jurídicas, nos centraremos en este capítulo en la prevención no jurídica de la victimación.

6.2. PREVENCIÓN BASADA EN VÍCTIMAS Y VICTIMACIÓN

Según algunos victimólogos, las víctimas deben ser el objeto primordial de los programas de prevención. Sin embargo, muchas estrategias de prevención, sobre todo las que se enfocan en la infancia y los factores de riesgo, no tienen en cuenta los intereses de las víctimas porque la victimación es algo que ocurriría mucho más tarde, en la edad adulta.

En otras instancias, la prevención se centra casi únicamente en las víctimas. Todos somos víctimas en potencia, por lo que no debe sorprender que el público en general sea normalmente el objetivo de las grandes estrategias de prevención. Existen medidas muy concretas de prevención con la víctima en primer plano. La mejora de la seguridad en el hogar para prevenir robos es un ejemplo. Por otro lado, como se ha constatado en otros capítulos de este libro, la ciencia social ha demostrado que podemos identificar a algunos grupos de personas con alto riesgo de ser víctimas. Los estudios sobre la revictimación nos sugieren que hay lugares o circunstancias (puntos negros) (Sherman, Gartin, y Buerger,

1989), y personas cuyos rasgos demográficos u hábitos que presentan un alto riesgo de victimización múltiple. Modificando estas circunstancias, cunden mejor nuestros esfuerzos de prevenir la victimización. Este tipo de estrategia da mucho protagonismo al papel de las víctimas. El conocido proyecto Kirkholt, en Inglaterra, intentó prevenir la revictimización de los propietarios (robos en hogares) a través de una serie de medidas, incluyendo el aumento de vigilancia por parte de los vecinos adyacentes al hogar que ya había sido robado (Forrester, et al., 1988,1990).

Las políticas de prevención y los consejos a las víctimas que suelen acompañarlas, vistas desde la perspectiva de la víctima, son un arma de doble filo. Las víctimas en potencia quieren ser protegidas... pero si las recomendaciones restringen demasiado su libertad, se critican por "culpar a la víctima" y por limitar su libertad. Resulta irónico que la libertad de la víctima se restrinja cuando lo que debería restringirse, es la libertad del infractor! Ejemplos de estas recomendaciones son las provenientes de la industria de seguridad privada. Hoy en día, los propietarios de viviendas privadas tienen que pensar en diversas formas de proteger su inversión, desde guardas privados o conserjes, urbanizaciones cerradas, alarmas, puertas blindadas y cerraduras especiales, persianas con llave, etc. El hogar se convierte en una fortaleza, ante la amenaza omnipresente de un robo. De forma parecida, los consejos a las mujeres, encaminadas a prevenir su victimización sexual, suelen recomendar siempre salir acompañada, no ir con extraños, no salir de noche... y a la mujer maltratada, se le aconseja dejar su hogar y refugiarse en un centro de acogida. No obstante, como trataremos más adelante al hablar del miedo al delito, es aconsejable que siempre seamos cautelosos y precavidos ante la posibilidad de caer víctima. De no ser así, seríamos todos muy vulnerables a la victimización. Es todavía un importante debate: cómo deben las políticas de prevención de la victimización enfocar la responsabilización.

Para resumir, teniendo en cuenta las diferentes definiciones y marcos conceptuales de la prevención, si se desea prevenir la victimización se puede proceder desde varios puntos de partida. Así pues, constatando el desarrollo teórico y empírico de la prevención de la delincuencia, quien desee diseñar un programa de intervención debe primero plantearse, a quién o a qué va dirigido (transgresores, víctimas, niños, adultos, eventos, un tipo de victimación en concreto, "puntos negros" como vecindarios u otros lugares, etc.) y en qué fase del desarrollo de la conducta delictiva (antes, durante o después). Por otro lado, la prevención de la delincuencia es un conjunto de programas o ideas. En Inglaterra y Francia, para dar dos ejemplos, las corporaciones locales han puesto en marcha una serie de intervenciones que son el resultado de un partenariado, es decir, programas integrales de prevención multidisciplinares. De hecho, sus ideas se han formalizado en la *Guideline for Crime Prevention* de las Naciones Unidas (2002). En España, todavía nos queda mucho camino por andar en este sentido, sobre todo a la hora de evaluar nuestras iniciativas. Seguimos dependiendo demasiado de las iniciativas policiales, y no de otras instancias locales o las que parten de los propios ciudadanos; donde surgen estos últimos, se nota una falta de continuidad.

6.3. PREVENCIÓN INDIVIDUAL: INFORMACIÓN Y AUTOPROTECCIÓN

Muchas de las estrategias enfocadas a las víctimas en potencia son campañas de información. Por ejemplo, en verano cuando muchos nos ausentamos de nuestros hogares, el Ministerio del Interior reparte folletos aconsejando tomar unas precauciones contra el robo en nuestros domicilios. Los consulados suelen ofrecernos consejos contra la victimización cuando visitamos países extranjeros. Y los transportes públicos suelen darnos todo tipo de consejos, bien sean contra el carterismo o contra los indicios de algún atentado terrorista.

Sin embargo, hay poca investigación sobre la eficacia de dichas campañas de información y consejos de autoprotección salvo cuando forman parte de estrategias y estudios integrales, creados y evaluados por científicos sociales. Tilley (2005) es particularmente escéptico de cualquier medida que de esta manera, parezca "de sentido común" Si las campañas y las medidas no forman parte de planes integrales, basados en teoría y bien evaluados, no podemos extraer enseñanzas claras sobre si el mensaje lanzado es criminológicamente correcto (si realmente previene la victimización), no podemos saber si el *marketing* del mensaje es eficaz (si el mensaje llega bien a su destinatario) ni si surte los efectos deseados.

Felson y Clarke (1995) son los pocos que han escrito sobre las precauciones cotidianas. Según estos autores, no podemos obviar el hecho que, junto a los sistemas de control formal (por ejemplo, vigilancia policial) e informal (por ejemplo, vigilancia vecinal), hay un tercer sistema de control que es el control individual. Sin este tercer sistema, mantienen los autores, el control social informal se dificultaría y el aparato jurídico-penal estaría desbordado. Lo que es más, las precauciones rutinarias crecerán con la retirada de los controles formales e informales, y con el crecimiento de la seguridad privada. Felson y Clarke argumentan que muchas precauciones no previenen la delincuencia y hacen hincapié en que las precauciones tienen que estar basadas en alguna teoría e incorporadas en algún modelo de prevención.

En la mayoría de los casos, los consejos son importantes pero no son suficientes. En España, en un proyecto reseñado en Principios de Criminología (Garrido, Redondo y Stangeland, 2001) y realizado en colaboración con el Cuerpo Nacional de Policía, se realizó un experimento de prevención de la revictimación del comercio minorista sevillano. En un primer momento, se realizó un pre-test a una muestra de comercios minoristas que, según datos policiales, habían sufrido un robo con fuerza en las cosas. A la vez que se administraba el pre-test, los entrevistadores repartían y explicaban una hoja de consejos preventivos y una pegatina anunciando un programa de vigilancia vecinal a una submuestra de dicha muestra, aleatoriamente elegida de antemano. Al finalizar el periodo de verano, los encuestadores volvieron a los mismos comercios para verificar si habían puesto en práctica los consejos y si habían sido nuevamente víctimas de algún robo. El resultado, aunque no estadísticamente significativo, fue el siguiente: los comercios del grupo experimental (los que habían recibido la pegatina, los consejos y los habían puesto en práctica) fueron revictimizados en menor medida que el grupo de control (los que no habían recibido consejos o pegatina).

Por otro lado, los resultados de la encuesta internacional de victimación (ICVS) (van Kesteren, Mayhew y Nieuwbeerta, 2000) sugieren que algunas prácticas sí parecen estar relacionadas con una menor victimación. Desde 1992, el año que se inicia la encuesta, hasta la actualidad, se ha preguntado a los encuestados consistentemente sobre las precauciones que toman contra el robo en hogares. Los resultados generales mostraban una correlación entre el uso de más medidas y la victimación. Esto se debe a que muchos propietarios instalan, o practican ciertas medidas tras una victimación. En la ola del ICVS de 1996, se preguntó a los propietarios por la secuencia temporal de la instalación de un alarma antirrobo: si había ocurrido antes o después de la victimización. Los que tenían un alarma antirrobo fueron victimizados en menor medida que los que no lo tuvieron.

Merece mención especial el fenómeno de la resistencia de la víctima y su eficacia frente al crimen. La resistencia es otro ejemplo de una precaución individual que toman las víctimas cuando el delito sucede, y es podría encajar dentro de una prevención secundaria, la que ocurre cuando el delito ya está sucediendo. La resistencia de la víctima al evento delictivo, una vez en curso, ha sido objeto de investigación por los criminólogos. Tark y Kleck (2004) examinaron el efecto de la resistencia por parte de la víctima en la posibilidad de sufrir pérdidas pecuniarias o lesiones, provocada por 16 tipos de victimizaciones informadas a la encuesta nacional de victimización (National Crime Victimization Survey) en Estados Unidos, durante el periodo 1992-2001. Descubrieron que la resistencia, frente a la no resistencia, casi siempre resultaba en menos pérdidas monetarias y menos lesiones.

En conclusión, carecemos de buenos estudios sobre las precauciones individuales. Muchas entidades públicas y privadas se dedican a proporcionarnos consejos sobre cómo prevenir la victimización. No sabemos, sin embargo, si todos estos consejos son eficaces. Por consiguiente, parece más inteligente basar nuestras prácticas, en modelos teóricos y prácticos sólidos como los que se van a describir a continuación.

6.4. MODELOS DE PREVENCIÓN: EVOLUTIVA, SITUACIONAL Y SOCIAL

Los modelos de prevención que describiremos en este capítulo son los modelos evolutivos (basados en la prevención de factores de riesgo individuales), de prevención situacional y de prevención social. Un cuarto modelo, que se basa en la intervención jurídica, no lo discutiremos en este capítulo por haber sido tratado en otros capítulos de este manual.

6.4.1. Prevención evolutiva

La prevención evolutiva se basa en la idea de que es posible identificar factores de riesgo individuales, familiares y escolares de la conducta delictiva. Se basa en una teoría evolutiva de la delincuencia, es decir, en un interés en la génesis de la conducta delictiva, en los factores de riesgo y protección que ocurren en distintas edades del ciclo vital, y en los efectos de ciertos puntos de inflexión en el desarrollo del individuo.

El argumento potente a favor de esta perspectiva es que los factores de riesgo son similares para distintos tipos de resultados antisociales.

Por ejemplo, factores de riesgo parecidos predicen no sólo la conducta delictiva (violenta y no violenta) sino también los problemas de salud mental, el abuso de alcohol y drogas, el fracaso escolar y el desempleo. Por consiguiente, la intervención basada en factores de riesgo no sólo previene la conducta delictiva, sino muchas otras conductas no deseadas socialmente.

Los programas de intervención que se basan en este modelo incluyen los de adiestramiento en habilidades sobre todo los que se centran en la impulsividad, gran predictor de la conducta delictiva, y el bajo nivel de empatía; la formación a los padres; los programas pre-escolares; los programas escolares y los dirigidos al fenómeno de *bullying* (victimización escolar), y programas como "Communities that Care", programas dirigidos a vecindarios enteros en Inglaterra y Gales, Escocia, Holanda y Australia. (Farrington, 2002). El objetivo de estos programas son atajar los factores de riesgo asociadas a la conducta delictiva, como son ciertos rasgos de personalidad y temperamento, la falta de supervisión de los padres de sus hijos o su abandono o rechazo, la desadaptación escolar, la falta de rendimiento escolar, y patrones de agresividad escolar.

6.4.2. Prevención situacional

En cuanto a la prevención de la victimación, se utiliza frecuentemente el concepto de la prevención situacional, donde se procura reducir la probabilidad de confluencia en tiempo y espacio de transgresores motivados, objetivos atractivos y ausencia de vigilancia. La prevención vecinal puede formar parte de esta estrategia, mediante la cual se procura fortalecer las redes vecinales de convivencia (la llamada "eficacia colectiva" o "capital social") y fomentar la vigilancia y el control social informal. Un resumen excelente se encuentra en Medina (1999).

Esta teoría nos permite gestionar la seguridad ciudadana sin tener que reconstruir la sociedad ni los individuos que forman parte de ella. Por ejemplo, lo podemos hacer mediante: "el endurecimiento del objetivo": alarmas, mejores cerraduras, mejor alumbrado (Painter y Farrington, 2001); la mejora de la vigilancia: organizaciones de vecinos, diseño de residencias y parques para mejorar la vigilancia informal; y otras maneras de desincentivar al transgresor.

La teoría situacional reposa en parte en una teoría individual de elección racional de los agresores, que presupone que los delincuentes son hasta cierto punto racionales y que consideran muchos factores antes de cometer un acto delictivo, como pueden ser: las características de la víctima, los riesgos de ser descubierto, la disponibilidad de los objetivos, las posibles ganancias, el tiempo requerido, el peligro físico, la pericia que se necesita, y la familiaridad con el método. Modificando estas condiciones situacionales es como se pueden prevenir actos delictivos.

La prevención situacional utiliza frecuentemente técnicas de prevención vecinal y reestructuración arquitectónica. La idea detrás de la prevención vecinal es que los vecinos se movilicen para prevenir, de forma proactiva, la comisión de delitos eliminando la oportunidad para la misma. Se basan en dos modelos. El primero tiene que ver con el control social informal, e incluye: el refuerzo de normas vecinales, el refuerzo de la identidad vecinal y las fronteras vecinales, y el establecimiento de un sentido más fuerte de comunidad y mayor interacción social. El segundo modelo tiene que ver más bien con la eliminación de la oportunidad para delinquir. Incluyen un abanico de programas: patrullas vecinales, sistemas de denuncia vecinal, programas de vigilancia vecinal, encuestas de seguridad en el domicilio, marcación (identificación) de propiedad particular, juntas de vecinos y policía o planes para reestructurar el barrio arquitectónicamente

Las patrullas vecinales pueden ser de barrio, de bloques o por edificio (los vecinos o guardias jurados controlan las entradas al edificio (como lo hace un portero). También existen patrullas de revisión de actividades policiales (los vecinos, aparte de patrullar, controlan también la actividad policial del barrio) y de servicios sociales (se incluyen otros proyectos como pueden ser servicios de acompañamiento, protección civil, formación de empleo juvenil, etc.) Pueden ser eficaces, sobre todo cuando se incorporan a actividades vecinales más amplias, cuando se hacen en colaboración con la policía, y cuando se dedican a otras tareas en épocas de baja criminalidad. Pero pueden degenerar en actividades paranoicas, parapoliciales y hasta ilegales.

Los sistemas de denuncia vecinal consisten en formas para conseguir mayor colaboración ciudadana a la hora de denunciar el delito, como puede ser a través de silbatos (los ciudadanos tocan el silbato y llaman a la policía al observar la comisión de un delito); a través de radios particulares (avisan a la policía); y a través de lineas especiales donde se garantiza el anonimato y hasta se promete recompensa económica.

Los programas de marcación (identificación) de propiedad particular consisten de (1) convencer a los ciudadanos que marquen sus objetos, (2)

hacer saber a los ladrones que esto ha ocurrido y (3) facilitar la recuperación de objetos robados. Sin embargo, es difícil convencer a los ciudadanos, y no parece dar grandes resultados, a la hora de recuperar productos robados.

Las encuestas de seguridad en el domicilio consisten en encuestas llevadas a cabo por agentes policiales, o auxiliares, que conllevan una serie de recomendaciones acerca de lo que habría que hacer para prevenir la victimación. Pero en pocas ocasiones se hace un seguimiento para ver si realmente el ciudadano ha puesto en marcha las recomendaciones.

Los planes para reestructurar el barrio arquitectónicamente incluyen mejoras en el alumbrado público, cambios en las calles para dificultar rutas de salida de los delincuentes (más calles sin salida, acabando en «T»), la creación de zonas peatonales y la disminución del tráfico. Siguiendo criterios de una "densidad crítica", se intenta crear calles con muchos transeúntes o con muy pocos. Son las calles con un número medio de transeúntes las que facilitan los actos delictivos, porque los transeúntes no están protegidos por los demás y se convierten en blancos fáciles. Para facilitar la vigilancia también se procura utilizar o encapsular las zonas abandonadas, mediante por ejemplo huertas urbanas o la encapsulación de edificios abandonados para evitar la ocupación por «okupas», mendigos, drogodependientes, vendedores de droga, etc.

Gran parte de las políticas de seguridad ciudadana británicas y holandesas descansan en la prevención situacional. Gran parte del programa de "Safer Cities" en Gran Bretaña descansa en la prevención situacional, y en formas de reestructurar los hábitos de las víctimas, las viviendas y las calles para reducir las oportunidades para delinquir. Hasta cierto punto, estos programas han tenido éxito, pero sería ingenuo esperar que un programa que no combine la situación con lo social —la génesis de los delincuentes— diera resultados duraderos.

6.4.3. Prevención social

La prevención social se basa en la teoría de desorganización social. Es una de las más antiguas de la criminología, pero está en la base de todo intento de revitalizar un barrio y fomentar el control social informal. La teoría postula que las zonas de una ciudad con tasas más altas de delincuencia suelen ser zonas en transición, con una población en declive, deterioradas, habitada por una población heterogénea, que cambia de domicilio con frecuencia y de bajos ingresos, con abundantes problemas sociales. Pero estas características no fomentan la delincuencia en sí, sino que producen "desorganización social", una falta de control social informal; es decir, zonas donde las tradiciones convencionales se han perdido. En estas zonas los vecinos ya no sienten que el barrio es "suyo", se sienten sin derecho u obligación a vigilar lo que pasa en el barrio. Es esta desorganización social —vacío de normas— la que genera "tradiciones de delincuencia". Es decir, hay cada vez más oportunidades para delinquir (presencia de adultos criminales, falta de oportunidades legítimas, etc.). Una vez que la criminalidad se implanta en el barrio, ocurre la *transmisión cultural* (se enseña de generación a generación). La prevención social también se basa en teorías de la frustración (Merton, 1967) y del control (Hirschi, 1969); según esas teorías se delinque bien porque es una forma de conseguir objetivos que uno no puede conseguir legítimamente, bien por estar excluido de los bienes de la sociedad, o bien porque uno no tiene lazos con los valores prosociales. Gran parte de las experiencias francesas, que a veces en el campo de la prevención de la criminalidad se basan en esta idea de exclusión social y marginación, y sobre todo en la integración de la juventud y la facilitación de su paso desde la adolescencia hacia la independencia y el mundo laboral.

6.5. EL MIEDO AL DELITO

Hace diez o veinte años, ante la problemática de la seguridad ciudadana, los políticos y los criminólogos solo pensaban en el fenómeno delincuencial y en las tasas delictivas según los datos policiales. Hoy en día, cualquier político ilustrado reconoce que la delincuencia es una parte importante de dicha problemática, pero que otros fenómenos asociados, como son la conducta antisocial, los problemas de desorden y el miedo al delito inciden asimismo gravemente en la calidad de vida urbana de los ciudadanos. Es la diferencia entre el concepto antiguo de "prevención de la delincuencia" y el concepto más actualizado de "seguridad ciudadana". El reconocimiento de que hay que abarcar una problemática más amplia proviene del hecho de que la delincuencia, por mucha alarma que provoque, afecta a una pequeña parte de la población. Sin embargo, la conducta antisocial, los problemas de desorden y el miedo afectan a una mayor proporción de los habitantes urbanos. Por otro lado, la conducta antisocial —la falta de respeto a las personas, el acoso, los insultos raciales, el ensuciamiento de las calles genera miedo y ansiedad, y a veces consigue el retraimiento de los vecinos en sus hogares, lo cual pone en peligro el tejido social de los barrios. Los problemas de desorden —el agrupamiento de personas, la suciedad, el ruido— tienen un efecto parecido y de nuevo, a veces consigue que los vecinos ya no se sientan "dueños" de sus lugares de convivencia. Y por último, la percepción subjetiva del delito —el miedo al mismo— también genera retraimiento e incluso evacuación de determinadas zonas de las ciudades. El miedo al delito, además, suele afectar más a mujeres y a ancianos, y por este efecto diferencial, genera una gran desigualdad demográfica de calidad de vida entre los ciudadanos.

Hasta el momento hemos hablado de actos delictivos o antisociales, mientras que anteriormente, incidí en que las buenas políticas de fomento del control social informal deben incluir también formas de reducir el miedo.

Siempre se había asumido que el miedo al delito tenía una relación directa con niveles y experiencias objetivos de delincuencia o victimación. En los años 70, con las primeras investigaciones, el miedo al delito se convirtió en un fenómeno propio, dado que éstas demostraban que su relación con el fenómeno delincuencia era mucho más compleja. Por ejemplo, tener miedo al delito no implica necesariamente una probabilidad más alta de ser víctima. Desde entonces, se examina el miedo a la delincuencia como un fenómeno aparte de la delincuencia misma.

Es importante examinar y reducir el miedo al delito porque el miedo al delito puede ser negativo y no solo generar más miedo, sino más delincuencia u otros efectos nocivos. El miedo al delito produce un retraimiento físico y psicológico del barrio, y en ese respecto, puede provocar la degeneración del mismo (Wilson y Kelling, 1982). Individuos con un alto nivel de miedo al delito pueden trasladarse, o convertirse en personas aisladas y paranoicas, lo que a su vez reduce el nivel de cohesión social en el barrio, y en consecuencia, su nivel de seguridad. Particularmente, si en un barrio donde existe un alto nivel de miedo, los vecinos con mayores recursos se protegen mejor o se van, la delincuencia se va a desplazar sobre los que ya sufren bastante desventajas sociales. Además, el miedo puede convertirse en hostilidad hacia formas mas integradoras de tratar la delincuencia, como por ejemplo, los pisos tutelados, que necesitan la aceptación de un barrio para implantarse. También el miedo puede provocar movimientos vecinales extremos que restan legitimidad al sistema penal. Sin embargo, no es deseable eliminar el miedo al delito en su totalidad. Cierto miedo al delito por parte de la población es positivo. Obliga a tomar precauciones contra posibles victimaciones (poner cerraduras, evitar zonas oscuras por la noche, etc.)

¿Cuáles son las causas del miedo? Entre otras, la vulnerabilidad de la persona (incapacidad de protegerse físicamente o económicamente, incapacidad para huir, o incapacidad para sobrevivir los efectos psicológicos y físicos); la percepción del ambiente como amenazante y del deterioro del barrio; (presencia de pandillas, alcohólicos y vagabundos, cristales rotos, vecinos ruidosos, graffiti, basura en la calle, casas abandonadas); actitud hacia el lugar de residencia (percepción de falta de cohesión, desintegración); el conocimiento del delito a través de las noticias sobre los actos delictivos conocidas a través de los medios de comunicación, o de los diálogos interpersonales con sujetos que han sido victimizados; y la experiencia directa con el delito, aunque las víctimas que logran neutralizar sus experiencias experimentan menos miedo. La confianza de los sujetos en la policía y en el sistema de justicia criminal, sobretodo en la policía, es otro factor clave para reducir el miedo al delito. Habrá menos miedo al delito si la población cree que la policía es eficaz, si tienen presencia física en el barrio, si responden a las llamadas de urgencia con rapidez, y si creen que la policía va a buscar los autores de los delitos y detenerlos. Existe miedo al delito sólo si se teme una victimación grave.

6.6. POLÍTICAS DE SEGURIDAD Y REDUCCIÓN DE RIESGOS

Desde hace dos décadas la investigación en prevención de la delincuencia ha demostrado que esta labor no es únicamente responsabilidad de la policía. Desgraciadamente, como mencioné antes, las políticas de prevención en España siguen viéndose como un asunto policial y ningún consejo de prevención de la delincuencia ni foros dedicados a ello existe aún, como en otros países (véase en particular los consejos nacionales de prevención de la delincuencia en los países nórdicos). Como mucho, encontramos la voluntad por parte de la policía de "consultar" a otros organismos, y quizás alguna iniciativa temporal en la policía local. El problema es particularmente agudo cuando la palabra "prevención", en el contexto policial, se refiere a "prevención general" o el efecto en la delincuencia de la mera presencia policial. Por consiguiente, muchos cuerpos policiales ni entienden otros significados de la palabra, "prevención". Esta actitud dificulta la participación del ciudadano en los problemas que le rodean, y dificulta la creatividad y la iniciativa tan necesarias para combatir problemas tan difíciles como los delictivos.

En Europa los países que más se han preocupado por la prevención de la delincuencia han instigado la creación de consejos, como se ha aludido anteriormente, o equipos preventivos multidisciplinares o interdisciplinares. Este impulso responde al nuevo concepto de "community governance" mediante la cual la delincuencia se percibe como problema de "todos" en una localidad. En los foros multidisciplinares, cada representante de un organismo colabora pero sus funciones y las de su organismo no cambian. En los foros interdisciplinares, hay una fusión de funciones y el trabajo resultante contiene un análisis integral y la búsqueda de respuestas integrales.

Por ejemplo, en 1998 bajo el gobierno del Partido Laboralista en Gran Bretaña, se aprobó el Crime y Disorder Act que representó la primera vez en ese país que se obligaba por ley a la policía y las corporaciones locales colaborar en la creación y puesta en marcha de estrategias de prevención de la criminalidad. Dichos "partnerships" en práctica tiene sus dificultades. Hough y Tilley (1998) constataron que los equipos eran susceptibles de padecer problemas como la ignorancia y la desconfianza; la marginación de asuntos relacionados con la delincuencia, el abuso del foro para adelantar las prioridades de uno de los organismos miembros, la falta de conocimientos sobre la prevención de la delincuencia, la tendencia a hablar más que actuar, la presencia de ideologías de trabajo opuestas, y la desigualdad de poder entre los organismos participantes, entre otros. Según estos autores, los buenos foros suelen tener objetivos claros, el compromiso de sus miembros de desarrollar, actuar y mantener las estrategias acordadas, liderazgo y coordinación eficaz y permanente, participación periódica de altos cargos de los organismos participantes, información y formación en materia de prevención de la criminalidad y la asistencia de buenas bases de datos para el proceso de resolución de problemas.

Gran parte de las estrategias más modernas utilizadas en Europa para prevenir la delincuencia precisan buenos datos, una sociedad civil desarrollada, y recursos para llevarlo a cabo. En el campo de la prevención de la delincuencia hay buenas iniciativas, y ya podemos decir que no escasean. El problema mayor es la falta de evaluación rigurosa de las estrategias y los programas. Poco sirve implantar una estrategia o un programa de prevención si no se acompaña de una evaluación científica que nos permita decir que el gasto y el esfuerzo mereció la pena en cuanto a buenos resultados. En Europa, mientras que contamos ya con un buen meta-análisis de los resultados de programas de intervención con reclusos (Redondo, Sánchez-Meca y Garrido, 1999), no contamos con un estudio parecido en el campo de la prevención. Seguimos dependiendo demasiado de estructuras formales jurídicas, y no de la fuerza y omnipresencia del control social informal.

6.7. APLICACIÓN Y CRÍTICAS

Las evaluaciones de las aplicaciones de los programas de prevención de la delincuencia en su conjunto proporcionan importantes consejos acerca de su planificación. Primero, deben estar basadas en buena teoría criminológica y segundo, debe tener claro los destinatarios y los servicios que se proporcionan, y las intervenciones deben ser implantadas consistente con su diseño. Por último, conviene llevar a cabo una evaluación coste-beneficio para hacerse una buena idea de los ahorros de tales programas.

Una revisión coste-beneficio de los programas de prevención sugiere que sí proporcionan importantes beneficios y ahorros (Welsh y Farrington, 2000). El coste del delito es enorme (véase Brad y Price, 2000, para un informe detallado sobre la estimación del coste del delito). Sin embargo, los datos empíricos de Welsh y Farrington sugieren que la prevención situacional conlleva beneficios que superan los costes a corto plazo; para la prevención evolutiva, es más probable que los beneficios no superarán los costes hasta medio o largo plazo. Los beneficios de la prevención situacional suelen limitarse a los asociados con el delito, mientras que los beneficios dela prevención evolutiva se extienden a otros ámbitos. Los beneficios de la prevención social son menos claros, por la escasez de estudios evaluativos. Una conclusión importante del estudio de Welsh y Farrington es la importancia de estimar e incluir en los análisis los costes intangibles (por ejemplo, calidad de vida, miedo, dolor y sufrimiento) del delito a las víctimas. La mayoría de los estudios sólo incluye los costes tangibles (gastos médicos, pérdidas de propiedad) pero es posible que las pérdidas intangibles sean tres veces superiores a las tangibles (Welsh y Farrington, pág. 315).

Los programas de prevención, sin embargo, cuentan con importantes críticas. Suelen dirigirse a la conducta delictiva convencional. Encontramos pocos programas dirigidas a prevenir el maltrato familiar, la delincuencia ecológica, la delincuencia de cuello blanco o la corrupción. Encontramos, además, poca perspectiva de género (Shaw, 2002 y 2004) y en general, poca diferenciación de acorde con la diversidad étnica o racial. De hecho, los programas vecindarios son más difíciles de implantar en los barrios que más los necesitan, por las malas relaciones entre la población y la policía (Lab, 1997). El desarrollo y la evaluación de programas de prevención de la delincuencia fuera del mundo occidental industrializado es otra área deficiente (véase Waller, 1999a y 1999b). La prevención del delito es todavía una ciencia embrionaria, pero con resultados prometedores.

BIBLIOGRAFÍA

BARBERET, R. (1997) "La prevención general y especial." *Cuadernos de Derecho Judicial*, XV.

BARBERET, R. (2000) "Evaluación de Reformas Penales y Planes de Prevención." En Díez Ripollés, J.L. y Cerezo Domínguez, A.I. (Eds.), *Los Problemas de la Investigación Empírica en Criminología: La Situación Española*. Valencia: Tirant lo Blanch.

BRAD, S. y PRICE, R. (2000) *The Economic and Social Cost of Crime*. Londres: Home Office Research Study 217.

BRANTINGHAM, P.J. and FAUST, F.L. (1976). "A conceptual model of crime prevention." Crime and Delinquency, 22, 130-46.

BRANTINGHAM, P.L. y BRANTINGHAM P.J. (eds.) (1991) *Environmental Criminology* (rev. ed). Prospect Heights, IL: Waveland Press.

CLARKE, R.V. y FELSON, M. (eds.) (1993) *Routine Activity and Rational Choice*. New Brunswick, NJ: Transaction Publishers.

CLARKE, R.V., (ed.) (1994) *Crime Prevention Studies, vol 2*. Monsey, NY.: Criminal Justice Press.

COHEN, L.E. y FELSON, M. (1979) "Social Change and Crime Rate Trends: A Routine Activity Approach." *American Sociological Review*, *44*, pp. 588-608.

CRAWFORD, A. (1998) *Crime Prevention and Community Safety*. Harlow: Addison Wesley Longman Ltd.

ECONOMIC AND SOCIAL COUNCIL (2002) *Guideline for the Prevention of Crime*. ECOSOC Resoluion 2002/13, adopted on 24 July. www.unodc.org

FARRELL, G., PEASE, K. y TILLEY, N. (2003) *Repeat Victimisation in Context*. Willan: Devon, UK.

FARRINGTON, David P. (2002) "Developmental criminology and risk-focused prevention". Cap. 19 en Maguire, M., Morgan, R. y Reiner, R. (Eds.) *The Oxford Handbook of Criminology*. Oxford: Oxford University Press.

FEELEY, M. y SIMON, J. (1995), "La nueva penología. Notas acerca de las estrategias emergentes en el sistema penal y sus implicaciones". En *Delito y Sociedad. Revista de Ciencias Sociales*, 6/7:33-57.

FELSON, M. (1998) *Crime and Everyday Life*. Thousand Oaks: Pine Forge Press.

FELSON, M y CLARKE, R.V. (1998) *Opportunity Makes the Thief: Practical Theory for Crime Prevention*. Police Research Series Paper 98. Londres: Home Office Policing and Reducing Crime Unit.

FELSON, M. y CLARKE, R.V. (1995) "Routine precautions, criminology and crime prevention." En Barlow, H.D. (Ed.) Crime and Public Policy: Putting Theory to Work. Boulder, Colorado: Westview Press (Harper-Collins).

FERREIRA, B.R. (1995) "Situational Crime Prevention an Displacement: The Implications for Business, Industrial and Private Security Management," *Security Journal, 6*: 155-162.

FORRESTER D, CHATTERTON M and PEASE K (1988) *The Kirkholt Burglary Prevention Project, Rochdale.* Crime Prevention Unit Paper 13. London: Home Office

FORRESTER D, FRENZ S, O'CONNOR M and PEASE K (1990) *The Kirkholt Burglary Prevention Project: Phase II.* Crime Prevention Unit Paper 23. London: Home Office

GARRIDO, V., REDONDO, S. y STANGELAND, P. (2001) *Principios de Criminología.* Valencia: Tirant lo blanch.

GRAHAM, J. y BENNETT, T. (1995) *Crime Prevention Strategies in Europe and North America.* Helsinki: HEUNI.

GRACIA FUSTER, E. y MUSITU OCHOA, G. (1993) *El maltrato infantil: Un análisis ecológico de los factores de riesgo.* Madrid: Ministerio de Asuntos Sociales.

HOPE, T. (ed.) (2000) *Perspectives on Crime Reduction. The International Library of Criminology, Criminal Justice and Penology.* Aldershot, Inglaterra: Ashgate.

HOUGH, M. y TILLEY, N. (1998) "Auditing Crime and Disorder: Guidance for Local Partnerships." *Crime Detection and Prevention Series, Paper 91.* Police Research Group. Research, Development and Statistics Directorate. Londres: Home Office

HOUGH, M. y TILLY, N. (1998) *Getting the Grease to the Squeaks - Research Lessons for Crime Prevention.* Crime Detection and Prevention Series 85. Londres: Home Office.

HUGHES, G. (1998) *Understanding Crime Prevention: Social Control, Risk and Late Modernity.* Buckingham, England: Open University Press.

HUGHES, G. y EDWARDS, A. (2003) *Crime Control and Community.* Devon, UK.: Willan.

LAB, S. (Ed.) (1997) *Crime Prevention at a Crossroads.* Cincinnati, Ohio: Anderson Publishing/Academy of Criminal Justice Sciences.

MEDINA ARIZA, J.J. (1997) "El control social del delito a través de la prevención situacional." Cuadernos de Derecho Judicial XV. Madrid: Consejo General del Poder Judicial.

NUTTALL, C. (Dir.) (1998) *Reducing Offending: An Assessment of Research Evidence on Ways of Dealing with Offending Behaviour.* Londres: Home Office Research, Development and Statistics Directorate.

PAINTER, K.A. y FARRINGTON, D.P. (2001) "The financial benefits of improved street lighting, based on crime reduction.." *Lighting Research and Technology,* 33(1):3-12

PEASE, K. (2002) "Crime Reduction." In Maguire, M., Morgan, R., and Reiner, R. (Eds.) *The Oxford Handbook of Criminology.* Oxford: Oxford University Press.

READ, T. y TILLEY, N. (2000) "Not Rocket Science? Problem-solving and Crime Reduction". *Crime Reduction Research Series, Paper 6.* Policing and Reducing Crime Unit. Research, Development and Statistics Directorate. Londres: Home Office.

REDONDO, S. SANCHEZ-MECA, J. y GARRIDO. V. (1999). The influence of treatment programs on the recidivism of juvenile and adult offenders: An European meta-analytic review. *Psychology, Crime, and Law* 5 (3): 251-278.

SHAW, M. (2001) "The Role of Local Government in Community Safety." Washington, D.C.: Bureau of Justice Assistance.

SHAW, M. (2002) "Gender and Crime Prevention". www.crime-prevention-intl.org

SHAW, M. (2004) "Developing Trust: International Approaches to Women's Safety." www.crime-prevention-intl.org

SHERMAN, L.W., GARTIN, P.R. y BUERGER, M.E. (1989) Hot spots of predatory crime: Routine activities and the criminology of place. Criminology. 27/1:27-55.

SHERMAN, L., GOTTFREDSON, D., MACKENZIE, D., ECK, J., REUTER, P. y BUSHWAY, S.(1998) *Preventing Crime: What Works, What Doesn't, What's Promising.* Washington, D.C.: National Institute of Justice.

SMITH, M.J. y CORNISH, D.B. (eds.) *Theory for Practice in Situational Crime Prevention*. Devon, UK.: Willan.

TARK, J. y KLECK, G. (2004) "Resisting Crime: The Effects of Victimization on the Outcomes of Crime". *Criminology*, 42/4:861-909.

TILLEY, N. (2005) "Crime Reduction: A Quarter Century Review." *Public Money & Management, 25/5: 267-274*

TILLEY, N. y LAYCOCK, G. (2002) "Working Out What to Do: Evidence-based Crime Reduction". *Crime Reduction Research Series, Paper 11*. Policing and Reducing Crime Unit. Londres: Home Office.

VAN DIJK, J. (1990). "Crime prevention policy: Current state and prospects." In Kaiser, G. and Albecht, H.-J. (Eds.) *Crime and Criminal Policy in Europe*. Criminological Research Report, Volume 43. Freiburg: Max Planck Institute, 205-220.

VAN KESTEREN, J., MAYHEW, P. y NIEUWBEERTA, P. (2000) *Criminal Victimization in Seventeen Industrialized Countries.* The Hague: WODC.

WALLER, I. (Dir.) (1999a) *100 Crime Prevention Programs to Inspire Action Across the World.* Montreal, Canada: International Centre for the Prevention of Crime.

WALLER, I. (Dir.) (1999b) *Crime Prevention Digest II: Comparative Analysis of Successful Community Safety.* Montreal, Canada: International Centre for the Prevention of Crime.

WELSH, B. C y FARRINGTON, D.P. (2000) "Monetary Costs and Benefits of Crime Prevention Programs." In Tonry, M. (Ed.) *Crime and Justice: A Review of Research*, Vol. 27. Chicago: University of Chicago Press.

WILSON, J. Q. y KELLING, G. (1982) "Broken Windows." *The Atlantic Monthly* (March), 29-38.

Tema 7
Los procesos de desvictimación y sus condicionantes y obstáculos[1]

"El género humano no es capaz de soportar una dosis excesiva de su propia realidad"

TS Elliot (Poco antes del comienzo de la Segunda Guerra Mundial)

7.1. INTRODUCCIÓN

La situación y evolución de las víctimas de cualquier situación traumática están muy moduladas por las circunstancias que rodean el acontecimiento que da lugar a la victimación.

El proceso de victimación y lo que podemos llamar "construcción de la identidad de la víctima" es algo que puede asimilarse a la situación que se produce en el ser humano sano cuando le ataca una enfermedad. El papel que se le asigna al enfermo y la actitud que la enfermedad suscita en la comunidad sana es un modelo que puede servirnos para entender lo que sucede con las víctimas.

La enfermedad es un riesgo que puede alcanzarnos a cualquiera de nosotros y que las sociedades desarrolladas tienen muy en cuenta a la hora de establecer los mecanismos por los cuales ese riesgo puede ser evitado o, si ello no es posible, corregido (curado) y eliminado. Los llamados sistemas sanitarios son el resultado de esta conciencia social de que las personas han de ser razonable y continuamente protegidas y, en el caso de que dicha protección no sea efectiva, ayudadas para eliminar las consecuencias de la pérdida de la salud. Pero debemos tener en cuenta, en un primer apunte, que esta situación no se produce en el caso de las víctimas y que no existe un subsistema específico de atención a dichas personas similar o parecido al que existe para cubrir los riesgos

1 Capítulo elaborado por Enrique Baca Baldomero

de la enfermedad. Así la única respuesta que los sistemas sociales dan al problema de la victimación se encuentra diseminado en diversos sectores, entre los que descuella la administración de justicia, los sistemas de aseguramiento privado (es el caso, por ejemplo, de las aseguradoras de accidentes) y, en determinadas ocasiones y países, el sistema de servicios sociales.

Sin embargo es un sentir general que los potenciales hechos traumáticos (ya sean originados por accidentes, catástrofes naturales o por la acción intencional o no del hombre) que convierten a determinadas personas en victimas, constituyen avatares que, en las sociedades modernas, se pretende que también estén previstos y prevenidos por las instituciones sociales. Los mecanismos de protección civil, los bomberos, los cuerpos de seguridad y la citada administración de justicia son ejemplos de organismos sociales destinados a que, en la medida de lo posible, el individuo (el ciudadano) de cualquier comunidad se encuentre razonablemente a salvo de dichos avatares.

Una de las características de la sociedad moderna ha sido la conquista de esa “seguridad”, pero también una de las características que algunos autores asignan a la sociedad postmoderna o actual es precisamente la conciencia de que tal seguridad es imposible y que el riesgo es un factor inseparable del desarrollo y de la libertad. Otra cosa, y no podemos entrar aquí en ese apasionante aspecto, es la discusión de si ello es o no evitable.

Decíamos antes que ser víctima, desde el punto de vista de su consideración social, puede ser entendida, a similitud con el modelo de la enfermedad, como riesgo general de cualquier ser humano. Queremos decir con esto que la víctima, como el enfermo, se encuentra de repente desposeída de su vida normal y arrojada a una situación de afectación de la cual no se siente responsable y para la cual necesita ayuda. También decíamos que la sociedad actual prevé mecanismos de ayuda y reparación para el enfermo, le exime de diversos deberes sociales durante el proceso de su enfermedad y le concede un estatus que todo el resto de la sociedad admite sin reservas y respeta. De todo ello se encarga el sistema sanitario donde el ciudadano afectado acude para recibir diagnóstico y tratamiento para su caso.

También apuntábamos que la víctima, sin embargo, no dispone de un sistema de reconocimiento social establecido. El único aparato o institución social ante el cual la víctima puede presentarse es la justicia. Es cierto que, en determinadas ocasiones (grandes catástrofes y hechos similares) las víctimas pueden sentir que los aparatos del Estado se movilizan de manera extraordinaria para arbitrar ayudas y remedios. Pero, en los casos de victimización habitual, cualquier acción reparadora discurre siempre por lo que parecer ser su único cauce natural: la administración de justicia.

Por otra parte la percepción social de las víctimas es distinta según hablemos de víctimas de hechos naturales, accidentales o de acciones intencionales o no cometidas por el hombre. Y la actitud que la población general tenga y adopte parece ser decisiva para la propia percepción de la victima como tal y para su actitud frente a sí misma[2].

Pero decíamos que el modelo de la enfermedad, que podemos sufrir cualquiera de nosotros, nos podría ayudar a entender la posición y la naturaleza del hecho de la víctimización y puede hacerlo en un aspecto importantísimo. La sociedad asume que cuando alguien enferma debe recibir toda la ayuda posible para salir precisamente de ese estado, pero también espera que el paciente colabore, con todas sus fuerzas y posibilidades para hacer efectivos los cuidados que recibe. Al mismo tiempo se espera también que sus principales acciones se dirijan a *dejar de estar enfermo*.

Estas actitudes y conducta pueden también aplicarse a la víctima y es legítimo decir que la víctima ha de recibir toda la reparación posible y toda la ayuda necesaria (de cualquier tipo y durante el tiempo que sea preciso sin limitación alguna) pero la sociedad también tiene derecho a esperar que *la víctima tenga, como un objetivo básico y fundamental, el dejar de serlo*.

Este es un aspecto tan nuclear como difícil. Pero su dificultad no debe llevarnos soslayarlo por conflictivo y delicado que sea su abordaje.

Pero ¿como deja la víctima de ser víctima? No se trata, como es evidente, de un mero ejercicio de voluntad, ni tampoco de remedios simples tipo "perdón y olvido", aunque ambos mecanismos (el perdón y el olvido) formen parte necesaria del proceso. Se trata en cualquier caso de un proceso largo y complejo, en el que las intervenciones exteriores han de estar dirigidas a facilitarlo y no a dificultarlo y que parte, no obstante, de la necesidad básica de que se haga justicia.

---

2 Una ampliación de estos extremos puede verse en: **Baca, E.** (2003) *La actitud ante la víctima: reacciones personales, sociales y profesionales*. En: Baca, E y Cabanas, ML (eds) Las Víctimas de la Violencia. Triacastela, Madrid

No es el tema de este capítulo entrar a discutir la naturaleza y las formas de aplicación de eso que llamamos justicia. Tampoco se trata de plantear un plan completo de rehabilitación de la víctima, de tal manera que vuelva a ser el ciudadano normal que era, antes de ser alcanzada por el hecho traumático que la victimizó. Se trata simplemente de que analicemos algunos de los factores que, se quiera o no, intervienen en la autopercepción de la víctima, en como se siente y en como siente la postura de los demás y en las dificultades reales que se le presentan para poder salir de esa situación que dicha víctima tampoco quiere mantener. En este sentido analizaremos los sentimientos de venganza, las posibilidades de reparación personal y la dinámica real del perdón y del olvido.

7.2. LA IDEA DE LA VENGANZA Y SU ORIGEN

La palabra venganza tiene su origen próximo en el término latino *vindex* (fiador, vengador) y tiene el sentido general de *reclamación*, *reivindicación*. El Diccionario de la Academia define la venganza como "satisfacción que se toma del agravio o daño recibidos" y, en una segunda acepción, la considera como sinónimo de "castigo o pena" aunque considera en desuso este empleo de la palabra. En general no es un término que tenga entradas en los diccionarios al uso (sean éstos filosóficos o psicológicos) y cuando las tiene no se deja de señalar con insistencia que se trata de un sentimiento arcaico que "tiende a desaparecer en el estado de Derecho" o que "es propia de gente insegura y resentida". Incluso se envía al lector a la voz *resentimiento* que se define a su vez como "rencor solapado y persistente que nace de hondas frustraciones infantiles y alimenta una insaciable sed de venganza".

La venganza no es, por tanto, un sentimiento que resulte aceptable en la sociedad contemporánea, que tiende a considerarlo como un resto arcaico de estados primitivos de la evolución humana o, en el caso de que se considere que aparece o persiste, como una muestra de infantilismo, cuando no de alteración en la normal manera en que la personalidad humana ha de conducirse en sus relaciones con la agresión sufrida o, en un sentido general, con los otros prójimos.

Pero en cualquier caso la venganza se ha ligado, como acabamos de decir con el resentimiento y éste con otros sentimientos que representan siempre valores socialmente negativos, como el odio y la ausencia de perdón. A su vez se plantea que el sujeto que odia o no puede perdonar ha se sentirse necesariamente culpable y asustado. Miedo y culpa seria la consecuencia de odiar o no poder perdonar.

La primera cosa que hay que dejar clara es que los sentimientos de venganza son siempre secundarios a la agresión (real o ficticia) recibida. Sin agresión previa no hay venganza concebible. Sería otra cosa, pero no venganza. Por tanto la venganza es siempre, como veremos, una respuesta y nunca un sentimiento inmotivado. Aunque dicha respuesta no constituya una respuesta personal (la venganza de "algo que me ha sucedido a mí") sino una respuesta que puede recogerse o tomarse de otros próximos, ya sea esta proximidad física y afectiva o ideológica y mediata. Así la venganza puede ser venganza ante agresiones, reales o supuestas, que se han llevado acabo incluso en tiempos lejanos o en colectividades lejanas geográficamente pero próximas en el imaginario del "vengador".

7.3. EL ODIO COMO PRECURSOR O ANTECEDENTE DE LA VENGANZA

Una posición de partida para analizar estos problemas es aquella que hace preceder el odio a la venganza. El odio es "una relación virtual con una persona o con la imagen de esa persona, a la que se desea destruir" por cualquier medio directo o indirecto (Castilla, 2000).

El carácter destructivo del odio es consustancial a su definición y constituye, por así decirlo, el núcleo de su naturaleza al margen de que dicha destrucción sea posible o imposible, real o fantaseada, total o parcial. El odio exige le desaparición, la mayor parte de las veces dolorosa, del otro odiado.

Se ha dado como principal razón del odio la amenaza que supone el objeto odiado. Esta amenaza básicamente es una amenaza contra nuestra identidad, contra "nuestra estructura como sujeto" que excluye absolutamente la compasión por el objeto odiado. Si entendemos *compasión* en su sentido mas preciso (*con padecere*: padecer con, identificarse con el sufrimiento ajeno) queda claro que el odio marca una barrera prácticamente insalvable en la relación entre el que odia y el odiado y niega a éste cualquier privilegio como *prójimo* del que odia. Lo despoja totalmente de cualquier característica de alteridad y lo reduce a una amenaza peligrosa de la que hay que librarse a toda costa. Sin embargo el carácter de próximo del objeto odiado no queda eliminado por la negación de su projimidad, de su alteridad. Es decir —y Castilla lo señala acertadamente— la reducción a objeto amenazante del odiado no disminuye sino que acrecienta el hecho de que dicho objeto odioso pertenece a nuestro mundo y el que odia ha de convivir necesariamente y habitualmente con él. Precisamente por este hecho la amenaza es constante y el odio encuentra en ella una fuente de alimentación y perpetuación.

Cabe preguntarse, no obstante, si el carácter de amenaza agota las posibilidades de génesis del odio. Bien es cierto que el término *odio* (como sucede con todas las palabras que intentan definir sentimientos humanos) tiene también su correspondiente carga de polisemia. En este sentido términos como hostilidad, aversión, antagonismo, parecen bordear el concepto de odio e incluso ser formas mitigadas del mismo.

El odio es siempre un sentimiento *seco*, no productivo, centrado en si mismo y sin capacidad alguna de trascendencia mas allá de los límites de su consecución. Es decir un sentimiento que se agota en si mismo y no puede, en consecuencia mediar nada que no sea su mantenimiento o su extinción. Pero si admitimos, como posibilidad mas habitual, que odiamos para que nuestra identidad, vivida desde la debilidad (confesada o no, consciente o no) frente al objeto odiado, quede a salvo del objeto potente y poderoso que la amenaza, es evidente que el odio es una confesión de dicha debilidad propia. Solo odiaría el que se siente inferior y consecuentemente amenazado y el odio estaría reñido con la fortaleza y con la madurez personal en términos absolutos. Solo es posible odiar desde la inseguridad en nuestras fuerzas, dicen algunos, y otros responden "si, pero dado que el ser humano es existencialmente inseguro, el odio es la única forma de garantizar la continuidad de nuestro ser y en esa medida es vital y necesario para vivir" (Gurméndez, 1985).

Desde esta perspectiva, el odio deja de ser una pasión trágica y se convierte en una pasión cotidiana, propia de la existencia real de cada día. Este odio se expresa en los pequeños y habituales detalles de nuestra vida diaria y es la respuesta a las frustraciones y las heridas narcisísticas que recogemos habitualmente y que procesamos sin casi darnos cuenta: la sumisión al jefe, al competidor, al que nos mira mal en la calle, al conductor con el que disputa, a la mujer que nos rechaza, al conviviente que nos frustra, son "pequeños odios" que no entran en la categoría del odio "esencial" de la pasión arrasadora, que se origina en los grandes agravios o en las experiencias límite. Pero no hay que perder de vista que este *odio pequeño*, como lo venimos denominando, es el odio que matiza nuestras relaciones cotidianas, el odio que importa a la hora de entender muchos de los problemas de la relación entre los seres humanos.

Hay sin embargo una característica que comparten el "odio trágico" y el "odio pequeño". Es el reconocimiento doloroso de la impotencia ante el objeto odiado. Y este reconocimiento tiene una consecuencia inevitable: la actitud de minusvaloración e incluso de autodesprecio que supone para el que odia el reconocimiento, más o menos negado, más o menos consciente, de esa impotencia ante el poderoso objeto del odio.

Y también aquí se pone de manifiesto otro rasgo del *odio trágico*: la indisoluble relación entre el objeto odiado y el que odia que hace que el sujeto que odia sea impotente en dos direcciones: para destruir al objeto odiado y para vivir sin el objeto odiado.

No es esta la situación del "odio pequeño" o cotidiano. El empleado humillado que odia a su jefe se desprendería del jefe y del odio si una inesperada racha de suerte le pusiera en condiciones de poder prescindir de su trabajo. Quizá antes de irse haría una ceremonia expiatoria de venganza y con ella saldaría definitivamente su odio y su relación con el objeto odiado.

Aquí como se ve, la venganza (quizá tenemos que hablar también de "venganza pequeña") es la consecuencia del odio y la acción mediante la cual se exorciza y se elimina la necesidad de odiar.

El mundo de la literatura ha explorado estos sentimientos humanos, tan poco aceptables para el pensamiento moderno (y no solo para el pensamiento "políticamente correcto"). Pero no hemos de olvidar nunca que *la aceptabilidad o no de los sentimientos (su tipificación y calificación éticas) nunca afecta a su presencia en la sociedad y, desde luego, nunca ha provocado su desaparición en la realidad*.

Las descripciones clásicas de la literatura nos hablan de que existe una venganza *restaurativa*, ejemplificada en los casos en los que el vengador intenta resarcirse del daño recibido (hipotético o real) como por, ejemplo, el caso de McDuff y de Yago, o restaurar el menoscabo (también real o presentido) de su imagen pública (Otelo). Esta venganza restaurativa se contrapone a la idea de una venganza *redentora* (Titus Andrónicus) y a la venganza *autodestructiva* o *trascendente*, que es la que se lleva a cabo, no en interés del individuo, sino en función de motivaciones que lo superan y que no solo no pretende reparar la agresión o el agravio sufridos, sino que le conducen a posiciones de riesgo o de muerte (Hamlet). El caso de Julio Cesar es analizado también generalmente como venganza *destructiva*, al igual que, al menos en parte, la venganza de Otelo, aunque en ésta el factor restaurativo del honor perdido se una, efectivamente, a la necesidad de destrucción del objeto amado que es vivido como traidor.

La idea de la existencia en el mundo real de estructuras conductuales que se materializan en forma de venganza restaurativa, trascendente (con el riesgo incluso de ser autodestructiva), simplemente destructiva o incluso redentora, es suficientemente sugerente para que la tengamos en cuenta en nuestros análisis. Pasa lo mismo con la posibilidad de que el vengador se convierta en víctima de su propia acción, aspecto este que necesariamente habremos de tocar mas adelante.

En ocasiones se va aún más allá en esta sublimación justificativa del odio y se pasa a formular este sentimiento como un motor de progreso y civilización. Las ideas de Nietzche sobre la obligación de los fuertes a odiar a los débiles, por la pura coherencia intelectual que les obliga a destruirlos como un producto imperfecto, que dificulta la marcha de la humanidad hacia las metas de perfección, no se limitaron en la historia de la realidad humana a ser enunciados teóricos sino que justificaron acciones concretas de los que autoconsiderándose "fuertes", ejercieron sobre aquellos, que los mismos "fuertes", designaron como "débiles".

El caso prototípico y explícito de esos mecanismos está, en la historia reciente de la humanidad, en los valores y procederes de la Alemania nazi y los crímenes cometidos por los movimientos racistas y genocidas producidos en épocas contemporáneas.

Pero no siempre el odio "metatrágico" se expresa como una oposición necesaria y salvadora entre los fuertes que han de llevar a la humanidad a sus destinos mejores y los débiles que son un estorbo mortal para esa misión. También se expresa mediante formas menos épicas, más utilitarias. Así el odio no se plantea como la lucha de los fuertes contra los débiles (que, al fin y al cabo, es una expresión cruda y exenta de hipocresía de una determinación inhumana) sino la lucha de los justos contra los injustos, contra los malvados.

En este planteamiento el odio puede ser expresado de una manera operativamente similar al odio nietzscheano (es decir puede conducir a despertar los mismos sentimientos aberrantes y las mismas acciones crueles) pero su justificación cognitiva es distinta. En el odio de la lucha de los "buenos" (los míos) contra los "malos" (los otros) se parte de un presupuesto simple y eficaz: los míos son los buenos porque hemos llegado a esa conclusión tras un análisis detenido de los hechos que demuestra que nuestros objetivos y nuestras intenciones son las mejores y además las únicas posibles. Este análisis lo he hecho *yo* (caso prácticamente inexistente) o lo ha hecho por mí, mi religión, mi partido o mi ideología. Yo les *creo* y asumo esa creencia como un valor indubitable de mi vida. Si los míos son los buenos todos los que se nos oponen es que luchan para que estos objetivos, de bondad y de mejora, no se llevan a cabo por las razones que sean (rara vez se plantea examinar cuales son esas razones o se examinan superficial o sesgadamente). Luego mi odio aparece como la consecuencia lógica de los obstáculos injustificables que oponen la ignorancia (en el mejor de los casos), la estulticia o la pura y simple maldad. Y ante esto solo puedo odiarles y trabajar para destruirles.

Y así se materializan las actitudes sociales de odio que vemos constantemente a nuestro alrededor y que han llenado de sangre y violencia el siglo XX.

7.4. LA GÉNESIS Y TRANSMISIÓN SOCIAL DEL ODIO

En la génesis del odio pueden darse dos mecanismos distintos. En el primero el odio se genera en el individuo y persiste en su intimidad en sus pensamientos y, ocasionalmente, en su conducta. En la segunda el odio es inducido por otros y es aprendido por los que odian. Es evidente que el primer tipo de génesis hace referencia a los odios individuales. En el segundo tipo aparecen los odios de grupo o de clan (Castilla, 2000).

Este segundo tipo tiene que ver directamente con la génesis de los valores sociales y hace referencia al aprendizaje y consolidación de los mismos dentro de la estructura personal del sujeto. Es este un mecanismo bien estudiado en sus rasgos y dinámicas generales pero que tiene una especial relevancia en relación con el odio (que aquí no es odio individualizado sino generalizado) y se expresa de forma ejemplar en procesos como el descrito para la construcción del enemigo (Baca, 2004).

Es cierto que, como dice Castilla, este odio cumple una función de aglutinamiento y crecimiento de las conexiones intragrupo y puede ser el cemento que soporte la identidad grupal. Por ello es fuerte y casi siempre alcanza las características del odio trágico, en el que las motivaciones específicas de la agresión personal desaparecen en función de motivaciones generales soportadas por agravios generales, históricos o actuales, ya se realicen dichas agresiones sobre individuos conocidos o próximos o simplemente sobre pertenecientes al clan o al grupo. Cada sujeto que aprende este odio separa netamente lo suyo que siempre es justificable y justificado de los del enemigo que siempre es malvado injusto. Y esto al margen de la realidad, verdad o justicia objetiva de dichas apreciaciones.

Es por esto por lo que, cuando el enemigo se constituye, su figura acumula la absoluta maldad de sus actos e intenciones y justifica el absoluto desprecio a sus derechos. El enemigo, como ya hemos dicho en otro sitio, deja de ser humano (Baca, 2004).

Castilla habla con razón de una auténtica comunión en el odio que hace que los que intenten introducir elementos de razón en la discusión de las acciones (reales o simbólicas) de violencia sobre el enemigo sean sistemáticamente apartados del grupo o, al menos considerados como sospechosos de desafección. En la medida que el grupo es mas pequeño o sus convicciones son mas irracionales (políticas o religiosas) paradójicamente, y en razón precisamente del odio como tal, la fuerza con la que se establecerán y aplicarán estos principios será mas enérgica y su solipsismo y fanatismo aumentarán.

7.5. LA VÍCTIMA Y EL ODIO

La víctima de un hecho accidental, incluyendo las catástrofes naturales, se encuentra con una agresión ante la cual generalmente no puede identificar culpables netos. Podrá buscar, y así lo hace, culpables indirectos, fundamentalmente por omisión. En el caso de accidentes de circulación, de trabajo o de un incendio, por ejemplo, los culpables pueden ser los causantes del hecho o los responsables de que las medidas de seguridad no se hayan cumplido o hayan fallado. En el caso de las catástrofes naturales las negligencias en la prevención o las deficiencias en la ayuda pueden también "ayudar" a la victima a definir culpables. Y hay que decir que la búsqueda de un culpable es una actitud automática en la reacción habitual ante la victimización. La víctima siempre va a buscar un culpable y, si no lo encuentra, definirá, mas o menos precisamente, culpables subsidiarios entre los que aparezcan como posibles responsables, insistimos por acción u omisión, del hecho acaecido.

En el caso de la victimización por agresiones humanas el problema es solo aparentemente más fácil. Aquí si hay un culpable conocible (el agresor) y por tanto alguien hacia quien dirigir el odio que suscita toda victimización. Por que hay que decir que el sentimiento de odio aparecerá siempre, aunque posteriormente pueda (y sea habitualmente y en la mayoría de los casos) matizado por la capacidad de la víctima para encauzar y adaptar sus sentimientos negativos iniciales. Muchas veces esta reacción inicial o sentimiento irracional de odio es manejado adecuadamente por la victima y elaborado rápidamente dentro de actitudes u opciones más maduras. En estos casos el odio hacia el agresor se transforma civilizadamente en la petición y el anhelo de que "se haga justicia".

Pero hemos de volver a repetir una idea que es necesario tener siempre presente: la elaboración madura de los sentimientos más iniciales, espontáneos o "primitivos" (como queramos denominarlos) no quitan fuerza a éstos, solo la transforman.

Muchas de las reacciones de los agresores (con mas virulencia en aquellos que pertenecen a lo que podríamos llamar agresión institucionalizada o no personal —el terrorismo es un caso claro—) participan en estos mecanismos de odio y construcción del enemigo, pero también es posible que dichos mecanismos aparezcan en las víctimas, ayudando, de esa forma, a perpetuar un dramático e indeseable circulo vicioso. Es evidente que todos estos sentimientos tienen, en las sociedades occidentales como la nuestra, un nivel muy bajo de lo que técnicamente se conoce como *deseabilidad social* y, en consecuencia, son habitualmente negados y ocultados. También pueden ser presentados bajo formulas aparentemente mas aceptables como la ya mencionada petición de justicia. Pero hay que tener presente, que la posibilidad que tiene la víctima de manifestarlos dependerá mucho de la consideración social del delito y de la reacción social ante el agresor. Así una víctima de violación tendrá mas posibilidades de expresar crudamente sus sentimientos que la victima de un atropello y a la madre de un niño asesinado se le permitirá, sin duda alguna, manifestaciones de estos sentimientos negativos que despertarían la censura social (cubierta o encubierta) en otros casos.

Lo importante es saber que, expresados o latentes, estos sentimientos forman parte de la reacción psicológica de la víctima y que pueden acabar formando una parte importante de su proceso de instalación en la victimizacion. Como es lógico, y ya dijimos en otro lugar, la descripción de estos estados no dice nada sobre su posible comprensión y menos aún sobre su hipotética justificación, terrenos ambos que no son objeto de este capitulo y que exigirían una aproximación distinta de la puramente descriptiva aquí adoptada.

7.6. LOS MECANISMOS DE LA VENGANZA

Una definición operativa de venganza

Fromm (1974) al hablar de la destructividad humana considera la venganza como “una reacción espontánea al sufrimiento intenso e injustificado infligido a una persona o a los miembros del grupo con quien ella se identifica”. Las diferencias que se establecen con la reacción defensiva normal pueden sintetizarse en dos: a) sucede *después* de que el daño ha sido infligido y en consecuencia no es defensa contra un peligro que amenaza; y b) es de intensidad mucho mayor que la reacción defensiva y con frecuencia puede llegara ser “cruel, viciosa e insaciable”.

Es importante analizar brevemente los componentes de la definición de Fromm y matizarlos. En primer lugar califica la venganza de “reacción espontánea”, si bien la venganza es siempre reacción no necesariamente es espontánea o, al menos, si lo es en el inicio mismo de la puesta en marcha de su mecanismo de respuesta a la agresión, rápidamente pasa a convertirse en un mecanismo con un claro componente cognitivo, además del emocional, que puede anular hasta la totalidad cualquier espontaneidad inicial y pasar a ser una conducta deliberada e incluso fría.

En segundo lugar Fromm habla de “sufrimiento injustificado”. No necesariamente este término ha de ser tomado en su valor objetivo: el sufrimiento puede ser justificado para un observador imparcial, para el agresor e incluso para el resto del cuerpo social o una parte importante del mismo y seguir siendo *injustificado* para el individuo objeto de la agresión. Lo injustificado del caso hace referencia, en consecuencia, a la valoración meramente subjetiva del vengador.

En tercer lugar distingue la venganza de las reacciones de defensa y la distingue en dos puntos: el momento en que aparece y su intensidad. Pero al hablar de la intensidad de la venganza emplea términos de indudable valoración *moral*: cruel viciosa e insaciable. Es esto una consideración peyorativa *a priori* que no puede mantenerse si nos instalamos, como venimos diciendo, en un plano meramente descriptivo y no valorativo.

Desde el punto de vista de la antropología cultural la venganza es un fenómeno universal. La forma mas primitiva y mas extendida de venganza es la llamada *venganza de sangre* que consiste en el deber sagrado de cualquier miembro de una familia o clan de vengar la muerte de uno de los suyos, matando a su vez a un componente de la familia o del clan del o de los agresores. Esta venganza es, como decimos, universal y sigue presente en determinados grupos sociales en los países de nuestro entorno. Y también en países de centro y Sudamérica. Una consecuencia característica de la venganza de sangre es que su ejecución no interrumpe la cadena de agresiones, que se perpetuará en la medida que la familia del agresor primitivo incitará a que los miembros de esta ejerzan la correspondiente venganza sobre las anteriores víctimas y hoy agresores. Es el caso de los sucesos ocurridos en el pueblo español de Puerto Hurraco hace unos años. Se supone que la venganza de sangre se extiende así hasta el infinito o hasta la completa desaparición de uno de los clanes o familias en liza.

Es preciso señalar que para muchos autores la razón de ser de la venganza es lo que podríamos llamar su *valor funcional*, en cuanto factor de estabilidad social. Es dudoso que esta afirmación sea cierta en términos absolutos, aunque haya que admitir que la venganza también la ejercen los países en guerra con el derrotado, los partidos políticos, las ideologías y, quizá también de forma más sofisticada, las religiones.

La naturaleza de la venganza y su dinámica interna

¿Cuál es la naturaleza de la venganza por la que este tipo de conducta presenta una fuerza tan intensa y honda? Fromm piensa que tiene un carácter eminentemente mágico: al aniquilar a quien cometió la ofensa o la agresión ésta se deshace y es como si no hubiese existido. “El criminal ya pagó su deuda”.

Mucho se ha escrito sobre el arraigo psicológico y el poder modulador de la conducta que tienen los sentimientos de venganza. Una visión interesante de este asunto la da Gurmendez, para quien la venganza es la consecuencia del orgullo herido. “El agravio puede resbalar sin afectar profundamente o dejar una huella dolorosa, que solo la venganza puede borrar”, “del orgullo herido nace el deseo de revancha”, “el agravio abruma, porque nos hace sentir inferiores a lo que creemos ser, nos rebaja y reduce nuestras capacidades, haciéndonos impotentes”.

Este mecanismo cuando arraiga en el sujeto muy profundamente, produce una rabia violenta, una necesidad de devolver el agravio o la lesión sufrida.

La palabra alemana para designar la venganza es demostrativa: *rachesucht*, adicción o dependencia de la rabia, obsesión rabiosa. Aquí la lejanía o la imposibilidad de ejecutar la venganza no actúa de lenitivo sino que aumenta progresivamente lo que ya llega a ser *sed de venganza*, que es literalmente el equivalente castellano a *rachesucht*. Algo parecido pasa con la palabra italiana *vendetta* que expresa una determinación firme más allá del tiempo y de las circunstancias concretas y que puede ser ejecutada fuera de todo plazo o situación.

La venganza exige que la pasión y la razón vayan unidas. No es cólera irreflexiva sino planificación meditada. No es arrebato sino intención consciente y deliberada. Esto significa que el arrebato puede no llegar a la categoría de la venganza si no existe, acompañándole, la determinación pensada y asumida de la acción punitiva de respuesta al agravio recibido.

"La venganza se prepara en silencio, sin palabras y a su inmediata e impulsiva sed vengativa le sucede la *idea* de venganza que se apodera de nuestro ser" y nos dirige, incansable, hacia el objetivo.

Aquí se habla de la venganza mayor, de la venganza inextinguible, de la venganza-pasión. De la que justifica y da sentido (aunque perverso) a toda una existencia a partir del hecho que nos hirió. Esta *ragesucht* es tan terrible como infrecuente y constituye efectivamente, y como dice Gurmendez, una auténtica *razón apasionada* (una *furia escolástica* decía Valle Inclán, al hablar de la venganza calderoniana). Aquí estamos ante la venganza trágica, la venganza literaria.

No es este el sentimiento de venganza que aparece en los estudios empíricos que mencionaremos. Ni en las situaciones de guerra y de revanchas políticas o religiosas. La venganza en estas situaciones es más oportunista, más ligera, menos trágica y los personajes no tienen la grandeza de una locura razonante destinada y dirigida a cumplir su fin destructivo del ofensor, sino que se desliza por caminos de una mayor ligereza, de una mayor mezquindad. Si hay pasión no es una pasión grande, es más la pasión del individuo herido en su individualidad.

Pero hemos de tener presente que la venganza no es despertada siempre por un daño real y objetivo, el vengador puede basarse en una distorsión del daño recibido y de la "culpabilidad" del causante. Sin entrar en la patología de la paranoia, puede decirse que los que se intentan vengar no siempre han sido agredidos intencionalmente y no siempre identifican bien el causante de su daño. Hay venganza también cuando no es estrictamente daño lo que esta en juego, sino omisión en a recepción de ayuda que se cree merecer o de un bien esperado o largamente anhelado. La identificación del obstáculo, real o imaginario, en la recepción o en la consecución o en la misma posibilidad de acceder a ese bien, hace que puedan desencadenarse los deseos de venganza.

Pero retengamos esa otra idea de Gurmendez de la venganza producida por el orgullo herido, por la dignidad de uno injustamente atacada y menospreciada. Este mecanismo puede producir un efecto que es importantísimo investigar en las víctimas y que condiciona especialmente la cronificación de la victimización. Si ante el acto de agresión, real o imaginaria, el sujeto, la víctima, no prosigue su vida, su proceso de realización que, no lo olvidemos, ha sido truncado o cambiado bruscamente por el hecho traumático que lo convirtió en víctima, puede producirse una situación en la que la presencia de sentimientos de venganza, tanto expresados y asumidos como reprimidos (ya sea esta represión, interna por parte del sujeto o socialmente obligada) puede producir una situación en la que se esté condenando a las víctimas a arrastrar, durante el resto de su existencia, una pesada carga que les va a impedir proseguir su avance y, desde luego, superar su condición de víctimas. La presión social convertirá, además, esta carga en una carga esencialmente privada, íntima, que no es posible compartir ni confesar, que, de reconocerse aún en la intimidad del propio sujeto, despertará culpa, la culpa del alejamiento del modelo ideal de sí mismo que implica de una forma inequívoca que se produzca como una hecho normal, el perdón y el olvido.

Si el sujeto no tiene la suerte de perdonar, ni de olvidar, lo que le espera es una vida presidida por el recuerdo torturante de la ofensa invengable y por los sentimientos de culpa y automenosprecio que supone el no sentirse capaz de hacer lo que se espera de nosotros, lo que la víctima ha sido convencido —y cree— que es natural hacer, lo que piensa que todos los demás pueden y hacen, *perdonar y olvidar*.

La expresión vicariante de la venganza en la sociedad actual

Como antes decíamos los análisis mas profusos y también profundos de la venganza han de buscarse en la literatura. La venganza es, sin duda, un tema literario recurrente y en la literatura es donde se le trata con indulgencia y comprensión. Parece como si, relegándola al terreno de la ficción estética, la venganza se hiciese más permisible al hombre civilizado.

La identificación de los arquetipos de venganza en el teatro de comienzos de la Edad Moderna europea permite a los comentaristas distinguir, entre dos tipos de venganza definidos y distintos: la venganza calderoniana, fría, metódica y racional y la venganza shakespeariana, violenta, pasional y furiosa. No es el momento de analizarlos, ni de establecer sus inevitables formas de transición, pero pueden quedar ahí como ejemplos de que las formas de expresión de la venganza son una dimensión, en la que muy bien éstas dos podrían ser los extremos.

Lo que en los siglos XVI y XVII mantenía la literatura y el teatro hoy lo mantiene el cine, como medio vicariante de expresar sentimientos que no deben aflorar en la vida civil y que son convenientemente reprimidos o pretendidamente eliminados por la educación. Diriamos que la venganza no nos esta permitida si no somos producto de un guión cinematográfico en el que los vengadores o están sutilmente justificados o son convenientemente desacreditados. Nadie se ha preocupado de cómo los sentimientos socialmente estigmatizados presentan estas vías de escape en la vida actual, en la que la presión de lo *políticamente correcto* matiza todas las expresiones del sentimiento. Es evidente que vengarse no es un valor admitido —es más, es un valor consistente y permanentemente negado aunque esté aparatosamente visible— ni en los individuos, ni en las organizaciones, ni en los pueblos. No es una posición "civilizada" la que clama venganza por algo. Solo es posible pedir justicia y abandonarse dócilmente en las manos de la institución que la imparte. El agraviado (la víctima) debe darse por contento y ahí debe acabar todo: la ofensa, la memoria de la misma y la herida que produjo.

Pero esto no es así "*urbe et orbi*", ni en la ciudad, ni en el mundo. Cuando el afectado, el ofendido, el maltratado o el agredido es sencillo, poco sofisticado o ha perdido todo pudor social, surge de una forma radical, brutal y pura, el sentimiento de venganza como si se hubiese disuelto por arte de magia la delgada capa de civilización que considera a la venganza restos de una barbarie primitiva.

En el mundo actual hay sin embargo situaciones culturales en las que esta consideración no parece ser tenida en cuenta. Podrían ponerse muchos ejemplos sobrecogedoramente claros en algunas regiones del planeta y a cargo de organizaciones y estados perfectamente "civilizados". Puede concluirse pues que, desgraciadamente, los valores sociales *realmente operativos* no necesariamente se informan de las sutilezas de los juristas.

La eliminación social de la venganza

Ante la venganza aparecen (en un intento de eliminarla o, al menos, neutralizarla y de cuya utilidad podría hablarse mucho) los sentimientos cristianos y los razonamientos filosóficos. De los primeros baste decir que son idealmente simples: el amor es el antídoto de la venganza. Amar al que nos daña nos eleva sobre él sin menospreciarle, y nos conduce a un mundo en el que la agresión se hará imposible en la medida que todos amemos. En los segundos, en algunas ocasiones se basan en el imperativo ético, en otras en la subordinación de las pasiones personales al espíritu universal y a la Idea, en una tercera en la preeminencia de lo social sobre lo meramente individual y la consiguiente subordinación del individuo al grupo. En cualquier caso toda posición religiosa y filosófica, que considera a la venganza un resto atávico del cual ha de prescindir el hombre para merecer tal nombre, se basa en la negación y/o superación de un sentimiento/mecanismo que, en principio, parece inscrito en el código genético de respuestas de la especie humana.

Los antídotos de la venganza son, pues, apelaciones al amor, a la generosidad, al perdón, a la conciencia social, al deber frente a la sociedad y ante la historia o, por último, a la necesidad de acomodarse al desarrollo de la especie hacia un hipotético estado perfecto de la humanidad, ya se encuentre éste en este mundo o fuera de él. En todos ellos se fundamenta la acción que conocemos como el perdón.

Pero no son solo estos los únicos mecanismos antídotos de la venganza. Frente a la persistencia de la venganza esta también la idea de que olvidarla es operativamente mejor y más provechoso para evitar la espiral de la contra-venganza o re-venganza. La contra-venganza es la venganza ejercida sobre el que se venga por el otrora agresor y ahora víctima del otrora víctima y ahora agresor. La idea de que la venganza perpetúa el círculo infinito de la agresión es realista y cierta, pero su uso como argumento disuasorio es conceptualmente resbaladizo: si me vengo contra un ofensor en secreto la posibilidad de re-venganza es mínima.

En cualquier forma la identificación de la venganza como un sistema de castigo para la agresión interpersonal aparece en los tratadistas del derecho como una forma primitiva de regulación de las relaciones sociales. La venganza ejercida por el ofendido o por sus próximos es, en definitiva, la primera regulación de los sistemas de autoprotección y de disuasión de la agresión intraespecífica. La idea de que al principio la venganza como respuesta a la agresión era ilimitada y no regulada (podría reconocerse el derecho a hacerla, es decir el derecho a que la acción punitiva no desencadenara una respuesta similar, aunque en la practica fuese difícil entender o imaginar en que momento podría ser detenida la espiral que se creaba), pero pronto aparecen, quizá con la pretensión de eliminar este peligro de espiralización de acciones y respuestas, las regulaciones de la venganza privada en forma de reglas o leyes para su "correcta aplicación" que son sancionadas como "justas" por el cuerpo social.

Estas leyes que institucionalizan la venganza son, en primer lugar la que establece la correspondencia entre la ofensa y la reacción (Talión) que surge en el Oriente Medio (código de Hammurabi y, posteriormente en las leyes mosaicas). La idea de la respuesta proporcional se integra fuertemente en la cultura semita y permanece en ella prácticamente sin tocar (no desde luego en las legislaciones positivas sino en el background cultural del pueblo).

La venganza queda sustraída al ofendido, en cuanto tal venganza privada, en el derecho romano y desde ahí la discusión se centra en el sentido y la intencionalidad de las penas que el garante de la ley (el estado) toma en función de la filosofía política del sistema de poder para castigar "el delito" que ya es entendido como violación de un orden social mas que como acción reparadora de la ofensa puntual y subjetiva.

Los sentimientos de venganza quedan así "prohibidos" o al menos expropiados a favor de la acción penal entendida en su sentido más amplio. Ya no hay reparación directa sino reparación simbólica y se considera que este paso supone el abandono de una barbarie "natural" para pasar a un estado "civilizado".

Nace así el concepto de pena como "castigo que el estado impone, con fundamento en la ley, al responsable de un delito".

Pero es ilusorio pensar que la regulación social es asimismo regulación de los sentimientos y de las actitudes de los sujetos. En la actualidad cualquier sistema penal moderno en una nación civilizada rechaza que la pena sea incluso un castigo (abomina de que se piense siquiera que sea una venganza) y se habla de la función rehabilitadora de la pena.

Esta posición es un indudable valor social y representa un inestimable avance en el desarrollo de una sociedad mas humana, pero contrasta su enunciación prácticamente universal con los sentimientos "atávicos" subyacentes. Hoy día nadie hablaría de que la persecución de algún delito u ofensa se hace en función de la venganza privada y se rechazaría con indignación que se hiciese en función de una hipotética "venganza pública". Para los sistemas culturalmente avanzados, como es sabido y acabamos de mencionar, el valor de la pena es fundamentalmente reeducativo y rehabilitador.

Sin embargo determinadas reacciones del cuerpo social, históricamente próximas unas y desgraciadamente actuales otras, son un ejemplo flagrante de la posibilidad fáctica de ruptura de esta posición, conceptualmente admirable y empíricamente frágil.

7.7. LOS ESTUDIOS EMPÍRICOS SOBRE LA VENGANZA

Hay una nota en "Philosophy Colloquia"[3], que recoge un coloquio filosófico desarrollado por Robert Stainton de Carlenton/UVVO, en el que plantean tres cuestiones básicas para el abordaje del problema de la venganza: a) Cuales son los elementos centrales de la venganza o de los participantes en la misma; b) Cuales son las condiciones nucleares mentales internas en la búsqueda de la venganza; c) Cuales son las condiciones nucleares externas, mas allá del agente que busca venganza, en la búsqueda actual de la venganza.

La posición ética moderna contra la venganza parte de un silogismo fácil: "dos males no hacen un bien", lo que es tan incontestable desde la lógica absoluta como dudoso desde la óptica de los sentimientos: los dos males se hacen sobre individuos distintos y uno (la venganza) es consecuencia o respuesta ante el otro (la ofensa). Si no hay ofensa no hay venganza. Además podría argumentarse que el segundo mal es un mal para el ofensor pero no para el ofendido, que puede vivirlo como un acto reparador.

Por eso la cantidad de estudios realizados desde la psicología empírica sobre las condiciones y mecanismos de las conductas de venganza, al margen de cualquier consideración jurídica o ética sobre la tipificación o valoración de estas conductas, pueden servirnos de corolario útil para terminar este capítulo y entender algunas de las situaciones emocionales que ha de afrontar la víctima.

---

[3] Puede encontrarse la referencia completa en www.carleton.ca/iis/CogSci/eventsPhilCollPast.htm.

Las situaciones traumáticas y su consideración social

Las situaciones traumáticas han dejado de ser en la actualidad experiencias terribles ante las cuales el individuo tendría que responder con sus propios medios. En las administraciones públicas, en los medios de comunicación y en las intervenciones internacionales, las víctimas comienzan a ser vistas como un problema social importante ante el cual hay que vertebrar soluciones y tomar posiciones activas. No obstante, depende mucho del tipo de situación traumática a la que han sido sometidos, la forma en la que son vistos y tratados. Aún hoy algunos son tratados con respeto y reverencia y otros ignorados o vilipendiados. En un trabajo reciente se señala como las situaciones traumáticas han pasado de ser de una historia de dolor personal y su atención, a convertirse en múltiples historias que implican la comodificación del concepto de altruismo, la discusión sobre la posible justificación de la violencia y de la venganza, el punto de entrada en las "experiencias verdaderas" y el sitio en el que el voyeurismo y el testimonio interseccionan y el resultado final corre el riesgo de convertirse en una mezcla peligrosa de dinero, propaganda y coartadas (Reisner, 2003).

En este mismo trabajo se plantea una cuestión dura y problemática: la victimización puede convertirse en una coartada social y su efecto provocar una peligrosa preponderancia de los valores de desvalimiento (narcisista) sobre los valores de esfuerzo y de exigencia adaptativa en la sociedad moderna. No es un tema que pueda despacharse en unas líneas pero es un tema necesitado de investigación desapasionada y de datos empíricamente válidos.

Ideas generales acerca de la venganza en los estudios empíricos

La venganza (*vengeance* o *revenge*) ha sido definida desde la psicología cognitivo-conductual como "infligir daño a otros tras la percepción de un agravio por parte de un otro" (Holbrook, 1997). La venganza es, en este sentido un acto de represalia y puede ser excluida cuando el hacer daño al otro es un motivo secundario a cualquier motivo primario de adquisición de algo (beneficio). La venganza es concebida como una agresión reactiva, más o menos impetuosa, pero solamente si el objetivo primario es hacer daño al otro sin mas beneficios, ni tan siquiera marginales.

Por otra parte la venganza es un mecanismo desiderativo, usado normalmente en lo que se conoce como *fantasías de sostenimiento* (*sustaining fantasies*) y que pueden ser entendidas como aquellas fantasías que sirven de consuelo vicariante y de fuente de confort en periodos de alto estrés (Greenwald y Harder, 1994).

La consideración adaptativa de la venganza tiene defensores, la mayoría de ellos situados en el campo de los estudios de orientación psicoanalítica. La idea básica es que los deseos de venganza (no se habla de la ejecución de la venganza, y esto es un aspecto que hay que tener muy en cuenta al entender lo que se quiere decir) pueden servir para controlar las ansiedades asociadas con las tareas propias del desarrollo personal del sujeto, que no han podido ser llevadas acabo en virtud de la frustración provocada por el objeto de la venganza, es decir por el objeto visto como agresor (Lane, 1995), aunque no se habla aquí si dicho objeto de la venganza es real o imaginario, es decir si se corresponde a una frustración originada en una momento real y en relación con un objeto real o si se trata de una frustración subjetiva, en la que el objeto de la venganza no ha participado.

Pero los estudios llevados a cabo en medios y contextos no terapéuticos y que investigan las formas de respuesta antes las ofensas personales recibidas ofrecen datos más próximos a la realidad de los mecanismos habituales en las víctimas de sucesos de intensidad media. Así en un trabajo realizado en un medio laboral se estudió la relación entre la culpa, el estatus de la victima y del ofensor y la conducta de reconciliación o venganza tras la ofensa personal recibida. Los resultados apuntan a que el hecho de que el sujeto pueda identificar un culpable (echar la culpa a alguien) correlaciona positivamente con los sentimientos de venganza y negativamente con las posibilidades de reconciliación. La relación entre el estatus de la victima y del agresor modera la relación entre culpa y venganza (las víctimas buscan venganza en la medida que el estatus del agresor es menor que el suyo). El estatus absoluto de las víctimas modera igualmente esta relación: cuando es bajo, las ideas de venganza son más frecuentes (Aquino y cols, 2001).

Estas situaciones se acrecientan y agudizan de forma clara en los casos en que los mecanismos de agresión y venganza forman parte de situaciones que podrían denominarse “agresiones institucionales y masivas”, como es el caso de las guerras donde las víctimas son colectividades enteras.

La guerra de la antigua Yugoslavia ha sido un buen (y terrible) laboratorio, en el que estudiar la influencia de los agravios y las venganzas mantenidas durante siglos y como estas actitudes se potencian y se perpetúan alimentadas por cada nuevo conflicto.

Un ejemplo que puede ilustrar este tema es el trabajo publicado en el año 2000 (Lopes Cardozo y cols, 2000) en el que se estudiaron 1.358 kosovares mayores de 15 años. Los hallazgos del mismo (además de los datos de prevalencia de trastornos mentales y de situaciones psicosociales desfavorables) determinaron que el 89% de los hombres y el 90% de las mujeres expresaban sentimientos muy intensos de odio hacia los serbios en cuanto tales y que el 51% de los hombres y el 43% de las mujeres mostraban intensos deseos de venganza. Estos deseos se expresaban como *intenciones de vengarse* en el 44% de los hombres y en el 33% de las mujeres.

Los mecanismos que pueden actuar como "antídotos" de la venganza

Se plantea generalmente que, en el fondo de la cuestión relativa a la manera como los seres humanos "negocian" las situaciones de agresión (específicamente psicológica), se encuentra el problema básico de la necesidad de todo ser humano de ser visto como atractivo para el otro. En este marco básico, la vergüenza y la humillación son consecuencias del ataque a, o la pérdida de, el atractivo social. En el caso de la vergüenza dicho ataque o pérdida se ve como algo centrado y provocado por el propio sujeto afectado. En el caso de la humillación el foco esta en el daño hecho por otros. El humillado siente que ha perdido el atractivo social, pero a causa de la acción de otro agresor. Las estrategias ante la vergüenza y la humillación son distintas. En el primer caso es la retirada, en el segundo, la agresión, expresada o no como venganza.

Sobre esta idea se han estudiado las motivaciones interpersonales que pueden matizar o incluso anular los sentimientos de humillación y venganza y se han encontrado tres parámetros psicológicos principales en la respuesta de los afectados y de los conocedores del hecho: a) "*paciencia*" entendida como la posición psicológica de abstenerse de actitudes de evitación y/o venganza y el mantenimiento de actitudes de benevolencia; b) *tendencia al perdón*, entendida como la reducción de la evitación y la venganza y el incremento de la benevolencia; c) *perdón temporal o intermitente*, consistente en reducciones transitorias de las actitudes de evitación y venganza e incrementos igualmente transitorios de la benevolencia.

En este estudio la gravedad de la trasgresión correlaciona con la "paciencia" pero no con la tendencia al perdón y las atribuciones iniciales de responsabilidad son inversamente proporcionales a la paciencia y directamente proporcionales a la tendencia al perdón. Cuando la gente experimenta una alta empatía y una baja responsabilidad tiende a desarrollar actitudes de perdón temporal. El perdón ha de estudiarse siempre, por tanto, desde una perspectiva evolutivo-temporal (McCullough y cols, 2003)

El olvido y su relación con la venganza

Empleando un cuestionario que mide la tendencia a olvidar determinadas situaciones positivas o negativas, el *Tendency to Forgive Scale* de Brown (Brown, 2004), se encuentra que las puntuaciones altas en esta escala correlacionan positivamente con una sensibilidad disminuida ante las ofensas. Sin embargo las puntuaciones bajas se relacionan con altos niveles de depresión (entendida como sentimientos profundos de auto-depreciación y vacuidad) especialmente entre los individuos con actitudes positivas ante el olvido y bajas puntuaciones en disposición ante la venganza, aunque estas variables independientemente no presentan correlación alguna con la presencia de depresión.

También en la investigación sobre el papel del compromiso en aquellas relaciones en las que se produce una traición se ha encontrado: a) las reacciones de las víctimas que se sienten traicionadas son antitéticas al olvido y favorecen impulsos como el rencor y la venganza; b) el olvido se asocia a una actitud favorable a la relación existente (una motivación pro-relacionar) una de cuyas causas es un compromiso fuerte. Existe una fuerte asociación causal entre el grado del compromiso y el olvido y esta asociación esta medida por factores cognitivos (por ejemplo, las interpretaciones que el individuo hace sobre los incidentes de la traición). Sin embargo la posible mediación de factores emocionales es inconsistente (Finkel y cols, 2002).

Otro aspecto de la relación entre el olvido, la venganza y la posibilidad de reconciliación es estudiado en un trabajo realizado sobre la trasmisión intergeneracional del trauma sufrido en dos grupos muy distintos: los supervivientes judíos de la Alemania nazi y los supervivientes de la guerra de Croacia (1991-1995). La conclusión general es que los supervivientes traumatizados tienden a trasmitir a la generación siguiente sus sufrimientos y a generar sentimientos de venganza en dicha generación (Klain y Pavic, 2002).

En general, la mayoría de los autores que han estudiado este tema coinciden en que el olvido de una ofensa esta estrechamente relacionado con el mantenimiento de las actitudes de venganza y que dicho olvido se relaciona fundamentalmente con la capacidad de empatía de la víctima (positivamente), con la apología que se haya hecho del delito sufrido (negativamente), con la tendencia a la rumiación de los pensamientos sobre la agresión (negativamente) y con la presencia de relaciones sociales estrechas (positivamente) (McCullough y cols, 1998).

Igualmente en otro artículo publicado recientemente (Berry y cols, 2005) se estudia, en una muestra de estudiantes, la capacidad de perdonar y su relación con la rumiación de los pensamientos vengativos y los rasgos afectivos del sujeto. El rasgo "capacidad de perdonar" se define como "*la disposición a perdonar las trasgresiones interpersonales a través del tiempo y mas allá de las situaciones*". La capacidad de perdonar supone la sustitución de emociones negativas de "no perdón" por emociones positivas hacia los demás. En el estudio citado el rasgo "capacidad de perdonar" se correlacionaba negativamente con los rasgos rabia, hostilidad, neuroticismo, miedo, y rumiaciones vengativas y positivamente con agradabilidad, extraversión, y empatía. Por su parte la disposición a la rumiación vengativa mediaba la relación entre el rasgo "capacidad de perdonar" y **a**) los rasgos relacionados con la rabia y **b**) tanto con la venganza como con la rabia producida tras una agresión reciente; pero no mediaban la relación entre la capacidad de perdonar y **a**) la temerosidad y **b**) las motivaciones evitativas que siguen a una agresión específica.

Los sentimientos de autodesprecio (próximos a los sentimientos depresivos) mediaban la relación entre capacidad de perdonar y el rasgo rabia o cólera.

Queda aún mucho que investigar en estos aspectos, pero es necesario señalar que precisamente este es el camino para poder implementar, racional y válidamente, acciones que permitan a las victimas escapar del círculo vicioso en que muchas acaban cayendo.

Las características psicológicas del "vengador"

El estudio de los rasgos diferenciales que pueden definir el riesgo o facilitar las conductas de venganza es un tema sobre el que hay pocas investigaciones. No obstante parece haber determinadas actitudes creenciales que favorecen los sentimientos de venganza en los individuos. En general estos sentimientos están soportados por una postura psicológica general, que tiende a achacar al otro las actitudes que uno mismo tiene hacia los demás (lo que en el lenguaje dinámico se ha llamado *proyección* y que en lenguaje actual se pretende describir como "*endorsement of the negative norm of reciprocity*") (Eisenberg y cols, 2004).

Las actitudes y creencias personales que favorecen esta disposición a la proyección (o a la atribución al otro de una reciprocidad negativa) son: **a**) las creencias de que la gente es generalmente malevolente; **b**) la tendencia a la rabia y el enfado en la vida cotidiana; **c**) las reacciones de cólera o enfado, desacuerdo o ridiculización hacia cualquier persona nueva conocida que trata al sujeto desfavorablemente; **d**) la reducción de la ansiedad, empatía positiva y animación ante cualquier persona nueva conocida que trata bien al sujeto. Podría concluirse, por tanto, que las actitudes y también las conductas de venganza, dependen de diferencias individuales en la adscripción de la norma negativa de reciprocidad.

Estudios realizados en circunstancias especiales (momentos de guerra o de enfrentamientos graves entre comunidades próximas o entre ideologías opuestas) orientan también sobre los mecanismos psicológicos del vengador. Un estudio israelí (Al-Krenawi y cols, 2001) realizado sobre adolescentes árabes que se encontraban bajo la incitación continua a la "venganza de sangre" (un fenómeno cultural específico que se da en niños árabes beduinos con un alto riesgo de desatención; versión del "ojo por ojo" bíblico) demostró que los niveles de bienestar, salud mental y alteraciones en la dinámica familiar eran significativamente mayores que los de la población coetánea israelí. Las adolescentes mostraban mas niveles de ansiedad que sus compañeros varones y estos se mostraban mas dispuestos a mantener la hostilidad derivada de la "venganza de sangre". Las conclusiones apuntan a que los comportamientos de esta población adolescente no difieren de los encontrados en muestras en condiciones de guerra abierta. La guerra abierta y la amenaza de la venganza de sangre tienen los mismos efectos. El factor que aparece con un mayor poder de protección ante las reacciones psicológicas negativas y que promueve mejor el bienestar es el buen funcionamiento familiar. Dato este que nosotros hemos encontrado en las investigaciones realizadas en España.

En un ámbito bien distinto, como es un país en paz, un estudio realizado en conductores violentos implicados en agresiones no graves a otros conductores por cuestiones de tráfico se encontró que, en esta minoría de personas, los actos de violencia se predicen por la conjunción entre la violencia ejercida anteriormente y los niveles de venganza medidos por la propensión actitudinal a la misma. La violencia ejercida no predice, por si sola, una futura agresión (Hennessy y Wiesenthal, 2002). Estos resultados (sobre todo aquellos que plantean una asociación entre actos pasados de violencia de tipo medio, no graves y actitudes vengativas actuales) se han demostrado ya en otros trabajos previos (Hennesy y Wisenthal, 2001). El trabajo de esos autores, del Centro de Violencia y Resolución de Conflictos, de la York University de Ontario, se basa en sus investigaciones acerca de la violencia de los conductores en las carreteras americanas y en el desarrollo de un instrumentos especifico (el Driving Vengeance Questionnaire, DVQ) (Wiesenthal, Hennesy y Gibson, 2000).

Hay otros datos empíricos que pueden resultar interesantes aunque no provengan de venganzas llevadas a cabo por víctimas. Es el caso de un trabajo noruego sobre incendiarios, en el que se encontró que la venganza por motivos reales o imaginarios, junto con la personalidad de rasgos antisociales, se asociaba consistentemente con este tipo de actividades delictivas. Las motivaciones sexuales (y las sensaciones de igual tipo) eran muy escasas aunque el incendiario relataba un *in crescendo* de tensión que se relajaba tras aparecer el fuego. En los antecedentes del incendiario se encontraban bajo nivel educativo y defectos en el funcionamiento vocacional, marital y social, junto con abuso de alcohol y, ocasionalmente, otras drogas. En el momento de cometer el acto del incendio, los sentimientos predominantes eran venganza, rabia y hostilidad combinadas con sensaciones disfóricas o depresivas.

La importancia de la actitud vengativa parece confirmarse como un elemento clave en la predicción en general de futuras actitudes o conductas agresivas y, a su vez, esta actitud vengativa esta enraizada en valores y motivaciones muy profundos en el individuo. Sobre este extremo es interesante reseñar un trabajo realizado sobre pacientes internados en un centro de deficientes mentales que, aunque parezca muy lejano a nuestro objeto, tiene la ventaja de poner en evidencia mecanismos muy básicos de estas conductas. Las incompatibilidades entre internos se originaban fundamentalmente por causas derivadas de intereses y valores distintos (por muy elementales e inmediatos que pudiesen ser dichos valores) y las conductas conflictivas y de queja o disputa correlacionaban, de forma estrecha, con los sentimientos de venganza que, a su vez, se asociaban a alta motivación para la aceptación del otro y baja tolerancia al dolor, ansiedad y frustración (Wiltz y Reiss, 2003). Es interesante conocer que, al margen de la capacidad intelectual del sujeto y por tanto de la posible modulación cognitiva de la conducta voluntaria, la venganza es un sentimiento poderoso que está relacionado, en cualquier caso, con la necesidad de ser aceptado, combinada con la baja tolerancia a las situaciones displacenteras y a la frustración.

El agresor como vengador y el grupo social como vengador de la agresión

Por otra parte cada vez queda mas clara la importancia del estudio del agresor como *vengador*. El caso del terrorismo es paradigmático. La idea del terrorista de que pertenece a un ejército regular que tiene como misión liberar su patria (entendida como territorio de sus antepasados) es constante en prácticamente todos los grupos (europeos y de Oriente Medio). En este sentido sus acciones son entendidas como "acciones de guerra" y los inocentes son "daños colaterales". Esta realidad se puede ilustrar con el trabajo publicado sobre el juicio de un terrorista palestino, criado en un campo de refugiados en un ambiente de "socialización de la violencia". El trabajo concluye con la constatación de la dificultad de modificar estos planteamientos que se basan en una transmisión intergeneracional del odio y la venganza (Post, 2000).

La otra cara de la moneda es la que supone la actuación social ante el agresor y las ideas de venganza que subyacen a dicha actuación social. Hay poca literatura científica y, por tanto, pocos datos empíricos acerca de los factores que favorecen o moderan las actitudes de venganza de la comunidad ante los agresores. Un estudio americano sobre 33 convictos de agresión sexual que, tras cumplir su condena, se instalaron en comunidades que fueron advertidas de su presencia en virtud de la ley aplicable en el estado de Wisconsin, demuestra que la notificación a la comunidad de la presencia en la misma de un condenado por delitos sexuales, es un factor de freno directo sobre las posibilidades de reintegración social del mismo, afectando a la consecución de empleo y de vivienda. En consecuencia se oponen a este tipo de medidas. (Zevitz y Farkas, 2000). El trabajo, no obstante, no estudia el efecto de protección que sobre la comunidad tiene la notificación de la presencia del convicto, así como tampoco el riesgo de reincidencia que se evita con estas medidas, ni el impacto de ellas sobre las víctimas.

También se ha estudiado como las actitudes y creencias pueden resultar alteradas cuando se produce un acto de agresión que afecta a un grupo social anteriormente indemne. En un trabajo reciente, llevado a cabo sobre estudiantes de pregrado estadounidenses que, antes del 1 de Septiembre de 2001, habían participado en una investigación sobre el grado de creencias en un mundo justo y pacífico y que fueron investigados sobre sus deseos de venganza tras el 11-S, se encontró que, cuanto mas fuertemente habían expresado sus convicciones sobre un mundo justo y pacífico, mas alterados se encontraban tras el atentado y mas deseos de venganza pura y dura (incluyendo represalias) expresaban (Kaiser y cols, 2004).

Este hallazgo apunta hacia el hecho psicológico que los deseos de venganza están en relación directa con el grado de frustración sufrido (ninguno de los encuestado había sido personalmente dañado en ellos o en sus familias por el atentado) y también hace pensar que las creencias "idealistas" tienen poca consistencia cuando son confrontadas brutalmente con la realidad. En este sentido se pueden producir efectos exactamente contrarios a los esperables con la aparición de una mayor vulnerabilidad entre dichos "idealistas" para reacciones emocionales de contenido diametralmente opuesto (movimientos pendulares), lo que asimismo habla de la fragilidad de dichas convicciones. Por el contrario las personas menos "idealistas" tienden a reaccionar de manera más proporcionada y prudente.

En otro estudio realizado entre miembros de la policía y trabajadores sociales en Hong Kong acerca de sus reacciones ante el abuso sexual infantil se encuentra lo siguiente: **a**) todos presentan reacciones emocionales intensas que se esfuerzan en controlar; **b**) estas reacciones son: **i**) desconcierto, apuro y disconfort ante el agresor, **ii**) ambivalencia entre preservar a la familia y rescatar al niño, **iii**) miedo a no ser capaz de manejar la situación, **iv**) estimulación ante las respuestas fisiológicas involuntarias que pueden producirse ante la descripción de los actos sexuales, **v**) sentimientos de venganza, empatía con la situación de los niños, **vi**) ambivalencia entre castigar o ayudar al abusador. En los dos grupos (policías y trabajadores sociales), los sentimientos más fuertes eran rabia contra el abusador y empatía con la víctima y en lo que mas diferían era en que la policía mostraba con mas intensidad y frecuencia sentimientos ambivalentes y de venganza contra el abusador y los trabajadores sociales mostraban mas sentimientos de disconfort (Cheung y McNeil Boutte-Queen, 2000).

Hemos de tener muy presente que, como es bien sabido, las actitudes sociales pueden generarse desde la infancia y, en este sentido, las reacciones de los niños ante ataques no sufridos directamente pueden ilustrar sobre los valores y las actitudes que desarrollaran posteriormente. En un estudio realizado tras los atentados del 11-S en New York se calculó que unos 11.200 niños americanos reaccionaron con malestar ante la noticia y ante la preocupación de los padres. Estudiado el tema en una muestra de 88 niños en edad escolar y 51 padres se encontró que los niños presentaban consistentemente sentimientos de miedo por su seguridad actual y por su futuro, esperaban tomar venganza por lo acaecido y se sentían tristes y desamparados. Su actitud ante las víctimas era de empatía e identificación. Los padres intentaban aliviar estos sentimientos, sobreponiéndose a los suyos propios de consternación. Muchos padres tenían dificultades para contestar a las preguntas de sus hijos acerca de temas como la imparcialidad y la justicia. (Beauchesne y cols, 2002).

En cualquier caso las reacciones de niños y adolescentes están muy condicionadas por los mecanismos cognitivos que se desarrollen y favorezcan en ellos. Datos de otro trabajo realizado sobre dos muestras de niños y adolescentes (entre los 7 y los 16 años) en Australia, una de población general (200 casos) y otra una muestra clínica con ansiedad, depresión o alteraciones de conducta (160 casos), encuentran que los pensamientos de hostilidad y venganza son los predictores mas fuertes de conductas agresivas futuras (los pensamientos de pérdida o de fallo personal predicen la depresión y los pensamientos de amenaza social predicen la ansiedad). Estos resultados muestran de forma muy clara que existe una especificidad cognitiva-afectiva entre los procesos de internalización y de externalización en la infancia y adolescencia (Schniering y Rapee, 2004).

BIBLIOGRAFÍA

AL-KRENAWI, A; SLONIM-NEVO, V; MAYMON, Y; AL-KRENAWI, S. (2001). Psychological responses to blood vengeance among Arab adolescents. *Child Abuse and Neglect*, 25:457-472.

ALLMAN. E (1999) *Jacobean Revenge Tragedy and the Politics of Virtue*. Newark. University of Delaware Press.

AQUINO, K; TRIPP, TM; BIES, RJ (2001). How employees respond to personal offence: The effects of blame attribution, victim status and offender status on revenge and reconciliation in the workplace. *Journal of Applied Psychology*, 86:52-59.

BEAUCHESNE; MA; KELLEY, BR; PATSDAUGHTER, CA; PICKARD, J (2002). Attack on America: Children's reactions and parents' responses. *Journal of Pediatric Health Care*, 16:213-221.

BERRY, JW; WORTHINGTON, EL; O'CONNOR, LE; PARROTT, L; WADE, NG (2005) Forgivingness, vengeful rumination and affective traits. *Journal of Personality*, 73:183-225.

BOWERS, F (1940) *Elizabethian Revenge Tragedies, 1587-1642*. Priceton. Princeton University Press.
BROWN, RP (2004) Measuring individual differences in the tendency to forgive: Construct validity and links with depression. *Personality and Social Psychology Bulletin*, 29:759-771.
CALHOUN, JB (1962). Population density and social pathology. *Scientific American*, 206:139-148.
CASTILLA DEL PINO, C (2000). *Teoría de los Sentimientos*. Barcelona, Tusquets.
DOUGLAS, SC; MARTINKO, MJ (2001). Exploring the role of individual differences in the prediction of workplace aggression. *Journal of Applied Psychology*, 86:547-559.
EISENBERG, R; LINCH, P; ASELAGE, J; ROHDIECK, S. (2004). Who takes the most revenge? Individual differences in negative reciprocity norm endorsement. *Personality and Social Psychological Bulletin*, 30:787-799.
FINKEL, EJ; RUSBULT, CE; KUMASHIRO, M; HANNON, PA (2002). Dealing with betrayal in close relationship: does commitment promote forgiveness ? *Journal of Personality and Social Psychology*, 82:956-974.
FROMM, E (1974). *The Anatomy of Human Destructiveness*. New York. Holt, Rinehart y Winston.
GILBERT, P (1997). The evolution of social attractiveness and its role in shame, humiliation, guilt and therapy. *British Journal of Medical Psychology*, 70:113-147.
CHEUNG, M; MCNEIL BOUTTE-QUEEN, N (2000). Emotional responses to child sexual abuse: A comparison between police and social workers in Hong Kong. *Child Abuse and Neglect*, 24:1613-1621.
EIBL-EIBESFELDT, I (1973). *Der vorprogrammierte Mensch*. Wien, Fritz Molden. (Citado por la traducción española: *El hombre preprogramado*. Madrid, Alianza, 1977).
GOOCH, B (1998) Review of *"The Shapes of Revenge: Victimization, Vengeance and Vindictiveness in Shakespeare"*. *Early Modern Literary Studies*, 4:1-6.
GREENWALD, DF; HARDER, DW (1994). Sustaining fantasies and psychopathology in a normal sample. *Journal of Clinical Psychology*, 50:707-710.
GURMENDEZ, C (1985). *Tratado de las Pasiones*. Madrid. Fondo de Cultura Económico.
HALLETT, C; HALLETT, E (1980) *The Revenger's Madness: A Study of Revenge Tragedy Motifs. Lincoln*. University of Nebraska Press.
HENNESSY, DA; WIESENTHAL, DL (2001). Further validation of the driving vengeance questionnaire. *Violence Victims*, 16:565-573.
HENNESSY, DA; WIESENTHAL, DL (2002). The relationship between driver aggression, violence and vengeance. *Violence Victims*, 17:707-718.
HOLBROOK, ML (1997). Anger management training in prison inmates. *Psychological Reports*, 81:623-626.
KAISER, CR; BROOKE, VS; MAJOR, B (2004). A prospective investigation of the relationship between just-world beliefs and the desire for revenge after September 11, 2001. *Psychological Science*, 15:503-506
KEYISHIAN, H (1995) The Shapes of Revenge: Victimization, Vengeance and Vindictiveness in Shakespeare. Atlantic Highlands, NJ. Humanities Press.
KLAIN, E; PAIC, L (2002). Psychotrauma and reconciliation. *Croatian Medical Journal*, 43:126-137.
LANE, RC (1995) The revenge motive: A developmental perspective on the life cycle and the treatment process. *Psychoanalytic Review*, 82:41-64.

LAVERDE-RUBIO, E (2004). Envy: One or many? *International Journal of Psychoanalysis*, 85:401-418.

LEYHAUSEN, P (1965) The communal organization of solitary mammals. *Symposia of the Zoological Society of London*, 14:249-263.

LOPES CARDOZO, B; VERGARA, A; AGANI, F; GOTWAY, CA (2000). Mental health, social functioning and attitudes of Kosovar Albanians following the war in Kosovo. *Journal of American Medical Association*, 284:615-616.

MCCOLLOUGH, ME; RACHAL, KC; SANDAGE, SJ; WORTHINTONG, EL; BROWN, SW; HIGHT, TL (1998). Interpersonal forgiving in close relationships: II Theoretical elaboration and measurement. *Journal of Personality and Social Psychology*, 75:1586-1603.

MCCOLLOUGH, ME; FINCHAN, FD; TSANG, JA (2003). Forgiveness, forbearance and time: The temporal unfolding of transgression-related interpersonal motivations. *Journal of Personality and Social Psychology*, 84:540-557.

NOREIK, K; GRUNFELD, B (1990) Forensic psychiatric examination of arsonists. *Tidsskar Norv Laegeforen*, 30:1820-1822.

POST, JM (2001) Terrorist on trial: The context of political crime. *Journal of American Academy of Psychiatry and Law*, 28:171-178.

PROSEER, E (1967) *Hamlet and Revenge*. Stanford. Stanford University Press.

SCHNIERING, CA; RAPEE, RM (2004). The relationship between automatic thoughts and negative emotions in children and adolescents: A test of the cognitive content-specificity hypothesis. *Journal of Abnormal Psychology*, 113:464-470

RAPHLING, DL (1998). Aggression: Its relation to desire and self-interest. *American Journal of Psychoanalytic Association*, 46:797-811

REISNER, S (2003). Trauma: The seductive hypothesis. *Journal of American Psychoanalytic Association*, 51:318-414.

WIESENTHAL, DL; HENNESSY, DA; GIBSON, PM (2000).The DVQ: the development of a scale to measure deviant drivers' attitudes. *Violence Victims*, 15:115-136.

WILSON, RA (2000). Reconciliation and revenge in post-apartheid South Africa. Rethinking legal pluralism and human rights. *[0011-3204]*, 41:75-98.

WILTZ, J; REISS, S (2003). Compatibility of housemates with mental retardation. *American Journal of Mental Retardation*, 108:173-180.

WYSS, D (1968). *Strukturen der Moral*. Göttingen, Vanderhoeck y Ruprecht. (Citado por la traducción española: "Las estructuras de la moral". Madrid, Gredos).

ZEVITZ, RG; FARKAS, MA (2000) Sex offender community notification: Managing high risk criminals or exacting further vengeance? *Behaviour Science and Law*, 18:375-391.

Tema 8

Asistencia psicológica postraumática[1]

8.1 INTRODUCCIÓN

La biografía de una persona está salpicada de alegrías y de tristezas, de esperanzas cumplidas y de expectativas frustradas. En este sentido, llama la atención la gran capacidad de adaptación y el espíritu de superación de los que dispone el ser humano. Sólo a partir de ellos se puede entender que personas que han tenido que habérselas con una vida llena de obstáculos y dificultades (enfermedades incapacitantes, divorcios, apuros económicos, desengaños, sucesos traumáticos, etc.) puedan disfrutar de una vida productiva y rica en logros personales y sociales.

En realidad, lo que resulta fundamental son las habilidades de supervivencia de las que se vale el ser humano para hacer frente al estrés. Se trata de un conjunto de recursos que adquiere la persona en el proceso de socialización para salir airoso de las dificultades y resistir los embates de la vida, sin quedar gravemente mermado en el bienestar personal. Estas habilidades de supervivencia van a depender del nivel intelectual, del grado de autoestima, del estilo cognitivo personal (más o menos optimista) y del tipo de experiencias habidas, así como del apoyo familiar y social (Echeburúa, 2004).

Los sucesos traumáticos desbordan, con frecuencia, la capacidad de respuesta de una persona, que se siente sobrepasada para hacer frente a las situaciones que se ve obligada a arrostrar. Las estrategias de afrontamiento pueden volverse malsanas o fallidas; y las expectativas, derrotistas. La frecuente aparición de emociones negativas, como el odio, el rencor o la sed de venganza (ante un suceso traumático causado por otros seres humanos), pueden complicar aún más el panorama. Como consecuencia de ello, la persona, incapaz de adaptarse a la nueva situación, puede sentirse indefensa, perder la esperanza en el futuro y

1 Capítulo elaborado por Enrique Echeburúa, Pedro J. Amor y Paz de Corral.

encontrarse paralizada para emprender nuevas iniciativas y, en definitiva, para gobernar con éxito su propia vida.

Lo que genera habitualmente daño psicológico suele ser la amenaza a la propia vida o a la integridad psicológica, una lesión física grave, la percepción del daño como intencionado y la pérdida violenta de un ser querido. El daño generado suele ser mayor si las consecuencias del hecho violento son múltiples, como ocurre, por ejemplo, en el caso de un atentado con secuelas físicas, en el de un secuestro finalizado con el pago de un cuantioso rescate por parte de la familia de la víctima o en el de un asesinato de una adolescente que ha sido asimismo violada (Baca y Cabanas, 2003; Echeburúa, Corral y Amor, 2005).

Pero un trauma también se puede superar. De hecho, más del 90% de los hombres y casi el 80% de las mujeres expuestos a sucesos traumáticos no desarrollan el trastorno de estrés postraumático (Yehuda, 2004). Por lo tanto, hay personas que consiguen sobreponerse a un atentado terrorista, a una agresión sexual, etc., y descubren de nuevo, sin olvidar lo ocurrido, la alegría de vivir. Lo que se observa es que ante los acontecimientos traumáticos, las personas reaccionan de forma distinta, e igualmente son variables de unos individuos a otros las estrategias de afrontamiento que emplean para superar estas circunstancias adversas.

8.2. ASPECTOS NUCLEARES DEL TRAUMA

Un *suceso traumático* es un acontecimiento negativo intenso que surge de forma brusca, que resulta inesperado e incontrolable y que, al poner en peligro la integridad física o psicológica de una persona que se muestra incapaz de afrontarlo, tiene consecuencias dramáticas para la víctima, especialmente de terror e indefensión (Echeburúa, 2004). Además, se trata de un suceso que no forma parte de las experiencias humanas habituales y que se diferencia de los cambios vitales que resultan frecuentes a lo largo de la vida (por ejemplo, un traslado a otra ciudad, la salida de los hijos del hogar, las situaciones vitales de crisis, etc.). En la *tabla 1* se muestran algunos de los sucesos traumáticos más habituales.

TABLA 1. Sucesos traumáticos más habituales

Intencionados
• Agresiones sexuales en la vida adulta • Relación de pareja violenta • Terrorismo, secuestro y tortura • Abuso sexual en la infancia • Maltrato infantil
No intencionados
• Accidentes (de tráfico, choques de trenes, etc.) • Catástrofes naturales (terremotos, inundaciones, etc.)

Por otra parte, el *trauma* es la reacción psicológica derivada de un *suceso traumático*. Cualquier acontecimiento de este tipo quiebra el sentimiento de seguridad de la persona en sí misma y en los demás seres humanos. El elemento clave es la *pérdida de la confianza básica*. Las pérdidas pueden ser de muchos tipos: pérdidas materiales, pérdidas de la propia dignidad personal, pérdidas de la confianza en otras personas, pérdidas de creencias e ideales de toda la vida, etc. Se trata de mucho más que de la pérdida de la dignidad: es la pérdida de la integridad del propio yo, de la propia persona (*cfr.* Follette, Ruzek y Abueg, 1998).

Lo que fractura el espíritu de una persona es la violencia intencional e injustificada generada por otros seres humanos. Por eso, cuando las personas abominan del mal, lo hacen del que causa el ser humano. Frente a la devastación ciega de la naturaleza, las personas suelen resignarse, pero no indignarse (Rojas Marcos, 2002).

Hablando en cifras, el trauma puede estar presente en el 15%-20% de quienes sufren un accidente o una catástrofe natural, pero este porcentaje puede ser considerablemente más alto (hasta un 50%-70%) en quienes han experimentado un hecho violento, como es el caso de las víctimas de terrorismo, de violencia familiar o de agresiones sexuales.

Por último, el alcance del daño psicológico está mediado por la gravedad del suceso, el carácter inesperado del acontecimiento y el daño físico o grado de riesgo sufrido, la mayor o menor vulnerabilidad de la víctima, la posible concurrencia de otros problemas actuales (a nivel familiar y laboral, por ejemplo) y pasados (historia de victimización), el apoyo social existente y los recursos psicológicos de afrontamiento disponibles (*tabla 2*).

TABLA 2. Variables facilitadoras del trauma

Factores predisponentes (*pretrauma*)
• Psicopatología previa personal o familiar • Exposición previa a traumas • Personalidad vulnerable • Estrés acumulativo
Factores precipitantes (*suceso traumático*)
• Tipo del suceso traumático (intencionalidad) • Gravedad del suceso traumático (modelo dosis/efecto)
Factores mantenedores (*postrauma*)
• Anclaje en el pasado • Hacerse preguntas sin respuesta o buscar explicaciones imposibles de obtener • Necesidad de buscar culpables • Negación cognitiva o emocional del suceso

8.2.1. Consecuencias psicopatológicas a corto plazo

Uno de los aspectos vinculados a la gravedad del trauma es la proximidad temporal con respecto al suceso. En este sentido, en las cuatro semanas posteriores al suceso traumático puede presentarse una reacción postraumática intensa, que desborda la capacidad de afrontamiento de la persona y que se caracteriza fundamentalmente por la presencia de síntomas disociativos, como el embotamiento emocional, el aturdimiento, la extrañeza respecto a la realidad, la despersonalización y la amnesia disociativa, que lleva consigo la incapacidad para recordar aspectos significativos del suceso traumático. De esta forma, las personas que presentan estos síntomas pueden ser diagnosticadas del *trastorno de estrés agudo* (American Psychiatric Association, 2000). Asimismo las personas afectadas por este cuadro clínico reexperimentan el suceso traumático en forma de imágenes, pensamientos, sueños, ilusiones, etc., realizan conductas de evitación, y experimentan síntomas intensos de ansiedad (por ejemplo, dificultades para dormir, problemas para concentrarse, etc.). Todo ello genera un malestar clínico significativo e interfiere negativamente en su vida cotidiana.

Este trastorno aparece con más frecuencia en víctimas vulnerables, pero también puede aparecer en personas sin ningún factor predisponente, sobre todo cuando el suceso resulta muy traumático. La detección de las reacciones postraumáticas en esta fase temprana posibilita la identificación de las personas con riesgo de padecer un trastorno de estrés postraumático ulterior y el establecimiento de unas estrategias de intervención profiláctica encaminadas a evitar la cronificación del trastorno.

8.2.2. Consecuencias psicopatológicas a medio y largo plazo

Trascurrido más de 1 mes del acontecimiento traumático, aquellas víctimas que no han superado el trauma pueden padecer el *trastorno de estrés postraumático* (APA, 2000); caracterizado por tres núcleos de síntomas persistentes: reexperimentación del suceso traumático, evitación de estímulos asociados al suceso ocurrido y embotamiento afectivo, y un aumento excesivo de la activación psicofisiológica.

Específicamente, las personas afectadas tienden a *revivir intensamente, con mucha frecuencia y de forma involuntaria el suceso vivido*, bien en forma de pesadillas, bien en forma de recuerdos agobiantes y de sentimientos perturbadores, que pueden activarse ante cualquier estímulo, por mínimo que sea (ruido inesperado, imagen súbita, conversación relacionada indirectamente con el tema, etc.). Todo ello viene a reflejar que las imágenes de lo ocurrido quedan grabadas a fuego en la memoria icónica del sujeto. Es como si la memoria *se encasquillase* y no pudiera dar una salida normal a las experiencias vividas (Echeburúa y Corral, 1995).

Por otra parte, las *conductas de evitación* desempeñan un papel muy importante en las limitaciones experimentadas por las víctimas. Además de rehuir las situaciones y los lugares relacionados directa o indirectamente con el suceso (como salir a la calle, tratar con personas desconocidas, viajar, quedarse a solas en casa, etc.), resulta aún más problemático para las personas afectadas que tiendan a evitar las conversaciones sobre lo ocurrido, incluso con las personas más allegadas, y hasta los pensamientos relacionados con el acontecimiento. De este modo, muchas víctimas prefieren sufrir solas estos dolorosos recuerdos sin compartirlos con otras personas (como consecuencia de la actitud evitativa y del temor a la reexperimentación), temiendo haberse convertido en seres anormales o extraños.

Al mismo tiempo que las conductas de evitación, la víctima puede sufrir *embotamiento afectivo* —disminución de su capacidad de respuesta, es decir, una especie de *anestesia emocional*—, que le dificulta, entre otros aspectos, la expresión de las manifestaciones de ternura, lo que supone un obstáculo en las relaciones de intimidad. El bloqueo emocional es un caparazón, a modo de *membrana*, para protegerse de los recuerdos traumáticos. Por paradójico que pueda parecer, los síntomas experimentados por la víctima suponen un intento (eso sí, fallido) de adaptarse a la nueva situación. En concreto, la evitación y el embotamiento emocional intentan prevenir futuros daños que le podrían ocurrir a la persona afectada si se implicase de nuevo en una vida activa y recuperase la confianza en las personas (Herbert y Wetmore, 1999).

Además, las personas afectadas se encuentran permanentemente en un *estado de alerta y sobresaltadas*, presentan dificultades de concentración en las tareas cotidianas, se muestran irritables y tienen problemas para conciliar el sueño. Por ello, tienden a sentirse desbordadas por los acontecimientos cotidianos y a estar persuadidas de que ya nada está bajo su control. Un estado permanente de alerta lleva al agotamiento porque, además de estar alterado el sueño, todos los sentidos de la víctima están atentos sin descanso a los posibles peligros de la vida cotidiana.

Asimismo, muchas víctimas de sucesos traumáticos, además de mostrar elevados niveles de ansiedad, presentan una elevada frecuencia e intensidad de síntomas depresivos: tristeza, llanto, desgana para realizar actividades cotidianas o para relacionarse con otras personas, pérdida de apetito, etc. De esta forma, las personas deprimidas pueden repetirse frases como las siguientes: *"no tengo ganas de hacer nada"*, *"ya no me importa nada"*, *"me siento vacío"*, etc.

Por último, las situaciones especialmente traumáticas, sobre todo aquellas en que la víctima se ha sentido degradada y humillada, tienen efectos devastadores sobre su autoestima. La víctima puede verse a sí misma como despreciable y, lo que es peor, sentirse dañada de forma irreversible. Es lo que ocurre a veces en los casos de terrorismo, de tortura o de violencia sexual (Echeburúa, 2004).

8.3. FACTORES DE VULNERABILIDAD Y DE PROTECCIÓN

Hay sucesos traumáticos, como las agresiones sexuales, los atentados terroristas o los delitos violentos, que, por desgracia, afectan a un grupo relativamente numeroso de personas. Algunas víctimas quedan marcadas de por vida y, presas del rencor, de la amargura o, simplemente, del desánimo, llevan una vida anodina y sin ilusión; otras, tras una reacción psicológica intensa, son capaces de hacer frente al dolor, de readaptarse parcialmente a la situación y de atender a sus necesidades inmediatas; y hay otras, por último, que sacan fuerzas de flaqueza del dolor, prestan atención a los aspectos positivos de la realidad, por pequeños que éstos sean, y son incluso capaces de embarcarse en proyectos de futuro ilusionantes.

Lo anteriormente expuesto es un reflejo de la *variabilidad de las respuestas humanas*. No hay una secuencia fija de respuestas específicas ante estímulos determinados. Por decirlo en otras palabras, la estructura del suceso traumático explica los daños provocados por el *primer golpe*. Pero es la significación que ese hecho tiene en la persona, así como el apoyo social recibido, lo que puede explicar los efectos más o menos devastadores del *segundo golpe*, que es el que realmente provoca el trauma.

8.3.1. Personalidades resistentes al estrés

Como se puede observar en la vida cotidiana, hay personas que se muestran *resistentes* a la aparición de síntomas clínicos tras la experimentación de un suceso traumático. Ello no quiere decir que no sufran un dolor subclínico ni que no tengan recuerdos desagradables, sino que, a pesar de ello, son capaces de hacer frente a la vida cotidiana y pueden disfrutar de otras experiencias positivas (Avia y Vázquez, 1998; Seligman, 1999).

Las personalidades resistentes al estrés se caracterizan por el control emocional, una autoestima adecuada, unos criterios morales sólidos, un estilo de vida equilibrado, unas aficiones gratificantes, una vida social estimulante, un mundo interior rico y una actitud positiva ante la vida. Todo ello posibilita echar mano de los recursos disponibles para hacer frente de forma adecuada a los sucesos negativos vividos, superar las adversidades y aprender de las experiencias dolorosas, sin renunciar por ello a sus metas vitales. Este tipo de personalidad funciona como un amortiguador o como una vacuna protectora que tiende a debilitar la respuesta de estrés *(tabla 3)*.

TABLA 3. Personalidades resistentes al estrés

- Control de las emociones y valoración positiva de uno mismo
- Estilo de vida equilibrado
- Apoyo social y participación en actividades sociales
- Implicación activa en el proyecto de vida (profesión, familia, actividades de voluntariado, etc.)
- Afrontamiento de las dificultades cotidianas
- Aficiones gratificantes
- Sentido del humor
- Actitud positiva ante la vida
- Aceptación de las limitaciones personales
- Vida espiritual

Por otra parte, con el estado de ánimo ocurre lo que sucede con el peso: que es bastante estable a lo largo de la vida. Por ello, en el caso de las personas optimistas que sufren un suceso traumático o una pérdida, tienden a mantener el estado de ánimo positivo, más allá del dolor intenso, pero pasajero, que un acontecimiento de ese tipo pueda provocarles. Es decir, mantienen la capacidad personal de dar *sentido* a sus experiencias en el contexto de un proyecto vital previo.

No resulta siempre fácil predecir la reacción de un ser humano concreto ante un acontecimiento traumático. Conocer la respuesta dada por esa persona ante los sucesos negativos vividos anteriormente ayuda a realizar esa predicción. De este modo, se puede averiguar si una persona es resistente al estrés o, en el extremo opuesto, si se derrumba emocionalmente con facilidad ante las contrariedades experimentadas.

8.3.2. Factores de vulnerabilidad al trauma

Hay personas que son muy sensibles y, por ello, les afectan de forma especial los hechos que les ocurren, por insignificantes que éstos sean. Estas personas están predispuestas a tener una respuesta más exagerada e intensa que otras ante un mismo suceso negativo. En este sentido, la mayor o menor repercusión psicológica de un suceso traumático en una persona depende de su *vulnerabilidad psicológica*, que se refiere a la precariedad del equilibrio emocional, y de su *vulnerabilidad biológica*, que surge de forma innata y que está relacionada con un menor umbral de activación psicofisiológica. Ambos tipos de vulnerabilidad pueden amplificar, a modo de caja de resonancia, el daño psicológico de las experiencias negativas sufridas.

En algunas personas la baja autoestima y el desequilibrio emocional preexistente, sobre todo si van acompañados de una dependencia al alcohol y a las drogas y de aislamiento social, agravan el impacto psicológico del suceso traumático (Avia y Vázquez, 1998). De hecho, ante acontecimientos traumáticos similares unas personas presentan un afrontamiento adaptativo y otras quedan profundamente traumatizadas (Echeburúa, 2004). En realidad, ocurre como con los terremotos: las viejas casas de madera o de adobe se desmoronan; sin embargo, en los edificios de cemento sólo se rompen los cristales.

Desde una perspectiva psicológica, un nivel bajo de inteligencia (sobre todo, cuando hay un historial de fracaso escolar), una fragilidad emocional previa y una mala adaptación a los cambios, así como una sensación de fatalismo y una percepción de lo sucedido como algo extremadamente grave e irreversible, debilitan la resistencia a las frustraciones y contribuyen a generar una sensación de indefensión y de desesperanza. Estas personas cuentan con muy poca confianza en los recursos psicológicos propios para hacerse con el control de la situación. La fragilidad emocional se acentúa cuando hay un historial como víctima de delitos violentos o de abuso, cuando hay un estrés acumulativo, cuando hay antecedentes psiquiátricos familiares y cuando hay un divorcio de los padres antes de la adolescencia de la víctima (Esbec, 2000; Finkelhor, 1999).

Pero los factores psicosociales desempeñan también un papel muy importante. Así, por ejemplo, un apoyo social *próximo* insuficiente y la escasa implicación en relaciones sociales y en actividades lúdicas dificultan la recuperación del trauma. El principal antídoto contra la pena es poder compartirla. Pero también es importante la influencia del apoyo social *institucional*, es decir, del sistema judicial, de la policía o de los medios de comunicación (*tabla 4*).

TABLA 4. Factores de vulnerabilidad personal ante un suceso traumático

Biográficos	• Historia de victimización en la infancia (abuso sexual, malos tratos, etc.). • Antecedentes de otros sucesos traumáticos en el pasado.
Psicobiológicos	• Elevado grado de neuroticismo. • Baja resistencia al estrés.
Psicológicos	• Escasos recursos de afrontamiento. • Mala adaptación a los cambios. • Inestabilidad emocional previa.
Psicopatológicos	• Trastornos psiquiátricos anteriores (trastornos adictivos, del estado de ánimo, de ansiedad, de personalidad, etc.). • Rigidez cognitiva o personalidad obsesiva.
Psicosociales	• Falta de apoyo familiar. • Falta de apoyo social. • Falta de apoyo institucional.

En síntesis, las estrategias de afrontamiento disponibles (*tabla 5*), junto con las consecuencias físicas, psicológicas y sociales del suceso ocurrido, configuran la mayor o menor resistencia al estrés de la víctima (Baca, Cabanas y Baca-García, 2003).

TABLA 5. Estrategias de afrontamiento ante un suceso traumático

Estrategias de afrontamiento positivas	Estrategias de afrontamiento negativas
• Aceptación del hecho y resignación • Experiencia compartida del dolor y de la pena • Reorganización del sistema familiar y de la vida cotidiana • Reinterpretación positiva del suceso (hasta donde ello es posible) • Establecimiento de nuevas metas y relaciones • Búsqueda de apoyo social • Implicación en grupos de autoayuda o en ONG	• Anclaje en los recuerdos y planteamiento de preguntas sin respuesta • Sentimientos de culpa • Emociones negativas de odio o de venganza • Aislamiento social • Implicación voluntaria en procesos judiciales • Consumo excesivo de alcohol o de drogas • Abuso de fármacos

8.4. ASISTENCIA PSICOLÓGICA

8.4.1. ¿Cuándo se requiere tratamiento?

Hay personas que han sufrido un suceso traumático y que, sin embargo, no necesitan un tratamiento psicológico o farmacológico. El equilibrio psicológico previo, el transcurso del tiempo, la atención prestada a los requerimientos de la vida cotidiana y el apoyo familiar y social contribuyen muchas veces a digerir el trauma. De este modo, estas personas, aun con sus altibajos emocionales y con sus recuerdos dolorosos, son capaces de trabajar, de relacionarse con otras personas, de disfrutar de la vida diaria y de implicarse en nuevos proyectos.

Por el contrario, otras personas se encuentran atrapadas por el suceso sufrido, no recuperan sus constantes biológicas en relación con el sueño y el apetito, viven atormentadas con un sufrimiento constante, tienen dificultades para controlar sus emociones y sus pensamientos, se aíslan socialmente y se muestran incapaces de hacer frente a las exigencias de la vida cotidiana, adoptando a veces conductas contraproducentes (beber en exceso, comer más o menos de la cuenta, automedicarse, etc.). Son estas personas las que, al sentirse desbordadas por el trauma, requieren una ayuda específica psicológica y, en algunos casos, también farmacológica.

Entre estas personas necesitadas de ayuda se encuentran especialmente aquellas que cuentan con antecedentes psicopatológicos, que han sufrido secuelas graves (por ejemplo, tras un atentado terrorista), que se sienten solas, que tienen hijos pequeños a su cargo, que quedan en unas condiciones económicas precarias o que son inmigrantes en una situación irregular o inestable.

a) Intervención en crisis inmediata

En los días posteriores al suceso traumático las víctimas pueden beneficiarse de una intervención psicológica temprana —que puede ser proporcionada en las Oficinas de Atención a la Víctima—, que contenga los siguientes aspectos: a) evaluación inicial del daño psicológico, de las variables facilitadoras del trauma (factores predisponentes, precipitantes y mantenedores), del grado de resistencia al estrés, de las estrategias de afrontamiento, y en definitiva, del grado de vulnerabilidad ante el suceso traumático; b) intervención en crisis que permita hacer frente a los síntomas más inmediatos y establecer unas medidas de higiene psicológica, basadas en la regularización de la comida y del sueño, en la recuperación de las rutinas de la vida cotidiana y en la expresión compartida de los sentimientos experimentados con amigos y familiares; y c) derivación a aquellas víctimas que muestren una mayor vulnerabilidad a padecer una cronificación de los síntomas del trastorno de estrés postraumático, o de otros cuadros clínicos, a programas terapéuticos más especializados, como los ofrecidos por los Centros de Salud Mental. De este modo, se puede prevenir, al menos en muchos casos, la aparición o cronificación de trastornos psicológicos (Robles y Medina, 2002).

b) Tratamiento psicológico posterior

Más allá de la asistencia inmediata, una víctima de un suceso traumático sólo debe buscar ayuda terapéutica cuando las reacciones psicológicas perturbadoras duran más de 4 a 6 semanas, cuando hay una interferencia negativa grave en el funcionamiento cotidiano (familia, trabajo o escuela) o cuando la persona se siente desbordada por sus pensamientos, sentimientos o conductas.

Otra indicación de la conveniencia de la terapia es la negativa de la víctima a hablar con nadie del trauma y la carencia de un apoyo social, bien porque sea ella misma la que se aísle (para evitar el sufrimiento que le produce hablar del suceso traumático, para no molestar a las demás personas con sus problemas, porque su estado anímico se encuentra bajo mínimos, etc.), o bien porque las personas de su entorno la eviten. En estos casos se corre el riesgo de un aislamiento emocional (relaciones íntimas) y social (red social de apoyo).

Sin embargo, muchas personas necesitadas de terapia pueden mostrarse reacias a buscar ayuda profesional. En cierto modo, recurrir a un tratamiento puede suponer para la persona afectada reconocer una cierta *debilidad* personal. El cambio brusco de una situación de normalidad habitual a ser víctima de un suceso traumático puede dificultar, paradójicamente, la búsqueda de ayuda terapéutica, que, en cierto modo, supone el reconocimiento de la incapacidad por sí misma para superar unas circunstancias difíciles (Baca, 2003).

8.4.2. Objetivos del tratamiento

Los objetivos fundamentales de la terapia, que debe adaptarse a las necesidades específicas de cada paciente, son proporcionar alivio inmediato a los síntomas más graves (lo cual puede ser conseguido, a veces, por los psicofármacos), hacer frente al trauma, restaurar en la víctima el sentido básico de seguridad en el mundo y en las personas y facilitar su reintegración social en el contexto comunitario (Robles y Medina, 2002).

El plan de tratamiento se debe diseñar de forma escalonada con arreglo a una jerarquía de necesidades. En primer lugar, se trata de hacer frente a los síntomas más graves (insomnio, pesadillas, ansiedad intensa, humor depresivo, etc.). En segundo lugar, hay que abordar el núcleo del trauma (reexperimentación del suceso ocurrido, conductas de evitación y reacciones de sobresalto). Y, por último, se trata de regular las emociones, de recobrar la autoestima y de recuperar la confianza en las demás personas.

Asimismo hay veces en que el objetivo prioritario inicial puede ser abordar problemas actuales o condiciones vitales adversas con el fin de frenar la reactivación o exacerbación del trauma o de hacer frente a estrategias defectuosas para superarlo (por ejemplo, el abuso de alcohol). Otras veces adquieren una prioridad terapéutica otros trastornos mentales relacionados que requieren una intervención inmediata, como ocurre en los casos de depresión grave, con tendencias suicidas, de alcoholismo o de grave fractura familiar. Sólo después de conseguido este objetivo (al menos, parcialmente) se puede enfocar el trauma en sí mismo.

8.4.3. Ejes del tratamiento

Un requisito previo a cualquier intervención terapéutica es garantizar la seguridad de la víctima. Cuando el suceso traumático es prolongado y actual (como ocurre, frecuentemente, en los casos de abuso sexual en la infancia o de violencia doméstica en la mujer), la etapa inicial del tratamiento consiste en establecer un marco de seguridad y de exención de riesgos. Sólo después de que se haya garantizada esta premisa, con las medidas familiares, sociales o judiciales precisas, puede iniciarse propiamente el tratamiento psicológico.

Por otra parte, cualquiera que sea el tratamiento utilizado, un elemento fundamental previo es el componente psicoeducativo. Se trata de mostrar a la víctima las respuestas psicológicas habituales ante un suceso traumático, es decir, de hacerle ver las reacciones emocionales *normales* (miedo, malestar emocional, pesadillas, etc.) que suelen surgir ante una situación *anormal* (suceso traumático).

A continuación se comentan las principales estrategias de intervención dirigidas a la superación del trastorno de estrés postraumático. Sin embargo, no hay que olvidar que el tratamiento debe ir dirigido también a otras alteraciones suscitadas por el suceso vivido (por ejemplo, dificultades en la regulación de emociones y problemas en las relaciones interpersonales). Una revisión más detallada y secuenciada de las estrategias de intervención aplicadas para la superación de un trauma se puede encontrar en Echeburúa (2004).

a) La terapia de exposición a los recuerdos traumaticos

El aspecto más doloroso del trauma es, sin duda, revivir intensa y frecuentemente, además de forma involuntaria, la experiencia sufrida. No se trata de un mero recuerdo, sino de unas vivencias, a un nivel cognitivo y emocional, que se agolpan en la mente y que vienen acompañadas de una intensa excitación psicofisiológica. Por mucho que la víctima se esfuerce por apartarlas de su mente, las vivencias vuelven una y otra vez, con más fuerza incluso.

En este sentido, para superar estos síntomas de reexperimentación se puede utilizar la terapia de exposición a los estímulos traumáticos. De esta forma, exponerse a las imágenes del suceso traumático bajo el control del terapeuta ayuda a digerir emocionalmente el *atracón* de vivencias que una persona ha sufrido. Así, recordar y verbalizar lo ocurrido en un ambiente de apoyo facilita la transformación de las imágenes caóticas y fragmentadas del trauma, mantenidas en la *memoria emocional*, en sucesos ordenados espacial y temporalmente bajo el control de la *memoria verbal.* En cierto modo, se trata de poner nombre a lo que la víctima ha vivido y de guardar los recuerdos en el archivador correspondiente para que la persona pueda ejercer un cierto control sobre ellos. Es en este proceso de transformación de las vivencias en recuerdos y en la integración adecuada de éstos, ya digeridos, en la biografía de la persona cuando la víctima puede experimentar un alivio de los síntomas y una recuperación de la capacidad de control. Además, mediante la exposición correcta a los estímulos traumáticos, se logra desactivar la estructura cognitiva del miedo y aumentar la habilidad de la víctima para pensar y hablar sobre lo ocurrido (Echeburúa, 2004; Rojas Marcos, 2002).

Sin embargo, hay víctimas que se resisten a llevar a cabo esta tarea (por ejemplo: *"no quiero volver a contar la misma historia"*) porque, en algunos casos, puede resultarles muy dolorosa. La calidad de la relación terapéutica entre terapeuta y víctima desempeña un papel muy importante en este asunto. Comenzar la exposición en presencia del terapeuta contribuye a reducir el malestar de la víctima y a alejar las posibles expectativas amenazantes.

La confrontación con los pensamientos o imágenes temidos se realiza de forma gradual, de menor a mayor grado de dificultad. Se comienza por llevarla a cabo en el contexto seguro de la sesión terapéutica. En primer lugar, se expone a la víctima a los estímulos cognitivos temidos más simples de la jerarquía y se graba en cinta la exposición, que sólo termina cuando se reduce significativamente el grado de malestar. Se puede a veces facilitar la evocación de los recuerdos con la exposición en vivo a estímulos relacionados, por ejemplo llevando la misma ropa que cuando ocurrió el suceso negativo o leyendo o viendo la víctima cartas, fotografías o recortes de periódico relacionados con el acontecimiento traumático.

En resumen, mediante la terapia de exposición se sustituye la *reexperimentación* por el *recuerdo* (no es lo mismo *revivir* que *recordar*), se diferencia entre el suceso traumático y otros acontecimientos que son similares, pero que no son peligrosos, y además se consigue que muchos de los síntomas de hiperactivación disminuyan en frecuencia e intensidad.

b) Tratamiento de las conductas de evitación

Las víctimas experimentan numerosos temores a las situaciones de la vida cotidiana (afrontar problemas en el trabajo, conducir, salir solas a la calle, relacionarse socialmente, viajar, implicarse en nuevos proyectos, etc.) y, por ello, tienden a evitarlas sistemáticamente. Como resultado del suceso traumático, la víctima puede comenzar a considerar peligrosas circunstancias que incluso no están relacionadas directamente con el acontecimiento vivido. La evitación de unas situaciones que son habituales en la vida de cualquier persona puede ofrecer un alivio momentáneo a la persona afectada. Sin embargo, contribuye, por un lado, a mantener y extender las conductas de temor y, por otro, a limitar la eficacia de las estrategias de afrontamiento utilizadas y, en último término, a reducir la calidad de vida de la víctima.

En estos casos la *terapia de exposición en vivo* es la más indicada para superar las conductas de evitación. Este tratamiento consiste, en primer lugar, en detectar las conductas positivas evitadas por el paciente y, en segundo lugar, en enfrentarle de forma repetida y prolongada a la mayor parte posible de los componentes de la configuración estimular ansiógena.

Una vez delimitado el *perfil de evitación* de la víctima, la *práctica gradual* es la forma más adecuada de llevar a cabo este tratamiento. Los *objetivos* son algo que el paciente teme o evita y que le crean dificultades en su vida cotidiana. Las *tareas* son los pasos concretos para conseguir esos objetivos. La víctima comienza practicando tareas sencillas, que le infunden confianza en sí misma, para enfrentarse progresivamente con otras más complejas.

c) Tratamiento de los síntomas de hiperactivación

Los síntomas de hiperactivación mantienen a la víctima en un estado de alerta permanente e interfieren negativamente en su vida cotidiana. Así, la víctima puede encontrarse alterada constantemente, mostrarse irritable, tener dificultades para dormir, permanecer vigilante ante cualquier estímulo, por insignificante que sea, y sentirse en la necesidad imposible de controlar todo lo que está a su alrededor.

Muchos de estos síntomas pueden disminuir mediante la exposición en vivo y en imaginación a los estímulos evitados (pensamientos, imágenes, personas, lugares, conversaciones vinculadas al suceso, etc.). Asimismo se pueden utilizar otro tipo de técnicas para reducir la ansiedad, como son el control de la respiración, la relajación muscular y la relajación mental mediante la utilización de imágenes tranquilizadoras.

Por otra parte, existen múltiples síntomas tanto del trastorno de estrés postraumático (disminución del interés por actividades que anteriormente resultaban gratificantes, anestesia emocional, ira, etc.) como de otros cuadros clínicos (sintomatología ansiosa y depresiva) que pueden requerir una intervención complementaria. En la *tabla 6* se exponen esquemáticamente los aspectos psicopatológicos y las posibles técnicas a emplear.

TABLA 6. Ejes principales del tratamiento

Aspectos psicopatológicos	Técnicas terapéuticas
Núcleo de síntomas del trastorno de estrés postraumático	
Recuerdos traumáticos	• Terapia de exposición en imaginación a pensamientos, imágenes y percepciones.
Conductas de evitación y embotamiento afectivo	• Terapia de exposición en vivo a las conductas evitadas (p. ej., conversaciones, actividades, lugares, personas, etc.). • Dar pasos graduados hacia el mundo exterior (p. ej., salir a la calle regularmente, saludar a las personas conocidas, hablar de sí mismo, esforzarse por compartir las alegrías colectivas, etc.). • Expresar emociones de forma progresiva, a partir de un entorno seguro.
Sensación de acortamiento del futuro	• Proyección hacia el futuro (p. ej., planificación realista de actividades y de relaciones interpersonales, visualización de cambios positivos en el futuro, etc.).
Ansiedad e hiperactivación	• Control de la respiración. • Relajación muscular y mental.
Tratamiento de otros síntomas y control de emociones	
Ideas distorsionadas sobre la probabilidad de sufrir de nuevo el suceso traumático, miedo a la locura o a perder el control, etc.	• Reestructuración cognitiva. • Información sobre las respuestas psicológicas habituales ante un suceso traumático. • Exposición en imaginación y en vivo a los recuerdos, pensamientos, sensaciones corporales, lugares, personas, etc.
Control de la ansiedad/estrés, y de la sintomatología depresiva	• Reestructuración cognitiva • Relajación. • Implicación en actividades gratificantes.

Control de la ira	• Explicación del proceso de escalada de la ira. • Suspensión temporal. • Distracción cognitiva. • Entrenamiento en autoinstrucciones.
Pérdida de la confianza personal e interpersonal	• Reevaluación cognitiva (normalizar los esquemas cognitivos automáticos y catastrofistas que se producen tras las situaciones traumáticas). • Atención selectiva a los recursos psicológicos que la víctima posee.
Déficit de autoestima	• Autovaloración objetiva en diferentes áreas (relaciones interpersonales, salud, forma de ser, etc.). • Autoaceptación. • Implicación en metas realistas, etc.

8.5 INDICADORES POSITIVOS Y NEGATIVOS DE RECUPERACIÓN

8.5.1. Indicadores positivos

En el caso de que la víctima haya recibido un tratamiento psicológico, la recuperación es más probable cuando hay una asistencia constante de la víctima a las sesiones de tratamiento y cuando se llevan a cabo de forma regular las prescripciones terapéuticas. Ocurre, a veces, que las víctimas con un mejor funcionamiento completan el tratamiento, mientras que las que están más necesitas de él lo abandonan (Hembree, 2003).

Una primera señal de recuperación básica es que la persona recobre las constantes biológicas en relación con el sueño y el apetito. Asimismo, un indicador positivo del proceso de mejoría de la víctima es cuando se recupera la expresión verbal de los sentimientos y se pone orden en el caos de las imágenes y recuerdos del suceso traumático. A veces, y más allá de las palabras, la reaparición de expresiones de afecto gestuales, como sonrisas, o físicas, como abrazos o besos, es una señal de recuperación.

Más allá de cambios espectaculares, la recuperación está presente cuando la víctima aumenta la cantidad y calidad de las actividades y se implica en una dieta regular de placeres y deleites simples: una compañía agradable, una comida sabrosa, una lectura interesante, un paseo por el parque o al borde del mar, un espectáculo entretenido, una música grata, una charla amena o una risa a pierna suelta. Todo ello contribuye a imprimir un significado a la vida de una persona.

De este modo, la víctima comienza a recuperar la capacidad de sorprenderse y a mirar lo de siempre con ojos nuevos, a poner interés en las actividades que se hacen cada día y a fijarse unas metas concretas que es posible conseguir. Ver el lado positivo de la realidad ayuda a una persona a desembarazarse de las espinas de la vida cotidiana. El objetivo fundamental es aprender a *corregir* la mirada para centrarse en los recuerdos agradables y en la parte positiva de la realidad.

Otra muestra de recuperación es que la persona se implique en conductas altruistas y de ayuda a los demás. Este tipo de comportamientos, además de ser un medio para mantener relaciones afectuosas, comunicarse y convivir con otras personas, ayuda a aumentar la autoestima y distrae a uno de su propio dolor, con una mejoría en otros síntomas (dormir mejor, sufrir menos de ansiedad, etc.).

En definitiva, un trauma se supera cuando la persona, aun con dolor, es capaz de integrar el suceso traumático como algo pasado que forma parte de su historia personal, sin la presencia excesiva de emociones negativas (como odio, rabia o impotencia), es capaz de vivir con normalidad el día a día y utiliza unas estrategias de afrontamiento positivas.

TABLA 7. Indicadores positivos y negativos de recuperación ante un suceso traumático

Indicadores positivos
• Acudir con asiduidad a las sesiones de tratamiento y seguir las prescripciones terapéuticas.
• Recobrar las constantes biológicas en relación con el sueño y el apetito
• Recuperar la expresión verbal de los sentimientos.
• Reaparecer las expresiones de afectos gestuales.
• Aumentar la cantidad y calidad de las actividades e implicarse en una dieta regular de placeres y deleites simples.
• Recuperar la capacidad de sorprenderse y mirar lo de siempre con ojos nuevos.
• Poner interés en las actividades que se hacen cada día.
• Fijarse unas metas concretas que sean posibles de conseguir.
• Ayudar a los demás y tener conductas altruistas.
Indicadores negativos
• Mostrar inestabilidad emocional con anterioridad al suceso traumático.
• Haber estado expuesto a los estímulos traumáticos de forma intensa y prolongada.
• Mostrar respuestas de embotamiento afectivo.
• Haber sido hospitalizado por heridas relacionadas con el suceso traumático.
• Haber padecido un trastorno ansioso-depresivo grave.
• Mostrar una mala capacidad de adaptación ante diferentes sucesos traumáticos sufridos en el pasado.
• Utilizar estrategias de afrontamiento negativas.
• Haber sido revictimizado o traumatizado en un período crítico del desarrollo.
• Padecer sentimientos de rabia u odio, junto con intensos deseos de venganza.
• Hacer caso omiso de las prescripciones terapéuticas.

8.5.2. Indicadores negativos

En general, los factores más problemáticos para la recuperación de la víctima son la inestabilidad emocional anterior al suceso y la duración prolongada de la exposición a los estímulos traumáticos, como ocurre, por ejemplo, en las situaciones de abuso sexual intrafamiliar en la infancia.

Cuando ocurre un suceso traumático, el riesgo más alto de sufrir una cronificación de los síntomas es cuando las víctimas muestran respuestas de embotamiento afectivo (*anestesia emocional*). Aunque las conductas de sobresalto y de hiperactivación pueden ser las más espectaculares en los primeros momentos, lo peor que le puede suceder a una persona afectada por un suceso de este tipo es que se cierre y se vuelva como un *zombi*, es decir, que pierda su capacidad de atender y responder emocionalmente a su entorno habitual.

Son asimismo indicadores negativos de recuperación del trauma el haber sido hospitalizado por heridas relacionadas con el suceso traumático y el haber padecido un trastorno ansioso-depresivo grave, así como haber sido victimizado anteriormente y haber mostrado una mala capacidad de adaptación a diferentes situaciones en la vida anterior.

Pero, en general, la evolución de la recuperación depende de las estrategias de afrontamiento utilizadas para superar el trauma. En concreto, el pronóstico es más sombrío cuando la víctima, en lugar de encarar el problema adecuadamente, adopta estrategias de afrontamiento negativas (como beber alcohol en exceso, automedicarse con tranquilizantes, evadirse mentalmente o volcarse en el trabajo de una forma compulsiva), se refugia en el pasado o alienta sentimientos de venganza.

Más en concreto, el fracaso del tratamiento psicológico puede estar ligado a factores diversos. A veces se relaciona con el trauma en sí mismo: traumatización extrema, revictimización, traumatización en un período crítico del desarrollo, etc. Pero otras veces el fracaso depende de otros factores, como la aparición conjunta de diversos trastornos, la presencia de sentimientos intensos de odio o de venganza, la cronicidad del trauma, la aparición de circunstancias vitales adversas (divorcio, pérdida de empleo, etc.), la inobservancia de las prescripciones terapéuticas, etc. (Shalev, Friedman, Foa y Keane, 2003)

8.6. CONCLUSIONES

Los sucesos más traumáticos dejan frecuentemente secuelas imborrables, limitan la capacidad de entusiasmo y hacen a las personas más vulnerables a las depresiones, a las enfermedades del corazón, a las infecciones y a las úlceras de estómago (Echeburúa y Guerricaechevarría, 1999; Finkelhor, 1999). Pero no es menos cierto que sólo una minoría de las personas que se exponen diariamente a las pruebas más penosas de la vida claudican o enferman. Después de todo, la esperanza y el espíritu de superación forman parte del instinto de conservación y de supervivencia del ser humano (Rojas Marcos, 2002).

Hay muchas diferencias de unas personas a otras en la forma de sufrir y de recuperarse del trauma. Hay quienes están afectadas profundamente durante años y sólo con dificultad consiguen llevar un tipo de vida normal, pero muy limitado. Otras sufren intensamente, pero durante un período corto de tiempo. Y, por último, hay quienes superan lo acontecido casi de inmediato y reanudan su vida en condiciones de normalidad (Bonanno y Kaltman, 2001).

A un nivel predictivo global, la evolución de los síntomas a la remisión o a la cronificación puede depender de la existencia de un trastorno psicopatológico previo, de la percepción de control sobre los sucesos negativos, de la intensidad y gravedad de los estresores, de la presencia temprana de síntomas disociativos y del apoyo psicológico y social recibido durante y después del suceso traumático (Foa y Riggs, 1995).

En cuanto al tratamiento, la terapia de exposición (en imaginación, a los pensamientos intrusivos; *en vivo*, a los estímulos evitados) parece la más efectiva para hacer frente a este trastorno (Echeburúa, 2004). No obstante, las personas traumatizadas con niveles muy altos de evitación son muy reacias a exponerse a los recuerdos traumáticos. En estos casos la motivación para el tratamiento e incluso la implicación en tareas terapéuticas dolorosas, como la evocación y exposición a los sucesos traumáticos, sólo pueden darse cuando la víctima tiene una plena confianza en el terapeuta y se siente preparada para ello. La *escucha activa* en un ambiente tranquilo, de máxima confidencialidad, y la expresión de emociones desempeñan un papel especialmente importante.

Por muy terrible que haya sido la experiencia vivida, siempre cabe la posibilidad de cerrar, total o parcialmente, la herida sufrida. No se trata de olvidar lo inolvidable (tarea, por lo demás, imposible), sino de no sentirse atrapado como en una jaula por los recuerdos del pasado. Lo que se pretende es recuperar la capacidad de hacer frente a las necesidades del presente y de mirar al futuro con esperanza. En definitiva, ser capaz de atender a los requerimientos de la vida cotidiana, prestar atención a los estímulos exteriores, disfrutar de lo que se tiene a mano en las circunstancias actuales y hacer planes para el futuro, aunque sólo sea para los días o meses inmediatos, denotan un camino claro de recuperación. En definitiva, recuperarse significa ser capaz de haber integrado la experiencia traumática en la vida cotidiana y de haber transformado las vivencias pasadas en recuerdos, sin que éstos sobrepasen la capacidad de control de la persona ni interfieran negativamente en su vida futura.

BIBLIOGRAFÍA

AMERICAN PSYCHIATRIC ASSOCIATION (2000). *Diagnostic and Statistical Manual of Mental Disorders (4th Ed-TR)*. Washington, DC: APA.

AVIA, M.D. y VÁZQUEZ, C. (1998). *Optimismo inteligente*. Madrid: Alianza.

BACA, E. (2003). La actitud ante la víctima: reacciones personales, sociales y profesionales. En E. Baca y M.L. Cabanas (Eds.). *Las víctimas de la violencia. Estudios psicopatológicos*. Madrid: Triacastela.

BACA E., CABANAS M.L. (Eds.) (2003). *Las víctimas de la violencia. Estudios psicopatológicos*. Madrid: Triacastela.

BACA, E., CABANAS, M.L. y BACA-GARCÍA, E. (2003). El Proyecto Fénix: un estudio sobre las víctimas del terrorismo en España. Resultados preliminares. En E. Baca y M.L. Cabanas (Eds.). *Las víctimas de la violencia. Estudios psicopatológicos*. Madrid: Triacastela.

BONANNO, G.A. y KALTMAN, S. (2001). The varieties of grief experience. *Clinical Psychology Review, 21*, 705-734.

ECHEBURÚA, E. (2004). *Superar un trauma: el tratamiento de las víctimas de sucesos violentos*. Madrid: Pirámide.

ECHEBURÚA, E. y CORRAL, P. (1995). Trastorno de estrés postraumático. En A. Belloch, B. Sandín y F. Ramos (Eds.). *Manual de psicopatología*. Madrid: McGraw-Hill, vol. 2º.

ECHEBURÚA, E, CORRAL, P, AMOR, P.J. (2005). Terrorismo y trastorno de estrés postraumático. En A. Blanco, R. Águila y J.M. Sabucedo (Eds.). *Madrid 11-M: un análisis del mal y sus consecuencias*. Madrid: Trotta.

ECHEBURÚA, E. y GUERRICAECHEVARRÍA, C. (1999). Abuso sexual en la infancia: concepto, factores de riesgo y efectos psicopatológicos. En J. Sanmartín (Ed.). *Violencia contra niños*. Barcelona: Ariel.

ESBEC, E. (2000). Evaluación psicológica de la víctima. En E. Esbec y G. Gómez-Jarabo. *Psicología forense y tratamiento jurídico-legal de la discapacidad*. Madrid: Edisofer.

FINKELHOR, D. (1999). Victimología infantil. En J. Sanmartín (Ed.). *Violencia contra niños*. Barcelona: Ariel.

FOA, E.B., RIGGS, D.S. (1995). Posttraumatic stress disorder following assault: Theoretical considerations and empirical findings. *Current Directions in Psychological Science, 4,* 61-65.

FOLLETTE, V.M., RUZEK, J.I. y ABUEG, F.R. (Eds.) (1998). *Cognitive-behavioral therapies for trauma.* New York: Guilford Press.

HEMBREE, E.A. (2003). Tratamiento cognitivo-conductual del trastorno por estrés traumático. En E. Baca y M.L. Cabanas (Eds.). *Las víctimas de la violencia. Estudios psicopatológicos.* Madrid: Triacastela.

HERBERT, C. y WETMORE, A. (1999). *Overcoming traumatic stress. A self-help guide using cognitive-behavioral techniques.* London: Robinson.

ROBLES, J.I. y MEDINA, J.L. (2002). *Intervención psicológica en las catástrofes.* Madrid: Síntesis.

ROJAS MARCOS, L. (2002). *Más allá del 11 de septiembre. La superación del trauma.* Madrid: Espasa-Calpe.

SELIGMAN, M. E. (1999). *Niños optimistas.* Barcelona: Grijalbo.

SHALEV, A.Y., FRIEDMAN, M.J., FOA, E.B. y KEANE, T.M. (2003). Integración y resumen. En E.B. Foa, T.M. Keaney y M.J. Friedman (Eds.). *Tratamiento del estrés postraumático.* Barcelona: Ariel.

YEHUDA, R. (2004). Risk and resilience in posttraumatic stress disorder. *Journal of Clinical Psychiatry, 65,* 29-36.

Tema 9

La víctima en el sistema de justicia penal I[1]

9.1. LA VÍCTIMA Y EL SISTEMA PUNITIVO: LA RECONSTRUCCIÓN DEL FUNDAMENTO DEL DERECHO PENAL DESDE UNA PERSPECTIVA VICTIMOLÓGICA

9.1.1. Planteamiento

Ya se ha dado cuenta en páginas anteriores del proceso a través del cual el Estado, a medida que se va consolidando como tal en sentido moderno, monopoliza el derecho de castigar y se produce el paso de un derecho penal privado a un derecho penal público, que culmina con la "expropiación del conflicto" a la víctima —en la célebre terminología de Christie (1977)—, con su marginación del sistema penal y su reducción a "abstracción jurídica", a sujeto "neutro", a "mero objeto de investigación procesal"[2] (sujeto pasivo del delito-transmisor de la *notitia criminis*-testigo...). Así las cosas, cabe decir que modernamente el sistema punitivo se ha caracterizado por no dar respuesta a los intereses de las víctimas[3] y, de forma añadida, por comportar un perjuicio para éstas derivado de su paso por la Administración de Justicia penal —la denominada victimización secundaria— que agudiza los efectos del delito y profundiza en general en la estigmatización de la víctima. En

---

1 Capítulo elaborado por Alberto Alonso Rimo (apartado 9-1) y Carolina Villacampa Estiarte (apartado 9-2).

2 Las expresiones son de GARCÍA-PABLOS (1990, pp. 173, 174 y 177).

3 A este respecto, conviene tener en cuenta que aunque tradicionalmente se ha regulado en sede penal la responsabilidad civil derivada del delito, tal cuestión, aun siendo importante, representa sólo, como ha sido destacado, "una pequeña parte de lo que necesita la víctima" (QUINTERO OLIVARES, 2005, p. 16), debiendo asimismo no perderse de vista que, en todo caso, resulta muy elevado el número de supuestos en los que en la práctica la víctima acaba no viendo satisfecha tal expectativa reparatoria debido a la insolvencia —real o ficticia— del condenado (cfr. sobre el particular, por ejemplo, SOLÉ RIERA, 1997, pp. 123 y ss.).

este contexto, lo cierto es que la irrupción de la victimología ha contribuido en buena medida a paliar la situación de olvido de la víctima, y en tal sentido es posible afirmar que en la actualidad no sólo existe gran número de trabajos orientados a su estudio desde un punto de vista jurídico (se habla incluso de una suerte de "renacimiento" de aquélla para las ciencias penales que implicaría tanto al derecho penal sustantivo y procesal, como a la criminología y a la política criminal) sino que dicha corriente ha obtenido ya, según se comprobará a lo largo de las siguientes páginas, cierto reflejo legal a nivel internacional y comunitario, así como en los distintos derechos nacionales de nuestro entorno jurídico-cultural, y también, aunque con algo más de retraso, en la legislación de nuestro país[4]. Con todo, particularmente por lo que se refiere al caso español, los referidos avances se presentan todavía de forma insuficiente, pudiendo sostenerse que, al margen ahora del derecho positivo, persisten importantes reticencias en el ámbito jurídico —teórico y práctico— a profundizar en el reforzamiento de la posición de la víctima en el sistema penal. Esto último se explica, según estimamos, por la idea, todavía muy asentada, de que otorgar una mayor consideración a la víctima, preocuparse por su bienestar o sus intereses en el marco penal, entraña necesariamente una desvirtuación de la naturaleza pública de dicho sector del ordenamiento jurídico —una vuelta al "derecho penal prehistórico" o a esos tiempos ya superados de la venganza privada—, además de una intensificación punitiva y de un deterioro, en general, de la situación del victimario. A la luz de semejante planteamiento no es de extrañar que se defienda lo que en realidad aparece como una consecuencia inevitable de aquél: la neutralización de la víctima y su definitiva desaparición del derecho penal moderno (así, por ejemplo, Hassemer, 1990, p. 70 y ss., uno de los principales representantes de dicha línea de pensamiento; o, en sentido similar, Díez Ripollés, 1997, p. 13). Tal conclusión, sin embargo, según trataremos de evidenciar a lo largo de las páginas que siguen, no resulta en absoluto adecuada. Contrariamente, se asume aquí la premisa relativa a la necesidad de seguir avanzando en una línea de mejora de la situación de la víctima en el sistema punitivo, y desde ese punto de vista adquiere una importancia de primer orden la determinación de cómo pueden justificarse, desde parámetros acordes con los principios y fundamento de nuestro derecho penal, las medidas de apoyo a la víctima del delito,

---

[4] Vid. *infra*: tema 10.

entendidas éstas en un sentido amplio que abarcaría las vertientes penal, procesal y asistencial[5]. Dotar de una justificación sólida a dichas medidas constituye, en efecto, un elemento básico para el impulso de las mismas desde el momento en que permite deslegitimar las aludidas tesis en atención a las cuales, y sobre la base muchas veces de análisis superficiales o cargados de prejuicios, la figura de la víctima se entiende como sinónimo de derecho penal privado, atávico y antigarantista. Pero es que además, y en íntima conexión con lo anterior, la citada tarea se revela de gran utilidad en punto a la selección y configuración de las repetidas medidas victimológicas, es decir, como referente interpretativo de las mismas, tanto desde un punto de vista de *lege lata* como de *lege ferenda*, lo que se traduce, como veremos, en el rechazo de aquéllas que se muestren incompatibles con los principios informadores del ordenamiento punitivo entendido en sentido moderno.

Al hilo de esto último, conviene subrayar ya que consideramos desenfocadas las aproximaciones que abordan la cuestión interrogándose genéricamente sobre si la prioridad del derecho penal debe ser la preocupación por el delincuente o bien por la víctima, o incluso sobre si debe centrarse la atención preferentemente en esta última o por el contrario en los intereses generales[6]. En sentido opuesto, consideramos que la inserción de los derechos de las víctimas en el ámbito de justicia penal no puede articularse de forma disyuntiva a los derechos del delincuente o a los intereses generales, sino que ambos planos —en rigor, como se verá, los tres: víctima, delincuente y Estado— han de armonizarse y concebirse en términos complementarios.

Por lo dicho, en realidad la pregunta debe orientarse desde la perspectiva de cuál es, a partir de nuestros presupuestos de carácter político-constitucional, el fundamento del derecho penal, y a continuación comprobar si con arreglo al mismo encuentran cabida los derechos de las víctimas sin, consiguientemente, desvirtuar con ello el carácter eminentemente público y garantista del orden penal.

---

5 Frente a ello, resulta bastante habitual en la doctrina penal abordar la conexión de la figura de la víctima con el fundamento y los fines del derecho penal desde la particular —y restringida— perspectiva del instituto de la reparación del daño.

6 Cfr. a este respecto la exposición de QUINTERO OLIVARES, 2005, pp. 19 y ss., y p. 24.

9.1.2. *La víctima y la justificación del derecho penal. Fundamentación jurídico-penal de las medidas victimológicas*

A este respecto, el ineludible punto de partida viene dado por el modelo de Estado social y democrático de Derecho consagrado en el art. 1 de la Constitución Española, así como por la declaración recogida en su art. 10 y a tenor de la cual la dignidad de la persona y sus derechos inviolables se erigen en el fundamento del orden político y de la paz social. Sobre estas bases se acogen hoy mayoritariamente, y aunque con gran variedad de matices, concepciones eclécticas o mixtas sobre la fundamentación de la pena, o del derecho penal en general, que tratan de compatibilizar las tesis retributivas y utilitarias cifrando aquella justificación en los fines preventivos de la pena pero asimismo en un importante componente garantista —representado por los principios derivados de los derechos fundamentales del individuo y característicos de todo Estado democrático— que sirve de limitación al extremo anterior[7]; de modo que se admite sin problemas la restricción de la finalidad utilitaria de la intervención punitiva como una exigencia de respeto a las garantías del delincuente, y en particular a principios como el de proporcionalidad, culpabilidad, humanidad, etc. (vid., por ejemplo, Cobo del Rosal/Vives Antón, 1999, pp. 822 y ss., o Silva Sánchez, 1992, pp. 210 y ss.). En coherencia con ello, con carácter general no se cuestiona el techo legal máximo de la extensión de las penas que imponen razones de proporcionalidad con la gravedad de la infracción pese a que en ocasiones aquél pueda resultar ajeno a las necesidades preventivas del caso concreto —que exigirían una pena superior—; o se acepta asimismo sin grandes reparos la restricción de la eficacia preventivo-general de la pena que implican instituciones como la libertad condicional o la suspensión de la ejecución de la pena privativa de libertad, en ambos casos en aras de la tutela del derecho a la resocialización del delincuente.

Pues bien, tal planteamiento, bajo el que late la clave resolutiva de la antinomia entre prevención y garantías —o, si se quiere, entre derechos humanos y utilidad colectiva, o entre libertad y seguridad, individuo y sociedad— inherente a todo el ordenamiento punitivo[8], se ha concebido tradicionalmente desde una prisma unilateral, aplicable en exclusiva al

---

[7] Y que, en tanto límite, se convierte asimismo en fundamento (cfr. COBO DEL ROSAL/VIVES ANTÓN, 1999, p. 823, nota 56).

[8] Vid. SILVA SÁNCHEZ (1992, pp. 13 y ss., 183 y ss., y 285 y ss.).

delincuente, y cabe preguntarse si es conveniente que se extienda asimismo a la figura de la víctima[9]. En nuestra opinión, la respuesta debe ser afirmativa: el marco político trazado por la Constitución lo permite, y no sólo eso sino que obliga a ello. Desde el prisma de un Estado social y democrático de Derecho como el nuestro, la víctima, en cuanto persona cuya dignidad y derechos inviolables integran el fundamento que, según se acaba de recordar, el art. 10 de la Constitución atribuye al orden político y a la paz social, debe, en efecto, formar parte también del objeto de protección garantista que se opone como límite constitucional a la intervención penal estatal. Ha de asumirse, pues, una óptica superadora de los tradicionales parámetros restrictivos en este contexto —centrados, como se ha dicho, de forma privativa en el ofensor— y, en consonancia con ello, incorporar también a la víctima en el marco de las exigencias garantistas que rodean la aplicación del derecho penal. De esta manera, si como ha quedado sentado se acepta, en virtud del repetido carácter garantista del derecho penal, el sacrificio de la finalidad preventiva de la pena al objeto de tutelar los derechos fundamentales del delincuente[10], idéntica conclusión se hace preciso alcanzar cuando se trata de justificar la existencia de medidas de corte victimológico que conlleven una renuncia de esos mismos fines utilitarios toda vez que aquéllas estén dirigidas a salvaguardar derechos fundamentales del ofendido.

Piénsese así en supuestos límite como los que representa en algunos casos la vigencia de infracciones no perseguibles de oficio sino mediante denuncia o querella de la víctima, y en los que la opción de impedir la actuación penal, sin ser desde luego la más idónea en un plano de *lege ferenda*, aparece desde la perspectiva de *lege lata* como la única herramienta posible en manos de la víctima para salvar la victimización secundaria. Es lo que sucede, por ejemplo, en procesos que se siguen por delitos contra la libertad sexual y de los que todavía a menudo se derivan para aquélla consecuencias negativas, que inciden, magnificándolo, en el daño causado por el delito, hasta el punto de que es común afirmar que en esta clase de delitos la victimización secundaria puede alcanzar cotas de gravedad equiparables a la victimización primaria. De ahí que tradicionalmente tales ilícitos, pese a su elevada gravedad, hayan sido sometidos al excepcional régimen de persecución mediante solicitud (denuncia o querella) del ofendido, resolviéndose así el intrincado conflicto de intereses, *públicos* en todo caso, que subyace a este tipo de hipótesis —el interés estatal en la persecución y castigo de los delitos, de un lado, y el de tutela del bienestar psíquico y de la intimidad de la víctima, de otro— a favor de los intereses de esta última, y de acuerdo, pues, con la línea de pensamiento que se viene

---

9 Quizás no esté de más precisar, por lo que luego se dirá, que en este contexto nos estamos refiriendo en todo momento a la víctima "real" o "actual" —en sentido, pues, diverso al de víctima "potencial"—. Cfr. sobre ello, *infra*: 10.2.

10 Tal dinámica, por cierto, ha sido calificada como una de las características más importantes de civilización (HASSEMER/MUÑOZ CONDE, 1989, pp. 120 y 121).

exponiendo. En la regulación actual, tal prerrogativa del agraviado queda atemperada por la coexistencia junto con aquélla de la facultad potestativa del Ministerio Público de iniciar el proceso "ponderando los legítimos intereses en presencia" (art. 191.1 CP); solución que puede resultar adecuada siempre que se conciba la aludida intervención del Fiscal no como una genérica manifestación del principio de oportunidad procesal —lo que habida cuenta de las particularidades de la esfera delictiva de la que hablamos, en la que las necesidades preventivo-generales y especiales se presentan con especial intensidad, acabaría convirtiendo, de facto, tales supuestos en infracciones perseguibles de oficio—, sino, en términos mucho más restrictivos, como mecanismo de control de la utilización de esta facultad decisoria de la víctima con arreglo a los fines de tutela de sus derechos esenciales y no en atención a otras motivaciones espurias (amenazas, componendas económicas, etc.), que en el caso de detectarse deberán motivar la intervención de oficio (vid. sobre el tema en general, ALONSO RIMO, 2002, pp. 184 y ss., pp. 351 y ss. y pp. 419 y 420).

Contempladas así las cosas, parece claro que los mismo argumentos que avalan la restricción de la eficacia preventivo-general de la pena en un caso deberían servir en el otro —bien entendido que no se está afirmando que *cualquier* interés de las víctimas merezca ser tutelado de forma preferente sino sólo aquéllos más importantes; esto es, los que conectan con sus derechos fundamentales—. De lo contrario, si no se acepta el citado paralelismo, habría que concluir que en nuestro ordenamiento jurídico se otorga mayor protección a los derechos del ofensor que a los del ofendido, o que los principios garantistas asumidos por nuestro modelo de Estado y que actúan eficazmente a la hora de proteger al primero se desvanecen cuando se ponen en conexión con el segundo[11]; y ello pese a que en realidad, como con razón se suele recordar, la condición de este último —es decir, la de víctima— no es sino la expresión del fracaso estatal en la tarea de prevención del delito y de protección de los ciudadanos[12]. Admitir, en fin, este doble rasero en la tutela de las garantías en función de si están referidas a la víctima o al victimario, o, lo que es lo mismo, tal fenómeno de renuncia a tolerar la erosión de las

---

11 Tal es la conclusión, sin embargo, que se deriva de posicionamientos doctrinales que a la vez que no encuentran inconveniente en defender la preterición de las necesidades preventivas ante las exigencias impuestas por el principio de culpabilidad o el de proporcionalidad, parecen entender, a propósito de las hipótesis a las que aludíamos más arriba, que aunque resulte "verdaderamente penoso" para la víctima la celebración de un proceso seguido por un delito contra la libertad sexual, por encima de aquélla están las razones de prevención general. Vid. GONZÁLEZ RUS (1984, p. 52), y, en sentido similar, GIMBERNAT (1990, pp. 90 y 91).

12 Al hilo de esto último, cabría preguntarse con PRITTWITZ (1999, p. 120) acerca de si el Estado, del mismo modo en que asumió la originaria posición de la víctima en el conflicto penal monopolizando el derecho de castigar, no habría de correr también con el resto de cargas de aquélla.

finalidades preventivas del derecho penal en beneficio de los derechos de las víctimas, resulta aún más llamativo si se atiende a los variados supuestos en los que el legislador resuelve otorgar carácter preponderante, frente a la prevención penal, a la protección de determinados intereses político-criminales, entre los que cabe citar, sólo a modo de ejemplo, la mejora de la función recaudatoria del Estado —en el caso de la exención de pena por regularización de la situación tributaria en los delitos contra la Hacienda Pública y la Seguridad Social (arts. 305.4 y 307.3 CP)— o el logro de una mayor eficacia de la Administración de Justicia en la persecución penal de los hechos —como sucede en la exención de la pena anudada a la denuncia de la conducta de cohecho por parte del particular (art. 427 CP)—; intereses todos ellos, cuya relevancia entendemos que incuestionablemente se debe situar, por lo menos, al mismo nivel que los derechos fundamentales de las víctimas.

Si se está de acuerdo con cuanto se viene exponiendo, y se aprueba, por tanto, con carácter general la inclusión de la víctima en el debate en torno a la tensión entre garantías individuales y prevención penal, y también, por consiguiente, lo que ello supone en el sentido ya indicado de integración de la figura de la víctima en el ámbito de protección garantista penal hasta el punto de llegar a justificar en determinados casos la lesión de las finalidades preventivas de la pena[13], debe concluirse entonces que, en mayor medida, habrán de encontrar legitimación desde la óptica del derecho punitivo todas aquellas iniciativas de apoyo a la víctima que no implican menoscabo alguno de la reseñada función preventiva del castigo penal. Es decir, si hemos concluido que es necesario admitir incluso las medidas que implican una renuncia en todo o en parte a la propia pena, con mayor razón habrá que asumir —y promover— las que no suponen ningún déficit preventivo en dicho sentido. Éstas últimas son, además, la mayoría, y también en general las más importantes desde el punto de vista de las necesidades reclamadas por las víctimas; nos referimos, fundamentalmente, a las medidas de información, protección, asistencia (jurídica, psicológica, social...) y aseguramiento de la satisfacción de la responsabilidad civil derivada del delito, pudiendo añadirse en este contexto la mención a la reparación concebida como sanción penal autónoma, si ésta tiene lugar en el marco de delitos de escasa gravedad, de tal forma que, y aun cuando esto siga

[13] Puede verse un desarrollo de este planteamiento en ALONSO RIMO (2002, pp. 387 y ss. y pp. 432 y ss.).

siendo una premisa discutida por algunos, el acuerdo reparatorio se revele eficaz para satisfacer por sí mismo los fines preventivos del derecho penal[14].

9.1.2.1. ¿"Derecho penal protector de las víctimas" *versus* derecho penal público?

Llegados a este punto, y sobre la base de todo lo anterior, es posible revisar ya las críticas que, según decíamos, se suelen esgrimir frente a la consideración de la víctima en la esfera penal, en el sentido de conectar tal tendencia con la minimización del "*papel*" del Estado en el ejercicio del derecho de castigar (vid. por todos, Hassemer/Muñoz Conde, 1989, pp. 170 y 171). Como se ha visto, la preocupación por los intereses de la víctima del delito encuentra cobertura a partir de la comprensión garantista del sistema punitivo —cimentada sobre las bases constitucionales ya destacadas— de inspiración principalmente liberal y a la que resulta esencial la protección de valores individuales (¡lo cual no es sinónimo de privados![15]), entre los que se incluyen desde luego, además de los del delincuente, los derechos de las víctimas. En ningún caso se trata entonces de soslayar la naturaleza eminentemente pública del delito ni del sistema penal en general —con todo lo que ello comporta en cuanto a la configuración de sus objetos de tutela, de sus propios fines o de la titularidad del *ius puniendi*— pues tan importante es desde el punto de vista estatal la tutela de los derechos del ofendido como la de los del ofensor, y por lo tanto, también en ambos casos, y por igual, constituye aquella protección "*papel*" del Estado.

Ahora bien, dicho esto, debe subrayarse inmediatamente a continuación la sustancial diferencia existente entre defender una Administración de Justicia penal respetuosa con los derechos fundamentales de las víctimas y no generadora de victimización secundaria, y aquellas otras posiciones que conducen a una orientación del ordenamiento punitivo ajena a las finalidades públicas que lo definen y al servicio de los intereses privados del agraviado, por cuanto esto último sí que derivaría en una privatización y, por dicha vía, en una involución del sistema.

---

14 Cfr. al respecto, *infra*: tema 12.

15 Sobre la noción de lo público y lo privado en el ámbito penal puede verse, ALONSO RIMO (2002, pp. 135 y ss.).

Son exponentes de estas últimas tendencias una constelación muy heterogénea de planteamientos que se extienden desde los más radicales, como los abolicionistas, que, a partir de la premisa asentada en la necesidad de "devolver el conflicto a la víctima" (Christie, 1977, pp. 1 y ss.), y desde una perspectiva general, propugnan determinados modelos transaccionales y desformalizados de manera alternativa al paradigma tradicional y formalizado de Justicia penal[16], a otros formulados desde dentro del sistema penal vigente y relativos ya a aspectos más concretos, como los que sustentan el carácter no perseguible de oficio de algunos delitos apoyándose en la naturaleza "privada" de su bien jurídico protegido, de modo que, según tal argumentación, es sólo al ofendido a quien incumbe valorar si considera la ofensa suficientemente grave como para ser objeto de persecución penal, incurriéndose así en una privatización de la definición de delito[17]; o asimismo los que defienden, ahondando en la dirección retributiva de los *Victim Impact Statements*[18], un mayor protagonismo de la víctima en relación con la determinación, en términos cualitativos y cuantitativos, de la sanción a imponer al victimario[19], así como en lo que se refiere a las condiciones de su ejecución[20], con la consiguiente postergación de los fines preventivos generales y especiales del castigo penal, cuya asunción prioritaria constituye uno de los pilares básicos sobre los que se edificó el carácter público, y con ello la legitimación, del derecho penal moderno.

Presentan igualmente, a nuestro juicio, elementos en común con las posturas aludidas las así llamadas teorías victimológicas de la pena (*viktimologische Straftheorie*), que tratan de insertar a la figura de la víctima en el marco de los fines de la pena, pero más que desde el prisma de las teorías

---

[16] Vid. una exposición crítica a este respecto en SILVA SÁNCHEZ (1992, pp. 18 y ss.).

[17] Cfr., críticamente, ALONSO RIMO (2002, pp. 437 y ss.).

[18] Vid. un análisis de tales polémicos institutos, vigentes en el ordenamiento estadounidense, a través de los cuales se permite a la víctima informar al Juez sobre el daño físico, psíquico y económico sufrido a consecuencia del delito e incluso en ocasiones sobre su opinión relativa a la sentencia a imponer, en EREZ (1990, pp. 26 y ss.).

[19] "La fundamentación valorativa de la pena no debe centrarse principalmente en la acción y el desvalor del delito, ni en la conducta y resocialización individual del delincuente. Debe prestar principal atención, ante todo, a la victimación y su reparación, a los perjuicios que sufren las víctimas" (BERISTAIN, 2004, pp. 114 y 115; cfr. también p. 259).

[20] Vid. por todos BERISTAIN (2004, pp. 259 a 266), quien llega a afirmar que las víctimas deben ser el centro del sistema penitenciario, postulando su intervención en general en dicho contexto, incluso en relación con cuestiones como, por ejemplo, el destino penitenciario en el que el reo debe cumplir condena.

tradicionales sobre la materia (absolutas y relativas)[21], desde el de una particular concepción de la pena como herramienta de ayuda a la superación del trauma creado por el delito (Reemtsma, Jerouscheck)[22]. El fracaso de la sociedad en la prevención del mal que le ha supuesto a la víctima la infracción genera, según tal razonamiento, la obligación del Estado de responder con un castigo penal al ofensor, lo que aumentará las posibilidades de aquélla de sobreponerse al delito. La pena sirve, de esta suerte, para expresar la solidaridad de la comunidad con la víctima, a la que se "reintegra", mediante la expulsión del ofensor. Todo ello, sin embargo, y al margen ahora de las dudas que pueda generar la idoneidad de la pena en sí misma como instrumento para la consecución de semejante objetivo terapéutico, introduce el riesgo de deslizamiento en el ámbito punitivo de elementos de venganza[23], así como de una evidente fricción con el principio de intervención mínima y en general con la exigencia —derivada de la justificación que, según ha quedado sentado más arriba, se debe atribuir al derecho penal— de que el castigo penal obedezca a razones preventivas: en una concepción tal en la que la pena se concibe como un derecho de la víctima y su imposición al ofensor como una —correlativa— obligación del Estado, aquélla debería aplicarse siempre —por las citadas razones de solidaridad— o incluso en función de las necesidades de superación del trauma que tuviera la víctima en particular, y ello aun cuando en el supuesto concreto el castigo resultara innecesario desde el punto de vista de la prevención general y especial. A lo dicho cabe sumar, en fin, que tal noción de la pena como una deuda contraída por el Estado a favor de la víctima se aviene mal con la nota de exclusividad estatal en la titularidad del *ius puniendi* característica del Estado moderno y a partir de la cual se suele inferir la inexistencia de un derecho subjetivo del ofendido a la imposición de una pena al autor de la infracción (ya en esta línea, Rocco, 1932, p. 511, o Gómez Orbaneja, 1951, p. 161; más modernamente, vid. por todos Montero Aroca, 1994, pp. 978 y ss.).

Con todo, lo cierto es que resulta sugerente la idea de que la intervención punitiva pueda contribuir a la "rehabilitación de la víctima" en la medida en que sirva para expresar a través del pronunciamiento judicial una reacción pública al delito en la que se integre la proclamación de que la acción delictiva ocurrió y de la consideración de la víctima como tal[24]. Lo que suscita ya más dudas, en la línea sugerida por Prittwitz y Günther, es el papel que se le asigna a la pena en concreto en dicho proceso de apoyo a la víctima, dado que parece razonable pensar que el elemento clave de aquella reacción es, más que

---

21 Vid. una valoración de la conexión de la víctima con tales teorías en HASSEMER (1990, pp. 72 y 73).

22 Cfr. el planteamiento de estos dos autores en las exposiciones de PRITTWITZ (1999, pp. 109 y 110, y 121 y ss.) y SILVA SÁNCHEZ (2001, pp. 55 y 56) respectivamente.

23 Tal impresión se refuerza, pese a que lo niegan expresamente los formuladores de las referidas tesis, si se atiende a la particularidad de que se vincula la apuntada eficacia rehabilitadora de la víctima a la efectiva imposición de la pena —se habla, así, del "derecho de la víctima a ver al delincuente castigado" (cfr. PRITTWITZ, 1999, p. 123)—, y no sólo eso, sino de la imposición de una pena con el suficiente valor simbólico —esto es, con la suficiente carga aflictiva; de modo que, con carácter general, sólo sirven a tal efecto las de prisión y las de multa— (cfr. SILVA SÁNCHEZ, 2001, p. 56). Vid. asimismo en la línea de relacionar las citadas teorías victimológicas de la pena con la reintroducción de componentes de venganza en el derecho penal, PRITTWITZ (1999, pp. 122, 125, 128 y 129), quien parece resolver en dicho sentido la pregunta acerca de por qué tratar duramente al ofensor sirve, en dichas concepciones, como ayuda a la víctima.

24 Cfr. ya en una dirección similar, TAMARIT SUMALLA (1994, p. 56) o HERRERA MORENO (1996, P. 332).

la pena en sí misma, la declaración sobre quien tuvo razón y quien no, y sobre quien es culpable y quien no lo es —y, por lo tanto, no tiene por qué sentirse como tal—[25].

Sentado lo anterior, conviene igualmente destacar que el rechazo contundente a esta serie de teorías que, por así decir, van demasiado lejos en sus reivindicaciones a favor de la víctima, no justifica el paso que a partir de ahí, según mencionábamos más arriba, a veces se da —yéndose entonces también demasiado lejos, si bien en sentido opuesto— hacia la descalificación de cualquier pretensión de carácter victimológico[26], pues ya se ha señalado que es posible, y necesaria, la consolidación de un modelo de Justicia penal más sensible a las necesidades de las víctimas pero a la vez respetuoso con los postulados esenciales del ordenamiento punitivo entendido en sentido moderno. Se trata, pues, en la línea apuntada por Tamarit (2005, p. 31), más que de revisar el dogma de la neutralización de la víctima, de desentrañar su significado profundo, el cual se cifra en "la superación de la autotutela, la sublimación y racionalización de los instintos de venganza, la minimización de la violencia, la democratización de la seguridad y la voluntad de impedir la negación de la dimensión humana del infractor y, por lo tanto, los derechos del mismo y el *due process*, el derecho a un proceso justo, amén de la opción de la reinserción social". Tal sentido en absoluto implica, por consiguiente, condenar cualquier otra posibilidad que pueda redundar, en términos compatibles con aquellos presupues-

[25] PRITTWITZ (1999, p. 129). En sentido parecido, GÜNTHER (2002, pp. 218 y 219), para quien el significado simbólico-expresivo de la pena permite prescindir de una concepción de la misma ligada a la imposición de un mal y expresarse por completo en el procedimiento público y formalizado de la constatación del injusto y de la culpabilidad, poniendo de este modo el acento en la declaración pública integrada en el fallo condenatorio, al que, según subraya igualmente el citado autor, se le reconoce una función de satisfacción para la víctima.

[26] En este orden de consideraciones no deja de resultar llamativo que, simultáneamente al enérgico rechazo proclamado a veces frente al reforzamiento de la posición de la víctima en el sistema penal, se defienda, con similar énfasis, la trascendencia de la figura de la víctima en referencia a ámbitos concretos como el de la victimodogmática. Vid., denunciando tal contradicción, CANCIO MELIÁ (2001, pp. 225 y ss.), para quien "(l)a incoherencia es palmaria: si debe valorarse el comportamiento de la víctima para poder determinar si siquiera hay un comportamiento punible, como sostienen los partidarios de la victimodogmática, ¿por qué esta víctima no puede estar presente en el proceso en el que ha de producirse esta valoración de su comportamiento?" (*ibidem*, p. 227).

tos básicos, en la mejora de los intereses de las víctimas[27]. Es en este contexto en el que se habla de la necesidad de un "cambio cultural", que trascienda al mero cambio legislativo, y de una "resocialización" de los juristas y de los diferentes operadores del sistema (Tamarit, 2005, pp. 30 y 31).

Conviene insistir en esto, ya que se habla tan genéricamente de apartar o de neutralizar al ofendido que se ha asistido durante largo tiempo a una suerte de institucionalización de tal planteamiento —al que subyace la idea de que cuanta mayor preterición de la víctima, mayor garantismo penal— no habiendo resultado ajena a tal circunstancia la práctica de la Administración de Justicia, de tal modo que se llegan a poner en entredicho derechos primarios de las víctimas[28]. Y ello, digámoslo una vez más, pese a que su tutela resulta en general, y siempre dentro de los márgenes un discurso victimológico científico, racional y equilibrado, plenamente legítima a la luz de las exigencias constitucionales, hasta el punto de que, lejos de significar un retroceso, y por las razones que ya han sido aducidas, pensamos que el progreso del derecho penal no puede sustraerse por más tiempo a su reconocimiento.

---

27 Intereses que, como ya se señaló, se concretan en su mayoría en medidas de fácil encaje en el sistema, siendo éste un extremo que a menudo se desconoce, por cuanto las víctimas, más que potestad decisoria sobre la intervención punitiva, sed de venganza o de resarcimiento económico, lo que reclaman es que se vean reconocidas sus necesidades a nivel asistencial, psicológico e informativo, que se les dispense un trato comprensivo y respetuoso, etc. (vid. sobre el particular, SANGRADOR, 1986, pp. 89 y 90, y TAMARIT, 2005, p. 31).

28 Repárese en que dicha vulneración de sus derechos se encuentra en ocasiones ligada a la finalidad de proteger el interés general derivado de la persecución y castigo de los delitos (por ejemplo, cuando se les obliga a toda costa a seguir adelante con un proceso en contra de su voluntad). Pues bien, al margen de que obviamente en esos supuestos lo deseable sería lograr un escenario propicio para facilitar una colaboración activa de la víctima en el proceso en el sentido de asegurar la ausencia de victimización secundaria, si no se dan tales condiciones —como sucede todavía con frecuencia— la opción apuntada de no ofrecerle en los referidos casos ninguna otra alternativa supone una instrumentalización o cosificación de la víctima, o, lo que es lo mismo, la negación de la condición de fin en sí misma que resulta inherente a todo hombre —no sólo al agresor— con arreglo al consabido imperativo moral que prohíbe tratar al ser humano como medio para el logro de fines sociales. (La invocación, por cierto, del aludido argumento kantiano se suele utilizar para justificar la restricción de la función preventiva penal en aras de la defensa de las garantías del delincuente —por ejemplo en relación con el conflicto que se plantea en la fase de individualización judicial de la pena entre la prevención general y el derecho a la resocialización del delincuente—; vid., entre otros, GARCÍA ARÁN (1997, P. 80)).

9.1.2.2. ¿"Derecho penal protector de las víctimas" *versus* "derecho penal protector de los delincuentes"? La víctima y la expansión del fenómeno punitivo

En estrecha relación con lo que se viene diciendo, resulta asimismo importante llamar la atención sobre el dato de que la tesis defendida de insertar a la víctima en el fundamento del derecho penal no tiene por qué incidir en una ampliación de la esfera de lo punible ni en un detrimento correlativo de la posición del delincuente, de forma que se desdibujen los indudables logros que ha supuesto la evolución del derecho penal en términos de consecución de una justicia desapasionada y garantista. En un plano pragmático se puede sostener que, en vía de principio, las necesidades de las víctimas no colisionan con los derechos del imputado[29].

Tal afirmación general no oculta, sin embargo, la existencia de determinadas hipótesis en que semejante conflicto asoma de forma inevitable, y en ellos, sin que pueda entrarse aquí a examinar con detenimiento tan compleja materia, cabe decir que no procede afirmar *a priori* la prevalencia genérica de unos derechos sobre otros (los de las víctimas o los del imputado), sino partir de la premisa de que se trata de una confrontación entre, en su caso, garantías esenciales —nuevamente, pues, de una pugna entre intereses públicos— cuya resolución habrá de dirimirse conforme a las circunstancias del supuesto concreto, valorando con particular atención la relevancia de cada uno de los específicos derechos en liza, y en todo caso sin perder de vista la necesidad de asumir como pauta interpretativa, tanto desde un punto de vista de *lege lata* como de *lege ferenda*, la de articular soluciones que salven en la medida de lo posible la tensión entre los derechos de los dos protagonistas del hecho delictivo[30].

Pero con independencia ahora de la consideración precedente, si hemos dicho que las raíces del fundamento de las medidas victimológicas se hunden en el carácter garantista del ordenamiento punitivo, no se puede promover simultáneamente, a salvo de incurrir en contradicción, un recorte de las garantías del delincuente. Como es evidente, el tan nombrado garantismo se defiende en términos globales u omnicomprensivos, y, en consecuencia, lo que se pretende es que el sistema de garantías penales alcance *también* a la víctima —tradicionalmente excluida de ese ámbito—, mas no sólo a ella. El lógico corolario de lo anterior es entonces que deban descartarse todas aquellas tesis que desde una perspectiva general impulsan la mejora de la víctima a costa del aumento del rigor penal y de la disminución de las garantías del reo.

---

29 Cfr. al respecto lo señalado *supra*: nota 27.

30 Vid., por ejemplo, en referencia al enfrentamiento que se plantea entre el interés de la víctima de declarar sin ser vista por el imputado y el derecho de este último a estar presente en la prueba de cargo, lo expuesto *infra*: 10.1.2.4).

Entre ellas destacan las célebres políticas de ley y orden (*law and* order), que si bien surgen en el marco estadounidense encuentran eco con posterioridad en la mayoría de los países de nuestro entorno jurídico-cultural. Tales movimientos se caracterizan por servirse de la defensa de los intereses de las víctimas como coartada para propugnar estrategias político-criminales de signo conservador, ancladas en la idea de la represión como clave de bóveda de la prevención delictiva, y que a partir de ahí, y como no podía ser de otra forma, desembocan en la propuesta de medidas —en materia sustantiva, procesal y penitenciaria— de corte punitivista y altamente restrictivas de las garantías del reo (vid. sobre el tema, Ferreiro Baamonde, 2005, pp. 87 y ss.). Asimismo, y en clara conexión con el fenómeno anterior, cabe aludir a las posiciones doctrinales que directamente conectan la tutela de los intereses de las víctimas con la necesaria restricción de los derechos del delincuente. En esta dirección puede situarse, por ejemplo, a Hillenkamp (1983, pp. 13 y ss.), quien se refiere además a la idea del derecho penal como *Magna Charta* de la víctima, de la que se seguiría, según su concepción, la conveniencia de enfatizar, precisamente a través de la relajación de las garantías de victimario y de la intensificación punitiva, la función del derecho penal que se concreta en el fortalecimiento del sentimiento de seguridad ciudadana y, con ello, en el favorecimiento de la renuncia a la autodefensa y en la consecución de la paz social[31].

En coherencia con cuanto se viene expresando, el planteamiento aquí defendido, como en general el conjunto de teorías que se dejan englobar bajo el título de la victimología académica, resulta claramente contrapuesto a las tendencias acabadas de exponer. Consiguientemente, no puede verse en aquél un exponente más de esa transformación que aprecia Silva (2001, pp. 52 y 53) en el derecho penal de nuestros tiempos —y que explica a partir del proceso de identificación social con las víctimas característico de las sociedades contemporáneas— en el sentido de que se empieza a perder la visión de aquél "como instrumento de defensa de los ciudadanos frente a la intervención coactiva del Estado"[32], cristalizando todo ello en paradigmas como el que identifica, en los términos antedichos, la ley penal con la *Magna Charta* de la víctima. Y es que, en el sentido ya indicado, de lo que se trata es de que

31 Cfr. también, desde una perspectiva más concreta, las tesis que apuntan a un mayor protagonismo de las víctimas en el ámbito de la imposición y ejecución de la pena, en *supra*: 9.1.2.1.

la tutela garantista se extienda *asimismo* a los ciudadanos-víctimas del delito, en cuyos derechos e intereses ya se ha visto que igualmente acaba repercutiendo en cierta medida el tosco instrumento penal —en términos de victimización secundaria—, pero sin por ello desatender a los ciudadanos-delincuentes; siendo importante insistir a este respecto en la idea de que la concepción sobre el fundamento del derecho penal en clave integradora de la figura de la víctima *no permite legitimar una expansión de la esfera de lo punible ni un incremento de la presión punitiva en general*.

Por eso, la proyección garantista del derecho penal en relación con la víctima, tal y como la comprendemos, no se opone a una interpretación restrictiva o incluso a una "reducción teleológica" de los tipos[33], ni desde luego puede llevar —por aludir a otros de los efectos perjudiciales para el reo que se han anudado a la consideración del derecho penal como *Magna Charta* de las víctimas[34]— a replantearse la delimitación entre la interpretación extensiva y la analogía *in malam partem* en términos favorables a ésta última.

Con lo afirmado, por lo demás, no se cuestiona que en el proceso de expansión que vive el derecho penal de nuestros días intervengan como factores causales, entre otros muchos, lo que Silva (2001, pp. 42 y ss., y 52 y ss.) denomina la configuración de la sociedad contemporánea como "sociedad de sujetos pasivos" y la identificación de la mayoría social con las víctimas del delito. Lo que se quiere subrayar es que la tesis aquí sustentada en particular, y las victimológicas en general, en absoluto encajan con las consecuencias que se infieren de la exposición de dicho autor en el sentido de vincular necesariamente la figura de la víctima o de un pretendido derecho penal protector de las víctimas con la acentuación del punitivismo y con una disminución de las garantías (asumiendo así, y aunque sólo sea en cuanto a la forma[35], la asimilación que se produce en dichos términos en planteamientos como los de Hillenkamp). De modo que lo que no compartimos es semejante conexión genérica entre garantismo penal enfocado a las víctimas y expansión del derecho penal, que abunda en el reforzamiento de las estereotipadas bases sobre las que se asienta la ya clásica exigencia doctrinal de neutralización de la víctima o la imagen que sugiere la incompatibilidad de su consideración con un ordenamiento penal moderno y garantista. Y ello porque, como el propio Silva (1990, p. 233) reconoce, las estrategias punitivistas no acaban redundando, en verdad, en una mayor protección o favorecimiento de las víctimas, y en el bien entendido de que se trata de posiciones que no se defienden con carácter general desde el ámbito académico de la victimología, y respecto de las cuales resulta dudoso afirmar

---

32 Este hecho, en palabras del citado autor, es consecuencia a su vez de la mutación experimentada en la concepción del *ius puniendi* (derecho penal subjetivo), que deja de ser contemplado como "la espada del Estado contra el desvalido delincuente" para pasar a verse más como "la espada de la sociedad contra la delincuencia de los poderosos" (*ibidem*).

33 Vid. de forma más concreta sobre este aspecto, *infra*: 10.1.1.3.

34 Cfr. SILVA SÁNCHEZ (2001, pp. 53 y ss.), así como desde un punto de vista más general las citas que allí se recogen de HILLENKAMP. Vid. también, CORCOY BIDASOLO (2005, pp. 249 y 250).

35 SILVA SÁNCHEZ en ningún momento acoge la tesis de fondo de HILLENKAMP, de la que se sigue la necesidad de proteger a la víctima en detrimento de los tradicionales principios garantistas penales.

su identificación con los verdaderos intereses y reivindicaciones de la mayoría de las víctimas[36]. En realidad, según se desarrollará más adelante, se podría concluir que existe en esta clase de razonamientos una especie de disolución del concepto de víctima "actual" —o "real"— en el más amplio de víctima "potencial"[37].

9.1.3. Consideración final

A partir de lo expuesto, se evidencia con claridad la eficacia delimitadora que, en los términos mencionados más arriba, resulta atribuible a la fundamentación jurídico-penal de las medidas de protección de los derechos de las víctimas, lo que viene a expresar, en definitiva, una idea esencial, y que, aunque obvia, no siempre se ha tenido lo suficientemente presente, cual es la necesidad de construir la victimología dentro de los márgenes consustanciales a un derecho penal público y garantista como el que impone nuestro marco político-constitucional[38].

En síntesis, y como consecuencia de todo lo anterior, cabe afirmar que las exigencias garantistas predicables del derecho penal o del sistema de Justicia penal en general han de estar referidas a la protección de los derechos fundamentales y libertades del ciudadano, entendido este último término —el de ciudadano— en un sentido genérico e integrador tanto del agresor como de la víctima.

Con ello no se desconoce que el principal afectado por la actuación penal sigue siendo el ofensor, en cuanto natural destinatario de la reacción punitiva, y este dato seguramente hace comprensible expresiones como la conocida consideración, que en su día acuñara *v.* Liszt, del derecho penal como *Magna Charta* del delincuente. Ahora bien, lo que se quiere resaltar es que ello no puede justificar el descuido de las necesidades de tutela del ofendido en el marco de la intervención punitiva. Con arreglo a una comprensión del Derecho ajustada a nuestro modelo de Estado constitucional, y en virtud de la cual aquél debe contraerse a "ordenar la convivencia externa de los ciudadanos del modo menos gravoso posible para sus derechos y libertades" (Cobo del Rosal/Vives Antón, 1999, p. 800), no ha de resultar problemático afirmar, en los términos especificados en las páginas anteriores, que deben respetarse tales exigencias —es decir, esos mismos derechos y libertades— en relación también con la víctima. Y, de esta forma, cuando al concretar la función de la pena en la tutela jurídica se apunta, con razón, que dicha clase de tutela, precisamente por ser jurídica, «no puede obtenerse a cualquier precio, sino que ha de respetar también los derechos del delincuente» (Cobo del Rosal/Vives Antón, 1999, p. 823), no debe olvidarse que, allí donde los derechos de las víctimas puedan verse lesionados —y así ocurre, por ejemplo, en todos los supuestos en que cabe hablar de victimización secundaria—

---

36 Cfr. sobre tales extremos: *infra* 10.2.

37 *Infra*: 10.2.

38 Sólo desde esta concepción, sometida a los referidos límites insalvables, es posible asumir expresiones como las de "victimología de máximos" (BERISTAIN, 2005, pp. 261 y 270).

igualmente aquéllos habrán de obtener protección al abrigo de la aludida faceta jurídica de la intervención punitiva.

De lo dicho se sigue entonces la necesaria superación de la tradicional comprensión bilateral (delincuente-Estado) del sistema penal[39] y la consiguiente incorporación al mismo de la figura de la víctima, y con ello de las relaciones víctima-Estado. Es así como lo que venimos denominando medidas victimológicas deben dejar de concebirse como una mera expresión de solidaridad social y pasar a ser entendidas como verdaderos derechos de las víctimas. El anclaje jurídico-penal de tales derechos conecta, como se ha tenido ocasión de comprobar, con el propio fundamento del derecho penal; si bien no se debe olvidar que dicha circunstancia, a la vez que permite justificar las medidas de apoyo a las víctimas, opera también, según se ha visto, como límite en atención a los postulados básicos de un derecho penal moderno.

Tal línea de argumentación interpretativa del fundamento del derecho penal en clave victimológica debería asimismo repercutir, en buena lógica, en otros aspectos del sistema punitivo, además de en los ya desarrollados relativos a la justificación y consiguiente promoción de las medidas victimológicas de contenido sustantivo, procesal y asistencial. Por lo que se refiere al ámbito procesal, por ejemplo, y en íntima vinculación con lo anterior, tendría tal vez que asumirse el reconocimiento formal de la incorporación al círculo de los fines del proceso penal también de algunos relacionados con los legítimos intereses de las víctimas, cual es el caso del objetivo minimizador de la victimización secundaria[40]. O, desde un ángulo dogmático, cabría pensar en una articulación del concepto de bien jurídico que tuviera más en cuenta a la figura de la víctima, y sin que ello, como es evidente, pueda conducir a relativizar la esencial configuración pública que lo define (cfr. sobre el particular, Eser, 1998, pp. 181 y ss; Herrera Moreno, 1996, pp. 68 y ss., y pp. 335 y ss.; así como la posición sobre el contenido de la noción de bien jurídico-penal reflejada en Alonso Rimo, 2002, pp. 140 y ss.). Dicha influencia, en fin, habría de dejarse notar también en el plano político criminal[41].

---

39 De tal diseño es buen exponente la consabida referencia de la Exposición de Motivos de la LECrim, al decir de la cual "(e)n materia penal hay siempre dos intereses rivales y contrapuestos: el de la sociedad, que tiene el derecho de castigar, y el del acusado, que tiene el derecho de defenderse".

40 Cfr. en esta dirección, TAMARIT SUMALLA (2005, p. 32), poniendo de manifiesto como la constatación de que otorgar satisfacción a los intereses de la víctima no se puede erigir en el fin primario del proceso no admite llevar a considerar que aquellos intereses resulten por completo ajenos al mismo, y advirtiendo de que "(n)o hay razón convincente para que la víctima del delito, pese a no ser titular del «ius puniendi», no sea vista como portadora de intereses legítimos distintos al de un por cierto discutido y discutible derecho a castigar". Cfr. asimismo a este respecto, FERREIRO BAAMONDE (2005, pp. 42 y 96).

41 Vid. *infra*: 10.2.

9.2 . PROTECCIÓN INTERNACIONAL DE LAS VÍCTIMAS

El nivel de protección de la víctima en el ordenamiento jurídico nacional se explica, entre otras fundamentales razones, por la adopción de instrumentos jurídicos en el seno de organismos internacionales y supranacionales tuitivos de sus intereses. Por ese motivo el análisis de nuestro derecho interno debe venir precedido del estudio de dichas herramientas jurídicas. Una vez expuestas las bases sobre las que consideramos debe asentarse la imbricación de consideraciones victomológicas entre los mismos fundamentos del sistema penal, antes de descender al estudio del derecho positivo interno, debemos proceder al análisis de este nivel normativo intermedio.

En los últimos decenios, aunque especialmente a partir de los años 80, se ha asistido a un creciente interés por la problemática padecida por las víctimas de los delitos en el sistema de justicia penal, tal como se refleja en documentos desarrollados en el seno de Naciones Unidas y del Consejo de Europa. Como consecuencia de estas previas iniciativas internacionales, la problemática de las víctimas también ha sido abordada por la Unión Europea. En las líneas que siguen se desarrollará pues el reconocimiento supranacional de los derechos de las víctimas, comenzando por su protección en el ámbito de las Naciones Unidas y otros organismos internacionales, para seguir con la tutela reconocida a nivel territorial europeo, tanto en el marco del Consejo de Europa —organismo pionero en el reconocimiento de derechos de las víctimas— como, posteriormente, en el seno de la Unión Europea. El criterio de exposición seguido se fundamenta en el grado de menor a mayor proximidad territorial e institucional de los organismos impulsores de los documentos, más que en una enumeración cronológica de los mismos.

9.2.1. Naciones Unidas, organismos internacionales y tutela de las víctimas

De los impulsados por la Organización internacional de Naciones Unidas relativos a esta cuestión, el documento más importante ha sido la Declaración sobre los principios fundamentales de justicia para las víctimas de delitos y el abuso de poder de 1985, que se incluye como anexo a la Resolución 40/34.

La preocupación por las víctimas de los delitos surge en este organismo hacia el año 80. En el VI Congreso de la ONU para la prevención del delito y tratamiento del delincuente celebrado en Caracas se solicitó ya a los expertos la elaboración de las directrices para el abordaje de la cuestión de las víctimas desde el punto de vista internacional. Fue en el VII Congreso para la prevención del delito y tratamiento del delincuente, realizado en Milán en agosto-septiembre de 1985, cuando se recomendó a la Asamblea General la publicación de la mencionada declaración, dándose finalmente publicidad a la misma a través de la aprobación de la Resolución 40/34, de 29 de noviembre de 1985.

En esta declaración, en que se ha querido ver uno de los mayores logros en el campo de la victimología (Fattah, 2000, p. 26), además de un punto de inflexión en virtud del cual las víctimas dejan de ser las grandes olvidadas del sistema de justicia, el estatuto jurídico de las víctimas de los delitos se contempla en la primera de las dos partes en que se conforma[42] (ampliamente sobre sus disposiciones, vid. Rodríguez Manzanera, 1989, pp. 303 y ss.; Landrove Díaz, 1990, pp. 62 y ss.; Ferreiro Baamonde, 2005, pp. 71 y ss.). A pesar de que formalmente esta primera parte se estructura bajo los epígrafes asistencia a la justicia y trato justo, resarcimiento, indemnización y asistencia, el conjunto de derechos que reconoce puede estructurarse, siguiendo un orden expositivo que posteriormente se utilizará en relación con otros documentos, partiendo de los conceptos de información, participación, asistencia, protección y reparación/indemnización. No obstante, las facultades reconocidas en el documento están fundamentalmente orientadas a la asistencia y a la obtención de la reparación, más que a delinear las bases de un estatuto jurídico específico de la víctima frente al sistema de justicia penal.

En cuanto a la información, se reconoce a las víctimas la facultad de obtener información tanto acerca de sus derechos para obtener la reparación mediante mecanismos administrativos o judiciales —art. 5—, así como de su papel y alcance en los procedimientos administrativos o judiciales que se incoen, de su desarrollo cronológico y de la marcha de las actuaciones y

42 La segunda parte de la Declaración se refiere en exclusiva a las víctimas del abuso de poder que han sido victimizadas por acciones u omisiones que no lleguen a constituir violaciones del derecho penal nacional. Es en el primer apartado del anexo, bajo la rúbrica "las víctimas del delito", en que la declaración se refiere al estatuto jurídico de quienes han sido victimizados como consecuencia de acciones u omisiones que violen la legislación penal vigente en los estados miembros, incluida la que proscribe el abuso de poder.

de la decisión sobre sus causas judiciales, especialmente cuando se trate de delitos graves y cuando hayan solicitado esa información —art. 6.a)—, sin olvidar que igualmente deben ser informadas de la disponibilidad de servicios de diverso orden para prestarles asistencia —art. 15—.

En lo tocante a la participación, además de reconocerse el derecho de las víctimas al acceso a los mecanismos de la justicia según aquello que se disponga en la legislación nacional —art. 4—, se establece la necesidad de permitir que las opiniones y preocupaciones de las víctimas sean presentadas y examinadas en etapas apropiadas de las actuaciones, siempre que estén en juego sus intereses, ello sin perjuicio del acusado y de acuerdo con el sistema nacional de justicia penal correspondiente —art. 6.b)—. Finalmente, se plantea la posibilidad de usar mecanismos oficiosos para la resolución de conflictos, como la mediación o el arbitraje —art. 7—, con la consiguiente mayor intervención de la víctima en la solución de la controversia.

Por lo que se refiere a la asistencia, además de recordar la necesidad de prestar asistencia a las víctimas durante todo el proceso judicial —art. 6.c)—, los arts. 14 y ss. de la Declaración dibujan un escenario de asistencia integral, que incluye la material, médica, sociológica y social que sea necesaria, prestada por conducto de los medios gubernamentales, voluntarios, comunitarios y autóctonos. Para ello se prevé que se deberá proporcionar capacitación al personal de policía, de justicia, de salud y servicios sociales, para hacerlo receptivo a las necesidades de las víctimas y directrices que garanticen una ayuda apropiada y rápida.

En orden a la protección de las víctimas, además de declarar que serán tratadas con compasión y respeto por su dignidad —art. 4—, más en concreto, se contempla la necesaria adopción de medidas para minimizar las molestias causadas a las víctimas, para proteger su intimidad en caso necesario y garantizar su seguridad, así como la de sus familiares y la de testigos en su favor, contra todo acto de intimidación y represalia —art. 6.d)—. A ello se añade la necesidad reconocida de evitar demoras inncesarias en la resolución de las causas y en la ejecución de mandamientos o decretos que concedan indemnizaciones a las víctimas —art. 6.e)—.

Finalmente, en cuanto a la reparación/indemización, se prevé que los delincuentes o los terceros responsables de su conducta deban resarcir equitativamente a las víctimas, a sus familiares y a personas a su cargo, de manera que el resarcimiento comprenda la devolución de los bienes o el pago por los daños o pérdidas sufridos, el reembolso de los gastos realizados como consecuencia de la victimización, la prestación de servicios y la restitución de derechos —art. 8—, además de que las legislaciones nacionales consideren el resarcimiento como una sentencia posible en los casos penales, entre otras sanciones penales —art. 9—. En defecto del resarcimiento privado, cuando no sea suficiente la indemnización procedente del delincuente o de otras fuentes, se prevé que la misma se haga con cargo a fondos públicos —arts. 12 y 13—.

Una investigación empírica interesante en relación con este fundamental documento de Naciones Unidas es la llevada a cabo en el seno de la Tilburg University en el año 2000 (vid. Brienen/Groenhuisen/Hoegen, 2000, pp. 126 y ss.[43]), en que se efectúa un análisis comparativo de los aspectos legales y empíricos contenidos en la misma y en otros instrumentos del Consejo de Europa en 22 Estados miembros del referido organismo. Al margen de exponer el nivel de cumplimiento tanto formal como material de los postulados contenidos en tales instrumentos en ámbitos como la información a las víctimas, la compensación, el tratamiento y la protección dispensada a las mismas, resulta especialmente sugerente la exposición de factores tanto críticos como impulsores subsistentes en los distintos estados relacionados con cada uno de estos campos. Como conclusión general del estudio destaca la idea de que las claves que permiten el éxito en la implementación de las distintas medidas tienen que ver con los siguientes factores: las medidas no sólo deben estar pensadas en beneficio de las víctimas, sino significar al mismo tiempo una mejora conjunta del proceso penal, se deben incorporar de forma clara y concisa, sin dar lugar a debate o pluralidad de interpretaciones, no deben producirse introducciones fallidas —pues una vez que la medida tiene un aura de fracaso, es difícil despojarla de dicho estigma— y finalmente para que la implementación de medidas en áreas piloto funcione resulta necesario que antes de introducirse a nivel general estas experiencias particulares sean convenientemente evaluadas y ajustadas.

En el marco organizativo de Naciones Unidas, también el Estatuto de la Corte penal internacional, realizado en Roma en 1998, contiene disposiciones protectoras de las víctimas. Si bien el referido estatuto únicamente se aplica a las causas seguidas ante este Tribunal interna-

---

43 La versión completa de este trabajo ha sido publicada en el año 2000 por BRIENEN y HOEGEN bajo el título *Victims of Crime in 22 European Criminal Justice System.*

cional por los delitos para los que se le reconoce competencia[44], la sensibilidad respecto de las necesidades y de la posición especial de la víctima trasciende en varios ámbitos a lo largo del documento, fundamentalmente reflejada en la previsión de medidas orientadas a la protección de las víctimas en el seno del proceso penal, aunque sin descuidar la inclusión de algún precepto garantizador de la participación y de la reparación/indemnización de las víctimas en estos procesos.

En primer lugar, en cuanto a la protección, el art. 43.6 prevé el establecimiento de una dependencia de víctimas y testigos dentro de la Secretaria de la Corte que, en consulta con la Fiscalía, adoptará medidas de protección y dispositivos de seguridad y prestará asesoramiento y otro tipo de asistencia a testigos y víctimas que comparezcan ante la Corte y a otras personas que estén en peligro en razón del testimonio prestado. Añade que la misma contará con personal especializado para atender a las víctimas de traumas, incluidos los relacionados con delitos contra la libertad sexual. Ya en la regulación del desarrollo de las sesiones del juicio, el art. 64.2 del estatuto, relativo a las funciones y atribuciones de la Sala de Primera Instancia, contiene una declaración programática, en el sentido de que la sala debe velar, entre otras cuestiones, por que la sustanciación del juicio se produzca teniendo en cuenta la protección de las víctimas y de los testigos. Descendiendo en el nivel de concreción, en el art. 68, relativo a la protección de las víctimas y los testigos y su participación en las actuaciones, se contiene el mandato general a la Corte de la adopción de las medidas necesarias para proteger la seguridad, el bienestar físico y psícológico, la dignidad y la vida privada de las víctimas y testigos. Estas medidas, que deberán ser adoptadas por el Fiscal en el curso de la investigación y del enjuiciamiento, y que no pueden redundar en perjuicio de los derechos del acusado o de un juicio justo e imparcial, deberán tener necesariamente en cuenta factores como la edad, la salud, la índole del crimen —en particular cuando entrañe violencia sexual o por razones de género— así como la violencia contra los niños.

Abundando en esta idea, el art. 68.2 del Estatuto permite que para proteger a las víctimas y a los testigos las salas de la Corte puedan decretar

44 La competencia atribuida por el art. 5 del Estatuto a la Corte se circunscribe a los crímenes más graves de trascendencia para la comunidad internacional en su conjunto, en concreto, el crimen de genocidio, los crímenes de lesa humanidad, los crímenes de guerra y el de agresión.

que una parte del juicio se celebre a puerta cerrada, excepcionando con ello el carácter público de las audiencias que contempla el art. 67, además de poder permitir la presentación de las pruebas por medios electrónicos u otros medios especiales. Se prevé que dichas medidas se adopten en particular en el caso de la víctima de agresión sexual o de un menor de edad que sea víctima o testigo, salvo decisión en contrario adoptada por la Corte en atención a todas las circunstancias, especialmente la opinión de la víctima o testigo. Coherentemente, el art. 69.2, relativo a la práctica de las pruebas, sienta como principio general la emisión de testimonio en el acto del juicio, salvo cuando se apliquen las medidas contempladas en el art. 68 o en las reglas de procedimiento y prueba, permitiendo que la Corte pueda autorizar a un testigo a que preste testimonio oralmente o por medio de una grabación de video o audio, así como que se presenten documentos o transcripciones escritas, siempre que con ello no se perjudiquen los derechos del acusado. Además, el art. 68.5 Estatuto permite que el Fiscal, en cualquier diligencia anterior al juicio, pueda presentar no una prueba o información sino únicamente un resumen de las mismas cuando la divulgación de las referidas pruebas o informaciones de conformidad con lo que prevé el Estatuto entrañase un peligro grave para la seguridad de un testigo o de su familia.

En lo concerniente a las posibilidades de participación otorgadas a la víctima, el art. 67.3 del Estatuto prevé que la Corte permita, en las fases del juicio que considere convenientes, que se presenten y tengan en cuenta las opiniones y observaciones de las víctimas si se vieren afectados sus intereses personales, siempre que ello no redunde en detrimento de los derechos del acusado o de un juicio justo e imparcial ni sea incompatible con éstos. Añade el precepto que los representantes legales de las víctimas podrán presentar dichas opiniones y observaciones cuando la Corte lo considere conveniente, aunque remite a las Reglas de Procedimiento y Prueba los pormenores de la articulación sobre dicha participación.

Finalmente, en lo tocante a la reparación/indemnización, en los arts. 75 y 79 Estatuto se prevén, respectivamente, disposiciones para la reparación e indemnización de los daños, pérdidas y perjuicios causados a las víctimas y sus causahabientes, así como la creación por parte de la Asamblea de Estados Partes de un fondo fiduciario en su beneficio, que la Corte puede decidir que se nutra de las sumas y los bienes recibidos por ésta a título de multa o decomiso.

Como se puede observar por las constantes remisiones efectuadas en los artículos mencionados del Estatuto de Roma, algunas de las previsiones relativas a las víctimas que éste contiene se hallan sustancialmente desarrolladas en las Reglas de Procedimiento y Prueba. Se trata, tal como se contempla en el art. 51 Estatuto, de un instrumento para la aplicación del mismo que debe ser aprobado por una mayoría de dos tercios de los miembros de la Asamblea de los Estados Partes y que debe interpretarse siempre de acuerdo con éste. En las reglas 16 y ss. se regula pormenorizadamente la Dependencia de víctimas y testigos, los peritos que deben integrarla, atribuyendo al secretario de la Corte funciones como notificar a las víctimas determinadas resoluciones, ayudarlas a obtener asesoramiento letrado y organizar su representación, así como prestarles asistencia e información adecuadas o ayudarlas a participar en las distintas fases del procedimiento, estableciendo asimismo funciones específicas para con las víctimas, testigos y demás personas que estén en peligro por causa del testimonio dado. Se determinan también las funciones de la propia Dependencia, entre las que se encuentran la adopción de medidas para garantizar su seguridad y su protección o la ayuda para la obtención de asistencia, ordenando que en el cumplimiento de sus funciones la Dependencia tenga especialmente en cuenta las necesidades especiales de los niños, personas de edad y con discapacidad. Ya en el Capítulo 4 de las Reglas, que contiene las disposiciones relativas a las diversas etapas del procedimiento, se contiene una sección tercera relativa a las víctimas y testigos. En éste, tras la regla 85, después de sentar el principio general de que la correspondiente Sala de la Corte debe tomar en consideración las características específicas de las víctimas —en particular de los niños, las personas de edad, las personas con incapacidad y las víctimas de violencia sexual o de género— se regulan pormenorizadamente las medidas y los procedimientos de protección —con las correspondientes especificidades para los niños—, la forma y los mecanismos para la participación de la víctima en el proceso, así como las notificaciones que le deben ser efectuadas, y finalmente los mecanismos de reparación, incluido el fondo fiduciario. Finalmente, también dentro de este Capítulo 4, las reglas 67 y 68 prevén mecanismos en punto a la prestación del testimonio que pueden ser instrumentales a la protección del testigo, así, respectivamente, la prestación de testimonio en persona por medios de audio y vídeo o el testimonio grabado anteriormente.

9.2.2. *Tutela de las víctimas en el ámbito europeo*

Como ya se ha indicado al inicio de este epígrafe, en el marco territorial europeo, aunque con una amplitud geográfica diversa y en tiempos distintos, operan dos entes supranacionales que han normado en cuestiones relacionadas con la posición de la víctima frente al sistema de justicia penal. Se trata, por orden cronológico, del Consejo de Europa y la Unión Europea.

9.2.2.1. Consejo de Europa

Comenzando por la actividad desarrollada en este sentido por el Consejo de Europa, ya a finales de los años setenta plasmó sus inquietudes relativas a la tutela de la víctima a través de la Resolución núm. Res (77) 27, sobre indemnización de las víctimas del delito, adoptada por el Comité de Ministros el 28 de septiembre de 1977, que años más tarde condujo a la aprobación del Convenio europeo sobre indemnización de las víctimas de delitos violentos, hecho en Estrasburgo el 24 de noviembre de 1983. No se entrará en este momento a analizar pormenorizadamente el contenido de ambos documentos, puesto que este constituye el objeto de otro tema de esta obra[45]; baste por ello decir que el referido convenio indica la conveniencia de prever en los distintos estados sistemas de indemnización pública para las víctimas de delitos internacionales de violencia cuyo autor no sea conocido o carezca de recursos para hacerles frente.

De mayor trascendencia para lo que nos ocupa es la Recomendación del Comité de Ministros del Consejo de Europa núm. R (85) 11, de 28 de junio de 1985, sobre la posición de la víctima en el marco del proceso derecho penal y del proceso penal. A pesar de que nos hallamos frente a una acción que no ha tenido la trascendencia de la Declaración de Naciones Unidas sobre los principios fundamentales de justicia para las víctimas de delitos y el abuso de poder, no se duda de su influencia en orden a explicar la actual configuración normativa de los países integrantes del Consejo de Europa sobre el particular (acerca de su contenido, ampliamente, Landrove Díaz, 1990, pp. 45 y ss.; Herrero Moreno, 1996, pp. 314 y ss.).

El referido documento, sobre la base del Convenio europeo sobre indemnización a las víctimas de delitos violentos, tomando en consideración que el sistema de justicia penal ha tendido tradicionalmente más a empeorar que a paliar los problemas de las víctimas y que la salvaguarda de sus intereses debe constituir justamente una de las preocupaciones del sistema, insta a los estados a que adapte sus respectivas legislaciones en una serie de extremos. Las recomendaciones contenidas se desgranan atendiendo a los distintos estadios de persecución del delito —esto es, a nivel policial y de persecución del delito, en el procedimiento y a nivel de ejecución de la sanción—; sin embargo, siguiendo el esquema mantenido hasta el momento, se pueden agrupar las recomendaciones en las que tienen que ver fundamentalmente con la información, la participación, la asistencia, la protección y la reparación/indemnización a las víctimas.

En lo que respecta a la información, a nivel policial, la recomendación establece que la policía debe informar a las víctimas acerca de las posibilidades de obtener asistencia, asesoramiento legal y de otro tipo, así como compensación o indemnización tanto del ofensor como pública,

---

[45] Vid. infra capítulo 11.

y del resultado de la investigación policial. En relación con la prosecución del procedimiento, la víctima debe ser informada de la decisión final acerca de la misma, salvo que haya indicado que no quiere recibir dicha información, de la misma forma que en el juicio ésta debe ser informada de la fecha y lugar de la vista, de sus oportunidades de obtener reparación, de las posibilidades de obtener asistencia legal y de la resolución que recaiga.

En lo atinente a la garantía de la participación de la víctima en el proceso penal, al margen de las informaciones que se le deben facilitar en punto a garantizar dicha intervención, las disposiciones de la Recomendación son escasas. Únicamente destaca el derecho que se debe reconocer a la víctima de solicitar revisión de la decisión de no proseguir la causa contra su ofensor así como de ejercitar la acusación privadamente. A este respecto, aunque se trate de una cuestión que tenga igualmente que ver con la reparación a la víctima, destaca la recomendación efectuada a los estados miembros de examinar las posibles ventajas de la mediación y la conciliación. No obstante, no ha sido hasta la Recomendación núm. R (99) 19, de 15 de septiembre de 1999, sobre mediación en materia penal, cuando esta cuestión ha sido objeto de algún desarrollo.

La Recomendación no contiene disposiciones relativas a la asistencia de las víctimas, más allá de recoger el deber de informar a las mismas acerca de las posibilidades en este sentido. Sin embargo, sí incluye disposiciones orientadas a la protección de las mismas. En este sentido, además de recordar que en todas las fases del procedimiento la víctima debe ser interrogada con la consideración debida a su situación personal, sus derechos y su dignidad, y en compañía de sus padres o de personal de apoyo en el caso de los niños o de los enfermos mentales e incapaces, se endereza a la tutela de la intimidad de la víctima. Así, tanto durante la instrucción como en el juicio se protege a la víctima de toda publicidad que implique un atentado a su vida privada o dignidad, con la posibilidad de acordar la celebración del juicio a puerta cerrada, tras valorar el tipo de infracción y la situación personal de la víctima, además de poder adoptarse medidas especiales de protección cuando sea necesario tutelar a la víctima o a su familia frente a la intimidación y el riesgo de represalias del ofensor, especialmente en los supuestos de delincuencia organizada.

Finalmente, en lo atinente a la reparación e indemnización es quizá en el aspecto en que más incide la Recomendación. Así, no deben tomarse decisiones discrecionales sobre la prosecución de las actuaciones sin tomar en consideración la compensación de la víctima, incluyendo el esfuerzo serio efectuado en este sentido por parte del ofensor. Se recuerda que la compensación puede estar contemplada legislativamente como una auténtica sanción penal, como un sustitutivo penal o ser acordada junto a la sanción penal. Pero, en cualquier caso, la información acerca de los daños y pérdidas sufridos por la víctima debe ser tenida en cuenta por el Tribunal en orden a determinar la forma y el quantum de la sentencia, de manera que se tomen en consideración tanto las necesidades de compensación por parte de la víctima como cualquier compensación o restitución ya efectuada por el ofensor o cualquier intento serio en ese sentido. Además, ya en el nivel de la ejecución, se recuerda la consideración que debe merecer la compensación para acordar la suspensión del fallo, una orden de prueba o la aplicación de otros sustitutivos penales, añadiendo que cuando la reparación sea impuesta como sanción penal será ejecutada del mismo modo que las multas, teniendo prioridad sobre cualquier otra sanción pecuniaria impuesta al delincuente.

Tras la referida Recomendación, el Comité de Ministros de los Estados Miembros del Consejo de Europa ha adoptado otra serie de recomendaciones orientadas fundamentalmente, en primer término, a la asistencia y, posteriormente, a la protección de las víctimas con especificidades. Por cuanto se refiere a la primera de estas cuestiones, la Recomedación. núm. R (87) 21, de 17 de septiembre de 1987, sobre asistencia a las víctimas y prevención de la victimización, partiendo de la consideración de que el sistema de justicia penal no se basta por sí solo para paliar los efectos producidos por el delito, pretende garantizar que las víctimas y sus familias, especialmente las más vulnerables reciban ayuda urgente y continuada.

La Recomendación insta a los Estados miembros a que adopten medidas para garantizar a las víctimas ayuda urgente —incluyendo protección contra las represalias del ofensor—, así como ayuda continuada —de carácter médico, psicológico, social y material—, consejos para evitar la revictimización, información sobre sus derechos, asistencia durante el proceso penal y asistencia para obtener una reparación efectiva por parte del ofensor u otro tipo de compensación. Con la finalidad de garantizar dicha asistencia demanda un chequeo de los servicios existentes en cada Estado que incluya la detección de deficiencias y finalmente pretende que los Estados impulsen la creación, el desarrollo y el soporte a servicios orientados a la prestación de asistencia a las víctimas —incluyendo los que tratan con especiales categorías de víctimas—, o impulsen el voluntariado, incrementen el gasto en servicios médicos y generales —formando específicamente a sus integrantes—, informen al público de los servicios existentes, o impulsen la coordinación entre servicios asistenciales públicos y privados, fomenten la creación de organizaciones nacionales que tengan por finalidad tutelar los intereses de las víctimas, adopten determinadas políticas o impulsen programas de mediación, entre otras actividades promocionales.

Posteriormente, muy orientadas a la protección de testigos —eventualmente víctimas— con características especiales o en determinados ámbitos de la criminalidad, el Consejo de Europa ha adoptado dos recomendaciones. La Recomendación núm. R. (97) 13, de 10 de septiembre de 1997, sobre intimidación de testigos y los derechos de defensa, y la Recomendación núm. R. (2005) 9, de 20 de abril, sobre protección de los testigos y los colaboradores de la justicia. En la primera de ellas se pretende el desarrollo de una política común por parte de los estados miembros en punto a la protección de los testigos, especialmente en procedimientos penales relacionados con la criminalidad organizada y en aquellos delitos cometidos en el seno de la familia. Como principios generales a tener en cuenta por los estados miembros, la Recomendación instaura que deben arbitrarse medidas legislativas que permitan a los testigos deponer con libertad y sin intimidación, para lo que debe garantizarse, siempre respetando los derechos de defensa, su protección, la de sus familiares y la de personas cercanas a ellos antes, durante y después del juicio. Asimismo, recuerda que la intimidación a los testigos debe considerarse un hecho punible y que deben adoptarse medidas que, privilegiando al testigo sin vulnerar los derechos de defensa, faciliten que éste transmita toda la información que tenga en el acto del juicio, sin perjuicio de facilitarles medios alternativos para poner coto a la intimidación, como evitar el encuentro cara a cara, deponiendo en habitación separada.

Más pormenorizadamente, la Recomendación se refiere, de modo separado, a las medidas a adoptar en caso de testigos que deponen en juicios relativos a criminalidad organizada, así como en el caso de testigos especialmente vulnerables, fundamentalmente en crímenes cometidos en el seno familiar. Cuando se trata de testigos contra organizaciones criminales se permite adoptar legislativamente medidas como grabar con medios audiovisuales la declaración prejudicial prestada por el testigo para que pueda ser reproducida en el acto del juicio si la comparecencia resulta especialmente peligrosa, así como retardar lo más posible la revelación de la identidad del testigo, permitiendo incluso el anonimato en los supuestos más extremos —y sin que la condena pueda basarse sólo en esa prueba—, así como excluir a los medios de comunicación o al público de toda o parte de la vista. Por cuanto se refiere a las víctimas especialmente vulnerables fundamentalmente en el caso dclitos cometidos en el marco familiar, se recuerda la necesidad de adoptar medidas específicas para facilitar el testimonio contra miembros de la propia familia, evitando la intimidación en ésta, que tengan en cuenta las diferentes categorías de víctimas especialmente vulnerables. Cuando se trata de niños, se refiere la necesidad de contar con una agencia social y letrados especializados, debiendo arbitrarse programas específicos asistenciales tanto para niños, como para mujeres maltratadas o para enfermos mentales. Se prevé que ya en el momento de la denuncia la víctima especialmente vulnerable tenga acceso inmediato a ayuda profesional, que pueda declarar al inicio del procedimiento, a presencia de la autoridad judicial y garantizando la posibilidad de contradicción de la defensa, de manera que esa declaración no vuelva a producirse más a lo largo del procedimiento penal, reproduciendo, si procede, la grabación efectuada de la misma. En caso de declarar en el acto del juicio, será necesario que el Juez vigile especialmente el examen del testigo, de manera que en los casos de causación de posible perjuicio a la víctima, especialmente en ofensas sexuales, pueda adoptar las medidas procedentes sobre la forma de efectuar el interrogatorio. Finalmente, la Recomendación se refiere a la cooperación internacional para implementar programas de protección de testigos transnacionales, así como para usar las nuevas tecnologías en punto a la deposición de testigos entre distintos estados, o para el intercambio de información.

Por último, en la segunda de las Recomendaciones antes referidas —la núm. R (2005) 9, de 20 de abril—, el Consejo de Europa abunda en las necesidades de protección de los testigos y colaboradores de la justicia —criminales arrepentidos— frente a la intimidación, aunque en esta ocasión las medidas están fundamentalmente orientadas a proteger a quienes se hallan expuestos a la intimidación o actos de venganza provenientes de organizaciones criminales y grupos terroristas, sin incidir en la protección de víctimas especialmente vulnerables. La referida Recomendación desarrolla, pues, los contenidos de la Recomendación sobre intimidación de los testigos y los derechos de defensa por cuanto se refiere a los testigos que lo son en causas por crimen organizado, pormenorizando las medidas de protección allí contenidas, así como desarrollando normas relativas a programas de protección.

La preocupación del Consejo de Europa por la protección de quienes tienen algún tipo de intervención procesal por delitos relativos al terrorismo, además de en la referida Recomendación, se observa en la aprobación de las Pautas para la protección de las víctimas de actos terroristas, adoptadas por el Comité de Ministros el 2 de marzo de 2005, en que se instituye un auténtico estatuto jurídico de las víctimas de este tipo de delitos a cuya asunción invita a los Estados miembros. El documento, tras garantizar que la víctima de un acto terrorista, o sus familiares cercanos, gozarán de las medidas y los servicios a que se refieren las pautas con independencia de la identificación, arresto, detención, acusación o condena del ofensor, enumera las facultades de las víctimas con arreglo al siguiente esquema: asistencia de urgencia, asistencia continuada, investigación y acusación, acceso efectivo a la ley y a la justicia, administración de justicia, compensación, protección de la vida privada, protección de la dignidad y seguridad, información, preparación específica a los responsables de la asistencia a las víctimas.

9.2.2.2. Unión Europea

En sintonía con la ONU y el Consejo de Europa, el Parlamento europeo mostró ya desde los años ochenta un apoyo continuo a la mejora de las condiciones de las víctimas, con especial atención a su derecho de obtener una indemnización. Como muestra de dicha sensibilidad se aprobaron dos resoluciones sobre indemnización a las víctimas, respectivamente, de actos de violencia y de los delitos violentos, el 13 de marzo de 1981 y el 9 de octubre de 1989. Ésta última puede considerarse el germen de la actual Directiva 2004/80/CE del Consejo, de 29 de abril de 2004, sobre indemnización a las víctimas de delitos violentos, que será objeto de comentario en el correspondiente capítulo de este manual, puesto que en ella se instaba a la Comisión a que elaborase una propuesta de Directiva que obligara a los estados miembros a armonizar las legislaciones de los estados miembros que consagraran unos mínimos indemnizatorios a las víctimas de los delitos.

Al margen de las iniciativas tendentes a la armonización de legislaciones en materia indemnizatoria, con la aprobación del tratado de Ámsterdam el 2 de octubre de 1997 y sus disposiciones para la creación de un nuevo espacio judicial europeo, la unión debía arbitrar las condiciones necesarias para facilitar el acceso a la justicia de todos los ciudadanos europeos sin discriminación. Con dicho objetivo se arbitró el Plan de acción de Viena del Consejo y de la Comisión sobre la mejor manera de aplicar las disposiciones del tratado de Ámsterdam relativas a la creación de un espacio de libertad, seguridad y justicia, que se adoptó el 11 de diciembre de 1998. Dicho plan señalaba horizontes a conseguir en un período de cinco años tras la entrada en vigor del tratado, entre los que incluía la realización de un estudio comparativo de sistemas de compensación, para estudiar la viabilidad de incluir un sistema a escala de la Unión.

Posteriormente, el 14 de julio de 1999, la Comisión presentó una Comunicación al consejo, al Parlamento y al Comité económico y social, sobre las víctimas de delitos de la Unión Europea[46], que abordaba no solo la cuestión de la indemnización, sino otros problemas, como la prevención de la persecución, el apoyo asistencial a las víctimas, su posición en el proceso penal, o la necesidad de la elaboración de estudios de victimización, así como la necesidad de formar a los profesionales, entre otros extremos. El Parlamento europeo, ya el 25 de abril de 2000, emitió informe sobre la referida Comunicación, en que la asumía favorablemente, si bien con la puntualización de que todos los residentes en el territorio de la Unión víctimas de delitos, cualquiera que sea su estatuto, estén cubiertos por las medidas protectoras de las víctimas. Con independencia de tales pequeñas discordancias, del informe del Parlamento se deduce su coincidencia con la Comisión en punto a que las ayudas a las víctimas no pueden reducirse a las meras compensaciones financieras, con lo que enumera en el punto 6 de la propuesta de resolución todos

---

[46] Comunicación rubricada "Víctimas de delitos en la Unión Europea-Normas y medida", COM (1999)349.

los aspectos sobre los que considera que debe versar la acción conjunta a nivel de la Unión

Sobre la base de los contenidos de esta Comunicación, el Consejo Europeo de Tampere, celebrado en octubre de 1999, incluyó entre su conclusión núm. 32 la necesidad de elaborar unas normas mínimas para la protección de las víctimas de los delitos, en particular sobre el acceso de las víctimas a la justicia y sobre su derecho a ser indemnizadas por los daños sufridos, incluidas las costas judiciales, además de la necesidad de crear programas nacionales para financiar medidas, tanto publicas como no gubernamentales, de asistencia y protección a las víctimas.

Tras dichos antecedentes, a iniciativa de Portugal, que ejercía la presidencia de turno de la Unión el primer semestre del año 2000[47], el Consejo adoptó la Decisión marco, de 15 de marzo de 2001, relativa al estatuto de la víctima en el proceso penal[48]. Su objetivo lo constituyen la mejora de la protección jurídica de los derechos de las víctimas, así como el ofrecimiento de una asistencia integral a través de servicios especializados y organizaciones de apoyo. Para el cumplimiento de tales objetivos, la Decisión establece un conjunto de obligaciones que los estados miembros deberán ir incorporando en sus respectivos ordenamientos nacionales, disposiciones legislativas y administrativas con el fin de garantizar a las víctimas el reconocimiento de los derechos consagrados en el estatuto.

Para garantizar el cumplimiento de este objetivo, la propia Decisión fija los plazos en que los distintos estados deben haber adecuado sus legislaciones. La mayor parte de disposiciones deberían haberse cumplido en fecha 22 de marzo de 2002, aunque se difieren al 22 de marzo de 2006 las relativas a la mediación penal (art. 10) y al 22 de marzo de 2004 las incorporadas en los arts. 5 y 6 (relativas a la comprensión y participación de la víctima en el proceso, derecho a recibir asistencia jurídica gratuita y asesoramiento). En punto a comprobar el grado de introducción de las disposiciones en los respectivos ordenamientos jurídicos, los estados debían transmitir a la Secretaria General del Consejo y a la Comisión, antes del 22 de marzo de 2002, el texto de las

---

47 El texto de la propuesta aparece publicado en DO C 243 de 24.8.2000, pp. 4 a 8.

48 El texto de la Decisión Marco 2001/220/JAI puede consultarse en DO L 82 de 22.3.2001, pp. 1 a 4.

disposiciones que incorporasen. Tras esto, el Consejo, después de un año, debería elaborar la correspondiente evaluación, con fundamento en el informe de la Comisión. El referido informe de la Comisión no fue efectuado en la fecha prevista, puesto que los Estados no habían remitido en tiempo sus respectivas informaciones. El documento, que aparece finalmente publicado en fecha 3 de febrero de 2004[49], se elaboró evaluando el grado de incorporación de los postulados de la Decisión Marco por parte de los distintos estados a fecha 25 de marzo de 2003, exponiendo en los antecedentes los avatares que condujeron a su tardía confección. Después de analizar la incorporación de cada uno de los artículos de la Decisión Marco en cada uno de los ordenamientos jurídicos de los que tiene información, concluye con carácter general que la visión superficial del grado de cumplimiento que le ha permitido alcanzar la incomplitud de la documentación remitida por los Estados miembros le conduce a afirmar que el estado actual de incorporación de las disposiciones de la Decisión es insatisfactorio. Por ello invita a los Estados a que velen por la finalización del proceso y comuniquen las modificaciones nuevamente a la Comisión.

Tal como se expresa en los considerandos, la Decisión pretende un trato integral y articulado de las necesidades de la víctima, evitando soluciones parciales o incoherentes que puedan acarrear una victimización secundaria. De ahí que no se limita a atender los intereses de la víctima en el marco del procedimiento penal en sentido estricto, incluyendo medidas asistenciales. En definitiva, pretende armonizar las normas y prácticas de los distintos Estados miembros en lo atinente a la observancia de los principales derechos de las víctimas, sin llegar a obligar a los Estados a garantizar a las víctimas un trato equivalente a las partes en el proceso. Sobre esta base, como se ha venido haciendo en otros instrumentos jurídicos, el estatuto de las víctimas puede organizarse en los ámbitos de la información, participación, asistencia, protección y reparación/indemnización (en este sentido, en relación únicamente con la Decisión Marco, Tamarit Sumalla, 2005, pp. 35 y ss, en semejantes términos, García Rodríguez, 2005, pp. 133 y ss.)

Comenzando por el reconocimiento del derecho a la información, el art. 4 de la Decisión reconoce el derecho de las víctimas a obtener información, la que podríamos denominar básica, desde el primer contacto con las autoridades policiales, en cualquier caso, y en lenguas

---

49 {SEC (2004)102}, COM (2004) 54 final.

de comprensión general, de cuestiones como: el tipo de servicios u organizaciones a los que puede dirigirse para obtener apoyo, el tipo de apoyo que puede recibir, el lugar y el modo en que puede presentar denuncia, las actuaciones que siguen a ésta y su papel en relación con ellas, el modo y las condiciones en que puede obtener protección, la forma en que puede acceder a asesoramiento jurídico-asistencia jurídica gratuita-otro tipo de asesoramiento (cuando tenga derecho a ello en los dos primeros casos), los requisitos para tener derecho a indemnización y, si reside en otro estado, los mecanismos especiales de defensa de sus derechos que puede utilizar. Como información suplementaria, cuando la víctima lo solicite, se le garantiza información del curso de la denuncia, de los elementos que le permitan seguir el desarrollo del proceso penal relativo al inculpado por los hechos que le afectan y de la sentencia que se dicte. Por motivos de seguridad, cuando pueda existir riesgo para la víctima, en el momento de la puesta en libertad de la persona inculpada o condenada se deberá informar a la víctima. Finalmente, se refiere el mencionado precepto a que respecto de la información suplementaria o la dada por motivos de seguridad, en el caso en que el Estado la de a iniciativa propia, se debe garantizar a la víctima el derecho a optar por no recibir dicha información.

Los derechos de participación en el proceso se manifiestan en diversas exigencias, aunque sin llegar a otorgar a las víctimas un trato equivalente al de las partes en el proceso. En este sentido, el art. 3, en su párrafo primero, establece el derecho de audiencia y el derecho a facilitar elementos de prueba, derechos cuya realización plena puede articularse a través del derecho a mostrarse parte. Asimismo, el art. 5 se refiere a la reducción de las dificultades de comunicación que afecten a la comprensión del proceso por parte de la víctima, como garantía de participación, de la misma manera que a la reducción de las dificultades de comunicación que afecten a la participación de la víctima en las fases importantes del proceso cuando ésta sea testigo o parte en las actuaciones, en términos comparables al procesado.

También puede incluirse entre las disposiciones que garantizan la participación de la víctima en el proceso las contenidas en el art. 10 en relación con la mediación, pues supone una forma distinta de participación de la víctima en el mismo. En este aspecto las obligaciones de la Decisión son tímidas, se aplaza su entrada en vigor al 22 de marzo de 2006, y se limita a decir que los estados miembros procurarán impulsar la mediación en las causas penales para las infracciones que a su juicio se presten a este tipo de medida y que velarán para que pueda tomarse en consideración todo acuerdo entre víctima e inculpado que se haya alcanzado con ocasión de la mediación. Por último, igualmente pretenden facilitar la participación de la víctima en el proceso las disposiciones contenidas en el art. 11, orientadas a minimizar los obstáculos derivados del hecho de que la victima resida en un estado distinto de aquél en que se cometió el delito, tanto permitiendo que preste declaración inmediatamente después de cometerse la infracción, como que se recurra a la videoconferencia u otros mecanismos que permitan prestar declaración a distancia o que pueda denunciar los hechos en su estado de residencia.

La asistencia reconocida a la víctima va más allá de los estrictos cauces del proceso penal. El art. 6 se refiere no solamente a la asistencia jurídica —gratuita— sino a cualquier tipo de asesoramiento que tenga que ver con su papel en las actuaciones. La asistencia jurídica gratuita se limita a los supuestos en que pueda ser parte en las actuaciones. La asistencia integral debe abarcar, pues, facetas de orden psicológico, psiquiátrico y legal. Con tal finalidad, se fomenta la asistencia a través de servicios especializados y organizaciones de apoyo, que se ocuparán no solo de la acogida inicial de las víctimas, sino de su apoyo y asistencia posterior, en lo que respecta a la información de sus derechos, atención a las necesidades más inmediatas, acompañamiento judicial y asistencia tras finalizar el procedimiento penal (art. 13). De la misma forma, se promoverán en los estados miembros iniciativas en virtud de las cuales las personas que intervienen en las actuaciones o que tengan cualquier otro tipo de contacto con las víctimas reciban una adecuada formación (art. 14), fomentándose una mayor cooperación entre los estados que facilite una defensa más eficaz de los intereses de las víctimas en el proceso penal (art.12).

Respecto de la protección de la víctima, además de lo dispuesto en el art. 3 en relación con que ésta sea interrogada únicamente en la medida necesaria para el procedimiento penal, el art. 8 establece el deber de los estados de proteger a las víctimas en lo que respecta a su seguridad e intimidad, siempre que exista riesgo claro de represalias o claros indicios de una intención clara de perturbar la vida privada. Con dicha finalidad, se debe garantizar que en caso necesario sea posible adoptar medidas adecuadas para proteger la intimidad o la imagen física de la víctima y de sus familiares o de personas en situación equivalente, así como velar porque en las dependencias judiciales pueda evitarse el contacto entre la víctima y el procesado —espacios de espera reservados a las víctimas—, de la misma manera que se garantizará la posibilidad de testificar en aquellas condiciones que, siendo compatibles con los principios fundamentales del derecho, permitan a las víctimas, especialmente a las más vulnerables, evitar los riesgos derivados del testimonio en audiencia pública. Abundando en esta idea, el art. 2.1 declara que las víctimas deberán ser tratadas durante las actuaciones judiciales con el debido respeto a su dignidad personal, con el reconocimiento de sus derechos e intereses legítimos en el marco del proceso penal, velando porque a las víctimas especialmente vulnerables se les brinde un trato específico que responda a las especialidades de su situación. Con dicha finalidad, entre otras, el art. 15 establece que se deben crear las condiciones necesarias para tratar de prevenir la victimización secundaria y evitar que las víctimas se vean sometidas a tensiones injustas durante las actuaciones.

Finalmente, por cuanto se refiere a la reparación e indemnización a las víctimas, además de las sinuosas disposiciones del art. 10 en orden a la introducción de la mediación, la Decisión marco pretende garantizar a las víctimas el derecho a obtener en un plazo razonable y en el marco del proceso penal una resolución relativa a la indemnización por parte del autor de la infracción. Esto salvo que la legislación nacional disponga que, para determinados casos, la indemnización se efectúe por otra vía. Para ello, se impone a los estados miembros la obligación de adoptar las medidas pertinentes para propiciar que el autor de la infracción indemnice a la víctima adecuadamente (art. 9).

Concluyendo con este epígrafe, conviene referir que aun cuando no todos los Estados miembros habían adaptado sus legislaciones internas a los postulados de la Decisión Marco, ello no debe convertirse en un obstáculo insalvable para su observancia, cuando menos en los casos en que la legislación interna no sea contraria al tenor de la Decisión. Como ha reconocido el Tribunal de Justicia de las Comunidades Europeas en una reciente resolución, aunque las Decisiones marco no gozan de aplicabilidad directa, tienen carácter vinculante, lo que permite concluir que el principio de interpretación conforme puede predicarse respecto de las mismas, siempre con el límite de los principios generales del Derecho y, en particular, de los de seguridad jurídica y no retroactividad. Esto es, debe interpretarse la legislación nacional de conformidad con la Decisión Marco siempre que esto no conduzca a una interpretación *contra legem* del Derecho nacional o que no tenga por efecto determinar o agravar, sin la base de legislación nacional para la ejecución de la Decisión, la responsabilidad penal de quienes infrinjan las disposiciones de una Decisión Marco.

Como se ha indicado, en la sentencia de 16 de junio de 2005, el TJCE, a instancias del Juez de Instrucción del Tribunale di Firenze, ha validado varias declaraciones testificales anticipadas prestadas por varios menores en un caso de maltrato en el centro escolar, eximiéndoles de declarar en el acto de la vista, a pesar de que el ordenamiento procesal penal italiano únicamente prevé esta posibilidad en relación con víctimas vulnerables de delitos contra la libertad sexual. Para ello, interpreta los correspondientes preceptos del Codice di Procedura Penale a la luz de los arts. 2, 3 y 8 de la Decisión Marco relativa al estatuto de la víctima en el proceso penal.

BIBLIOGRAFÍA

ALONSO RIMO, A.: *Víctima y sistema penal: las infracciones no perseguibles de oficio y el perdón*, Ed. Tirant lo Blanch, Valencia, 2002.

BERISTAIN IPIÑA, A.: *Protagonismo de las víctimas de hoy y mañana (evolución en el campo jurídico penal, prisional y ético)*, Ed. Tirant lo Blanch, Valencia, 2004.

BERISTAIN IPIÑA, A.: "Hoy creamos una nueva ciencia cosmopolita e integradora: la victimología de máximos, después de Auschwitz", en TAMARIT SUMALLA, J.M. (coord.): *Estudios de Victimología. Actas del primer congreso español de victimología*, Ed. Tirant lo Blanch, Valencia, 2005.

BRIENEN, M./HOEGEN, E., *Victims of crime in 22 European Criminal Justice Sysstems*, WLP, 2000.

BRIENEN, M./GROENHUISEN, M./HOEGEN, E., "Evaluation and meta-evaluation of the effectiveness of victim-oriented legal reform in Europe", en *Criminologie*, volume 33, nº 1 (2000), *La Victimologie: quelques enjeux*, Les presses de l'Université de Montréal.

CANCIO MELIÁ, M.: *Conducta de la víctima e imputación objetiva en Derecho penal. Estudio sobre los ámbitos de responsabilidad de víctima y autor en actividades arriesgadas*, 2ª ed., Ed. Bosch, Barcelona, 2001.

CHRISTIE, N.: "Conflicts as Property", en *The British Journal of Criminology*, V. 17, nº 1, 1977 (existe versión traducida al español: "Los conflictos como pertenencia", trads. A. Bovino, y F. Guariglia, en MAIER, J.B.J. (coord.): *De los delitos y de las víctimas*, Ed. Ad -Hoc, Buenos Aires, 1992).

COBO DEL ROSAL, M./VIVES ANTÓN, T.S.: *Derecho penal. Parte general*, Ed. Tirant lo Blanch, Valencia, 1999.

CORCOY BIDASOLO, M.: "Los fines de la pena en el sistema de penas y medidas de la reforma penal de 2003", en CARBONELL/DEL ROSAL/MORILLAS/ORTS/QUINTANAR (coords.): Estudios penales en homenaje al profesor Cobo del Rosal, Ed. Aykinson, Madrid, 2005.

DÍEZ RIPOLLÉS, J.L.: "El bien jurídico protegido en un Derecho penal garantista», en *Jueces para la Democracia*, nº 30, noviembre 1997.

EREZ, E.: "Victim Participation in Sentencing: Rhetoric and Reality", en *Journal of Criminal Justice*, Vol. 18, 1990.

ESER, A.: "Sobre la exaltación del bien jurídico a costa de la víctima", trad. M. Cancio Meliá, en *Temas de Derecho penal y procesal penal*, Ed. Idemsa, Lima, 1998.

FATTAH, E.A., "Victimology: past, present and future", en *Criminologie*, volume 33, nº 1 (2000), *La Victimologie: quelques enjeux*, Les presses de l'Université de Montréal.

FERREIRO BAAMONDE, X.: *La víctima en el proceso penal*, Ed. La Ley, Madrid, 2005.

GARCÍA ARÁN, M.: *Fundamentos y aplicación de penas y medidas de seguridad en el Código penal de 1995*, Ed. Aranzadi, Pamplona, 1997.

GARCÍA-PABLOS DE MOLINA, A.: "La resocialización de la víctima: víctima, sistema legal y política criminal", en *Doctrina Penal*, 1990.

GARCÍA RODRÍGUEZ, M.J., "Una aproximación a las políticas de protección y asistencia a las víctimas de delitos en el contexto europeo", en TAMARIT SUMALLA, J.M. (Coord.), *Estudios de Victimología. Actas del primer congreso español de victimología*, Ed. Tirant lo Blanch, Valencia, 2005.

GIMBERNAT ORDEIG, E.: "La violación: presente y futuro de la regulación legal", en *Estudios de Derecho penal*, Tecnos, Madrid, 1990.

GÓMEZ ORBANEJA, E.: *Comentarios a la Ley de Enjuiciamiento Criminal*, T. II, V. I, Ed. Bosch, Barcelona, 1951.

GÓNZALEZ RUS, J.J.: "El perdón en los delitos sexuales: una institución carente de fundamento", en *Revista de la Facultad de Derecho de la Universidad de Granada*, nº 5, 1984.

GÜNTHER, K.: "Die symbolisch-expressive Bedeutung der Strafe: Eine neue Straftheorie jenseits von Vergeltung und Prävention?", en PRITTWITZ, C./BAURMANN, M./ GÜNTHER, K./KUHLEN, L./MERKEL, R./NESTLER, C./SCHULZ, L. (eds.): *Festschrift für Klaus Lüderssen*, Ed. Nomos, Baden-Baden, 2002.

HASSEMER, W.: *Einführung in die Grundlagen des Strafrechts*, 2ª ed., München, 1990 (existe versión traducida al español de la primera edición alemana —1984—: Fundamentos del Derecho penal, trad. y notas de F. Muñoz Conde y L. Arroyo Zapatero, Barcelona, Ed. Bosch,1984).

HASSEMER, W./MUÑOZ CONDE, F.: *Introducción a la Criminología y al Derecho penal*, Ed. Tirant lo Blanch, Valencia, 1989.

HERRERA MORENO, M.: *La hora de la víctima. Compendio de victimología*, Ed. Edersa, Madrid, 1996.

HILLENKAMP, T.: *Der Einflu_des Opferverhaltens auf die dogmatische Beurteilung der Tat –einige Bemerkungen zum Verhältnis zwischen Viktimologie und Dogmatik*, Ed. Gieseking, Bielefeld, 1983.

LANDROVE DÍAZ, G., *Victimología*, Ed. Tirant lo Blanch, Valencia, 1990.

MONTERO AROCA, J.: "La garantía procesal penal y el principio acusatorio", en *La Ley*, 1994-1.

PRITTWITZ, C.: "The Resurrection of the Victim in Penal Theory", en *Buffalo Criminal Law Review*, Vol. 3, 1999 (existe versión traducida al español: "La resurrección de la víctima en la teoría penal", trad. L.M. Reyna Alfaro, en *Revista general de derecho penal*, Iustel, nº 4, noviembre 2005).

QUINTERO OLIVARES, G.: "La víctima y el Derecho penal", en TAMARIT SUMALLA, J.M. (coord.): *Estudios de Victimología. Actas del primer congreso español de victimología*, Ed. Tirant lo Blanch, Valencia, 2005.

ROCCO, A.: "L'oggeto del reato e della tutela giuridica penale", en *Opere giuridiche*, V. I, Roma, 1932.

RODRÍGUEZ MANZANERA, L., *Victimología. Estudio de la víctima*, Ed. Porrúa, 2ª edición, México, 1989.

SILVA SÁNCHEZ, J.M.: "La víctima en el futuro de la dogmática", en BERISTAIN, A./ DE LA CUESTA, J.L. (eds.): *Victimología*, San Sebastián, 1990.

SILVA SÁNCHEZ, J.M.: *Aproximación al Derecho penal contemporáneo*, Ed. Bosch, Barcelona, 1992.

SILVA SÁNCHEZ, J.M.: *La expansión del derecho penal. Aspectos de la política criminal en las sociedades postindustriales*, 2ª ed., Ed. Civitas, Madrid, 2001.

SANGRADOR, J.L.: "La victimología y el sistema jurídico penal", en *Psicología social y sistema penal* (comps. F. Jiménez Burillo y M. Clemente), Ed. Alianza, Madrid, 1986.

SOLÉ RIERA, J.: *La tutela de la víctima en el proceso penal*, Ed. Bosch, Barcelona, 1997.
TAMARIT SUMALLA, J.M.: *La reparación a la víctima en el Derecho penal (Estudio y crítica de las nuevas tendencias político-criminales)*, Fundació Jaime Callís, Barcelona, 1994.
TAMARIT SUMALLA, J.M.: "¿Hasta qué punto cabe pensar victimológicamente el sistema penal?", en TAMARIT SUMALLA, J.M. (coord.): *Estudios de Victimología. Actas del primer congreso español de victimología*, Ed. Tirant lo Blanch, Valencia, 2005.

Tema 10

La víctima en el sistema de justicia penal II[1]

10.1. ANÁLISIS DE LA POSICIÓN DE LA VÍCTIMA EN EL SISTEMA DE JUSTICIA PENAL ESPAÑOL

En consonancia con la evolución de la situación de la víctima en el sistema penal experimentada en el plano internacional, cabe afirmar que en los últimos años, y aun cuando se deba hablar todavía en este contexto de un proceso inconcluso, se ha producido un avance notable en lo que se refiere a la regulación, sustantiva y procesal, de los derechos de las víctimas en nuestro país. No obstante, a diferencia de lo que sucede en otros sistemas extranjeros —particularmente en los de tradición anglosajona— y de lo que, como se ha tenido ocasión de comprobar en el capítulo anterior, es ya una realidad a nivel internacional y europeo, no existe en el caso español, tal y como sería deseable, una declaración expresa en la que se recojan formalmente y de modo sistematizado el conjunto de derechos que le son reconocidos a las víctimas en nuestro ordenamiento (cfr. sobre el particular, Herrera Moreno, 1996, pp. 269 y ss.). Lo dicho obliga al intérprete a "confeccionar" el estatuto jurídico de la víctima a partir de la identificación de las concretas prerrogativas que se le conceden a ésta en las diversas normas vigentes en el sistema español. A continuación procederemos a analizar de forma sucinta los aspectos de incidencia victimológica más relevantes que es posible apreciar en nuestra legislación penal sustantiva y procesal.

---

1 Capítulo elaborado por Carolina Villacampa Estiarte (apartados 10.1.1 —Subapartado 6— y 10.1.2) y por Alberto Alonso Rimo (apartados 10.1.1 —Subapartados 1, 2, 3, 4, 5 y 7— y 10.2).

10.1.1. Aspectos de derecho penal sustantivo

10.1.1.1. El concepto de víctima

Es conveniente iniciar este recorrido por las cuestiones que presentan relevancia desde el punto de vista de la victimología en nuestra legislación punitiva examinando el concepto de víctima que se acoge en el Código penal. Éste puede decirse que contempla la figura de la víctima desde la doble vertiente de titular del interés o bien jurídico vulnerado por la infracción penal, de un lado, y de sujeto con derecho a recibir la indemnización en concepto de responsabilidad civil derivada del delito, de otro.

Para referirse al primero de los significados apuntados, las leyes penales han tendido tradicionalmente a servirse de la expresión *ofendido* o *agraviado*[2]. Es con el Código penal de 1995 cuando se introduce de forma significativa el término *víctima* para aludir a esa misma idea, demostrándose así una mayor sensibilidad victimológica por cuanto aquél parece traslucir mejor el doloroso y complejo proceso en el que se ve inmersa la persona que sufre un delito, habiéndose visto también en las connotaciones "menos frías" de la palabra *víctima* cierto compromiso de tutela hacia dicha figura (Tamarit, 1998, p. 150).

Lo cierto es, sin embargo, que cualquiera de las denominaciones indicadas resulta preferible a la de *sujeto pasivo del delito*, que es, junto a la de *víctima* —extendida ya en tiempos más recientes[3]—, la que se ha venido utilizando mayoritariamente en el ámbito doctrinal para expresar una vez más el concepto que remite a la persona, física o jurídica, sobre la que repercute de forma más inmediata el injusto de la figura delictiva.

Un sector doctrinal (Cobo del Rosal/Vives Antón, 1999, p. 361) introduce en este punto alguna matización, precisando que aun cuando normalmente se superponen ambos desde un punto de vista práctico, se debe diferenciar al sujeto pasivo del delito respecto del sujeto pasivo de la acción y reservarse la primera acepción para el individuo cuyos intereses se han visto lesionados por el delito

---

[2] Debe tenerse en cuenta a este respecto, y ésa es la causa por la que se habla en el texto de mera tendencia, que en este ámbito, al menos en lo atinente a la concreta terminología que ahora importa, el legislador no ha acostumbrado a hacer gala de una excesiva técnica jurídica, de modo que no siempre ha sido posible atribuir idéntica significación a los referidos vocablos.

[3] Aunque algunos autores prefieren incluir en esta última expresión asimismo al *perjudicado*. Vid. SILVA (1990 (1), p. 77) o LANDROVE (1998, p. 160).

—titular del bien jurídico— mientras que la segunda designe la persona sobre la que recae, en un sentido físico, la acción punible. Así, tomando el ejemplo de los citados autores, "(l)a propiedad de una persona puede resultar quebrantada si se le sustraen los bienes que se encuentran en posesión de un tercero, aunque pueda ser éste el sujeto sobre el que recae la acción"[4].

En verdad, la de *sujeto pasivo* es, como ha sido señalado con razón, "una estrechísima manera de referirse a una potencial persona o personas que pueden llegar a verse atrapadas en el suceso criminal" (Quintero Olivares, 2005, p. 16). Con todo, a nadie se le oculta que tal ha sido el —hasta hace no tanto tiempo— restringido ángulo desde el que se ha considerado a la víctima de forma predominante, por no decir casi exclusiva, por parte de la doctrina científica penal, y que sólo con la llegada de la victimología empieza a adquirir contornos más holgados.

La victimología ha servido, en efecto, para mostrar al menos los dos extremos siguientes: de una parte, que la víctima no es siempre el objeto neutro y estático que se creía sobre el que por azar se proyecta el comportamiento delictivo, sino que su actuación puede obtener repercusión en la realización del delito, habiendo sido en buena medida la constatación de semejante naturaleza interactiva de su relación con el victimario, como es sabido, la base sobre la que se empezará a otorgar relevancia en determinados casos a la conducta de la víctima en punto a la valoración jurídico-penal del hecho delictivo y la determinación de la responsabilidad del autor, así como, más modernamente, de la eclosión de las teorías victimodogmáticas; de otro lado, la así llamada *nueva victimología*, consigue llamar la atención sobre la conveniencia de atender a las necesidades de las víctimas en el marco de la intervención punitiva, de manera que ésta empieza a ser considerada también como sujeto de derechos y garantías.

Pero, según decíamos, el Texto punitivo, como las leyes penales en general —y entre ellas, de forma especial, la Ley de Enjuiciamiento Criminal—, contemplan igualmente a la víctima en su faceta de destinatario de la responsabilidad civil, utilizando para ello por regla general el nombre de *perjudicado*, que se refiere entonces de modo genérico a los que han padecido personal y directamente los perjuicios, materiales o morales, del delito.

Nótese que, aun cuando en la mayoría de los casos lo hacen, la condición de sujeto pasivo —o de víctima, ofendido o agraviado; vocablos todos ellos equivalentes en la terminología del Código penal— y la de perjudicado pueden no coincidir en la misma persona: hay, efectivamente, perjudicados que no reúnen la cualidad de sujeto pasivo de la infracción, pues es el primero un concepto más amplio que permite abarcar, además de al titular

---

4 Sobre la trascendencia práctica de la acotación del concepto de sujeto pasivo, vid. MIR PUIG (2004, pp. 223 y 224).

del bien jurídico protegido, a otros sujetos (de hecho, el propio Código penal se refiere en su art. 113, como destinatarios de la indemnización civil, y además de al "agraviado", a "sus familiares o a terceros"). Y también, en sentido inverso, cabe pensar en hipótesis en las que el sujeto pasivo no sea a la vez, en términos estrictamente legales, el perjudicado (así ocurre cuando la víctima lo es de un homicidio consumado, en cuyo caso, por razones obvias —está muerta—, no puede concitar aquélla la consideración de perjudicado y lo hacen en su lugar sus familiares más próximos).

Por lo demás, huelga casi decir que la significación conferida en la ley penal a la palabra *víctima* —insistimos, como sinónimo de titular del bien jurídico lesionado o puesto en peligro— no se corresponde con la que, en un sentido más amplio, se atribuye en la victimología en general a ese mismo término. Desde esta última perspectiva, y pese a que el concepto en cuestión —tal y como quedó reflejado en el primer capítulo de esta obra— no resulta en absoluto pacífico, tendrían cabida desde luego bajo el rótulo de *víctima* las dos categorías a que venimos refiriéndonos (titular del bien jurídico y perjudicado), e incluso, en sus versiones más dilatadas, los afectados por accidentes y catástrofes naturales.

> Sin llegar a tal extremo, que excedería a las claras la órbita jurídico-penal, se ha defendido la oportunidad de que el sistema penal adopte una óptica más flexible en la delimitación del concepto de víctima. Ello no afectaría tanto al plano dogmático —en donde parece razonable atenerse a aquellos restrictivos criterios— cuanto al procesal o al asistencial, al objeto de poder dar entrada en dichos terrenos a la tutela de las denominadas *víctimas indirectas* —personas cercanas a la víctima a las que a menudo trasciende con considerable intensidad el perjuicio emocional derivado de la agresión delictiva— o en general a todos aquellos individuos que, aun no siendo en estrictos términos jurídico-penales sujetos pasivos o perjudicados, se hayan visto dañados por el delito (Herrera Moreno, 1996, pp. 327 y ss.).

10.1.1.2. La relevancia penal del consentimiento

La voluntad de la víctima puede adquirir trascendencia penal a través del otorgamiento válido de su consentimiento sobre la lesión o puesta en peligro del bien jurídico. En nuestro ordenamiento jurídico penal así sucede, en efecto, desde el momento en que, y prescindiendo aquí del debate científico relativo a la naturaleza dogmática del consentimiento[5], doctrina

---

[5] En el ámbito doctrinal se ha discutido intensamente sobre si el consentimiento es causa de atipicidad, de justificación o bien una y otra cosa a la vez dependiendo de la figura delictiva concreta (teoría de la diferenciación), habiéndose explicado

y jurisprudencia coinciden en otorgar generalmente a dicho instituto relevancia excluyente de la responsabilidad criminal en relación con un grupo más o menos numeroso de supuestos delictivos, cuyo bien jurídico se concibe de este modo como disponible, toda vez que dicho consentimiento determina, ya sea en virtud de referencia explícita o implícita del tipo legal, que no constituya delito un comportamiento que, en ausencia de tal anuencia de la víctima, sí lo hubiera sido[6]. Tal es el caso, entre otros, de la intimidad domiciliaria, el patrimonio, la libertad ambulatoria o la libertad sexual, por aludir a bienes respecto de los que nadie discute, precisamente sobre la base de aquella naturaleza disponible, que su titular pueda decidir libremente sobre ellos. Piénsese, así, en un individuo que permite la entrada en su vivienda a extraños, que autoriza, e incluso anima, a sus vecinos a que se lleven las naranjas de los huertos de su propiedad, que se deja encerrar durante varias semanas en la casa de "Gran Hermano", o que, en fin, accede a mantener relaciones sexuales con el primero que se pone delante. Ninguno de estos hechos tendría en principio derivaciones penales para terceros, mientras que esas mismas situaciones, sin haber mediado el consentimiento del titular del bien jurídico, sí podrían originar responsabilidad penal (por allanamiento de morada, robo, detención ilegal o por algún delito contra la libertad sexual, en alusión a los ejemplos propuestos). Todo lo anterior, se entiende, siempre que el consentimiento, además de estar referido a bienes jurídicos de titularidad individual[7], reúna los requisitos de validez necesarios desde un punto de vista penal —en especial: haber sido prestado libremente y por persona con capacidad para ello[8]—.

Más discutida, y discutible —desde una perspectiva de *lege ferenda*—, resulta la cuestión atinente a la relevancia de menor grado que el legislador penal resuelve conceder al consentimiento de la víctima en relación con la vida o la salud. En estos bienes jurídicos, como decíamos, la trascendencia

---

semejante divergencia sistemática en las posturas defendidas (TAMARIT, 1998, p. 60) a partir de la inexistencia en nuestra ley penal de disposiciones expresas que regulen la materia de manera general, más allá de la soluciones ofrecidas a este respecto en la parte especial en relación con determinados supuestos delictivos. Vid. sobre el tema, la exposición de DE LA GÁNDARA VALLEJO (1995, pp. 67 y ss.).

6 En este contexto, como se ha precisado (LANDROVE, 1998, p. 172), y dado que no existe delito, tampoco debiera hablarse, en puridad, de víctima.

7 Con carácter general no se admite la eficacia del consentimiento en relación con delitos de bienes jurídicos colectivos.

8 Vid. sobre la interpretación de los requisitos del consentimiento en general conforme a criterios penales, SEGURA GARCÍA (2000, pp. 125 y ss.).

de la voluntad de su titular deviene, por expresa disposición legal, más restringida.

Por lo que hace a los delitos contra la vida, y bien entendido que se considera atípico el suicidio llevado a cabo por la propia persona y también su tentativa, el art. 143 CP confiere un tratamiento penológico privilegiado, frente al homicidio —no consentido— (art. 138 CP), a las hipótesis de participación de tercero en un suicidio ajeno, siempre que, también aquí, se cumplan determinadas condiciones relativas a la prestación del consentimiento y a la persona que lo emite, que permitan considerar que se trata de un suicidio en sentido jurídico-penal (vid. sobre el tema, en general, Juanatey Dorado, 1994, *passim.*, y Tomás Valiente-Lanuza, 2000, *passim.*).

Así, frente a la pena prisión de 10 a 15 años del homicidio del art. 138, el homicidio consentido —también denominado homicidio-suicidio o auxilio ejecutivo al suicidio—, y que se produce cuando la actuación del tercero llega hasta el punto de ejecutar la muerte, recibe desde la entrada en vigor del Código penal de 1995 una pena de prisión de 6 a 10 años (art. 143.3 CP), que se rebaja a la pena de prisión de 4 a 8 años cuando lo que existe es una inducción al suicidio (art. 143.1 CP) y a la de 2 a 5 años si el comportamiento del autor se limita a cooperar con un acto necesario en el suicidio ajeno (art. 143.2 CP). Si las conductas de cooperación necesaria o auxilio ejecutivo se llevan a cabo en un contexto eutanásico, lo cual exige que se den determinados requisitos consignados a tal efecto en el art. 143.4 CP (la víctima debe sufrir "una enfermedad grave que conduciría necesariamente a su muerte, o que produjera graves padecimientos permanentes y difíciles de soportar", a lo que se ha de sumar su petición expresa, seria e inequívoca), la disminución del castigo es todavía mayor (se puede rebajar en uno o dos grados la pena prevista en los incisos 2 y 3 del art. 143).

Se observa entonces como sí que se concede a la voluntad de la víctima en este contexto alguna trascendencia, pues, según se ha dicho, además de ser irrelevante penalmente la tentativa de suicidio para quien la protagoniza, su aprobación al hecho de que alguien le quite la vida o le ayude a hacerlo a sí misma[9] determina que, en lugar de aplicarse al tercero el delito de homicidio, corresponda apreciar alguna de las figuras delictivas previstas en el art. 143 CP con la consiguiente rebaja (sustancial) de la pena que ello conlleva. La relevancia del consentimiento no es aquí, sin embargo, como en otros casos, absoluta, lo que ha sido objeto de un intenso debate doctrinal de trasfondo filosófico y constitucional (vid. sobre todo ello, Tomás-Valiente Lanuza, 1999, *passim.*).

En el marco de los delitos de lesiones, asimismo resultan atípicas las llevadas a cabo por el propio sujeto (autolesiones), si bien tratándose de

---

9 Aunque algunos autores no consideran suficiente a estos efectos el mero consentimiento y exigen la *solicitud* por parte de la víctima. Vid. MIR PUIG (2004, p. 509).

lesiones consentidas causadas por un tercero (heterolesiones consentidas) se establece en el Código penal, *ex* art. 155, la regla general de atenuación de la pena en uno o dos grados. A la luz de tal regulación, y a algunos esto nos parece cuestionable, unas relaciones sexuales de contenido sadomasoquista consentidas libremente por personas adultas y responsables de sus actos resultan punibles, por más que con una pena más leve —en uno o dos grados— a la que se impondría de no haber consentimiento; y lo mismo cabe decir respecto del eventual supuesto en el que un tercero accediera a los deseos de un jugador profesional de rugby que, habiéndose quebrado ya en sucesivas ocasiones el dedo pulgar de una mano y en la creencia de que ello facilitaría su labor profesional, le solicitara a aquél la amputación de dicha extremidad.

También en estos casos, como es natural, la señalada eficacia atenuante del consentimiento está sujeta a las formalidades pertinentes, que el art. 155 CP concreta en la necesidad de que sea "válida, libre, espontánea y expresamente emitido", precisándose a continuación que carecerá de validez el otorgado por un menor de edad o incapaz.

El régimen general que diseña el art. 155 CP, y del que se sigue el criterio de la eficacia atenuante del consentimiento en materia de lesiones, es sometido a algunas excepciones por el art. 156 CP, a tenor de las cuales aquél servirá para eximir, y ya no sólo atenuar, la responsabilidad criminal en las hipótesis de transplante de órganos, esterilizaciones y cirugía transexual, siempre que se respeten las formalidades exigidas a tal efecto por el citado precepto (una vez más el consentimiento habrá de ser "válida, libre, consciente y expresamente emitido", especificándose además que decaerá semejante efecto eximente si aquél se ha obtenido "viciadamente, o mediante precio, recompensa o promesa, o el otorgante sea menor de edad o incapaz; en cuyo caso no será válido el prestado por éstos ni por sus representantes legales").

Si bien de lo anterior se puede colegir que, en términos generales, no es posible la esterilización de las personas menores de edad o incapaces, dado que a tal efecto, según se ha visto, no resulta válido ni su consentimiento ni el de su representante legal, el párrafo segundo del art. 156 CP introduce una nueva salvedad a este respecto, abriendo la puerta —no sin cierta polémica doctrinal, que fue zanjada por el Tribunal Constitucional en sentido favorable a la constitucionalidad de la disposición en análisis— a la legalidad de la esterilización "de la persona incapacitada que adolezca de grave deficiencia psíquica". A tal fin, y en garantía de que se sigue como criterio rector el del "mayor interés del menor", exige la ley que la esterilización "haya sido autorizada por el Juez, bien en el mismo procedimiento de incapacitación, bien en un expediente de jurisdicción voluntaria, tramitado con posterioridad al mismo, a petición del representante legal del incapaz, oído el dictamen de dos especialistas, el Ministerio Fiscal y previa exploración del incapaz".

Por lo demás, repárese en que con independencia de los casos excepcionados a que se acaba de hacer referencia, que no implican necesariamente una mejora de la salud del sometido a la intervención médica, las operaciones quirúrgicas en general, aun cuando en su mayoría sean lesivas para la integridad física —por ejemplo, cuando se le extrae a alguien la vesícula o un tumor—, si culminan con éxito, y devienen por tanto beneficiosas para la salud, resultan justamente por esto último, según opinión mayoritaria en nuestro país, atípicas. Así se explica, de hecho, que no sea necesaria una mención legal, del estilo de la que se termina de examinar, que excluya expresamente la responsabilidad penal por lesiones en la generalidad de las actuaciones médicas curativas que redunden en el menoscabo de la integridad corporal.

Por último, en el delito de aborto, el consentimiento de la embarazada prestado con las debidas garantías obtiene también virtualidad atenuante, en la medida en que supone la aplicación al tercero que practica el aborto de un castigo inferior (art. 145 CP) al que le correspondería imponer en los supuestos en que la conducta se lleve a cabo sin la anuencia de la mujer (art. 144 CP)[10]. Debe tenerse en cuenta, además, que si dicho consentimiento va acompañado de las condiciones requeridas por las indicaciones terapéutica, ética y eugenésica (art. 417 bis) del Código penal de 1973)[11], significará la exención de responsabilidad penal.

10.1.1.3. La valoración jurídico-penal de la contribución de la víctima en la realización del hecho delictivo. Las teorías victimodogmáticas

Todavía en la fase previa o coetánea al delito a la que se aludía en el apartado anterior, la intervención de la víctima puede obtener repercu-

---

10 La pena es en el primer caso de prisión de 1 a 3 años e inhabilitación especial de 1 a 6 años, y en el segundo de prisión de 4 a 8 años e inhabilitación especial de 3 a 10 años.

11 Tal disposición sigue vigente merced a la disposición derogatoria 1º.a) del Código penal de 1995.

sión penal a través de la consideración de la denominada precipitación victimal o contribución de la víctima en la génesis del hecho delictivo; cuestión que, como es sabido, constituye uno de los primeros objetos de estudio de la victimología y que en los últimos tiempos adquiere una suerte de resurgimiento a partir del auge de la así llamada victimodogmática. En este orden de consideraciones, cabe destacar que la ley penal, además de otorgar relevancia al consentimiento de la víctima en algunas hipótesis delictivas y en los términos en que se acaba de exponer, atribuye naturaleza justificante a la víctimo-precipitación en la eximente de legítima defensa —en la medida en que la agresión ilegítima, como requisito esencial de dicha eximente, abre paso a que la conducta del autor, como reacción ante la agresión previa de la persona frente a la que se esgrime la defensa (víctima)[12], se estime justificada y no llegue, por consiguiente, a ser antijurídica (vid. sobre el particular, Herrera Moreno, 1996, pp. 371 y ss.)—. Asimismo, desde los ámbitos doctrinal y jurisprudencial se ha dotado tradicionalmente de valor atenuante o incluso eximente de la responsabilidad del autor a la contribución victimal en determinados supuestos entre los que destacan: a) los delitos imprudentes, recurriéndose para ello a la doctrina de la "concurrencia de culpas", relativizándose o incluso descartándose la infracción del deber de cuidado del autor o, en fin, negándose a partir de dicha actuación de la víctima la imputación objetiva del resultado producido al comportamiento de aquél; b) el delito de estafa, viéndose en este caso facilitada dicha estrategia por el requisito típico relativo a la idoneidad del engaño —"engaño bastante"— para producir error en la víctima; o c) los delitos contra la libertad sexual, en los que se ha demandado en ocasiones —y sin que ello pueda conducir a un resurgimiento de la rancia corriente que exigía una determinada heroicidad de la víctima en tal contexto delictivo— que para que la intimidación que requiere el tipo sea relevante la amenaza revista cierta entidad objetiva[13] (vid. sobre todo lo anterior, Tamarit Sumalla, 1998, pp. 157 y ss.).

---

12 Entendido aquí este término en sentido equivalente al sujeto sobre el que recae la acción típica, pero no antijurídica.

13 De la misma forma, en algunos sectores, y particularmente en la doctrina alemana, se ha interpretado el fundamento de la atenuante de estado pasional a partir del dato de la relación entre la víctima y el autor, en especial en los supuestos de violencia protagonizada por algún miembro perteneciente al núcleo de convivencia familiar (cónyuge, descendiente, etc.) que lleva siendo objeto de maltrato por parte de la "víctima" durante cierto tiempo. Cfr. SILVA SÁNCHEZ (1993, pp. 50 y 51).

De modo paralelo, pero desde una perspectiva más amplia, cabe destacar el desarrollo alcanzado últimamente en la doctrina por las denominadas teorías victimodogmáticas, que tratan de generalizar los posibles efectos limitativos de la responsabilidad penal del autor —en términos de atenuación y/o de exención— sobre la base de la contribución de la víctima al delito[14]. Se habla en este sentido de un *principio de autorresponsabilidad* o *principio victimológico*, que se cifra en una suerte de deber de autoprotección de cuya infracción se debe seguir, a tenor de las referidas tesis, y tanto en un plano de *lege lata* —a modo de criterio de interpretación teleológica de los tipos— como de *lege ferenda*, la disminución o ausencia de protección penal, y con ello la atenuación e incluso la exención, respectivamente, de la responsabilidad del autor[15].

Desde otras posiciones doctrinales, se han ofrecido soluciones muy diversas al problema de la contribución de la víctima al hecho criminal, como las que lo conectan con el instituto del consentimiento, las que tratan de resolverlo a partir de criterios de autoría y participación, o, en fin, las que, de una u otra forma, reconducen la cuestión al ámbito de la teoría de la imputación objetiva, siendo esta última la tendencia que parece estar asentándose en la reciente jurisprudencia del Tribunal Supremo[16].

El razonamiento victimodogmático arranca, en rigor, de las constataciones de la victimología clásica relativas a la existencia de una tipología de víctimas que contribuyen al hecho delictivo, si bien, *prima facie* podría parecer que se aleja en sus consecuencias de los planteamientos más modernos de la victimología (de la denominada *nueva victimología*), que apuntan, principalmente, a lograr una mejora de la situación de la víctima en el sistema de justicia penal[17]. Desde la perspectiva de los intereses de la víctima, es cierto que se ha hecho una lectura negativa de las tesis victimodogmáticas[18], aduciendo que impli-

---

14 Vid. sobre la creciente tendencia expansiva de la esfera de aplicación de estas teorías, CANCIO MELIÁ (2001, pp. 238 y ss. y p. 243).

15 Cfr. SILVA SÁNCHEZ (1989, pp. 636 y ss.). Puede verse una incisiva crítica a estas construcciones, desde una perspectiva dogmática, en CANCIO MELIÁ (2001, pp. 242 y ss.).

16 Vid. sobre el tema apuntado en general y los diversos enfoques adoptados al respecto por doctrina y jurisprudencia, los trabajos de CANCIO MELIÁ (2001, *passim.*) y TAMARIT SUMALLA (1998, *passim.*).

17 Aprecian claramente tal contradicción, desde diversos puntos de vista, BUSTOS RAMÍREZ/LARRAURI PIJOAN (1993, pp. 93 y ss.).

18 Aunque en realidad dicho debate resulta en cierto modo trasladable a la generalidad de las posiciones que introducen en el examen del hecho criminal y de la responsabilidad del autor la valoración del comportamiento de la víctima. Cfr. CANCIO MELIÁ (2001, pp. 229 y 230).

can sumar a la inevitable autoculpabilización y estigmación social de la víctima un "reproche jurídico" (*blaming the victim*) que ahondaría en el daño psicológico de la victimización secundaria y que significaría una inversión de los papeles entre los intervinientes en el hecho delictivo (autor y víctima); añadiéndose, desde una óptica más general, que la aplicación de dichas concepciones, erosionaría la función pacificadora del derecho penal, promoviendo un efecto de desconfianza hacia el mismo y una vuelta a la venganza privada (vid. la exposición de Silva Sánchez, 1990 (2), p. 233; y 1993, pp. 19, 21 y 27 y ss.). Desde otro prisma, sin embargo, se ha defendido, y con razón, que reconocer el tanto de culpa que corresponde a cada parte en el hecho, lejos de representar una culpabilización de la víctima, es la premisa básica para una auténtica pacificación del conflicto entre autor y víctima —en la cual ésta última resulta sin duda interesada— y la única vía a través de la que puede cumplir el derecho penal la función a que está llamado de prevenir delitos dentro del inquebrantable marco garantista impuesto por la Constitución (Silva Sánchez, 1990 (2), pp. 233 y ss.; 1993, pp. 31 y ss.). Así las cosas, y sin perjuicio de que deban rehuirse las posiciones maximalistas de uno u otro signo, estimamos que no puede existir tal enfrentamiento entre lo que se conoce como victimodogmática —o, mejor, desde una perspectiva más amplia, entre las distintas aproximaciones que tienen en cuenta la contribución victimal al hecho criminal— y los modernos planteamientos victimológicos. Y ello porque, como se viene insistiendo, la tutela de los derechos e intereses de las víctimas sólo puede llevarse a cabo dentro del más estricto respeto a las bases garantistas del derecho penal[19].

10.1.1.4. La atención a la víctima en el diseño de los tipos delictivos, de las circunstancias genéricas modificativas de la responsabilidad criminal y de otras instituciones penales

Es posible encontrar en el articulado del Código penal variadas referencias que tienen en cuenta con particular atención la vulnerabilidad victimal, o que simplemente atienden, por razones distintas y con consecuencias también de diverso signo, a consideraciones relacionadas con la víctima. A continuación se examinarán de forma concisa algunos

---

[19] Vid. sobre ello *supra*: 9.1.

de dichos supuestos. Ello, sin ánimo de exhaustivo, y prescindiendo en todo caso de cuestiones que, aunque permiten ser englobadas bajo el genérico título de este epígrafe, son abordadas en otras partes de esta obra (como es el caso del consentimiento o de los instrumentos favorecedores de la reparación).

Puede afirmarse con Landrove (1998, p. 165) que, aun cuando no se trata en absoluto de un fenómeno novedoso en nuestra legislación penal, con el Código penal de 1995 se acentúa en cierto modo la tendencia político-criminal a valorar la indefensión de la víctima en punto a la determinación de la gravedad del hecho y, por consiguiente, de la pena.

> Con carácter general, según se comprobará a continuación, la apreciación legal de tales situaciones de desvalimiento incide, la mayoría de veces por razones de injusto o de culpabilidad, en el incremento de la responsabilidad del autor. Una importante salvedad a este respecto viene constituida por la regulación de la eutanasia que establece el art. 143.4 CP, en la que "las taxativas circunstancias de extrema vulnerabilidad victimal, en tanto impregnan el fondo motivacional del autor, son tomadas en cuenta por el legislador para fundar una atenuación de la responsabilidad" (Herrera Moreno, 1996, p. 344)[20].

Por lo que importa, en primer lugar, al marco de las circunstancias genéricas cabe aludir, por ejemplo, a la alevosía —que opera también, como es sabido, cual circunstancia específica en el asesinato (arts. 139 y 140 CP)— y que, a tenor de su definición legal, concurre "*cuando el culpable comete cualquiera de los delitos contra las personas empleando en la ejecución medios, modos o formas que tiendan directa o especialmente a asegurarla, sin el riesgo que para su persona pudiera proceder de la defensa por parte del ofendido*" (art. 22.1 CP); o asimismo a las agravantes de *abuso de confianza* (art. 22.2 CP), o de *abuso de superioridad* (art. 22.6 CP), pudiendo igualmente reconducirse —al menos en parte— a razones que conectan con la mayor desprotección de la víctima, el fundamento del *parentesco* —en aquellos casos en que sirve para agravar la pena— (art. 23 CP), del uso de *disfraz* o del aprovechamiento de las "*circunstancias de lugar, tiempo o auxilio de otras personas que debiliten la defensa del ofendido*" (art. 22.2 CP).

En sede de Parte especial, se suele señalar como ejemplo paradigmático en el que se estima la especial posición de inferioridad de la víctima el *abuso sexual* de prevalimiento —de cuya configuración típica ha desaparecido ya,

---

20 Puede verse una exposición de las tipologías de vulnerabilidad victimal en referencia al Código penal de 1995 en *Ibidem* (pp. 337 y ss.).

por cierto, el límite de edad (art. 181.3 CP)— aunque en rigor una consideración similar cabe hacer de las modalidades de abuso plasmadas en los arts. 181.2 CP (con víctimas menores de trece años, privadas de sentido o de cuyo trastorno mental se abusare) y 181.3 CP (a través de engaño a persona mayor de 13 y menor de 16 años). La referencia a la vulnerabilidad victimal está asimismo presente en otros aspectos de la regulación de los ilícitos contra la libertad sexual, como en la circunstancia específica de las agresiones sexuales del art. 180.1.2 (cometer los hechos "por la actuación conjunta de dos o más personas") o en la del art. 180.1.4 (prevalerse para la ejecución del delito "de una relación de superioridad o parentesco"), aplicable en este caso a aquéllas y también a los abusos (arts. 181.4, 182.2 y 183.2 CP); en el delito de acoso sexual (art. 184 CP) o en el de determinación a la prostitución (art. 188.1 CP).

Resulta asimismo inevitable referirse aquí a la denominada delincuencia de género. Y es que en este ámbito delictivo, y en concreto en la regulación resultante tras la ola de reformas operadas en los últimos años —de la que el más reciente exponente es la polémica LO 1/2004, de 28 de diciembre, de medidas de protección integral contra la violencia de género— la situación de mayor indefensión de la víctima generada por su vínculo familiar con el autor parece fundar en buena medida el incremento de la responsabilidad de éste que entrañan toda una serie de supuestos en los que tal aumento del rigor penal se materializa ya sea a través de la técnica de conversión de falta en delito (lo que sucede en relación con las faltas de malos tratos y de lesiones —art. 153 CP—, así como con las de amenazas —art. 171. 4 y 5 CP— y coacciones —172.2 CP—) o bien a través de una cualificación directa de los tipos apoyada en la referida ligazón parental o similar de la víctima con el autor (es el caso de los delitos de lesiones —art. 148.4 y 5 CP— y de violencia doméstica —art. 173.2 CP—).

El legislador en este contexto llega hasta el punto de presumir, a nuestro juicio discutiblemente, la intensificación de la vulnerabilidad victimal a partir del sexo —femenino— de la víctima, determinando así dicho extremo en la mayoría de los referidos casos un incremento de la penalidad que se añade al que, en los términos aludidos, provoca ya con carácter general la pertenencia de la víctima al núcleo de convivencia familiar delimitado por el art. 173.2 CP. Una agravación similar resulta también de aplicación cuando se trate de una "persona especialmente vulnerable que conviva con el autor", si bien aquí, tal y como hubiera sido deseable en la hipótesis anterior —en donde, de *lege lata,* la redacción legal impide tal posibilidad[21]—, el juzgador habrá de entrar a valorar si *en el caso concreto* concurre semejante especial vulnerabilidad que fundamenta el repetido incremento del rigor punitivo[22].

---

21 Ello salvo en el supuesto regulado en el art. 148, que perfila la generalidad de las agravaciones que contempla —también, pues, la de sus incisos cuarto y quinto— en

Una tendencia similar, si bien no tan acusada, es posible apreciar en el marco de los delitos patrimoniales, según se sigue de las agravaciones previstas para los casos en que las conductas consistentes en hurtos, robos con fuerza en las cosas, estafas y apropiaciones indebidas se hayan realizado "abusando de las circunstancias personales de la víctima"; y también, aunque aquí el aumento de la pena no se justifique por una indefensión previa o contemporánea a la comisión del hecho delictivo sino por la situación subsiguiente al mismo —esto es, a partir de los concretos efectos del delito—, cuando se ponga "a la víctima o a su familia en grave situación económica" (arts. 235.4, 241.1, 250.6 y 7, 252 CP)[23]. En dirección en cierto modo opuesta, pesa a tratarse de la misma esfera delictiva, discurre la excusa absolutoria de parentesco, merced a la cual quedan exentos de responsabilidad criminal y sujetos únicamente a la civil los cónyuges, los ascendientes, descendientes y hermanos "por los delitos patrimoniales que se causaren entre sí, siempre que no concurra violencia o intimidación" (art. 268 CP).

Ciertamente la plausibilidad de la disposición transcrita resulta cuestionable: desde el momento en que existe una tipificación simultánea de las mismas conductas cometidas sobre personas ajenas a la esfera familiar y bien entendido que parece contradecirse la filosofía que se infiere de la ya indicada consideración del abuso de confianza como agravante genérica (art. 22.2 CP), la impunidad de los referidos comportamientos plantea dudas desde una perspectiva dogmático-penal[24]. Pero al margen ahora de tales consideraciones, si el legislador persiste en su decisión de otorgar un tratamiento más indulgente a la delincuencia patrimonial no violenta llevada a cabo en el ámbito familiar, sería bueno que se planteara seguir el modelo de otros ordenamientos del derecho comparado, como por ejemplo el alemán, y en ese sentido, contemplara como alternativa a la total ausencia de responsabilidad penal que impone el actual art. 268 CP la perseguibilidad mediante denuncia necesaria del ofendido en tales infracciones. De esta forma se podría seguir dando cobertura al eventual interés de la víctima en mantener las relaciones familiares al margen de la intervención penal —que es otro de las argumentos, no menos discutible, que se maneja para justificar la medida en examen—, si bien en términos algo más atemperados, de modo que si uno estafa a su suegra o se apropia indebidamente del dinero de su

---

términos facultativos y obliga al juez a atender a tal efecto "al resultado causado o riesgo producido".

22 Vid. un crítico análisis de la regulación de la materia tras la citada reforma en CAMPOS CRISTÓBAL (2005, pp. 251 y ss.).

23 Una disposición similar a la segunda de las apuntadas en el texto, en relación con el delito de daños, se prevé en el art. 264.5 CP.

24 Cfr. en todo caso la opinión de ZIPF (1969, p. 242), para quien un "hurto familiar" no es menos grave que un "hurto normal", habida cuenta de que las circunstancias que podrían aminorar la entidad del supuesto —como el empañamiento de las fronteras de la propiedad existente en el marco de la familia o bien el mayor grado de tentación que se deriva del hecho de que exista una mayor accesibilidad— se ven compensadas con la especial vulneración de la confianza que acompaña también a dichos casos.

hermano o de su cuñado, tales víctimas tengan al menos la opción de valorar si quieren o no acudir a la vía penal y no quede ésta vetada de manera automática como sucede a tenor de la regulación actual.

El art. 578 CP, por su parte, tipifica "la realización de actos que entrañen descrédito, menosprecio o humillación de las víctimas de los delitos terroristas o de sus familiares"; y en una línea en parte coincidente, en tanto en cuanto se apunta también a prevenir una suerte de "revictimización" de la víctima, el art. 258 CP castiga al "responsable de cualquier hecho delictivo que, con posterioridad a su comisión, y con la finalidad de eludir el cumplimiento de las responsabilidades civiles dimanantes del mismo, realizare actos de disposición o contrajere obligaciones que disminuyan su patrimonio, haciéndose total o parcialmente insolvente".

De otro lado, el desvalimiento de la víctima es igualmente apreciado por el legislador en la configuración de los tipos penales, y con particular incidencia en referencia a los menores de edad e incapaces[25]. Ello resulta especialmente patente en materia de delitos contra la libertad sexual, en donde además de construirse, según se ha visto, uno de los supuestos típicos de abuso a partir del límite de edad de 13 años —lo que criminaliza de forma automática cualquier contacto sexual con las personas que no los hayan cumplido— o de la intervención de víctimas "privadas de sentido o de cuyo trastorno mental se abusare" (art. 181.2 CP), el carácter "especialmente vulnerable, por razón de su edad, enfermedad o situación", y en todo caso, nuevamente, la condición de menor de 13 años, determina la aplicación de una agravante específica en las agresiones y en los abusos sexuales (*ex* arts. 180.1.3, 181.4, 182.2 y 183.2 CP). Junto a lo anterior, la tipicidad de diversas conductas, también de índole sexual, bascula sobre la minoría de edad o incapacidad de la víctima; tal es el caso de los delitos de exhibicionismo y provocación sexual (arts. 185 y 186 CP), de diversas figuras delictivas relativas a la prostitución (arts. 187 y 188.3 CP) o del conglomerado de supuestos típicos, básicos y agravados, relacionados con la utilización de menores o incapaces con fines exhibicionistas y pornográficos y con la llamada "corrupción de menores", recogidos, en ocasiones con excesivo

---

[25] Por incapaz debe entenderse a efectos penales, según consigna expresamente el art. 25 CP, "toda persona, haya sido o no declarada su incapacitación, que padezca una enfermedad de carácter persistente que le impida gobernar su persona o bienes por sí misma".

celo punitivo, en el art. 189 CP (vid. sobre el tema en general, Tamarit, 2002). La preocupación del legislador por las situaciones de indefensión que tienen su origen en la menor edad o incapacidad de la víctima se manifiesta también, en fin, y en parecidos términos, en otros terrenos delictivos: lesiones (arts. 148.3 y 153.3 CP), detención ilegal (art. 165 CP), descubrimiento y revelación de secretos (art. 197.5 CP), delitos contra las relaciones familiares (arts. 220 y ss. CP) o tráfico de drogas (arts. 369.1.5 y 8, y 370. 1 CP).

Finalmente, merece también una mención en este apartado la previsión relativa al instituto de la prescripción penal contenida en el art. 132.1.2 CP, en virtud de la cual, y por razón de la minoría de edad de la víctima en el momento de la comisión del delito, se retrasa el inicio del cómputo del plazo de prescripción de una serie de supuestos delictivos —la mayoría de los que atentan contra bienes jurídicos individuales— hasta el momento en que aquélla alcance la mayoría de edad (o hasta al de su fallecimiento, si éste tuviere lugar con anterioridad a dicha fecha).

10.1.1.5. las infracciones no perseguibles de oficio y el perdón del ofendido

Frente a la regla general de persecución de oficio de las infracciones penales —lo que implica que se proceda penalmente con independencia de cuál sea la voluntad de la víctima a este respecto— existen una serie de figuras delictivas en las que queda en manos de ésta última la decisión sobre el inicio del proceso. Éste, en efecto, y, en general la intervención penal, aparecen supeditados en esos supuestos a la interposición por la víctima o por su representante legal de una denuncia o querella que adquieren así carácter necesario, salvo cuando el agraviado es menor de edad, incapaz o una persona desvalida, en cuyo caso puede denunciar también el Ministerio Fiscal. Además, en algunas de tales hipótesis, una vez iniciado el proceso se somete también a la consideración de la víctima su interrupción por la vía del perdón. Esta institución, que se engloba dentro del catálogo de causas de extinción de la responsabilidad criminal (art. 130.5 CP), y pese a la denominación legal que recibe ("perdón del ofendido"), debe interpretarse como una facultad jurídica de la víctima —ajena a cualquier tipo de motivación o consideración moral o religiosa— de poner fin a la actuación punitiva, y surtirá efectos siempre que se ejercite "de forma expresa antes de que se haya dictado sentencia, a cuyo efecto el juez o tribunal sentenciador deberá oír al ofendido por el delito antes de dictarla". Tal virtualidad extintiva de la responsabilidad criminal queda asimismo relativizada en los delitos o faltas contra menores o incapacitados toda vez que en ellos se reserva al Tribunal la posibilidad de rechazar, una vez oído el Ministerio Fiscal, "la eficacia del perdón otorgado por los representantes de aquéllos, ordenando la continuación del procedimiento, con intervención del Ministerio Fiscal, o el cumplimiento de la condena".

Dentro de la genérica categoría de infracciones no perseguibles de oficio —o, si se quiere, de infracciones perseguibles sólo mediante solicitud de la víctima—, es posible diferenciar diversos grados de disponibilidad de ésta en relación con el inicio y la extinción de la intervención penal. En atención a ello, cabe establecer la siguiente clasificación: a) *delitos privados*[26] o *perseguibles a instancia de parte*, que exigen querella para la iniciación del proceso y admiten la trascendencia del perdón, entre otras instituciones extintivas de la actividad punitiva cuya eficacia se explica por las especialidades procesales características de estos supuestos, entre las que destaca la ausencia de cualquier participación del Ministerio Público (en la regulación vigente sólo adquieren tal consideración los delitos de injurias y calumnias contra particulares —art. 215.1 y 3 CP—); b) *infracciones semiprivadas*, en las que basta con la denuncia —no siendo necesaria la querella— del ofendido para que pueda producirse la apertura de la causa penal, en donde, una vez satisfecho aquel requisito, intervendrá como parte procesal necesaria el Fiscal, siendo igualmente posible en estos casos el ejercicio eficaz del perdón (daños con imprudencia grave —art. 267.2 y 3 CP—, faltas de amenazas, coacciones, injurias, o vejaciones injustas — art. 620.2 y 3 CP—, faltas de homicidio imprudente, lesiones imprudentes —art. 621.6 CP— y de alteración de lindes —art. 624.1 CP—; art. 639 CP); c) *delitos semipúblicos*, que son aquéllos que requieren de denuncia previa de la víctima para su persecución, en la que asimismo interviene el Ministerio Fiscal, pero no adquiere relevancia alguna el perdón (reproducción asistida sin consentimiento de la ofendida —art. 161.2 CP— o abandono de familia e impago de pensiones —art. 228 CP—); d) *delitos cuasipúblicos*, en los que la víctima comparte con el Fiscal la potestad para activar la intervención punitiva, si bien aquél debe

---

26 Se utiliza aquí tal denominación tradicional en el bien entendido de que en absoluto puede inferirse de la misma la naturaleza privada del objeto de protección de los delitos a que se refiere.

ajustar su intervención a unos criterios de oportunidad reglada —que se restrinjan a controlar la adecuación del uso de tal capacidad decisoria de la víctima conforme a la función que en cada modalidad delictiva la justifica, de forma que no quede distorsionado su fundamento— (agresiones, abusos y acoso sexual —art. 191 CP—, descubrimiento y revelación de secretos —art. 201 CP—, delitos relativos al mercado y a los consumidores —art. 287 CP— y delitos societarios —art. 296.1 CP—)[27].

La aludida licencia de supervisión por parte del Ministerio Público que se sigue del otorgamiento al mismo en estas hipótesis, y de manera paralela a la iniciativa de la víctima, de la posibilidad de impulso de la actividad punitiva, le otorga a esta última modalidad de infracciones que hemos denominado *cuasipúblicas* indudables ventajas, toda vez que la citada intervención de oficio no se conciba como una medida de oportunidad procesal genérica sino que aparezca limitada en los términos antedichos y a fin de seguir dejando algún margen de vigencia a la voluntad de la víctima en estos ámbitos. Desde esta perspectiva, sería deseable que se extendiera el régimen de perseguibilidad cuasipública a la generalidad de los supuestos en que políticocriminalmente considere el legislador aconsejable su apartamiento de la regla de oficialidad en la persecución.

Las facultades decisorias de la víctima en relación con el inicio y término de la actuación penal a las que venimos refiriéndonos, y que cabe agrupar bajo el nombre de mecanismos de perseguibilidad privada, son instituciones sumamente polémicas. Ello resulta comprensible, dado que, como se ha indicado, representan claras excepciones a la norma general de persecución de oficio y, al menos a primera vista, pueden parecer contrarias a la naturaleza pública esencial al derecho penal moderno, a la que resulta inherente la trascendencia social de los bienes jurídicos tutelados —la idea de que el delito no afecta únicamente al concreto sujeto pasivo de la conducta sino que trasciende al resto de la sociedad— y la consiguiente monopolización del derecho de castigar por parte del Estado. Se ha dicho de aquéllos, en este sentido, y entre otras muchas consideraciones críticas de diverso signo que vienen concitando desde antiguo, que implican dejar a merced del sujeto privado la autoridad del Estado (Binding, 1855, pp. 603 y 604), o que constituyen un "anacronismo deplorable" (Ferri, 1933, p. 175) o "una reminiscencia de los tiempos bárbaros" (Arenal, 1896, pp. 178 y 179). Con todo, lo cierto es que el legislador no sólo no renuncia a mantener su

---

27 En alguno de tales supuestos, concretamente en el descubrimiento y revelación de secretos, cabe también el ejercicio eficaz del perdón, si bien su relevancia seguirá estando sujeta en todo caso al control público característico de las infracciones cuasipúblicas.

presencia sino que la amplía en los últimos tiempos[28]; de modo que, como se ha comprobado, tal configuración sigue vigente en un considerable número de supuestos.

Sobre la base de lo dicho, y al margen ahora del valor hermenéutico que cabe otorgar a tal cuestión en punto a la resolución de los múltiples problemas interpretativos que presentan los citados institutos, resulta imprescindible determinar, siquiera sea brevemente, cuál es la fundamentación jurídico-penal de los mismos. Y para ello procede preguntarse por cuáles son las razones que podrían justificar tales salvedades a la persecución pública e inmediatamente a continuación plantearse la compatibilidad de dichas razones con los principios básicos de un derecho penal moderno, de tal suerte que sólo si aquélla pudiera ser afirmada cabría hablar de un fundamento legítimo de estas instituciones.

Pues bien, en este punto es importante empezar rechazando de plano todas aquellas tesis que, de una u otra forma, acaban remitiendo el fundamento de la denuncia o querella necesarias y el perdón al carácter privado del bien jurídico protegido de los delitos en los que rigen tales instrumentos. Se trata de posiciones —sorprendentemente extendidas desde el punto de vista doctrinal y jurisprudencial, y tanto en nuestro país como en el derecho comparado— bajo las que subyace, en última instancia, la idea de que estamos ante infracciones privadas, entendido éste último término en un sentido material e indicador de que la ofensa sólo afecta a la víctima y que, en consecuencia, corresponde también a ella en exclusiva valorar la oportunidad de su persecución penal[29]. Todo ello, como ya se apuntó en otro momento[30], sí supone, en la línea de las críticas referidas, una privatización y una vuelta atrás del derecho penal. Consiguientemente, estas concepciones no pueden ser aceptadas.

---

28 Nos referimos, en particular, y en comparación con la precedente, a la regulación fruto del CP de 1995. En lo que se refiere a las últimas reformas legislativas, cabe destacar únicamente —en dirección opuesta— la derogación operada por la LO 15/ 2003, de 25 de noviembre, del régimen de perseguibilidad mediante denuncia de la víctima en los delitos relativos a la propiedad intelectual e industrial (arts. 270 y ss. CP) y en las injurias contra funcionarios públicos sobre hechos concernientes al ejercicio de sus cargos (art. 215.1 CP).

29 En no pocas ocasiones, tal resultado se alcanza trazando un —insostenible— paralelismo entre las figuras en examen y la institución del consentimiento. Vid., críticamente, sobre el particular, ALONSO RIMO (2002, pp. 440 y ss.).

30 *Supra*: 9.1.2.1.

Si se trata de hechos que no tienen suficiente trascendencia pública como para que la sociedad en su conjunto, y con independencia de lo que piense la víctima, esté interesada en su persecución, no habría de perseguirse aquéllos con el instrumento más agresivo que tiene el Estado —que, precisamente por ello, se caracteriza por su carácter fragmentario y de última ratio—. Defender lo contrario entraña, a nuestro juicio, graves riesgos, no ya sólo por lo que implica a nivel conceptual —desvirtuación de la naturaleza pública del derecho penal moderno y empañamiento de sus fronteras con el Derecho privado, entre otras cuestiones—, sino también en lo que se refiere a aspectos concretos en los que se plasma esa concepción privatista del delito que en ocasiones acaban calando en la ley penal. De esto último constituye un buen ejemplo el proceso especial por delito privado (arts. 804 y ss. LECrim), cuya virtualidad, pese a que a veces se ha mostrado como exponente de regulación penal orientada a la víctima, implica notables connotaciones negativas para los intereses de ésta, a partir de la carga —no sólo económica, aunque también— que representa el que recaiga sobre sus hombros todo el impulso del proceso.

Sí nos parece adecuado, por el contrario, justificar la perseguibilidad mediante solicitud de la víctima a partir de la necesaria protección de determinados derechos —como su intimidad o su bienestar psíquico— incluso en términos prevalentes frente al interés general del Estado en la persecución de los delitos. Pensamos que sacrificar tales derechos obligando al ofendido a pasar a toda costa por un proceso en el que, como ocurre todavía en determinados supuestos —y con particular incidencia, según vimos, en los relacionados con la delincuencia sexual— aquéllos se pueden ver menoscabados, supone una insoportable instrumentalización de la víctima al servicio de fines sociales incompatible con el respeto a la dignidad humana impuesto por mandato constitucional. De ahí, y con independencia de que de *lege ferenda* se estimen preferibles otras opciones menos gravosas para las finalidades preventivas de la pena, que desde este prisma consideremos legítimo el fundamento de las instituciones que analizamos. Todo ello, por lo demás, guarda absoluta coherencia con el planteamiento que, en los términos expuestos en el capítulo anterior, entendemos que debe mantenerse sobre la fundamentación del derecho penal, y en atención a la cual, su faceta garantista debe alcanzar también a la víctima del delito[31].

Por último, cabe asimismo justificar los mecanismos de perseguibilidad privada en tanto se conciban como favorecedores de una acuerdo reparador entre la víctima y su agresor, y siempre que se consigne tal posibilidad en referencia a infracciones menores cuyas necesidades preventivas en el caso concreto puedan verse satisfechas por el instituto de la reparación.

---

[31] Vid. al respecto *supra*: capítulo 9.1.2.

No obstante, la realidad es que tales instrumentos se contemplan en ocasiones en relación con delitos que no reúnen el aludido requisito de escasa penalidad: así sucede en los delitos societarios o en los delitos contra el mercado y los consumidores, perseguibles en ambos casos mediante denuncia de la víctima, pese a que sus marcos penales alcanzan límites elevados; ello al margen de que en el caso específico de los tipos contra el mercado y los consumidores de los arts. 281 y ss. CP la fórmula prevista para habilitar la actuación del Ministerio Fiscal (art. 287.2 CP) convierta en ilusoria la perseguibilidad mediante denuncia de la víctima[32]. Contrariamente, llama la atención que no se regule dicho régimen en relación con la gran mayoría de faltas de carácter patrimonial, ni tampoco en relación con los delitos de esa misma índole (patrimoniales) no violentos, a pesar de que resulta frecuente en la práctica que, sin perjuicio de su régimen de persecución de oficio, la retirada de la denuncia por parte del agraviado determine el archivo de las actuaciones penales (puede verse en general sobre todo lo anterior, Alonso Rimo, 2002, *passim.*).

10.1.1.6. Víctima y sistema de sanciones penales

La consideración a la víctima tiene su influjo en cuestiones de derecho penal sustantivo tales como el diseño de los tipos delictivos o la configuración de determinadas circunstancias modificativas de la responsabilidad criminal, entre otros aspectos expuestos en los apartados precedentes. No obstante, la atención a los intereses de la víctima no termina ahí, tiene también reflejo en la conformación de determinadas sanciones penales, así como en la de las alternativas a la pena de prisión y, finalmente, en la ejecución de esta última. Al análisis de las manifestaciones de carácter victimológico más características en nuestro sistema de sanciones se enderezan, pues, las siguientes páginas[33].

Por cuanto se refiere al diseño de concretas sanciones penales partiendo de consideraciones tutelares de los intereses de la víctima, no puede decirse que nuestro ordenamiento jurídico haya llegado a los extremos de otros propios de nuestro entorno, en que la reparación a la víctima se contempla como sanción —así las “compensation order” inglesas, o las “restitution order” americanas (sobre ambas vid. Larrauri Pijoan, 1997, pp. 181 y ss.)—. Tampoco en la justicia de adultos se prevé

---

32 Y ello se quiera interpretar más o menos literalmente la referida disposición legal —en virtud de la cual “(n)o será precisa la denuncia (…) cuando la comisión del delito afecte a los intereses generales o a una pluralidad de personas”—, pues habida cuenta de la naturaleza colectiva del objeto de tutela de tales delitos mal podrán admitir que la proyección de los comportamientos típicos no afecte a un grupo indeterminado de individuos (vid. más concretamente, ALONSO RIMO, 2002, pp. 296 y ss.).

33 La consideración a dichas cuestiones en el marco del paradigma de la justicia restaurativa puede verse infra, capítulo 12.

nada semejante a la mediación-reparación como *diversion*, que contempla la reparación como colofón a un proceso de mediación instrumentado como alternativa al proceso penal —así se configura en la Ley Noruega de 15 de marzo de 1991—. De la misma forma, tampoco se incluye la reparación como una tercera vía, junto a las penas y las medidas de seguridad, al modo como era concebido dicho instituto en el Proyecto alternativo sobre la Reparación presentado en el *Deutschen Juristen Tag* de 1992, que tiene semejanzas con aquellos sistemas que la conceptúan como una alternativa al proceso penal formalizado (ampliamente sobre el contenido del proyecto, Tamarit Sumalla, 1994, pp. 131 y ss). Al margen de las críticas de que pueda hacerse tributario el modelo penal reparador, en el sentido de que la sustitución del paradigma punitivo por el reparatorio no solo obedece a consideraciones de carácter humanitario —no solo conduce a suavizar—, o que las bases ideológicas preventivo-generales de signo positivo sobre las que se asienta se hacen acreedoras de las mismas críticas que cualquier modelo sustentado sobre esa finalidad de la pena, o que puede conducir a la privatización del sistema de justicia penal (al respecto, Tamarit Sumalla, 1994, pp. 171 y ss, Herrera Moreno, 1996, pp. 237 y ss., Sanz Mulas, 2000, pp. 367 y ss.), no puede decirse que nuestro ordenamiento jurídico-penal haya llegado todavía a asumirlo.

En este orden de consideraciones, ni la reparación a la víctima se configura como una sanción, ni se da paso a expedientes que permitan imbricar la mediación reparadora en el proceso penal de adultos (lamenta dicha situación Larrauri Pijoan, 1997, p. 195). Sin embargo, en el diseño de las alternativas a la prisión, el Código penal de 1995 ha incluido tímidamente consideraciones de carácter reparatorio entre los requisitos para su acuerdo.

Sí se configura la reparación a la víctima o a la sociedad como sanción autónoma, sin embargo, en la propuesta alternativa al sistema de penas y su ejecución, y a las medidas cautelares personales, efectuada por el Grupo de Estudios de Política Criminal. Al respecto puede verse el contenido de la regla 20 de la propuesta, en el apartado correspondiente al sistema de penas, que la sitúa entre las penas privativas y restrictivas de derechos, además de incluirla posteriormente entre los sustitutivos a la pena privativa de libertad.

La suspensión de la ejecución de las penas privativas de libertad, regulada en los arts. 80 y ss. CP, en lo que podríamos denominar su régimen general, requiere que se trate de penas privativas de libertad no superiores a dos años. Entre los requisitos para su acuerdo, exige el art. 81 CP, además de que el beneficiario debe ser delincuente primario y de que la pena impuesta o la suma de las impuestas no debe superar los dos años —sin incluir en el cómputo la responsabilidad personal subsidiaria derivada del impago de la pena de multa—, que se hayan satisfecho las responsabilidades civiles que se hubieran originado, salvo que el Juez o Tribunal sentenciador, después de oír a los interesados y al Ministerio Fiscal, declare la imposibilidad total o parcial de que el condenado haga frente a las mismas. Esto es, además de aclarar Código penal en el art. 80.3 que la suspensión de la ejecución de la pena no alcanza a la responsabilidad civil derivada del delito o falta cometidos[34], exige el cumplimiento de dicha responsabilidad civil para el acuerdo de la suspensión, salvo imposibilidad total o parcial de hacer frente a la misma, sin que en este caso sea necesaria la declaración de insolvencia [de esta opinión, Prats Canut/Tamarit Sumalla, en Quintero (Dir.), 2004, p. 497; en contra Ayo Fernández, 1997, p. 108].

Resulta adecuada la consideración a aspectos de carácter reparatorio a efectos de permitir el acuerdo de una alternativa a la pena de prisión cual la suspensión; sin embargo, parece inadecuado que el acuerdo se haga pivotar exclusivamente sobre aspectos de carácter resarcitorio, sin hacer referencia a la reparación a la víctima en un sentido más amplio, lo que, porque no, bien podría incluir supuestos de reparación simbólica o indirecta. Limitar al previo cumplimiento de la responsabilidad civil el acuerdo de la suspensión, además de resultar demasiado limitado en punto a incluir otras manifestaciones reparatorias que igualmente deberían resultar merecedoras de semejante acuerdo, podría entrañar el peligro de que la suspensión fuese utilizada por parte de los perjudicados como arma de presión para la obtención de la correspondiente indemnización, además de plantear la cuestión de qué hacer cuando el pago de la responsabilidad se acuerda de manera fraccionada. En caso de pago aplazado de la indemnización sobre la base del art. 125 CP nada empecería al acuerdo de la suspensión, de manera que, si una vez acordada ésta, el condenado deja de pagar, ese no sería motivo para revocar la suspensión, aun cuando debería procederse a la averiguación de los bienes del condenado y a su embargo o declaración de insolvencia (vid., sobre estas cuestiones, González Zorrilla, 1997, pp. 75-76; Larrauri

---

34 En semejante sentido, ya en ejecución, la concesión de un indulto total o parcial de la pena principal, que lleva aparejado el de las accesorias, salvo las de inhabilitación para cargos públicos y derechos políticos, nunca comprende la indemnización civil. En este sentido, vid. art. 6 de la Ley provisional de 18 de junio de 1870, estableciendo reglas para el ejercicio de la gracia de indulto, modificada por Ley 1/1988, de 14 de enero.

Pijoan, 1997, Serrano Pascual, 1999, pp. 318-319; García Arán, 1997, p. 108; Ayo Fernández, 1997, pp. 107-108; Mapelli Caffarena/Terradillos Basoco, 1996, pp. 97-98).

El requisito de haber cumplido con las responsabilidades civiles no sólo se exige para el régimen general de la suspensión, sino también en el específico regulado en el art. 87 CP para el caso de los penados que hayan cometido el hecho delictivo a causa de su dependencia al alcohol, drogas tóxicas, estupefacientes o sustancias psicotrópicas, en que únicamente se relajan, en relación con el régimen general, las exigencias relacionadas con la duración de la pena suspendida, así como la relativa a su condición de delincuentes primarios. El hecho de que incluso en este supuesto específico deba haberse procedido a resarcir a la víctima para beneficiarse de una posible suspensión muestra la clara vocación reparatoria del instituto. Siendo esto así, llama, sin embargo, la atención que el incumplimiento a posteriori de dicho resarcimiento —por ejemplo, si se acuerda pago aplazado— no conduzca a la revocación de la suspensión (en este sentido Mapelli/Terradillos, 1995, pp. 98-99), o que, para evitar que su acuerdo se supedite siempre al pago o a la ausencia de posibilidad de efectuarlo en el momento de decidir sobre la suspensión, no se haya previsto la posibilidad de imponer el pago de la reparación como obligación a cumplir en el plazo de suspensión de la pena (de esta opinión, Beristain Ipiña, 2000, p. 494, Larrauri Pijoan, 1997, p. 194). Acerca de esta última cuestión, nada impediría que la obligación de llevar a cabo una prestación de carácter reparatorio, incluso en el marco de un proceso de mediación, se acordara incardinada en la regla sexta del art. 83.1 CP, en tanto se prevé que se acuerde la posibilidad de cumplir los demás deberes que el Juez o Tribunal estime convenientes para la rehabilitación social del penado, previa conformidad de éste, siempre que no atenten contra su dignidad como persona[35]

---

[35] En dicho supuesto, serán los servicios sociales penitenciarios del lugar donde el penado tenga fijada su residencia los encargados de hacer efectivo el cumplimiento de las obligaciones sobre la base de lo determinado en la resolución judicial. Con este fin elaborarán un plan individual de intervención y seguimiento que debe ser aprobado por el Juez, remitiendo al servicio o centro correspondiente al penado a efectos de inicio o continuación del programa, aunque siempre controlando su evolución, de acuerdo con los arts. 16 y ss. del RD 515/2005, de 6 de mayo, por el que se establecen las circunstancias de ejecución de las penas de trabajo en beneficio de la comunidad y de localización permanente, de determinadas medidas de seguridad, así como de la suspensión de la ejecución de las penas privativas de libertad.

[de esta opinión, Prats Canut/Tamarit Sumalla, en Quintero (Dir), 2004, p.503, Tamarit Sumalla, 1998, p. 215; contra dicha posibilidad, De Llera Suárez-Bárcena, 2003, pp. 325-326]. No obstante, debe atenderse a que este tipo de reglas únicamente pueden adoptarse cuando se trata de la suspensión de penas de prisión, que su acuerdo no permite prescindir del cumplimiento de los requisitos enumerados en el art. 81 CP y que en este concreto supuesto, además de requerir el consentimiento del penado, deben adoptarse más en consideración a finalidades de carácter rehabilitador que reparador.

También en la sustitución de la pena de prisión se atiende a consideraciones de carácter reparatorio. Así, en el art. 88 CP, entre las condiciones para acordar la sustitución de la pena de prisión por la pena de multa o de trabajos en beneficio de la comunidad, tanto si se trata de una pena de prisión que no supere el año como, excepcionalmente, que no exceda de dos años, se exige que el reo no sea habitual, de forma que el acuerdo debe adoptarse "cuando las circunstancias personales del reo, la naturaleza del hecho, su conducta y, en particular, el esfuerzo para reparar el daño causado" así lo aconsejen. Con independencia de que la referencia a la reparación de la víctima resulta más adecuada que la mera apelación al pago de la responsabilidad civil si pretenden alzaprimarse consideraciones de carácter victimológico en la toma de una decisión (así, Serrano Pascual, 1999, p. 239), debe tenerse en consideración que dicho factor constituye solamente uno de los orientativos que debe tener en cuenta el operador jurídico en el momento de acordar la suspensión. No obstante, no se nos oculta que se erige en uno de los criterios característicos de prevención especial a que se refiere el precepto —en elenco no cerrado [cfr. Gracia Martín (Coord), 2004, pp. 332-333]— que no teniendo condición de requisito de necesaria concurrencia, es de aquellos a los que se dota de mayor protagonismo para acordar la suspensión (vid. Tamarit Sumalla, 1998, p. 211). Además, por la forma en que se halla contemplado en el art. 88 CP no se conceptúa como elemento cuya concurrencia se debe haber producido con carácter objetivo, pues apelando al "esfuerzo por reparar" se le da un contenido predominantemente subjetivo, que si bien puede plantear problemas de prueba, también permite introducir la idea de reparación a la víctima según la propia capacidad [de esta opinión, Prats Canut/Tamarit Sumalla, en Quintero Olivares (Dir.), 2004, p.516].

Junto a consideraciones victimológicas en punto al diseño de los criterios que permiten la aplicación de alternativas a la prisión, también razones relacionadas con el bienestar y la seguridad de la víctima explican la configuración de algunas sanciones en nuestro Código penal. Al margen del goteo de supuestos aislados en Libro II del Código Penal en que sanciones específicas pueden tener un contenido reparatorio[36], o del contenido reparatorio de carácter simbólico inherente a la pena de trabajos en beneficio de la comunidad[37], e incluso del carácter tuitivo para con la víctima de algunos supuestos de inhabilitación especial[38], el conjunto de sanciones previstas en el catálogo general de penas claramente orientadas a tutelar a la víctima son las denominadas penas de alejamiento, contempladas en el art. 48 CP. Dichas sanciones, que se incluyen entre las penas restrictivas de derechos, fueron introducidas en el Código penal de 1995 con un contenido sustancialmente inferior al que tienen en la actualidad, pues en ese momento únicamente se preveían entre las penas privativas de derechos la privación del derecho de residir en determinados lugares o de acudir a ellos —en puridad, sanciones que restringían la libertad ambulatoria— y se incluían igualmente entre las medidas de seguridad no privativas de libertad, así como entre las reglas que el Tribunal puede imponer en determinados supuestos al suspender la ejecución de la pena, aunque en este último caso únicamente se incluía la prohibición de acudir a determinados

---

[36] Así, por ejemplo, ante la comisión de un delito contra la ordenación del territorio, el art. 319.3 CP prevé la posibilidad de que el Juez o Tribunal pueda acordar la demolición de la obra a cargo del autor del hecho. De manera semejante, entre los delitos contra el patrimonio histórico se prevé, en los arts. 321., pfo. 2º, y 323, pfo. 2º CP, la posibilidad de acordar a cargo del autor la reconstrucción o restauración de la obra, así como la adopción de medidas encaminadas a restaurar el bien dañado. En semejantes términos, en el art. 339, entre las disposiciones comunes a este conjunto de delitos y los delitos contra el medioambiente, se prevé la posibilidad de acordar medidas a cargo del infractor encaminadas a restaurar el equilibrio ecológico perturbado. Así también, entre los delitos contra el honor, el art. 216 CP prevé que la reparación del daño comprende también la publicación o divulgación de la sentencia condenatoria a costa del condenado, de manera semejante a como lo prevé el art. 288 CP en relación a los delitos relativos a la propiedad intelectual e industrial, al mercado y a los consumidores.

[37] Al respecto, conviene aclarar que el matiz reparador inherente a dicha pena se ha visto claramente afianzado a través de la LO 15/2003, que ha incorporado al art. 49 CP la posibilidad de que las actividades de utilidad pública cuya prestación constituye el contenido de la pena puedan consistir, en relación con los delitos de similar naturaleza al cometido por el penado, en labores de reparación de los daños causados o de apoyo o asistencia a las víctimas.

[38] En este sentido, se ha reconocido una finalidad preventivo-especial clara que redunda en la protección a la víctima a la pena de inhabilitación especial para el ejercicio de la patria potestad, tutela, curatela, guarda o acogimiento, cuyo contenido se contempla en el art. 46 CP.

lugares, no la prohibición de residencia. Como quiera que se trata de sanciones adecuadas para ser impuestas en los delitos relacionados con la violencia familiar —y ulteriormente de género— su configuración legal se ha visto modificada con las sucesivas reformas que de una o otra forma han incidido en este ámbito de la criminalidad. Así, en la reforma operada por LO 11/1999, se añadió a las prohibiciones de volver al lugar donde se haya cometido el delito o a aquél en que resida la víctima la de aproximarse a la víctima y a algunos de sus familiares y la de comunicarse con ella. Dichas penas, que no habían sido, sin embargo, incluidas en el catálogo general de penas y convenientemente definidas en el art. 48 CP, lo fueron a través de la LO 14/1999, que además previó la posibilidad de aplicarlas también a las faltas contra las personas de los arts. 617 y 620 CP, y de adoptar algunas de las mismas como medidas cautelares en el procedimiento penal. Posteriormente, la LO 15/2003, además de mejorar la técnica de tipificación de estas penas, amplía su duración, introduce un régimen especial para los supuestos de concurrencia de estas penas con las de prisión y establece un régimen de preceptiva aplicación de la pena de prohibición de aproximación a la víctima cuando ésta sea una de las contempladas en el art. 173.2 CP [al respecto, García Alvero, en Quintero (Dir.), 2004, p. 401, Gracia Martín (Coord), 2004, pp. 144 y ss.].

En su actual configuración, pues, dichas penas vienen definidas en el art. 48 CP. En este sentido, la privación del derecho a residir en determinados lugares o de acudir a ellos priva al penado de residir o acudir al lugar donde haya cometido el delito, o a aquél en que resida la víctima o su familia, si fueren distintos. La prohibición de aproximarse a la víctima o a aquellos de sus familiares o personas que determine el Juez o Tribunal impide al penado acercarse a ellos en cualquier lugar en que se encuentren, o acercarse a su domicilio, a sus lugares de trabajo y a cualquier otro que sea frecuentado por ellos, y tras las modificaciones incorporadas por la LO 15/2003 supone también que queda en suspenso el régimen de visitas, comunicación y estancia para con los hijos que se hubiese reconocido en sentencia civil[39]. Finalmente, la prohibición de comunicarse con la víctima o con aquellos de sus familiares u otras

39 Según la Circular de la Fiscalía General del Estado 2/2004 este ulterior contenido de la prohibición de aproximación introducido por la LO 15/2003 es claramente potestativo, a tenor de lo que se desprende de la exposición de motivos de la referida norma.

personas que determine el Juez o Tribunal impide al penado establecer con ellas, por cualquier medio de comunicación o medio informático o telemático contacto escrito, verbal o visual. Al objeto de controlar la ejecución de tales sanciones, la LO 15/2003 ha incorporado también la posibilidad de acordar que se efectúe a través de aquellos medios electrónicos que lo permitan, aludiendo a la posibilidad de utilizar medios de control electrónicos, como los brazaletes.

Por cuanto se refiere a sus posibilidades aplicativas, a pesar de estar definidas en el Código penal sin aludir a su carácter principal o accesorio, únicamente funcionan como penas accesorias, puesto que ningún precepto de la parte especial prevé su aplicación como principales. Sin embargo, constituyen penas accesorias *sui generis*, puesto que no se adicionan a una pena principal, sino a un conjunto de delitos contemplado en el art. 57 CP, y no tienen la duración de una pena principal, sino la que en su caso se determine, que no puede superar los diez años en el caso de delito grave ni los cinco en el caso del delito menos grave, así como los seis meses en el caso de la comisión de las faltas contempladas en los arts. 617 y 620. Se trata de sanciones de imposición facultativa que pueden adoptarse atendiendo a dos criterios alternativos, bien la gravedad de los hechos, bien el peligro que el delincuente represente, en que se evidencia el carácter tutelar de la sanción para con las víctimas[40]. Si bien la regla general es que la duración de éstas no puede exceder de los cinco o de los diez años en función de que nos hallemos frente a un delito menos grave o grave, las dudas suscitadas acerca del cumplimento simultáneo o sucesivo de esta pena con la de prisión han propiciado la introducción de un nuevo párrafo segundo al número primero del art. 57 CP por obra de la LO 15/2003. En su virtud, el cumplimiento de dicha pena con la de prisión pasa a ser simultáneo y después sucesivo —una vez finalizada la pena de prisión— [vid. García Albero, en Quintero (Dir.), 2004, p. 404], con el consiguiente incremento en la duración de tales penas, puesto que cuando se impone de modo cumulativo a una pena de prisión la prohibición o prohibiciones se impondrán por tiempo superior entre uno y diez años a la duración de la

[40] En este sentido, la Circular de la Fiscalía General del Estado 1/1998, de 24 de octubre, indicaba a los fiscales ya antes de la modificación operada por las LO 11/1999 y 14/1999 que para la solicitud de dicha pena debían valorarse circunstancias como el peligro que represente el delincuente, debiendo atender fundamentalmente a la existencia de reiteración en las conductas violentas y, muy especialmente, a la existencia de una línea de gravedad creciente en las acciones delictivas.

pena de prisión impuesta en sentencia si el delito es grave, y entre uno y cinco años si es menos grave, supuesto en el cual las prohibiciones se cumplen de manera simultánea. De tal forma, el cumplimiento simultáneo garantiza que rige la prohibición aun cuando se goce de un permiso penitenciario, del tercer grado o de la libertad condicional, y al mismo tiempo la finalidad protectora no se frustra por haber transcurrido el tiempo por el que se había impuesto la prohibición una vez excarcelado el sometido a la misma, habida cuenta de que siempre excede a la pena de prisión impuesta, aunque ello suponga un sustancial incremento de la duración de esta sanción privativa de derechos.

Aun cuando el régimen general conduce a la imposición potestativa de la sanción, también por obra de la LO 15/2003 resulta preceptiva la prohibición de aproximación que incorpora el art. 48.2 CP cuando las víctimas de los delitos, que no faltas, que contempla el art. 57 CP sean las mencionados como víctimas en el delito de maltrato habitual en el ámbito familiar del art. 173.2 CP. A pesar de que la *voluntas legislatoris* ha sido obligar a imponer penas de alejamiento en el ámbito del maltrato familiar, los delitos contemplados en el art. 57 CP exceden en mucho de este ámbito de la criminalidad, de manera que una aplicación textual del precepto conducirá a aplicar dicha sanción en supuestos que no tengan que ver con la utilización de la violencia física o psíquica en el seno de la familia [en este sentido, García Albero, en Quintero (Dir), 2004, p. 405]. Es quizá por el excesivo rigor de esta disposición, que además se adopta sin que sea oída la víctima, por lo que en la Circular 2/2004 de la Fiscalía General del Estado, en los supuestos en que hay reconciliación entre víctima y agresor, se insta a los fiscales a que soliciten el indulto parcial respecto de la pena de alejamiento paralelamente a solicitar la suspensión de la ejecución de la pena de conformidad con el art. 4.4 CP. En semejantes términos, el Tribunal Supremo argumenta que el mantenimiento de la pena pierde su sentido una vez que la víctima reanuda voluntariamente su convivencia con el sancionado, mostrándose reacio a proceder por quebrantamiento en tales supuestos (cfr. STS 26 septiembre 2005, RJ 1156/2005).

Debe recordarse que algunas de las penas de alejamiento a que se refiere el art. 48 CP pueden imponerse como reglas de conducta en el caso de suspensión de la ejecución de penas de prisión, de conformidad con el art. 83 CP —en concreto, la prohibición de acudir a determinados lugares y de aproximarse a la víctima o determinadas personas, de manera preceptiva cuando se trate de delitos relacionados con la violencia de género—. Además, todas ellas están incorporadas al catálogo de las medidas de seguridad no privativas de libertad contenidas en el art. 96 CP, así como en el art. 105 CP.

Para concluir con este tipo de sanciones, también la proyectada reforma de la Ley Orgánica 5/2000, de 12 de enero, reguladora de la responsabilidad penal de los menores, prevé la inclusión al catálogo de medidas aplicables a menores de semejantes sanciones a las contempladas en el art. 48 CP. En el Proyecto de modificación de la referida Ley se introduce *ex novo* la medida de alejamiento o prohibición de comunicación del ofensor respecto de la víctima o su entorno o personas judicialmente determinadas. Ya la Fiscalía General del Estado, en la Consulta 3/2004, había admitido la posibilidad de imponer obligaciones de alejamiento como medida cautelar, al considerarlas como una de las reglas de conducta que se pueden imponer al amparo del art. 7.1.h) en la libertad vigilada, sin embargo, en la reforma proyectada se prevé como medida *ad hoc* en el art. 7.1.i). El Consejo General del Poder Judicial, en su informe sobre el Anteproyecto de LO, consideró acertada la decisión de incluirla específicamente, pero lamentaba que no se hubiera incluido como punto de referencia de la medida de alejamiento el centro educativo, escolar o de formación profesional, pensando en supuestos de acoso escolar; por tal razón en el correspondiente precepto del proyecto parece ya la provisión de acercarse al "centro docente".

Dejando de lado el diseño abstracto de las sanciones penales, en la ejecución de las penas también se atiende a cuestiones de carácter victimológico. Más allá de la tradicional exigencia de escuchar a la víctima en la tramitación del indulto[41], tal como se ha manifestado, ha sido la LO 7/2003, de 30 de junio, de medidas de reforma para el cumplimiento íntegro y efectivo de las penas, la que con mayor o menor fortuna ha introducido la idea de reparación a la víctima en la ejecución (vid. ampliamente, Tamarit Sumalla, en García Albero/Tamarit Sumalla, 2004, pp. 114 y ss.). En dicho sentido, la referida norma, en el marco de una orientación restrictiva general a la concesión del tercer grado, ha introducido dos nuevos números al art. 72 LOGP, en virtud de los cuales el acceso al tercer grado deja ya de ser tan flexible como tradicionalmente lo había venido siendo según el sistema de individualización científica instaurado por la LOGP. Abundando en esta cuestión, además de que el progreso a tercer grado no puede producirse hasta que se haya cumplido la mitad de la pena impuesta en aquellas penas de prisión superiores a cinco años —al margen de las exigencias específicas para la concesión del mismo en delitos de terrorismo y los cometidas en el seno de organizaciones criminales, contenido en el art. 72.6 LOGP— se requiere, según el tenor del art. 72.5 LOGP, que el penado haya satisfecho la responsabilidad civil derivada del delito. A tales efectos se considera la conducta efectivamente observada en orden a restituir lo sustraído, reparar el daño e indemnizar los perjuicios materiales y morales, aunque también tomando en consideración las condiciones personales y

[41] Vid. art. 24 Ley Provisional de 18 de junio de 1870, estableciendo medidas para el ejercicio de la gracia de indulto, modificada por Ley 1/1988, de 14 de enero. En éste se prevé que, en la tramitación de la correspondiente solicitud, además de pedirse informe de la conducta del penado al jefe del establecimiento en que se halle cumpliendo condena —o al Gobernador de la provincia de residencia si la pena no es privativa de libertad—, serán oídos el fiscal y la parte ofendida.

patrimoniales del culpable —a efectos de valorar su capacidad real, presente y futura para satisfacer la responsabilidad civil que correspondiera—, las garantías que permitan asegurar la satisfacción futura o la estimación del enriquecimiento que el culpable hubiera obtenido por la comisión del delito, y el daño o entorpecimiento producido al servicio público, así como la naturaleza de los daños y perjuicios causados por el delito, el número de perjudicados y su condición.

Añade el segundo párrafo de este número que se aplicará singularmente la norma contenida en el párrafo primero cuando el interno haya sido condenado por una serie de delitos que enumera, fundamentalmente delitos contra el patrimonio y el orden socioeconómico, además de algunos delitos contra la Administración Pública.

En definitiva, se acude al principio de reparación según al propia capacidad como elemento para acordar la progresión a tercer grado, aun cuando limitando la reparación a la satisfacción de la responsabilidad civil y haciendo hincapié en la observancia de dicho elemento fundamentalmente en la comisión de delitos patrimoniales y económicos, en detrimento de otro tipo de delitos. Se prioriza, como parece deducirse de la exposición de motivos, evitar que delincuentes que han cometido delitos que les reportan cuantiosos ingresos puedan obtener el tercer grado antes de asegurar sus responsabilidades civiles por encima de consideraciones que tengan que ver con una efectiva reparación a la víctima. No obstante, la referencia a un conjunto determinado de delitos introduce la duda de si las exigencias incluidas tienen vocación de generalidad o se refieren únicamente a los delitos que contempla el precepto [en el segundo sentido, Tamarit Sumalla/García Albero/ Rodríguez Puerta/Sapena Grau, 2005, p. 283].

La referida Ley Orgánica 7/2003 también ha modificado los requisitos necesarios para la obtención de la libertad condicional, de manera que para acordar la aplicación de este último grado en la ejecución de la pena de prisión se atiende nuevamente a la reparación a la víctima. En este sentido, en lo atinente al régimen general de la libertad provisional, en el art. 90 CP, junto a las tradicionales exigencias de que el penado se encuentre en tercer grado del tratamiento penitenciario y que haya extinguido las tres cuartas partes de la condena impuesta, se incluye como un elemento que sirve para perfilar el tercero de los requisitos, esto es, que se haya observado buena conducta y exista respecto de los sentenciados un pronóstico individualizado y favorable de reinserción social, la indicación de que no se entenderá cumplido este último si el penado no hubiese satisfecho la responsabilidad civil derivada del delito en los supuestos y conforme a los criterios establecidos por el art. 72.5 y

6 LOGP, además de introducirse ulteriores precisiones relativas a los delitos de terrorismo y la criminalidad organizada[42]. Esto es, la necesaria satisfacción de la responsabilidad civil para gozar del beneficio de la libertad condicional, especialmente cuando se han cometido delitos contra el patrimonio y el orden socioeconómico de cierta entidad, se manifiesta en dos diversos momentos, pues constituye un elemento a considerar para acceder previamente al tercer grado y debe ser nuevamente objeto de consideración al emitir el informe final a que se refiere el art. 67 LOGP en punto a determinar si nos hallamos frente a un sentenciado respecto del cual existe un pronóstico individualizado y favorable de reinserción social [crítico con este doble e idéntico requerimiento, Gracia Martín (Coord), 2004, p. 103]. Nuevamente se orillan aquí otras formas de reparación distintas al propio pago de la responsabilidad civil; sin embargo, en tanto por mor del art. 90.2 CP se pueden imponer al beneficiado por la medida la observancia de una o varias reglas de conducta de las contenidas en los arts. 83 y 96.3 CP, nada impediría imponer el deber de participar en un programa, por ejemplo, de mediación reparadora, sobre la base de la regla sexta del art. 83.1 CP.

Junto a la modificación de los requisitos para acceder al régimen general de la libertad condicional, la LO 7/2003 introduce un nuevo régimen específico de concesión de la misma en el art. 91.2 CP. En su virtud, una vez extinguida la mitad de la condena, cuando el penado está clasificado en tercer grado y ha observado buena conducta y exista

42 Respecto de las personas condenadas por los delitos de terrorismo o por los cometidos en el seno de organizaciones criminales, el pronóstico de reinserción social —se entiende que también en estos casos individualizado y favorable— se condiciona a que el penado muestre signos inequívocos de haber abandonado los fines y los medios de la actividad terrorista, y que además haya colaborado activamente con las autoridades, bien para impedir la producción de otros delitos por parte de la banda armada, organización o grupo terrorista, bien para atenuar los efectos de su delito, bien para la identificación, captura y procesamiento de responsables de delitos terroristas, para obtener pruebas o para impedir la actuación o el desarrollo de las organizaciones o asociaciones a las que haya pertenecido o con las que haya colaborado. Dichos extremos, según aclara el propio art. 90.1 i.f. CP pueden acreditarse mediante una declaración expresa de repudio de las propias actividades delictivas y de abandono de la violencia y una petición expresa de perdón a las víctimas del propio delito, además de por los informes técnicos que acrediten que el preso se halla plenamente desvinculado de la organización terrorista y del entorno y actividades de asociaciones y colectivos ilegales que la rodean y su colaboración con las autoridades.

pronóstico individualizado y favorable de reinserción social, se permite adelantar la concesión de la libertad condicional hasta un máximo de noventa días por cada año transcurrido de cumplimiento efectivo de la condena en relación con las dos terceras partes a que se refiere el apartado primero del precepto —con excepción de los delitos de terrorismo y la criminalidad organizada—, siempre que el penado haya desarrollado continuadamente actividades laborales, culturales y ocupacionales y que acredite, además, la participación efectiva y favorable en programas de reparación a las víctimas o programas de tratamiento y desintoxicación. Con ello, la participación positiva en programas de reparación, que excede del mero pago de la responsabilidad civil, permite beneficiarse de un régimen excepcional privilegiado de la libertad condicional, aunque esto no impida que los requisitos a que se refieren los núms. 5 y 6 del art. 72 LOGP deban concurrir tanto para ser clasificado en tercer grado como para obtener el informe con el pronóstico favorable, que igualmente se requieren para gozar de este régimen especial (sobre los avatares que condujeron a la introducción de este régimen vid. Tamarit Sumalla, en García Albero/Tamarit Sumalla, 2005, pp. 110 y ss).

Para finalizar con este epígrafe, una vez ejecutada la pena, si procede, tampoco la extinción de la responsabilidad penal es totalmente ajena a consideraciones de carácter reparatorio. La cancelación de antecedentes penales presupone, por mor del art. 136.1 CP, además del transcurso de los plazos a que el precepto se refiere sin delinquir, que se hayan satisfecho las responsabilidades civiles provenientes de la infracción.

No obstante, el propio precepto flexibiliza el requisito, al no exigirlo en los supuestos de insolvencia declarada por el Juez o Tribunal sentenciador, siempre que no hubiera mejorado la situación económica del reo. De la misma manera que, en caso de fraccionamiento del pago de la responsabilidad civil, considera bastante que el reo se halle al corriente de los pagos fraccionados y preste garantía suficiente a juicio del Juez o Tribunal respecto de la cantidad aplazada.

10.1.1.7. La responsabilidad civil derivada del delito

La responsabilidad civil *ex delicto* determina la obligación de reparar el daño causado por la infracción penal, que nace como consecuencia de la realización de esta última y siempre que de ella se derive la causación de perjuicios que den contenido a la citada obligación. Así lo instituye el art. 109 CP cuando consigna que "la ejecución de un hecho descrito por la Ley como delito o falta obliga a reparar, en los términos previstos en las Leyes, los daños y perjuicios por él causados"; precisando a continuación el art. 110 CP que tal clase de responsabilidad comprende la restitución, la reparación del daño, y la indemnización de perjuicios materiales y morales. La responsabilidad civil derivada del delito aparece regulada, pues, y pese a tratarse, según se admite de forma más o menos pacífica, de una institución de naturaleza civil, en el Código penal (arts. 109 y ss.), así como en la Ley de Enjuiciamiento Criminal. De ésta se sigue la posibilidad de acumulación en el proceso penal de las acciones civiles y penales (arts. 111 y ss. LECrim), lo que a su vez admite la entrada en la causa, junto a la víctima u ofendido, y si bien en términos restringidos, del perjudicado por el delito (art. 110 LECrim).

Pero con independencia de la variada gama de cuestiones que se suscitan en torno a esta materia[43], interesa en este momento subrayar que el legislador se ha preocupado de establecer en sede de regulación sustantiva penal una serie de disposiciones que promueven el cumplimiento de tal obligación generada a favor de la víctima a partir de la comisión de un delito, contribuyendo de esta forma a paliar, aunque sólo sea en parte, la insatisfacción que genera en aquélla la frecuente ausencia de cumplimiento efectivo de la citada responsabilidad civil impuesta por sentencia. En este orden de cosas, y junto a las ya analizadas referencias legales de esta índole relativas al ámbito de la ejecución de las sanciones penales, así como los también estudiados mecanismos de perseguibilidad privada —que permiten, según se ha visto, una lectura en términos favorecedores de la reparación—[44], cabe destacar la circunstancia genérica de reparación del daño a la víctima (art. 21.5 CP), en virtud de la cual constituye causa de atenuación de la pena "haber procedido el culpable a reparar el daño ocasionado a la víctima, o disminuir sus efectos, en cualquier momento del procedimiento y con anterioridad a la celebración del acto del juicio oral"; o asimismo la previsión del art. 125 CP, que autoriza el fraccionamiento del pago a fin de facilitar el cumplimiento de las responsabilidades pecuniarias por parte del obligado; o la del art. 126 CP, que instaura un orden de prelación en punto a la imputación de los pagos realizados por el penado o el responsable civil subsidiario en cuyo primer nivel se sitúa "la reparación del daño causado e indemnización de los perjuicios"; o, en fin,

---

[43] Vid. con carácter general, y además de lo expuesto *supra* (1.9) e *infra* (10), JUAN SÁNCHEZ (2004, passim.), QUINTERO OLIVARES/CAVANILLAS MÚGICA/DE LLERA SUÁREZ-BÁRCENA (2002, *passim.*) y ROIG TORRES (2000, *passim.*).

[44] Vid. supra: 10.1.1.5 y 6, respectivamente.

el ya aludido delito de insolvencia punible del art. 258 CP, que se encuentra presidido por idéntico propósito de favorecer la satisfacción de las responsabilidades civiles por el victimario. Por su parte, la Ley de responsabilidad penal de los menores contempla en su art. 19 la posibilidad de sobreseimiento por reparación o conciliación entre el menor y la víctima, siendo asimismo reseñable en materia de responsabilidad civil la previsión del art. 61.3 de la nombrada Ley, a tenor del cual "cuando el responsable de los hechos cometidos sea un menor de dieciocho años, responderán solidariamente con él de los daños y perjuicios causados sus padres, tutores, acogedores y guardadores legales o de hecho, por este orden. Cuando éstos no hubieren favorecido la conducta del menor con dolo o negligencia grave, su responsabilidad podrá ser moderada por el Juez según los casos"[45].

Al hilo de lo que se viene exponiendo, se debe tener en cuenta que la responsabilidad civil derivada del delito no coincide exactamente con el más amplio concepto de reparación a la víctima. Mas tal delimitación, y en general el tema de la justicia reparadora, que está adquiriendo en los últimos tiempos un ascendente protagonismo en los sistemas penales de nuestro entorno jurídico-cultural —y al que tampoco escapa el ordenamiento punitivo español— es objeto de atención detenida en un capítulo posterior, al cual nos remitimos[46].

10.1.2 Aspectos procesales penales

Una vez analizadas las manifestaciones victimológicas de uno u otro signo contenidas en el derecho penal sustantivo, procede seguidamente exponer aquellos aspectos regulativos del proceso penal con una génesis tutelar para con la víctima. Con la inclusión de la mayor parte de disposiciones a que se hará referencia en este apartado se pretende la erradicación de la denominada victimización secundaria, esto es, la evitación de las consecuencias perversas que el contacto de la víctima con la administración de justicia produce a ésta, que se añaden al primer proceso victimizador sufrido con el padecimiento del delito. La finalidad de estas normas consiste en paliar el impacto de carácter fundamentalmente psicológico que sufre la víctima al entrar en contacto con el

---

45 Vid. un comentario crítico a tal precepto en LANDROVE DÍAZ (2005, pp. 173 y 174).

46 *Infra*: 12.

sistema de justicia penal, en reducir la actualización de la vivencia criminal, y la consiguiente generación de estados de impotencia, temor, abatimiento, que pueden conducir al padecimiento de desórdenes psíquicos (sobre el concepto de victimización secundaria y sus efectos, vid. García-Pablos de Molina, 1993, pp. 292-293, Beristain, 1993, 195-199, Monterde Ferrer, 1993, p. 270; Landrove Díaz, 1990, p.44; Hassemer/Muñoz Conde, 2001, pp. 184-185; Ferreiro Baamonde, 2005, pp. 166 y ss., Delgado Martín, 2005, p.353; en relación con los efectos sobre la victimización de la intervención de profesionales de la medicina forense vid. Querejeta Casares, 2000, pp. 59 y ss.).

Puesto que el estatuto de la víctima en el proceso penal español, se halle éste más o menos perfilado, se ha ido configurando sobre la base de las disposiciones internacionales ya analizadas en el tema precedente[47], se utilizará el mismo esquema seguido entonces para exponer las facultades reconocidas a la víctima en el seno del proceso penal. Es decir, la exposición de las disposiciones procesales pivotará sobre el reconocimiento de derechos como el de información, las posibilidades de participación, la asistencia a las víctimas, su protección en el proceso y finalmente las posibilidades de indemnización/reparación. No obstante, puesto que la asistencia se configura de modo integral, excediendo la jurídica[48] —única que constituiría un aspecto relacionado con el derecho procesal—, y será objeto de tratamiento en el siguiente tema y las modalidades de reparación a la víctima se desarrollan tanto en éste como en el tema relativo a la justicia reparadora, ambos aspectos no resultarán desarrollados en el capítulo presente.

---

47 Vid supra apartado 9.2

48 En lo atinente a la asistencia jurídica gratuita, las víctimas no tienen un tratamiento distinto a cualquier otro que la pretenda, pues tienen derecho a la misma cuando acrediten insuficiencia de recursos para litigar, como todos —vid. art. 2 Ley 1/1996, de 10 de enero, de asistencia jurídica gratuita—. No obstante, se ha sostenido que sería deseable conferir a las víctimas de determinados delitos dicha asistencia con independencia de su situación económica (cfr. DELGADO MARTÍN, 2005, p. 397), e incluso que tal derecho debería reconocerse siempre a la víctima que desee personarse como acusación cualquiera que sea el delito objeto del proceso (vid. MARTÍN OSTOS, 2004, p. 1553).

10.1.2.1. Evolución legislativa: hacia el diseño de un estatuto procesal de la víctima

Antes de entrar a analizar la forma en que se reconoce el derecho de información y se garantiza la participación y la protección de la víctima en el proceso penal español, debe efectuarse una breve referencia al sentido de la evolución legislativa producida en estos aspectos.

Tradicionalmente, el objetivo principal a cuya consecución se ha instrumentado el diseño del proceso penal ha sido a garantizar los derechos fundamentales de aquél contra el que éste se dirige, el imputado después acusado. En este devenir, la víctima ha quedado relegada, se ha visto reducida a un segundo término y se le ha sustraído su ancestral papel protagonista en la resolución del conflicto que el delito representa. La complitud del estatuto garantístico del acusado, así como el nacimiento como disciplina de la victimología, explican, entre otras razones, que en los últimos decenios haya surgido como un nuevo objetivo la debida consideración a la víctima en el mismo proceso penal (acerca de la evolución procesal en este aspecto vid. Beristain, 2004, pp. 824 y ss.).

Consecuencia directa o indirecta de instrumentos como la Declaración de Naciones Unidas sobre los principios fundamentales de justicia para las víctimas de delitos y el abuso de poder, la Recomendación del Comité de Ministros del Consejo de Europa de 1985 y la Decisión Marco del Consejo de 15 de marzo de 2001 se ha producido una actividad normadora de carácter procesal penal protectora de la víctima. Partiendo de una situación tradicional en que el papel de la víctima en nuestro proceso penal se limitaba a ser parte acusadora, sin distinción de tipo alguno respecto de cualquier otro acusador, o bien se limitaba a ser testigo —sin especificidad alguna tampoco en este caso— hemos alcanzado un estadio en que puede hablarse, cuanto menos de forma incipiente, del diseño de un estatuto procesal propio de la víctima.

Partiendo de una situación normativo-procesal en la que más allá de las tradicionales facultades reconocidas a la víctima en punto al inicio del procedimiento penal o del ofrecimiento de acciones la Ley de Enjuiciamiento Criminal ni siquiera utilizaba el vocablo víctima —sino el de ofendido o perjudicado[49]—, se han instituido una serie de faculta-

---

49 Ambos conceptos difieren, en el sentido de que se considera que ofendido por el delito es el titular del bien jurídico lesionado o puesto en peligro con la comisión del mismo,

des referidas a la víctima con independencia de su personación en el correspondiente proceso penal. Sin embargo, la mayor parte de empresas legislativas que han supuesto el reconocimiento de dichos intereses no han tenido una vocación generalista o integral, sino que han acostumbrado a atender aspectos concretos relacionados fundamentalmente con la victimización secundaria. En este orden de consideraciones, al margen de las disposiciones existentes en nuestro país enderezadas a regular y dotar de contenido los derechos indemnizatorios de las víctimas, la primera de de las normas dirigidas a minimizar los efectos de la victimización secundaria ha sido la Ley Orgánica 19/1994, de 23 de diciembre, de protección a testigos y peritos en causas criminales, en que se contienen disposiciones orientadas a la protección de la persona, libertad o bienes de las personas comprendidas en la Ley. Con posterioridad, la Ley 35/1995, de 11 de diciembre, de ayudas y asistencia a la víctimas de delitos dolosos y violentos y contra la libertad sexual, si bien fundamentalmente se dedica a instaurar un sistema de ayudas públicas de contenido económico a las víctimas de delitos violentos, dedica su capítulo II al establecimiento de medidas de carácter asistencial a las víctimas de todo tipo de delitos.

Uno de los ámbitos sectoriales de la criminalidad que más ha inspirado al legislador en los últimos años, con la consiguiente producción de normativa procesal y sustantiva de carácter penal, ha sido el de la violencia doméstica o familiar. Sobre la base de la protección integral de las víctimas de este tipo de criminalidad las sucesivas normas han introducido una serie de disposiciones en la Ley de Enjuiciamiento Criminal que en ocasiones contribuyen a minimizar la victimización secundaria de víctimas que incluso pueden serlo de cualquier tipo de delitos. Así, a través de la Ley Orgánica 14/1999, de 9 de junio, de modificación del Código penal de 1995, en materia de protección a las víctimas de malos tratos y de la Ley de Enjuiciamiento Criminal, se introduce una medida cautelar que permite el distanciamiento físico entre el agresor y la víctima, se positiviza un deber de comunicación para con las víctimas de estos delitos y se adoptan cautelas para evitar la confrontación visual con el imputado o acusado en las testificales

---

mientras que perjudicado es quien sufre las consecuencias civiles o patrimoniales del hecho constitutivo de delito (por todos, vid. MONTERO AROCA/GÓMEZ COLOMER/MONTÓN REDONDO/BARONA VILAR, 2001, pp. 69-70). Al respecto, vid. apartado 10.1.1.1.

prestadas por menores de edad y se establece la prohibición de practicar careos con menores de edad. Posteriormente, la finalidad de dotar a la víctima de la violencia familiar de un estatuto protector integral se evidencia mediante la aprobación de la Ley 27/2003, de 31 de julio, reguladora de la orden de protección a las víctimas de violencia doméstica, que introduce la orden de protección en el art. 544 ter Lecrim. Para concluir, dicha vocación protectora global de las víctimas de este tipo de delitos, a los que se añaden las víctimas de la violencia de genero, cristaliza con la aprobación de la Ley Orgánica 1/2004, de 28 de diciembre, de medidas de protección integral contra la violencia de género.

Siguiendo con esta breve exposición de la evolución normativa, es en la reforma introducida en la Lecrim por obra de la Ley 38/2002, de 24 de octubre, y de la Ley Orgánica 8/2002, de 24 de octubre, mediante las que se regula como procedimiento especial el juicio rápido, además de modificarse la regulación de procedimiento abreviado, en que puede afirmarse que la condición de víctima alcanza relevancia autónoma en el procedimiento penal, positivándose a nivel general sus derechos (vid. Martín Ostos, 2004, pp. 1459 y ss., Magro Servet, 2002, p. 1620). Fundamentalmente, se instituye la obligación respecto de determinados operadores de informar a las víctimas de sus derechos, se prevé la obligación de notificarles determinadas resoluciones y se arbitran posibilidades de personación de la víctima en el proceso.

Para concluir, tampoco el proceso penal de menores se ha mantenido al margen de esta evolución legislativa orientada al reconocimiento de la víctima. Si bien la Ley Orgánica 5/2000, de 12 de enero, reguladora de la responsabilidad penal de los menores, constituye una norma reciente, su manifestada orientación a la reeducación del infractor le había hecho olvidar el estatuto jurídico de la víctima, lo que generó las correspondientes críticas a su reflejo en la Ley. Fruto de las mismas, ya la Ley Orgánica 15/2003, de 25 de noviembre, modificó el régimen de participación de la víctima en el proceso penal de menores, que ahora puede personarse como acusación. No obstante, la empresa modificadora de mayor envergadura en punto al reconocimiento de los derechos de la víctima en este proceso se halla todavía en fase prelegislativa. Al respecto, existe un Proyecto de Ley Orgánica de reforma de esta norma entre cuyos objetivos se encuentra el refuerzo a la protección de la víctima, tanto reconociendo su derecho a la información, como permitiendo la simultaneidad del procedimiento penal y el de responsabilidad civil, como finalmente modificando el régimen de medidas sobre la base de consideraciones de carácter victimológico (ampliamente, vid., Viana Ballester, 2005, passim).

10.1.2.2. Información

En lo atinente a la plasmación legislativa del derecho a la información de la víctima en nuestro ordenamiento procesal penal, puede considerarse una manifestación tradicional del mismo el denominado ofrecimiento de acciones. De conformidad con lo que establece el art. 109 Lecrim, es en el acto de recibir declaración al ofendido que tiene capacidad legal necesaria cuando se le instruye del derecho que le asiste a mostrarse parte en el proceso y a renunciar o no a la restitución de la cosa, reparación del daño e indemnización del perjuicio causado por el hecho punible, así como de las posibilidades en punto al ejercicio o renuncia de las acciones penal y civil a que se refiere el art. 110 Lecrim[50].

El establecimiento normativo de dicha obligación informativa, circunscrita a unas pocas cuestiones, se ha ido ampliando sucesivamente. Los extremos acerca de los que debe facilitarse información a que se refiere el propio art. 109 Lecrim sufrieron un incremento con la aprobación de la LO 14/1999, de 9 de junio, de modificación del CP de 1995 y de la Lecrim en materia de protección a las víctimas de malos tratos. A través de esta norma, se introdujo un último párrafo al referido precepto, en virtud del cual, en los procesos seguidos por los delitos comprendidos en el art. 57 CP, el Juez asegurará la comunicación a la víctima de los actos procesales que puedan afectar a su seguridad. Instituye, pues, un deber de información instrumental a la protección de la víctima.

Abundando en el reconocimiento del derecho a la información a las víctimas de delitos relacionados con la violencia doméstica, el art. 544 ter Lecrim, regulador de la orden de protección, prevé en su múm. 9 que la adopción de la misma implicará el deber de informar permanentemente a la víctima sobre la situación procesal del imputado, así como sobre el alcance y vigencia de las medidas cautelares adoptadas. Añade que, en particular, la víctima será informada en todo momento de la situación penitenciaria del agresor.

En este orden de consideraciones, la Ley 35/1995, de 11 de diciembre, de ayudas y asistencia a las víctimas de delitos dolosos y violentos y

---

[50] Acerca del ofrecimiento de acciones en el procedimiento penal de jurado vid. art. 25.2LOTJ

contra la libertad sexual, establece en su art. 15 los deberes de información de los operadores jurídicos para con la víctima. Así, se plasma la obligación por parte tanto de los miembros de la carrera judicial, como de la Fiscal y demás autoridades y funcionarios que intervengan por razón de su cargo en la investigación de delitos que dan lugar a las indemnizaciones previstas en esta Ley, de informar a las presuntas víctimas sobre la posibilidad y procedimiento para solicitar las ayudas que incluye. De la misma forma, se recoge la obligación de informar a las víctimas de toda clase de delitos acerca del curso de las investigaciones, salvo que con ello se ponga en peligro su resultado, y del deber de informar a la víctima, en el momento de efectuar la denuncia o en su primera comparecencia ante el órgano competente, acerca de las posibilidades de obtener en el proceso penal la restitución y reparación del daño sufrido y de las posibilidades de obtener el beneficio de justicia gratuita, así como de la fecha y lugar de celebración del juicio correspondiente, debiendo serle también notificada personalmente la resolución que recaiga, aun cuando no sea parte en el correspondiente proceso.

Sin embargo, quizá la norma que con vocación globalizadora ha positivizado de manera integral los deberes de información para con la víctima, cuando menos en un tipo de procedimiento penal, ha sido la Ley 38/2002, que introduce el juicio rápido y modifica el procedimiento abreviado. Mediante la referida norma se introduce en la Ley de Enjuiciamiento Criminal una regulación más detallada de los deberes de información por parte de determinados operadores jurídicos. La obligación de informar a las víctimas sobre sus derechos se contempla en dos diversos momentos. En primer lugar el art. 771.1ª Lecrim incluye lo que se ha denominado el ofrecimiento policial de acciones, esto es, el deber de la policía judicial de cumplir con los deberes de información a las víctimas previstos en la legislación vigente en el tiempo imprescindible y, en todo caso, durante el tiempo de la detención, si la hay. Dicha información, que debe efectuarse por escrito, versará sobre los contenidos de los arts. 109 y 110 Lecrim tanto para ofendido como para perjudicado, instruyendo al ofendido de su derecho a mostrarse parte en la causa sin necesidad de formular querella, así como del derecho de ofendido y perjudicado de instar el nombramiento de abogado de oficio en caso de poder optar a la asistencia jurídica gratuita, o de su derecho a tomar conocimiento de lo actuado e instar lo que a su derecho convenga una vez personados en la causa, lo que debe contemplarse con la advertencia de que si no se personan en ella y no hacen renuncia o reserva de acciones civiles, el Ministerio Fiscal será quien las ejercite si corresponde [sobre el ofrecimiento policial de acciones, vid. García Albero (Coord), 2003, pp. 199 y ss; Pérez-Cruz Martín (Coord), 2003, p. 63, Conde-Pumpido Tourón/Garberí Llobregat, 2003, pp. 417 y ss., Fernández Fustes, 2004, pp. 190 y ss.]. En segundo término, el art. 776.1 Lecrim, que ha sido nuevamente modificado por la LO 15/2003, prevé, ya en instrucción, en la primera comparecencia ante el Juez de Instrucción, la obligación del Secretario Judicial de informar, en los términos previstos en los arts. 109 y 110 Lecrim, de todos los derechos antes mencionados [vid. García Albero (coord.), 2003, pp. 278 y ss., Fernández Fustes, 2004, pp 190 y ss.]. Dicho precepto preveía antes de la última modificación referenciada que debía procederse a la instrucción de derechos en todo caso, aun cuando previamente lo hubiera hecho la policía judicial; sin embargo, había sido interpretado por la Circular 1/2003 de la FGE en el sentido de no efectuar la citación a la víctima a los solos efectos de informarle de sus derechos si ya lo había sido por la policía judicial, limitando la citación y eventual información a los supuestos en que su testimonio pueda aportar datos relevantes para la instrucción de la causa que no consten en el atestado. La voluntad de aclarar que esta segunda instrucción judicial de derecho lo es en defecto de la policial, al objeto de evitar innecesarias citaciones de las víctimas, es lo que ha generado la pronta modificación de este precepto. Para los juicios rápidos, aun cuando el art. 796.4º Lecrim guarde silencio sobre la obligación de la policía judicial de informar a los ofendidos y perjudicados de sus derechos en el momento de citarlos para que comparezcan en el Juzgado de Guardia, la obligación de información puede considerarse subsistente, pues la regulación del procedimiento abreviado es de aplicación supletoria.

Además de las referidas obligaciones de información, la actual redacción de los arts. 785.3, 789.4, 791.2 y 792.4 Lecrim menciona el deber que tienen los órganos judiciales de informar a las víctimas, aunque no se hayan mostrado parte en el proceso, de la fecha y hora del juicio, así como de notificarles la resolución que en éste recaiga, en primera y segunda instancia, tal como ya antes había previsto el art. 15.4 Ley de Ayudas y Asistencia a las víctimas de delitos dolosos y violentos y contra la libertad sexual.

Finalmente, por cuanto se refiere al proceso penal de menores, en la reforma proyectada de la LO 5/2000 de responsabilidad penal del menor, el nuevo art. 4 —que sustituiría al actual, referido a la posibilidad de aplicar dicha ley a menores entre 18 y 21 años, que desaparece— es el precepto en que se prevé se incluya el elenco de derechos de las víctimas.

En el mismo se contempla, además del deber de efectuarles el ofrecimiento de acciones, que la víctima tiene derecho a estar informada en todo momento sobre aquellas resoluciones que afecten a sus intereses, aunque no se haya personado en el procedimiento.

Además de las cláusulas de información del art. 4, el Proyecto incluye referencias a los derechos de información del perjudicado en otros preceptos del texto articulado. Así, en el art. 18, en que se permite el desistimiento de la incoación del expediente por parte del Ministerio Fiscal, se establece la obligación de la notificación de dicha resolución a los perjudicados y víctimas, haciéndoles saber de su posibilidad de ejercitar acciones civiles. El art. 30.3 ordena la llamada preceptiva a los perjudicados civilmente por el delito al acto de la audiencia.

10.1.2.3. Participación

En cuanto a las posibilidades de participación de la víctima en el procedimiento penal, tradicionalmente su intervención en el mismo se ha limitado a intervenir como parte o a no hacerlo, circunscribiéndose su intervención en este segundo caso a ser llamado como testigo. En este sentido, el art. 110 Lecrim reconoce el derecho de los perjudicados a mostrarse parte en la causa antes del trámite de calificación del delito, ejercitando las acciones penales y civiles o solamente unas u otras, según les convenga, aclarando que el hecho de no mostrarse parte en la causa no significa que renuncien a su derecho de restitución, reparación e indemnización a salvo de la existencia de renuncia expresa. Si la misma no se ha producido y el perjudicado no se ha personado, es al Ministerio Fiscal a quien el art. 108 Lecrim encomienda el ejercicio de la acción civil junto la penal.

Así, tradicionalmente, las posibilidades de intervención de la víctima en el proceso, al margen de su posible intervención ulterior como testigo, venían concretadas en la posibilidades reconocidas legalmente en punto al inicio del procedimiento, que no iban más allá si la víctima no se mostraba parte. En este sentido, la víctima puede provocar el inicio del proceso bien a través de la presentación de la correspondiente denuncia —aunque sin diferencia alguna en relación con el resto de denunciantes, a juzgar por lo que establecen los arts. 259 y ss. Lecrim— bien a través de la interposición de la correspondiente querella, de conformidad con los arts. 270 y ss. Lecrim, aun cuando en este caso el ofendido y sus herederos o representantes legales están exentos del deber de prestar fianza.

No obstante, aun cuando la víctima que no ha ejercido la acción penal no haya tenido legalmente reconocida una forma de intervención específica en el proceso, también tradicionalmente se le ha reconocido la facultad de iniciar y proseguir el proceso respecto de infracciones penales específicas. En ese sentido, el ofendido —que se identifica con el titular del bien jurídico protegido en el delito, coincidiendo con la víctima en sentido estricto— es el único legitimado para ejercer la acusación particular, así como que la víctima es la única que puede ejercer la denominada acusación privada en los delitos privados, además de ser habitualmente la legitimada para formular la denominada denuncia necesaria en los delitos semipúblicos (ampliamente Fernández Fustes, 2004, pp. 143 ss., Ferreiro Baamonde, 2005, pp. 204 y ss.).

En la actualidad, al margen de las posibilidades interventivas de la víctima que se abren en aquellos procesos en que se reconoce normativamente la posibilidad de proceder a la mediación reparadora[51], en el marco del paradigma propio de la justicia restaurativa, que no serán objeto de tratamiento en esta sede, y que no pueden predicarse del proceso penal contra mayores de edad, la posible intervención de la víctima continúa bipolarizándose en torno a su personación como parte o a su intervención en calidad de testigo. En este segundo caso, la condición de víctima no tiene relevancia alguna en cuanto a la forma de practicar la prueba, puesto que, por ejemplo, entre las exenciones al deber de declarar no se atiende a la consideración de víctima del deponente (cfr. arts. 46, 417 y 707 Lecrim). Sin embargo, a pesar de la referida bipolarización, a la víctima se le reconocen derechos de información, como se ha expuesto en el epígrafe precedente, que le permiten mantener el contacto con el devenir de las actuaciones aun cuando no se haya personado en las mismas y que tienen por finalidad facilitar su personación. En este sentido, en el procedimiento abreviado se impone la obligación de notificar determinadas resoluciones justamente con aquella finalidad. Así, se impone la obligación al Juez de Instrucción en el art. 779.1.1ª Lecrim de notificar el sobreseimiento de las diligencias previas a quienes éste pudiera causar perjuicio, se entiende que a los que hayan aparecido en éstas como ofendidos o como perjudicados y no se hayan personado en la causa, abundando en el deber de información a las víctimas de los actos procesales que puedan afectar a su seguridad,

---

51 Al respecto, vid. art. 19 Ley Orgánica de Responsabilidad penal del Menor, en que se regulan los pormenores del sobreseimiento del expediente por conciliación o reparación entre el menor y la víctima, así como el art 51.2 del mismo cuerpo normativo, referido a la posibilidad de conciliación tras la sentencia

introducido por la LO 14/1999 en el art. 109 Lecrim. También con la finalidad de permitir la personación en un plazo máximo de quince días, con la consiguiente prosecución de la causa, se prevé en el art. 782.2.a) Lecrim para el procedimiento abreviado el necesario emplazamiento a los ofendidos o perjudicados conocidos y no personados tras la petición de sobreseimiento del Ministerio Fiscal siempre que no se haya personado acusador particular dispuesto a sostener la acusación.

Para los juicios rápidos, el precepto equivalente a éste último es el contenido en el art. 800.5 Lecrim para el supuesto en que el Ministerio Fiscal no presente su escrito de acusación en plazo (vid. Magro Servet, 2002, p. 1620).

Además de la positivación de un deber de notificación de resoluciones o información instrumental a la participación de la víctima en el proceso penal, también en el procedimiento abreviado se pretende facilitar su personación en las actuaciones. Al respecto, la nueva redacción dada al art. 761 Lecrim por la Ley 38/2002 permite la personación de ofendido y perjudicado sin necesidad de formular querella hasta el trámite de calificación del delito[52], posibilidad que normalmente se arbitra a través de la presentación de un escrito de personación o bien mediante personación *apud acta* y que continúa alcanzado también al perjudicado a pesar de que la redacción del art. 771.1 Lecrim pudiera hacer pensar que afecta únicamente al ofendido [cfr. García Albero (coord.), 2003, pp. 54 y ss].

Cuando la víctima interviene como testigo, al margen de las disposiciones normativas contempladas para facilitar su protección —que no atienden a su condición de víctima—, a las que se hará referencia en el siguiente epígrafe, también se prevén disposiciones específicas tendentes a posibilitar la práctica de la testifical. Así, los arts. 772.2 Lecrim, para el procedimiento abreviado, y 797.2º Lecrim, para el juicio rápido, prevén la posibilidad de anticipar la práctica de la prueba testifical, garantizando la contradicción, cuando por razón del lugar de residencia de un testigo o víctima fuera de temer razonablemente que una prueba no podrá practicarse en juicio oral o pudiera motivar su suspensión. Se añade que en tales casos la diligencia se deberá documentar en soporte

---

52 El art. 761 Lecrim actual reproduce el contenido que antes la la Ley 38/2002 tenía el art. 783 Lecrim. La inclusión de dicha previsión en un precepto distinto al que antes la contenía se debe únicamente a razones de sistematización, pues la referida Ley incluye un nuevo tipo de proceso en la Lecrim.

apto para la grabación y reproducción del sonido y de la imagen o por medio de acta autorizada por el Secretario judicial, debiendo introducirse en el debate en el plenario de acuerdo con lo establecido en el art. 730 Lecrim.

En orden a facilitar la intervención en el proceso penal, entre ellos la de la propia víctima cuando interviene como testigo, resulta de gran utilidad la introducción de la videoconferencia. Su admisibilidad en la práctica de testificales y de otras diligencias, que inicialmente no había sido pacífica, ha sido definitivamente afirmada a través de la inclusión de un núm. 3 en el art. 229 LOPJ, así como de los arts. 325 y 731 bis Lecrim, curiosamente introducidos por la Ley Orgánica 12/2003, que modifica la Ley de Enjuiciamiento Criminal en materia de prisión provisional. Sobre este sistema vid. Velasco Núñez, 2002, 1777 y ss.; Magro Servet, 2003, pp. 1699 y ss.; De la Mata Amaya, 2002, pp. 1271 y ss.; Choclán Montalvo, 2002, pp. 1 y ss; Villacampa Estiarte, 2005, pp. 284 y ss.

No obstante, quizá el proceso de naturaleza penal en que las facultades de intervención de la víctima se han visto más incrementadas en los últimos tiempos ha sido el proceso de menores. Inicialmente, la Ley Orgánica de responsabilidad penal del menor instituía una forma de intervención de la víctima *sui géneris*, configurada como una suerte de figura coadyuvante (Circular 1/2000 FGE; Barreda Hernández, 2001, pp. 521 y ss.; Sanz Hermida, 2001, p. 190) a pesar de que algunos autores sostenían que ya entonces se trataba efectivamente de una parte procesal (cfr. Gómez Colomer, 2002, pp. 189 y ss; Planchadell Gargallo, 2002, p. 200). En su virtud, la víctima tenía únicamente la posibilidad de una personación limitada, en fase instructora o de audiencia, en procedimientos contra menores que hubiesen cumplido los 16 años en el momento de cometer los hechos, siempre que se tratase de hechos cometidos con violencia o intimidación o concurriendo riesgo grave para la vida o la integridad de las personas. En tal supuesto, su actividad se limitaba a tener vista de lo actuado y a proponer prueba e intervenir en la práctica de la misma, aunque en caso de efectuar alegaciones las mismas no podían influir en la determinación judicial de la sanción a imponer, más allá de las peticiones que efectúe el Ministerio Fiscal. Habida cuenta de que el Defensor del Pueblo, en el informe que efectuó en el año 2002, tras un año de vigencia de la Ley de Responsabilidad Penal del Menor, ya ponía de manifiesto los déficits de protección de los derechos de la víctima en la referida norma, la LO 15/2003 procedió a modificar el art. 25 de la misma. Además del posible ejercicio de la acción civil, que ya era admitido en la primigenia redacción de la Ley Orgánica de Responsabilidad penal del menor, en la nueva redacción dada a este precepto se permite a los directamente ofendidos por el delito, sus padres, sus herederos o sus representantes legales, si fueren menores de edad o incapaces, la posibilidad de personarse en el procedimiento como acusadores particulares, con las facultades y derechos derivados de la condición de parte en el mismo, entre los que la ley enumera varios.

Incluye la facultad de ejercer la acusación particular durante el procedimiento, de instar la imposición de medidas, de tener vista de lo actuado, de ser notificado de las diligencias que se soliciten y acuerden, de proponer pruebas con ciertas limitaciones, de participar en la práctica de las pruebas, de ser oído en todos los incidentes tramitados en el procedimiento o, en caso de modificación o sustitución de medidas impuestas al menor, de participar en las vistas y audiencias que se celebren y, finalmente, de formular los recursos procedentes.

10.1.2.4. Protección

En lo que se refiere a la previsión de medidas protectoras de la víctima en el proceso penal, aunque nuestro Derecho procesal tradicional no se ha prodigado en exceso en el reflejo de este tipo de medidas, sí constituye una posibilidad añeja en nuestro ordenamiento jurídico la de ordenar la celebración de las sesiones del juicio a puerta cerrada cuando así lo exijan razones de moralidad, de orden público, o el respeto debido a la persona ofendida por el delito o a su familia, de conformidad con el art. 680 Lecrim. Junto a éste precepto, otras disposiciones no directamente orientadas a la tutela de la víctima, sino fundamentalmente a la salvaguarda del orden en la vista, se habían utilizado para posibilitar que los testigos —eventualmente víctimas— prestasen declaración habiéndose ausentado de la Sala el acusado (críticos con esta posibilidad, Marquez de Prado/Martínez Arieta, 1991, pp. 117 y ss). Con esta finalidad se había apelado a los arts. 687 Lecrim y 232 LOPJ, aunque el primero faculta al Tribunal para expulsar al acusado de la Sala cuando su conducta altere el orden y el segundo prevé la posibilidad de limitar la publicidad de las actuaciones por razones de orden público y de protección de derechos y libertades.

Al margen de dichas disposiciones diseminadas a lo largo del articulado de la Ley procesal, la primera de las normas directamente enderezada a la protección de determinados intervinientes en el procedimiento penal ha sido la Ley Orgánica 19/1994, de 23 de diciembre, de protección de testigos y peritos en causas criminales. Con la finalidad de armonizar los derechos de estos intervinientes y sus familiares con el necesario respeto a un proceso con todas las garantías, tal como se advierte en la exposición de motivos, se confiere al Juez o Tribunal la facultad de apreciar racionalmente el grado de riesgo para la persona, libertad o bienes de las personas comprendidas en esta Ley y la ponderación de los bienes jurídicos protegidos. Para la protección de los testigos, acerca de cuya condición o no de víctima la ley no hace distingos, las medidas previstas tienden a preservar su anonimato, y a evitar su identificación visual o el acceso a datos personales que permitan su localización por parte de terceros ajenos a la Administración de Justicia, así como la facilitación de protección policial, todo ello sin distinguir, en punto a qué cautelas deban adoptarse, la mera ocultación física del testigo de la ocultación de su identidad (ampliamente sobre el contenido de esta Ley, Fuentes Soriano, 1996, pp. 139 y ss.; Cartagena Pastor, 1995, pp. 79 y ss; Aragoneses Martínez, 1995, pp. 433 y ss; Giménez García, 1996, pp. 183 y ss.; Herrero-Tejedor Algar, 2000, pp. 443 y ss.; Ferreiro Baamonde, 2005, pp 340 y ss).

Posteriormente, la Ley de ayudas y asistencia a las víctimas de delitos violentos y contra la libertad sexual nos recuerda en su art. 15.3 que el interrogatorio de la víctima debe hacerse en cualquier fase del procedimiento con respeto a su situación personal, a sus derechos y a su dignidad, sin mayor concreción. No obstante, más recientemente ha sido el de la violencia doméstica el ámbito en que la protección de la víctima ha alcanzado su máximo exponente. En este sentido, a través de la LO 14/1999, de modificación del Código Penal y de la Ley de enjuiciamiento criminal en materia de protección a las víctimas de los malos tratos, además establecerse como regla general la prohibición de la práctica de careos con menores y promover que se evite la confrontación visual con el acusado en las testificales de menores, como después se analizará, se introducen en la Ley de Enjuiciamiento Criminal medidas cautelares directamente encaminadas a la protección de las víctimas de determinados delitos. Con independencia de que una de las finalidades que justifica actualmente el acuerdo de la prisión preventiva puede ser justamente evitar que el imputado pueda actuar contra bienes jurídicos de la víctima, especialmente cuando puede ser sujeto pasivo de violencia doméstica, la principal virtualidad de la referida Ley fue la inclusión de un nuevo art. 544 bis a la Lecrim que permite adoptar medidas cautelares de carácter personal directamente enderezadas a salvaguardar la seguridad de la víctima. En su virtud, en los casos en que se investigue un delito de los contenidos en el art. 57 CP, y cuando ello resulte estrictamente necesario al fin de protección de la víctima, el Juez o Tribunal puede, mediante resolución motivada y ya desde las primeras diligencias, imponer cautelarmente al inculpado bien la prohibición de residir en un determinado lugar, barrio, municipio, provincia u otra entidad local o Comunidad Autónoma, bien la prohibición de acudir a uno de los referidos lugares o, finalmente, la de aproximarse o comunicarse con determinadas personas.

En semejante sentido, en la regulación prevista en el Proyecto de Ley Orgánica de reforma de la Ley de responsabilidad penal del menor, se introduce en el proyectado art. 28, como medida cautelar, la medida de alejamiento o prohibición de comunicación del ofensor respecto de la víctima o su entorno o personas jurídicamente determinadas. Se añade, además, la posibilidad de acordar la imposición de ésta y otras medidas cautelares sobre el presupuesto no sólo del riesgo de eludir u obstruir la acción de la justicia, sino también del de atentar contra los bienes jurídicos de la víctima, aceptándose que la finalidad de la adopción de la medida la determine la debida protección a la víctima.

Abundando en este ámbito de la criminalidad violenta, con idea de dotar a la víctima de la violencia familiar de un estatuto integral protector, se aprueba la Ley 27/2003, de 31 de julio, reguladora de la orden de protección a las víctimas de violencia doméstica. Según se refleja en la exposición de motivos, su aprobación se justifica por ser necesaria una acción integral y coordinada que aúne tanto las medidas cautelares penales sobre el agresor cuanto las medidas protectoras de carácter civil y social para con la víctima. Con la finalidad de acordar en una única resolución judicial a adoptar por el Juez de Instrucción en funciones de guardia las medidas penales, orientadas a impedir la realización de nuevos actos violentos por parte del agresor, junto a aquellas de índole civil y social que eviten el desamparo de las víctimas de violencia doméstica y den respuesta a su situación de especial vulnerabilidad, al decir de la propia exposición, se introduce un nuevo art. 544 ter a la Lecrim en que se regula la denominada orden de protección, que puede adoptarse desde las primeras diligencias (ampliamente sobre las posibilidades que ofrece vid. Magro Servet, 2003-3, pp. 1853 y ss.; Magro Servet, 2003-5, pp. 1988 y ss.; Cerezo García-Verdugo, 2003, pp. 1613 y ss.).

La voluntad de ofrecer un abanico integral de medidas protectoras a las víctimas de la violencia doméstica —indebidamente identificada con la de género— es la razón que explica la aprobación de la Ley Orgánica 1/2004, de 28 de diciembre, sobre medidas de protección integral contra la violencia de género. Entre las múltiples medidas de tutela que incorpora —que sistematiza en los ámbitos institucional, penal y judicial, con la creación de los Juzgados de Violencia sobre la Mujer—, merecen destacarse las medidas judiciales de protección y de seguridad de las víctimas, contempladas en los arts. 61 y ss. de la Ley. Se arbitra en estos preceptos un conjunto *ad hoc* de medidas cautelares y de aseguramiento compatibles con cualesquiera otras que puedan adoptarse en los procesos civiles y penales, sobre cuya adopción se deben pronunciar necesariamente los Jueces competentes para conocer los procedimientos relacionados con la violencia de género mediante resolución motivada. Entre éstas, además de incorporarse sin modificación la orden de protección, se prevé la protección de la intimidad de las víctimas y de sus datos personales —incluso a través de la celebración de las sesiones del juicio a puerta cerrada o de declarar reservadas las actuaciones—, se instituyen medidas de salida del domicilio, de alejamiento o de suspensión de las comunicaciones (art. 64), se prevé la posibilidad de suspender el ejercicio de la patria potestad o de la guarda y custodia de menores e incluso del régimen de visitas, por parte del inculpado de violencia de género (arts. 65 y 66), y finalmente se refleja que pueda también acordarse la suspensión del derecho a la tenencia, porte y uso de armas a los inculpados por este tipo de delitos (art. 67). Además, el art. 69 de esta norma prevé que las medidas referidas puedan mantenerse tras la sentencia definitiva y durante la tramitación de los eventuales recursos, siempre que así conste en la sentencia, convirtiéndose con ello en sanciones de naturaleza penal, aun cuando con una clara finalidad preventivo-especial.

En otro orden de consideraciones, para concluir con este epígrafe, debe efectuarse una sucinta referencia a la protección de las víctimas especialmente vulnerables cuando actúan como testigos en el correspondiente procedimiento penal, en referencia fundamental a los menores víctimas (vid. ampliamente, Villacampa Estiarte, 2005, pp. 277 y ss; sobre las particularidades de las testificales con menores desde una aproximación psicológica, Hernández Sánchez, 1998, pp. 25 y ss.). En este sentido, como se ha dicho, pocos preceptos en nuestro ordenamiento jurídico se enderezan a la protección de la víctima testigo, puesto que la Ley de protección de testigos y peritos en causas criminales no distingue entre testigos víctimas y los que no lo son. Únicamente algunos preceptos introducidos en la Ley de Enjuiciamiento Criminal por la LO 14/1999 tomaban en consideración la especial debilidad de los menores cuando son utilizados en el procedimiento penal como medio de prueba, aunque también sin atender a su eventual condición de víctimas. Al respecto, además de introducirse en los arts. 455 y 713 Lecrim la prohibición de practicar careos con testigos menores salvo que el Juez lo considere imprescindible y no lesivo para el interés de dichos testigos, previo el correspondiente informe pericial, se modifica la práctica de la prueba testifical con menores de edad, tanto la anticipada —art. 448 Lecrim— como en el acto del juicio —art. 707 Lecrim— en el sentido de que la declaración del testigo menor se efectúe evitando la confrontación visual de éste con el inculpado, siempre previo el correspondiente informe pericial, cuando se acuerde en resolución motivada.

El Proyecto de LO de modificación de la Ley de responsabilidad penal de los menores prevé también la modificación de los arts. 448 y 707 Lecrim, incluyendo en ambos un último párrafo en virtud del cual la evitación de la confrontación visual del menor con el inculpado sea de preceptivo acuerdo, sin necesidad de emisión de dictamen, cuando el testigo sea un menor víctima de un delito contra la libertad y la indemnidad sexual. En el informe emitido por el CGPJ sobre el Anteproyecto se indica, sin embargo, que hubiera sido deseable que el precepto concretara más, determinando las condiciones del medio técnico que se entienden adecuadas desde el punto de vista de las garantías procesales.

Sin negar el avance que supuso dicha modificación, la mayor dificultad frente a la indeterminación acerca de los medios de evitación de la referida confrontación ha consistido en concretar qué formas de producir ese efecto son compatibles con la observancia de los principios del proceso penal. En este sentido, más allá de la interposición de alguna pantalla de material opaco entre el imputado o acusado y el testigo, hallándose ambos presentes en la sala de vistas, las posibilidades se circunscriben, en primer lugar, a que el testigo deponga ausentándose de la sala el acusado, en segundo lugar, a que el testigo declare fuera de la sala, en una dependencia que resulte adecuada y acompañado de personal especializado de apoyo y, finalmente, a que se practique la testifical como anticipada, se registre en un soporte que permita reproducir imagen y sonido y se reproduzca en el plenario, sin necesidad de que el menor declare en reiteradas ocasiones e incluso, en este supuesto, prestando declaración anticipada fuera de la Sala.

La primera de las posibilidades apuntadas puede plantear problemas de compatibilidad con la observancia de derechos fundamentales del acusado si no se permite el interrogatorio contradictorio, que, en todo caso, debe llevar a cabo la defensa técnica. Por ello, si excepcionales razones de garantía de derechos y libertades de terceros —de la víctima— así lo aconsejan, se permite la comunicación del acusado con su defensa y se garantiza la contradicción permitiendo al acusado que siga en directo la declaración —a través, por ejemplo, de un circuito cerrado de televisión— o mediante la lectura de la declaración al reingresar a la Sala, no tendría porqué haberse producido vulneración de derecho alguna. Sin embargo, desde la generalización de la videoconferencia en nuestros tribunales y desde su juridificación a partir del año 2003 a través de los arts. 229.3 LOPJ y 325 y 731 bis Lecrim, parece que es la segunda de las posibilidades apuntadas la que tiene más visos de generalizarse. De un lado, porque si es el menor quien declara fuera de la Sala de vistas, e incluso fuera de la sede del Tribunal, en un espacio adecuado para garantizar que no sufra el impacto emocional que representa hacerlo en su interior, pudiendo recibir apoyo de personal especializado, se minimiza el efecto de victimizador del proceso sobre éste. De otro lado, porque si esa declaración es seguida en tiempo real desde la Sala, donde se halla presente el acusado, con posibilidad de comunicarse con su letrado y permitiéndose a éste el contrainterrogatorio, los principios de oralidad, inmediación, publicidad, contradicción e igualdad de armas no tienen porqué verse comprometidos. No obstante, para evitar hacer de peor condición al menor respecto del mayor víctima que declara a través de este sistema, dado que en el caso de los menores se exige la emisión del dictamen pericial cuando no sucede lo mismo en el caso en que la previsión se incluye para todos los testigos —arts. 325 y 731 bis LECrim—, quizá deba interpretarse que el dictamen solo será necesario para evitar que el acusado vea la imagen del testigo, no así cuando se trate de declarar por medio de videoconferencia siendo visto también por este.

Que esta posibilidad va ganando terreno lo demuestra el tenor de la proyectada modificación de la Lecrim en la forma de prestar declaración de los testigos menores. La Proposición de Ley de modificación de Ley de Enjuiciamiento Criminal en relación con las declaraciones de los menores en los procedimientos jurisdiccionales penales existente pretende la modificación del art. 433 Lecrim. Resulta destacable que la proposición indique que la declaración de los menores en los procedimientos penales se efectuará siempre a través de un experto al que tanto las partes como el Juez facilitarán primero las preguntas, y que la exploración será seguida por éstos a través de un espejo unidireccional o de un circuito cerrado de vídeo y que podrán sugerir nuevas preguntas. Concluyéndose que la declaración se grabará en soporte audiovisual para su valoración.

Conviene advertir aquí que el uso de la videoconferencia como mecanismo protector de las víctimas podría generalizarse, atendiendo al tenor de los preceptos de la Lecrim antes referidos, pues permiten su uso por razones de utilidad, seguridad o orden publico, pero también cuando la comparecencia del testigo sea "particularmente gravosa o perjudicial". Nada impediría, pues, que se acordase la práctica de testifical usando dicho mecanismo en el caso de otras víctimas que también pueden considerarse, según los casos, especialmente vulnerables, como las que lo han sido de atentados contra su libertad sexual.

Finalmente, la tercera de las posibilidades antes apuntada, la consistente en preconstituir la testifical garantizando la contradicción —incluso prestando declaración el menor en sala aneja a través de videoconferencia o circuito cerrado de televisión—, convenientemente registrada en soporte que permita la reproducción del sonido y de la imagen, e introducirla en el debate en el plenario tal como exige el art. 730 Lecrim es la que más problemas de encaje plantea. Paradójicamente, puede ser la más beneficiosa para el menor, reduciendo al mínimo el efecto victimizador producido por la reiteración de las exploraciones, al margen de preservar la pureza de la primera declaración prestada por éste. Las dudas acerca del uso de esta posibilidad se producen porque la jurisprudencia mayoritaria identifica la imposibilidad de practicar la prueba en el plenario cuando se trata de testificales con la imposibilidad material de concurrir al acto. De ahí que generalmente sólo se admitan como testificales anticipadas las prestadas por testigo fallecido, testigo de imposible localización y limitadamente las prestadas por testigo residente en el extranjero [cfr., entre otras, SsTC 209/2001, de 22 de octubre (RTC 2001, 209); 94/2002, de 22 de abril (RTC 2002, 94), SsTS 13 marzo 2000 (RJ 2000, 1712), 27 enero 2003 (RJ 2003, 2355), 31 diciembre 2003 (RJ 2003, 8797)]. Sin embargo, en otras resoluciones la imposibilidad de práctica de la prueba en el acto del plenario se identifica con imposibilidad legal, incluyendo en estos supuestos aquellos en los que la comparencia al acto del juicio pueda suponer un perjuicio para el desarrollo personal del menor, validándose como prueba de cargo bien la declaración prestada en instrucción por el propio menor, bien, en caso de no existir ésta, las declaraciones de los testigos de referencia [vid. SsTS 8 marzo 2002 (RJ 2002, 3972), 1 julio 2002 (RJ 2003, 70), SsAP Barcelona 18 marzo 2004 o 16 abril 2004 y SAP Sevilla 22 diciembre 2000)].

Aun a pesar de esta polémica y de que en estos casos la admisión o no de la práctica de testificales anticipadas practicadas por menores depende del modo más o menos laxo en que el concreto tribunal interprete la imposibilidad de reproducción en el acto del plenario, la introducción de dos preceptos en la Lecrim que permiten la práctica anticipada de testificales no está pensada para menores, sino para testigos que residen en un país distinto de aquél en que han sido victimizados, a juzgar por el tenor de los arts. 777.2 y 779.2 Lecrim. Ambos se refieren a la posibilidad de anticipar la prueba cuando sea de temer que ésta no podrá practicarse en el juicio por razón del lugar de residencia del testigo o la víctima, aunque nada empecería a aplicar también dicha posibilidad a los menores, cuando junto al lugar de residencia se alude a "otro motivo", que bien podría ser el perjuicio para el menor o la víctima especialmente vulnerable. Esta se nos antoja como una interpretación que permite evitar testimonios de víctimas menores en plenarios en los procedimientos abreviados y en los juicios rápidos, en espera de que una futura reforma permita ampliar dicha posibilidad a los demás procesos penales y regule más pormenorizadamente tanto la manera como los requisitos necesarios para la práctica anticipada de la referida diligencia.

Que nos hallamos frente a un tema en que resultaría clarificadora una disposición *ad hoc* lo demuestra que recientemente, en distintas aportaciones, profesionales del ámbito forense muestran distintos niveles de permisividad respecto de la práctica anticipada de testificales con víctimas menores. (Vid., por ejemplo, Subijana Zunzunegui, 2000, p. 118, quien cuestiona que sea respetuosa con los derechos del victimario la declaración anticipada de la víctima; Magro Servet, 2005, p. 1947, quien admite únicamente la posibilidad cuando el oportuno dictamen médico determine que existen razones que imposibilitan la declaración en el plenario; Fábrega Ruiz, 2005, pp. 2019 y ss. quien también admite la posibilidad con bastantes reticencias; mucho más positivos con esta posibilidad se muestran Gimeno Jubero, 1998, pp. 209-210, Cinto Lapuente, 2000, p. 86, Hernández García/Miranda Estampres, 2005, pp. 1 y ss., en su atinado comentario a la STEDH de 2 de julio de 2002). En este sentido, la proposición de Ley de modificación de la ley de Enjuiciamiento Criminal en relación a la intervención de menores en el proceso penal propone la grabación de la declaración sumarial del menor y su validación mediante reproducción en el acto del juicio oral, exonerando con ello a los menores del deber de declarar en el plenario.

10.2. LA VÍCTIMA Y LA POLÍTICA CRIMINAL

En el capítulo primero se han puesto ya de manifiesto las críticas que ha suscitado el creciente protagonismo adquirido por la víctima como agente social y, en particular, por lo que interesa al ámbito penal, su negativa influencia en la política criminal[53]. Del mismo modo, se ha destacado la frecuente utilización de las víctimas en el discurso político al servicio de determinadas estrategias tendentes al incremento punitivo y al retroceso garantista en relación con el reo —siendo al respecto un ejemplo ilustrativo, y aunque no el único, las ya aludidas políticas de ley y orden en lo que incumbe a la experiencia estadounidense—.

Pues bien, en punto a valorar la relación entre las víctimas y la política criminal, estimamos que, aun cuando se trata de dos fenómenos estrechamente entreverados, conviene reflexionar sobre en qué medida semejante influencia punitivista es achacable a las propias víctimas o bien responde, en realidad, al comentado uso político que se hace de las mismas. En este orden de ideas, y desde un plano general, nos limitaremos aquí a formular las siguientes consideraciones.

En primer lugar, procede recalcar que la imagen *punitiva* o *vengativa* de la víctima que a menudo se tiene, y en cuya génesis converge sin duda en buena parte la natural reacción frente al tono revanchista que en ocasiones impregna la diatriba de algunas asociaciones victimales, resulta desmentida por las investigaciones victimológicas (cfr. Bustos Ramírez/Larrauri Pijoan, 1993, p. 94, o Tamarit Sumalla, 2005, p. 31). Sobre tal base empírica, cabe al menos cuestionar la representatividad de aquella clase de discurso respecto del sentir de la generalidad de las víctimas sobre sus genuinas necesidades[54].

---

53 Vid. *supra:* 1.10.

54 Cfr. HERRERA MORENO (1996, pp. 122 y ss.), constatando en esta línea la condición de "objetivos fácilmente manipulables" de los movimientos sociales de víctimas en manos de los preconizadores de ideologías represivas.

De otro lado, y en relación con lo anterior, resulta asimismo reseñable el auge alcanzado en los últimos tiempos por el denominado fenómeno de la *victimagogia*[55], al cual no puede resultar ajena la creciente tendencia de nuestras sociedades contemporáneas a identificarse con la víctima del delito (vid. Silva, 2001, pp. 42 y ss., y Prittwitz, 1999, p. 112; cfr. también García Arán, 2005, pp. 375 y 376). A este respecto, resulta destacable en relación con las tan repetidas tesis de ley y orden —que, como ya se vio, se apoyan en la supuesta tutela de los intereses de las víctimas para impulsar la exasperación del instrumento punitivo—, el dato de que, más allá del especial desarrollo alcanzado en el marco estadounidense, la esencia de aquellos movimientos constituye también hoy por hoy un fenómeno característico de los países europeos, de forma particularmente agudizada tras los atentados terroristas del 11-S y del 11-M.

Otro de los factores que creemos que debe tenerse en cuenta en este contexto se refiere a la existencia igualmente en el *ámbito doctrinal* de posiciones que trazan una vinculación, en los términos señalados más arriba, entre la defensa de los intereses de las víctimas y las vindicaciones de factura represiva y antigarantista[56]. En este punto, conviene subrayar que desde la óptica aquí esgrimida cabe incluir como representantes de la aludida tendencia doctrinal no sólo a los autores que postulan el reforzamiento de los derechos de las víctimas a costa de los derechos de los delincuentes y de la intensificación del rigor penal[57], sino también a aquellos otros que desde las antípodas de tales planteamientos —esto es, desde posiciones críticas para con los movimientos de apoyo a las víctimas— transmiten también tal ligazón entre la figura de la víctima y los repetidos postulados punitivistas, apoyando justamente su censura en dicha circunstancia.

> Bajo tal paralelismo, que reverbera también habitualmente cuando se hace uso de la expresión "socialización del interés de las víctimas" (vid. Hassemer, 1990, pp. 71 y 72 y Giménez Pericás, 1994, pp. 228 y ss.), subyace en ocasiones la confusión entre los dos planos a los que ya más arriba nos referíamos: el de la víctima "real" o "actual" y el de la víctima "potencial". Éste último representaría, en realidad, a la sociedad en general —como conjunto de víctimas potenciales que es—, y que, en los términos descritos magistralmente por Silva (2001, pp. 21 y ss.), se caracteriza en la época actual por la exigencia de una mayor demanda de protección, y con ello de intervención penal, con el consiguiente detrimento de la libertad y de las garantías. Tal fenómeno se ha explicado, entre otras razones, a partir de la circunstancia a la que se acaba de hacer alusión relativa a la identificación de la mayoría social

---

55 Vid. *supra:* 1.10.

56 Cfr. en general: epígrafe 9.1.2.1 y 2.

57 Cfr. la crítica a dichas posturas en *supra*: epígrafe 9.1.2.2.

con las víctimas de delitos (Silva Sánchez, 2001, pp. 52 y ss.); siendo así como viene dada aquella conexión entre víctimas-potenciales y maximización penal. Sobre la base de todo lo anterior, tal asimilación resulta coherente entonces si se utiliza el término víctima en un sentido, diverso al de víctima "real" o "actual", y equivalente al de víctima "potencial". Esta matización diferencial entre las dos modalidades de víctima es importante subrayarla. No es que la utilización del término víctima en el sentido antedicho —como víctima potencial— sea técnicamente incorrecta. Mas lo que se quiere destacar, y a ello nos referimos cuando apuntamos la necesidad de tener bien presente la comentada matización terminológica, es que desde una perspectiva global de política criminal no nos parece conveniente asociar a la víctima del delito en general (y también con ello a lo que venimos denominando víctimas reales) con una corriente que redunda con carácter general en demandas antigarantistas y de mayor punitivismo. Y ello porque desde el prisma de las víctimas "reales" o "actuales" ya se ha visto que no es posible hablar, al menos en términos generalizadores, de una identificación con tales postulados y porque, en conexión con lo anterior, y en un plano —por así decir— estratégico, ya vimos que del repetido paralelismo se pueden seguir, en la línea abonada por los citados movimientos de ley y orden y asimilados, efectos perversos en lo que se refiere a la reputación de los movimientos victimológicos —insistimos, legítimos y necesarios— que aspiran a reforzar los derechos de las víctimas ("reales") en un marco de absoluto respeto a los principios fundamentales del derecho penal moderno.

El aludido pensamiento del que se sigue la defensa de los intereses de la víctima a través del recrudecimiento punitivo y de la limitación de los derechos del victimario puede decirse, efectivamente, que con carácter general no procede del ámbito de la victimología. A este respecto, como acostumbra a afirmarse, resulta esencial mantener bien presente la separación existente entre lo que es la victimología académica y los movimientos sociales de apoyo a las víctimas.

En coherencia con ello, y con independencia ahora de cuál sean las reivindicaciones —reales— de las víctimas o las de sus portavoces, podemos concluir diciendo que una política criminal *victimológicamente* apropiada ha de estar inspirada por las directrices que dimanan de nuestro marco político-constitucional, en el que, como se comprobó al fijar el fundamento penal de las medidas victimológicas, tiene también cabida la consideración de la figura de la víctima dentro de los márgenes de respeto al carácter público y garantista del sistema penal[58]. Sobre estas bases resulta posible dibujar la necesaria conexión, a la que más arriba nos referíamos, entre víctima, delincuente y sociedad (cfr. al respecto, García-Pablos, 1990, p. 177, y Tamarit Sumalla, 2005, pp. 29 y 30).

Con arreglo a lo expuesto, y prescindiendo en este momento de manifestaciones político-criminales más concretas que se pueden deri-

---

58 Vid. *supra*: 9.1.2. y 9.1.3.

var del referido planteamiento —se han reflejado algunos ejemplos durante el desarrollo de este capítulo y del precedente— pueden mencionarse, entre otras consecuencias de aquél, la de acentuar el protagonismo de la víctima como integrante del radio de proyección de la política criminal, particularmente en el sentido de fomentar, dentro de límites adecuados, políticas de prevención victimal[59]. O asimismo cabría insistir en la necesidad de reforzar las políticas asistenciales en sentido amplio y, en general, de minimizar la victimización secundaria, en la dirección señalada por la ya aludida Decisión Marco del Consejo de la Unión Europea de 15 de marzo de 2001 relativa al estatuto de la víctima en el proceso penal[60]. No se debe perder de vista, en este sentido, que la lucha contra la criminalidad depende en buena medida de la confianza que la víctima tenga hacia el sistema —y de su consiguiente disposición a colaborar con el mismo—, por cuanto, en última instancia, reside en aquélla la principal fuente de denuncia, y muchas veces también de prueba, de los delitos[61]. Ahora bien, lo anterior no permite olvidar que la preocupación por el ofendido constituye asimismo, según se ha visto, una exigencia de raíz constitucional, y que ignorar esto último puede conducir una vez más —no tratándose de una mera apreciación teórica— a una instrumentalización de aquélla al servicio de fines estrictamente utilitaristas, es decir, a una configuración del tratamiento penal de la víctima presidida en exclusiva por los beneficios que le pueda procurar al conjunto social. Como es evidente, no es ésa la orientación victimológica que ha de darse al sistema penal moderno, a la que resulta inherente el imperativo categórico kantiano que obliga a tratar a toda persona —también a la víctima— como fin en sí misma.

---

59 Vid. sobre el particular, *supra*: 6.

60 Puede verse una relación de propuestas concretas formuladas, a partir del espíritu del citado instrumento comunitario, en el seno de un seminario promovido por la Sociedad científica española de victimología (SEV) y celebrado en Valencia en mayo de 2005, en http://www.victimologia.org/Documentos.

61 Como explica GARCÍA-PABLOS (1990, p. 176), "la alineación de la víctima provoca el peligroso incremento de la "cifra negra" y, con él, el desprestigio del sistema mismo, el deterioro de su propia capacidad disuasoria y su imprescindible credibilidad".

BIBLIOGRAFÍA

ALONSO RIMO, A.: *Víctima y sistema penal: las infracciones no perseguibles de oficio y el perdón*, Ed. Tirant lo Blanch, Valencia, 2002.

ARAGONESES MARTÍNEZ, S., "Introducción al régimen procesal de la víctima del delito. Deberes y medidas de protección", en *Revista de Derecho procesal*, 1995, núm.2.

ARENAL, C.: "El derecho de gracia ante la justicia", en *Obras completas de Dª Concepción Arenal*, T. XII, Madrid, 1896.

AYO FERNÁNDEZ, M., *Las penas, medidas de seguridad y consecuencias accesorias. Manual de determinación de las penas y demás consecuencias jurídico-penales del delito*, Ed. Aranzadi, Pamplona, 1997.

BARREDA HERNÁNDEZ, A., "La víctima en el proceso penal de menores. Especial examen de la pieza separada de responsabilidad civil", en CDJ, III, 2001, *Responsabilidad penal de los menores: aspectos sustantivos y procesales*.

BERISTAIN IPIÑA, A., "¿La sociedad/judicatura atiende a sus víctimas/testigos?", en CDJ, XV, 1993, *La victimología*.

BERISTAIN IPIÑA, A., *Victimología. Nueve palabras clave*, Ed. Tirant lo Blanch, Valencia, 2000.

BERISTAIN IPIÑA, A., *Protagonismo de las víctimas de hoy y mañana (Evolución en el campo jurídico, prisional y ético)*, Ed. Tirant lo Blanch, Valencia, 2004.

BINDING, K.: *Handbuch des Strafrechts*, T. I, Leipzig, 1855.

BUSTOS RAMÍREZ, J./ LARRAURI PIJOAN, E.: *Victimología: presente y futuro (Hacia un sistema penal de alternativas)*, Ed. PPU, Barcelona, 1993.

CAMPOS CRISTÓBAL, R.: "Tratamiento penal de la violencia de género", en BOIX REIG/MARTÍNEZ GARCÍA (coords.).: *La nueva Ley contra la violencia de género (LO 1/2004, de 28 de diciembre)*, Ed. Iustel, Madrid, 2005.

CANCIO MELIÁ, M.: *Conducta de la víctima e imputación objetiva en Derecho penal. Estudio sobre los ámbitos de responsabilidad de víctima y autor en actividades arriesgadas*, 2ª ed., Ed. Bosch, Barcelona, 2001.

CARTAGENA PASTOR, "Protección de testigos en causas criminales: la ley orgánica 19/1994, de 23 de diciembre", en *Boletín de información del Ministerio de Justicia e Interior*, 1995, núm. 1758.

CEREZO GARCÍA-VERDUGO, "La orden de protección a las víctimas de violencia doméstica", en *La Ley*, 2003-5.

CHOCLÁN MONTALVO, "Videoconferencia y proceso penal. Sobre la prestación de testimonios a distancia y su cobertura legal", en *Actualidad Jurídica Aranzadi*, 4 abril 2002.

CINTO LAPUENTE, M.V., "Las víctimas y la instrucción penal", en *Las víctimas en el proceso penal*, Servicio Central de Publicaciones del Gobierno Vasco, Vitoria-Gasteiz, 2000.

COBO DEL ROSAL, M./VIVES ANTÓN, T.S.: *Derecho penal. Parte general*, Ed. Tirant lo Blanch, Valencia, 1999.

CONDE-PUMPIDO TOURÓN/GARBERÍ LLOBREGAT, *Los juicios rápidos, el procedimiento abreviado y el juicio de faltas*, t. I, Ed. Bosch, Barcelona, 2003.

DE LA GÁNDARA VALLEJO, B.: *Consentimiento, bien jurídico e imputación objetiva*, Ed. Colex, Madrid, 1995.

DE LA MATA AMAYA, "La utilización de la videoconferencia en las actuaciones judiciales", en *Actualidad Penal*, 2002-3.

DE LLERA SUÁREZ-BÁRCENA, E., "La responsabilidad civil y el preso penal: los contenidos posibles de la acción de responsabilidad civil "ex delicto", en CDJ, XVI, 2004, *Responsabilidad civil "ex delicto"*.

DELGADO MARTÍN, J., "El estatuto de la víctima en el proceso penal español", en *Estudios de Derecho Judicial*, núm. 58, 2005, *Las reformas procesales*.

FÁBREGA RUIZ, C.F., "Problemática de la declaración testifical de los menores en procesos penales", en *La Ley*, diario núm. 6289, 2005.

FERNÁNDEZ FUSTES, M.D., *La intervención de la víctima en el proceso penal (especial referencia a la acción civil)*, Ed. Tirant lo Blach, Valencia, 2004.

FERREIRO BAAMONDE, X., *La víctima en el proceso penal*, Ed. La Ley, Madrid, 2005.

FERRI, E.: *Principios de Derecho criminal. Delincuente y delito en la ciencia, en la legislación y en la jurisprudencia*, trad. J.A. Rodríguez Muñoz, Madrid, 1933.

FUENTES SORIANO, "La LO 19/1994 de protección de los testigos y peritos en causas criminales", en *Revista de Derecho procesal*, 1996, núm. 1.

GARCÍA ALBERO, R. (Coord), *La reforma del proceso penal*, Ed. Bosch, Barcelona, 2003.

GARCÍA ALBERO, R./TAMARIT SUMALLA, J.M., *La reforma de la ejecución penal*, Ed. Tirant lo Blanch, Valencia, 2004.

GARCÍA ARÁN, M., *Fundamentos y aplicación de penas y medidas de seguridad en el Código Penal de 1995*, Ed. Aranzadi, Pamplona, 1997.

GARCÍA ARÁN, M.: "El retroceso de las ideas en las reformas penales de 2003", en *Revista Jurídica de Catalunya*, nº 2, 2005.

GARCÍA-PABLOS DE MOLINA, A.: "La resocialización de la víctima: víctima, sistema legal y política criminal", en *Doctrina Penal*, 1990.

GARCÍA PABLOS DE MOLINA, A., "El redescubrimiento de la víctima: victimización secundaria y programas de reparación del daño: la denominada "victimización terciaria" (el penado como víctima del sistema legal)", en CDJ, XV, 1993, *La victimología*.

GIMÉNEZ GARCÍA, "El testigo y el perito. Su protección en el juicio ora", en *Recopilación de Ponencias y Comunicaciones*, CGPJ, 1996.

GIMÉNEZ PERICÁS, A.: "La neutralización de la víctima y el interés socializado de las víctimas", en *Eguzkilore*, nº 8, diciembre 1994.

GIMENO JUBERO, M.A., "Menores maltratados: derechos de la víctima y garantías del proceso", en CDJ, XII, 1998, *Protección de menores en el Código Penal*.

GÓMEZ COLOMER, J.L., "Tuición procesal penal de menores y jóvenes", en *Justicia penal de menores y jóvenes*, Ed. Tirant lo Blanch, Valencia, 2002.

GONZÁLEZ ZORRILLA, C., "Suspensión de la pena y "probation", en CID, J./LARRAURI, E. (Coords), *Penas alternativas a la prisión*, Ed. Bosch, Barcelona, 1997.

GRACIA MARTÍN, L. (Coord.)/BOLDOVA PASAMAR, M.A./ALASTUEY DOBÓN, M. C., *Lecciones de consecuencias jurídicas del delito*, Ed. Tirant lo Blanch, Valencia, 2004.

HASSEMER, W.: *Einführung in die Grundlagen des Strafrechts*, 2ª ed., München, 1990 (existe versión traducida al español de la primera edición alemana —1984—: Fundamentos del Derecho penal, trad. y notas de F. Muñoz Conde y L. Arroyo Zapatero, Barcelona, Ed. Bosch,1984).

HASSEMER, W./MUÑOZ CONDE, F., *Introducción a la Criminología*, Ed. Tirant lo Blanch, Valencia, 2001.

HERNÁNDEZ GARCÍA, J./MIRANDA ESTAMPRES, M., "¿Deben declarar los menores victimizados en el acto del juicio oral? (a propósito d la STEDH caso N.S. contra Suecia, de 2 de julio de 2002", en *La Ley*, diario núm. 6335, 2005.

HERNÁNDEZ SÁNCHEZ, J.A., "El menor, víctima en el proceso penal. Aspectos psicológicos y de tratamiento", en CDJ, XII, 1998, *Protección de menores en el Código Penal.*

HERRERA MORENO, M., *La hora de la víctima. Compendio de victimología*, Edersa, Madrid, 1996.

HERRERO-TEJEDOR ALGAR, F., "Intervención de la víctima en el proceso penal: estudio detallado del marco normativo sobre protección de testigos", en *Estudios del Ministerio Fiscal*, 2000, II, *Jornadas sobre protección de la víctima: perspectiva sociológica, asistencial y jurídica*.

JUAN SÁNCHEZ, R.: *La responsabilidad civil en el proceso penal,* ed. La Ley, Madrid, 2004.

JUANATEY DORADO, C.: *Derecho, suicidio y eutanasia*, Ministerio de Justicia e Interior, Madrid, 1994.

LANDROVE DÍAZ, G., *Victimología*, Ed. Tirant lo Blanch, Valencia, 1990.

LANDROVE DÍAZ, G.: *La moderna victimología*, Ed. Tirant lo blanch, Valencia, 1998.

LANDROVE DÍAZ, G.: *Las consecuencias jurídicas del delito*, 6ª ed., Ed. Tecnos, Madrid, 2005.

LARRAURI PIJOAN, E., "La reparación", en CID, J./LARRAURI, E. (Coords), *Penas alternativas a la prisión,* Ed. Bosch, Barcelona, 1997.

MAGRO SERVET, V., "La víctima del delito en la nueva ley de juicios rápidos", en La Ley, 2002-6.

MAGRO SERVET, V., "La nueva regulación legal del uso de la videoconferencia en los juicios peales", en *La Ley*, 2003-3.

MAGRO SERVET, V., "La orden de protección de las víctimas de violencia doméstica", en *La Ley*, 2003-3.

MAGRO SERVET, V., "Los nuevos instrumentos legales contra la violencia doméstica", en *La Ley*, 2003-5.

MAGRO SERVET, V, "La victimización secundaria de los menores en el proceso penal", en *La Ley*, diario núm. 6282, 2005.

MAPELLI CAFFARENA, B./TERRADILLOS BASOCO, J., *Las consecuencias jurídicas del delito*, 3ª edición, Ed. Civitas, Madrid, 1996.

MÁRQUEZ DE PRADO/MARTÍNEZ ARIETA, "Validez de la prueba testifical en ausencia del procesado", en *Poder Judicial*, 2ª época, núm. 21, 1991.

MARTÍN OSTOS, J.J., "La víctima en el proceso penal abreviado", en *Libro Homenaje al Prof. Dr. Eduardo Font Serra,* t. II, Ministerio de Justicia, Centro de Estudios Jurídicos, Madrid, 2004.

MIR PUIG, S.: *Derecho penal. Parte general*, 7ª ed., Ed. Reppertor, Barcelona, 2004.

MONTERDE FERRER, F., "Victimología. Proyecciones asistenciales prácticas", en CDJ, XV, 1993, *La victimología.*

MONTERO AROCA, J./GÓMEZ COLOMER, J.L./MONTÓN REDONDO, A./BARONA VILAR, S., *Derecho jurisdiccional III*, 10ª edición, Ed. Tirant lo Blanch, Valencia 2001.

PÉREZ-CRUZ MARTÍN (Coord.), *Las reformas del procedimiento abreviado, juicios rápidos y juicios de faltas (análisis de las modificaciones introducidas a la Ley de Enjuiciamiento Criminal por L.O. 8/2002, L.O. 9/2002 y L. 38/2002),* Ed. Comares, Granada, 2003.

PLANCHADELL GARGALLO, A., "La intervención de la víctima en la instrucción del proceso penal de menores", en *Justicia penal de menores y jóvenes*, Ed. Tirant lo Blanch, Valencia, 2002.

PRITTWITZ, C.: "The Resurrection of the Victim in Penal Theory", en *Buffalo Criminal Law Review*, Vol. 3, 1999 (existe versión traducida al español: "La resurrección de la víctima en la teoría penal", trad. L.M. Reyna Alfaro, en *Revista general de derecho penal*, Iustel, nº 4, noviembre 2005).

QUEREJETA CASARES, L.M., "Las víctimas y los daños personales derivados del ilícito penal", en *Las víctimas en el proceso penal*, Servicio Central de Publicaciones del Gobierno Vasco, Vitoria-Gasteiz, 2000.

QUINTERO OLIVARES, G. (Dir.), *Comentarios al nuevo Código penal*, 3ª edición, Ed. Aranzadi, Pamplona, 2004.

QUINTERO OLIVARES, G.: "La víctima y el Derecho penal", en TAMARIT SUMALLA, J.M. (coord.): *Estudios de Victimología. Actas del primer congreso español de victimología*, Ed. Tirant lo Blanch, Valencia, 2005.

QUINTERO OLIVARES, G./CAVANILLAS MÚGICA, S./DE LLERA SÚÁREZ-BÁRCENA, E.: *La responsabilidad civil "ex delicto"*, Ed. Aranzadi, Pamplona, 2002.

ROIG TORRES, M.: *La reparación del daño causado por el delito (Aspectos civiles y penales)*, Ed. Tirant lo Blanch, Valencia, 2000.

SANZ HERMIDA, A., "La víctima en el proceso penal de menores", en *Anuario de Justicia de Menores*, nº1, 2001.

SANZ MULAS, N., *Alternativas a la pena privativa de libertad*, Ed.Colex, Madrid, 2000.

SEGURA GARCÍA, M.J.: *El consentimiento del titular del bien jurídico en Derecho penal*, Ed. Tirant lo Blanch, Valencia, 2000.

SERRANO PASCUAL, M., *Las formas sustitutivas de la prisión en el Derecho penal español*, Ed. Trivium, Madrid, 1999.

SILVA SÁNCHEZ, J.M.: "¿Consideraciones victimológicas en la teoría jurídica del delito? Introducción al debate sobre la victimodogmática", en DE LA CUESTA, J.L./ DENDALUZE, I./ECHEBURÚA, E.: *Criminología y Derecho penal al servicio de la persona (Libro-homenaje al profesor A. Beristain)*, Instituto Vasco de Criminología, San Sebastián, 1989.

SILVA SÁNCHEZ, J.M.: "Innovaciones teórico-prácticas de la victimología en el Derecho penal", en BERISTAIN, A./DE LA CUESTA, J.L. (eds.): *Victimología*, San Sebastián, 1990 (1).

SILVA SÁNCHEZ, J.M.: "La víctima en el futuro de la dogmática", en BERISTAIN, A./ DE LA CUESTA, J.L. (eds.): *Victimología*, San Sebastián, 1990 (2).

SILVA SÁNCHEZ, J.M.: "La consideración del comportamiento de la víctima en la teoría jurídica del delito. Observaciones doctrinales y jurisprudenciales sobre la victimo-dogmática", en Consejo General del Poder Judicial (ed.): *La victimología, Cuadernos de Derecho Judicial*, Madrid, 1993.

SILVA SÁNCHEZ, J.M.: *La expansión del derecho penal. Aspectos de la política criminal en las sociedades postindustriales*, 2ª ed., Ed. Civitas, Madrid, 2001.

SUBIJANA ZUNZUNEGUI, I.J., "Las víctimas: juicio oral y sentencia", en *Las víctimas en el proceso penal*, Servicio Central de Publicaciones del Gobierno Vasco, Vitoria-Gasteiz, 2000.

TAMARIT SUMALLA, J.M., *La reparación a la víctima en el Derecho penal (estudio y crítica de las nuevas tendencias político-criminales)*, Ed. Fundació Jaume Callís, Barcelona, 1994.

TAMARIT SUMALLA, J.M., *La víctima en el Derecho penal*, Ed. Aranzadi, Pamplona, 1998.

TAMARIT SUMALLA, J.M.: *La protección penal del menor frente al abuso y la explotación sexual*, 2ª ed., Ed. Aranzadi, Pamplona, 2002.

TAMARIT SUMALLA, J.M.: "¿Hasta qué punto cabe pensar victimológicamente el sistema penal?", en TAMARIT SUMALLA, J.M. (coord.): *Estudios de Victimología. Actas del primer congreso español de victimología*, Ed. Tirant lo Blanch, Valencia, 2005.

TAMARIT SUMALLA, J.M/GARCÍA ALBERO, R./RODRÍGUEZ PUERTA, M.J./ SAPENA GRAU, F., *Curso de Derecho penitenciario*, 2ª edición, Ed. Tirant lo Blanch, Valencia, 2005.

TOMÁS-VALIENTE LANUZA, C.: *La disponibilidad de la propia vida en el Derecho penal*, Boletín oficial del Estado-Centro de estudios políticos y constitucionales, Madrid, 1999.

TOMÁS-VALIENTE LANUZA, C.: *La cooperación al suicidio y la eutanasia en el nuevo Código penal (art. 143)*, Ed. Tirant lo Blanch, Valencia, 2000.

VELASCO NÚÑEZ, "Videoconferencia y Administración de Justicia", en *La Ley*, 2002-5.

VIANA BALLESTER, C., "Comentario del Anteproyecto de Reforma de la Ley del Menor", en *Revista general de Derecho penal Iustel*, octubre 2005.

VILLACAMPA ESTIARTE, C., "Víctima menor de edad y proceso penal: especialidades en la declaración testifical de menores-víctimas", en *Revista de Derecho Penal y Criminología*, 2ª época, nº 16 (2005).

ZIPF, H.: "Strafantrag, Privatklage und Strafanspruch", en *Goltdammer's Archiv für Strafrecht*, 1969.

Tema 11

Sistemas de asistencia, protección y reparación de las víctimas[1]

11.1. LOS PROGRAMAS DE ASISTENCIA Y PROTECCIÓN A LAS VÍCTIMAS

11.1.1. Cuestiones generales: la victimoasistencia

La preocupación por la víctima de delito y en particular la adopción de medidas dirigidas a atenderla y protegerla constituye uno de los mayores logros de la victimología. La implantación de programas de asistencia a las víctimas y, en particular, el reconocimiento del derecho a que estas sen indemnizadas cuando han sido objeto de un acto ilícito constituyen uno de los más importantes objetivos de la actual victimología.

En este terreno, el trabajo llevado a cabo se ha concretado fundamentalmente en dos ámbitos, estrechamente interrelacionados. De un lado, en el desarrollo de las denominadas tareas asistenciales, o victimoasitencia (Prada Cazorla,1999) y, de otro, en la concreción y reconocimiento, a nivel internacional y nacional, de ayudas públicas destinadas a paliar las necesidades económicas de las víctimas.

En este tema se abordarán ambas cuestiones que, aunque tienen un claro carácter complementario —la indemnización pública forma parte de los programas de asistencia general a las víctimas, pero éstos últimos no se agotan con la sola ayuda económica—, presentan perfiles distintos que las hacen merecedoras de un examen separado. Entre otras razones porque el primero de los ámbitos a examinar (la víctimoasistencia) ha sido tratado fundamentalmente desde la psicología mientras que el segundo (indemnizaciones públicas) presentan unos contornos claramente jurídicos.

La victimoasistencia puede ser definida como el conjunto de actuaciones dirigidas a ofrecer a la víctima la ayuda inmediata necesaria para

---

1 Capítulo elaborado por Mª José Rodríguez Puerta

resolver o atenuar los problemas psicológicos, sociales, jurídicos o económicos que se derivan de su victimización. Se trata de brindar una ayuda integral a la víctima del delito dirigida a reducir la victimización primaria y, en la medida de lo posible, también la secundaría.

Esta función tuitiva de la víctima desde una perspectiva multidisciplinar se recoge legalmente, por primera, vez en España en la Ley 35/1995, de 11 de diciembre, de Ayuda y Asistencia las Víctimas de Delitos violentos y contra la libertad sexual. Aunque como después se desarrollará, la citada norma, se ocupa esencialmente de establecer un sistema de ayudas económicas públicas a favor de las víctimas de determinados delitos (primer capítulo), también aborda de forma susci-ta, en el segundo capítulo, la cuestión más general de la asistencia a las víctimas de todo tipo de delitos. Los arts. 15 y 16 de la L 35/95 fijan unas normas mínimas, dirigidas fundamentalmente a la Administración, cuya finalidad es la de garantizar que ésta va a brindar a la víctima de cualquier delito la información jurídica necesaria para asegurar sus derechos y expectativas y la atención psicológica y social inmediata que estas requieran para paliar las secuelas producidas por el delito.

En el primero de los preceptos indicados (art. 15), se contemplan una seria de medidas encaminadas a la tutela de la víctima del delito, estableciéndose para ellos unas obligaciones, dirigidas a aquellas personas que participan en la investigación y enjuiciamiento del ilícito penal. De entre las obligaciones allí contenidas, cabe destacar, la de informar a la víctima sobre la posibilidad de obtener una indemnización pública, la de informar sobre el desarrollo de la investigación policial o, también, la obligación, que se atribuye al Ministerio Fiscal, de preservar, a lo largo de todo el proceso, la intimidad y dignidad de la víctima (Sole Riera, 1997).

Por su parte, en el art. 16, con la finalidad de hacer extensiva a todas las víctimas de actos criminales la asistencia psicológica y social, se compele a la Administración para que cree una red de Oficinas de Asistencia a las Victimas, en las que se ofrezca a las mismas la asistencia e información necesaria para que éstas pueden paliar los daños sufridos y hacer valer sus derechos. Esta iniciativa, que ya gozaba de una cierta tradición en algunos lugares de la geografía española[2], efectivamente

---

2 Pioneras en la instauración de esta clase de oficinas son, en España, las Comunidades Autónomas de Valencia (1985), Cataluña (1989), Islas Baleares (1989), o País

fructificó y, en la mayor parte de los casos, se crearon oficinas de este tipo vinculadas a los Tribunales penales. No obstante, todavía resta pendiente su regulación legal y atribución de funciones concretas, hecho que podría contribuir de forma definitiva a su consolidación y desarrollo.

11.1.2. Las oficinas de atención a la víctima, otros modelos de asistencia privada

En España se han ido creando, con el objetivo de ofrecer una asistencia integral e inmediata a la víctima, Oficinas de Asistencia a la Víctima de Delitos (OAVD), unas dependientes del Ministerio de Justicia, y otras, de las Comunidades Autónomas, aquellas que tienen transferida competencia en materia de justicia.

La ausencia de una regulación específica de esta clase de servicios públicos, ni en lo que respecta a sus atribuciones, ni en cuanto a su composición ha llevado que coexistan dos tipos o modelos de OAVD: el modelo multidisciplinar instaurado en algunas Comunidades Autónomas y el modelo unipersonal que caracteriza la estructura de las OAVD dependientes del Ministerio de Justicia.

El modelo *multidisciplinar* se caracteriza porque el servicio está integrado por un equipo de especialistas. Normalmente forman parte de la oficina, juristas, psicólogos y trabajadores sociales, todos ellos contratados a tiempo completo. En ocasiones también se incorporan a esta oficina voluntarios o becarios en las distintas área que reciben formación especializada. Esta es la estructura acogía por los servicios andaluces y catalanes, entre otros.

El segundo de los modelos, *el unipersonal*, se caracteriza porque la asistencia es coordinada por un "gestor procesal administrativo" (antiguo oficial de justicia), que lleva a cabo tareas informativas y de coordinación de otros servicios que prestan profesionales (abogados y psicólogos) organizados por la vía de convenios específicos con sus respectivos Colegios profesionales. En ocasiones también en este tipo de OAVD presta sus servicios un trabajador social.

Vasco (1991). Con posterioridad la red de oficinas adscritas al Ministerio de Justicia se han ido extendiendo por el territorio español.

Las tareas que acomete el personal adscrito a estas oficinas públicas, que ofrecen sus servicios de forma gratuita son, esencialmente, las siguientes:

a) Informan a las víctimas directas e indirectas sobre sus derechos en el ámbito del proceso penal y, en su caso, sobre la posible percepción de una indemnización pública

b) Acompañan a las víctimas, si lo solicitan, a las diligencias judiciales

c) Orientan sobre los recursos sociales y facilitan el acceso a los mismos

d) Procuran o prestan directamente el tratamiento médico psicológico

e) Potencian la coordinación entre instituciones implicadas, Judicatura, Fiscalía, Fuerzas de Seguridad del Estado, Ayuntamiento, asociaciones públicas o privadas, etc…

En cuanto al protocolo de actuación, la asistencia a la víctima suele discurrir por las siguientes fases:

En lo relativo a la asistencia jurídica:

- Acogida-orientación general
- Información jurídica específica
- Seguimiento y apoyo en las intervenciones a lo largo del proceso penal

En lo relativo a la asistencia psicológica, como ha destacada (Ordóñez Sánchez, B., 2005), ésta se realiza a través del denominado modelo de "asistencia individual generalizada coordinada", y se desarrolla en las siguientes fases:

- acogida-orientación
- información
- intervención
- seguimiento.

El orden de aplicación de las fases depende del estado de la víctima. En ocasiones, no es necesario dar apoyo emocional, fase de acogida y, por tanto, la labor psicológica puede iniciarse con la fase de información y, en otras ocasiones, la fase que puede orillarse es la de seguimiento. Este modelo de asistencia psicológica se desarrolla de manera coordinada con los servicios que asisten a las víctimas en la Comunidad o Municipio de residencia de la víctima.

Las incógnitas que suscita la ausencia de una norma de ámbito nacional que permita esclarecer las condiciones y características de la tarea asistencial a las víctimas y la composición y funciones de las OAVD ha generado un interesante debate en nuestro país[3]. Entre las muchas cuestiones que restan por resolver, al margen de la opción por uno u otro de los modelos expuestos, podrían citarse, entre otras, la coordinación entre las instituciones implicadas en la tarea asistencial, la fijación de protocolos comunes de actuación o la posibilidad de instaurar modelos de asistencia a las víctimas desvinculados de los Tribunales penales (González Vidosa, Stangeland, pág. 2).

Esta última cuestión, los modelos privados de asistencia, que funcionan en otros países de nuestro entorno, se ha visto de algún modo impulsada en los últimos tiempos por la existencia, en nuestro país, de Asociaciones de víctimas que dispone ya de servicios especializados en esta materia y que como veremos, en algunos ámbitos (víctimas del terrorismo) gozan de reconocimiento legal y apoyo económico por parte del Estado.

11.2. LOS SISTEMAS DE INDEMNIZACIÓN PÚBLICA A LAS VÍCTIMAS DEL DELITO

11.2.1. Introducción

Una vez examinadas, en líneas generales, las cuestiones relativas a la asistencia, se acometerá, a continuación, un análisis algo más pormenorizado, del sistema público de indemnización a las víctimas de delitos, con particular atención a la normativa vigente en nuestro país.

Las personas victimizadas sufre graves e inesperadas alteraciones en su vida cotidiana como consecuencia de haber sido objeto de un delito. En ocasiones, sobre todo cuando se trata de delitos violentos, esos daños

---

3 Vid. http://www.cfnavarra.es/AsistenciaVictimas/IGENERAL/Conclusiones y propuestas. en las que se exponen el debate y las principales conclusiones de de la "reunión nacional de responsables de las oficinas de asistencia a la víctima del delito" relizadas los días 7 y 8 de mayo de 2003.

pueden ser evaluados económicamente y, consecuentemente, indemnizados. En la actualidad todas las legislaciones del mundo, de un modo u otro, contemplan, como obligación del victimario el resarcimiento de la víctima del delito[4]. Sin embargo, sobre lo que no siempre ha reinado acuerdo es sobre si la reparación debe quedar, siempre y exclusivamente, a cargo del infractor o si, por el contrario, ésta debe también ser asumida por el Estado, total o parcialmente, y de forma supletoria.

La problemática relativa a la reparación de la víctima a cargo del infractor, han sido tratadas con ocasión del examen del acceso al proceso penal de las víctimas del delito y de los programas de reparación-conciliación. Corresponde, en esta seda, examinar la problemática relativa a las ayudas públicas en favor de las víctimas de delitos.

Esta cuestión, como ya se señaló, no siempre ha merecido una valoración positiva. En efecto, hasta épocas muy recientes la posible asunción por el Estado de la indemnización de la víctima de un delito era vista con recelo. Entre los motivos esgrimidos en su contra se alegaba, en primer lugar, que, la implantación de un sistema de indemnización a las víctimas de actos criminales, generaría una elevadísima carga económica para los contribuyentes. En segundo lugar, se señalaba que, como consecuencia de la adopción de una legislación especial encaminada a reparar a las víctimas de delitos, podría verse incrementada la cifra de víctimas (ficticias) cuya única finalidad sería la de obtener la ayuda estatal. Y, por último, algún autor había señalado, que de conocer el victimario que con su comportamiento la victima no sufrirá menoscabo económico, podría incrementarse también la cifra de delitos.

Estos fueron los principales escollos que debieron sortearse para legitimar el sistema público de ayuda a las víctimas de delitos. Así, frente a las críticas antes esbozadas se alegó que el Estado no podía permanecer al margen de la reparación de la víctima de un acto criminal puesto que, esta forma de victimización, debía entenderse como un accidente social. Del mismo modo que el Estado se ocupa de aquellos sectores de población más desfavorecidos (incapaces, parados, ancianos,

---

4 Este derecho quedó expresamente recogido, por primera vez a nivel internacional en el art. 4 de la Declaración de Naciones Unidas de 1985, en el que se dispone: "Las víctimas serán tratadas con compasión y respeto por su dignidad. Tendrán derecho al acceso a los mecanismos de justicia y a una pronta restauración del daño que hayan sufrido, según lo dispuesto en la legislación nacional."

etc...) esta tutela debería hacerse extensiva a los sujetos victimas de delitos, que se encuentran también en situación de vulnerabilidad.

Además de este esencial argumento se esgrimieron otras razones que avalaron la adopción de un sistema público de ayudas. Entre ellas, cabe destacar aquí, las siguientes:

a) La necesidad de ofrecer a las víctimas protección, también económica, en los supuestos, muy frecuentes, en los que, o bien, el delincuente se declaraba insolventes o, bien, la policía no lograba detener al presunto infractor. En ambos casos la victima quedaba desprotegida por causas ajenas a ella.

b) La aportación de una ayuda financiera a las víctimas podría erigirse en un instrumento adecuado para facilitar su colaboración directa o indirecta con el sistema de justicia penal. Dependiendo de cuales fueran los requisitos para la obtención de la indemnización, podría conseguirse de ese modo motivar a la víctima para que ésta denuncie, colabore con la policía en la investigación o, incluso, intervenga en el proceso judicial.

En la actualidad se ha logrado concienciar a la sociedad de la responsabilidad que tiene frente a la víctima, y de la obligación común de reparar el daño sufrido por ésta, así como de la necesidad de auxiliar y asistir al ofendido. La obligación del Estado no puede terminar en la protección a través del Código penal de los bienes jurídicos esenciales para la convivencia, ni siquiera se agota persiguiendo y castigando a los responsables de su violación, es necesario reparar el daño causado con la conducta antisocial. De este modo la reparación del daño se convierte en una autentica medida de "pacificación social".

En efecto, esta clase de ayudas se inspiran en el denominado "principio de solidaridad". El Estado asume la indemnización de los daños sufridos por las victimas de hechos criminales, no para suplir la indemnización que corresponde al infractor (autor o autores responsables penalmente del delito) sino como mecanismo de auxilio a la víctima para evitar un desamparo transitorio (dilación en el tiempo de la resolución judicial por la que se acuerda la indemnización) o definitivo (en los supuestos en los que no se descubre al culpable o éste resulta insolvente).

La implantación de esta clase de programas de ayudas públicas a las victimas de delitos sigue planteando, fundamentalmente dos tipos de problemas. El primero de índole económica, y, el segundo, de tipo informativo. Sin duda, para llevarlos a la práctica de modo eficaz es necesario disponer de partidas presupuestarias para su ejecución, cuestión que requiere de una apuesta política decidida (Carrara, 1907)[5], pero además, y ello resulta esencial, de la creación de oficinas, públicas o privadas, que faciliten a las víctimas la información y asistencia inmediata que estas requieren. Cuestión esta última que ha sido abordada con anterioridad.

11.2.2. Los instrumentos internacionales más relevantes en materia de indemnización pública a las víctimas de delitos: El Convenio del Consejo de Europa de 1983 y el Libro verde sobre indemnización a las víctimas de delitos de la Comisión, de 2001

El movimiento de asistencia a las víctimas se ha visto decididamente respaldado por la actividad llevada a cabo desde instancias internacionales. Sin duda el primer instrumento internacional en materia de indemnización pública a las víctimas de delitos debe situarse en el Convenio 116 del Consejo de Europa, de 24 de noviembre de 1983, sobre indemnización a las víctimas de delitos violentos.

El Consejo de Europa fijo, a través de este documento, los elementos esenciales que debían reunir las legislaciones de los Estados miembros en materia de indemnización a las víctimas, y que podrían sintetizarse en los siguientes (Landrove Díaz, 1998, p. 52 ss):

1) Carácter subsidiario de la indemnización estatal, a la que se recurre en ausencia de otras posibilidades, en concreto, en los supuestos en los que no es posible la reparación a cargo del infractor.

2) Las ayudas no se vinculan a la identificación o la detención del presunto autor del delito

3) La víctimas a las que se reconoce el derecho a ser indemnizadas son aquellas que han sido objeto de un delito violento doloso

[5] Los obstáculos de signo económico, sin embargo pueden ser superados por distintas vías. A inicios del siglo pasado, CARRARA, ilustre penalista italiano, proponía que, para superarlas, se constituyera una "Caja pública" integrada por las multas pagadas por los delincuentes.

4) Solo se reconoce derecho a una indemnización pública en los supuestos de daños corporales, muerte o lesiones graves, consecuencia de un delito violento doloso
5) Las obligaciones de indemnizar se establecen en relación a los nacionales o residentes del Estado en el territorio donde se cometa el delito
6) Entre los criterios que pueden esgrimirse para denegar o reducir una ayuda pública se encuentra el de la contribución de la víctima en la producción del delito, o su posible pertenencia a la delincuencia organizada
7) Se reconoce a favor del Estado que presta la ayuda la posibilidad de subrogarse en los derecho de la víctima a efectos de obtener del víctimario la indemnización hasta el máximo de la cantidad pagada

Particularmente activa ha sido también, en esta materia, la Unión Europea, en la línea iniciada por las Naciones Unidas y el Consejo de Europa, el Parlamento Europeo, ya desde los años 80 se ha interesado por la situación de las víctimas del delito y en particular por su indemnización.

De entre la mucha producción debería destacarse, en esta seda, el primero instrumento normativo que de un modo directo abordó esta cuestión: la Resolución sobre indemnización a las víctimas de actos violentos de 13 de mayo de 1981. En este primer pronunciamiento ya se compelía a la Comisión para que presentase una propuesta de Directiva donde se incluyan criterios mínimos de indemnización a las víctimas de delitos con cargo a fondos públicos.

Vinculado al anterior, y no mucho tiempo después, con base en un informe en el que se examinaba el estado de la cuestión en los Estados miembros y se valoraban las soluciones ofrecidas por el Consejo de Europa, el Parlamento Europeo aprobó otra Resolución, el 12 de septiembre de 1998, sobre indemnización a las víctimas de delitos violentos, en la que, además de solicitar a los Estados que ratificarán el Convenio Europeo sobre indemnización a las víctimas, se instaban nuevamente a la Comisión para que elaborase, lo antes posible, una propuesta de Directiva que obligase a los Estados miembros a armonizar sus legislaciones en materia de ayudas institucionales a victimas de delitos violentos.

Sin embargo y a pesar de la preocupación manifestada desde las instancias europeas, no es hasta después de la aprobación del Tratado de Ámsterdam (12 de octubre de 1997) cuando se da un definitivo impulso a esta materia. El nuevo espacio europeo de libertad, seguridad y justicia demandaba de la instauración de las condiciones necesarias para facilitar el acceso a la justicia de todos los ciudadanos, garantizándoles una asistencia y protección jurídica integral. En este marco, se inscribía también el derecho a la indemnización de los daños y perjuicios sufridos como consecuencia de un delito cometido en alguno de los Estados de la Unión.

En esta dirección, y poco después del Plan de Acción de Viena (diciembre de 1998) cuyo objetivo era el de asegurar el cumplimiento de las disposiciones del tratado de Ámsterdam, en lo relativo al Espacio de libertad, seguridad y justicia, la Comisión presentó una comunicación sobre las víctimas de delitos en la Unión Europea en la que planteaba ya de forma concreta cuáles debían ser las prioridades en esta materia (García Rodríguez, 2005, p. 7 ss).

En las Conclusiones del Consejo de Europa en Tampere, llevadas a cabo el 15 y 16 de octubre de 1999, en su punto 32 ya se solicitaba de forma expresa que se elaboraran normas mínimas sobre protección a las víctimas de delitos, sobre el acceso de las víctimas a la justicia y sobre el derecho a ser indemnizada por los daños sufridos. Además en este documento se recogía también la necesidad de desarrollar programas nacionales para financiar esas medidas dirigidas a la asistencia y protección de la víctima.

La primera iniciativa concreta en esta dirección viene representada por la presentación, por parte de la Comisión, del *Libro Verde sobre indemnizaciones a las víctimas de delitos*, del 28 de septiembre de 2001, en el que se formulaban los tres objetivos que una acción comunitaria podía perseguir en éste ámbito:

- Garantizar la obtención, por parte de las víctimas, de una indemnización Estatal en la Unión Europea.
- Armonizar las legislaciones de los distintos Estados de la unión en materia de ayudas a las víctimas de delitos para evitar los distintos varemos indemnizatorios de cada Estado
- Facilitar a las víctimas el acceso a la indemnización estatal en supuestos de victimización transfronteriza. Estos es, cuando una víctima perteneciente a la Unión Europea era objeto de un delito en un Estado distinto al de su residencia habitual.

El debate a que dio lugar el libro verde en las distintas instancias europeas condujo a que la Comisión organizara, el 24 de junio de 2002, una reunión de expertos de los Estados miembros con el fin de redactar un anteproyecto de Directiva en este ámbito.

La propuesta de Directa del Consejo presentada por la Comisión el 16 de octubre de 2002 recogía en sus preceptos las dos líneas fundamentales marcadas por el libro verde. En primer lugar, en los arts. 1 a 15, fijaba unas normas mínimas sobre la indemnización a las víctimas de delitos. Tal y como se recoge en el documento analizado, las grandes diferencias existentes entre los Estados miembros que disponen de un sistema de indemnización así como las discrepancias socioeconómicas que median entre unos y otros hacen preferible, y más realista, aspirar a imponer unas normas mínimas y no armonizar.

En segundo lugar, los arts. 16 y ss se encargan de fijar los mecanismos de cooperación dirigidos a agilizar las solicitudes de indemnización cuando la victimización se hubiera producido en un lugar de la Unión distinto al de residencia habitual de la víctima.

Finalmente, de las dos líneas de actuación propuestas en el proyecto de Directiva, únicamente la segunda logró plasmarse en el texto definitivo. El 29 de abril de 2003 es aprobada por el Consejo la Directiva 2004/80, sobre indemnización a las víctimas de delitos que se ocupa de resolver los problemas generados por la victimización trasfronteriza, a la que se hará referencia al examinar el procedimiento general de indemnización a las victimas al amparo de la L 35/95.

Sin embargo, el efecto indirecto de la aprobación y recepción por los Estados de la Unión de la citada norma (D. 2004/80) trasciende a las solas cuestiones procesales. En efecto, para alcanzar el objetivo en ella dispuesto —asegurar la indemnización en situaciones transfronterizas— resulta imprescindible que todos los países integrantes de la Unión dispongan de un sistema de indemnización a las víctimas de delitos. De ese modo, se logra también a través de la Directiva compeler, a aquellos Estados que no dispongan de un modelo legal de indemnización (justa y adecuada), para que en un periodo breve de tiempo, lo aprueben. La fecha máxima que concede la Directiva de 2003 para aprobar legislación en este terreno finalizó el 1 de julio de 2005.

11.2.3. La legislación españolas de indemnización a las víctimas

En España la preocupación por la víctima y la adopción de medidas activas tendentes a evitar una nueva víctimización y asegurar su reparación se hicieron esperar algún tiempo (Benito Alonso, 1988., p. 886 y ss). No es hasta 1994, con la Ley orgánica de 23 de diciembre de 1994 de protección de testigos y peritos en causas criminales y 1995, con la Ley 35 de 11 de diciembre de 1995, de ayuda y asistencia a las víctimas de delitos violentos y contra la libertad sexual, cuando se inicia una autentica tarea legislativa en este ámbito.

En ambos casos la adopción de normas *"ad hoc"* vino motivada por la aprobación y posterior ratificación por España de normativa, tanto convenios como recomendaciones, de organismos internacionales. En concreto, la primera respondió a la necesidad de adaptar la legislación interna a lo dispuesto, en líneas generales, en la recomendación del Comité de Ministros del Consejo de Europa de 28 de junio de 1985, sobre la posición de la víctima en el marco del derecho penal y el proceso penal[6] y, la segunda, a la transposición del Convenio Europeo de 1983 sobre la indemnización a las víctimas de delitos violentos.

Si bien es cierto que, con anterioridad a las fechas antes señaladas el Estado Español asumió la responsabilidad de indemnizar a las víctimas del terrorismo o de hechos cometidos por bandas armadas. En este terreno, como después se desarrollará, la actividad legislativa ha sido muy copiosa. En realidad, debe reconocerse que algunas de las iniciativas normativas en este ámbito prepararon el terreno para extender la ayuda estatal a otro tipo de víctimas de delitos. Aún así, las ayudas públicas a las víctimas del terrorismo en nuestro país, merece, por su amplitud y características especiales, una mención separada.

En estos momentos la actividad legislativa relativa a la ayudas a las victimas de hechos delictivos ha ido ganando peso y son varios los instrumentos que se ocupan en España de esta problemática.

---

[6] Vid, supra temas 9 y 10.

A) La ley 35 de 11 de diciembre de 1995, de ayuda y asistencia a las víctimas de delitos violentos y contra la libertad sexual y la normativa vinculada a la misma

Con la aprobación de la Ley 35, de 11 de diciembre de 1995, de ayuda y asistencia a las víctimas de delitos violentos y contra la libertad sexual se colma una laguna que había sido largamente denunciada por la doctrina especializada en nuestro país (Benito Alonso 1988, p. 889 y ss). De este modo, el Estado Español asumió la obligación de restaurar la situación —económica— en la que se encontraba la víctima antes de sufrir el delito o, cuanto menos, de paliar los efectos negativos derivados del mismo. Esta ley instaura un sistema público de ayuda a las víctimas de alcance generalista, aunque como veremos, y en la línea de los dispuesto a nivel internacional, limitada a los supuestos de victimización como consecuencia de delitos violentos, dolosos.

La norma que a continuación se comentará cuenta con 16 artículos, tres disposiciones adicionales, una transitoria y dos finales. En cuanto a la sistemática, la Ley de 1995 contiene dos capítulos, en los que se regulan aspectos distintos. El primero, —que es el que aquí interesa analizar— tiene por objeto la regulación *"stricto sensu"* del sistema público de indemnización a las víctimas de determinados delitos (violentos y contra la libertad sexual).

El segundo, estable obligaciones, vinculadas a la investigación y enjuiciamiento de delitos, dirigidas a tutelar a la víctima, con independencia de cuál haya sido el tipo de delito del que ha sido objeto. En definitiva, este segundo capítulo —arts. 15 y 16 de la L 35/95—, se ocupa de algunos aspectos de la denominada "victimoasistencia", que ya fueron examinados en la primera parte del tema (vid. apartados 1 y 2).

A continuación nos detendremos en el análisis de las características esenciales del sistema de indemnización a las víctimas instaurado por la ley que se comenta y el reglamento que la desarrolla —Real Decreto de 23 de mayo de 1997, de ayuda a las víctimas de delitos violentos y contra la libertad sexual—.

a) Ámbito de aplicación: El sistema de ayudas públicas establecido por la ley se dirige a las víctimas directas e indirectas de delitos dolosos y violentos que tengan como resultado la muerte, daños corporales graves o daños graves en la salud física o mental. También podrán beneficiarse de las citadas ayudas las víctimas de delitos contra la libertad sexual aunque en su perpetración no se hubiera empleado violencia.

Quedan excluidos de la indemnización estatal, los delitos cometidos sin violencia, las faltas y los delitos imprudentes[7].

b) Sujetos beneficiarios. Podrán beneficiarse de las ayudas los que en el momento de la victimización fueran españoles o nacionales de algún estado miembro de la Unión Europea[8], o residan habitualmente en España. El concepto de "residencia habitual" viene definido en el art. 2 del Reglamento de 23 de mayo de 1997. Se entiende por tal, aquel extranjero que reside de forma legal en España, en los términos dispuestos por la Ley de Extranjería. También podrán concederse indemnizaciones a los extranjeros cuando su Estado reconozca ayudas análogas a los españoles[9].

Tendrán derecho a la indemnización tanto las víctimas directas como las indirectas. Por víctima directa debe entenderse aquella que sufre de forma inmediata el daño, lesiones corporales graves o daños graves en su salud física o mental. Por víctima indirecta deben comprenderse aquellas personas dependientes del fallecido, cuando en ellas concurran las siguientes condiciones: 1) Que se trate del cónyuge del fallecido o la persona que hubiera convivido con él, de forma permanente con análoga relación de afectividad, al menos los dos años anteriores al fallecimiento. Si hubieran tenido descendencia en común no se exigirá un mínimo de convivencia[10], 2) Los hijos del fallecido o de la persona que conviva con él, siempre que

---

7 Esta restricción ha sido criticada, entre otros, por BENITO ALONSO,1988, p. 894 y 895.

8 Sobre el procedimiento para hacer efectiva la indemnización cuando la victimización se ha producido en un Estado Europeo distinto al de residencia habitual de la victima, vid. el comentario que se hace a la Directiva 2004/80 del Consejo de 29 de abril.

9 En el supuesto de fallecimiento los citados requisitos de nacionalidad o residencia se exigirán a los beneficiarios indirectos, con independencia de la nacionalidad o residencia habitual del fallecido

10 El día 17 de febrero de 2006, el Consejo de Ministros aprobó un Real Decreto que modifica el Reglamento de ayudas a las víctimas de delitos violentos y contra la libertad sexual, aprobado por Real Decreto 738/1997, con la intención de excluir del ámbito de los posibles beneficiarios de estas indemnizaciones al cónyuge agresor o autor del homicidio sobre la persona con la que estuviera o hubiera estado ligada de forma estable, independientemente de la orientación sexual de ambos, durante al menos los dos años anteriores al fallecimiento. En caso de haber tenido descendencia en común, bastará la mera convivencia, sin mayores requisitos.
Esta modificación resultaba imprescindible para adaptar las previsiones legales contenidas en la Ley Orgánica de Medidas de Protección Integral contra la Violencia de Género de 28 de diciembre de 2004. De este modo se evita que el homicida fuera

dependieran económicamente del él 3) en defecto de los anteriores, serán beneficiarios indirectos los padres del fallecido siempre que dependieran económicamente de la víctima. El Reglamente de 1997 precisa, en su art. 5, el concepto de dependencia económica, tomando en consideración para ello, la cuantía del salario mínimo interprofesional.

La ayuda podrá denegarse, o reducirse su cuantía, en los supuestos en los que ésta resultara contraria a la equidad u orden público. Tal y como dispone el art. 3 de la Ley 35, para apreciar dicha circunstancia deberán tomarse en consideración, en primer lugar, la existencia de algún tipo de relación o vinculación entre autor y víctima, en segundo lugar, la posible participación de la víctima, directa o indirectamente, en la comisión del delito o su posible contribución en la agravación los efectos del mismo. Y, en tercer y último lugar, deberá valorarse negativamente para su concesión, la pertenencia de la víctima a una organización dedicada a la comisión de acciones violentas[11].

c) El contenido de las ayudas. Los delitos de los que puede derivarse el derecho a solicitar una ayuda pública, como ya se señaló, son únicamente aquellos cometidos con violencia y dolosamente. Además se exige que, cómo consecuencia de la perpetración del delito, se derive un resultado de muerte, lesiones corporales graves o graves daños en la salud física o mental. La determinación del carácter grave de las lesiones o daños habrá de hacerse conforme a los criterios establecidos en el art. 4 de la Ley. En el citado precepto se vincula la gravedad de los resultados a que estos provoquen en la víctima una incapacidad permanente o temporal.

Por lo que respecta a la cuantía de la ayuda ésta se determinará dependiendo de cuál haya sido la clase de incapacidad sufrida por la víctima[12]. El importe de la indemnización se concretará a partir de la aplicación de las siguientes reglas:

---

considerado víctima indirecta y podía percibir la ayuda. Aunque como se reconoce, en la práctica, esta ayuda no se otorgaba, cuando había participado el beneficiario en la comisión del delito, ello implicaba que la ayuda que correspondía a los hijos se redujese a la mitad. Incluso, en caso de no existir descendientes, suponía la exclusión del derecho a la percepción por parte de los padres del fallecido. Vid, http://www.lamoncloa.es/ActualidadHome/170206-Victimas.htm

11 Si el fallecido estuviera incurso en alguno de los supuestos de denegación de ayuda ello no impediría que éstas se concedieran a los beneficiarios indirectos si éstos se encontrarán en situación de desamparo económico.

12 El grado de afectación de la víctima, al que se anudan las distintas ayudas públicas deberá determinarse según dispone el reglamento, en cada caso. Así, en el art. 9 a

a) En las situaciones de *incapacidad temporal*, la cantidad que podrá percibirse será equivalente al doble del salario mínimo interprofesional diario vigente en la fecha en se cometió el delito, después de transcurridos seis meses. Para el cálculo del montante de la indemnización, en estos casos, se tomará como referencia el tiempo en que el afectado se encontró en tal situación, con un máximo de treinta meses. Únicamente tendrán derecho a esta ayuda pública la víctimas que se encuentren en situación de incapacidad temporal cuando no estén incluidas en un régimen público de Seguridad Social o cuando estando incluidas en éste no tuvieran derecho en el mismo a subsidio por este clase de incapacidad (art. 9 y 10 del Reglamento de 1997).

b) En los supuestos de *lesiones invalidantes*, la cantidad a percibir se referirá al salario mínimo interprofesional mensual vigente en la fecha en la que se cometió el delito y dependerá del grado de incapacidad: incapacidad permanente parcial (40 mensualidades), incapacidad permanente total (60 mensualidades), incapacidad permanente absoluta (90 mensualidades) y gran invalidez (130 mensualidades). Para determinar el importe exacto de la indemnización que corresponde en cada uno de los casos antes señalados se aplicarán a las cuantías máximas establecidas para cada clase de invalidez los coeficientes correctores dispuestos en el art. 13 del Reglamento[13].

c) En caso de *fallecimiento*, la ayuda máxima a percibir será de 120 mensualidades del salario mínimo interprofesional vigente en la fecha en la que se produjo la muerte. Para la concreción de el montante se prevé, también en el Reglamento (art. 14), la aplicación de unos coeficientes correctores similares a los previstos para las lesiones invalidantes.

d) En los casos en los que la víctima del delito fuera un menor de edad o un mayor incapacitado, si éste falleciera como consecuencia del delito, y los beneficiarios indirectos (padres) no tuvieran derecho

12, en los que se concretar los órganos competentes para determinar, la incapacidad temporal, las lesiones invalidantes y las minusvalias.

[13] Son dos las circunstancias que deben tomarse en consideración para ello: a) las rentas o ingresos percibidos por la víctima y b)el número de personas que dependieran económicamente de la víctima. La eficacia que debe conferirse a cada uno de estos coeficientes viene establecida en el art. 15 del Reglamento.

a una ayuda por defunción[14], la Ley reconoce a favor de éstos la posibilidad de solicitar el rembolso del importe de los gastos funerarios que hubiera satisfecho previamente, con un límite de 5 mensualidades del salario mínimo interprofesional vigente en la fecha en la que se produjo la muerte. Este supuesto específico de ayuda no tendrá validez cuando los padres del menor o mayor incapacitado tengan derecho a percibir una ayuda pública por su muerte.

e) Cuando se trata de delitos contra la libertad sexual la ayuda pública reconocida legalmente cubrirá únicamente los gastos de tratamiento terapéutico libremente elegido, con una cuantía máxima de 5 mensualidades del salario mínimo interprofesional vigente en el momento en el que quedaron acreditados, por el médico forense, la existencia de daños en la salud mental de la víctima (art. 17 del Reglamento). La forma en que podrán hacerse efectivos el pago de los gastos derivados del tratamiento terapeuta viene dispuesta en el art. 18 del Reglamento.

Las ayudas públicas previstas en esta ley tienen carácter subsidiario y complementario. Ello se deduce del régimen de incompatibilidades establecido en el art. 6, en el que se recogen las siguientes restricciones. En primer lugar, se prevé que, las indemnizaciones allí reconocidas, resultan incompatibles con la percepción de la indemnización por la responsabilidad civil "*ex delicto*", determinada en la sentencia. Además, se establece que, en los supuestos en los que se hubiera emitido sentencia condenatoria, y no se hubiera satisfecho la indemnización, el importe de la ayuda pública no podrá exceder, en ningún caso, la indemnización fijada en la sentencia.

En segundo lugar, se concretan también los límites aplicables en aquellas hipótesis en las que la víctima ha percibido, de forma parcial, el importe de la responsabilidad civil derivado del delito. En tales casos, de la ayuda pública a la que tuviera derecho se deducirá la cantidad percibida por la víctima, tanto si ésta hubiera sido satisfecha por el agresor, como si la misma hubiera quedado cubierta por prestaciones de la Seguridad Social o por una póliza de seguro privado. En estas

[14] En los supuestos en los que el menor o incapaz mayor no dependa económicamente de los padres y no haya ningún otro beneficiario indirecto con derecho a percibir la indemnización (cónyuge o hijos, en los términos dispuestos en el art. 2 de la Ley.)

hipótesis deberá, en todo caso, respetarse, como límite máximo a percibir por la víctima, el montante total fijado en la sentencia (art. 19 del Reglamento).

Para concluir con las cuestiones relativas a las incompatibilidades, únicamente señalar que las ayudas reconocidas en la ley, en los supuestos de incapacidad permanente o muerte, será siempre compatible con las pensiones públicas que el beneficiario (directo o indirecto) tuviera derecho a percibir.

c) Las ayudas provisionales. El art. 10 de la Ley reconoce la posibilidad de solicitar ayudas provisionales sin necesidad de que recaiga sentencia penal firme. La lentitud con la que en muchas ocasiones resuelven los órganos jurisdiccionales ha hecho necesario, para evitar un efectivo desamparo de la víctima, que se autorice, bajos ciertas condiciones, la concesión anticipada de ayudas.

Siempre que se acredite la precaria situación económica en que hubiese quedado la víctima o sus beneficiarios[15] podrá solicitarse —una vez denunciados los hechos delictivos o iniciado de oficio el procedimiento— hasta el 80 por ciento del importe máximo de la ayuda establecida por la ley para los supuestos de muerte, lesiones corporales graves o daños graves en la salud.

El solicitante de la ayuda provisional deberá acreditar que reúne los requisitos para ser beneficiario de la ayuda definitiva cuyo anticipo solicita. Así mismo la solicitud habrá de contener los siguientes extremos: a) la calificación de las lesiones o daños a la salud por parte de los órganos competentes para ello (medico forense o alguno de los establecidos en el art. 37 del reglamento, dependiendo de cuál sea el tipo de invalidez), o la acreditación del fallecimiento y la condición de beneficiario a título de víctima indirecta y b) el informe del Ministerio Fiscal que manifieste la existencia de indicios racionales para suponer que la muerte o lesiones sufridas por la victima se han producido como consecuencia de un hecho delictivo violento y cometido dolosamente.

Las ayudas provisionales podrán ser satisfechas de una sola vez o mediante abonos periódicos.

---

15 El art. 8 del Reglamento concreta las condiciones que permiten considerar a la víctima o sus beneficiario inclusos en una situación de precariedad económica. La referida norma dispone que ello acaecerá cuando, la víctima o sus beneficiarios, no perciban, en cómputo anual, ingresos superiores al salario mínimo interprofesional.

d) Competencia y Procedimientos para el reconocimiento de las ayudas. Las solicitudes presentadas al amparo de la presente normativa deberán tramitarse y ser resueltas por el Ministerio de Economía y Hacienda, en concreto por la Dirección General de Costes de Personal y Pensiones Públicas. El procedimiento que deberá seguirse para su tramitación es el de urgencia previsto en la Ley 30/1992, de régimen jurídico de las Administraciones Públicas y procedimiento administrativo común con las especialidades que se establecen en el Reglamento de 1997 de ayuda a las víctimas de delitos violentos y contra la libertad sexual (arts. 21 a 67).

El Reglamento de 1997, dispone unas reglas generales que deberán cumplirse con independencia del tipo o clase concreta de reclamación que se formule[16]. Las líneas comunes a todos los procedimientos podrían sintetizarse en las siguientes. En primer lugar se dispone que, el procedimiento, se iniciará siempre a instancia de parte, esto es, deberá presentar la solicitud la persona interesada. En segundo lugar, se establece que, dicha solicitud, para ser atendida habrán de acreditar los siguientes extremos:

1. el fallecimiento de la víctima directa y la documentación que acredita la condición de beneficiario indirecto.

2. descripción de las circunstancias en que se cometió el delito doloso violento, fecha y lugar de la comisión del ilícito. El art. 25 del Reglamento dispone que para la prueba de tales circunstancias deberá aportarse la resolución judicial firme que pone fin al procedimiento penal y en el caso de solicitudes provisionales será suficiente el informe del Ministerio Fiscal que acredite la existencia de indicios de delito doloso y violento

[16] El Reglamento instaura 8 procedimientos: 1) Procedimiento para el reconocimiento de ayudas definitivas por incapacidad temporal y lesiones invalidantes (arts. 36 a 39), 2) Procedimiento para el reconocimiento de ayudas definitivas en caso de muerte (arts. 40 a 44), 3) Procedimiento para el reconocimiento de ayudas definitivas para gastos funerarios (arts. 45 a 46), 4) Procedimiento para el reconocimiento de ayudas definitiva para gastos de tratamiento terapéutico por delito contra la libertad sexual (arts. 47 a 49), 5)Procedimiento para el reconocimiento de ayudas provisionales por incapacidad temporal y lesiones invalidantes (arts. 50 a 55), 6) Procedimiento para el reconocimiento de ayudas provisionales en caso de muerte (arts. 56 a 59), 7) Procedimiento para el reconocimiento de ayudas provisionales por gastos funerarios y de tratamiento terapéutico y 8) Procedimiento para el ejercicio de las acciones de subrogación y repetición.

3. que los hechos fueron denunciados ante la autoridad pública
4. declaración sobre las indemnizaciones y ayudas percibidas o dc las posibilidades de las que dispone para obtenerlas
5. Copia de la resolución judicial firme que ponga fin al proceso penal, ya sea sentencia, auto de rebeldía, archivo por fallecimiento del culpable o cualquier clase de sobreseimiento, provisional o libre

Al margen de lo anterior, y antes de emitir una resolución, el órgano competente para resolver la peticion de ayuda podrá solicitar a las autoridades policiales o judiciales la información que estime pertinente, así como llevar a cabo la investigación que considera imprescindible para adoptar la decisión. Así mismo la Administración podrá recabar de personas físicas y jurídicas informes sobre la actividad profesional de la víctima, situación financiera, social o fiscal. Por última, la decisión se adoptará después del trámite de audiencia al interesado y del informe de los Servicios Jurídicos del Estado (art. 30 del Reglamento).

El plazo del que dispone la Administración para resolver viene establecido en el art. 31 del Reglamento. En él se prevé que los plazos máximos para reconocer las ayudas definitivas o provisionales son de 6 meses, cuando se trata de lesiones invalidantes o fallecimiento, de 4 meses, cuando se trata de incapacidad temporal, y de 2 meses, cuando se persigue la restitución de los gastos de tratamiento terapéutico en los delitos contra la libertad sexual o gastos funerarios. No obstante, se entenderán desestimadas las solicitudes cuando transcurrido el plazo máximo para resolver no haya recaído resolución expresa.

Recientemente ha sido aprobada por el Consejo la Directiva 2004/80 de 29 de abril sobre indemnización a las víctimas de delitos, en la que se establecen los mecanismos para hacer efectivas las indemnizaciones a víctimas de la Unión Europea cuando éstas no se encuentra en su Estado de residencia habitual. En la citada norma se insta a los Estados para que instauren sistemas de cooperación entre ellos que permitan facilitar los trámites de solicitud en caso de víctimas en situación transfronteriza, con independencia del lugar de la Comunidad Europea en que se haya cometido el delito. Para ello se toma como referencia el régimen para la indemnización de las víctimas de delitos dolosos violentos vigente en cada territorio[17] y se compele a los Estados para que establezcan o

---

[17] El plazo que se concede a los Estados de la Unión para aprobar normas de indemnización a las víctimas de delitos dolosos violentos es el 1 de julio de 2005 y

designen autoridades u organismos responsables de hacer efectiva la solicitud de ayuda en el Estado de residencia de la víctima, así como para facilita la información, formulares etc.. y, de ese modo agilizar el proceso de concesión de la misma (modelo de ayuda mutua).

El Consejo de Ministros, en fecha 17 de feberero de 2006 ha aprobado un Real Decreto que modifica el Reglamento de indemnización a las víctimas de delitos violentos y contra la libertad sexual de 1997 para dar cumplimiento a lo establecido en la Directiva 2004/80. Esta reforma se ocupa de concretar dos cuestiones. La primera, atribuye la competencia para indemnizar a la víctima al Estado miembro en cuyo territorio hubiera sido cometido el delito. Y, en segundo lugar designa una autoridad competente que resuelva las solicitudes que sean presentadas en nuestro país y las que procedan de otros países de la Unión.

Estas "autoridades de asistencia" deberán garantizar la tramitación ágil de las solicitudes, orientando y asesorando a las víctimas en su Estado de residencia. Posteriormente, remitirán la solicitud a la autoridad de decisión del otro Estado. Cuando la indemnización tenga su origen en un delito violento y contra la libertad sexual, se establecen como "autoridades de asistencia" a las Oficinas de asistencia a las víctimas previstas en la Ley.

En cuanto a las "autoridades de decisión", éstas deberán asumir la instrucción y resolución del expediente de ayuda, facilitando los trámites al interesado sin que sea necesario su desplazamiento. A los efectos de las indemnizaciones aquí examinadas la condición de "autoridad de decisión" recae en la Dirección General de Costes de Personal y Pensiones Públicas del Ministerio de Economía y Hacienda, en cuanto a los procedimientos de solicitud, los recursos pertinentes serán resueltos por la Comisión Nacional de ayuda y asistencia a víctimas de delitos violentos y contra la libertad sexual[18].

d) La Comisión Nacional de ayuda y Asistencia a las Víctimas de Delitos violentos y contra la libertad sexual. Este órgano administrativo que se integra en la Administración General del Estado a través del Ministerio de Justicia, ejerce funciones con plena autonomía, en materia

---

para dar cumplimiento al régimen de cooperación en los supuestos de víctimas transfronterizas, la fecha límite es el 1 de enero de 2006.

18 Vid sobre esta reciente modificación, http://la-moncloa.es/ActualidadHome/170206-Victimas.htm

de impugnación contra las resoluciones dictadas por la Dirección general de Costes de Personal y Pensiones Públicas en materia de ayudas públicas a las victimas de delitos dolosos violentos y contra la libertad sexual.

Conforme a su ley de creación, art. 11 de la ley 35/1995, este órgano colegiado se compone de un Presidente, 11 Vocales y un Secretario General, con voz pero sin voto. Auque originariamente tanto la ley (art.11) como el reglamento (art. 74) preveían que el Presidente del citado órgano fuera un Magistrado del Tribunal Supremo nombrado por el Ministerio de justicia, a propuesta del Consejo General del Poder Judicial, esta previsión debió ser modificada tras la aprobación del nuevo apartado 3 del art. 350 de la Ley Orgánica del Poder Judicial (LO 5/1997) en el que se establece un régimen de incompatibilidades para los Magistrados del Tribunal Supremos más amplio que el existente hasta el momento.

Como consecuencia de ello, y para dar cumplimiento a lo allí dispuesto, se aprobó la Ley 38/1998, de 27 de noviembre, por la que se modifica la composición de la Comisión Nacional de ayuda y Asistencia a las Víctimas de Delitos violentos y contra la libertad sexual. Esta modificación vino a establecer un nuevo sistema de selección de sus miembros. Así, tal y como se señala en la propia Ley, el Presidente de la Comisión deberá ser un Magistrado (ya no del Tribunal Supremo) nombrado por el Consejo General del Poder Judicial y, el resto de miembros que la integran, deberán se representantes de la Administración General del Estado y, en su caso, de las organizaciones vinculadas a la asistencia y defensa de las víctimas. Así mismo se dispone también que uno de los vocales de la Comisión habrá ser un representante del Ministerio Fiscal nombrado por el Fiscal General del Estado.

El Reglamento de 1997, de ayuda a las víctimas de delitos violentos y contra la libertad sexual, en sus arts.72 y ss. se ocupa de concretar el funcionamiento del órgano colegiado, las cuestiones relativas a la recusación y abstención de sus miembros y el procedimiento impugnatorio, indicando como supletoria, en lo relativo a la última de las cuestiones, las normas generales del Procedimiento Administrativo Común

e) Las acciones de subrogación y repetición a favor del Estado. La Ley, en su art. 13, recoge, a favor del Estado, el derecho a ejercer la acción subrogatoria, y de ese modo, dirigirse contra el patrimonio del obligado civilmente por el hecho delictivo, para solicitar que restituya el importe total de la ayuda pública percibida por la víctima. Esta acción se llevará a cabo por la vía de apremio. Si bien, se autoriza también al Estado para que se constituya en parte en el proceso penal o civil, sin perjuicio de la acción civil que ejerce el Ministerio Fiscal.

También se instituye la posibilidad de solicitar al beneficiario, a través de una acción de repetición, el reembolso total o parcial de la ayuda provisional o definitiva cuando su percepción fuera indebida (la sentencia penal fura absolutoria, se hubiera obtenido mediante fraude, etc...) o superior a la que procede legalmente (la indemnización reconocida en la sentencia fuera inferior a la concedida provisionalmente o se hubiera falseado parcialmente los datos para su obtención, por citar algunos supuestos).

B) Indemnización estatal a victimas del terrorismo

Como ya se señaló, en España las primeras iniciativas legislativas en materia de indemnización a las victimas de delitos se llevaron a cabo en relación a los delitos de terrorismo. Entre los motivos que se han esgrimido tradicionalmente para justificar el tratamiento privilegiado dispensado por el Estado a esta clase de víctimas se encuentran los siguientes. En primer lugar se ha alegado que el móvil terrorista es ante todo político, con él se persigue cambiar las estructuras políticas o sociales. Como destaca, entre otros, Landrove, en los supuestos de terrorismo la víctima no es un fin en sí mismo, sino un medio para atacar al Estado. Junto a esta alegación, se ha señalado también, que el terrorismo provoca una víctimización más intensa y extensa. Intensa porque las víctimas directas se sienten útilizadas y desvaloradas socialmente y, extensa, porque el terrorismo genera un amplísimo número de víctimas indirectas que, pese a no haber sido objeto directo de la acción violencia, se ven sometidos al terror o la resignación, por miedo a represalias. Junto a estos clásicos argumentos en la actualidad suele atribuirse a esta legislación la finalidad primordial de homenajear, de rendir tributo a esas víctimas y de ese modo conseguir, a través de la reconciliación y la justicia, aunar esfuerzos para lograr una convivencia en paz (vid. exposición de motivos de la vigente Ley de solidaridad con las víctimas del terrorismo)

Hoy las ayudas públicas a las víctimas de delitos terroristas se han hecho extensivas también a las que lo son de delitos comunes. No obstante, las reglas y condiciones para la indemnización de unas y otras difieren, no ya en los aspectos esenciales, pero sí, en lo que tocante a las cuantías y al procedimiento de concesión. Sin embargo es de destacar el creciente acercamiento entre ambos sistemas, que podrá constatarse a través del análisis de su evolución.

El itinerario normativo (vid. ampliamente, Lamarca Pérez, 1985, p. 350 ss y Landrove Díaz, 1998, p. 143 ss.) se inicia en 1979, con el Real Decreto Ley de 3/1979, de protección de la Seguridad ciudadana (art. 7) y su reglamento de desarrollo (Real Decreto 484/1982), en el que se reconocía el derecho a las víctimas del terrorismo a ser indemnizadas por el Estado, si bien, tal derecho se sometió entonces a requisitos vinculados a su nivel de resta.

Poco tiempo después, la Ley Orgánica de 26 de diciembre de 1984, contra la actuación de Bandas Armadas y Elementos Terroristas, y sus Reglamentos de desarrollo (Real Decreto de 24 de enero de 1986 y posteriormente Real Decreto de 28 de octubre de 1988) sentaron las bases del régimen indemnizatorio aplicable a las víctimas del terrorismo. En las citadas normativas se incorporaban los criterios para el cálculo de la ayuda en función del tipo de lesión sufrida —grado de invalidez— y de otras circunstancias de índole personal, familiar o profesional de la víctima.

Entre las características más destacables de la legislación entonces vigente cabe citar dos. En primer lugar, el carácter *no subsidiario* de las ayudas públicas concedidas en estos supuestos. En efecto, se reconocía la compatibilidad entre la indemnización pública y cualquier otra a la que tuviera derecho la víctima. En segundo lugar, las ayudas públicas quedaban restringida únicamente a los daños corporales, lo que significaba excluir cualquier posibilidad de resarcir daños morales, psicológico o sobre cosas o bienes

La normativa de 1988 fue expresamente derogada por el Real Decreto de 19 de junio de 1992, y éste a su vez sustituido, con posterioridad, por la Ley 13/1996 y el Real Decreto de 18 de julio de 1997. En ambas normas reglamentarias se procedió a ampliar el objeto de la indemnización. En la primera de las normas citadas (1992), la cobertura de las ayudas pasó a comprender los daños materiales (elementos esenciales de la vivienda habitual), personales (físicos o psíquicos) así como su tratamiento. La segunda de ella, tanto la ley como el reglamento (1997), entre otras cuestiones, consolidaron esta ampliación haciendo extensivas las ayudas a los elementos no esenciales de la vivienda habitual y a algunos daños sobre viviendas no habituales, a los daños sufridos en establecimientos mercantiles o industriales, con ciertos límites, y a los daños sufridos por locales de partidos políticos, sindicatos y organizaciones sociales y los sufridos por vehículos.

Este itinerario culminó con la aprobación, en 1999, de la Ley de solidaridad con las víctimas del terrorismo, L 32/1999 de 8 de octubre, y su Reglamento de desarrollo aprobado por Real Decreto 1912/1999, de 17 de diciembre. El régimen indemnizatorio establecido en estas normas se caracteriza fundamentalmente porque el Estado, de forma extraordinaria, y respecto a los hechos acaecidos entre 1968 y la fecha de entrada en vigor de esta ley asume el deber de pagar la cuantía correspondiente a la responsabilidad civil derivada del delito, siempre y cuando el beneficiario de la indemnización le transfiera, de modo previo, tal derecho a ser resarcido o, en su caso, la expectativa —para los supuestos en los que no hubiera recaído sentencia— (Mir Puigpelat, 2000 p.2 ss. y Lloveras, M-R, 2002, p. 2-13).

Como se anunciaba al inicio de este apartado, la legislación en materia de ayuda a las víctimas del terrorismo ha ido aproximándose, en sus líneas maestras, a la de las víctimas de delitos dolosos y violentos, al atribuir a la indemnización, con los matices indicados, el carácter de subsidiaria. No obstante, la subsidiariedad de la ayuda institucional que se predica en los supuestos de víctimas del terrorismo no queda condicionada a la falta de pago o a la imposibilidad de condenar al autor de los hechos delictivos sino que, como regla general, se concede la indemnización, sin necesidad de que exista sentencia firme condenatoria. De este modo, se garantiza a las víctimas una mayor celeridad en la obtención de las ayudas, y lo que es excepcional en el régimen común de indemnización a las víctimas, se convierte en el ámbito del terrorismo en la regla general (ayudas anticipadas).

En cuanto al alcance y cuantía de las ayudas extraordinarias previstas en la ley de solidaridad, éstas quedan limitadas al resarcimiento de los daños físicos y psíquicos, excepcionalmente a su tratamiento médico y se excluyen expresamente los daños materiales y morales. El sistema empleado por la Ley y su Reglamento de desarrollo para la determinación de la cuantía a percibir por la victima de un delito de terrorismo consiste en la fijación de una cantidad alzada en función del el grado de incapacidad de la víctima (fallecimiento, gran invalidad o incapacidad permanente absoluta, total o parcial). Este sistema garantiza a los beneficiarios la obtención de la cuantía señalada tanto en los supuestos de inexistencia de sentencia o cuando, habiéndose emitido, en la misma no se reconocen una cuantía específica por daños físicos o psíquicos, como, en aquellos otros, en los que los Tribunales ya se han pronunciado.

En este último caso, de haberse reconocido judicialmente un derecho a indemnización (responsabilidad civil *ex delicto*) superior a la que se obtuvo en concepto de indemnización pública, el Estado asume la obligación de abonar al beneficiario la diferencia.

La condición de víctima, en los términos exigidos por la ley se acreditará, en virtud de Sentencia firme, en la que se reconozca el derecho de ésta a ser indeminizada en concepto de responsabilidad civil derivada del delito o bien, en los supuestos en los que no medie Sentencia, se exigirá que se hubieran iniciado diligencias judiciales o incoado proceso penal dirigido al enjuiciamiento del delito. En tales hipótesis, la condición de víctima y el resto de requisitos legalmente exigidos (entre otros el nexo causal con el delito) podrán acreditarse ante la Administración del Estado a través de cualquier medio de pruebe admisible en derecho

Por último, debe destacarse que la Ley de solidaridad con las víctimas del terrorismo prevé también la concesión de distinciones honoríficas (art. 4 de la Ley, reformado por la Ley 2/2003 de 12 de marzo de 2003) e instituye la Real Orden de Reconocimiento Civil a las Victimas del Terrorismo.

El régimen extraordinario de ayuda a las víctimas del terrorismo, ley de solidaridad y su Reglamento de desarrollo, resultaban compatibles con el régimen ordinario fijado en la Ley 13/1996, de 30 de diciembre, de Medidas Fiscales, Administrativas y de Orden Social y su Reglamento de desarrollo, RD 1211/1997, de 18 de julio, de ayuda y resarcimiento a las víctimas de delitos de terrorismo (Landrove Díaz, págs. 147-155). Estas normas, como ya se indicó en líneas precedentes, fijaron un sistema generoso de indemnización que permitía cubrir, entre otros, algunos daños materiales. No obstante, las continuas modificaciones acaecidas en este terreno llevaron a que el reglamento de 1997, tuviera que reformarse en tres ocasiones (1998, 2001 y 2002). Finalmente la necesidad de actualizar y abanzar en la tutela de las víctimas además de otros motivos vinculados más estrechamente con la política y concretamente con la política antiterrorista, condujeron al Gobierno a aprobar, sin derogar la legislación de 1999, un nuevo Reglamento de ayudas y resarcimiento a las víctimas de delitos terroristas, el Real Decreto 288/2003, de 7 de marzo en el que se fija y actualiza el régimen indemnizatorio ordinario para las víctimas del terrorismo acaecidos depués del 1 de enero de 2002. Esta nueva norma amplia y pormenoriza el sistema de ayudas públicas a las víctimas del terrorismo.

El Reglamento citado ha asumido, en líneas generales, la filosofía aplicable en materia de indemnización a las víctimas de delitos comunes. Se recoge, de modo explícito el carácter subsidiario (en los términos que antes se señalaron) de la ayuda y se amplia substancialmente el alcance de las indemnizaciones, que pasan a cubrir además de los daños físicos y psíquicos, el tratamiento y determinados daños materiales. Las cuantías, como luego se detallará, se concretan a partir del salario mínimo interprofesional y de otros factores correctores de índole personal, laboral o social. Además se contempla la posibilidad de otorgar a las víctimas, o a asociaciones que las represente, ayudas de diversa naturaleza.

A continuación se expondrán las características esenciales de este nuevo modelo ordinario de indemnización fijado por el Real Decreto 288/2003:

a) Ámbito de aplicación y sujetos beneficiarios. Los sujetos a los que se dirigen las indemnizaciones reconocidas en esta norma son todos aquellos que, no siendo responsables del delito, hayan sufrido daños corporales o materiales *como consecuencia o con ocasión* de delitos de terrorismo cometidos por bandas armadas, grupos armados o elementos terroristas o por persona o personas que alteren gravemente la paz y la seguridad ciudadana. Se consideran víctimas indemnizables tanto a las directas como a las indirectas que en este caso tiene un alcance muy amplio.

b) Contenido de las ayudas (art. 1 del Reglamento). El Estado se hace responsable, en primer lugar, del pago correspondiente a la indemnización de daños físicos o psíquicos en las siguientes situaciones: fallecimiento, Gan invalidez, incapacidad permanente, absoluta, total o parcial e incapacidad temporal[19]. La indemnización que corresponde en cada caso queda fijada en sus límites máximos en el Reglamento de 2003, de modo semejante a como se hace en la ley 35/1995 para las víctimas de delitos dolosos violentos, si bien, cuando se trata de actividad terrorista, el *quantum* de la indemnización fijada legalmente es algo más elevada (art. 8 del Reglamento).

En segundo lugar se prevé la posibilidad de cubrir, a través de la ayuda pública, los gastos derivados del tratamiento médico, prótesis o

---

[19] A diferencia de la Ley de 1999 de solidaridad con las víctimas, el Reglamento del 2003, en su art. 8.1ª), determina el importe que corresponde por el resarcimiento de incapacidad temporal y los criterios para su reconocimiento, de modo similar a como se hace en la Ley 35/1995 de indemnización a las víctimas de delitos violentos y contra la libertad sexual.

intervenciones quirúrgicas, siempre que éstos no se encuentren ya cubiertos por cualquier sistema de previsión público o privado.

En tercer lugar se consideran resarcibles los daños materiales ocasionados en las viviendas de las personas físicas o los producidos en establecimientos mercantiles e industriales, sedes de partidos políticos, sindicatos u organizaciones sociales (art. 23 a 31 del Reglamento).

En cuarto lugar, se reconoce el derecho a obtener el importe derivado de los gastos de alojamiento provisional mientras se efectúan las obras en la vivienda habitual, que podrán ser realizadas por la propia Administración del Estados a través de empresas constructoras (art. 28 del Reglamento)

En quinto y último lugar, podrán indemnizarse los daños causados en vehículos particulares así como los sufridos por los destinados al transporte terrestre de personas o mercancías (art. 29 del Reglamento).

Además de quedar cubierta la indemnización de los daños personales y materiales antes señalados se incluye, también, la posibilidad de conceder ayudas en los siguientes supuestos:

1) para estudios cuando, como consecuencia del acto terrorista, se derivan daños personales para el estudiante, sus padres, tutores o guardadores o cuando la víctima del acto terrorista quede inhabilitada para el ejercicio de su profesión habitual (arts. 11 a 16 del Reglamento).

2) para cubrir los gastos derivados de la asistencia psicológica y psicopedagógica inmediata que se preste a las víctimas y sus familiares (arts. Del Reglamento) o para resolver las secuelas posteriores al atentado. Las ayudas de este tipo deberán estipularse desde la Administración General del Estado, si bien ésta podrá establecer conciertos con otras Administraciones, entidades privadas especializadas de asistencia, organismos profesionales, humanitarios o asociaciones de víctimas del terrorismo con servicios especializados (arts. 17 a 22 del Reglamento). Tales ayudas serán incompatibles con las de la misma naturaleza prestadas por otras Administraciones públicas y su solicitud deberá llevarse a cabo según lo dispuesto en el art. 13 del Reglamento.

3) para subvencionar a las asociaciones, fundaciones entidades e instituciones sin ánimo de lucro que representen y defiendan a las víctimas del terrorismo (arts. 32 a 42 del Reglamento). Esta clase de subvenciones habrán de dirigirse al cumplimiento de alguno de los objetivos siguientes: apoyo al movimiento asociativo, ayuda al cumplimiento de las acciones estatales de asistencia a las víctimas del terroris-

mo, ya sea reforzando la asistencia legal, material, social o psicológica de las víctimas individuales o colectivas. En particular cuando esta ayuda no pueda ser garantizada por la Administración o cuando ésta puede ser ofrecida de modo más eficaz por otras instituciones. También se incluye en el reglamento, entre las actividades que podrán obtener una subvención, la de ofrecer formación y orientación profesional a las víctimas y la de brindar información y sensibilizar a la opinión pública.

c) Carácter subsidiario. El régimen de indemnizaciones dispuesto en el reglamento examinado, a excepción de la que corresponde por daños corporales, tiene carácter subsidiario respecto a las establecidas para los mismos supuestos por cualquier organismo público o derivados del contrato de seguro.

d) Pagos a cuenta y ayudas extraordinarias. Como ya se señaló, las víctimas del terrorismo pueden obtener la indemnización sin necesidad de esperar a la resolución del procedimiento judicial. No obstante, para los supuestos de incapacidad temporal y lesiones invalidantes que previsiblemente pudieran conducir a una declaración futura de incapacidad permanente o gran invalidez podrán anticiparse a cuenta, hasta un máximo fijado reglamentariamente, la percepción de la ayuda definitiva. Estas ayudas anticipadas se tramitarán conforme a lo dispuesto en el art. 10 del Reglamento y se seguirá para su concesión un procedimiento de urgencia.

Junto a esta clase de anticipos también están previstas las "ayudas extraordinarias" dirigidas a paliar situaciones de necesidad personal o familiar de las víctimas no cubiertas o cubiertas de forma insuficiente por las ayudas ordinarias (art. 1.3.d) del Reglamento).

Según detalla el art. 43 del Reglamento, estas ayudas están especialmente dirigidas a reparar los perjuicios económicos causados a personas que han sido objeto de amenaza (por organizaciones terroristas o bandas armadas) y han sufrido ataques en sus bienes o propiedades.

c) Competencia y procedimiento (art. 4). El órgano competente para tramitar y resolver las solicitudes dispuestas en el Reglamento es el Ministerio del Interior. El procedimiento para su adjudicación es el de urgencia regulado en la L 30/1992, con algunas particularidades. Tal y como señala el art. 4.4 la iniciación de un procedimiento penal por los hechos que generaron la víctiminación no impiden la iniciación y resolución de los procedimiento derivados de lo dispuesto en el Real Decreto examinado. En cuanto a los plazos, se otorga un efecto negativo al silencia de la Administración, una vez transcurrido el plazo máximo para la resolución de las distintas situaciones que dan derecho a indemnización.

El 17 de febrero de 2006, el Consejo de Ministros aprobó un Real Decreto que modifica la legislación vigente en materia de indemnización a las víctimas del terrorismo para dar cumplimiento a lo dispuesto en la Directiva 2004/80. Esta modificación legal, como ya se comentó en relación a la delincuencia común violenta, resuelve los problemas de competencia y procedimiento en los supuestos de victimización trasnacional. En concreto se atribuye al Ministerio del Interior la resolución de los procedimientos para el reconocimiento de las indemnizaciones, las obligaciones de comunicación e información y los trámites de audiencia.

Como puede apreciarse, entre el régimen dispuesto en la Ley de solidaridad y su reglamento de desarrollo y el establecido en el Reglamento de 2003, las diferencias son esenciales y no de matiz. Esta situación genera en mi opinión, una cierta confusión y dispersión normativa, que no debería resolverse lo antes posible.

En estos momentos la problemática tradicional que planteaba la asistencia e indemnización a las víctimas de actos terroristas se ha visto convulsionada por la irrupción, en el ámbito internacional y nacional, de una nueva forma de terrorismo que ha acrecentado, si cabe, las necesidades de abordar de forma coherente y comprometida la tarea de atención a las víctimas del terrorismo. En esta línea se inscriben las actuaciones llevadas a cabo desde el gobierno, como la creación del Alto Comisionado para las Victimas del Terrorismo o la aprobación de subvenciones, en cuantías mucho más elevadas, que las hasta hora concedidas.

BIBLIOGRAFÍA

BENITO ALONSO, F, "Hacia un sistema de indemnización estatal a las víctimas del delito en España", en La Ley, 1988.

BERISTAIN, A, "Victimología. Nueve palabras claves", Ed. Tirant lo Blanch, valencia, 2000.

CARRARA, F, "Programma del Corso di Diritto criminale. Parte generale", vol. I, 10 ed., Firenza, 1907

GARCÍA RODRÍGUEZ, M.J, "Marco jurídico y nuevos instrumentos para un sistema europeo de indemnización a las víctimas de delitos", en Boletín de Información del Ministerio de Justicia.

GONZÁLEZ VIDOSA y STANGELAND, "La oficina de ayuda a la víctima: sugerencias concretas", en Boletín Criminológico, nº 20, mayo 1996.

GONZÁLEZ VIDOSA, F, "Retos futuros para la ayuda a la víctima: Informe del 9º Simposium internacional de Victimoloía", en Boletín Criminológico, nº 31, 1997.
LAMARCA PÉREZ, C, "Tratamiento jurídico del terrorismo", Madrid, 1985.
LANDROVE DÍAZ, G, "La moderna victimología", Ed. Tirant Lo Blanch, Valencia, 1998
LLOVERAS, M-R, "indemnizaciones a las víctimas del terrorismo. Evolución normativa y aplicación jurisprudencial", 2002, inDret.
MIR PUIGPELAT, O, "Indemnizaciones a las víctimas del terrorismo. Ley 32/1999, de 8 de octubre, de solidaridad con las víctimas del terrorismo y su Reglamento de desarrollo", 2000, inDret
ORDOÑEZ SÁNCHEZ, B, "Aspectos psicológicos y organizacionales de la Ley de ayuda y asistencia a las víctimas de delitos violentos y contra la libertad sexual", en Actualidad Penal, 1997.
– "La asistencia psicológica a las víctimas en el Ministerio de Justicia", en INFOCOP, suplemento informativo de papeles del psicólogo., diciembre de 2005.
PRADA CAZORLA, J.C, "La victimoasistencia: el papel del criminólogo",
PUJOL MONTERO, J.F., "Noticias de la L 35/1996 de 11 de diciembre, de ayuda y asistencia a las víctimas de delitos violentos y contra la libertad sexual", en La Ley, 1996
RODRÍGUEZ MANZANERA, L, "Victimología. Estudio de la víctima"., Ed. Porruá, SA, Maxico, 1988.
SOLE RIERA, J, "La tutela de la víctima en el proceso penal", Ed Bosch, Barcelona, 1997.
SOTO NIETO, "Ayudas a las víctimas de los delitos violentos. Su relación con el proceso penal", en La Ley, 1998.
TOBAJAS GÁLVEZ, O, "La Ley de ayudas públicas a las víctimas de delitos violentos y contra la libertad", en Actualidad Penal, 2000.

Tema 12

La justicia reparadora: ¿una justicia para la víctima?[1]

12.1. APROXIMACIÓN CONCEPTUAL

La justicia reparadora ha sido formulada en sus orígenes (Zehr 1985) como un paradigma alternativo de justicia, entendido como contrapuesto al modelo retributivo propio del sistema de justicia penal. Es una teoría de la justicia que enfatiza la reparación del daño causado por el comportamiento delictivo a través de procesos cooperativos en los que toman parte las personas involucradas en el mismo. La concepción del delito como ruptura de las relaciones humanas y sociales antes que como violación de la ley se encuentra en el fundamento del referido paradigma, que sirve a un ideal de humanización de la justicia. Con estos contenidos, la idea de la justicia reparadora se plasmó en el Congreso Internacional de Criminología de Budapest de 1993 y ha ganado impulso a través de los Simposios internacionales de Victimología de Adelaide (Australia) en 1994, Amsterdam en 1997 y Montreal en 2000. Los referidos contenidos pueden sintetizarse en la definición de la justicia reparadora (Marshall, 1996, p. 37) como "un proceso en el que todas las partes afectadas por una ofensa llegan conjuntamente a resolver de forma colectiva el modo de tratar la situación creada por la ofensa y sus implicaciones para el futuro"[2].

El proceso reparador se caracteriza por su carácter informal y por estar basado en el diálogo entre las partes. Con todo, no es la falta de formalidad lo que lo caracteriza, sino que tal dato permite en su caso distinguirlo de procedimientos altamente formalizados como es el proceso penal convencional. Los procesos reparadores pueden de hecho

---

1 Capítulo elaborado por Josep Mª Tamarit Sumalla.

2 Una definición más sintética ha sido la propuesta por WALGRAVE y BAZEMORE (1999, p. 48), quienes aluden a "toda acción orientada principalmente a hacer justicia mediante la reparación del daño causado por el crimen".

regirse por ciertas reglas y existe en los mismos cierta lógica procedimental. Su caracterización en positivo debe efectuarse con base en tres notas: a) el protagonismo y la participación de las partes en la expresión de sus necesidades y la adopción de compromisos; b) la facilitación de un diálogo ordenado pero con contenido emocional; c) la aspiración a hallar una solución asumida por todas las partes en la que se establezcan las condiciones de la situación que debe suceder al conflicto.

El proceso reparador puede materializarse en una diversidad de prácticas, entre las cuales la más conocida en nuestro entorno es la mediación. Sin embargo, el hecho que en determinados ámbitos científicos y culturales se haya impuesto la expresión justicia reparadora obedece en buena medida al desarrollo de experiencias que van más allá de la mediación. Tal es el caso de los procesos conocidos como *conferencing* o *circles*[3] llevados a cabo en países como Australia, Nueva Zelanda y Canadá, en los que se busca conciliar ciertas prácticas aborígenes con el interés en ofrecer una solución al conflicto que sea positiva para la víctima y para el infractor[4]. Estas nuevas experiencias buscan, como efecto añadido a los programas de mediación, la involucración de la comunidad en el proceso, compensando así uno de los puntos débiles de los sistemas orientados preferentemente hacia la mediación, que adolecen de un cierto enfoque reduccionista del hecho delictivo como conflicto bilateral entre autor y víctima, cuando el carácter delictivo del hecho deriva precisamente de que el mismo afecta a la comunidad, de un modo particular al entorno de la víctima y el victimario[5]. También incluyen

---

3 No se traducen estas expresiones en el texto, por las dificultades de establecer una equivalencia absoluta, especialmente respecto al *conferencing*. Pueden resultar adecuadas expresiones como diálogo o conversación reparadora.

4 Las primeras se han desarrollado inicialmente en Nueva Zelanda como resultado de una reflexión sobre las prácticas tradicionales de la población maorí, pero con posterioridad se han extendido las experiencias de conferencias de grupos familiares a otros países, entre ellos Inglaterra, Holanda y Bélgica. Los "Circles", por su parte, han sido adoptados de las costumbres de los primeros pobladores de Canadá, y en la actualidad se utilizan a menudo con delincuentes sexuales, como los condenados por delitos de pedofilia. Vid. asimismo BAZEMORE, G. / UMBREIT, M., "A Comparison of Four Restorative Conferencing Models", en "Juvenile Justice Bulletin", del Departamento de Justicia federal de EUA, febrero 2001, p. 1 ss.

5 Destacan la compejidad de la relación entre la comunidad y el delito, en relación con los objetivos de la justicia reparadora, HIGHTON / ALVAREZ / GREGORIO, 1998, pp. 73-74.

otros elementos, como una mayor intensidad emocional, que se expresa en el papel que desempeña la catarsis e incluso el "avergonzamiento"[6], que han enraizado en ciertas contextos, como en Norteamérica, pero que hallan mayores dificultades para adecuarse a la racionalidad europea.

En el desarrollo de la justicia reparadora ha ejercido un importante papel la evolución de la victimología hacia una "victimología de la acción", así como la difusión de la cultura de la resolución pacífica de conflictos o *Alternative Dispute Resolutions*. En los países anglosajones, esta cultura antiformalista y de aspiraciones pacificadoras ha penetrado en diversos sectores de la vida social sujetos al Derecho y ha propiciado soluciones basadas en la negociación, la transacción o el diálogo que evitan el recurso a una Administración de Justicia vista como aparato burocrático incapaz de dar satisfacción a los intereses de los justiciables. Así, en buena medida la práctica de la mediación penal es el resultado de una voluntad de transferir al ámbito penal el *modus operandi* propio de la mediación familiar, laboral o mercantil, o incluso de la resolución pacífica de controversias en la escena internacional. Por ello la justicia reparadora no es algo que deba ser concebido tan sólo en relación con la respuesta social a hechos delictivos, sino que es utilizada en otros ámbitos de la vida social, como en los centros escolares, como instrumento de resolución y prevención de conflictos distinto a la vía disciplinaria. En este sentido, no puede pasar por alto la potencialidad de la justicia reparadora en la respuesta a nuevos fenómenos que incumben a la victimología y que se sitúan en gran medida fuera de los confines del Derecho penal, como las conductas de *bullying*, *stalking* o *mobbing* a que nos hemos referido en otro momento[7], especialmente aquellos conflictos en que los diversos protagonistas de la situación son menores de edad.

En la esfera estrictamente penal y criminológica, deben considerarse como antecedentes del surgimiento y expansión de la justicia reparadora la crisis del modelo rehabilitador y la necesidad de encontrar una respuesta realista que pudiera situarse a medio camino entre el neoretribucionismo y el abolicionismo penal. Algunos de los postulados del nuevo paradigma de justicia entroncan de modo muy directo con el discurso abolicionista y con las corrientes críticas de la criminología al tiempo que se percibe una voluntad de conciliar la crítica al sistema penal estatal con el afán de superar con aspiraciones de eficacia y realismo el escenario trazado por los discursos críticos ayunos de propuestas constructivas y realizables. En este sentido, los partidarios de la justicia reparadora han visto en estas nuevas experiencias una oportunidad para devolver a los protagonistas del hecho, y en concreto a la

---

[6] Deben advertirse las distancias con el término inglés *shaming*.

[7] Vid. Supra, I-2.

víctima, el poder que les ha sido sustraído como consecuencia del proceso histórico de centralización del poder y de asunción por parte del Estado del monopolio en la respuesta al delito. Algunas orientaciones teóricas, a partir de obras pioneras como la de Christie (1978 y 1993, pp. 159 ss), han incidido en argumentos cercanos a los de Foucault (1999, p. 204-205, 212-213), quien ha explicado que la transición del sistema de justicia propio del Derecho germánico imperante en la Alta Edad media hacia las formas estatalizadas de justicia no sólo debe ser interpretada como un progreso de la racionalidad, sino como un proceso de fortalecimiento del Estado que, al definir los delitos como atentados al soberano y no como atentados contra quien los sufre, expropia a éste del poder de intervenir en la resolución de un conflicto en el que es el principal protagonista.

La concepción restaurativa de la justicia propone "restaurar" la armonía social, recomponer los lazos humanos y sociales rotos, en vez de castigar y provocar nuevas rupturas, y aspira a superar el paradigma retributivo con un afán por mirar más hacia el futuro que hacia el pasado. Es importante advertir que ello no significa necesariamente una actitud de despreocupación respecto al hecho acaecido hasta el punto de no atribuirle otra relevancia que el de hecho causante del conflicto, generador de la situación que reclama alguna solución. El proceso reparador establece la verdad histórica y contiene una desaprobación del hecho, al tiempo que reconoce el valor intrínseco de los delincuentes como personas al considerarles como sujetos capaces de comunicación y susceptibles de llevar a cabo compromisos reparadores y de ser reintegrados a la sociedad. También la justicia reparadora se aleja de contenidos disuasorios, en la medida que se aspira a superar la dinámica punitivista e incapacitadora, e incluso rehabilitadora, propia de las sanciones penales convencionales, en favor de una dinámica generadora de buenas relaciones, mutualismo, paz y bienestar, que sublime los instintos de venganza en sentimientos positivos hacia los otros y un reforzamiento de la autoestima y que permita ver en la responsabilización del infractor una oportunidad para ponerlo en una posición de confianza y participación en la comunidad. La justicia reparadora ha emergido así como respuesta a otros enfoques social y jurídicamente desestabilizadores, como los de ciertas corrientes de pensamiento feminista, basadas en una "retórica de la venganza" (Acorn, 2004, p. 3).

Un proceso reparador se caracteriza por el favorecimiento de la participación en el mismo de las partes involucradas en la situación conflictiva. El desarrollo de prácticas restaurativas más complejas que la mera mediación bilateral entre autor y víctima obliga a considerar la diversidad de las personas interesadas en la resolución del conflicto. Así, se alude, por una parte, a las *partes interesadas primarias,* a saber, las víctimas, los infractores y las comunidades de apoyo; y, por otra parte, a las *partes interesadas secundarias*, que son aquellas que sufren daños indirectos e impersonales, con necesidades colectivas e inespecíficas, tales como vecinos o personas pertenecientes a grupos sociales o religiosos (McCold/Wachtel).

12.2. POSTULADOS DE LA JUSTICIA REPARADORA

Los postulados de la justicia reparadora pueden sintetizarse en los siguientes puntos[8]:

a) El delito es una ruptura de las relaciones humanas antes que una infracción de la ley. Entre otras consecuencias, de esta premisa deriva una tendencia a considerar el delito más por lo que supone de lesión o perjuicio en los bienes de las personas y de la paz social que por la dimensión subjetiva de la infracción, cuya indagación y valoración por la jurisprudencia es percibida, desde algunos enfoques teóricos, como manifestación de moralismo decimonónico o de decisionismo judicial.

b) La realización del hecho delictivo crear una situación en la que se abre una serie de riesgos y de oportunidades para enmendar el estado de cosas que había podido favorecer el delito y para reparar las consecuencias del mismo.

c) Una intervención reparadora debe abordar como prioridad la atención a la víctima primaria y en segundo lugar las víctimas secundarias. Para el ofensor, se abre la oportunidad de incidir sobre el mismo para mejorar su interacción con la comunidad

d) La respuesta reparadora ante el delito tiene como principios la mínima coerción, la cooperación y el restablecimiento de relaciones humanas.

e) La justicia reparadora trata de establecer una estructura cooperativa que favorezca la asunción de responsabilidades.

f) La participación de las personas interesadas en los procesos reparadores exige que se asegure estrictamente su voluntariedad.

g) El proceso reparador exige una conducción profesionalizada. Para ello resulta clave la figura del facilitador, alguien ajeno al hecho y a las

8 Expone un decálogo HIGHTON/ALVAREZ/GREGORIO, pp. 83-84.

partes que debe preparar con éstas el escenario del posible diálogo, explorar su capacidad y disponibilidad para tomar parte en el mismo y adoptar estrategias que permitan una comunicación que pueda resultar satisfactoria para todas ellas, favoreciendo que ellas mismas encuentren soluciones viables y proporcionadas.

h) El acuerdo reparador que pone término a un proceso reparador exitoso debe contener compromisos razonables y proporcionados y respetuosos con la dignidad humana.

j) Son necesarias estructuras de seguimiento y responsabilización que se sirvan, en la medida de lo posible, de la comunidad natural.

12.3. ASUNCIÓN DEL PARADIGMA EN LAS NORMAS INTERNACIONALES

El movimiento internacional a favor de la justicia reparadora ha cristalizado en la aprobación por el ECOSOC en abril de 2002, a impulso de la 10ª Congreso de las Naciones Unidas de prevención del crimen y justicia penal, de la Resolución 2002/12 sobre *Principios básicos para la aplicación de programas de justicia restaurativa en materia penal*". El instrumento arranca de una declaración favorable a esta forma de justicia, calificada como "respuesta evolutiva al delito que respeta la dignidad y la igualdad de todas las personas, favorece el entendimiento y promueve la armonía social mediante la recuperación de las víctimas, los delincuentes y las comunidades". A tenor de sus enunciados programáticos, los Principios se corresponden más con un modelo de complementariedad que de alternatividad respecto a los sistemas de justicia penal vigentes, a los que debe adaptarse según criterios de flexibilidad.

En el texto articulado, la resolución renuncia a una definición de justicia reparadora, pero ofrece una definición de "proceso reparador" como "todo proceso en el que la victima, el ofensor y, cuando proceda, cualesquiera otras pesonas o miembros de la comunidad afectados por un delito participan conjuntamente de forma activa en la resolución de las cuestiones derivadas del delito, normalmente con la ayuda de un facilitador". A renglón seguido la Declaración alude, con términos poco precisos situados fuera del contexto de la lengua inglesa, a "la mediación, la conciliación, la celebración de conversaciones y las reuniones para decidir condenas".

Entre los contenidos de la Resolución, se afirma la validez de los programas de justicia reparadora en todas las fases del proceso de justicia criminal, la necesidad de participación voluntaria de todas las partes en condiciones que permitan garantizar la igualdad de las mismas, así como determinadas reglas para hacer compatibles los referiros programas con los principios de un proceso justo y de presunción de inocencia. Se reclama una actuación de los poderes legislativos y de los gobiernos, con el fin de introducir las medidas necesarias para incorporar programas de justicia reparadora en las prácticas de la justicia criminal, así como un esfuerzo en investigación y evaluación.

El documento del ECOSOC no tiene fuerza vinculante para los Estados y evita establecer recomendaciones explícitas a éstos para que adapten sus legislaciones a los Principios. Se limita a lanzar a los Estados miembros el mensaje de que consideren la posibilidad de establecer directrices y normas que rijan la utilización de los programas de justicia restaurativa, a cuyo fin señala una serie de contenidos, entre los cuales cabe destacar las garantías de un tratamiento equitativo del infractor y de la víctima, el deber de confidencialidad de los participantes en los diálogos, el examen por parte del juez de los acuerdos para dotarles del valor propio de una sentencia y las previsiones en caso de fracaso del proceso reparador y de incumplimiento de los acuerdos. También llama a formular estrategias encaminadas al desarrollo de programas y a la implicación en la cultura reparadora de las autoridades policiales, judiciales y sociales y las comunidades locales, además de enfatizar las necesidades de formación y las competencias de los facilitadores y el fomento de la investigación y la evaluación de los programas.

En todo caso, no cabe duda que la Resolución refleja la maduración que se ha ido experimentando en el movimiento internacional a favor de la justicia reparadora y trasciende el marco más estricto en el que se desenvolvían otras declaraciones programáticas, como la Recomendación de 1999 del Consejo de Europa, limitada a la mediación. También se refiere exclusivamente la mediación la Decisión Marco de 15 de marzo de 2001 de la Unión Europea, que impone a los Estados miembros la obligación de introducirla en el seno de sus respectivos procesos penales no más tarde de marzo de 2006.

El desarrollo del paradigma en el plano internacional no se ha detenido, como refleja la memoria del 11º Congreso sobre la prevención del crimen y la justicia penal celebrado en Bangkok, que dibuja una panorámica muy negra de la Administración de justicia y mira hacia la justicia restaurativa como intento de aprovechar las ventajas de los tradicionales sistemas de justicia. Asimismo, desde el reconocimiento de su vinculación con las necesidades humanas de las víctimas, la justicia reparadora ha sido concebida como un derecho humano de éstas, así como de los ofensores y la comunidad, derecho que hallaría su fundamento en la Declaración universal de Derechos del hombre (Smith, 2005).

12.4 EL DEBATE SOBRE LA JUSTICIA REPARADORA

En defensa de la justicia reparadora cabe invocar los resultados obtenidos en la aplicación de programas. En general, las evaluaciones arrojan un balance positivo en lo que respecta a la satisfacción expresada por las personas participantes (*client satisfaction*), la opinión respecto a la justicia y equidad del proceso y los datos de reincidencia. Pueden considerarse, por ejemplo, los estudios de meta-análisis a que aluden Umbreit/Vos/Coates (2002, pp. 22 ss), que ponen de manifiesto cifras de satisfacción por parte de las víctimas que se sitúan en torno al 90% y 80% en la mayor parte de programas ejecutados y evaluados o del 70 al 90% en el caso de los infractores, tanto en los supuestos de mediación como en los de *conferencing*. Naturalmente las cifras se refieren a los que han decidido tomar parte en procesos reparadores, que vienen a suponer entre un 40 y 60 % de las personas a las que se ha ofrecido tal posibilidad, aunque en algunas investigaciones se afirma que entre el 60 ó 90 % de las víctimas a quienes se ofrece la posibilidad de participar se manifiestan dispuestas a ello (Walgrave 2003, p. 5). El grado de satisfacción no se ve sustancialmente alterado por razones como la pertenencia a un determinado grupo cultural o la gravedad del delito. En lo que concierne a las víctimas, las variables que muestran mayor incidencia en la satisfacción declarada son la comunicación con el facilitador y la percepción de que el acuerdo reparador es justo, así como la existencia de un firme deseo de encontrarse con el infractor. Algunos estudios referidos a jóvenes infractores ponen de manifiesto que las víctimas conceden mayor valor al hecho de contribuir a prevenir futuros el ofensor y ayudar al ofensor a asumir su responsabilidad que a la reparación material que puedan obtener (Walgrave 2003, p. 9). También se tiende a valorar más la disculpa que la reparación material, aunque no debe olvidarse que, así como la disculpa se produce en la mayor parte de supuestos, la reparación material tiene menor incidencia[9]. Otras evaluaciones empíricas aportan índices de más de un 90 % de satisfacción declarada respecto a la justicia del procedimiento (Daly en Von Hirsch *et al*, 2003, p. 226-227).

---

9 Así, por ejemplo, en un programa experimental de Indianápolis sobre *Family conferencing* los acuerdos reparadores incluían disculpas en un 62 % de casos, compensación económica en un 42 %, la realización de algún servicio a favor de la víctima un 36 % y la realización de un servicio a favor de la comunidad un 24 % (UMBREIT / COATES / VOS, 2002, p. 30).

Los datos relativos a la opinión de los participantes respecto a si el acuerdo es justo son también en general positivos. Por encima de un 80 % consideran justo el resultado del proceso, lo cual contrasta, cuando se han utilizado grupos de control, con la opinión de los participantes en un proceso convencional en la Administración de justicia, que en ocasiones tienden a considerarse en más de un 50 % como injustamente tratados (Umbreit/Coates/Vos, 2002, pp. 28-29). Estas últimas cifras concuerdan con la escasa valoración ciudadana de la Administración de Justicia que reflejan en general las encuestas.

Más controvertibles aparecen los datos sobre reincidencia, pues si bien es cierto que en general muestran un saldo favorable, existe el habitual problema metodológico propio de la mayor parte de investigaciones sobre reincidencia, cual es la imposibilidad de contar con un grupo de control homogéneo. Así, se concluye que el índice de reincidencia de los infractores que han participado en un proceso reparador es, en algunos casos, de un 53 % frente a un 63 % del grupo de control integrado por infractores que no lo han hecho y que han sido sometidos al proceso judicial, o de un 20 frente a un 42 % o de un 27 % frente a un 18 % en caso de delincuentes juveniles (Umbreit/Coates/Vos, 2002, p. 33-34, quienes recogen también supuestos con una diferencia de un 32 % en datos de reincidencia, p. 38-39); pero la pertenencia de un sujeto a uno de los dos grupos de infractores que se comparan está determinada por la decisión voluntaria de quienes aceptan participar en un proceso reparador y cabe presuponer en términos generales una mayor predisposición para la corrección y la reinserción en quienes toman tal decisión que en quienes rechazan la oferta. En todo caso es indudable que datos como los apuntados, si no constituyen una prueba del éxito de los programas, aportan un serio indicio en esta dirección y cuanto menos no contienen elementos que permitan desautorizarlos.

Pese a lo señalado hasta el momento, la consolidación de la justicia reparadora tiene ante sí diversos obstáculos. Algunos de ellos tienen que ver con las inercias y una cosmovisión muy arraigada en las profesiones jurídicas y en los ámbitos académicos. En este sentido es conveniente tener presente que el nuevo paradigma demanda el cultivo de nuevas sensibilidades, un cambio cultural por parte de quienes han sido socializados en una cultura adversarial y de la confrontación y que perciben toda vía de entrada de la emotividad en el espacio intelectual de la justicia casi como una profanación. Con ello no pretendemos desacreditar de entrada los argumentos que se han vertido contra la justicia reparadora, sino que vamos a sintetizarlos a continuación, acompañados de las respuestas que pueden extraerse de la literatura restaurativa, que no siempre se inscriben en un programa único y coherente, pero permiten sentar las bases sobre las cuales cabría fundar una hipotética elaboración teórica y tomar conciencia de los límites.

12.4.1. En el proceso reparador tiene más que ganar el ofensor que la víctima

Un frecuente recelo que suscitan los programas reparadores es la sospecha que los mismos pueden servir en mayor medida a los intereses del infractor, e indirectamente, de la sociedad, de modo que la víctima corre el riesgo, por una parte, de ser instrumentalizada por el sistema y, por otra parte, de ser revictimizada por el hecho de ser llamada a reabrir sus heridas o efectuar una regresión en su proceso de recuperación postraumática. Ante ello debe tenerse en cuenta: a) el carácter voluntario de la participación en el proceso; b) la diversidad de las víctimas y la singularidad de la vivencia de la victimación, en la que se revela que existen personas que, por las razones que sean, buscan y favorecen el contacto con el agresor; c) el proceso reparador trata de apoyar a la víctima en la elaboración psíquica del hecho, evitando la sensación de pérdida de control y recuperando el sentido del dominio personal; d) la profesionalidad del facilitador debe dotarle de los instrumentos necesarios para gestionar cada situación concreta en función, principalmente, de la necesidades de la víctima, reforzando su autoestima y evitando contactos que pueden ser dañinos o a los que la víctima se puede ver impulsada por razones exteriores o poco maduradas (presiones del entorno, prejuicios morales…)

12.4.2. El proceso reparador pretende la humillación del infractor

Desde la perspectiva opuesta, se ha rechazado una forma de justicia a través de la que se quiere expresar de un modo comunicativamente más eficaz que en el proceso formal el reproche al infractor, en la medida que supondría un retorno al carácter infamante de la pena. Puede incluso verse en el protagonismo de la víctima y en la búsqueda, por parte de ésta, de que el infractor se explique, se disculpe y repare una forma sublimada y sutil de venganza. Frente a ello cabe reproducir lo anteriormente expuesto respecto a la voluntariedad y el papel del facilitador, amén de recordar la dimensión esencialmente reintegradora, no segregadora, de la dinámica reparadora. Además, en lo tocante al acuerdo reparador debe tenerse en cuenta que, para evitar resultados injustos ya sea para el infractor o para la victima, debe existir el trámite de la aprobación del acuerdo por el Fiscal o del Juez, previo informe técnico, evitando automatismos como los que se han adoptado en la regulación española de la conformidad en el proceso penal.

12.4.3. La concepción reparadora de la justicia es utópica.

Se ha acusado al discurso de la justicia reparadora de ser atractivo pero poco realista, al estar basado en una visión angélica de la sociedad y de la persona humana o, cuanto menos, en una confianza ingenua en la capacidad transformadora de estas realidades. La respuesta a tal impugnación discurre por dos vías: a) el reconocimiento de que la justicia reparadora es un remedio imperfecto y no puede aspirar a sustituir plenamente el sistema de justicia penal, pues funciona sólo en aquellos casos en que funciona y no por ello deja de ser válida en tales casos; b) también tiene bastante de idealista la aspiración de la resocialización del delincuente, la creencia en la capacidad retributiva de la pena propia del pensamiento retributivo o el potencial restaurador de la confianza en la vigencia social de la norma en que cree la doctrina de la prevención general positiva.

12.4.4. La pretensión de reparar es algo esencialmente no factible

En la línea de lo sostenido anteriormente, se ha rechazado la posibilidad de restaurar: no cabe un retorno a la situación anterior y la reconstrucción de una relación dañada, suponiendo que fuera posible, exigiría relación previa al delito, lo cual no se da en todos los supuestos, y si se da la relación probablemente no merecería ser recompuesta. Ello obliga a matizar, por una parte, que la recomposición no puede ser concebida en términos de retorno a la situación anterior, pues el sentido penal de la reparación se aleja esencialmente de la mecánica compensatoria propia de la responsabilidad civil; y, por otra parte, que la reconciliación puede ser entendida conforme a un programa mínimo: la preparación de escenarios de futuro que generen seguridad y confianza en las partes. Frente a las opiniones que perciben un enfoque conservador en la idea de restauración de la paz, se ha explicado el discurso reparador en el sentido de que lo que se pretendería no sería restaurar un orden injusto (Smith 2005).

12.4.5. La justicia basada en la mera reparación supone la privatización de la justicia penal e infringe el principio de igualdad

Esta es una de las clásicas críticas, que ha encontrado ya variadas y sólidas respuestas. Se aduce que con la introducción de la reparación se atenta contra el carácter público del Derecho penal y contra el principio de igualdad, ya que la reacción frente al delito estaría condicionada a la capacidad de pago del culpable (Von Hirsch *et al*, 2003, p. 22-24). Para ejemplificar el carácter regresivo de la justicia reparadora se ilustra esta crítica recordando las prácticas propias de la Antigüedad en que el deudor que no podía satisfacer su deuda quedaba convertido en esclavo, al objeto de poder pagar con su trabajo al servicio del acreedor. La respuesta a tales críticas pasa por enfatizar el distinto sentido de la reparación penal respecto a la responsabilidad civil derivada del delito, que se concreta en las siguientes notas: a) el valor "punitivo" no está en la reparación íntegra sino en el esfuerzo reparador; b) la reparación puede hacerse a favor de la comunidad (reparación simbólica o social); c) la reparación no tiene sólo una dimensión económica sino también (e incluso en gran medida preferentemente) psíquica o emocional, por lo que debe ir acompañada de una disculpa seria; d) la reparación no es transferible ni divisible, sino que debe prestarse personalmente.

12.4.6. La justicia reparadora tan sólo es válida para delitos de escasa gravedad

Frente a quienes han desconfiado de la validez de las soluciones de signo reparador más allá de los supuestos de bagatela, o ante los riesgos de banalización de las prácticas reparadoras, sus defensores han argüido que no se trata de una opción blanda frente a la delincuencia ("is not a soft option"), pues exige al ofensor un esfuerzo serio por afrontar el reproche, asumir la responsabilidad por el hecho y el compromiso de reparación de sus efectos con garantías de efectividad. Por lo tanto, debe evitarse la vinculación de las soluciones reparadoras a los delitos de poca gravedad, en muchos de los cuales (las faltas del sistema español, por ejemplo) un proceso reparador puede tener poco sentido (si se trata de hechos sin impacto psíquico) e incluso ser contraproducente. Por ello resultan criticables fórmulas legislativas como la de la Ley de responsabilidad penal del menor (2000) que excluye de modo absoluto el sobreseimiento por mediación en los supuestos de criminalidad violenta, cuando la experiencia señala que es en los supuestos de gravedad mediana con cierto impacto psíquico (como podría ser un robo en domicilio) y de violencia no severa (por ejemplo, robos con violencia o intimidación, agresiones o lesiones) donde la mediación tiene mejores perspectivas de éxito.

12.4.7. La justicia reparadora puede generar una "extensión de la red"

Esta advertencia, enfatizada por algunos autores discurre precisamente en sentido contrario a la crítica anterior y frente a ella se plantea la necesidad de evitar la derivación de los casos de bagatela (Larrauri 2004, p. 455 y 462), en la línea de lo ya señalado.

Con todo, no pueden pasarse por alto las experiencias en las que se ha extendido la justicia reparadora a delitos de violencia severa, tales como homicidios. De acuerdo con las conclusiones de Umbreit/Vos/Coates/Brown (2003, pp. 89 y 339 ss), los programas en que se ha abordado la mediación entre condenados por delitos violentos muy graves y sus víctimas arrojan resultados positivos, pero requieren la consideración de una serie de exigencias al objeto de que puedan dar lugar a una revictimización: la iniciación del proceso desde la víctima, la conducción por un mediador con larga experiencia y con un apoyo adecuado, un proceso largo de preparación (un mínimo de seis meses), un estudio escrupuloso de las condiciones de la víctima antes de valorar la oportunidad de un encuentro cara a cara y una involucración en el proceso de los profesionales de los servicios de atención a las víctimas, del personal penitenciario y de personas familiarizadas con procesos de diálogo reparador en supuestos graves.

A las críticas hasta aquí expuestas cabría añadir otra serie de consideraciones que darían alas a posiciones escépticas ante el nuevo paradigma, que discurrirían por la vía de las lamentaciones, en gran medida habituales y conocidas, respecto a la desesperada necesidad de buscar nuevas direcciones ante el agotamiento de modelos y de programas políticos de reforma de justicia y la tentación de ceder a la moda y al "imperio de lo efímero" (Lipovetsky), aunque este tipo de discurso tropezaría, en circular razonamiento, con la incontestable sensación generalizada de profunda desconfianza respecto a que la mejora de la respuesta a la delincuencia pueda depender tan sólo de las posibilidades de reforma del sistema de justicia convencional.

En uno de los ataques más duros de que ha sido objeto la justicia reparadora, Acorn (2004), después de haber militado en esta causa, ha acometido una radical deconstrucción de su retórica. Las acusaciones de idealismo, sentimentalismo *naiv*, *wishful thinking* o de una visión romántica de las relaciones humanas vienen a cuestionar la validez del paradigma e incluso que el mismo esté en condiciones de satisfacer el ideal de justicia. La citada autora, adentrándose en una exploración de la dimensión emocional del Derecho, ve en la argumentación restaurativa un intento de reconciliar la justicia con una ética fundada en el amor y la no violencia, que difícilmente puede llevar a aceptar sus postulados si no se asumen antes estos presupuestos éticos. Con apoyo en Derrida, rechaza el valor inherente a la idea de perdón ("sólo cabe perdonar lo perdonable"), y combate, por su alejamiento de la realidad, lo que según ella constituye el núcleo central de la dialéctica de la restauración, la pretensión de reconciliación o de (re)establecimiento de las buenas relaciones sociales y la armonía social. Asimismo, incide en la crítica, ya antes señalada, de la relegación de la víctima, al sostener que en realidad el éxito de un proceso restaurativo depende fundamentalmente de la capacidad y disposición del ofensor.

Estas duras objeciones alzadas frente a la justicia reparadora no deben ser echadas en saco roto, aunque las mismas no impiden reconocer que esta forma de justicia puede resultar útil y justa en ciertos supuestos. Las pretensiones de generalización y los excesos retóricos de sus intentos de teorización, especialmente el dogmatismo y el idealismo que pueden caracterizar ciertas versiones, son probablemente los aspectos en los que la crítica debe ser asumida. En la visión crítica ofrecida por Acorn desempeña un papel muy importante la decepción personal ante las esperanzas levantadas por este nuevo paradigma de justicia. No debe pues sorprender que a tal crítica se haya contestado que si la justicia reparadora está todavía necesitada de una teoría, también está necesitada de una crítica.

Algunos aspectos de la retórica reparadora merecen una seria reflexión, al objeto de acometer una necesaria depuración conceptual. Entre los conceptos más delicados están los de *perdón* y *reconciliación*, dadas sus connotaciones morales y su sobrecarga emocional. El abuso de tales conceptos es en parte achacable a cierta literatura restaurativa pero en muchas ocasiones deriva de una mala traducción de la misma en ciertos discursos, como el político-legislativo (buena muestra de ello es la Exposición de motivos de la Ley española de responsabilidad penal del menor de 2000). Frente a ello, se hace necesario aclarar que el perdón no debe ser un objetivo esencial de un programa de mediación reparadora y que éste no debe llevar a que la víctima se vea en una posición en la que sienta que eso es lo que se espera de ella (máxime cuando ello pueda reforzar un enraizado sentido del "deber ser" derivado de convicciones religiosas cuyo cumplimiento pueda resultar emocionalmente desestabilizador). Similares consideraciones cabe hacer en lo que concierne a la reconciliación. Algunas de las reticencias que en ciertos círculos se expresan frente a la utilización de la justicia reparadora en supuestos de violencia de género tienen que ver con el equívoco de que el proceso reparador está orientado a la reconciliación de la pareja, cuando el sentido del proceso radicaría más bien en la preparación de escenarios de futuro si ambas personas se encuentran ante la necesidad de relacionarse (por la existencia de hijos comunes o por vecindad). Al objeto de evitar las dificultades de comunicación que se ciernen sobre los términos perdón y reconciliación, Umbreit (2003, p. 88 y 384-385) aconseja alejarlos verbalmente del proceso reparador.

12.5 ¿CUÁL ES EL CONTENIDO ESENCIAL DE LA JUSTICIA REPARADORA?

A partir de las anteriores observaciones, puede concluirse, respecto al contenido programático de la justicia reparadora:

a) La justicia reparadora no aspira propiamente a *restablecer* el *status quo* anterior al hecho, sino que trata de *establecer* unas relaciones interpersonales y una convivencia social basadas en el respeto mútuo y la cooperación; en este sentido, iría más allá, en buena parte de sus formulaciones, de las técnicas de mediación y resolución alternativa de conflictos.

b) La justicia reparadora debe distinguirse de la negociación y, aunque puede tener elementos en común con otras formas de justicia consensuada o negociada, su espíritu es muy lejano de aquellas formas en las que la idea de justicia se halla degenerada y denigrada bajo prácticas basadas en el regateo (como sucede con la dinámica forense generada por la instauración de la conformidad en el proceso penal español). Se alude en este sentido a una "mediación humanística" como práctica distinta a otras formas de mediación, que permite subrayar esa diferencia esencial entre "justicia reparadora" y "justicia negociada"[10].

La mediación humanística ha sido definida por Umbreit (2003, pp. 16-17) La mediación debe ser guiada de modo dialogado, con encuentros previos con las partes antes del encuentro cara a cara, con un estilo no directivo y énfasis en el papel del mediador, capaz de expresar compasión y empatía, más basado en la idea de cura y pacificación que en la de la resolución de problemas

c) La mediación en el ámbito penal presenta características muy distintas a la mediación en otros órdenes (familiar, laboral o mercantil), pues parte de una situación de radical desigualdad en la experiencia y la posición ante el Derecho de la víctima y victimario. La atención a la dimensión emocional y una sensibilidad singular respecto a la víctima son por ello requisitos fundamentales, especialmente a la hora de ponderar las habilidades y competencias exigibles a los facilitadores.

d) El diálogo reparador exige la concurrencia de unas condiciones mínimas de igualdad y predisposición dialogal en las partes principalmente afectadas[11], que no se dan, por ejemplo, cuando el agresor presenta una personalidad psicopática no idónea para la empatía o cuando está instalado en una posición de tirano, o la víctima tiene excesivamente lastimada la autoestima para poder participar en el proceso sin perpetuar en el mismo el sometimiento ante el agresor.

---

10 Pese a que algunos enfoques lamentablemente insisten en la asimilación entre una y otra: vid., a modo de ejemplo, NIETO MARTIN, en el informe "Mediación y justicia alternativa", Revista Penal núm 15, 2005, pp. 208 ss.

11 La igualdad se plasma como principio en la Resolución del ECOSOC de 2002 (vid. Supra, X-3).

e) El espíritu de la justicia reparadora es capaz de hacer una importante contribución en los procesos de pacificación y recomposición social que siguen a una situación de conflicto social crónico, provocado por guerra o terrorismo.

La experiencia en contextos tan distintos como Sudáfrica, El Salvador o Irlanda del Norte revela el papel que pueden desempeñar Comisiones encargadas de establecer la verdad y la reconciliación, que eviten soluciones basadas en la mera renuncia a la exigencia de responsabilidades a los victimarios que entrañan el olvido y por lo tanto el desprecio de las víctimas y los riesgos de perpetuación del conflicto derivados de soluciones punitivistas. Emerge en estos casos el carácter reparador de la verdad, la justicia como síntesis de la cultura reconstructiva (orientada hacia la singularidad de las víctimas) y la cultura de la memoria (Sampedro).

12.6 ARTICULACIÓN CON EL SISTEMA DE JUSTICIA PENAL

La justicia reparadora ha sido a menudo concebida como alternativa al proceso judicial y como tal ha sido precisamente descalificada por sus críticos (Alastuey pp. 407 ss). El transcurso del tiempo ha permitido una maduración de la posición de la misma en el seno del sistema y una mejor asunción de sus aportaciones, incluso por parte de algunos de sus iniciales detractores. Esta evolución se produce, paradójicamente, en dos sentidos: por una parte, se tiende a reconocer la justicia reparadora como complemento antes que como alternativa al sistema formalizado de justicia[12]; por otra parte, se produce una extensión del alcance, con la admisión de formas que transcienden el estricto ámbito de la mediación y la percepción del interés de las mismas en el conjunto del sistema de justicia. En tal sentido debe entenderse la reclamación de la validez de la mediación para todas las fases del procedimiento penal, incluyendo la ejecución.

El mandato establecido en la Decisión Marco de 15 de marzo de 2001 para la introducción de la mediación en el proceso penal ha sido desarrollado y concretado desde diversas instancias. Así, en el plano de "lege ferenda" se ha señalado que "la Ley procesal debería articular mecanismos para ofrecer al imputado y a la presunta víctima la posibilidad de iniciar un proceso extrajudicial de mediación o justicia repara-

12 Vid en esta dirección ROIG TORRES (p. 578 y 580). Cabe destacar que algunas posiciones favorables a la justicia reparadora han manifestado una aspiración a la superación de la diferencia entre ilícito penal e ilícito civil: vid FATTAH, p. 42.

dora conducido por *personal especializado que, en el supuesto de que finalice con un acuerdo reparador, pueda dar lugar al sobreseimiento de la causa si se trata de delitos de menor gravedad, o, en todo caso, a una atenuación de la pena*". En la misma dirección se indica que "la Ley procesal y la Ley de ejecución penal deberían prever asimismo procesos de justicia reparadora en fases posteriores a la condena, ya sea en el marco de la regulación de la suspensión condicional de la ejecución o en fase penitenciaria"[13]. También se ha afirmado, desde foros judiciales, luego de criticar la falta de previsión legislativa sobre la mediación penal, que para dar debida satisfacción a las legítimas expectativas de la víctima tras el hecho delictivo, "resulta imprescindible un espacio *paraprocesal* autónomo, donde se patenticen finalidades diferentes a las que, por esencia, caracterizan al proceso penal en su regulación actual"[14].

En aras a una debida consideración de la cuestión aquí planteada vamos a partir de la habitual distinción entre la introducción de formas de justicia reparadora antes y después de la condena (*before sentencing* y *after sentencing*). Las exigencias y particularidades de una y otra manifestación son diferentes y cada una de ellas tiene ventajas e inconvenientes propios que explican precisamente la necesidad de concebir globalmente el sistema reconociendo las dos vías. La Ley 5/2000, de responsabilidad penal del menor, ha sabido responder adecuadamente a la necesidad de esta distinción, con la apertura de ambas vías de mediación[15], pero el proceso penal de adultos, en lo que viene ya a ser actualmente una anomalía en términos de Derecho comparado, carece absolutamente de fórmulas que de modo explícito den entrada al uso de las referidas formas, lo cual no puede ser interpretado como una prohibición de las mismas, como se va a desarrollar a continuación.

---

13 Así en la conclusiones del seminario de 5 y 6 de mayo 2005 organizado por la Sociedad española de victimología, entre otras entidades, sobre la reformas legislativas relacionadas con la víctima en el sistema penal (vid. www.victimologia.org).

14 Vid. Documento de conclusiones del Seminario sobre mediación penal celebrado en Madrid del 1 al 3 de junio de 2005 organizador por el Servicio de Formación continua y la Escuela Judicial, CGPJ, puntos 10,11 y 12, www.victimologia.org.

15 De ello me he ocupado en "La mediación reparadora", p. 53 ss, donde se han destacado también, pese al acierto de tal opción, algunas insuficiencias de la Ley.

12.6.1. Reparación antes de la sentencia

En el proceso penal de adultos, ante la ausencia de previsión legislativa, la actividad mediadora o de justicia reparadora en la fase de instrucción, realizada de modo que no comprometa el derecho a la presunción de inocencia del imputado y a no declarar contra sí mismo, puede tener consecuencias por las siguientes vías:

a) Por una parte, el resultado del proceso reparador puede ser tomado en consideración por las partes acusadoras para llegar a una conformidad con el acusado, que derive en la aceptación de una condena más beneficiosa para el reo. Pese a los problemas que pueden derivarse de la falta de consideración de los intereses de la víctima en la regulación legal de la conformidad, la previa existencia de una mediación o proceso reparador ofrece mayores garantías de una gestión con criterios victimológicos de una institución procesal portadora de riesgos de revictimización. Tales riesgos se ven acentuados con la regulación de los juicios rápidos (LO 8/2002 y 38/2002), que no permiten atender debidamente las necesidades de las víctimas ni dejan espacio para un proceso reparador.

b) La circunstancia atenuante del art. 21-5 del Código Penal permite al Juez imponer la pena prevista legalmente para el delito cometido en su mitad inferior o, excepcionalmente, si la atenuación se aprecia como muy cualificada, imponer la pena inferior en uno o dos grados[16]. El Código Penal Español de 1995 (CP95) ha abierto esta importante vía de reconocimiento de valor jurídico a la reparación, que permite que la misma se efectúe en cualquier momento previo a la celebración del acto del juicio oral. El Juez debe valorar, a los efectos de aplicar la atenuante y, en su caso, de optar por la especial cualificación, no el alcance económico de la reparación sino el esfuerzo reparador mostrado por el culpable y su disposición a disminuir los efectos del delito, a cuyo objeto deberá considerarse el comportamiento postdelictivo (en el seno del proceso reparador o fuera del mismo) orientado a reducir el impacto del hecho sobre la víctima y sobre la sociedad.

c) La sustitución de las penas privativas de libertad constituye un nuevo mecanismo favorecedor de la reparación introducido en el art. 88 CP95 que faculta al Juez o Tribunal sentenciador para imponer, en la

---

16 Me he ocupado del estudio del art 21-5 en "La víctima en el Derecho Penal", pp. 204 ss.

misma sentencia o posteriormente en auto motivado, una pena de menor gravedad a la prevista legalmente para el delito, para lo cual debe valorar, en particular, *el esfuerzo por reparar el daño causado*. Esta vía se ha visto reforzada tras la reforma introducida por la LO 15/2003, al haberse dado entrada a la posibilidad de sustituir directamente la pena de prisión por la de trabajos en beneficio de la comunidad, pena que, además, adquiere un carácter reparador, al preverse que los trabajos podrán consistir en "labores de reparación de los daños causados o de apoyo o asistencia a las víctimas" (art 49 CP). Se plantea con ello una posible fórmula de articulación entre el proceso reparador paraprocesal y la sanción penal, de modo que el Juez puede asignar contenido sancionador a los compromisos que puedan haberse alcanzado en el acuerdo reparador.

d) Las posibilidades de que el resultado del proceso reparador sirva como presupuesto para una crisis del proceso son escasas de acuerdo con la actual legislación procesal española y es en este aspecto donde es más apremiante la necesidad de reformas que den una adecuada entrada al principio de oportunidad de la persecución en la dirección iniciada en el proceso de menores[17]. A modo de excepción, en los delitos semipúblicos (agresión, abuso y acoso sexual, delitos contra la intimidad o ciertas faltas imprudentes) cabe una actividad mediadora y reparadora extrajudicial antes del inicio de cualquier diligencia judicial, que podría tener como consecuencia la no formulación de la denuncia por parte de la parte ofendida o del Ministerio Fiscal en los casos en los que se le otorga legalmente una potestad para ponderar los intereses en presencia, de modo que el referido Ministerio puede valorar el resultado del proceso reparador como un elemento relevante en tal ponderación.

En el proceso penal de menores se prevén, como manifestaciones del principio de oportunidad, las posibilidades de no incoación (art 18 LORPM) y sobreseimiento de las actuaciones (art 19 LORPM). En relación con esta última la Ley alude expresamente, como condiciones para que el Ministerio Fiscal decida sobreseer, a la conciliación con la

---

[17] Vid. un informe sobre la evolución legislativa en diversos países, "Mediación penal y justicia alternativa", en Revista penal núm. 15, 2005, pp. 185 ss, en el que se recogen datos de los diversos sistemas legislativos que acogen soluciones basadas en el principio de oportunidad. Destaca el ejemplo de Colombia, que dedica varios capítulos de su Código de procedimiento penal (art 518 ss) a la justicia restaurativa, plasmando buena parte de los contenidos de la Resolución del ECOSOC de 2003.

víctima y al compromiso por reparar el daño causado o cumplir la actividad educativa propuesta por el equipo técnico[18].

12.6.2. Reparación después de la sentencia

La introducción de formas de justicia reparadora después de la condena ha tenido cierto desarrollo en algunos países europeos. En el Reino Unido, algunos proyectos del *Home Office* han permitido observar que la mediación y las prácticas de *conferencing* eran bien acogidas por los penados. En lo que atañe a las víctimas, se ha contado con el apoyo de grupos de víctimas y con visitas de éstas a las prisiones. Una de las actividades más destacadas ha sido la reparación indirecta mediante trabajo comunitario voluntario, mientras que la restitución directa se ha adoptado con mayores cautelas. Entre las conclusiones obtenidas se destaca la importancia de conseguir acuerdos de colaboración con entidades relacionadas con las instituciones penitenciarias y la necesidad de una adecuada preparación previa y de aprovechar la experiencia de profesionales que hayan participado en programas de justicia reparadora, evitando que todo el peso de la responsabilidad recaiga sobre el personal penitenciario[19].

No debe olvidarse el amplio desarrollo que han tenido en general los programas de atención a las víctimas en el Reino Unido. En los últimos años se han llevado a cabo diversas actuaciones que han tenido como objetivo integrar la "perspectiva de la víctima" y atender a sus necesidades en la ejecución, que se han centrado, en relación con los delitos más graves, en las decisiones que tengan como efecto la excarcelación, definitiva o temporal, del condenado. En la valoración de las experiencias se han visto oportunidades en cuanto a la información y la satisfacción de las necesidades emocionales de las víctimas, en el sentido de reducir su ansiedad y su posición secundaria, a la vez que se advierte el riesgo de crear falsas expectativas y de inducir consecuencias no deseadas, de manera que la apertura a la víctima venga a representar, más que un cambio de paradigma, una caja de Pandora[20].

El Ministerio de Justicia de Bélgica ha financiado un programa de mediación en diversas prisiones en colaboración con las Universidades de Leuven y Liège, a partir de planes experimentales de investigación en la acción realizados por estas dos instituciones académicas. Cada prisión dispone de un consultor en materia de justicia reparadora, con formación criminológica. Su labor consiste en orientar la cultura penitenciaria a la sensibilización hacia las víctimas. En la mayor parte de casos la

---

18 Vid. Un mayor desarrollo en "La mediación reparadora", cit., p. 62-64 y 69-74.

19 NEWELL, T. et al, "Restorative Justice in Prisons – Resources Book and Report", publicación electrónica del "Restorative Justice Consortium", 2002, referida a un proyecto en la prisiones de Bristol, Norwich y Winchester.

20 Vid. CRAWFORD / ENTERKIN, p. 707 ss., que exponen las conclusiones de la evaluación de los programas gubernamentales de atención a los intereses de las víctimas en la ejecución.

mediación se efectúa directamente, no cara a cara, y afecta en más de un 50% a condenados por delitos patrimoniales[21].

La reparación posterior a la sentencia puede encontrar en el Derecho español vigente, pese a la inexistencia de referencias a la mediación o a fórmulas similares, un amplio espacio para su integración en el sistema de ejecución de la pena privativa de libertad, dada la introducción, a partir de la LOGP de 1979, de formas de flexibilidad en la ejecución y de la vigencia del principio de individualización penitenciaria de la pena. Las consecuencias de un proceso reparador en la ejecución de la condena recaída sobre el reo pueden desenvolverse por las siguientes vías[22]:

a) Ante todo debe considerarse la suspensión de la ejecución de las penas privativas de libertad, para la que el CP95 ha añadido la condición de haber satisfecho las responsabilidades civiles, salvo que el Juez o Tribunal sentenciador declare la imposibilidad total o parcial de hacer frente a las mismas. Asimismo, pese a que no se prevé de modo expreso, el Juez o Tribunal puede imponer como regla de conducta, al amparo del art 83-1,6º CP, deberes de contenido reparador, que pueden suponer la plasmación de los compromisos adquiridos en el seno de un proceso reparador.

b) La conducta efectivamente observada por el condenado en orden a satisfacer la responsabilidad civil derivada del delito es desde la LO 7/2003 una condición para acordar la progresión tercer grado penitenciario (art 72-5 LOGP). Aunque la misma se contrae a un catálogo de delitos, esta nueva disposición legal marca una inequívoca dirección político-criminal hacia la consideración de la reparación como contenido que no puede permanecer ajeno al programa de reinserción social propio del cumplimiento de la penas[23].

c) También la concesión de la libertad condicional aparece condicionada, tras la citada reforma de 2003 (art 90 CP), a que en el informe

---

[21] Vid. KELLENS (2000), El programa está coordinado por una comisión mixta formada miembros del staff técnico del Ministerio y por investigadores de las universidades. Las acciones en los centros penitenciarios se llevan a cabo directamente por parte de profesionales, sin participación de voluntarios. El impacto de la mediación entre autor y víctima afecta a unos 2500 casos al año.

[22] Me he ocupado con mayor detalle en "La introducción de la justicia reparadora..." (2004).

[23] He desarrollado esta cuestión en GARCIA ALBERO / TAMARIT SUMALLA, p. 123-124.

pronóstico individualizado de reinserción social se valore la satisfacción de la responsabilidad civil, en los términos antes expuestos.

d) La LO 7/2003 ha introducido en el art 91-2 CP una nueva vía extraordinaria de adelantamiento de la libertad condicional, en virtud de la cual el Juez de Vigilancia penitenciaria puede aprobar este beneficio cuando se haya cumplido al menos la mitad de la condena si el penado ha participado de modo favorable en actividades de reparación a la víctima, de reinserción social y deshabituación. Con ello se viene a complementar las dos anteriores previsiones legales, en las que el favorecimiento de la reparación se hacía en el sentido de restringir las expectativas de progresión del condenado, con un mecanismo de carácter premial.

Hay que lamentar, con carácter general, que el legislador, tanto en las reformas de 1995 como en las de 2003, haya sido ajeno a la elaboración de un concepto penal de reparación, haciendo alusión en cambio a la responsabilidad civil derivada del delito. Ello ha dado pie a algunas críticas que han denunciado la infracción del principio de igualdad que supone la decisión de condicionar la forma y la intensidad aflictiva de la pena a la capacidad del reo. Por ello es necesario un esfuerzo interpretativo que permita percibir detrás de la referencia nominal a la responsabilidad civil una decisión político-criminal de facilitar y premiar la reparación. Las referencias legales a la conducta observada por el penado y la necesidad de respetar los principios de igualdad y justicia apuntan hacia esa pauta hermenéutica, que debe llevar a valorar fundamentalmente el esfuerzo reparador y la actividad reparadora en el sentido amplio que aquí se ha expuesto[24].

Finalmente, cabe gestionar con criterios reparadores la potestad del Gobierno para ejercer el derecho de gracia a través del indulto. El carácter individual del indulto en el sistema constitucional español y la vinculación del mismo a necesidades de adecuación a criterios político-criminales y de justicia material exige que no sean ajenos al proceso de decisión los intereses de las víctimas y la reparación de los efectos del delito. Ya la Ley de 1870 aclara que el indulto, que se refiere a la pena y no al delito, no se extenderá nunca a la responsabilidad civil y que en los delitos sólo perseguibles a instancia de parte deberá ser oída ésta.

---

24 Vid. GARCIA ALBERO / TAMARIT SUMALLA, cit. p. 122-123 y 126-127.

Asimismo, el indulto puede ser parcial y, en caso de diversidad de penas, no afectar a todas las impuestas a un mismo condenado. De un especial interés son los supuestos en los que se plantee el recurso al indulto como expediente para facilitar procesos de pacificación que pongan fin a situaciones de violencia crónica o de enfrentamiento civil, en que cabe recurrir a procedimientos propios de justicia reparadora para detectar las necesidades de las víctimas y establecer vías de mediación y de favorecimiento de la reparación que aseguren que la salida a la situación de conflicto responda a expectativas de eficacia y de justicia.

BIBLIOGRAFÍA

ACORN, A., "Compulsory Compassion: a critique of Restorative Justice", Vancouver 2004.

ALASTUEY DOBÓN, M.C., "La reparación a la víctima en el marco de las sanciones penales", Valencia 2000;

BAZEMORE, G. / WALGRAVE, L., "Restorative Juvenile Justice: Repairing the Harm of Youth Crime", Monsey, 1999;

CHRISTIE, N., "Conflicts as property", British Journal of Criminlogy, nº 17, 1978;

CHRISTIE, N., "Los conflictos como pertenencia", en "De los delitos y las víctimas", Buenos Aires 1992, pp. 159 ss.

McCOLD, P. / WACHTEL, T., "En busca de un paradigma: una teoría sobre justicia restaurativa", 2003, en www:restorativepractices.org.

CRAWFORD / ENTERKIN, "Victim contact work in the Probatiion service – Paradigm Shift or Pandora Box?", en "The British Journal of Criminology", v. 41-4, 2001;

FATTAH, "Victimology: Past, Present and Future";

FOUCAULT, M., "La verdad y las formas jurídicas", en "Estrategias de poder" (trad. Varela / Álvarez Uría), Barcelona 1999;

GARCÍA ALBERO / TAMARIT SUMALLA, "La reforma de la ejecución penal", Valencia 2004.

HIGHTON, E.I. / ALVAREZ, G.S/ GREGORIO, C.S., "Resolución Alternativa de Disputas y Sistema penal", Buenos Aires 1998;

KELLENS (dir), "Le développement d'un concept de justice restaurative dans le cadre carcéral", documento inédito, Universidad de Liège, 2000;

LARRAURI, E., "Tendencias actuales de la Justicia restauradora", en *Serta in memoriam Alexandra Baratta*, Salamanca 2004;

MARSHALL, T., "Criminal Mediation in Great Britain 1980-1996", en "European Journal on Criminal Policy and Research", 1996, nº 4

MORRIS / MAXWELL, "Restorative Justice for Juveniles", Oxford 2001;

PARKER, L., "Developing restorative practices in Latin America", en ALBANESE, J., "Current Issues in International Crime Prevention and Criminal Justice", Milano 2004, p. 39 ss;

PAVLICH, G., "Governing Paradoxes of Restorative Justice", London/Sydney/Portland. 2005;

REYES MATE, "La Ética ante las víctimas", Madrid 2003;

ROIG TORRES, M., "La reparación del daño causado por el delito", valencia 2000

SAMPEDRO ARRUBLA, J.A., "¿Qué es y para qué sirve la justicia restaurativa?", en Derecho Penal contemporáneo (Revista internacional), 2005, núm. 12, Bogotá;
SMITH, M.A., "Restorative Justice is a human right. A transformative discourse within UN paradigms", en ALBANESE, J., "Current Issues in International Crime Prevention and Criminal Justice", Milano 2004, p 71 ss.
TAMARIT SUMALLA, "La mediación reparadora en la Ley de responsabilidad penal del menor", en GONZÁLEZ CUSSAC / TAMARIT / GÓMEZ COLOMER, "Justicia penal de menores", Valencia 2002.
TAMARIT SUMALLA, "La introducción de la justicia reparadora en la ejecución: ¿una respuesta al rearme punitivo?" en Revista General de Derecho Penal, núm 1, Iustel 2004.
TAMARIT SUMALLA, "La víctima en el Derecho penal", Pamplona 1998.
UMBREIT, M., "The Handbook of Victim Offender Mediation – An Essential Guide to Practice and Research", University of Minnesota, 2000
UMBREIT, M. / COATES, R.B. / VOS, B., "The impact of restoratives justice conferencing: a multi-national perspective", en "British Journal of Community Justice", vol 1, 2002, p. 21 ss
UMBREIT, M. / VOS, B. / COATES, R.B. / BROWN, K.A., "Facing violence: the Path of Restorative Justice and Dialogue", 2004.
VAN NESS, D.V., "Restorative justice", en GALAWAY, B./HUDSON,J., "Criminal justice, restitution and reconciliation", Wilow Tree Press, USA, 1990;
VON HIRSCH, A./ ROBERTS, J./ BOTTOMS, A./ ROACH, K./ SCHIFF, M. /ed.), "Restorative Justice & Criminal Justice", Oxford 2003;
WALGRAVE, L., "La justice restaurative: à la recherché d'une théorie et d'un programme", en Criminologie, vol 32, monográfico "La justice réparatrice", Montreal 1999;
WALGRAVE, L., "La justice restauratrice et les victimes", en "Le Journal Internacional de Victimologie", núm. 4, 2003.
ZEHR, H. "Retributive justice, restorative justice, alternative justice paradigm", 1985;
ZEHR, H., "Changing lenses: a new focus for crime and justice", Scottsdale 1990.